# Die Heiligenkreuz-Bibel

# Die Heiligenkreuz-Bibel

**Das Neue Testament** neu übersetzt & kommentiert
von Pater Augustinus Kurt Fenz

**Die Evangelien**

benno

Bibliografische Information der Deutschen Nationalbibliothek
Die Deutsche Nationalbibliothek verzeichnet diese Publikation in der Deutschen Nationalbibliografie;
detaillierte bibliografische Daten sind im Internet über http://dnb.d-nb.de abrufbar.



ISBN 978-3-7462-2761-0


04159 Leipzig, Stammerstr. 11
Umschlag: Ulrike Vetter, Leipzig,
unter Verwendung eines Bildes von © www.stift-heiligenkreuz.at
Gesamtherstellung: Kontext, Lemsel (A)

# INHALT

# VORWORT

Evangelium bedeutet Frohbotschaft oder Heilsbotschaft, einfach gute Nachricht, die Jesus verkündet (Mk 1,14f): „Nachdem man Johannes ins Gefängnis geworfen hatte, ging Jesus wieder nach Galiläa; er verkündete das Evangelium Gottes [15]und sprach: Die Zeit ist erfüllt, das Reich Gottes ist nahe. Kehrt um, und glaubt an das Evangelium!“
Jesus ist gekommen, die eigentliche und endgültige Heils- und Friedensbotschaft zu bringen (Lk 4,18f): „Der Geist des Herrn ruht auf mir; denn der Herr hat mich gesalbt. Er hat mich gesandt, damit ich den Armen eine gute Nachricht bringe; damit ich den Gefangenen die Entlassung verkünde und den Blinden das Augenlicht; damit ich die Zerschlagenen in Freiheit setze [19]und ein Gnadenjahr des Herrn ausrufe.“
Um diese frohe Botschaft zu verbreiten, sendet Jesus seine Apostel aus (Mk 16,15; Mt 28,16–20): „16[15]Dann sagte er zu ihnen: Geht hinaus in die ganze Welt, und verkündet das Evangelium allen Geschöpfen!“ – „28[16]Die elf Jünger gingen nach Galiläa auf den Berg, den Jesus ihnen genannt hatte. [17]Und als sie Jesus sahen, fielen sie vor ihm nieder. Einige aber hatten Zweifel. [18]Da trat Jesus auf sie zu und sagte zu ihnen: Mir ist alle Macht gegeben im Himmel und auf der Erde. [19]Darum geht zu allen Völkern, und macht alle Menschen zu meinen Jüngern; tauft sie auf den Namen des Vaters und des Sohnes und des Heiligen Geistes, [20]und lehrt sie, alles zu befolgen, was ich euch geboten habe. Seid gewiss: Ich bin bei euch alle Tage bis zum Ende der Welt.“
Die Evangelien sind aber auch schriftliche Darstellungen von Leben, Wirken, Tod und Auferweckung Jesu; sie sind Glaubenszeugnisse. Darlegung, glaubensstarke Auslegung und instruktive Aktualisierung sind miteinander verflochten und dennoch scheint hin und wieder der historische Hintergrund durch.
Wahrscheinlich wurden die vier Evangelien zwischen 70 und 100 n. Chr. in griechischer Sprache aufgezeichnet: Markus um 70, Matthäus und Lukas um 80, Johannes alsbald nach 90. Der genaue Entstehungsort lässt sich nur schwer festlegen; für Markus mag es Rom oder Italien sein, für Matthäus möglicherweise Palästina oder Syrien, für Lukas vielleicht Achaia in Griechenland, für Johannes eventuell Kleinasien oder Syrien. Anstoß zur aufgezeichneten Niederschrift ist gewiss die Absicht und das Bestreben der echten, absoluten und wirksamen Verteidigung der faktischen, tatsächlichen Tradition Jesu (Lk 1,1–4): „Schon viele haben es unternommen, einen Bericht über all das abzu-

fassen, was sich unter uns ereignet und erfüllt hat. [2]Dabei hielten sie sich an die Überlieferung derer, die von Anfang an Augenzeugen und Diener des Wortes waren. [3]Nun habe auch ich mich entschlossen, allem von Grund auf sorgfältig nachzugehen, um es für dich, hochverehrter Theophilus, der Reihe nach aufzuschreiben. [4]So kannst du dich von der Zuverlässigkeit der Lehre überzeugen, in der du unterwiesen wurdest."
Die Evangelien sind demzufolge vielmehr Zusammenstellungen mündlich und schriftlich überlieferter Traditionsstränge: Die Jünger haben belehrt, Zuversicht und Glaube der Gemeinschaften wurde geprägt durch diese Verkündigung über Jesus, folglich formten sich dann kleinere einfache aufgezeichnete Notizen. Gleichnissammlungen, Wunderzyklen und die Leidensgeschichte – betont als vertrauteste chronologische Darstellung mit dem grandiosesten Geschichtswert – entwickelten sich schließlich zu einem „Evangelium".

Im nun Folgenden werden die Kerntexte der Evangelien, ausgehend vom Urtext, näher erläutert, um sie für die persönliche Meditation, aber auch für die Verkündigung und die biblische Unterweisung fruchtbar zu machen. Mein Hauptanliegen war es, darzustellen, was im Text genau enthalten ist. Auf die Darstellung anderer Auslegungstheorien habe ich dabei verzichtet. Mir war es wichtig, den biblischen Text selbst sprechen zu lassen. Es soll also nichts in den Text hineininterpretiert werden.
Die vorliegende Übersetzung versucht, die umgangssprachliche Darstellung des griechischen Originals wiederzugeben. Dies erfordert zwar ein langsameres und aufmerksameres Lesen, führt dafür aber zu einem lohnenswerten Ziel: der Wortlaut der Heiligen Schrift wird in neuen Facetten zum Leuchten gebracht. Dabei eröffnen sich dem Leser ganz neue Aspekte, die zu erstaunlichen existenziellen Erfahrungen führen können.
Interpretiert werden alle Evangelienabschnitte der Sonn- und Feiertage der Lesejahre A, B und C.

P. Augustinus Kurt Fenz, OCist.

# DAS EVANGELIUM NACH MATTHÄUS

## STAMMBAUM UND GEBURT JESU

### Mt 1,1-25

Ahnenreihe (1-17)
[1]Buch des Anfangs Jesu Christi, des Sohnes Davids, des Sohnes Abrahams. [2]Abraham
zeugte Isaak; Isaak aber zeugte Jakob, Jakob aber zeugte Juda und seine Brüder; [3]Juda
aber zeugte Perez und Serach von der Tamar; Perez aber zeugte Hezron, Hezron aber
zeugte Aram, [4]Aram aber zeugte Amminádab, Amminádab aber zeugte Nachschon,
Nachschon aber zeugte Salmon, [5]Salmon aber zeugte Boas von der Rahab; Boas aber
zeugte Obed von der Rut; Obed aber zeugte Isai, [6]Isai aber zeugte David, den König.
David aber zeugte Salomon von der, die Urias Frau gewesen; [7]Salomon aber zeugte Re-
hábeam, Rehábeam aber zeugte Abija, Abija aber zeugte Asa, [8]Asa aber zeugte Jo-
schafat, Joschafat aber zeugte Joram, Joram aber zeugte Usija, [9]Usija aber zeugte Jo-
tam, Jotam aber zeugte Achas, Achas aber zeugte Hiskija, [10]Hiskija aber zeugte
Manasse, Manasse aber zeugte Amon, Amon aber zeugte Joschija, [11]Joschija aber
zeugte Jojachin und seine Brüder um die Zeit der Wegführung nach Babylon. [12]Nach
der Wegführung nach Babylon aber zeugte Jojachin Schealtiël, Schealtiël aber zeugte
Serubbabel, [13]Serubbabel aber zeugte Abihud, Abihud aber zeugte Eljakim, Eljakim
aber zeugte Azor, [14]Azor aber zeugte Zadok, Zadok aber zeugte Achim, Achim aber
zeugte Eliud, [15]Eliud aber zeugte Eleasar, Eleasar aber zeugte Mattan, Mattan aber
zeugte Jakob, [16]Jakob aber zeugte Josef, den Mann Marias, von welcher Jesus geboren
wurde, der Christus genannt wird. [17]So sind nun alle Geschlechter von Abraham bis
auf David vierzehn Geschlechter und von David bis zur Wegführung nach Babylon
vierzehn Geschlechter und von der Wegführung nach Babylon bis zu Christus vier-
zehn Geschlechter.

**Blickfang (V 1)**
Matthäus beginnt seine Schrift mit zwei Worten, die auf atl. Stellen zurückgehen und mehrere Deutungen erlauben: „Buch des Ursprungs oder Anfangs" oder „Buch der Entstehung oder Geschichte". Sie sind dann entweder Headline, also Titel zu der nachfolgenden Ahnentafel oder zum ganzen vom ihm verfassten Werk. Für die erste Interpretation plädiert die Nennung „Abrahams und Davids" (V 17): *„Buch des Anfangs Jesu Christi."* Der rituell festlich klangvolle Doppelname *„Jesus Christus"* begegnet nur vereinzelt in den Evangelien, wiederholt indessen in den übrigen Schriften im NT. *„Christus"*, griechische Wiedergabe von „Messias", ist längst zum Eigennamen geworden. *„Sohn Davids"* bestätigt Matthäus hier prompt, um zu akzentuieren, dass er der vom AT vorhergesagte Nachkomme Da-

vids und somit der Messias ist. „Sohn Davids" ist bei den Juden der erwartete Name des Messias. Die Ahnentafel soll die Bestätigung erzielen, dass Jesus existent aus Davids Stamm herkommt und folglich der für seine Anerkennung als Messias notwendigen Bedingung entspricht. Und deshalb wird auch der Name Davids vor dem Abrahams angeführt. Dem ungeachtet zitiert ihn Matthäus auch *„Sohn Abrahams"*, weil bei diesem Patriarchen des auserwählten Volkes die Verheißung des Messias ihren Beginn nimmt. Darum konstruiert Matthäus das Geschlechtsregister Jesu bis zu Abraham zurück. Jesus ist nicht nur Nachkomme Davids, sondern drüber hinaus auch des Abraham, wie Paulus argumentiert (Gal 3,16): „Abraham und seinem Nachkommen wurden die Verheißungen zugesprochen. Es heißt nicht: ‚und den Nachkommen', als wären viele gemeint, sondern es wird nur von einem gesprochen: und deinem Nachkommen; das aber ist Christus".

**Abraham bis David (V 2-6a)**

Die Ahnentafel Jesu (Mt 1,1-17) dient dem Nachweis, dass Jesus der Erbe der Verheißungen ist, die an Abraham und David ergingen. Die Liste ist in drei Abschnitte angeordnet: Abraham seit ca. 1850 v. Chr. bis David 1010-970 v. Chr. (V 2-6a), David bis zur Babylonischen Gefangenschaft 586-538 v. Chr. (V 6b-11) und von dort bis Jesus 7/6-7. April 30 (V 12-16). Die Zahlensymbolik von dreimal vierzehn Generationen führt zum Messias (V 17). Den somit angedeuteten drei historischen Perioden der israelitischen Geschichte wird weiterhin keine besondere Aufmerksamkeit geschenkt. Die Namen des Geschlechtsregisters Jesu entsprechen weithin den Angaben in der LXX. Die Nennung „Jakob von Juda und seinen Brüdern" (V 2b) ist bedeutungslos. Die „Brüder" zählen nicht zum Stammbaum Jesu.

Die Aufzählung der Namen (V 3ff) greift auf atl. Texte zurück. Es werden auch Namen gebracht, die nicht in der vermeintlichen genealogischen Stammreihe stehen. Illegitimes in der Geschlechterfolge wird durch die Nennung von vier Frauen eingebracht: Tamar (V 3), Rahab (V 5a), Rut (V 5b) und die Frau des Urija (V 6). – Tamar, vermutlich eine Kanaaniterin, kommt durch betrügerisches Verhalten zu ihrem Schwiegervater Juda „zur Ehre", in den Stammbaum Jesu eingereiht zu werden. – Wahrscheinlich aufgrund einer rabbinischen Legende ist die heidnische Dirne Rahab von Jericho die Mutter des Boas und somit eine Ahnfrau Jesu. – Eine weitere Heidin, nämlich die Moabiterin Rut, wird als Frau des Boas zur Mutter des Obed (Rut 4,12ff). – Die „Frau des Urija", womit die von David zum Ehebruch verführte Batseba gemeint ist, die sich zudem in den Streit um die Thronfolge Davids für ihren Sohn Salomo einmischt, präsentiert gewiss nicht ein Geschehen, das geradlinig erscheint. – Gott kann auch auf krummen Linien gerade schreiben! Oder stehen ihm nur krumme Linien zur Verfügung? – Hiermit liegt zugleich eine verheißungsvolle vorbereitende Andeutung an wunderbares Geschehen, wie die der anschließenden Mitteilung der jungfräulichen Empfängnis Jesu, vor (Mt 1,18-25), die dennoch über den Davididen Josef geradezu adoptiv in die königliche Abstammung führt.

Allein David wird das ehrende Prädikat „der König" (V 6a) beigefügt, weil man vom Messias die Neuinstandsetzung, Renovation, Idealisierung seines Königtums erhofft.

**David bis zum Exil (V 6b-11)**

Zwischen Joram 848-841 v. Chr. und Usija 781-740 v. Chr. (V 8f) fehlen drei Generationen, Ahasja 841 v. Chr., Joasch 835-796 v. Chr. und Amazja 796-781 v. Chr. (2 Kön 8,25; 14,1.21; 1 Chr 3,11f). Nach Ahasja regiert seine Mutter Atalja 841-835 v. Chr., die die Frau des Joram war.

Der königliche Stammbaum wird (V 9-12) fortgesetzt: Jotam 740-736 v. Chr., Ahas 736-716 v. Chr., Hiskija 716-687 v. Chr., Manasse 687-642 v. Chr., Amos oder Amon 642-640 v. Chr., Joschija 640-609 v. Chr. Die Söhne und Nachfolger Joschijas sind Joahas 609 v. Chr., Jojakim 609-597 v. Chr., Zidkija 597-587 v. Chr. Von ihnen wird nur Jojachin genannt, mit „Jojachin und seine Brüder" die anderen beiden angedeutet. Jojachin, der Sohn des Jojakim 598-597 v. Chr., geht Zidkija in einer nur drei Monate dauernden Regentschaft voraus und gilt als Vater von Schealtiël. Serubbabel wird Sohn des Schealtiël genannt, er wird jedoch auch als Neffe des Schealtiël und Sohn des Pedaja präsentiert (1 Chr 3,17.19). Immerhin war ihm nicht vergönnt, als Nachkomme Davids Juda zu regieren (Jer 22,30). Er wird allerdings 538 v. Chr. Kommissar für die Rückführung der Verbannten aus dem Exil.

V 11 sollte, wie einige Texttraditionen zeigen, folgendermaßen formuliert werden: „Joschija zeugte den Joakim und seine Brüder, Joakim zeugte den Jojachin zur Zeit der Wegführung nach Babylon." Das würde mit dem historischen Geschehen übereinstimmen, allerdings wären dann in der zweiten Periode von den 3 mal 14 Generationen (V 17) 15 statt 14 und der dritte Abschnitt weist schließlich nur 13 Generationen auf. Matthäus kommt es nicht auf historische Exaktheit an – wie bereits das Fehlen der 3 Generationen gezeigt hat; er will vor allem Jesus als Nachkomme Davids präsentieren und die damit erwarteten Hoffnungen.

**Exil bis Josef (V 12-17)**

Die nachfolgenden Namen der königslosen Zeit (V 13-16) sind unbekannter Herkunft. – Der Text von V 16 besagt, dass Josef, dessen Ahnen bis zu Abraham zurück im gebrachten Stammbaum genannt werden, gar nicht der tatsächliche existente Vater Jesu, sondern nur der Ehemann oder Verlobte der Mutter Jesu ist. Somit wäre nach heutigem, modernem Verständnis der gesamte von Mt gebrachte Stammbaum hinfällig und vergebliche Mühe!

V 17 betont, dass die Gesamtzahl der Generationen von Abraham bis Jesus 3 mal 14 Namen beträgt, was ihm offensichtlich nicht exakt gelingt; aber die Tendenz ist deutlich erkennbar. Nicht die einzelnen Personen der Ahnenliste, „König David" ausgenommen, sind bedeutungsvoll belangreich, sondern diese Zahlensymbolik. Aus dem Zahlenwert der hebräischen Konsonanten für David, nämlich 14, haben moderne Exegeten geschlossen, dass Mt mit der Gliederung von 3 mal 14 Jesus als dreimal überbietenden und sublimierten Sohn Davids präsentieren will. – Die Zahl 14 ist allerdings keine besondere symbolische Zahl in der jüdischen Tradition. Mutmaßlich führt diese harmonische Angabe zu Gal 4,4: „Als aber die Fülle der Zeit gekommen war, sandte Gott seinen Sohn, geboren von einer Frau, geboren unter Gesetz."

Die Zahl kann als Verdoppelung der heiligen Zahl 7 gesehen werden, die ein angemessenes Angebot, Fülle oder Vollendung repräsentiert und auch sporadisch sich in Mt vorfindet. Die Mangelhaftigkeit des Stammbaumes ist neben den bisher aufgezeigten Lücken offenkundig und beabsichtigt. – „Der Aufenthalt der Israeliten in Ägypten dauerte vierhundertdreißig Jahre." Im ersten Abschnitt, also von Abraham – seit 1850 v. Chr. in Kanaan – bis David 1010-970 v. Chr. (V 17a) fehlen etliche Generationen. So werden zudem für die geringstenfalls 250 Jahre zwischen Nachschon und Isai (V 4f) nur vier Generationen genannt. – Ähnliche Beobachtungen sind auch in der dritten Periode zu beobachten, in welcher der Zeitraum von Serubbabel (um 537 v. Chr.) bis zu Josef durch 11 Generationen präsentiert wird. – Durch diese konstruierte Ahnenliste Jesu soll demonstriert werden, dass Jesus ein Nachfahre Davids ist. Diese Ahnenreihe gilt Josef, der nicht der tatsächliche Vater Jesu ist (V 16), wie auch der unmittelbar nachfolgende Bericht über die wunderbare Empfängnis Jesu (1,18-25) zeigt. Dennoch ist diese Ahnenliste nach jüdischem Recht sinnvoll und zweckdienlich, da Josef als der Ehemann der Mutter Jesu dessen gesetzlicher Vater ist, weil Jesus von Maria in ihrer Ehe mit Josef geboren wurde. Darum sind nach jüdischem Gesetz Josefs Vorfahren auch die Ahnen Jesu und Jesus ist somit ein Nachkomme aus dem Geschlecht Davids. Der Ahnentafel der Mutter Jesu, ihre Mitgliedschaft zur Generation Davids, ist nach jüdischer Rechtsauffassung unwichtig und nicht ausreichend, um die Ahnenreihe Jesu aus davidischem Geschlecht abzusichern. Mit der Abstammung aus Davids Geschlecht will Mt demonstrieren, dass Jesus als „David redivivus" die messianischen Erwartungen, die traditionell mit David verknüpft waren, erfüllt. – Zudem wird seit der Rückkehr aus dem babylonischen Exil auf den Nachweis einer Ahnenreihe Wert gelegt. Darum sind seit Esra Familienregister vorteilhaft.

**Differenz zu Lukas**

Unterschiede zum Lukanischen Stammbaum (Lk 3,23-38) sind offensichtlich. Die Namen der Stammväter stimmen nur in der ersten Periode von Abraham bis David bei Mt mit Lk überein. Von David bis zu Schealtiël indessen wird bei Lk die Abstammung Jesu nicht über die regierende Linie Salomos, sondern über Natan fortgesetzt. Die beiden Ahnentafeln begegnen wieder in den zwei Namen Schealtiël und Serubbabel, um dann sich zu differenzieren und erst im Namen Josefs sich wieder zu integrieren. Ein Arsenal von Erklärungsversuchen könnte nun gebracht werden, was aber hiermit nur angedeutet wird. Das sogenannte Leviratsgesetz lautet (Dtn 25,5f): „Wenn zwei Brüder zusammen wohnen und der eine von ihnen stirbt und keinen Sohn hat, soll die Frau des Verstorbenen nicht die Frau eines fremden Mannes außerhalb der Familie werden. Ihr Schwager soll sich ihrer annehmen, sie heiraten und die Schwagerehe mit ihr vollziehen. [6]Der erste Sohn, den sie gebiert, soll den Namen des verstorbenen Bruders weiterführen. So soll dessen Name in Israel nicht erlöschen."
Man hat versucht, die Unstimmigkeiten durch die Annahme einer zweimaligen Leviratsehe (Mk 12,19) zu interpretieren: Als Vater Josefs wird bei Mt Jakob und bei Lk Eli genannt; diese seien Brüder und der eine von ihnen der existente, der andere der gesetzliche Vater Josefs gewesen. Ebenso wird argumentiert, dass Mt als Vater des Schealtiël den Jojachin (Mt 1,12), Lukas den Neri anführt (Lk 3,27). Neri sei der tatsächliche, Jojachin der gesetzliche Vater. Der ausschlaggebende Einspruch gegen diesen Lösungsversuch ist, dass die zwei vermeintlichen Brüder, nämlich Eli – Jakob, Neri – Jojachin, jeweils Stiefbrüder mütterlicherseits waren. Das erklärt, warum die beiden Ahnenlisten nicht bereits beim Großvater wieder zusammenkommen. Bei Stiefbrüdern von der gleichen Mutter ist das Leviratsgesetz hinfällig.
Ebenso untauglich ist die Meinung, Mt bringe den Stammbaum Josefs, Lk den Marias. Diese Ansicht scheitert bereits am Wortlaut von Lk 3,23: „Jesus war etwa dreißig Jahre alt, als er zum ersten Mal öffentlich auftrat. Man hielt ihn für den Sohn Josefs. Die Vorfahren Josefs waren ..." Von den 77 Namen, die Lk in seinem Stammbaum anführt, sind 36 im AT unbekannt; zudem wird nicht Salomo, sondern Natan als Sohn Davids genannt. Lk führt die Ahnenliste bis auf Gott zurück: Jesus ist letztlich „Sohn Gottes". Die Ahnenreihe bei Lk ist unabhängig von Mt vermutlich alten Geschlechterlisten entnommen. Diese sind nicht im Sinn moderner Ahnenforschung zu bewerten.

Nachdem der Adoption die gleiche rechtliche Wirkung zuerkannt wurde wie der leiblichen Abstammung, müssen nicht alle in einem Stammbaum genannten Vorfahren auch wirkliche leibliche Ahnen sein. Zudem hatten die Evangelisten nicht die Chance, die historische Exaktheit der von ihnen verwendeten Geschlechtsregister nachzuprüfen. Offensichtlich ist indessen, dass keiner von den zwei Evangelisten den Stammbaum des anderen gekannt hat.

**Jungfrauengeburt (V 18-25)**
18Die Geburt Jesu Christi war aber also: Als nämlich Maria, seine Mutter, dem Josef verlobt war, wurde sie, ehe sie zusammengekommen waren, schwanger erkannt vom Heiligen Geiste. 19Josef aber, ihr Mann, indem er gerecht war und sie nicht öffentlich zur Schau stellen wollte, gedachte sie heimlich zu entlassen. 20Indem er aber solches bei sich überlegte, siehe, da erschien ihm ein Engel des Herrn im Traum und sprach: Josef, Sohn Davids, fürchte dich nicht, Maria, deine Frau, zu dir zu nehmen; denn das in ihr Gezeugte ist vom Heiligen Geist. 21Und sie wird einen Sohn gebären, und du sollst seinen Namen Jesus nennen; denn er wird sein Volk erretten von ihren Sünden. 22Dies alles geschah aber, dass erfüllt würde, was von dem Herrn geredet ist durch den Propheten, der spricht: 23„Siehe, die Jungfrau wird schwanger sein und einen Sohn gebären, und sie werden seinen Namen Immanuel heißen“, was übersetzt heißt: Gott mit uns. 24Josef aber, vom Schlafe erwacht, tat, wie ihm der Engel des Herrn befohlen hatte, und nahm seine Frau zu sich; 25und er erkannte sie nicht, bis sie ihren erstgeborenen Sohn geboren hatte; und er hieß seinen Namen Jesus.

**Tatbestand (V 18)**
Diese Erzählung ist die erforderliche Vervollständigung des Vorausstehenden: Hiermit wird das durch den V 16 genannte Problem enträtselt, dass Josef nicht als Vater Jesu, sondern nur als Ehemann der Mutter Jesu genannt wird. Nicht nur im Stammbaum, auch in den weiteren Abschnitten der Kindheitsgeschichte Mt 1f ist Josef im Vordergrund, bei Lk 1f ist es Maria. Die vorliegende Darstellung (Mt 1,18-25) ist von der Perspektive Josefs aus gesehen, nur die theologisch rechtfertigenden Werte werden gebracht. Der Brennpunkt der Darstellung ist nicht das Dilemma, in das Josef geraten ist, sondern das Mysterium der wunderbaren Empfängnis Jesu und somit die Erfüllung der atl. Weissagung Jes 7,14: „Darum wird euch der Herr von sich aus ein Zeichen geben: Seht, die Jungfrau wird ein Kind empfangen, sie wird einen Sohn gebären, und sie wird ihm den Namen Immanuel (Gott mit uns) geben.“ Ort und Zeit der Begebenheit bleiben unbekannt.
Aus jüdischer rechtlicher Perspektive (V 18) ist die vor Zeugen erfolgte „Verlobung“ gewissermaßen bereits die eigentliche Eheschließung. Die Verlobte gilt infolgedessen als Ehefrau des Mannes (V 19f.24) und kann von ihm nur durch Ausstellung des Scheidebriefes entlassen werden. Wollte in Israel ein Mann die Ehe mit seiner Frau beenden, „weil er etwas Anstößiges an ihr entdeckt“, durfte er sie dadurch entlassen, dass er einen Scheidebrief ausstellte (Dtn 24,1-4). Nur der Mann, nicht die Frau, konnte die Ehe auf diese Weise beendigen. Nach der Verlobung folgte nur noch die konventionelle Heimführung der „Verlobten“ in das Haus ihres Mannes, was üblicher Weise nach etwa einem Jahr geschah. Dies ist in V 18 mit den Worten gemeint: *„ehe sie zusammengekommen waren.“*

**Reaktion Josefs (V 19)**
Dass Josef die Schwangerschaft Marias bemerkt oder davon erfährt, setzt der Text voraus. Vorwegnehmend fügt Mt V 19 „vom heiligen Geist“ ein, denn Josef erfährt davon erst später (V 20). Noch muss er von

Maria Untreue, Ehebruch annehmen. „Gerecht“ besagt hier höchstwahrscheinlich, dass er in liebevoller Rücksichtnahme seine Verlobte nicht der Steinigung ausliefern wollte (Dtn 22,23f); er will sie möglichst dezent entlassen. Maria hat offenkundig das Geheimnis ihrer wunderbaren Empfängnis ihrem Bräutigam Josef nicht anvertraut; ein Selbstzeugnis hat weniger Bedeutung als die Mitteilung durch einen Boten Gottes, wie anschließend gezeigt wird.

**Engel des Herrn (V 20-23)**

Josef wird durch eine im Traum erfolgte Erscheinung eines Engels informiert. Die Idee, dass der Messias auf übernatürliche Weise Mensch werden sollte, war dem Judentum völlig unvorstellbar und unbekannt. Darum war eine besondere göttliche Initiative notwendig, um dieses Mysterium der wunderbaren Empfängnis Marias auch ihrem Verlobten einleuchtend verständlich zu machen.

Der Geist Gottes ist bereits bei der Schöpfung am Werk (Gen 1,2). Die Propheten wissen sich von ihm geleitet; er wird auf dem Messias ruhen und auf dem Knecht Gottes (Jes 42,1). Zudem wird Josef mitgeteilt, dass „heiliger Geist“ am Werk ist. „Heilig“ bezeichnet die Einzigartigkeit Gottes und die Zuordnung zu ihm. *„Heiliger Geist“* ist somit das *non plus ultra*, die sublimste Bezeichnung für den allmächtigen Schöpfer des Himmels und der Erde. Josef versteht diese Aussage und reagiert entsprechend.

Die feierliche Anrede „Sohn Davids“ an Josef durch den Engel demonstriert die Größe und Bedeutung des Augenblicks: Der Himmelsbote hat eine messianische Nachricht zu überbringen. Durch Josef wird Jesus als sein gesetzlicher Sohn zum Davidssohn.

Die Information, die Josef mitgeteilt wird (V 21), begrenzt sich nicht auf die wunderbare Empfängnis Marias durch die Kraft des Heiligen Geistes, sondern zugleich auf die Namensgebung, die Josef als dem gesetzlichen Vater des zu erwartenden Kindes zusteht. Darum wird ihm sogleich der Name mitgeteilt, den er dem Sohn Marias geben soll: „Jesus“. Dieser Name umschreibt bereits die Aufgabe Jesu: Er soll Israel erlösen, aber nicht von seinen politischen Feinden und von jeglicher irdischer Not, sondern von seinen Sünden. Auf diese Weise wird nicht nur die herrschende Messiasauffassung in fundamentaler Weise korrigiert und berichtigt; es wird Jesus eine Sendungsaufgabe zugedacht, die nur Gott selbst leisten kann.

Der Name *Jesus* bedeutet „Jahwe ist Heil, Jahwe ist großzügig, Jahwe rettet“. Die beigeordnete Begründung „denn er wird sein Volk von ihren Sünden erlösen“ ist eine sachliche Interpretation des Namens. Man könnte nach der Namensnennung „Jesus“ somit ergänzen: Das bedeutet „Erlöser“. Die erlösende Aktion Jesu wird auf „sein Volk“, also auf Israel, begrenzt. Das entspricht der Mentalität jener Zeit, in die das Wort hineingesprochen wurde.

Josef könnte bekannt sein die Erlösung als Errettung aus zeitlichen Bedrängnissen (Ri 15,18f; 1 Sam 10,19), Rettung des Volkes aus der Knechtschaft Ägyptens (Ex 14,13f; 15,2) und aus dem Exil (Jes 45,17; 46,13) sowie die Befreiung von Sünden. Erlösung wird veranschaulicht durch den Rückblick, dass Gott sein Volk aus der Sklaverei freikauft (Dtn 15,15), um es sich zu seinem Sondereigentum zu gestalten (Ex 19,5).

In nachfolgender Zeit wird erkannt, dass Jesus diese Erlösung durch seinen Tod und seine Auferstehung vollendet. Erlösung besagt den Loskauf von Schuld durch Jesu Blut, wodurch der Erlöste besonderes Eigentum Christi wird und der Bund in einer neuen Form geschlossen wird. Christus wirkte die Erlösung von der Welt (Gal 1,4), vom Fluch des Gesetzes (Gal 4,5), vom Zorn Gottes (1 Thess 1,10), von jeder Ge-

setzlosigkeit (Tit 2,14), von der Sklaverei der Sünde (Röm 6,16f). Erlösung vollzieht sich in der Seele des Menschen, ebenso in seinem Leib (Röm 8,23).
Angeführt wird eine Beweisreflexion aus einer prophetischen Vorhersage, ein Zitat, das auf seine Erfüllung hinweist (V 22f): Im Leben Jesu „erfüllt" sich, was Gott durch die Propheten verheißen hat. Gott hat durch den Propheten Jesaja (Jes 7,14) in einer Weissagung an den König Ahas 736-716 v. Chr. die Geburt eines Kindes durch eine *Jungfrau* vorhergesagt, dessen Name *Immanuel* heißen wird: Gott mit uns!". „Dies alles" zielt auf das Faktum der wunderbaren Empfängnis Jesu hin, wofür Josef geradezu Garant ist. Dies wird als historisches Geschehen verstanden.

**Ausführung (V 24f)**

Die „Durchführungsformel" dokumentiert die exakte Ausführung der göttlichen Anordnung. Josef führt Maria in sein Heim (V 24b), ohne bis zur Geburt ihres Sohne eine eheliche Gemeinschaft aufzunehmen, was mit „nicht erkennen" ausgedrückt wird (V 25), sodass Maria auch bei der Geburt ihres Sohne unberührte Jungfrau ist.

# DIE HULDIGUNG DER STERNDEUTER

## Mt 2,1-12

**1Als aber Jesus in Betlehem in Judäa in den Tagen des Königs Herodes geboren worden war, siehe, da kamen Sterndeuter aus dem Osten nach Jerusalem 2und sagten: Wo ist der neugeborene König der Juden? Wir haben nämlich seinen Stern aufgehen gesehen und sind gekommen, ihm zu huldigen. 3Als das der König Herodes hörte, erschraken er und ganz Jerusalem mit ihm. 4Und er versammelte alle Hohenpriester und Schriftgelehrten des Volkes und erkundigte sich bei ihnen, wo der Messias geboren werden solle. 5Die aber sprachen zu ihm: In Betlehem in Judäa; denn so steht durch den Propheten geschrieben: 6„Und du, Betlehem, Land Judas, bist keineswegs die geringste unter den Fürsten (Städten) Judas, denn aus dir wird ein Herrscher hervorgehen, der mein Volk Israel weiden wird" (Mi 5,1). 7Da rief Herodes die Sterndeuter heimlich zu sich und erkundigte sich genau nach der Zeit, wann der Stern erschienen war, 8und schickte sie nach Betlehem und sprach: Geht hin und forscht sorgfältig nach dem Kind. Wenn ihr es gefunden habt, dann meldet es mir, damit auch ich hingehe und ihm huldige. 9Als sie aber den König angehört hatten, machten sie sich auf den Weg. Und siehe, der Stern, den sie hatten aufgehen sehen, zog vor ihnen her, bis zu dem Ort, wo das Kind war; dort blieb er stehen. 10Als sie aber den Stern (wieder) sahen, freuten sie sich über die Maßen. 11Und sie traten in das Haus und fanden das Kind mit Maria, seiner Mutter, und fielen nieder und huldigten ihm und öffneten ihre Schätze und brachten ihm Geschenke dar, „Gold und Weihrauch" (Jes 60,6) und Myrrhe. 12Und als sie im Traum eine göttliche Weisung empfingen, nicht zu Herodes zurückzukehren, zogen sie auf einem anderen Wege heim in ihr Land.**

**Ankunft in Jerusalem (V 1f)**

*„Magier"*, anfänglich Benennung persischer Priester, bedeutet in diesem Kontext einfach Astrologen „aus dem Osten". Sie sind möglicherweise aus Persien, Babylonien (Dan 2,4f; 4,4f; 5,7) oder aus Arabien - der Geschenke wegen (Mt 2,11) - hergekommen. Sie haben einen Stern bei seiner „lichtvollen Erscheinung aus der Höhe" entdeckt und daraufhin das Eintreffen eines besonderen Monarchen der Juden erwartet. Die Hoffnung auf einen bevorstehenden Idealherrscher ist im Altertum allgemein gängig. Nichtsdestoweniger erinnern die Astrologen aus dem Osten an das Orakel des Bileam (Num 22-24): Der heidnische Wahrsager Bileam vom Eufrat (Num 22,5; 23,7) segnet Israel, statt zu verfluchen (23,7f), und spricht zugleich: „Ein Stern geht in Jakob auf, ein Zepter erhebt sich in Israel" (24,17a). Diese Prophezeiung wird im Judentum auf den Messias bezogen. Nun führt ein Stern die Magier nach Betlehem und bleibt über dem gesuchten Haus stehen (V 9).

Alle astronomischen Deutungen versagen; auch die von Johannes Kepler († 1630), weil Sterne nicht von Nord nach Südwest - also Jerusalem Richtung Betlehem – sich bewegen und zudem keinen bestimmten Standort anzeigen können. Der Stern von Betlehem war weder eine sogenannte Supernova, besonders starke Nova, also ein hell aufleuchtender neuer Stern, noch ein Komet wie der periodisch wiederkehrende Halleysche Komet, dessen letzte Erscheinung 1986 sichtbar war, möglicherweise auch 12/11 v. Chr. Der Stern von Betlehem war auch keine Konjunktion der Gestirne. Eine solche astronomische Stellung von Jupiter und Saturn im Sternbild der Fische stellte sich 7 v. Chr. ein und beeindruckt zudem wegen seiner Symbolik: Jupiter als Weltherrscher, Saturn als Stern Palästinas, Sternbild der Fische als Symbol der Endzeit. Freilich versagt diese Hypothese an der griechischen Terminologie, die einen einzelnen Stern benennt. Der Stern ist vielmehr eine literarische sinnbildliche Diktion für das überirdische Geleit, das die Magier zum „neugeborenen König der Juden", dem „Stern in Jakob" (Num 24,17a), lotste.

Historisch verbürgt ist hiermit vor allem der Zeitabschnitt, dass die Geburt Jesu annähernd 7/6 vor der christlichen Zeitrechnung in die Regierungszeit des Königs Herodes des Großen († 4 v. Chr.) anzusetzen ist (Mt 2,19; Lk 1,5).

**Treffen mit Herodes und Schriftgelehrten (V 3-6)**

Das Suchen der Magier und ihre Fragestellung führt Herodes zum Nachforschen über die Geburt des Messias (V 3f). Das alles verursacht Bestürzung, Verwirrung, Erschrecken wie vor einem überirdischen Erlebnis (Mt 14,26; Lk 1,12; 24,38). Diese Reaktion betrifft Herodes und „ganz Jerusalem". Herodes bangt und zittert um seine Königsmacht; für die Bewohner Jerusalems ist damit zugleich ein Hoffnungsschimmer verbunden, den verhassten, aus Idumäa stammenden Despoten Herodes loszuwerden; ist allerdings bestürzt „mit ihm", weil erneute Machtkämpfe seinerseits um den Thron zu befürchten sind.

Die Auskunft der schriftgelehrten Gesetzeskundigen ist handfest klar (V 5f). Nach Mi 5,1.3 ist es Betlehem, der Aufenthaltsort Isais (1 Sam 16,1) und Davids (1 Sam 17,12.15). Schließlich wird 2 Sam 5,2b, ein Wort Jahwes an David, mit Mi 5,1 verknüpft: „Du sollst mein Volk Israel weiden, und du sollst Fürst sein über Israel." Der Geburtsort bezeugt Jesus als den erwarteten Messias aus dem Geschlecht Davids.

**Anweisung des Herodes (V 7f)**

Die Episode charakterisiert die arglistige, heimtückische, falsche, bösartige Verhaltungsweise des Herodes, wie der nachfolgende Kindermord demonstriert (V 16). Die heuchlerische Ankündigung des Herodes, selbst „dem Kind zu huldigen", mag die „Weisen aus dem Morgenland" bereits skeptisch gestimmt haben. - Josef wird durch einen Engel des Herrn im Traum über die Mordpläne des spinnefeinden Tyrannen informiert (V 13). Somit ist die Sterndeuter-Erzählung mit der Flucht nach Ägypten und dem Kindermord verflochten.

**Geleit durch den Stern (V 9ff)**

Nachdem die Astrologen Herodes angehört haben, wandern sie zum nur 8 km von Jerusalem entfernten Betlehem: Eine Führung durch den Stern ist eigentlich nicht mehr notwendig, denn sie haben durch Herodes (V 7) bereits den Ort ihres Suchens erfahren. Der Wunderstern, der ihnen „voranzieht" und über dem Wohnhaus des Kindes „stehen bleibt", ist – wie bereits erwähnt - realistisch nicht zu begründen; er demonstriert illustrativ die göttliche Führung. Dennoch hat er in der Erzählung eine große Bedeutung: Er löst „sehr große Freude" (Mt 28,8; Lk 2,10; 24,52) aus: Die Sehnsucht der Suchenden ist am Ziel angelangt.

**Ehrenerweisung (V 11)**

Das „Haus", in dem sie das Kind „mit seiner Mutter sahen": Auffälligerweise wird Josef bedachtsam nicht genannt, was deutlich an Mt 1,18-25 anknüpft und auf die Jungfrauengeburt verweist. – Das „Haus" lässt auf einen vorübergehenden Aufenthaltsort schlussfolgern, anders als in Lk 2,7, wo ein „Stall" genannt wird, der nur ein kurzfristiges Notquartier sein konnte. Die „Huldigung" gilt dem Messias und vollzieht sich nach orientalischem Usus durch Prostration oder Proskynese, durch völliges Sichniederwerfen, bei dem der Boden mit der Stirn berührt wird. Die griechische Diktion inkludiert auch „Anbetung", wie sie Gott geziemt (Mt 4,9f; 14,33; 28,9.17). Die Präsente Gold und Weihrauch sind Kostbarkeiten der Huldigung (Ps 72,10f.15; Jes 60,6), ebenso Myrrhe, ein aus Bäumen oder Sträuchern gewonnenes Harz, das als Räuchermittel und für Arzneien, darunter auch zur Betäubung (Mk 15,23) verwendet wird.

Die Sternsucher sind Vorboten der Eingliederung der Heidenwelt in die Kirche Christi (Mt 28,19).

**Souveränität der Weisen (V 12)**

„Heimkehr auf einem anderen Weg": Eine den Astrologen geschenkte göttliche Anweisung vereitelt, dass sie zu Komplizen bei dem bestialischen Vorhaben des Herodes werden. Mit ihrer Heimkehr in ihr Heimatland entschwinden die Sterndeuter für immer der biblischen Erzählung. Umso nachdrücklicher hat sich die Legende ihrer angenommen.

Die Triade der Präsente lässt nicht auf die Zahl der Magier schließen, die man später Caspar, Melchior, Balthasar nannte. Schließlich hat man ob der königlichen Geschenke in den Magiern Könige gesehen. Ihre Reliquien – unbekannter Herkunft – finden zunächst in Konstantinopel, dann wahrscheinlich im 5. Jh. in Mailand, schließlich ab 1164 in Köln Verehrung. Die schon bei Mt symbolträchtige Geschichte hat die Volksfrömmigkeit reich befruchtet.

# DIE FLUCHT NACH ÄGYPTEN

## Mt 2,13-15

**[13]Als sie [die Sterndeuter] aber weggegangen waren, siehe, da erscheint ein Engel des Herrn dem Josef im Traum und spricht: Steh auf, nimm das Kind und seine Mutter und fliehe nach Ägypten, und sei daselbst, bis ich es dir sage; denn Herodes wird das Kind suchen, um es umzubringen. [14]Er aber stand auf, nahm das Kind und seine Mutter des Nachts und zog nach Ägypten. [15]Und er war daselbst bis zum Tod des Herodes, damit erfüllt würde, was vom Herrn gesagt wurde durch den Propheten, der spricht: „Aus Ägypten habe ich meinen Sohn gerufen."**

**Neue Order (V 13)**

Auf die Huldigung durch die Sterndeuter folgt die Aufforderung zur Flucht. Welch ein Kontrast! Josef trägt die Hauptverantwortung für *„das Kind und seine Mutter"*. – *„Nach Ägypten"* ruft den wiederholten Zufluchtsort der Hebräer und deren Schicksale wach, vor allem die Errettung des Mose (Ex 1,15-2,10). Dieser wurde durch Gottes Fügung am Leben erhalten: In einem Körbchen im Schilf am Nilufer ausgesetzt, wird er von einer Tochter des Pharao gerettet und aufgezogen.

Desgleichen ist das Motiv der *Flucht bei Mose* zu finden, wenn auch andersartig gestaltet. Nachdem der erwachsene Mose einen Ägypter getötet hatte, flieht er nach Midian (Ex 2,15); geraume Zeit danach erfährt er (Ex 4,19f): „Und Jahwe sprach zu Mose in Midian: Gehe hin, kehre nach Ägypten zurück; denn alle die Männer sind gestorben, die nach deinem Leben trachteten." Die letzten Worte greift Mt 2,20 auf, wenn Josef in Ägypten erfährt: „Stehe auf, nimm das Kind und seine Mutter zu dir und ziehe in das Land Israel; denn sie sind gestorben, die dem Kind nach dem Leben trachteten."

Ägypten ist für die Israeliten in vielerlei Bedrängnis und Lebensgefahr der altbewährte Unterschlupf, wie einige Beispiele zeigen (1 Kön 11,40). „Salomo suchte nun Jerobeam zu töten. Doch dieser machte sich auf und floh nach Ägypten zu Schischak, dem König von Ägypten. Dort blieb er bis zum Tod Salomos." Nach der Ermordung Gedaljas 587 v. Chr. ist zu lesen (2 Kön 25,26): „Dann machte sich das ganze Volk vom Kleinsten bis zum Größten mit den Truppenführern auf und zog nach Ägypten. Sie fürchteten sich nämlich vor den Chaldäern." Urija flieht unter König Jojakim (609-597 v. Chr.) nach Ägypten (Jer 26,21). In der Folge wird der christlichen Gemeinde die Befreiung Israels aus der ägyptischen Unterjochung in der Osternacht demonstriert. Nach Ex 14,1-31 ist „Pascha" die Gedächtnisfeier des *Auszugs aus Ägypten*, die zugleich als Tat Jahwes in einem Urbekenntnis Israels (Ex 15,1-18) tradiert wird und zum häufigsten wiederholten Glaubenssatz wird (Num 23,22-24,8; Dtn 26,8).

**Ausführung (V 14)**

Die Flucht nach Ägypten wird zum Hinweis auf den Messias, der als Retter einen Mose überbietet. Über den Aufenthalt der Heiligen Familie in Ägypten wird nichts

Ausführlicheres mitgeteilt; erst in späterer christlicher Zeit wird bis zum heutigen Tag in volksbewusster Tradition eine umfangreiche Reiseroute der Heiligen Familie zugeordnet.

**Begründung (V 15)**
Diese Erzählung wird auf ein prophetisches Wort zurückgeführt (Hos 11,1): „Als Israel jung war, gewann ich es lieb, und aus Ägypten rief ich meinen Sohn.“ Wie Jahwe sein Volk Israel, gewissermaßen seinen „Sohn“, aus Ägypten herausrief, so nun Jesus, den tatsächlichen wahren Sohn Gottes (V 15). Die neutestamentliche Erzählung akzentuiert vor allem Flucht und Rückkehr, und somit: Gott erweist sich seinem Heilsplan entsprechend als Beschützer, Retter, Befreier, Erlöser!
Die Zeitdauer des Aufenthaltes in Ägypten ist durch den *Tod des Herodes* 4 v. Chr. limitiert. Man kalkulierte zwei Jahre nach Mt 2,7.16: „Danach rief Herodes die Sterndeuter heimlich zu sich und ließ sich von ihnen genau sagen, wann der Stern erschienen war. Als Herodes merkte, dass ihn die Sterndeuter getäuscht hatten, wurde er sehr zornig, und er ließ in Betlehem und der ganzen Umgebung alle Knaben bis zum Alter von zwei Jahren töten, genau der Zeit entsprechend, die er von den Sterndeutern erfahren hatte.“ Andererseits wird auch auf eine symbolische Zahl verwiesen, dann wäre der ägyptische Aufenthalt der Heiligen Familie dreieinhalb Jahre (Offb 12,14): „Aber der Frau wurden die beiden Flügel des großen Adlers gegeben, damit sie in die Wüste an ihren Ort fliegen konnte. Dort ist sie vor der Schlange sicher und wird eine Zeit und zwei Zeiten und eine halbe Zeit lang ernährt (Dan 7,25; 12,7).“

# DER KINDERMORD IN BETLEHEM

## Mt 2,16-18

**16 Als Herodes sah, dass ihn die Sterndeuter getäuscht hatten, wurde er sehr zornig;**
**und er sandte hin und ließ alle Knaben töten, die in Betlehem und der ganzen Um-**
**gebung waren, von zwei Jahren und darunter, nach der Zeit, die er von den Stern-**
**deutern genau erforscht hatte. 17 Damals erfüllte sich, was durch den Propheten Je-**
**remia gesagt worden ist: 18 Ein Geschrei war in Rama zu hören, viel Weinen und**
**Klagen: Rahel weinte um ihre Kinder und wollte sich nicht trösten lassen, denn sie**
**sind nicht mehr.**

**Erzählung des Vorfalls (V 16)**

Das Kapitalverbrechen, das der tobende, aggressive, blindwütige, rasende Herodes unter den Knäblein in Betlehem und Umgebung anstiftet, steht im Kontrast zur vorausgehend erzählten Beschützung, die Gott seinem Sohn in Ägypten schenkt. Offensichtlich beeinflusst wieder die Erzählung über Mose – der erbarmungslose Tyrann lässt die israelitischen Knaben töten – vorliegende Beschreibung. Vor allem werden folgende Aussagen wachgerufen (Ex 1,22): „Da gebot der Pharao all seinem Volke und sprach: Jeden Sohn, der geboren wird, sollt ihr in den Strom werfen, jede Tochter aber sollt ihr leben lassen." Im Gegensatz dazu liest man über Mose (Ex 2,10): „Als der Knabe größer geworden war, brachte sie [Moses Schwester] ihn der Tochter des Pharao. Diese nahm ihn als Sohn an, nannte ihn Mose und sagte: Ich habe ihn aus dem Wasser gezogen."

Die Wut und die Erbarmungslosigkeit des Despoten Herodes, der gewissenlos alle ihm riskanten gefährlichen Personen, selbst die eigenen Frauen und Söhne, umbringen ließ, bezeugen die Fakten, die Josephus Flavius (Ant. XV–XVII) beschreibt. Der herrschsüchtige, selbstbewusste Despot, dessen Listigkeit misslang, erlebt sich von den Sterndeutern „hintergangen, getäuscht", geradezu „verspottet" (Mt 27, 29. 31) und will mit seinem Kommando die Knaben in Betlehem und Umkreis ermorden in der Meinung, dass auch das angezeigte Königskind somit umgebracht wird. Entsprechend des von den Sterndeutern exakt eruierten Geburtsdatums (Mt 2,7) umfasst sein Mordplan „alle Knaben bis zum Alter von zwei Jahren". Es ist fraglich, wie viele „unschuldige Kinder" getötet wurden, darüber kann man nur Mutmaßungen anstellen. Die Spekulationen sind vielfältig, die Angaben reichen von 20 bis über 100.

**Schriftbezogene Überlegung (V 17f)**

Die nun nachfolgende Reflexion soll bedeutungsvollere, mit der Vergangenheit durchdrungene Ideen enthüllen. Das Zitat ist zunächst befremdend: Rahel, die Mutter von Josef und Benjamin, lässt ihre Stimme in Rama „auf der Höhe" wahrnehmen (Jer 31,15). Sie wird geradezu zur Symbolfigur und wehklagt über die Israeliten, die in das assyrische Exil (722/721 v. Chr.) abgeschleppt werden; auch die Babylonische Gefangenschaft (597/587–538 v. Chr.) wird wachgerufen. Die Verwendung der Belegstelle aus Jer 31,15 in dieser Erzählung über den Kindermord ist unter der Perspektive angängig, dass Rahels Grab, das ursprünglich am „Weg von Bet-El nach Efrata" ca. 8 km nördlich von Jerusalem liegt (Gen 35, 16. 19ab), später südlich von Jerusalem an der Straße nach Betlehem – bis heute – präsentiert wird (V 19c). Das Jeremia-Zitat beklagt anscheinend vorab nur den Tod der Knaben, hat aber im Zusammenhang der vorliegenden Perikope über den Kindermord eine viel bedeutungsvollere Aussage. Rahel repräsentiert Israel, das um „ihre Kinder" klagt. Israel wird in seiner Zusammengehörigkeit durch alle Generationen in seiner Schicksalsgemeinschaft bis zum gegenwärtigen Geschehen erfahren: Israel, aus dem der Messias hervorgeht, ist Ursprung des neuen Gottesvolkes, das ein ähnliches Geschick erlebt: Verfolgungen, Martyrien...

# RÜCKKEHR AUS ÄGYPTEN

## Mt 2,19-23

**[19]Als aber Herodes gestorben war, siehe, da erscheint ein Engel des Herrn dem Josef im Traum in Ägypten: [20]und spricht: Steh auf, nimm das Kind und seine Mutter und ziehe in das Land Israel; denn sie sind gestorben, die dem Kind nach dem Leben trachteten. [21]Und er stand auf und nahm das Kind und seine Mutter, und er kam in das Land Israel. [22]Als er aber hörte, dass in Judäa Archelaus an Stelle seines Vaters Herodes regierte, fürchtete er sich, dorthin zu gehen. Und weil er im Traum eine Weisung erhalten hatte, zog er in das Gebiet von Galiläa [23]und ließ sich in einer Stadt namens Nazaret nieder. Denn es sollte sich erfüllen, was durch die Propheten gesagt worden ist: „Er wird Nazoräer genannt werden."**

**Zurück nach Israel (V 19ff)**

Das Asyl in Ägypten wird durch das Ableben des Herodes des Großen (4 v. Chr.) beendet. In der Perspektive an die Erzählung des Moses wird vermerkt, dass „diejenigen, die dem Kind nach dem Leben trachteten, gestorben sind" (Ex 4,19). Der Exodus mit Mose (Ex 15,1-18; Dtn 26,8) wird erneut in Erinnerung gerufen und in neuer Weise erlebt: Das Messiaskind kehrt aus dem „Exil" in Ägypten zurück in das „Land Israel" (V 21). Es ist das Land der Verheißungen, das Land, in das Israel aus der Deportation zurückkehren soll (Ez 20,42): „Ihr sollt erkennen, dass ich Jahwe bin, wenn ich euch in das Land Israel bringe; denn ich habe meine Hand erhoben (zum Schwur), dieses Land euren Vätern zu geben."

**Ansiedlung in Nazaret (V 22f)**

Die äußeren Verhältnissen haben sich in Judäa geändert (V 22a): Archelaos, von Herodes in seiner letztwilligen Verfügung zum Amtsnachfolger bestätigt, von Kaiser Augustus aber nur zum Ethnarchen von Judäa, Samaria und Idumäa eingesetzt, war verschwenderisch und grausam wie sein Vater und wurde vom Kaiser auf Petitionen einer jüdischen Delegation im Jahre 6 n. Chr. suspendiert und in die Verbannung nach Gallien vertrieben.

Josef will anscheinend sein früheres Domizil Betlehem (2,11) erreichen, wird indessen aus Angst und Argwohn vor Archelaos und nach neuerlicher göttlicher Weisung in einem Traum in den Distrikt von Galiläa gelenkt und wird in Nazaret wohnhaft (V 22b). Es ist das „Galiläa der Heiden" (Mt 4,15), der Ort der Begegnung mit dem Auferstandenen (26,32): „Wenn ich aber auferweckt worden bin, werde ich auch nach Galiläa vorangehen (28,7.10. 16)."

Nazaret wird im AT nicht erwähnt und gilt zunächst als ein belangloser Ort (Joh 1,46); bald aber ist Nazaret als „Heimat- oder Vaterstadt" Jesu (13,54.57; Lk 4,23) bekannt. Die Schreibarten dem griechischen Urtext entsprechend *Nazarenos* – in Mk und Lk – und *Nazoraios* – in Mt, Lk, Joh und Apg – oder *Nazara* (Mt 4,13; Lk 4,16) sind als sprachliche Deutungen für „aus Nazaret" ableitbar.

*„Was durch die Propheten gesagt worden ist"* (V 23b), lässt sich im AT nicht exakt

finden. Man verweist vielfach auf zwei Andeutungen: Zunächst wird auf den *„Schössling“ oder „jungen Trieb“* verwiesen, der Hebräisch vereinfacht mit *„Nezer“* transkribiert werden kann (Jes 11,1): „Und ein Reis wird hervorgehen aus dem Stumpf Isais, und ein Schössling aus seinen Wurzeln wird Frucht bringen.“ Diese Aussage wurde anscheinend von allem Anfang an bereits auf den Messias gedeutet.

Ein anderer Versuch, die Erklärung von V 23b zu interpretieren, ist der Verweis auf *„Nasir“*, einem *gottgeweihter Mann*, dem das Haar nicht abgeschert wurde. Vorbild dafür ist Simson (Ri 13,5.7) oder Samuel (1 Sam 1,11.22).

Die erste Auslegung nach Jes 11,1 ist wegen der nahevoraus liegenden Weissagung über den Immanuel (Mt 1,23) zu bevorzugen.

Jedenfalls liegt hiermit eine messianische Deutung vor, die sich auf Christus bezieht. In Jesus verweisen Worte des AT, die im christlichen Einfühlungsvermögen auf den Messias Jesus hinzeigen. Von Nazaret aus unternimmt Jesus seine Sendung (Mt 4,13): „Er verließ Nazaret, um in Kafarnaum zu wohnen, das am See liegt, im Gebiet von Sebulon und Naftali.“ Daraufhin heilt er die Krankheiten (8,17): „Dadurch sollte sich erfüllen, was durch den Propheten Jesaja gesagt worden ist: Er hat unsere Leiden auf sich genommen und unsere Krankheiten getragen (Jes 53,4).“

# JOHANNES DER TÄUFER

## Mt 3,1-12

**1In jenen Tagen aber kommt Johannes der Täufer und predigt in der Wüste von Judäa 2und spricht: Bekehrt euch, denn nahe gekommen ist die Königsherrschaft Gottes. 3Dieser nämlich ist es, von dem durch den Propheten Jesaja sagt, der spricht: „Stimme eines Rufenden in der Wüste: Bereitet den Weg des Herrn, machet gerade seine Pfade.“ 4Er aber, Johannes, hatte seine Kleidung von Kamelhaaren und einen ledernen Gürtel um seine Hüften; seine Speise aber war Heuschrecken und wilder Honig. 5Da ging zu ihm hinaus Jerusalem und ganz Judäa und die ganze Umgegend des Jordan; 6und sie wurden von ihm im Fluss Jordan getauft, indem sie ihre Sünden bekannten. 7Als er aber viele der Pharisäer und Sadduzäer zu seiner Taufe kommen sah, sprach er zu ihnen: Natternbrut! Wer hat euch gelehrt, dem kommenden Zorn zu entfliehen? 8Bringet nun würdige Frucht der Sinnesänderung; 9und meint nicht, ihr könntet sagen: Wir haben ja Abraham zum Vater. Denn ich sage euch: Gott kann aus diesen Steinen Kinder Abrahams machen. 10Schon ist die Axt an die Wurzel der Bäume gelegt; jeder Baum, der keine gute Frucht hervorbringt, wird umgehauen und ins Feuer geworfen. 11Ich taufe euch mit Wasser zur Sinnesänderung; der nach mir Kommende aber ist stärker als ich, dessen Sandalen ich nicht würdig bin, ihm abzunehmen; er wird euch mit Heiligem Geiste und Feuer taufen. 12Schon hält er die Schaufel in der Hand; und er wird seine Tenne durch und durch reinigen und seinen Weizen in die Scheune sammeln, die Spreu aber wird er verbrennen mit unauslöschlichem Feuer.**

**Auftreten des Täufers (V 1-6)**
Johannes wächst auf als Sohn des Priesters Zacharias und seiner Frau Elisabet im judäischen Bergland (Lk 1,11-17.57-63) und lebt bereits in jungen Jahren in der Wüste (Lk 1,80). Durch die Bezeichnung „der Täufer" ist er auch historisch bei Josephus Flavius (Ant. XVIII, 116) bezeugt. Er ist eine charismatische Erscheinung; seine Verkündigung zeigt ihn als Bußprediger mit vehementer Naherwartung des göttlichen Strafgerichts. Seine Charakteristik wird in der Tradition eindrucksvoll gezeichnet als Vorläufer Jesu, der „mit Heiligem Geist und Feuer tauft" (Mt 3,11), als wiedergekommener Elija (17,12), als Zeuge für den in die Welt gekommenen Sohn Gottes (Joh 1,6ff.15).

*„In jenen Tagen"* (V 1), ist zwar eine gängige Formel biblischer Chronologie (Ex 2,11; Mt 24,19.38), verweist aber hiermit etwa auf das Jahr 27/28 (Lk 3,1f): „Aber im fünfzehnten Jahre der Regierung des Kaisers Tiberius, als Pontius Pilatus Landpfleger von Judäa war und Herodes Vierfürst von Galiläa und sein Bruder Philippus Vierfürst von Ituräa und der Landschaft Trachonitis und Lysanias Vierfürst von Abilene [2]unter dem Hohenpriestertum von Hannas und Kajaphas, geschah das Wort Gottes an Johannes, den Sohn des Zacharias, in der Wüste."

Die *„Wüste von Judäa"* meint somit die vegetationsarme und erodierte Gebirgssenke zum südlichen Jordangraben hin, zur Einmündung des Flusses Jordan ins Tote Meer. Unweit davon siedelte eine Mönchsgemeinde in Qumran, die möglicherweise Johannes vorübergehend Gastfreundschaft gewährte. An einer der nahen frequentierten Jordanfurten scheint sich der Täufer an die Leute gewendet zu haben, dort *„verkündete"* er seine Botschaft.

Artgemäß verkündet Johannes (V 2) die Umkehr, also die Hinwendung zu Gott wie Jesus (Mt 4,17): „Von da an begann Jesus zu predigen und zu sagen: Ändert eure Gesinnung, denn das Reich der Himmel ist nahe gekommen." Die besondere Bußaktion des Täufers besteht in der Forderung des Täufers, den bisherigen sündhaften Weg zu verlassen, die Sünden zu bekennen (V 6) und Früchte der Umkehr zu zeigen (V 8).

Mit der *„Wüste"* (V 3) koordinieren sich diverse Motivationen: Die Wüste ist der Zufluchtsort der Vertriebenen oder Verfolgten (Gen 21,14; 1 Makk 2,29), Wohnstatt böser Geister (Mt 12,43) oder auch Stätte der Bewährung (Hos 2,14), Ort der Gottesbegegnung, wie der „Brennende Dornbusch" (Ex 3,14f) zeigt, aber auch der Hoffnung auf Heil in Erinnerung an die Gnadenzeit der Wüstenwanderung am Sinai, auf dem Jahwe dem Mose erschien (Ex 19f). – Sie ist der Ort der Versuchung (Mt 4,1): „Dann wurde Jesus von dem Geiste in die Wüste hinaufgeführt, um von dem Teufel versucht zu werden."

Der *„Rufer in der Wüste"* (V 3) motiviert möglicherweise nach Jes 10,3: „Und was wollt ihr tun am Tage der Heimsuchung und beim Sturm, der von fern daherkommt? Zu wem sollt ihr fliehen um Hilfe und wohin eure Herrlichkeit in Sicherheit bringen?" Und noch deutlicher ist erkennbar (Jes 40,3): „Stimme eines Rufenden: In der Wüste bahnet den Weg Jahwes; ebnet in der Steppe eine Straße für unseren Gott!" Das bezeugt Jesus von Johannes (Mt 11,7-10): „Als sie gegangen waren, begann Jesus zu der Menge über Johannes zu reden; er sagte: Was habt ihr denn sehen wollen, als ihr in die Wüste hinausgegangen seid? Ein Schilfrohr, das im Wind schwankt? [8]Oder was habt ihr sehen wollen, als ihr hinausgegangen seid? Einen Mann in feiner Kleidung? Leute, die fein gekleidet sind, findet man in den Palästen der Könige. [9]Oder wozu seid ihr hinausgegangen? Um einen Propheten zu sehen? Ja, ich sage euch: Ihr habt sogar mehr gesehen als einen Propheten. [10]Er ist der, von dem es in der Schrift heißt: Ich sende meinen Boten vor dir her; er soll den Weg für dich bahnen." Somit wird Johannes als der von Gott gesandte Endzeitprophet beglaubigt. – Johannes zieht alle Menschen ohne Unterschied an, ruft sie zur Buße auf und lädt sie zur Taufe ein (V 5.7f).

*Bekleidung und Ernährung* (V 4) kennzeichnen Johannes als Mann der Wüste, als wiederkehrenden, den Weg des Messias vorbereitenden Propheten Elija (Mt 17,12f). Die Garderobe aktiviert die Erinnerung an den Propheten Elija aus Tischbe, der einen Mantel aus Ziegenhaaren – Johannes aus Kamelhaaren – und ebenfalls einen ledernen Gurt um die Hüften trug (2 Kön 1,8). Die Verpflegung – Heuschrecken und wilder Honig – konveniert dem Leben in der Wüste und betont seine Askese (Mt 11,18; Lk 7,33).

Der charismatische Prediger in der Wüste setzt *„Jerusalem, ganz Judäa und das gesamte umliegende Land des Jordan"* (V 5) in Bewegung. Der Jordan wird nun äußerst bedeutungsvoll als Taufstelle. Dort wird abgewaschen, alles, was Gott missfällt. Es ist schwerlich heute zu zeigen, wo Johannes getauft hat. Die Angabe „Betanien jenseits des Jordan" (Joh 1,28; 10,40) ist irrelevant. In nachfolgender Zeit hat Johannes seine Aktion weiter nach Norden lokalisiert (Joh 3,23): „Aber auch Johannes taufte damals, und zwar in Änon bei Salim, weil dort viel Wasser war; und die Leute kamen und ließen sich taufen."

Der Sinn der Johannestaufe (V 6) verweist bereits auf die Bedeutung in der christlichen Tradition, die auf den Sinn der christlichen Taufe vorbereitet (Joh 3,25-28): „Da kam es zwischen den Jüngern des Johannes und einem Juden zum Streit über die Frage der Reinigung. 26Sie gingen zu Johannes und sagten zu ihm: Rabbi, der Mann, der auf der anderen Seite des Jordan bei dir war und für den du Zeugnis abgelegt hast, der tauft jetzt, und alle laufen zu ihm. 27Johannes antwortete: Kein Mensch kann sich etwas nehmen, wenn es ihm nicht vom Himmel gegeben ist. 28Ihr selbst könnt mir bezeugen, dass ich gesagt habe: Ich bin nicht der Messias, sondern nur ein Gesandter, der ihm vorausgeht."

Die Taufe des Johannes (Apg 19,3) wurde nach der Predigt über das drohende herannahende Gericht und dem Bekenntnis der Sünden nur einmal durch den Täufer vollzogen. Sie bewahrt vor dem ewigen Feuer im Gericht (Mt 3,10.12) und unterscheidet sich wesentlich von der Taufe Jesu, der „mit Heiligem Geist und Feuer" tauft (V 11). Das Jordanwasser hat symbolische Bedeutung: das Abwaschen der Sünden, wenn „Umkehr" vorhanden ist (V 11a).

**Gerichtspredigt des Täufers (V 7-10)**

Die *Pharisäer* – zu unterscheiden von der Priesterkaste der Sadduzäer – waren keine Priester; sie besaßen auf Grund ihrer Gesetzeskenntnis große Autorität und Kompetenz im einfachen Volk.

Um 150 v. Chr. schlossen sich Priesterkreise zusammen, die *Sadduzäer* genannt wurden. Sie ließen nur das geschriebene Gesetz (Pentateuch) gelten, auch die Propheten waren für sie bedeutungslos. Sie leugneten ein Weiterleben nach dem Tod und die Existenz von Engeln und waren dem Hellenismus zugewandt.

Die Vertreter der beiden religiösen Hauptgruppen zur Zeit Jesu, „Pharisäer und Sadduzäer", kommen mutmaßlich in heuchlerischer Manier oder aus Neugierde zur Taufe des Johannes. Johannes durchschaut es. In der Androhung des kommenden Gerichtes ist seine harte Ausdrucksweise verständlich; charakteristisch ist die Diktion „Natternbrut", die auch nachfolgend verwendet wird (Mt 12,34; 23,33). Und nochmals wird ausgedrückt, dass die Repräsentanten des zeitgenössischen Judentums, die Tonangebenden des Volkes, Johannes nicht geglaubt haben (21,25.32).

Die Forderung nach „Umkehr" (V 8) ist rigoros und verlangt entsprechende sichtbare Ergebnisse (Jer 17,10): „Ich, Jahwe, erforsche das Herz und prüfe die Nieren, und zwar um einem jeden zu geben nach seinen Wegen, nach der Frucht seiner Taten." Häufig wird die Metapher vom Fruchtbringen verwendet (Mt 7,16-20; 12,33). Die belehrende Unterweisung zu sittlicher Umkehr wird den Bußwilligen vor oder nach der Taufe zuteil (V 6f) und schließt sich an prophetische Aussagen an (Am 5,23f; Jes 1,10-17).

Die Berufung auf Abraham (V 9) und seine Glaubensgemeinschaft durch das Zeichen der Beschneidung ist nutzlos (Joh 8,33.53; Röm 4,11). *Dass Gott auch aus Steinen dem Abraham Kinder erwecken kann*, blickt bereits auf ein neues Bundesvolk, das aus dem wahren Glauben an Gott lebt und der leiblichen Abstammung Abrahams nicht bedarf (Joh 8,37-40; Röm 4,12.16; 9,7).

Die radikale Standhaftigkeit des Täufers (V 10) nährt seine Überzeugung vom unmittelbar imminenten Endgericht. Er orientiert sich ausschließlich von der Zukunftsperspektive her. *„Schon ist die Axt an die Wurzel der Bäume gelegt"*, binnen Kurzem beginnt das Abholzen der Bäume. Die Metapher vom *Feuer* (V 10.12) ist eine Sinnübertragung für das Endgericht (Ps 50,3f; Jes 26,11) und Gottes Zorn (Ps 79,5; 89,47). Dennoch ist eine Chance auf Rettung vorhanden: Umkehr mit entsprechenden Taten (V 8) und vertrauenswürdiger Bußtaufe (V 6.11).

**Ankündigung des Messias (V 11f)**

Johannes spricht äußerst devot: Nach den scharfzüngigen Formulierungen über das Gericht folgt ein hoffnungsvolles Wort, das in die Zukunft auf den Messias weist, den der Täufer als „Stärkeren" bezeichnet, hinter dem er zurückzutreten hat, nicht würdig, ihm zu dienen (V 11). Imposant, mächtig, gewaltig in allen Bereichen des Lebens kann in neutestamentlicher Perspektive bereits im Hinblick auf Jesus erkannt werden.

Die Differenz zwischen sich selbst und dem „Stärkeren" veranschaulicht Johannes im Vergleich der Taufen: Seine eigene Taufe ist „im Wasser" fundiert (11a), die des kommenden Messias indessen „im Heiligen Geist und im Feuer", was eine „Feuertaufe" im Gericht erahnen lässt. Gott verwendet Feuer zur Bestrafung und Läuterung (Am 1,4.7.10; Ez 22,17-22).

Nimmt man den Text so, wie er heute vorliegt, dann wird man an die Geistsendung erinnert, die Apg 2,1-21 berichtet: Unter Sturmbrausen und Zungen wie von Feuer wurden die versammelten Jünger Jesu vom Geist erfüllt. „Taufe" wird hiermit im Hinblick auf Jesus zum Sinnbild der geistigen Erneuerung (Mk 1,8): „Ich habe euch nur mit Wasser getauft, er aber wird euch mit dem Heiligen Geist taufen." Das bezeugen folgende Aussagen (Joh 1,29-34): „Am Tag darauf sah er [Johannes] Jesus auf sich zukommen und sagte: Seht, das Lamm Gottes, das die Sünde der Welt hinwegnimmt. [30]Er ist es, von dem ich gesagt habe: Nach mir kommt ein Mann, der mir voraus ist, weil er vor mir war. [31]Auch ich kannte ihn nicht; aber ich bin gekommen und taufe mit Wasser, um Israel mit ihm bekanntzumachen. [32]Und Johannes bezeugte: Ich sah, dass der Geist vom Himmel herabkam wie eine Taube und auf ihm blieb. [33]Auch ich kannte ihn nicht; aber er, der mich gesandt hat, mit Wasser zu taufen, er hat mir gesagt: Auf wen du den Geist herabkommen siehst und auf wem er bleibt, der ist es, der mit dem Heiligen Geist tauft. [34]Das habe ich gesehen, und ich bezeuge: Er ist der Sohn Gottes." – Apg 1,5: „Johannes hat mit Wasser getauft, ihr aber werdet schon in wenigen Tagen mit dem Heiligen Geist getauft." – Apg 11,16: „Da erinnerte ich mich an das Wort des Herrn: Johannes hat mit Wasser getauft, ihr aber werdet mit dem Heiligen Geist getauft werden."

Die Sehnsucht nach baldiger Gerechtigkeit bringt ein Beispiel aus der Erntearbeit (V 12). Der Weizen wird mit der Schaufel im Wind emporgeworfen und somit gereinigt: Die Körner fallen auf die Tenne, die Spelze wird vom Wind verweht. Der Weizen wird in die Scheune gebracht: Die Rettung der Guten wird ins Visier genommen (Mt 13,30.34): „Lasst beides wachsen bis zur Ernte. Wenn dann die Zeit der Ernte da ist, werde ich den Arbeitern sagen: Sammelt zuerst das Unkraut und bindet es in Bündel, um es zu verbrennen; den Weizen aber bringt in meine Scheune. [43]Dann werden die Gerechten im Reich ihres Vaters wie die Sonne leuchten. Wer Ohren hat, der höre!" Darauf zielt die Heilsbotschaft Jesu (Mt 6,13): Und führe uns nicht in Versuchung, sondern rette uns vor dem Bösen."

# TAUFE JESU

## Mt 3,13-17

**[13]Damals kommt Jesus aus Galiläa an den Jordan zu Johannes, um sich von ihm taufen zu lassen. [14]Johannes aber wollte es nicht zulassen und sprach: Ich habe nötig von dir getauft zu werden, und du kommst zu mir? [15]Jesus aber antwortete und sprach zu ihm: Lass es jetzt so sein; denn dementsprechend gebührt es uns, alle Gerechtigkeit zu erfüllen. Daraufhin erlaubt er [Johannes] es ihm. [16]Und als Jesus getauft war, stieg er alsbald von dem Wasser herauf; und siehe, die Himmel wurden ihm aufgetan, und er sah den Geist Gottes wie eine Taube herabsteigen und auf ihn kommen. [17]Und siehe, eine Stimme kommt aus den Himmeln, die spricht: Dieser ist mein geliebter Sohn, an welchem ich Gefallen gefunden habe.**

**Zeitansetzung (V 13)**
*„Damals"* (V 13) bezieht sich auf die Zeit des Auftretens des Täufers (3,1), das zeigt das gleiche Verbum – „kommt heran, tritt auf" – das für Johannes und Jesus verwendet wird. Jesus ist entschlossen, sich taufen zu lassen, was zum anschließenden Gedankenaustausch führt.
Das Zeugnis des Täufers für Jesus lautet (Joh 1,29): „Am Tag darauf sah er Jesus auf sich zukommen und sagte: Seht, das Lamm Gottes, das die Sünde der Welt hinwegnimmt." Jesus hat eine Bußtaufe nicht nötig und dennoch unterzieht er sich der Johannestaufe. Das Zwiegespräch zwischen dem Täufer und Jesus lassen die Begründung für die Entschlossenheit Jesu erkennen.

**Zwiegespräch (V 14f)**
Johannes beugt sich dem Willen des „Stärkeren" (Mt 3,11), nachdem Jesus seine Argumentation kundgibt: *„Es gebührt uns, alle Gerechtigkeit zu erfüllen"* (V 15). Folgende Aussagen lassen die Bedeutung dieser Forderung erkennen, die *„erfüllt"* (Mt 5,17) werden muss (Mt 5,6.10.20): „[6]Selig, die hungern und dürsten nach der Gerech-

tigkeit; denn sie werden satt werden. [10]Selig, die um der Gerechtigkeit willen verfolgt werden; denn ihnen gehört das Himmelreich. [20]Darum sage ich euch: Wenn eure Gerechtigkeit nicht weit größer ist als die der Schriftgelehrten und der Pharisäer, werdet ihr nicht in das Himmelreich kommen." – Darüber hinaus wird argumentiert (Mt 6,1.33): „[1]Hütet euch, eure Gerechtigkeit vor den Menschen zur Schau zu stellen; sonst habt ihr keinen Lohn von eurem Vater im Himmel zu erwarten. [33]Euch aber muss es zuerst um sein Reich und um seine Gerechtigkeit gehen; dann wird euch alles andere dazugegeben." – Über Johannes und Jesus ist zu lesen (Mt 21,32; 5,17): „[32]Denn Johannes ist gekommen, um euch den Weg der Gerechtigkeit zu zeigen, und ihr habt ihm nicht geglaubt; aber die Zöllner und die Dirnen haben ihm geglaubt. Ihr habt es gesehen, und doch habt ihr nicht bereut und ihm nicht geglaubt. [17]Denkt nicht, ich sei gekommen, um das Gesetz und die Propheten aufzuheben. Ich bin nicht gekommen, um aufzuheben, sondern um zu erfüllen."

Unter *„Gerechtigkeit, Rechtschaffenheit"* wird hiermit eine Diktion für die Realisierung des göttlichen Heilsplanes und seines Willens verstanden. Jesus lässt sich taufen, um zu dokumentieren, dass er völlig an den göttlichen Willen gebunden und mit dem Volk solidarisch verbunden ist: also aus *Gehorsam* gegenüber Gott und aus *Solidarität* zu den Menschen. Zudem nimmt Jesus die Taufe auf sich zum *Vorbild*: *„Es geziemt sich, für uns alle Gerechtigkeit zu erfüllen."* – Schließlich erfolgt die Taufe Jesu, um die nachfolgende *Theophanie* herbeizuführen!

**Theophanie (V 16f)**

„Und siehe" (V 16.17) lenkt die Aufmerksamkeit auf das Offenbarungsgeschehen. Zunächst auf die *Vision*: „Die Himmel wurden ihm aufgetan, und er sah den Geist Gottes wie eine Taube herabsteigen und auf ihn kommen." Daraufhin auf die *Audition*: „[17]Und siehe, eine Stimme kommt aus den Himmeln, die spricht: Dieser ist mein geliebter Sohn, an welchem ich Gefallen gefunden habe." Die Symbolsprache charakterisiert das „Öffnen der Himmel" und die „Taube" als Sinnbild für den Geist Gottes (V 16); parallel dazu die „Stimme aus dem Himmel", die Gott Vater präsentiert und auf den Sohn Gottes verweist.

Das Öffnen des Himmels (Ez 1,1; Offb 4,1) bereitet eine heilsame Offenbarung vor (Jes 63,19). Vorhergesagtes scheint sich hiermit zu erfüllen (Jes 11,1f): „Doch aus dem Baumstumpf Isais wächst ein Reis hervor, ein junger Trieb aus seinen Wurzeln bringt Frucht. [2]Der Geist Jahwes lässt sich nieder auf ihm: der Geist der Weisheit und der Einsicht, der Geist des Rates und der Stärke, der Geist der Erkenntnis und der Furcht Jahwes." Auch Jes 61,1 scheint ein Echo in V 17 zu erhalten: „Der Geist des Herrn, Jahwes, ruht auf mir; denn Jahwe hat mich gesalbt. Er hat mich gesandt, damit ich den Armen eine frohe Botschaft bringe und alle heile, deren Herz zerbrochen ist, damit ich den Gefangenen die Entlassung verkünde und den Gefesselten die Befreiung."

Die Stimme „aus dem geöffneten Himmel" stammt von Gott. Was Gott über Jesus proklamiert, reflektiert das christologische Bekenntnis der Jüngergemeinschaft, das sich an die Aussage über den Gottesknecht in Jes 42,1 anlehnt: „Seht, das ist mein Knecht, den ich stütze; das ist mein Erwählter, an ihm finde ich Gefallen. Ich habe meinen Geist auf ihn gelegt, er bringt den Völkern das Recht." Nun wird aber nicht mehr vom „erwählten Knecht", sondern vom „geliebten Sohn" gesprochen. Möglicherweise ist zudem diese Diktion beeinflusst von Ps 2,7: „Vom Beschluss will ich erzählen: Jahwe sprach zu mir: Du bist mein Sohn, heute habe ich dich gezeugt." Das führt zu einem Spektrum weiterer Erläuterungen im Hinblick auf die Auferstehung Jesu (Apg 13,32ff): „So verkünden wir euch das Evangelium: Gott hat die Verheißung, die an die Väter ergangen ist, [33]an uns, ihren Kindern, erfüllt, indem er Jesus auferweckt hat, wie es schon im zweiten Psalm heißt: Mein Sohn bist du, heute habe ich dich gezeugt. [34]Dass er ihn aber von den Toten auferweckt hat, um ihn nicht mehr zur Verwesung zurückkehren zu lassen, hat er so ausgedrückt: Ich will euch die Heilsgaben gewähren, die ich David fest zugesagt habe.“ – Erneut wird die Einmaligkeit der Sohnschaft Jesu charakterisiert (Heb 1,5): „Denn zu welchem Engel hat er jemals gesagt: Mein Sohn bist du, heute habe ich dich gezeugt und weiter: Ich will für ihn Vater sein, und er wird für mich Sohn sein?“ – Letztgenannte Aussage wird aus 2 Sam 7,14a aufgegriffen: „Ich will für ihn Vater sein, und er wird für mich Sohn sein.“

In V 17 liegt exorbitant die Proklamation des von der Jüngergemeinde als Sohn Gottes erkannten Messias vor, wie nachfolgend wiederholt bestätigt wird: Mt 4,3.6; 14,33; 16,16; 17,5; 21,37; 22,42-44; 26,62ff. – Zugleich liegt hiermit (V 13-17) die Inauguration des Wirkens Jesu vor. Das zeigt sich im Herabkommen des Heiligen Geistes über Jesus, den Gott als seinen geliebten Sohn für seine messianische Sendung präsentiert. Zugleich wird, theologisch gesehen, bei der Taufe Jesu eine trinitarische Perspektive sichtbar, die dann in der Taufformel offensichtlicher wird (Mt 20,19): „Darum geht zu allen Völkern, und macht alle Menschen zu meinen Jüngern; tauft sie auf den Namen des Vaters und des Sohnes und des Heiligen Geistes.“

# VERSUCHUNG JESU

## Mt 4,1-11

**[1]Dann wurde Jesus vom Geist in die Wüste hinaufgeführt, um von dem Teufel versucht zu werden; [2]und als er vierzig Tage und vierzig Nächte gefastet hatte, hungerte ihn zuletzt. [3]Und der Versucher trat zu ihm hin und sagte: Wenn du Gottes Sohn bist, so sprich, dass diese Steine Brot werden. [4]Er aber antwortete und sprach: Es steht geschrieben: „Nicht von Brot allein soll der Mensch leben, sondern von jedem Wort, das durch den Mund Gottes kommt.“ [5]Dann nimmt der Teufel ihn mit in die heilige Stadt und stellt ihn auf die Zinne des Tempels [6]und spricht zu ihm: Wenn du Gottes Sohn bist, so wirf dich hinab; denn es steht geschrieben: „Er wird seinen Engeln über dir befehlen, und sie werden dich auf den Händen tragen, damit du nicht etwa deinen Fuß an einen Stein stoßest.“ [7]Jesus sagte zu ihm: Wiederum steht geschrieben: „Du sollst den Herrn, deinen Gott, nicht versuchen.“ [8]Wiederum nimmt der Teufel ihn mit auf einen sehr hohen Berg und zeigt ihm alle Reiche der Welt und ihre Herrlichkeit [9]und sagte zu ihm: Alles dieses will ich dir geben, wenn du niederfallen und mich anbeten willst. [10]Da sagt Jesus zu ihm: Geh hinweg, Satan! Denn es steht geschrieben: „Du sollst den Herrn, deinen Gott, anbeten und ihm allein dienen.“ [11]Darauf verlässt ihn der Teufel, und siehe, Engel kamen herzu und dienten ihm.**

Schon die Diktion *„vom Geist in die Wüste hinaufgeführt"* (V 1) lässt erahnen, dass die sonderbare Erzählung (V 1-11) einen spirituellen, geistigen, inneren Vorgang beschreibt. Das Herannahen des Versuchers, die Ortsangaben – Wüste, Tempel, hoher Berg – sind anschaulich illustrativ skizzierte Szenen eines inneren Ringens Jesu am Anfang seines messianischen Wirkens. Dabei wird der abwehrende Widerstand gegen den Teufel real existent repräsentiert.

Die *Wüste*, in die Jesus geführt wird, ist anscheinend ein ödes Gebiet in der Nähe des Jordans (Mt 3,1) und hat zugleich eine symbolische Bedeutung: Die Wüste ist das Asyl der Vertriebenen oder Verfolgten (Gen 21,14; 1 Makk 2,29), Wohnstatt böser Geister (Mt 12,43), der Entsagung (11,7) oder Stätte der Bewährung (Hos 2,14), Ort der Gottesbegegnung – wie der „Brennende Dornbusch" (Ex 3,14f) offenbart –, aber auch der Zuversicht auf Heil in Erinnerung an die Gnadenzeit der Wüstenwanderung am Sinai, auf dem Jahwe dem Mose erschien (Ex 19f). Sie ist der Ort der Versuchung (Mt 4,1): „Dann wurde Jesus von dem Geiste in die Wüste hinaufgeführt, um von dem Teufel versucht zu werden." – Die Triebkraft durch den in der Taufe auf Jesus herabgekommenen *Geist* ist eine innere Dynamik, denn der Geist treibt Jesus in die Wüste (Mk 1,12).

Der *„Teufel"* (V 1) auch Satan oder Widersacher genannt, wird erst einmal als Widersacher im Sinn von Ankläger bei der Rechtsprechung verstanden (Ps 109,6), er erscheint im Himmel vor Gott als Gegner des Ijob (Ijob 1,6-12; 2,1-7). Er ist die Präsentation des Bösen (Mt 13,19), der Feind schlechthin (Mt 13,25.28; Lk 10,19). Er agiert in Opposition zu Gottes Heilsplan (Mt 4; Mk 4,15), verblendet die Menschen, damit sie die Heilsbotschaft Gottes nicht erkennen (2 Kor 4,4), lotst zu Unglaube und Sünde (Eph 2,2). Er wird benannt „Versucher" (Mt 4,3; 1 Thess 3,5), „der Starke" (Mt 12,29), „Vater der Lüge" (Joh 8,44), „Fürst dieser Welt" (Joh 12,31), „Gott der Welt" (2 Kor 4,4). Die letzte Diktion ist überraschend und zwingt zum Nachdenken.

Drastisch wird die *Versuchung* im Sündenfall der ersten Menschen (Gen 3,1-16) und im Abrahams-Opfer (Gen 22,1-14) gezeichnet. Versuchung des Menschen geschieht durch Gott zum Kennzeichen des Gehorsams (Ex 16,4), der Bewährung (Weish 3,5), der Läuterung (Sir 4,17), der Gottesfurcht (Ex 16,4; Ri 2,22). Versuchungen kommen sowohl vom Teufel (1 Thess 3,5; Lk 22,31) als auch vom Menschen (1 Kor 10,22; Gal 6,1).

Das *Fasten Jesu* (V 2) „vierzig Tage und vierzig Nächte" aktiviert eine analoge Aussage über Mose in der Gegenwart Gottes auf dem Sinai (Ex 34,28): „Und er war daselbst bei Jahwe vierzig Tage und vierzig Nächte; er aß kein Brot und trank kein Wasser. Und er schrieb auf die Tafeln die Worte des Bundes, die zehn Worte." Im Unterschied dazu machte Jesus keine Aufzeichnung, sondern wird sich seines Sendungsbewusstsein sicher und seines messianischen Auftrages gewiss. Das Fasten lässt die Nähe Gottes erfahren, schafft Klarheit, Läuterung, Festigung in der Berufung und Glaubenssicherheit.

Der *„Versucher"* (V 3f), greift den Hunger Jesu auf und verlangt von ihm als „Sohn Gottes" ein Wunder: Steine in Brot umzuformen. Alle drei Verführungen sind eine Befehdung der göttlichen Sohnschaft Jesu (V 6).

*„Sohn Gottes"* benennt den Messias in christlicher Bedeutung (Mt 16,16; 26,63), in seiner von Gott selbst manifestierten Zusammengehörigkeit mit ihm und dem Vater (3,17; 17,5). Die Möglichkeit zur Versuchung dieses „Sohnes Gottes", der als Mensch auch hungert, ist verständlich (Hebr 4,14f): „Da wir nun einen erhabenen Hohenpriester haben, der die Himmel durchschritten hat, Jesus, den Sohn Gottes,

lasst uns an dem Bekenntnis festhalten. [15]Wir haben ja nicht einen Hohenpriester, *der nicht mitfühlen könnte mit unserer Schwäche*, sondern einen, der in allem wie wir in Versuchung geführt worden ist, aber nicht gesündigt hat." – Dem Teufel gelüstet, Jesus vom pflichtgemäßen Heilsplan, der „alle Gerechtigkeit" fordert (Mt 3,15), zu entziehen (12,18-21). Aber Jesus pariert ihm mit einer zuverlässigen Ausdrucksweise (Dtn 8,3b): „Er wollte dich erkennen lassen, dass der Mensch nicht nur von Brot lebt, sondern dass der Mensch von allem lebt, was der Mund des Herrn spricht."

Der Teufel befördert Jesus – in Jesu psychischen Kampf (V 5ff) – auf eine hohe Stelle des Tempels und verlangt von ihm ein *Schauwunder*, wie es ebenfalls später eingefordert wird (Mt 12,38): „Dann antworteten ihm etliche der Schriftgelehrten und Pharisäer und sprachen: Lehrer, wir möchten ein Zeichen von dir sehen." Erneut wird der Wunsch laut (Mt 16,1): „Da kamen die Pharisäer und Sadduzäer zu Jesus, um ihn auf die Probe zu stellen. Sie baten ihn: Lass uns ein Zeichen vom Himmel sehen." Diesen Fingerzeig aus dem Himmel begründet der Versucher folgendermaßen (Ps 91,11f): „Denn er befiehlt seinen Engeln, dich zu behüten auf all deinen Wegen. [12]Sie tragen dich auf ihren Händen, damit dein Fuß nicht an einen Stein stößt." Aber Jesus pariert mit einem entsprechenden Axiom (Dtn 6,16): „Ihr sollt Jahwe, euren Gott, nicht versuchen, wie ihr ihn zu Massa versucht habt (Ex 17,1-7; Num 20,7-13)."

Nun dünkt sich der Teufel am Zenit seiner Position (V 8-10) und verfeilscht Jesus – ohne Schriftzitat – die Weltherrschaft, wenn er niederfällt und ihn anbetet. Der „sehr hohe Berg", von dem „alle Reiche der Welt" gezeigt werden können, ist nicht lokalisierbar. Der bei Jericho dargestellte „Berg der Versuchung" verdankt seine verehrende Dienstwilligkeit Eremiten im 4. Jh. Es entdeckt der *Berg* der satanischen Versuchung ein Spiegelbild im Gottesberg der Verklärung (Mt 17,1f): „Sechs Tage danach nahm Jesus Petrus, Jakobus und dessen Bruder Johannes beiseite und führte sie auf einen hohen Berg. [2]Und er wurde vor ihren Augen verwandelt; sein Gesicht leuchtete wie die Sonne, und seine Kleider wurden blendend weiß wie das Licht." – Auf einem Berg in Galiläa demonstriert der Auferstandene seine Ermächtigung, sein Mandat, und schickt seine Anhänger zu allen Völkern (Mt 28,16).

Die scharfzüngige Abweisung des Verderbers durch Jesus „Geh hinweg, Satan!" (V 10) lehnt sich an nachfolgende Zitate an (Dtn 6,4f.9.13): „Höre Israel: Jahwe, unser Gott, ist ein einziger Jahwe! [5]Und du sollst Jahwe, deinen Gott, lieben mit deinem ganzen Herzen und mit deiner ganzen Seele und mit deiner ganzen Kraft. [9]Du sollst dich nicht vor ihnen [anderen Göttern] niederbeugen und ihnen nicht dienen; denn ich, Jahwe, dein Gott, bin ein eifernder Gott, der die Ungerechtigkeit der Väter heimsucht an den Kindern, ja, am dritten und am vierten Gliede derer, die mich hassen. [13]Jahwe, deinen Gott, sollst du fürchten und ihm dienen, und bei seinem Namen sollst du schwören."

Die Bedienung der Engel (V 11) besteht für Jesus zunächst – nach dem asketischen Hungern – im Anbieten von Nahrung, wie bereits ein Elija erfahren durfte (1 Kön 19, 5ff): „Dann legte er sich unter den Ginsterstrauch und schlief ein. Doch ein Engel rührte ihn an und sprach: Steh auf und iss! [6] Als er um sich blickte, sah er neben seinem Kopf Brot, das in glühender Asche gebacken war, und einen Krug mit Wasser. Er aß und trank und legte sich wieder hin. [7] Doch der Engel Jahwes kam zum zweiten Mal, rührte ihn an und sprach: Steh auf und iss! Sonst ist der Weg zu weit für dich." Jesus überwindet mit Gottes Geist die dämonische Macht (Mt 12,28): „Wenn ich aber die Dämonen durch den Geist Gottes

austreibe, dann ist das Reich Gottes schon zu euch gekommen.“
Bei der Versuchung Jesu erfährt der Teufel eine Niederlage (Mt 4,1-11); das expliziert: Durch Jesus wird die Stärke des Widersachers ein für alle Mal gebrochen (Joh 14,30); endgültig allerdings erst bei der Wiederkunft (2 Thess 2,8; Offb 20,7-10).

# RÜCKKEHR NACH GALILÄA

## Mt 4,12-17

**12Als er [Jesus ] aber gehört hatte, dass Johannes ausgeliefert worden war, zog er sich nach Galiläa zurück; 13und er verließ Nazaret und kam und wohnte in Kafarnaum, das am See liegt, im Gebiet von Sebulon und Naftali; 14auf dass sich erfülle, was durch den Propheten Jesajas gesagt worden ist, der spricht: 15„Land Sebulon und das Land Naftali, die Straße am Meer, jenseits des Jordan, das Galiläa der Heiden: 16Das Volk, das in Finsternis sitzt, hat ein großes Licht gesehen, und denen, die im Lande und Schatten des Todes sitzen, Licht ist ihnen aufgegangen.“ 17Von da an begann Jesus zu verkünden und zu sagen: Ändert eure Gesinnung, denn nahe gekommen ist das Reich der Himmel.**

**Ortsveränderung (V 12f)**
Die Verhaftung des Täufers motiviert Jesus, aus Sicherheitsgründen von Nazaret nach Kafarnaum am Nordwest-Ufer des Sees Gennesaret zu übersiedeln (V 12f). Das erinnert an Josef, der vor einer bedrohlichen Gefährdung sich von Judäa nach Nazaret zurückzieht (Mt 2,22f): „Als er aber hörte, dass in Judäa Archelaus an Stelle seines Vaters Herodes regierte, fürchtete er sich, dorthin zu gehen. Und weil er im Traum einen Befehl erhalten hatte, zog er in das Gebiet von Galiläa 23und ließ sich in einer Stadt namens Nazaret nieder. Denn es sollte sich erfüllen, was durch die Propheten gesagt worden ist: Er wird Nazoräer genannt werden.“ Kafarnaum, Hebräisch *Kephar Nahum*, „Dorf des Nahum“, 4 km von der Mündung des Jordan in den See, heute *Tell Hum*, wird für Jesus zum „Wohnsitz“, „seine Stadt“ (Mt 9,1) und Mittelpunkt seiner ersten Aktivitäten, wo er zahlreiche Wunder wirkt (Mt 8,5; Mk 1,30-34). Ortsveränderungen entsprechen dem göttlichen Heilsplan, ein Grenzort mit Zollstation (Mt 9,9) und einer militärischer Garnison (8,5).
Kafarnaum am See Gennesaret, im vormaligen Bereich der Stämme Sebulon und Naftali, führt zu einer Prophetie (V 14ff), die sich nun *erfüllt* (Jes 8,23): „Denn wer jetzt in Not ist, bleibt nicht im Dunkel. Einst hat er das Land Sebulon und das Land Naftali verachtet, aber später bringt

er die Straße am Meer wieder zu Ehren, das Land jenseits des Jordan, das Gebiet der Heiden." Das erläutert zudem (Jes 9,1): „Das Volk, das im Dunkel lebt, sieht ein helles Licht; über denen, die im Land der Finsternis wohnen, strahlt ein Licht auf." Somit wird dem zur Zeit des Pekach (737–732 v. Chr.) von Tiglat-Pileser unter assyrischer Herrschaft annektiertem Gebiet (2 Kön 15,29) Freiheit, Licht in der Finsternis, neues Ansehen verkündet, und zwar durch den ersehnten Spross Davids (Jes 9,5): „Denn uns ist ein Kind geboren, ein Sohn ist uns geschenkt. Die Herrschaft liegt auf seiner Schulter; man nennt ihn: Wunderbarer Ratgeber, Starker Gott, Vater in Ewigkeit, Fürst des Friedens."

*„Galiläa der Heiden"* (V 15) wird dieses Terrain genannt, weil es zu jener Zeit durch Deportationen und Einbürgerungen weithin von ausländischen, ungläubigen Volksgruppen bewohnt war. Die „Straße am Meer" meint nun die am See Gennesaret nach Osten auslaufende Handelsstraße. *„Jenseits des Jordan"* bezeichnet vorwiegend das westliche Jordanland. Zur Zeit Jesu ist Galiläa bereits wieder weithin in der jüdischen Volksgemeinschaft integriert, gewiss nicht „heidnisch", sondern vielmehr gesetzestreu und religiös. – Nach Ostern wird den Frauen am leeren Grab Jesu der Auftrag erteilt (Mt 28,7): „Dann geht schnell zu seinen Jüngern und sagt ihnen: Er ist von den Toten auferstanden. Er geht euch voraus nach Galiläa, dort werdet ihr ihn sehen. Ich habe es euch gesagt." Daraufhin sendet Jesus seine Jünger in alle Welt (Mt 28,16-20): „Die elf Jünger gingen nach Galiläa auf den Berg, den Jesus ihnen genannt hatte. [17]Und als sie Jesus sahen, fielen sie vor ihm nieder. Einige aber hatten Zweifel. [18]Da trat Jesus auf sie zu und sagte zu ihnen: Mir ist alle Macht gegeben im Himmel und auf der Erde. [19]Darum geht zu allen Völkern, und macht alle Menschen zu meinen Jüngern; tauft sie auf den Namen des Vaters und des Sohnes und des Heiligen Geistes, [20]und lehrt sie, alles zu befolgen, was ich euch geboten habe. Seid gewiss: Ich bin bei euch alle Tage bis zum Ende der Welt."

**Erfüllungszitat (V 15f)**

Das *„aufgehende Licht"* (V 16) lässt bereits das zahlreiche, aus weiter Umgebung Jesus zuströmende Volk „in ganz Galiläa" (Mt 4, 25) erahnen. Deutlich interpretieren nachfolgende Worte Jesu dieses Faktum Licht (Joh 8,12; 9,5; 12,46): „[12]Als Jesus ein andermal zu ihnen redete, sagte er: Ich bin das Licht der Welt. Wer mir nachfolgt, wird nicht in der Finsternis umhergehen, sondern wird das Licht des Lebens haben. [5]Solange ich in der Welt bin, bin ich das Licht der Welt. [46]Ich bin das Licht, das in die Welt gekommen ist, damit jeder, der an mich glaubt, nicht in der Finsternis bleibt."

Zu *„Schatten des Todes"* (V 16) sind folgende Aussagen aufschlussreich (Joh 3,19ff): „Denn mit dem Gericht verhält es sich so: Das Licht kam in die Welt, und die Menschen liebten die Finsternis mehr als das Licht; denn ihre Taten waren böse. [20]Jeder, der Böses tut, hasst das Licht und kommt nicht zum Licht, damit seine Taten nicht aufgedeckt werden. [21]Wer aber die Wahrheit tut, kommt zum Licht, damit offenbar wird, dass seine Taten in Gott vollbracht sind."

**Anfang der Verkündigung (V 17)**

Die fundamentale Frohbotschaft Jesu schließt sich an Johannes dem Täufer an und wird im gleichen Wortlaut formuliert (Mt 3,2): „Ändert eure Gesinnung [Kehrt um! Tut Buße!], denn nahe gekommen ist das Reich der Himmel." Wie bei Johannes ist *„Gesinnungs-Änderung"* der zentrale Appell Jesu.

Das *„Reich der Himmel"* bezeichnet die Gottesherrschaft (Mt 12,28; 19,24); somit ist „Himmel" eine alternative Formulierung für Gott. Vielmehr meint der Ausdruck das königliche Gebieten Gottes, das unwiderruflich seinem Volk Frieden, Wohlergehen und Erlösung schenken soll (Jes 52,7): „Wie lieblich sind auf den Bergen die Füße dessen, der frohe Botschaft bringt, der Frieden verkündigt, der Botschaft des Guten bringt, der Heil verkündigt, der zu Zion spricht: Dein Gott herrscht als König!"

Die Verkündigung der Gottesherrschaft ist der Mittelpunkt der Frohbotschaft, die Jesus wie ein Freudenbote promulgiert. Die Gottesherrschaft wird vor allem in sieben Gleichnissen in der Rede vom Himmelreich verkündet (Mt 13,1-52): die Sinnbilder vom Sämann, Unkraut unter dem Weizen, Senfkorn, Sauerteig, vom Schatz und von der Perle sowie vom Fischernetz.

Durch Jesus proklamiert, nimmt die Gottesherrschaft tatkräftig ihren Anfang, steht aber in ihrer Endgestalt erst da, sobald das „Reich des Vaters" herbeigeführt ist (Mt 13,43): „Dann werden die Gerechten im Reich ihres Vaters wie die Sonne leuchten. Wer Ohren hat, der höre!" Diese Aussage schließt sich an Dan 12,3 an: „Die Verständigen werden strahlen, wie der Himmel strahlt; und die Männer, die viele zum rechten Tun geführt haben, werden immer und ewig wie die Sterne leuchten."

Das illustriert charakteristisch Mt 5,20; 7,13.20: „[20]Darum sage ich euch: Wenn eure Gerechtigkeit nicht weit größer ist als die der Schriftgelehrten und der Pharisäer, werdet ihr nicht in das Himmelreich kommen. [13]Geht durch das enge Tor! Denn das Tor ist weit, das ins Verderben führt, und der Weg dahin ist breit, und viele gehen auf ihm. [20]An ihren Früchten also werdet ihr sie erkennen."

# DIE ERSTEN JÜNGER

## Mt 4,18-23

**[18]Als er aber am See von Galiläa wandelte, sah er zwei Brüder: Simon, genannt Petrus,
und Andreas, seinen Bruder, die ein Netz in den See warfen, denn sie waren Fischer.
[19]Und er sagt zu ihnen: Kommt mir nach, und ich werde euch zu Menschenfischern
machen. [20]Sie aber ließen sogleich die Netze zurück und folgten ihm nach. [21]Und als
er von dort weiterging, sah er zwei andere Brüder: Jakobus, den Sohn des Zebedäus,
und Johannes, seinen Bruder, im Schiffe mit ihrem Vater Zebedäus, wie sie ihre Netze
ausbesserten; und er rief sie. [22]Sie aber ließen sogleich das Schiff und ihren Vater zurück und folgten ihm nach. [23]Und Jesus zog in ganz Galiläa umher, lehrte in ihren Synagogen und verkündete das Evangelium des Reiches und heilte jede Krankheit und
jedes Leid im Volk.**

**Simon und Andreas (V 18ff)**
Jesus sieht die beiden Brüder Simon und Andreas beim Fischen. Sie werfen ihr Netz in den See, ein sogenanntes „Wurfnetz", das ins Wasser sinkt und gehievt wird, sobald Fische darin vermutet werden. Die Brüder folgen dem Ruf Jesu spontan, er allein steht im Blickfeld; ab diesem Augenblick sind für sie Netze und Fische belanglos.
*„Hinter mir"* – „hinter Jesus nachgehen", ihm folgen, um sie zu *„Menschenfischern"* zu machen (V 19) heißt: Wie der Hirte der Herde vorangeht, sollen die Berufenen geradezu physisch und psychisch seinem Vorbild entsprechend nachkommen. Es wird ihnen zugesagt, dass sie bei der Anwerbung von Mitarbeitern in die Gemeinschaft Jesu mithelfen werden, wie nachfolgend durch die Aussendung der Jünger zu den „verlorenen Schafen des Hauses Israel" (Mt 10,6) und schließlich zu allen Völkern (28,19) bezeugt wird.
Die Autorität des *Simon* wird durch seinen *Beinamen Petrus,* das heißt Fels, hervorgehoben (V 18), was erst später (16,18) erklärt wird: „Ich aber sage dir: Du bist Petrus, und auf diesen *Fels* werde ich meine Kirche bauen, und die Mächte der Unterwelt werden sie nicht überwältigen." Petrus wird als der „Erste" der Apostel genannt (10,2).

**Jakobus und Johannes (V 21f)**
Im Boot beim Herrichten der Netze wird zusammen *„mit ihrem Vater Zebedäus"* das zweite Brüderpaar entdeckt, und nachdem Jesus auch sie gerufen hat, verließen sie das Boot und ihren Vater Zebedäus und folgten Jesus: Nachfolge Jesu kann Verzicht auf Beruf und Familie inkludieren (Mt 19,29): „Und jeder, der um meines Namens willen Häuser oder Brüder, Schwestern, Vater, Mutter, Kinder oder Äcker verlassen hat, wird dafür das Hundertfache erhalten und das ewige Leben gewinnen." – Jesus ruft gleichsam in eine neue Familiengemeinschaft, auch wenn nicht von allen der gleiche Verzicht verlangt wird (12,49f): „Und er streckte die Hand über seine Jünger aus und sagte: Das hier sind meine Mutter und meine Brüder."

**Anschließende Tätigkeit Jesu (V 23)**
Eine Grundsatzerklärung über die nachfolgende Tätigkeit berichtet zusammenfassend, was anschließend ausführlicher über *„Lehre"* sowie *„Verkündigung"* und *„Heilungen"* erzählt wird. Diese Tätigkeit erfolgt in ganz Galiläa (V 23).
Das Lehren Jesu *„in ihren Synagogen"* (Mt 9,35; 12,9) zeigt seine Verantwortung der Glaubensgemeinschaft gegenüber, in die er hineingeboren wurde (Joh 1,11f): „Er kam in sein Eigentum, aber die Seinen nahmen ihn nicht auf. [12]Allen aber, die ihn aufnahmen, gab er Macht, Kinder Gottes zu werden, allen, die an seinen Namen glauben." Zudem repräsentiert das Lehren eine essentielle Aktivität Jesu, die seine Vollmacht erkennen lässt (Mt 7,28f): „Als Jesus diese Rede beendet hatte, war die Menge sehr betroffen von seiner Lehre; [29]denn er lehrte sie wie einer, der (göttliche) Vollmacht hat, und nicht wie ihre Schriftgelehrten." Ähnlich wird bestätigt (13,54): „Jesus kam in seine Heimatstadt und lehrte die Menschen dort in der Synagoge. Da staunten alle und sagten: Woher hat er diese Weisheit und die Kraft, Wunder zu tun?" Demgemäß erläutert Mt 22,33: „Als das Volk das hörte, war es über seine Lehre bestürzt."
Nichtsdestoweniger stehen die Heilungen im Bereich der Verkündigung; das Hereinbrechen der Gottesherrschaft wird sichtbar Mt 11,4f: „Jesus antwortete ihnen: Geht und berichtet Johannes, was ihr hört und seht: [5]Blinde sehen wieder, und Lahme gehen; Aussätzige werden rein, und Taube hören; Tote stehen auf, und den Armen wird das Evangelium verkündet."

# DIE SELIGPREISUNGEN

## Mt 5,1-12

**[1]Als er aber die Volksmengen sah, stieg er auf den Berg; und als er sich gesetzt hatte,
traten seine Jünger zu ihm. [2]Und er tat seinen Mund auf, lehrte sie, indem er sprach:
[3]Glückselig die Armen im Geiste, denn ihrer ist das Reich der Himmel. [4]Glückselig die
Trauernden, denn sie werden getröstet werden. [5]Glückselig die Sanftmütigen, denn
sie werden das Land ererben. [6]Glückselig, die hungern und dürsten nach der Gerechtigkeit, denn sie werden gesättigt werden. [7]Glückselig die Barmherzigen, denn
sie werden Erbarmen finden. [8]Glückselig die reinen Herzens sind, denn sie werden
Gott schauen. [9]Glückselig die Friedensstifter, denn sie werden Söhne Gottes genannt
werden. [10]Glückselig, die um der Gerechtigkeit willen verfolgt werden, denn ihrer ist
das Reich der Himmel. [11]Glückselig seid ihr, wenn sie euch schmähen und verfolgen
und jedes böse Wort [lügnerisch] wider euch reden werden um meinetwillen. [12]Freuet
euch und jubelt, denn euer Lohn ist groß in den Himmeln; denn so haben sie die Propheten verfolgt, die vor euch waren.**

Die *„Volksmenge“* wird gebildet von den vielen Menschen die von überallher zusammenströmten (Mt 4,25). Wie der Konnex zeigt, verkörpert die Menschenmasse alle, „die das Wort Gottes hören und es befolgen – und danach handeln (Lk 8,21; / 11,28) *sollen.* – Der *„Berg“* wird nicht lokalisiert – selbstredend hat die fromme Überlieferung einen Berg der Seligpreisungen unweit von Kafarnaum zu präsentieren –, dessen ungeachtet wird der Berg vor allem typologisch zu sehen sein: etwa wie Mose auf den Gottesberg stieg, um die Offenbarung und das Gesetz zu verkünden (Ex 19,3; 24,18) und die schriftliche Festlegung zu erhalten (34,1f): „Weiter sprach Jahwe zu Mose: Hau dir zwei steinerne Tafeln zurecht wie die ersten! Ich werde darauf die Worte schreiben, die auf den ersten Tafeln standen, die du zerschmettert hast. [2]Halte dich für morgen früh bereit! Steig am Morgen auf den Sinai, und dort auf dem Gipfel des Berges stell dich vor mich hin!“ – Nun überbietet Jesus diese Forderungen „auf dem Berg“ und verkündet ein neues Gebot, das zentriert lautet (Joh 13,34): „Ein neues Gebot gebe ich euch: Liebt einander! Wie ich euch geliebt habe, so sollt auch ihr einander lieben.“
Die Jünger, *die zu Jesus herantreten,* sind die berufenen und autorisierten „Menschenfischer“ (Mt 4,19), die für seine neue Gesetzgebung Verantwortung tragen. Über die Wirkung der Bergpredigt wird tradiert (7,28f): „Und es geschah, als Jesus diese Worte vollendet hatte, da erstaunten die Volksmengen sehr über seine Lehre; [29]denn er lehrte sie wie einer, der Gewalt hat, und nicht wie ihre Schriftgelehrten.“
Jesus *lehrt sitzend* und *„tat seinen Mund auf“* (V 2), was an Aussagen erinnert, die von Jahwe stammen (Ex 4,12): „Geh also! Ich bin mit deinem Mund und weise dich an, was du reden sollst.“ Und ebenso lässt erkennen, dass Gott durch Jesus spricht (Ez 3,27): „Wenn ich aber mit dir reden werde, will ich deinen Mund auftun, und du sollst zu ihnen sprechen: So spricht der Herr, Jahwe! Wer hören will, der höre, wer nicht hören will, der lasse es; denn sie sind

ein widerspenstiges Volk." Jesu Lehre kulminiert in der Aussage (Mt 5,48): „Ihr sollt also vollkommen sein, wie es auch euer himmlischer Vater ist." – Ob es derselbe Berg ist? – geradezu sein Lieblingsberg, gewissermaßen der Berg Jesu von dem aus die Jünger die Sendungsgewalt erhalten (Mt 18,16-20): „Die elf Jünger gingen nach Galiläa auf den Berg, den Jesus ihnen genannt hatte. [17]Und als sie Jesus sahen, fielen sie vor ihm nieder. Einige aber hatten Zweifel. [18]Da trat Jesus auf sie zu und sagte zu ihnen: Mir ist alle Macht gegeben im Himmel und auf der Erde. [19]Darum geht zu allen Völkern, und macht alle Menschen zu meinen Jüngern; tauft sie auf den Namen des Vaters und des Sohnes und des Heiligen Geistes, [20]und lehrt sie, alles zu befolgen, was ich euch geboten habe. Seid gewiss: Ich bin bei euch alle Tage bis zum Ende der Welt."

*„Glückselig die Armen im Geiste"* (V 3) ist ein Programm Jesu. *„Im Geiste"* bezeichnet die „Mentalität" der Schlichtheit, Einfachheit, Anspruchslosigkeit, Unkompliziertheit, Bescheidenheit, Bedürfnislosigkeit, Genügsamkeit, Einfachheit, Selbstbescheidung. Zudem werden jene gemeint, die sich vor Gott mittellos erkennen und in aller Bedrängnis auf ihn allein ihr Zutrauen stellen. Das entspricht der Zusage (Ps 69,33f): „Schaut her, ihr Gebeugten, und freut euch; ihr, die ihr Gott sucht: Euer Herz lebe auf! [34]Denn Jahwe hört auf die Armen, er verachtet die Gefangenen nicht."

Die *„Trauernden"* (V 4) sind keine andere Fraktion als die „Armen", von denen es heißt (Jes 61,1f): „Der Geist Gottes, Jahwes, ruht auf mir; denn Jahwe hat mich gesalbt. Er hat mich gesandt, damit ich den *Armen* eine frohe Botschaft bringe und alle heile, deren Herz zerbrochen ist, damit ich den Gefangenen die Entlassung verkünde und den Gefesselten die Befreiung, [2]damit ich ein Gnadenjahr Jahwes ausrufe, einen Tag der Vergeltung unseres Gottes, damit ich alle Trauernden tröste." – Es sind jene, die von Gott getröstet werden (Jes 49,13b): „Denn Jahwe hat sein Volk getröstet, und seiner Elenden erbarmt er sich." Oder von Jahwe selbst formuliert (Jes 66,13): „Wie eine Mutter ihren Sohn tröstet, so tröste ich euch ..."

Die *„Sanftmütigen"* (V 5) zählen ebenfalls zur Gemeinschaft der „Armen" und der „Trauernden". Diese Seligpreisung greift Ps 37,11 auf: „Die Armen werden das Land bekommen, und sie werden Frieden in Fülle genießen." Hiermit werden jene gemeint, die selbst „demütig" sind und der Empfehlung Jesu entsprechen (Mt 11,29): „Nehmet auf euch mein Joch und lernet von mir, denn ich bin sanftmütig und von Herzen demütig, und ihr werdet Ruhe finden für eure Seelen."

Die *„hungern und dürsten nach der Gerechtigkeit"* (V 6) preist die bisher genannten Gruppen selig, die sich nach der messianischen Ordnung und der damit verbundenen Gnade sehnen (Jer 23,5f): „Seht, es kommen Tage – Spruch Jahwes –, da werde ich für David einen gerechten Spross erwecken. Er wird als König herrschen und weise handeln, für Recht und Gerechtigkeit wird er sorgen im Land. [6]In seinen Tagen wird Juda gerettet werden, Israel kann in Sicherheit wohnen. Man wird ihm den Namen geben: Jahwe ist unsere Gerechtigkeit (Jer 33,15f)." – Diese Aussage wird ergänzt (Mt 12,20): „Das geknickte Rohr wird er nicht zerbrechen und den glimmenden Docht nicht auslöschen, bis er dem Recht zum Sieg verholfen hat." – Hunger und Durst verlangen nach dem Wort Gottes (Am 8,11): „Siehe, Tage kommen, spricht der Herr, Jahwe, da werde ich einen Hunger in das Land senden, nicht einen Hunger nach Brot und nicht einen Durst nach Wasser, sondern die Worte Jahwes zu hören." Darum wird die berechtigte Frage gestellt (Sirach 51,24): „Wie lange noch wollt ihr das alles entbehren und eure

Seele dürsten lassen?" – Die Antwort dazu ist im Hinblick auf Gott (Mt 6,33): „Euch aber muss es zuerst um sein Reich und um seine Gerechtigkeit gehen; dann wird euch alles andere dazugegeben."

Vorbild der *„Barmherzigkeit"* (V 7) ist Gott selbst nach den Worten Jesus (Mt 18,33): „Hättest nicht auch du mit jenem, der gemeinsam mit dir in meinem Dienst steht, Erbarmen haben müssen, so wie ich mit dir Erbarmen hatte?" Jesus selbst präsentiert ideal dieses Erbarmen (Mt 9,36; 14,14; 15,32): „Als er die vielen Menschen sah, hatte er Mitleid mit ihnen; denn sie waren müde und erschöpft wie Schafe, die keinen Hirten haben. [14]Als er ausstieg und die vielen Menschen sah, hatte er Mitleid mit ihnen und heilte die Kranken, die bei ihnen waren. [32]Jesus rief seine Jünger zu sich und sagte: Ich habe Mitleid mit diesen Menschen; sie sind schon drei Tage bei mir und haben nichts mehr zu essen. Ich will sie nicht hungrig wegschicken, sonst brechen sie unterwegs zusammen."

Die *„Reinheit des Herzens"* (V 8) fordert „reine Hände und ein lauteres Herz" (Ps 24,4). Konkret hat diese Seligpreisung einen Menschen vor Augen (Ps 15,2-5): „Der makellos lebt und das Rechte tut; der von Herzen die Wahrheit sagt [3]und mit seiner Zunge nicht verleumdet; der seinem Freund nichts Böses antut und seinen Nächsten nicht schmäht; [4]der den Verworfenen verachtet, doch alle, die den Herrn fürchten, in Ehren hält; der sein Versprechen nicht ändert, das er seinem Nächsten geschworen hat; [5]der sein Geld nicht auf Wucher ausleiht und nicht zum Nachteil des Schuldlosen Bestechung annimmt. Wer sich danach richtet, der wird niemals wanken." – Das ist eine Lebensform, die sich an Gott orientiert (Mi 6,8): „Es ist dir gesagt worden, Mensch, was gut ist und was Jahwe von dir erwartet: Nichts anderes als dies: Recht tun, Güte und Treue lieben, in Ehrfurcht den Weg gehen mit deinem Gott." – *„Denn sie werden Gott schauen"* ist eine Ursehnsucht des Menschen (1 Kor 13,12): „Denn wir sehen jetzt durch einen Spiegel, undeutlich, dann aber von Angesicht zu Angesicht. Jetzt erkenne ich stückweise, dann aber werde ich erkennen, gleichwie auch ich erkannt worden bin." Der Gedanke, einmal Gott schauen zu können, motiviert und schenkt Beharrlichkeit (1 Joh 3,2): „Geliebte, jetzt sind wir Kinder Gottes, und es ist noch nicht offenbar geworden, was wir sein werden; wir wissen, dass, wenn es offenbar werden wird, wir ihm gleich sein werden, denn wir werden ihn sehen, wie er ist." Diese Zusage spendet Ausdauer im Guten und Durchhaltevermögen (Offb 22,4f): „Sie werden sein Angesicht schauen, und sein Name ist auf ihre Stirn geschrieben. [5]Und Nacht wird nicht mehr sein und kein Bedürfnis nach einer Lampe und dem Lichte der Sonne; denn der Herr, Gott, wird über ihnen leuchten, und sie werden herrschen von Ewigkeit zu Ewigkeit." – Von Jesus wird das Wort überliefert (Joh 12,45): „Und wer mich sieht, sieht den, der mich gesandt hat." Im Hinblick auf diese Aussage, wird jenen, die ihn erleben, zugesichert (Mt 13,16f): „Ihr aber seid selig, denn eure Augen sehen und eure Ohren hören. [17]Amen, ich sage euch: Viele Propheten und Gerechte haben sich danach gesehnt zu sehen, was ihr seht, und haben es nicht gesehen, und zu hören, was ihr hört, und haben es nicht gehört."

*„Frieden"* (V 9a) bedeutet „Ruhe in der Ordnung" – „Frieden haben" besagt „wohltuend, gut, ohne Leid, fehlerfrei leben". Das Gegenteil zu Frieden ist Unheil, Fehlerhaftigkeit. Frieden kommt von Gott, wie der Segenswunsch zeigt (Num 6,26): „Jahwe wende sein Angesicht dir zu und schenke dir Frieden!" Daher ist das Vertrauen auf Gott zugleich auch Hoffnung auf Frieden (Lev 26,6): „Und ich werde Frieden im Lande geben, dass ihr euch niederleget

und niemand sei, der euch aufschreckt; und ich werde die bösen Tiere aus dem Lande vertilgen, und das Schwert wird nicht durch euer Land gehen." Das wird durch folgendes Bild bestärkt (Jes 52,7): „Wie lieblich sind auf den Bergen die Füße dessen, der frohe Botschaft bringt, der Frieden verkündigt, der Botschaft des Guten bringt, der Heil verkündigt, der zu Zion spricht: Dein Gott herrscht als König!" – Christus ist der eigentliche Friedensstifter (Joh 14,27; 16,33): „[27]Frieden lasse ich euch, meinen Frieden gebe ich euch; nicht wie die Welt gibt, gebe ich euch. Euer Herz werde nicht bestürzt, sei auch nicht furchtsam. [33]Dies habe ich zu euch gesagt, damit ihr in mir Frieden habt. In der Welt seid ihr in Bedrängnis; aber habt Mut: Ich habe die Welt besiegt." Jesus Christus stiftet Frieden durch das Kreuzesblut (Kol 1,19f): „Denn Gott wollte mit seiner ganzen Fülle in ihm wohnen, [20]um durch ihn alles zu versöhnen. Alles im Himmel und auf Erden wollte er zu Christus führen, der Friede gestiftet hat am Kreuz durch sein Blut." – Hiermit in besonderer Weise verständlich (Jak 3,18): „Die Frucht der Gerechtigkeit in Frieden aber wird denen gesät, die Frieden stiften."

*„Sie werden Söhne Gottes genannt werden"* (V 9b) schließt sich an Hos 2,1c an: „Söhne des lebendigen Gottes seid ihr." Diese Aussage wird interpretiert (Weish 2,18; 5,5): „[18]Ist der Gerechte wirklich Sohn Gottes, dann nimmt sich Gott seiner an und entreißt ihn der Hand seiner Gegner. [5]Jetzt zählt er zu den Söhnen Gottes, bei den Heiligen hat er seinen Erbteil." Das alles ist in der göttlichen Liebe begründet und führt zum Schauen Gottes (1 Joh 3,1f): „Seht, wie groß die Liebe ist, die der Vater uns geschenkt hat: Wir heißen Kinder Gottes, und wir sind es. Die Welt erkennt uns nicht, weil sie ihn nicht erkannt hat. [2]Liebe Brüder, jetzt sind wir Kinder Gottes. Aber was wir sein werden, ist noch nicht offenbar geworden. Wir wissen, dass wir ihm ähnlich sein werden, wenn er offenbar wird; denn wir werden ihn sehen, wie er ist."

*„Die um der Gerechtigkeit willen verfolgt werden"* (V 10) – angesichts der Verpflichtung zu Jesus Christus und seiner Frohbotschaft – werden gepriesen. Der Urgemeinde ist bekannt (Mt 10,23; 23,34): „[23]Wenn man euch in der einen Stadt verfolgt, so flieht in eine andere. Amen, ich sage euch: Ihr werdet nicht zu Ende kommen mit den Städten Israels, bis der Menschensohn kommt. [34]Darum hört: Ich sende Propheten, Weise und Schriftgelehrte zu euch; ihr aber werdet einige von ihnen töten, ja sogar kreuzigen, andere in euren Synagogen auspeitschen und von Stadt zu Stadt verfolgen." Großmütig mögen sie für die Verfolger beten (Mt 5,44): „Ich aber sage euch: Liebt eure Feinde und betet für die, die euch verfolgen." – So bewährt sich die Treue zu Jesus (Joh 15,20): „Denkt an das Wort, das ich euch gesagt habe: Der Sklave ist nicht größer als sein Herr. Wenn sie *mich verfolgt* haben, werden sie auch *euch verfolgen;* wenn sie an meinem Wort festgehalten haben, werden sie auch an eurem Wort festhalten."

*„Schmähen – verfolgen – verleumden"* (V 11) – die Jünger Jesu erfahren gleiches Schicksal wie die *Propheten* (V 12), die exzellenten Gesandten Gottes. Die heilsgeschichtliche Erfahrung wiederholt sich (Mt 23, 34-37): „Darum hört: Ich sende Propheten, Weise und Schriftgelehrte zu euch; ihr aber werdet einige von ihnen töten, ja sogar kreuzigen, andere in euren Synagogen auspeitschen und von Stadt zu Stadt verfolgen. [35] So wird all das unschuldige Blut über euch kommen, das auf Erden vergossen worden ist, vom Blut Abels, des Gerechten, bis zum Blut des Zacharias, Barachias' Sohn, den ihr im Vorhof zwischen dem Tempelgebäude und dem Altar ermordet habt. [36]Amen, das sage ich euch: Das alles wird über diese Generation kommen. [37] Je-

rusalem, Jerusalem, du tötest die Propheten und steinigst die Boten, die zu dir gesandt sind. Wie oft wollte ich deine Kinder um mich sammeln, so wie eine Henne ihre Küken unter ihre Flügel nimmt; aber ihr habt nicht gewollt." – Darüber hinaus illustriert skizzenhaft Hebr 11,25-38: „Frauen haben ihre Toten durch Auferstehung zurückerhalten. Einige nahmen die Freilassung nicht an und ließen sich foltern, um eine bessere Auferstehung zu erlangen. [36]Andere haben Spott und Schläge erduldet, ja sogar Ketten und Kerker. [37]Gesteinigt wurden sie, verbrannt, zersägt, mit dem Schwert umgebracht; sie zogen in Schafspelzen und Ziegenfellen umher, Not leidend, bedrängt, misshandelt. [38] Sie, deren die Welt nicht wert war, irrten umher in Wüsten und Gebirgen, in den Höhlen und Schluchten des Landes."

*„Um Jesu willen"* werden die Jünger das gleiche durchmachen, können indessen auch *„Lohn im Himmel"* – also bei Gott – erhoffen. In der Zuversicht dieses Ausgangs dürfen sie sich jetzt schon *„freuen und jubeln"* (Apg 2,46f): „Tag für Tag verharrten sie einmütig im Tempel, brachen in ihren Häusern das Brot und hielten miteinander Mahl in Freude und Einfalt des Herzens. [47] Sie lobten Gott und waren beim ganzen Volk beliebt. Und der Herr fügte täglich ihrer Gemeinschaft die hinzu, die gerettet werden sollten." Darüber hinaus tröstet 1 Petr 4,13: „Statt dessen freut euch, dass ihr Anteil an den Leiden Christi habt; denn so könnt ihr auch bei der Offenbarung seiner Herrlichkeit voll Freude jubeln."

# SALZ UND LICHT

## Mt 5,13-16

**[13]Ihr seid das Salz der Erde; wenn aber das Salz kraftlos geworden ist, womit soll es gesalzen werden? Es taugt zu nichts mehr, als hinausgeworfen und von den Menschen zertreten zu werden. [14]Ihr seid das Licht der Welt; eine Stadt, die oben auf einem Berge liegt, kann nicht verborgen sein. [15]Man zündet auch nicht eine Lampe an und setzt sie unter den Scheffel, sondern auf den Leuchter; dann leuchtet sie allen im Haus. [16]Ebenso lasst euer Licht leuchten vor den Menschen, damit sie eure guten Werke sehen und euren Vater im Himmeln preisen.**

*„Ihr seid das Salz der Erde"* (V 13) – das „Ihr" setzt die vorausgehende Seligpreisung der Verfolgten (11f) fort und ermutigt. Die Analogie vom Salz lässt an Würze, Geschmack, Gusto, Verfeinerung, Verbesserung, Erhöhung, Veredelung denken –, noch dazu *„der Erde"*, des bewohnten Weltkörpers! – Es ist müßig zu fragen, wodurch das Salz *nutzlos* werden kann, ob durch Feuchtigkeit oder Verunreinigung. Die Metapher verweist auf die Untreue und Unzuverlässigkeit der Jünger, die schwach und *„kraftlos"* geworden *„hinausgeworfen und zertreten werden"* – was das Gericht und die Verwerfung andeutet (Mt 25,31-46).

Die Sinnbilder vom *„Licht der Welt“* und der *„Stadt auf dem Berg“* sind allgemein verständlich: Das *„Ihr“* bezieht sich erneut auf die Jüngergemeinde Jesu (V 14). Das *„Licht der Welt“* steht in bewusster Opposition zu jenen, die nicht zur Gemeinschaft Jesu zählen. Die *„Stadt auf dem Berg“* kann nicht lokalisiert werden, muss es auch nicht, denn erneut werden hiermit die Jünger in der Nachfolge Jesu gemeint. Sie sind es, die als weit sichtbares Bollwerk signalisieren, wie ein vorbildliches Leben sein soll. – Jesus nennt sich selbst das Licht der Welt (Joh 8,12): „Als Jesus ein andermal zu ihnen redete, sagte er: Ich bin das Licht der Welt. Wer mir nachfolgt, wird nicht in der Finsternis umhergehen, sondern wird das Licht des Lebens haben.“ Ebenso sollen auch die Jünger für die Welt sein (Phil 2,14f): „Tut alles ohne Murren und Bedenken, [15]damit ihr rein und ohne Tadel seid, Kinder Gottes ohne Makel mitten in einer verdorbenen und verwirrten Generation, unter der ihr als Lichter in der Welt leuchtet.“

Egal wie der Text V 15 erklärt wird: Soll das Getreidemaß „der Scheffel“ als Löschgerät gewertet werden oder als Eventualität zum Verstecken (Mk 4,21 Lk 8,16), die anschauliche Redefigur soll betonen, dass man das *Licht auf den Leuchter* stellt. Das Licht soll *„allen im Hause“* leuchten, will heißen: Jesus ist das Licht für alle in der Welt (Joh 8,12b).

Die *„guten Werke“* (V 16) rufen die Werke der Barmherzigkeit ins Gedächtnis (Mt 25,35-40): „Denn ich war hungrig, und ihr habt mir zu essen gegeben; ich war durstig, und ihr habt mir zu trinken gegeben; ich war fremd und obdachlos, und ihr habt mich aufgenommen; [36]ich war nackt, und ihr habt mir Kleidung gegeben; ich war krank, und ihr habt mich besucht; ich war im Gefängnis, und ihr seid zu mir gekommen. [37]Dann werden ihm die Gerechten antworten: Herr, wann haben wir dich hungrig gesehen und dir zu essen gegeben, oder durstig und dir zu trinken gegeben? [38]Und wann haben wir dich fremd und obdachlos gesehen und aufgenommen, oder nackt und dir Kleidung gegeben? [39]Und wann haben wir dich krank oder im Gefängnis gesehen und sind zu dir gekommen? [40]Darauf wird der König ihnen antworten: Amen, ich sage euch: Was ihr für einen meiner geringsten Brüder getan habt, das habt ihr mir getan.“ – Zugleich existiert eine allseitige urchristlicher Forderung (Eph 2,10): „Seine Geschöpfe sind wir, in Christus Jesus dazu geschaffen, in unserem Leben die guten Werke zu tun, die Gott für uns im Voraus bereitet hat.“ Das wird fortgesetzt (Hebr 10,24; 13,21): „[24]Und lasst uns aufeinander achthaben zur Anreizung zur Liebe und zu guten Werken; [21]er [der Gott des Friedens] mache euch tüchtig in jedem guten Werk, damit ihr seinen Willen tut. Er bewirke in uns, was ihm gefällt, durch Jesus Christus, dem die Ehre sei in alle Ewigkeit. Amen.“

Die Werke sollen *zum Lobreis Gottes* – der sie auch arrangiert – lenken. Zum ersten Mal wird in dieser Frohbotschaft *„euer Vater im Himmel“* genannt, von dem alles Begreifen der Jesusjünger stammt und auf den hin all ihr Wirken organisiert ist (Mt 5,44f): „Ich aber sage euch: Liebt eure Feinde und betet für die, die euch verfolgen, [45]damit ihr Söhne *eures Vaters im Himmel* werdet; denn er lässt seine Sonne aufgehen über Bösen und Guten, und er lässt regnen über Gerechte und Ungerechte.“ – Der Lobpreis gipfelt in der Heiligung (Mt 6,9): „So sollt ihr beten: Unser Vater im Himmel, dein Name werde geheiligt.“

# POSITION ZUM GESETZ

## Mt 5,17-19

**[17]Denkt nicht, ich sei gekommen, um das Gesetz und die Propheten abzuschaffen. Ich bin nicht gekommen, um abzuschaffen, sondern um zu erfüllen. [18]Denn wahrlich, ich sage euch: Bis der Himmel und die Erde vergehen, soll auch nicht ein Jota oder ein Strichlein von dem Gesetz vergehen, bis alles geschehen ist. [19]Wer irgend nun eines dieser geringsten Gebote abschafft und so die Menschen lehrt, wird der Geringste genannt werden im Reiche der Himmel; wer sie aber durchführt und [halten] lehrt, dieser wird groß genannt werden im Reiche der Himmel.**

*„Denkt nicht, ich sei gekommen“* (V 17) richtet sich gegen eine falsche Einschätzung oder Bewertung, die das Auftreten und Wirken Jesu charakterisiert. – Somit steht die Person Jesu und seine Lehre im Zentrum des Interesses auch über *„Gesetz und Propheten“* (7,12): „Alles, was ihr also von anderen erwartet, das tut auch ihnen! Darin besteht das Gesetz und die Propheten.“ – Die sittlichen Weisungen Jesu werden zudem skizziert (Mt 22,36-40): „Meister, welches Gebot im Gesetz ist das wichtigste? [37]Er antwortete ihm: Du sollst den Herrn, deinen Gott, lieben mit ganzem Herzen, mit ganzer Seele und mit all deinen Gedanken. [38]Das ist das wichtigste und erste Gebot. [39]Ebenso wichtig ist das zweite: Du sollst deinen Nächsten lieben wie dich selbst. [40]An diesen beiden Geboten hängt das ganze Gesetz samt den Propheten.“ – *„Abschaffen – aufheben – auflösen“* – besagt ungültig, bedeutungslos erklären, außer Kraft setzen. – Im Gegensatz dazu bedeutet *„erfüllen“* dem göttlichen Heilsplan entsprechend, Liebe zu üben (Gal 5,14): „Denn das ganze Gesetz ist in dem einen Wort zusammengefasst: Du sollst deinen Nächsten lieben wie dich selbst!“ Desgleichen formuliert Röm 13,8: „Bleibt niemand etwas schuldig; nur die Liebe schuldet ihr einander immer. Wer den andern liebt, hat das Gesetz erfüllt.“ – Was „erfüllen“ im heilsgeschichtlichen Sinn bedeutet, repräsentiert Jesus in seiner Person und seinem Erlösungswerk.

Das *„Jota“* (V 18) ist das kleinste Schriftzeichen im Alphabet, gleichsam ein *„Strichlein oder Häkchen“*, eine beredsame Übertreibung – eine sogenannte Hyperbel – für das kleinste Gebot (V 19). – Auch die geringste Gesetzesvorschrift hat absolute, unbedingte Gültigkeit bis ans Ende der Welt: *„bis alles geschehen ist.“* Dies ist eine Redewendung, die auf das Ausbrechen der Endereignisse verweist (Mt 24,34). Jesu Worte – auch jene über die Gesetze – werden nicht vergehen (Mt 24,35): „Himmel und Erde werden vergehen, aber meine Worte werden nicht vergehen.“ Sie sollen befolgt werden, wie Jesus mahnt (Mt 28, 20): „und lehrt sie, alles zu befolgen, was ich euch geboten habe. Seid gewiss: Ich bin bei euch alle Tage bis zum Ende der Welt.“

*„Wer eines dieser geringsten Gebote abschafft und so die Menschen lehrt, wird der Geringste im Reich der Himmel sein“* (V 19). Diese außergewöhnliche Erklärung meint höchstwahrscheinlich, dass er nicht vollends vom Gottesreich ausgesperrt wird, doch noch daran teilhaben kann, aber den letzten Platz darin einnehmen wird; – ein Hoffnungsschimmer oder Hoffnungsfunke – vom Ausschluss ist hier nicht die Rede. – Jedenfalls ist *im Reich der Himmel* eine Werteskala, eine Rangordnung, Hierarchie, Klassifikation, Rangfolge zu bemerken, nämlich vom Größten bis zum Geringsten.

# ANTITHESENREIHE

## Mt 5,20-48

Grundsätzliche Motivationen (V 20-37)
[20]Denn ich sage euch: Wenn nicht eure Gerechtigkeit vorzüglicher ist als die der
Schriftgelehrten und Pharisäer, so werdet ihr nicht eintreten in das Reich der Him-
mel. [21]Ihr habt gehört, dass zu den Alten gesagt worden ist: Du sollst nicht töten; wer
aber jemand tötet, soll dem Gericht verfallen sein. [22]Ich aber sage euch: Jeder, der sei-
nem Bruder auch nur zürnt, soll dem Gericht verfallen sein; und wer zu seinem Bru-
der sagt: Du Hohlkopf, soll dem Hohen Rat verfallen sein; wer aber zu ihm sagt: Du
(gottloser) Narr, soll dem Feuer der Hölle verfallen sein. [23]Wenn du deine Opfergabe
zum Altar bringst und dir dort einfällt, dass dein Bruder etwas gegen dich hat, [24]so
lass dort deine Gabe vor dem Altar und geh zuvor hin, versöhne dich mit deinem Bru-
der; und dann komm und bringe deine Gabe dar. [25]Sei sogleich wohlgesinnt mit dei-
nem Gegner, während du mit ihm auf dem Wege bist; damit nicht etwa der Gegner
dich dem Richter überliefert, und der Richter dich dem Diener überliefert, und du ins
Gefängnis geworfen wirst. [26]Amen, das sage ich dir: Du kommst von dort nicht her-
aus, bis du den letzten Pfennig bezahlt hast. [27]Ihr habt gehört, dass gesagt worden ist:
Du sollst nicht die Ehe brechen. [28]Ich aber sage euch: Wer eine Frau auch nur ansieht,
um sie zu begehren, hat in seinem Herzen schon Ehebruch mit ihr begangen. [29]Wenn
dich dein rechtes Auge zum Bösen verführt, dann reiß es aus und wirf es weg! Denn
es nützt dir mehr, dass eines deiner Glieder verloren geht, als dass dein ganzer Leib
in die Hölle geworfen wird. [30]Und wenn dich deine rechte Hand zum Bösen verführt,
dann hau sie ab und wirf sie weg! Denn es ist besser für dich, dass eines deiner Glie-
der verloren geht, als dass dein ganzer Leib in die Hölle kommt. [31]Außerdem ist ge-
sagt worden: Wer seine Frau aus der Ehe entlässt, gebe ihr einen Scheidebrief. [32]Ich
aber sage euch: Wer seine Frau entlässt, obwohl kein Fall von Unzucht vorliegt, lie-
fert sie dem Ehebruch aus; und wer eine Frau heiratet, die aus der Ehe entlassen wor-
den ist, begeht Ehebruch. [33]Ferner habt ihr gehört, dass zu den Alten gesagt worden
ist: Du sollst keinen Meineid schwören, und: Du sollst halten, was du dem Herrn ge-
schworen hast. [34]Ich aber sage euch: Schwört überhaupt nicht, weder beim Himmel,
denn er ist Gottes Thron, [35]noch bei der Erde, denn sie ist der Schemel für seine Füße,
noch bei Jerusalem, denn es ist die Stadt des großen Königs. [36]Noch sollst du bei dei-
nem Haupte schwören, denn du vermagst nicht, ein Haar weiß oder schwarz zu ma-
chen. [37]Es sei aber euer Wort: Ja, ja; nein, nein; was aber mehr ist als dieses, stammt
vom Bösen.

**Zorn und Versöhnung (V 20-26)**
*„Denn ich sage euch“* (V 20) schließt an die voranstehenden Grundsatzaussagen zum Gesetz an (Mt 5,17-19). Die Steigerungsstufe *„vorzüglicher“* verweist auf die Antithesen, die das *„Mehr“* in Jesu Anforderungen veranschaulichen. Die notwendige „Gerechtigkeit“ wird charakterisiert (Mt 5,6.10): „Glückselig die nach der Gerechtigkeit hungern und dürsten, denn sie werden gesättigt werden. [10]Glückselig, die um der Gerechtigkeit willen verfolgt werden; denn ihnen gehört das Himmelreich.“ Eine solche Haltung soll die der *„Schriftgelehrten und Pharisäer“* überbieten – die Mentalität zweier individueller, eigenbrötlerischer, einflussreicher, religiöser Fraktionen. – Die Diktion vom *„Eintreten in das Reich der Himmel“* verweist auf das eschatologische Ziel (7,21; 21,31).
Die Generationen, die weit über ein Jahrtausend zurückreichen, werden mit den *„Alten“* (V 21) bezeichnet, die den Dekalog am Sinai erhielten (ca. 1250 v. Chr.) mit dem Gebot (Ex 20,13; Dtn 5,17): *„Du sollst nicht töten.“* Dieses Verbot des Tötens wird von Jesus zur Untersagung des *Zürnens* (V 22) forciert. – Die in den Antithesen verwendete Diktion *„Ich aber sage euch“* (V 22) spricht die Jünger an und kennzeichnet Jesu Lehre (Mt 7,29): „denn er lehrte sie wie einer, der Vollmacht hat, und nicht wie ihre Schriftgelehrten.“ Jesus Aussage bildet akzentuiert eine Kontroverse zum Dekalog: Zorn ist vielfach unberechenbar und treibt bisweilen zum Mord. Das Verbot des Zürnens wird nun somit zu einer rechtlich formulierten Verpflichtung für seine „Brüder“ (V 22), seine Jüngergemeinschaft. – Der Hinweis auf die sich steigernden beleidigenden Kraftausdrücke, Schelt- oder Schmähworte *„Hohlkopf“* und *„Narr“* soll warnen vor dem Zorn, der zu unvorstellbaren Verbrechen treiben kann. – Die Erwähnung des *„Hohen Rates“* demonstriert die Bedeutung des Vergehens. – Jedenfalls entscheidet über alle Verwundungen und Blessuren der Brüderlichkeit das göttliche Endgericht (Mt 6,14f; 18,35): „[14] Denn wenn ihr den Menschen ihre Verfehlungen vergebt, dann wird euer himmlischer Vater auch euch vergeben. [15]Wenn ihr aber den Menschen nicht vergebt, dann wird euch euer Vater eure Verfehlungen auch nicht vergeben. [35]Ebenso wird mein himmlischer Vater jeden von euch behandeln, der seinem Bruder nicht von ganzem Herzen vergibt.“
Die Aussage *„dass dein Bruder etwas gegen dich hat“* (V 23) muss nicht wie vorausgehend vermerkt „Zorn“ sein, es kann einfach auch Dummheit sein, die eine Missstimmung, eine Unverschämtheit oder Charakterlosigkeit geschaffen hat, die nun zu einer empfindsamen Beleidigung, zu Missgunst, Neid, Eifersucht, Gegnerschaft, Zwietracht, Kontroverse, Entzweiung, Konflikt und Feindseligkeit führt. In solcher Situation gilt nur die Aufforderung, sich zu *„versöhnen“*. – Wann immer jemand *„vor den Altar tritt“* gilt, dass ohne Aussöhnung mit dem Bruder Einigkeit mit Gott nicht denkbar ist. – Das Gebot der Liebe steht über den liturgischen Obliegenheiten (Mt 9,13; 12,7): „Darum lernt, was es heißt: Barmherzigkeit will ich, nicht Opfer. Denn ich bin gekommen, um die Sünder zu rufen, nicht die Gerechten. [7] Wenn ihr begriffen hättet, was das heißt: Barmherzigkeit will ich, nicht Opfer, dann hättet ihr nicht Unschuldige verurteilt.“
Nun wird eine Aufforderung eingeliefert, sich mit dem *Widersacher im Prozess* zu versöhnen (V 25f). Es ist eine unaufschiebbare dringende Sachlage, weil Aburteilung und Karzer wegen einer nicht bezahlten Anleihe die Hölle heißmachen. Die Schuldhaftigkeit wird vorausgesetzt (V 26). In dieser Bedrängnis – *„sogleich“* (V 25) liegt eine Steigerung gegenüber dem vorausgehenden liturgischen Beispiel vor (V 23f). Mit der Erwähnung des *Gefäng-*

*nisses* wird wie vormalig an das Endgericht gedacht (Mt 18,35).

**Ehebruch und Versuchung (V 27-30)**

Ein weiteres Exempel für die radikalen Appelle Jesu wird aus dem sexuellen Ambiente tradiert (V 27-30). – Die Untersagung des Seitensprungs ist erneut aus dem Dekalog entnommen (Ex 20,13; Dtn 5,17). Ebenso findet sich bereits das Verbot der *Begierde* nach einer anderen Gemahlin – deren Ehebund der Brünstige *„im Herzen"* knackt (Dtn 5,21a): „du sollst nicht nach der Frau deines Nächsten verlangen." – Vor gierigen Anblicken beaufsichtigt sich der Charakterfeste (Ijob 31,1): „Einen Bund schloss ich mit meinen Augen, nie eine Jungfrau lüstern anzusehen." Und ähnlich empfiehlt Sir 9,5: „Denk nicht zuviel an ein Mädchen, damit du nicht seinetwegen der Strafe verfällst." – Anscheinend sind diese Aussagen weithin in Vergessenheit geraten, sodass Jesus den göttlichen Heilsplan entgegengesetzt einer gängigen schlüpfrigen Ausübung erneuert einprägen will, um die hilflose Ehefrau zu beschützen? – Desgleichen warnt dem im Heimlichen Sündigenden die göttliche Rechtsprechung, die *„Hölle"* (V 29f). – Es folgt ein extravagantes Zitat, wie es zu Jesu anschaulicher, illustrativer Ausdrucksweise passt (V 29f): „Wenn dich dein rechtes Auge zum Bösen verführt, dann reiß es aus und wirf es weg! Denn es nützt dir mehr, dass eines deiner Glieder verloren geht, als dass dein ganzer Leib in die Hölle geworfen wird. [30]Und wenn dich deine rechte Hand zum Bösen verführt, dann hau sie ab und wirf sie weg! Denn es ist besser für dich, dass eines deiner Glieder verloren geht, als dass dein ganzer Leib in die Hölle kommt."

**Ehescheidung (31f)**

Jesus setzt sich in Opposition zu einem Schriftwort über die Erlaubnis, einen *Scheidebrief* der Frau auszustellen (Dtn 24,1), was er später als *Kompromiss des Mose* begründet (Mt 19,8f): „Er antwortete: Nur weil ihr so hartherzig seid, hat Mose euch erlaubt, eure Frauen aus der Ehe zu entlassen. Am Anfang war das nicht so. [9]Ich sage euch: Wer seine Frau entlässt, obwohl kein Fall von Unzucht vorliegt, und eine andere heiratet, der begeht Ehebruch." – Mit dem Einschub *„außer im Fall von Unzucht"* (19,9) wird offenbar das Verbot durch Jesus erneut eingeschränkt. – Aufgrund der unterschiedlichen Auslegung vom *„Fall von Unzucht"* (V 31) gibt es bisweilen eine unverantwortliche Ausübung der Ehescheidung. – Warum eine rechtlich vorschriftsmäßig Geschiedene nicht geheiratet werden darf, wird nicht begründet; es entspricht höchstwahrscheinlich der Auffassung Jesu über die Ehe dem göttlichen Willen entsprechend.

**Vom Schwören (V 33-37)**

*„Du sollst keinen Meineid schwören"* (V 33a): Dieses Verbot steht in Lev 19,12: „Ihr sollt nicht falsch bei meinem Namen schwören; du würdest sonst den Namen deines Gottes entweihen. Ich bin Jahwe." Die Begründung dieser Anweisung liegt in der Heiligung des Namens Gottes. – *„Du sollst halten, was du dem Herrn geschworen hast"* (V 33b) verweist auf eine gottgegebene Zusage, wie es ein Gelübde sein kann (Dtn 23,22ff): „Wenn du vor Jahwe, deinem Gott, ein Gelübde machst, sollst du nicht zögern, es zu erfüllen; sonst wird es Jahwe, dein Gott, von dir einfordern, und die Strafe für diese Sünde wird über dich kommen. [23]Wenn du davon absiehst, Gelübde zu machen, wird auch die Strafe für diese Sünde nicht über dich kommen. [24]Was deinem Mund entfahren ist, darauf sollst du auch achten, und du sollst es halten, da du Jahwe, deinem Gott, ja aus freien Stücken gelobt hast, was dein Mund genannt hat." Ebenso intensiviert Num 30,3: „Wenn ein Mann

dem Jahwe ein Gelübde ablegt oder sich durch einen Eid zu einer Enthaltung verpflichtet, dann darf er sein Wort nicht brechen; genauso, wie er es ausgesprochen hat, muss er es ausführen." Geradezu ermutigend klingt die Aufforderung Ps 50,14: „Bring Gott als Opfer dein Lob, und erfülle dem Höchsten deine Gelübde!" – Die Bedeutung von Schwur und Gelöbnis wird darin erkannt, dass Jahwe „bei sich selbst" schwört (Gen 22,16): „... Ich habe bei mir geschworen – Spruch Jahwes ..." Desgleichen beispielsweise Am 6,8: „Gott, Jahwe, hat bei sich selbst geschworen – Spruch Jahwes, des Gottes der Heere ..."

*„Schwört überhaupt nicht"* (V 34). Die Argumente bieten ein erhabenes Ehrfurcht gebietendes Ideal von Gott als dem Beherrscher des Himmels und der Erde (Ps 11,4 103,19) – parallel zur Begründung, die Jesus bringt, liest man (Jes 66,1a): „So spricht Jahwe: Der Himmel ist mein Thron und die Erde der Schemel für meine Füße." Das Schwören *bei Jerusalem* (V 35) kommt nur in diesem Zusammenhang vor und wird anderswo nicht angetroffen. – Die *„Stadt des großen Königs"* (Ps 48,3) dokumentiert den Glauben an das Wohnen Gottes auf dem Zionsberg in Jerusalem (Ps 78,68f).

Der *Schwur beim eigenen Haupt* (V 36) dient der Bekräftigung einer Aussage und verweist auf das menschliche Unvermögen, etwas zu ändern, wie auch die Metapher – für damalige Verhältnisse – vom Haarfärben zeigen soll. Derartige Eide näherten sich der Selbstverfluchung, wie das Wort des Petrus zeigt (Mt 26,74): „Da fing er an, sich zu verfluchen und schwor: Ich kenne den Menschen nicht. Gleich darauf krähte ein Hahn." – Ein derartiger Schwur ist nur mehr eine eidliche Zusicherung im menschlichen Ambiente.

Ein *doppeltes Ja oder Nein* (V 37) soll genügen, das ist ausreichender Ausdruck unbedingter Wahrhaftigkeit. Mit ähnlicher Formulierung argumentiert Jak 5,12: „Vor allem, meine Brüder, schwört nicht, weder beim Himmel noch bei der Erde noch irgendeinen anderen Eid. Euer Ja soll ein Ja sein und euer Nein ein Nein, damit ihr nicht dem Gericht verfallt." Hiermit wird zugleich vor dem göttlichen Gericht gewarnt. Die gleiche Bedeutung zeigt der Zusatz *„was aber mehr ist als dieses, stammt vom Bösen"* (V 37b), was zur Vaterunserbitte führt (Mt 6,13): „Und führe uns nicht in Versuchung, sondern rette uns vor dem Bösen."

Nach Paulus ist in Christus Jesus nur das „Ja" entsprechend (2 Kor 1,20): „Er ist das Ja zu allem, was Gott verheißen hat. Darum rufen wir durch ihn zu Gottes Lobpreis auch das Amen." – Paulus ruft wiederholt Gott zum Zeugen an (Röm 1,9; Phil 1,8), besonders einprägsam 2 Kor 1,23: „Ich rufe aber Gott zum Zeugen an und schwöre bei meinem Leben, dass ich nur, um euch zu schonen, nicht mehr nach Korinth gekommen bin." – Nun bleibt ein Problem: Durch Jahrhunderte seit dem frühen Mittelalter (4. – 6. Jh.) übt die Kirchenbehörde den Eidschwur aus – und das merkwürdigerweise bis zur Gegenwart.

**Vergeltung und Liebe (V 38-48)**

„38 Ihr habt gehört, dass gesagt worden ist:
Auge für Auge und Zahn für Zahn. 39 Ich
aber sage euch: Widerstehet nicht dem Bösen, sondern wenn dich einer auf die rechte Wange schlägt, dann halt ihm auch
die andere hin. 40 Und dem, der mit dir vor
Gericht gehen und deinen Unterrock nehmen will, dem lass auch das Obergewand.
41 Und wenn dich einer zwingen will, eine Meile mit ihm zu gehen, dann geh zwei mit
ihm. 42 Wer dich bittet, dem gib, und wer von dir borgen will, den weise nicht ab.
43 Ihr habt gehört, dass gesagt worden ist: Du sollst deinen Nächsten lieben und deinen Feind hassen.
44 Ich aber sage euch: Liebt eure Feinde und betet für die, die

euch verfolgen, [45]damit ihr Söhne eures Vaters im Himmel werdet; denn er lässt seine Sonne aufgehen über Bösen und Guten, und er lässt regnen über Gerechte und Ungerechte. [46]Wenn ihr nämlich nur die liebt, die euch lieben, welchen Lohn könnt ihr dafür erwarten? Tun das nicht auch die Zöllner? [47]Und wenn ihr nur eure Brüder grüßt, was tut ihr damit Besonderes? Tun das nicht auch die Heiden? [48]Ihr sollt also vollkommen sein, wie euer himmlischer Vater vollkommen ist."

**Von der Vergeltung (38-42)**

Jesus bezieht sich auf alte Überlieferungen (Ex 21,24): „Auge für Auge, Zahn für Zahn, Hand für Hand, Fuß für Fuß." Und weiter interpretiert Lev 24,20: „Bruch um Bruch, Auge um Auge, Zahn um Zahn. Der Schaden, den er einem Menschen zugefügt hat, soll ihm zugefügt werden." Verschärft formuliert Dtn 19,21: „Und du sollst in dir kein Mitleid aufsteigen lassen: Leben für Leben, Auge für Auge, Zahn für Zahn, Hand für Hand, Fuß für Fuß." – Das unbarmherzige Recht gleichartiger Abrechnung – wie du mir, so ich dir –, das sogenannte *ius talionis* – sollte gewiss ein extremes, exzessives Rachenehmen abstellen. Jesu Antithese lautet: „Widerstehet nicht dem Bösen" – sondern seid großmütig, liebevoll, verzeihend. Das ist die Alternative Jesu, die aus dem Kontext ersichtlich ist.

Die drei Beispiele führen zur Schlussfolgerung: kein Widerstreit, sondern ein selbstloses Verzeihen und ein großzügiges Überbieten des Geforderten. – Zur Pfändung sei entsprechendes Gebot vermerkt (Ex 22,25f): „Nimmst du von einem Mitbürger den Mantel zum Pfand, dann sollst du ihn bis Sonnenuntergang zurückgeben; [26]denn es ist seine einzige Decke, der Mantel, mit dem er seinen bloßen Leib bedeckt. Worin soll er sonst schlafen? Wenn er zu mir schreit, höre ich es, denn ich habe Mitleid." Dazu findet sich später noch eine zusätzliche Erklärung (Dtn 24,13): „Bei Sonnenuntergang sollst du ihm sein Pfand zurückgeben. Dann kann er in seinem Mantel schlafen, er wird dich segnen, und du wirst vor Jahwe, deinem Gott, im Recht sein."

Gewiss soll solche Verhaltungsweise abzielen auf Reue, Änderung der Gesinnung, Besonnenheit, Gelassenheit. Paulus ersehnt dementsprechend, das Böse durch das Gute zu besiegen (Röm 12,17-21): „Vergeltet niemand Böses mit Bösem! Seid allen Menschen gegenüber auf Gutes bedacht! [18] Soweit es euch möglich ist, haltet mit allen Menschen Frieden! [19]Rächt euch nicht selber, liebe Brüder, sondern lasst Raum für den Zorn (Gottes); denn in der Schrift steht: Mein ist die Rache, ich werde vergelten, spricht der Herr. [20]Vielmehr: Wenn dein Feind Hunger hat, gib ihm zu essen, wenn er Durst hat, gib ihm zu trinken; tust du das, dann sammelst du glühende Kohlen auf sein Haupt. [21]Lass dich nicht vom Bösen besiegen, sondern besiege das Böse durch das Gute!"

Der sympathische Appell: *„Wer dich bittet, dem gib, und wer von dir borgen will, den weise nicht ab"* (V 42) opponiert der herkömmlichen Verhaltensweise. – Aus diesen Antithesen sollen anhaltend neue Initiativen zum Handeln entsprießen (1 Kor 6,7): „Ist es nicht überhaupt schon ein Versagen, dass ihr miteinander Prozesse führt? Warum leidet ihr nicht lieber Unrecht? Warum lasst ihr euch nicht lieber ausrauben?" – In dieser Mentalität argumentieren folgende Aussagen (1 Petr 2,20-23; 3,14; 5,8f): „[20]Ist es vielleicht etwas Besonderes, wenn ihr wegen einer Verfehlung Schläge erduldet? Wenn ihr aber recht handelt und trotzdem Leiden erduldet, das ist eine Gnade in den Augen Gottes. [21]Dazu seid ihr berufen worden; denn auch Christus hat für euch gelitten und euch ein Beispiel gegeben, damit ihr seinen Spuren folgt. [22]Er hat keine Sünde begangen, und in seinem

Mund war kein trügerisches Wort. [23]Er wurde geschmäht, schmähte aber nicht; er litt, drohte aber nicht, sondern überließ seine Sache dem gerechten Richter. [14]Aber auch wenn ihr um der Gerechtigkeit willen leiden müsst, seid ihr selig zu preisen. Fürchtet euch nicht vor ihnen, und lasst euch nicht erschrecken. [8]Seid nüchtern und wachsam! Euer Widersacher, der Teufel, geht wie ein brüllender Löwe umher und sucht, wen er verschlingen kann. [9]Leistet ihm Widerstand in der Kraft des Glaubens! Wisst, dass eure Brüder in der ganzen Welt die gleichen Leiden ertragen müssen!"

**Liebe zu den Feinden (43-48)**

*„Ihr habt gehört, dass gesagt worden ist: Du sollst deinen Nächsten lieben und deinen Feind hassen"* (V 43). Der erste Teil dieses Verses stammt aus Lev 19,18: „An den Kindern deines Volkes sollst du dich nicht rächen und ihnen nichts nachtragen. *Du sollst deinen Nächsten lieben* wie dich selbst. Ich bin Jahwe." In V 43 wird eine Antithese konstruiert und Jesu in den Mund gelegt, denn nirgends im AT ist zu finden *„und deinen Feind hassen"*. Die weitreichende Dynamik des Liebesgebotes Jesu zeigt das Beispiel vom barmherzigen Samariter (Lk 10,25-37).

Die Aufforderung, für die *„Verfolger zu beten"* (V 44), mag überraschen, erinnert aber zugleich an die damalige Situation (Mt 5,10): „Selig, die um der Gerechtigkeit willen verfolgt werden; denn ihnen gehört das Himmelreich." Und ähnlich motiviert 1 Petr 3,14: „Aber auch wenn ihr um der Gerechtigkeit willen leiden müsst, seid ihr selig zu preisen. Fürchtet euch nicht vor ihnen, und lasst euch nicht erschrecken."

Der Beweggrund, *„Söhne eures Vaters im Himmel zu werden"* (V 45), inkludiert die Friedensstifter (Mt 5,9): „Selig, die Frieden stiften; denn sie werden Söhne Gottes genannt werden." – Damit wird die Perspektive sich eher auf einen zukünftigen Lohn beziehen. Ein Beweggrund zu dieser radikalen Lebensgestaltung ist (V 45) *die Liebenswürdigkeit des Schöpfergottes* (Ps 145,9): „Jahwe ist gütig zu allen, sein Erbarmen waltet über all seinen Werken." – Grundmotiv ist Gottes Liebe (Weish 11,23f): „Du hast mit allen Erbarmen, weil du alles vermagst, und siehst über die Sünden der Menschen hinweg, damit sie sich bekehren. [24]Du liebst alles, was ist, und verabscheust nichts von allem, was du gemacht hast; denn hättest du etwas gehasst, so hättest du es nicht geschaffen." – Das festigt die Formulierung (Sir 18,11): „Darum hat der Herr mit ihnen Geduld, und er gießt über sie sein Erbarmen aus." Alle diese Aussagen unterstützen die alle Schranken überwindende Feindesliebe.

Die Liebe darf nicht auf den Kreis der Verwandten und Freunde beschränkt bleiben (V 46f). Das drängt erneut zur Feindesliebe hin. – Das übliche, gängige Verhalten wird an den verachteten *„Zöllnern"* und den Glaubensfremden, den *„Heiden"*, gemessen; die Jünger Jesu haben andere Vorbilder und Normen, wie nachfolgend argumentiert wird.

*„Ihr sollt also vollkommen sein, wie euer himmlischer Vater vollkommen ist"* (V 48). Das führt zum Heiligkeitsgesetz; Mose erhält den Auftrag (Lev 19,2): „Rede zu der ganzen Gemeinde der Kinder Israels und sprich zu ihnen: Ihr sollt heilig sein; denn ich, Jahwe, euer Gott, bin heilig." Diese Aufforderung wird wiederholt und erweitert (Lev 11,44): „Denn ich bin Jahwe, euer Gott; so heiligt euch und seid heilig, denn ich bin heilig. Und ihr sollt euch selbst nicht verunreinigen durch irgendein Gewürm, das sich auf der Erde regt." Es ist dies gewiss eine immer gültige Zielforderung!

Statt *„heilig"* wird im V 48 *„vollkommen"* verwendet, was bedeutet: „seinen Weg mit Gott wandeln"(Gen 6,9), geradezu die volle Erfüllung des göttlichen Willens und untadelige Beachtung des Gesetzes (Dtn 18,13): „Du sollst vollkommen sein gegenüber [mit] Jahwe, deinen Gott.“ Was sich in der Nachfolge Jesu erweist (Mt 19,21): „... Wenn du vollkommen sein willst, geh, verkauf deinen Besitz und gib das Geld den Armen; so wirst du einen bleibenden Schatz im Himmel haben; dann komm und folge mir nach.“ – Vollkommenheit ist der ganzheitliche Anschluss an den von Jesus gewiesenen Weg, auf dem die Feindesliebe akzentvoller Ausdruck des Hauptgebotes Jesu in allen Bereichen menschlichen Zusammenlebens ist.

# ALMOSEN – BETEN – FASTEN

## Mt 6,1-6.16-18

**1 Hütet euch, eure Gerechtigkeit vor den Menschen zur Schau zu stellen; sonst habt
ihr keinen Lohn von eurem Vater im Himmel zu erwarten. 2 Wenn du Almosen gibst,
lass es also nicht vor dir her posaunen, wie es die Heuchler in den Synagogen und
auf den Gassen tun, um von den Leuten gelobt zu werden. Amen, das sage ich euch:
Sie haben ihren Lohn bereits erhalten. 3 Du aber, wenn du Almosen gibst, so lass deine
Linke nicht wissen, was deine Rechte tut; 4 damit dein Almosen im Verborgenen sei,
und dein Vater, der im Verborgenen sieht, wird dir vergelten. 5 Wenn ihr betet, macht
es nicht wie die Heuchler; denn die lieben es, in den Synagogen und an den Ecken
der Straßen stehend zu beten, damit sie von den Menschen gesehen werden. Amen,
das sage ich euch: Sie haben ihren Lohn bereits erhalten. 6 Du aber, wenn du betest,
geh in deine Kammer und, nachdem du deine Tür geschlossen hast, bete zu deinem
Vater, der im Verborgenen ist, und dein Vater, der im Verborgenen sieht, wird dir vergelten.**
**16 Wenn ihr fastet, macht kein finsteres Gesicht wie die Heuchler. Sie geben sich ein
trübseliges Aussehen, damit die Leute merken, dass sie fasten. Amen, das sage ich
euch: Sie haben ihren Lohn bereits erhalten. 17 Du aber, wenn du fastest, salbe dein
Haupt und wasche dein Angesicht, 18 damit du nicht den Menschen als ein Fastender
erscheinest, sondern deinem Vater, der im Verborgenen ist; und dein Vater, der im Verborgenen sieht, wird dir vergelten.**

**Vom Almosengeben (V 1-4)**
Jesus wendet sich gegen Aktionen „*vor den Menschen, um von ihnen gesehen zu werden*“ (V 1). Persönliche Wohltätigkeit ist vor allem dort geachtet, wo es keine soziale Betreuung gibt. Von der griechischen Bezeichnung für „Barmherzigkeit“ stammt der Ausdruck „Almosen“. Dem eigenen Ermessen entsprechend wurde – und wird auch heute noch – gespendet (Mk 12,41-44): „Als Jesus einmal dem Opferkasten gegenübersaß, sah er zu, wie die Leute Geld in den Kasten warfen. Viele Reiche kamen und gaben viel. 42 Da kam auch eine

arme Witwe und warf zwei kleine Münzen hinein. [43]Er rief seine Jünger zu sich und sagte: Amen, ich sage euch: Diese arme Witwe hat mehr in den Opferkasten hineingeworfen als alle andern. [44]Denn sie alle haben nur etwas von ihrem Überfluss hergegeben; diese Frau aber, die kaum das Nötigste zum Leben hat, sie hat alles gegeben, was sie besaß, ihren ganzen Lebensunterhalt." – Jesus wendet sich in diesem Abschnitt gegen jedwede Prahlerei, Großtuerei, Aufgeblasenheit und *Heuchelei*; die intensivierte Formulierung *„vor sich her posaunen"* (V 2) charakterisiert die persönliche Eitelkeit und Gefallsucht, woraufhin von Gott kein Lohn zu erwarten ist.

Jesus verlangt in akribisch sorgfältiger Konfrontation – *„du aber"* – ein Handeln im *Verborgenen* (V 3f). Überbetont exakt umschreibt die Diktion, *die linke Hand solle nicht wissen, was die rechte tut*, ein zurückgezogenes Tun. Das *Vergelten* durch Gott führt erneut in eine eschatologische Perspektive (Mt 16,27): „Der Menschensohn wird mit seinen Engeln in der Hoheit seines Vaters kommen und jedem Menschen vergelten, wie es seine Taten verdienen." – Oder anders, zuversichtlich formuliert (Mt 10,42): „Und wer einem von diesen Kleinen auch nur einen Becher frisches Wasser zu trinken gibt, weil es ein Jünger ist – amen, ich sage euch: Er wird gewiss nicht um seinen Lohn kommen."

**Vom Beten (V 5f)**

Die allgemein beliebten Gebetsorte zur Zeit Jesu sind die *Synagogen* oder der Tempel in Jerusalem. Darüber hinaus konnten die üblichen persönlichen Gebete morgens, mittags und abends *allerorts*, auch auf Wegen und Promenaden, durchgeführt werden. Auch da besteht wieder wie beim Almosengeben die Verlockung der eigenen Ruhmsucht, Wichtigtuerei und Aufgeblasenheit. Das empfohlene Gebet zu Hause, im eigenen verschlossenen Gemach, steht im Gegensatz zum Beten in der Öffentlichkeit. Die *rechte Art* der Hinwendung zu Gott ist zielführend (Joh 4,24): „Gott ist Geist, und alle, die ihn anbeten, müssen im Geist und in der Wahrheit anbeten." – Jesus übt das Gebet in der Einsamkeit (Mk 1,35): „In aller Frühe, als es noch dunkel war, stand er auf und ging an einen einsamen Ort, um zu beten." Jesus ist auch in der Synagoge zu finden (Lk 4,16): „So kam er auch nach Nazaret, wo er aufgewachsen war, und ging, wie gewohnt, am Sabbat in die Synagoge. Als er aufstand, um aus der Schrift vorzulesen." – Jesus ist wiederholt im Tempel, markant in diesem Konnex erinnert die Erzählung vom Zwölfjährigen und seine Antwort (Lk 2,49) „Da sagte er zu ihnen [seinen Eltern]: Warum habt ihr mich gesucht? Wusstet ihr nicht, dass ich in dem sein muss, was meinem Vater gehört?" – Oder die Tempelreinigung mit der Aussage (Mt 21,13): „... In der Schrift steht: Mein Haus soll ein Haus des Gebetes sein. Ihr aber macht daraus eine Räuberhöhle."

**Vom Fasten (V 16ff)**

Vielfältig sind die Vorschriften über das Fasten, unter anderem auch verbunden mit dem Versöhnungstag (Lev 16,29; Num 29,7), man kennt entsprechende private Praxis (Lk 18,12a): „Ich faste zweimal in der Woche ..." – Im Zusammenhang mit den bisher gebrachten Erklärungen bringen auch diese Unterweisungen Empfehlungen für ein richtiges Verhalten in den Augen Gottes im Hinblick auf das Fasten: Erneut wendet sich der Text gegen das ehrgeizige Benehmen der *„Heuchler"* (V 16) und es wird das *Tun im Verborgenen empfohlen* (V 18).

# FALSCHE UND RECHTE SORGE

## Mt 6,24-34

**24Niemand kann zwei Herren dienen; denn entweder wird er den einen hassen und den anderen lieben, oder er wird einem anhangen und den anderen verachten. Ihr könnet nicht Gott dienen und dem Mammon. 25Deshalb sage ich euch: Seid nicht besorgt für euer Leben, was ihr essen und was ihr trinken sollt, noch für euren Leib, was ihr anziehen sollt. Ist nicht das Leben mehr als die Speise und der Leib mehr als das Gewand? 26Seht euch die Vögel des Himmels an: Sie säen nicht, sie ernten nicht und sammeln keine Vorräte in Scheunen; euer himmlischer Vater ernährt sie. Seid ihr nicht viel mehr wert als sie? 27Wer von euch kann mit all seiner Sorge sein Leben auch nur um eine kleine Zeitspanne verlängern? 28Und was sorgt ihr euch um euer Gewand? Lernt von den Lilien, die auf dem Feld wachsen: Sie arbeiten nicht und spinnen nicht. 29Ich sage euch aber, dass selbst nicht Salomo in all seiner Herrlichkeit bekleidet war wie eine von diesen. 30Wenn aber Gott das Gras des Feldes, das heute ist und morgen in den Ofen geworfen wird, so [prächtig] kleidet, wie viel mehr dann euch, ihr Kleingläubigen! 31So seid nun nicht besorgt, indem ihr saget: Was sollen wir essen? Oder: Was sollen wir trinken? Oder: Was sollen wir anziehen? 32Denn um all das trachten die Heiden. Euer himmlischer Vater weiß, dass ihr das alles braucht. 33Suchet zuerst nach dem Reich Gottes und nach seiner Gerechtigkeit, und dies alles wird euch hinzugefügt werden. 34Sorgt euch also nicht um morgen; denn der morgige Tag wird für sich selbst sorgen. Jeder Tag hat genug eigene Plage.**

Entweder *Gott oder Mammon, hassen oder lieben, anhangen oder verachten: „Niemand kann zwei Herren dienen“* (V 24). Hiermit liegt eine klare Alternative vor! – *„Mammon“* signalisiert Besitz, Vermögen, Hab und Gut, Moneten und den ganzen Besitz, und steht hiermit als Widerpart zu Gott, ein Abgott, dem der Mensch verkommt, wenn er sich nicht kompromisslos für Gott entscheidet. Die Mahnrede Jesu (V 25-34) über das *Nichtsorgen* erstrebt nicht, der Arbeit zu entsagen, sondern ohne furchtsame Besorgnisse (V 30), vor allem mit vollem Vertrauen zu Gott, dem *Vater* (V 26.32), für das Reich Gottes einzutreten und zu kümmern (V 33). Diese Direktive ist an die gesamte Jüngergemeinde adressiert.

*„Leben und Leib“* (V 25) stehen vielfach für den ganzen Menschen (Mt 10,28): „Fürchtet euch nicht vor denen, die den Leib töten, die Seele aber nicht töten können, sondern fürchtet euch vor dem, der Seele und Leib ins Verderben der Hölle stürzen kann.“ – Der Mensch ist bedeutungsvoller als Ernährung und Bekleidung (26-28).

Die *„Vögel“* (V 26) und *„Lilien“* (V 28) werden zur Illustration menschlicher Anstrengung zitiert, die ohne göttliche Obhut nichts einbringt. – Auch die Lebenszeit liegt in Gottes Hand (V 27). – In allen Vergleichen ist die größere Fürsorge Gottes für den Menschen akzentuiert. – *„Kleingläubige“* (V 30) wird öfter zur Anrede für die Jünger verwendet, die noch nicht aus voller Glaubenskraft radikal und furchtlos dem Weg Jesu nachfolgen (Mt 16,8).

*„Heiden“* (V 32) sind die außerhalb der Jüngergemeinde verweilenden Menschen, die

Jesu Lehre und Lebensweise noch nicht angenommen haben (Mt 6,7; 18,17).

*„Suchen – Reich Gottes – Gottes Gerechtigkeit – alles hinzugefügt“* (V 33) – zuerst das *Reich Gottes suchen*, bedeutet: Die vordringlichste Aufgabe ist, den Willen Gottes zu erkundigen, dem göttlichen Heilsplan entsprechend zu leben; das alles schließt anderes Vorsorgen nicht ratzekahl aus und inkludiert zugleich Aktivitäten und Anstrengungen für Gott und die menschliche Gesellschaft. Das erfordert „gute Werke“ (Mt 5,6.16): „Selig, die hungern und dürsten nach der Gerechtigkeit; denn sie werden satt werden. [16]So soll euer Licht vor den Menschen leuchten, damit sie eure guten Werke sehen und euren Vater im Himmel preisen.“ – Das wird zugleich mit der hoffnungsvollen Zusage verbunden, dem gläubigen Jünger wird nichts fehlen, es wird ihm alles hinzugefügt, es wird alles ergänzt, was er zu einem entsprechenden Leben benötigt.

Eine tröstliche Motivation rundet diese Mahnrede ab (V 34): Vieles erledigt sich von selbst! Belastende Sorgen um die Zukunft sind geradezu in der Geborgenheit Gottes unnötig. Allerdings führt die realistische Feststellung – *jeder Tag hat genug eigene Plage* – zur täglichen Bitte des Vaterunsers (Mt 6,11): „Gib uns heute das Brot, das wir brauchen.“

# FALSCHE PROPHETEN – FUNDAMENT AUF FELS

## Mt 7,21-27

**[21]Nicht jeder, der zu mir sagt: Herr! Herr!, wird in das Himmelreich kommen, sondern
nur, wer den Willen meines Vaters im Himmel erfüllt. [22]Viele werden an jenem Tag
zu mir sagen: Herr, Herr, sind wir nicht in deinem Namen als Propheten aufgetreten,
und haben wir nicht mit deinem Namen Dämonen ausgetrieben und mit deinem Na-
men viele Wunder vollbracht? [23]Dann werde ich ihnen bekennen: Ich kenne euch
nicht. Weg von mir, ihr Übertreter des Gesetzes!**

**[24]Wer diese meine Worte hört und danach handelt, ist wie ein kluger Mann, der sein
Haus auf Fels baute. [25]Als nun ein Wolkenbruch kam und die Wassermassen heran-
fluteten, als die Stürme tobten und an dem Haus rüttelten, da stürzte es nicht ein;
denn es war auf Fels gebaut. [26]Wer aber meine Worte hört und nicht danach handelt,
ist wie ein unvernünftiger Mann, der sein Haus auf Sand baute. [27]Als nun ein Wol-
kenbruch kam und die Wassermassen heranfluteten, als die Stürme tobten und an
dem Haus rüttelten, da stürzte es ein und sein Einsturz war groß.**

**Falsche Propheten (V 21-23)**

Eine devote Anrede wie *„Herr! Herr!“* ist nicht ausreichend, um *ins Himmelreich zu kommen* (V 21). Voraussetzung dazu ist die *Erfüllung des göttlichen Willens.* – Dieser Wille Gottes enthüllt sich in der Schöpfung als sein Ratschluss, Plan, seine Idee, Intention, als Ursache des Segens – Glücks, Profits, Gewinns, Erfolgs, Heils – und Quelle allen Seins (Ijob 38,2): „Wer ist es, der den Rat verdunkelt mit Worten ohne Erkenntnis?“ Zum Erkennen des göttlichen Willens sind infolgedessen Einsicht, Vernunft, Erfahrung, Intellekt erforderlich. Den Willen Gottes kann man gleichsetzen mit den Gedanken seines Herzens (Ps 33,11): „Der Ratschluss Jahwes besteht ewiglich, die Gedanken seines Herzens von Geschlecht zu Geschlecht.“

Drastisch werden nun die Anhänger der falschen Prophezeier oder deren Sympathisanten ins Visier genommen. Sie verweisen auf *prophetische Verkündigung*, darüber hinaus auf *Vertreibung von Dämonen* und *viele Wunder*, die sie anscheinend *„im Namen Jesu vollbracht“* haben. Dies ist eine Anspielung auf Zeichen und Wunder, die auch Abtrünnige durchführen können (Mt 24,24): „Denn es wird mancher falsche Messias und mancher falsche Prophet auftreten, und sie werden große Zeichen und Wunder tun, um, wenn möglich, auch die Auserwählten irrezuführen.“ – Hiermit wird erkannt, wie sich nachfolgend zeigt, allein die sittliche Bewährung, das Streben nach Gerechtigkeit und die Beachtung der Gesetze, die Jesus lehrt, sind entscheidend. Die Beurteilung solcher Gesetzesübertreter ruft in Erinnerung (Mt 13,41-43): „Der Menschensohn wird seine Engel aussenden, und sie werden aus seinem Reich alle zusammenholen, die andere verführt und Gottes Gesetz übertreten haben, [42] und werden sie in den Ofen werfen, in dem das Feuer brennt. Dort werden sie heulen und mit den Zähnen knirschen. [43]Dann werden die Gerechten im Reich ihres Vaters wie die Sonne leuchten. Wer Ohren hat, der höre!“ – Über die *„Übertreter des Gesetzes“* ist zu erfahren (Mt 13,41): „Der Menschensohn wird seine Engel aussenden, und sie werden aus seinem Reich alle zusammenholen, die andere verführt und Gottes Gesetz übertreten haben.“ – Darüber hinaus ist zu erwarten (Mt 24,12): „Und weil die Missachtung von Gottes Gesetz überhandnimmt, wird die Liebe bei vielen erkalten.“ – Deshalb die intensive Motivation (2 Kor 6,14): „Beugt euch nicht mit Ungläubigen unter das gleiche Joch! Was haben denn Gerechtigkeit und Gesetzwidrigkeit miteinander zu tun? Was haben Licht und Finsternis gemeinsam?“ – Andererseits ist es sonnenklar (1 Joh 3,4): „Jeder, der die Sünde tut, handelt gesetzwidrig; denn Sünde ist Gesetzwidrigkeit.“ *„Ich kenne euch nicht“* (V 23) ist eine scharfzüngige Zurückweisung, eine Diktion für den Ausschluss vom Reich Gottes (Mt 25,12): „Er aber antwortete ihnen: Amen, ich sage euch: Ich kenne euch nicht.“

**Fundament auf Fels (V 24-27)**

Weiterhin im eschatologischen Zusammenhang des Endgerichts (V 21-21) ist dieses Sinnbild anberaumt, eine zu Bedenken gebende Warnung, die ein konkretes Geschehen berichtet; demgemäß vielmehr ein „Gleichnis“ Jesu überliefert wird. Die Mahnrede zeigt die Absicht (V 24a.26a): Die Botschaft Jesu nicht nur zu *hören*, sondern auch *durchzuführen! – Alle Hörer* sind zur Nachfolge Jesu berufen (Mt 28,19): „Darum geht zu allen Völkern, und macht alle Menschen zu meinen Jüngern; tauft sie auf den Namen des Vaters und des Sohnes und des Heiligen Geistes.“ – Die Menschenmassen „erschrecken“ (Mt 7,28) über Jesu Lehre (Mt 22,33): „Als das Volk das hörte, war es über seine Lehre bestürzt.“ Ebenso Jesu Mitbürger in Nazaret (Mt

13,54): „Jesus kam in seine Heimatstadt und lehrte die Menschen dort in der Synagoge. Da staunten alle und sagten: Woher hat er diese Weisheit und die Kraft, Wunder zu tun?" – Auch die Jünger erschauderten (Mt 19,25): „Als die Jünger das hörten, erschraken sie sehr und sagten: Wer kann dann noch gerettet werden?" – Das Wort Jesu ist dramatisch überwältigend (V 27): „Als nun ein Wolkenbruch kam und die Wassermassen heranfluteten, als die Stürme tobten und an dem Haus rüttelten, da stürzte es ein und sein Einsturz war groß."

# MATTHÄUS UND DIE ZÖLLNER

## Mt 9,9-13

**9Als Jesus weiterging, sah er einen Mann namens Matthäus am Zoll sitzen und sagte zu ihm: Folge mir nach! Da stand Matthäus auf und folgte ihm. 10Und es geschah, als er in dem [seinem] Haus zu Tische lag, siehe, da kamen viele Zöllner und Sünder und lagen zu Tische mit Jesu und seinen Jüngern. 11Als die Pharisäer das sahen, sagten sie zu seinen Jüngern: Wie kann euer Meister zusammen mit Zöllnern und Sündern essen? 12Er hörte es und sagte: Nicht die Gesunden brauchen den Arzt, sondern die Kranken. 13Gehet aber hin und lernet, was das ist: „Ich will Barmherzigkeit und nicht Schlachtopfer"; denn ich bin nicht gekommen, Gerechte zu rufen, sondern Sünder.**

Als Grenzort des Distrikts von Herodes Antipas 4 v. Chr. – 39 v. Chr. (Mt 14,1) hatte Kafarnaum eine Zollstätte (V 9). Die Zöllner standen unter einem Oberzöllner (Lk 19,1-10) und kassierten Steuern und Mautgebühren; wegen vielfacher betrügerischer Machenschaften und auch wegen ihres Umgangs mit den Heiden wurden sie nicht selten als *„Sünder"* (V 10) geächtet. Wie bei der Berufung der ersten Jünger – der Fischer vom See Gennesaret (Mt 4,18-22) – steht *Matthäus* spontan auf und verlässt seinen Arbeitsplatz, die Zollstätte. Das entspricht der Nachfolge Jesus (Mt 8,19-22): „Da kam ein Schriftgelehrter zu ihm und sagte: Meister, ich will dir folgen, wohin du auch gehst. 20Jesus antwortete ihm: Die Füchse haben ihre Höhlen und die Vögel ihre Nester; der Menschensohn aber hat keinen Ort, wo er sein Haupt hinlegen kann. 21Ein anderer aber, einer seiner Jünger, sagte zu ihm: Herr, lass mich zuerst heimgehen und meinen Vater begraben! 22 Jesus erwiderte: Folge mir nach; lass die Toten ihre Toten begraben!" – Außer in V 9 wird Matthäus nur in den Apostellisten (Mt 10,3; Apg 1,13) erwähnt. Es ist unsicher und ungewiss, ob Levi (Mk 2,14; Lk 5,27ff) und Matthäus dieselben Personen sind.

Aus diesem Grund ist nicht völlig klar, wo das Gastmahl stattfand, weil im griechischen Text nur *„in dem Haus"* (V 10) zu lesen ist und die soeben angeführten Stellen über Levi nicht stichhaltig sind. Dass Matthäus ein Abschiedsmahl in seinem Haus gibt, lässt der vorliegende Text erahnen, und es ist gewiss zu weit hergeholt, wenn manche sogar an das „Haus Jesu“ denken. Das Motiv von Jesu Barmherzigkeit mit den *Sündern* wird in V 10 angedeutet; sie verkörpern generalisierend alle im damaligen Ambiente Jesu verachteten, verfemten Sippschaften. Es interessieren sich die *Pharisäer* (V 11), überbetonte, scheinbar einflussreiche gesetzestreue Aktivisten, welche die öffentliche Lebensgestaltung nach dem vermeintlichen korrekten Gesetz ihrer Auslegungen belauerten. – Jesus steht autark über allen einflussreichen, maßgebenden Persönlichkeiten von angeblichem hohen fachlichen Ansehen. – Ein gemeinschaftliches Gastmahl ist vielfach Zeichen der vollen Zusammengehörigkeit, hiermit Ausdrucksweise für die eingliedernde Akzeptanz in das göttliche Kollektiv (Mt 8,11). Jesus öffnet sich den Sündern und tritt für sie ein, wie der Denkspruch von den *Gesunden und Kranken* (V 12) und das Zitat von Jesu Sendung (V 13b) erklärt. – Der Höhepunkt der Erzählung wird in dieser Sentenz Jesu über die *Gesunden und Kranken* (V 12) offenbar; das wird durch ein Schriftwort (V 13) betont (Hos 6,6): „Denn an Barmherzigkeit habe ich Gefallen und nicht am Schlachtopfer, und an der Erkenntnis Gottes mehr als an Brandopfern.“ – Schließlich ergeht das Angebot Jesu an *alle* (Mt 11,28): „Kommet her zu mir, alle ihr Mühseligen und Beladenen, und ich werde euch Ruhe geben.“ – Das forciert auch mit Nachdruck Mt 5,7: „Glückselig die Barmherzigen, denn ihnen wird Barmherzigkeit erfahren.“ – Verschärft mit einer verurteilenden Warnung und einem Hinweis auf negative Fakten verbunden Mt 12,7: „Wenn ihr begriffen hättet, was das heißt: Barmherzigkeit will ich, nicht Opfer, dann hättet ihr nicht Unschuldige verurteilt.“ – Diese Verse (V 10-13) zeigen demonstrativ, Jesus widmet sich augenscheinlich ostentativ den Verfemten und Frevlern.

# AUSSENDUNG

## Mt 9,36-10,8

**36Als er die Volksmenge sah, hatte er Mitleid mit ihnen; denn sie waren müde und erschöpft wie Schafe, die keinen Hirten haben. 37Da sagte er zu seinen Jüngern: Die Ernte ist groß, aber es gibt nur wenig Arbeiter. 38Bittet nun den Herrn der Ernte, dass er Arbeiter aussende in seine Ernte. 1Dann rief er seine zwölf Jünger zu sich und gab ihnen die Vollmacht, die unreinen Geister auszutreiben und alle Krankheiten und Leiden zu heilen. 2Die Namen der zwölf Apostel sind: an erster Stelle Simon, genannt Petrus, und sein Bruder Andreas, dann Jakobus, der Sohn des Zebedäus, und sein Bruder Johannes, 3Philippus und Bartholomäus, Thomas und Matthäus, der Zöllner, Jakobus, der Sohn des Alphäus, und Thaddäus, 4Simon Kananäus und Judas Iskariot, der ihn auch verraten hat. 5Diese Zwölf sandte Jesus aus und gebot ihnen: Geht nicht zu den Heiden, und betretet keine Stadt der Samariter, 6sondern geht vielmehr zu den verlorenen Schafen des Hauses Israel. 7Geht und verkündet: Das Himmelreich ist nahe. 8Heilt Kranke, weckt Tote auf, macht Aussätzige rein, treibt Dämonen aus! Umsonst habt ihr empfangen, umsonst sollt ihr geben.**

**Schafe ohne Hirten (V 36ff)**
Wiederholt ist *„von den Schafen ohne Hirten"* (V 36) die Rede – ein im Stich gelassenes Volk (1 Kön 22,17): „Da sagte Micha: Ich sah ganz Israel über die Berge zerstreut wie Schafe, die keinen Hirten haben. Und Jahwe sagte: Sie haben keine Herren mehr. So gehe jeder in Frieden nach Hause." – Mitunter sind die Folgen katastrophal (Ez 34,5): „Und so wurden sie zerstreut, weil sie ohne Hirten waren; und sie wurden allen Tieren des Feldes zum Fraß, und wurden zerstreut." – Lügenpropheten waren am Werk (Sach 10,2): „Die Hausgötzen redeten Falsches; die Wahrsager schauten Lügen. Sie verkündeten nichtige Träume und spendeten leeren Trost. Darum wurde das Volk weggetrieben wie Schafe und geriet ins Elend; denn es hatte keinen Hirten." – Auf einen Anführer, nämlich Josua, verweist Num 27,17: „der vor ihnen her in den Kampf zieht und vor ihnen her wieder in das Lager einzieht, der sie zum Krieg hinausführt und sie zurückführt; die Gemeinde Jahwes soll nicht sein wie Schafe, die keinen Hirten haben." – Das Wort vom guten Hirten (Ez 34,11-24) bringt messianische Hoffnungen für jene, die *„müde und erschöpft"* (V 36) sind.
Die *„Ernte"* (V 37) bezeichnet die gegenwärtige Heilszeit, in der die Frohbotschaft vom Reich Gottes verkündet wird, eine durch Jesus initiierte Zeit der Freude (Mt 9,15). Der *„Herr der Ernte"* ist Gott, ihn soll man um *Arbeiter* zur Einsammlung der messianischen Ernte *bitten* (V 38). Diese Worte sind vor allem eine Motivation für die Jünger, sich auf ihre von Jesus ihnen zugedachte Aufgabe vorzubereiten.

**Zwölf Apostel (V 1-4)**
Jesus ruft seine *zwölf Jünger,* welche die zwölf Stämme Israels repräsentieren (Mt 19,28) und überträgt ihnen die *Vollmacht* über Dämonen und die Kraft, alle Leiden und Krankheiten zu heilen (V 1), wie er es selbst bereits getan hat (Mt 4,23; 9,35). Die zwölf Jünger werden spontan als die zwölf Apostel bezeichnet (V 2).
Die Namensliste der Apostel beginnt mit Simon, dem er den Namen Petrus hinzufügt, obwohl er erst in Mt 16,18 begründet wird; Simon Petrus wird somit als „Erster" akzentuiert; die beiden Brüderpaare stehen parallel zur Berufung der ersten Jünger (Mt 4,18-22) am Anfang der Liste; Matthäus wird als *„Zöllner"* (V 3) gekennzeichnet (Mt 9,9) und nach Thomas genannt. Die Namen der Apostel sind der Urkirche höchst bedeutungsvoll (Apg 1,13.26; Offb 21,14).

**Sendungsauftrag (V 5-8)**
Man kann über das Verbot rätseln (V 5bf): „Geht nicht zu den Heiden, und betretet keine Stadt der Samariter, [6]sondern geht vielmehr zu den verlorenen Schafen des Hauses Israel." Manche meinen, diese Direktive stamme aus der judenchristlichen Gemeinschaft. So drakonisch limitiert habe Jesus gewiss nicht entschieden und man verweist auf seine großzügige, über Grenzen hinwegreichende Hilfeleistung (Mt 4, 23ff): „Er zog in ganz Galiläa umher, lehrte in den Synagogen, verkündete das Evangelium vom Reich und heilte im Volk alle Krankheiten und Leiden. [24]Und sein Ruf verbreitete sich in ganz Syrien. Man brachte Kranke mit den verschiedensten Gebrechen und Leiden zu ihm, Besessene, Mondsüchtige und Gelähmte, und er heilte sie alle. [25]Scharen von Menschen aus Galiläa, der Dekapolis, aus Jerusalem und Judäa und aus dem Gebiet jenseits des Jordan folgten ihm." – Andererseits wird eine Priorität für die „verlorenen Schafe des Hauses Israel" doch spürbar (Mt 15,21-28): „Von dort zog sich Jesus in das Gebiet von Tyrus und Sidon zurück. [22]Da kam eine kanaanäische Frau aus jener Gegend zu ihm und rief: Hab Erbarmen mit mir, Herr, du Sohn Davids! Meine Tochter wird von einem Dämon gequält. [23]Jesus aber gab ihr keine

Antwort. Da traten seine Jünger zu ihm und baten: Befrei sie (von ihrer Sorge), denn sie schreit hinter uns her. [24]Er antwortete: Ich bin nur zu den verlorenen Schafen des Hauses Israel gesandt. [25]Doch die Frau kam, fiel vor ihm nieder und sagte: Herr, hilf mir! [26]Er erwiderte: Es ist nicht recht, das Brot den Kindern wegzunehmen und den Hunden vorzuwerfen. [27]Da entgegnete sie: Ja, du hast recht, Herr! Aber selbst die Hunde bekommen von den Brotresten, die vom Tisch ihrer Herren fallen. [28]Darauf antwortete ihr Jesus: Frau, dein Glaube ist groß. Was du willst, soll geschehen. Und von dieser Stunde an war ihre Tochter geheilt." – Allerdings wird der Blickfeld für die Heidenmission durch den Sendungsauftrag des Auferstandenen weit erschlossen (Mt 28,19): „Darum geht zu allen Völkern, und macht alle Menschen zu meinen Jüngern; tauft sie auf den Namen des Vaters und des Sohnes und des Heiligen Geistes."

Die von Jesus ausgesandten Jünger Jesu sollen die gleiche Verkündigung und Tätigkeit (V 7f) wie er selbst durchführen (Mt 4,17): „Von da an begann Jesus zu verkünden: Kehrt um! Denn das Himmelreich ist nahe." Die therapeutische Macht wird den Jüngern aus der Bevollmächtigung Jesu zuteil, wie begründet wird (V 8b): *„Umsonst habt ihr empfangen, umsonst sollt ihr geben."* Freilich benötigt dieses Mandat einen willensstarken Glauben der Jünger (Mt 17,16.19f): „Ich [Vater eines Mondsüchtigen] habe ihn schon zu deinen Jüngern gebracht, aber sie konnten ihn nicht heilen. [19]Als die Jünger mit Jesus allein waren, wandten sie sich an ihn und fragten: Warum konnten denn wir den Dämon nicht austreiben? [20]Er antwortete: Weil euer Glaube so klein ist. Amen, das sage ich euch: Wenn euer Glaube auch nur so groß ist wie ein Senfkorn, dann werdet ihr zu diesem Berg sagen: Rück von hier nach dort!, und er wird wegrücken. Nichts wird euch unmöglich sein."

# VERFOLGUNGEN

## Mt 10,17-22

**[17]Hütet euch aber vor den Menschen! Denn sie werden euch vor die Gerichte bringen und in ihren Synagogen auspeitschen. [18]Ihr werdet um meinetwillen vor Statthalter und Könige geführt, damit ihr vor ihnen und den Heiden Zeugnis ablegt. [19]Wenn sie euch aber überliefern, so seid nicht besorgt, wie oder was ihr reden sollt; denn es wird euch in jener Stunde gegeben werden, was ihr reden sollt. [20]Denn nicht ihr seid die Redenden, sondern der Geist eures Vaters, der in euch redet. [21]Es wird aber der Bruder den Bruder zum Tode überliefern und der Vater das Kind; und Kinder werden sich erheben wider die Eltern und sie in den Tod schicken. [22]Und ihr werdet von allen gehasst werden um meines Namens willen. Wer aber standhaft bleibt bis ans Ende, dieser wird errettet werden.**

Jüdische Strafen werden den Jüngern angekündigt (V 17), von denen beispielsweise Paulus über Geißelhiebe berichtet (2 Kor 11,24): „Von Juden habe ich fünfmal empfangen vierzig Streiche weniger einen." – Darüber hinaus wird man die Jünger *„um Jesu willen vor Statthalter und Könige"* anklagen, damit sie *„vor ihnen und den Heiden"* (V 18) – also in aller Öffentlichkeit – sich zur Frohbotschaft bekennen und diese hiermit verbreiten: eine missionarische Perspektive!

In solchen Stunden gilt: *„Seid nicht besorgt – der Geist eures Vaters wird in euch reden"* (V 19f). Das erläutert eine parallele Formulierung (Lk 12,11f): „Wenn man euch vor die Gerichte der Synagogen und vor die Herrscher und Machthaber schleppt, dann macht euch keine Sorgen, wie ihr euch verteidigen oder was ihr sagen sollt. [12]Denn der Heilige Geist wird euch in der gleichen Stunde eingeben, was ihr sagen sollt."

Beängstigend schmerzlich ist das *Denunzieren* an die Gerichtshöfe durch nächste *Familienmitglieder* (V 21f), das zum Tod führen kann (Joh 16,2): „Sie werden euch aus der Synagoge ausstoßen, ja es kommt die Stunde, in der jeder, der euch tötet, meint, Gott einen heiligen Dienst zu leisten." – Das erinnert an Mi 7,6. „Denn der Sohn verachtet den Vater, die Tochter lehnt sich auf gegen ihre Mutter, die Schwiegertochter gegen ihre Schwiegermutter; des Mannes Feinde sind seine Hausgenossen." – Jesus argumentiert darüber hinaus (Joh 15,18-21): „Wenn die Welt euch hasst, dann wisst, dass sie mich schon vor euch gehasst hat. [19]Wenn ihr von der Welt stammen würdet, würde die Welt euch als ihr Eigentum lieben. Aber weil ihr nicht von der Welt stammt, sondern weil ich euch aus der Welt erwählt habe, darum hasst euch die Welt. [20]Denkt an das Wort, das ich euch gesagt habe: Der Sklave ist nicht größer als sein Herr. Wenn sie mich verfolgt haben, werden sie auch euch verfolgen; wenn sie an meinem Wort festgehalten haben, werden sie auch an eurem Wort festhalten. [21]Das alles werden sie euch um meines Namens willen antun; denn sie kennen den nicht, der mich gesandt hat."

Die *„Standhaftigkeit bis zum Ende – und Rettung"* (V 22) involvieren die Eventualität des Martyriums (Offb 13,10): „Wer zur Gefangenschaft bestimmt ist, geht in die Gefangenschaft. Wer mit dem Schwert getötet werden soll, wird mit dem Schwert getötet. Hier muss sich die Standhaftigkeit und die Glaubenstreue der Heiligen bewähren." – *„Rettung"* bezeichnet demzufolge nicht Erhaltung des irdischen Lebens, sondern Hinübergang durch Endgericht ins ewige Leben (Mt 10,28): „Und fürchtet euch nicht vor denen, die den Leib töten, die Seele aber nicht zu töten vermögen; fürchtet aber vielmehr den, der sowohl Seele als Leib zu verderben vermag in der Hölle." – Um Jesu willen ist ewiges Leben zu erwarten (Mt 16,25): „Denn wer sein Leben retten will, wird es verlieren; wer aber sein Leben um meinetwillen verliert, wird es gewinnen."

# FURCHTLOSES BEKENNTNIS

## Mt 10,26-33

**26 Darum fürchtet euch nicht vor ihnen [den Menschen]! Denn nichts ist verhüllt, was nicht enthüllt wird, und nichts ist verborgen, was nicht bekannt wird. 27 Was ich euch im Dunkeln sage, davon redet im Licht [am hellen Tag], und was man euch ins Ohr flüstert [höret ins Ohr], das verkündet von den Dächern. 28 Fürchtet euch nicht vor denen, die den Leib töten, die Seele aber nicht töten können, sondern fürchtet euch vor dem, der Seele und Leib ins Verderben der Hölle stürzen kann. 29 Verkauft man nicht zwei Spatzen für ein paar Pfennig? Und doch fällt keiner von ihnen zur Erde ohne euren Vater. 30 Bei euch aber sind sogar die Haare auf dem Kopf alle gezählt. 31 Fürchtet euch nun nicht; ihr seid vorzüglicher als viele Sperlinge. 32 Wer sich nun vor den Menschen zu mir bekennt, zu dem werde auch ich mich vor meinem Vater im Himmel bekennen. 33 Wer mich aber vor den Menschen verleugnet, den werde auch ich vor meinem Vater im Himmel verleugnen.**

In Erwartung auf weitere Nachstellungen erfolgt die Motivierung zur Ermutigung allen Widersachern gegenüber (V 26a): „Fürchtet sie also nicht!" – Die allgemein gültige Sentenz – im synonymen Parallelismus –, alles Verhüllte wird enthüllt (V 26), führt zu offener Verkündigung, der Ruf von den Dächern (V 27), die sich als Ort öffentlicher Mitteilungen anboten.

*„Leib und Seele"*: Dieser Leitsatz charakterisiert zwischen „Leib", den die Menschen *„töten"* können, und „Seele", die sie nicht töten können (V 28); Menschen können also nur das irdische Leben, nicht aber auch die Seele vernichten. – Über *„Hölle"* ist das Wort Jesu zu bedenken (Mk 9,47f): „Und wenn dich dein Auge zum Bösen verführt, dann reiß es aus; es ist besser für dich, einäugig in das Reich Gottes zu kommen, als mit zwei Augen in die Hölle geworfen zu werden, [48]*wo ihr Wurm nicht stirbt und das Feuer nicht erlischt.*"

Die Metapher mit den *Spatzen*, die im *Willen Gottes des Vaters* geborgen sind, erinnert an ähnliche Bilder, welche die aufmerksame Fürsorglichkeit Gottes für die Jünger aussprechen (Mt 6,26-30). Dass selbst die *Haare auf dem Kopf gezählt* sind – eine eindrucksvolle hyperbolische Formulierung –, demonstriert Gottes liebevolle fürsorgliche Aufmerksamkeit (V 29ff). Das Bekenntnis der Menschen zu Jesus bringt eine parallele Handlung Jesu vor seinem „Vater im Himmel"; die Verleugner Jesu erhalten analog auch ein Verleugnen vor Gott (V 32f). – Somit wird pointiert verhüllt auf einen künftigen Lohn, aber auch auf eine entsprechende Vergeltung verwiesen.

# UM MEINETWILLEN WÜRDIG – AUFNAHME DER JÜNGER

## Mt 10,37-42

**[37]Wer Vater oder Mutter mehr liebt als mich, ist meiner nicht würdig, und wer Sohn oder Tochter mehr liebt als mich, ist meiner nicht würdig. [38]Und wer nicht sein Kreuz auf sich nimmt und mir nachfolgt, ist meiner nicht würdig. [39]Wer sein Leben finden will, wird es verlieren, und wer sein Leben verliert um meinetwillen, wird es finden. [40]Wer euch aufnimmt, nimmt mich auf, und wer mich aufnimmt, nimmt den auf, der mich gesandt hat. [41]Wer einen Propheten aufnimmt in eines Propheten Namen, wird eines Propheten Lohn empfangen; und wer einen Gerechten aufnimmt in seinem Gerechten Namen, wird eines Gerechten Lohn empfangen. [42]Und wer einem von diesen Kleinen auch nur einen Becher frisches Wasser zu trinken gibt, weil es ein Jünger ist – amen, ich sage euch: Er wird gewiss nicht um seinen Lohn kommen.“**

### Meiner würdig (V 37ff)

Jesus fordert von seinen Jüngern nicht uneingeschränkt das Verbot natürlicher Liebe zu den Familienmitgliedern, sondern nur, wenn solche Liebe die Nachfolge in seinen Dienst verhindert (V 37). – Zuerst Gott! Damit ist klar, dass gegenüber der Liebe zu Gott und seiner Botschaft, zu seinem Gesetz und seiner Lehre, die Liebe zu den Eltern nachstehen, zu kurz kommen, unterliegen muss. Darüber hinaus ist einzigartig, dass Jesus die Verbindlichkeit an seine Individualität für bedeutungsvoller begründet als die an die Familie und unter entsprechenden Konstellationen selbst die unerbittliche Trennung mit dieser verlangt. – Wenn nicht, dann ist die Beurteilung scharf entschieden: *„ist meiner nicht würdig.“* Geradezu mit Nachdruck wird dieser Rechtsspruch anschließend bekräftigt.

*„Und wer nicht sein Kreuz auf sich nimmt und mir nachfolgt, ist meiner nicht würdig“* (V 38). Das althergebrachte Wort von der Kreuzesnachfolge ist im Mund Jesu der Urkirche entsprechend eine Andeutung auf die damals übliche Todesstrafe. Diese Formulierung wurde sicher mit dem Kreuz Jesu verknüpft, das auch die Jünger in Jesu Nachfolge auf sich nehmen sollen.

*„Wer sein Leben finden will, wird es verlieren, und wer sein Leben verliert um meinetwillen, wird es finden“* (V 39). – Das ist ein die Jüngergemeinschaft und darüber hinaus enorm mitreißendes Wort, das Jesu Existenz- und Menschenverständnis offenbart. Das sichtbare Leben, das der Mensch auf Erden gestaltet, ist nicht alles. Das menschliche Dasein ist bedeutungsvoller veranlagt (Mt 6,25): „Deswegen sage ich euch: Sorgt euch nicht um euer Leben und darum, dass ihr etwas zu essen habt, noch um euren Leib und darum, dass ihr etwas anzuziehen habt. Ist nicht das Leben wichtiger als die Nahrung und der Leib wichtiger als die Kleidung?“ – Die menschliche Existenz steht von Anfang an im Konnex mit Gott, dem Urquell allen Lebens. Das sichtbare irdische Leben können Menschen liquidieren, das wahre aber nicht (Mt 10,28): „Fürchtet euch nicht vor denen, die den Leib töten, die Seele aber nicht töten können, sondern fürchtet euch vor dem, der Seele und Leib ins Verderben der Hölle stürzen kann.“ – Wer das irdische Dasein *„um Jesu willen verliert“*, wird es vom allmächtigen Schöpfer zurückerhalten, insbesondere in erneuerter, unzerstörbarer Art. Dies wird zu einer Zusage für die Jünger Jesu: Es ist das Geschenk, den ihre harte Heimsuchung verdient (Mt 19,29):

„Und jeder, der um meines Namens willen Häuser oder Brüder, Schwestern, Vater, Mutter, Kinder oder Äcker verlassen hat, wird dafür das Hundertfache erhalten und das ewige Leben gewinnen."

**Aufnahme der Jünger (V 40ff)**

Eine Ermunterung für die unbeschützten Boten der Frohbotschaft ist die Gastfreundschaft, Stärkung ihres Bewusstseins und ihrer Überzeugung, dass sie gesandte Propagandisten Jesu und damit Gottes sind. Es wird nur von der wohltuenden vertrauensvollen und gastfreundlichen Aufnahme und dem Lohn, der dafür dem Gastgeber zuteil wird, gesprochen (V 40).

*„Prophet"* und *„Gerechter"* (V 41) – auch sonst nebeneinander genannt (13,17 23,29) – sind zwei verschiedene Formulierungen für Gottesmänner (1 Kön 17,24): „Da sagte die Frau zu Elija: Jetzt weiß ich, dass du ein Mann Gottes bist und dass das Wort Jahwes wirklich in deinem Mund ist." – Ähnlich argumentiert die vornehme Frau in Schunem (2 Kön 4,9): „Sie aber sagte zu ihrem Mann: Ich weiß, das dieser Mann, der ständig bei uns vorbeikommt, ein heiliger Gottesmann ist." – Real wird sicher an Wandermissionare gedacht, von denen einige in Erinnerung gerufen werden (Apg 16,14f): „Eine Frau namens Lydia, eine Purpurhändlerin aus der Stadt Thyatira, hörte zu; sie war eine Gottesfürchtige, und der Herr öffnete ihr das Herz, so dass sie den Worten des Paulus aufmerksam lauschte. 15 Als sie und alle, die zu ihrem Haus gehörten, getauft waren, bat sie: Wenn ihr überzeugt seid, dass ich fest an den Herrn glaube, kommt in mein Haus, und bleibt da. Und sie drängte uns." – Paulus empfiehlt (Röm 16,1f): „Ich empfehle euch unsere Schwester Phöbe, die Dienerin der Gemeinde von Kenchreä: 2Nehmt sie im Namen des Herrn auf, wie es Heilige tun sollen, und steht ihr in jeder Sache bei, in der sie euch braucht; sie selbst hat vielen, darunter auch mir, geholfen." – Das überdies hinaus interpretiert (3 Joh 1,5-8): „Lieber Bruder [Gajus], du handelst treu in allem, was du an den Brüdern, sogar an fremden Brüdern tust. 6Sie haben vor der Gemeinde für deine Liebe Zeugnis abgelegt. Du wirst gut daran tun, wenn du sie für ihre Reise so ausrüstest, wie es Gottes würdig ist. 7Denn für seinen Namen sind sie ausgezogen und haben von den Heiden nichts angenommen. 8Darum sind wir verpflichtet, solche Männer aufzunehmen, damit auch wir zu Mitarbeitern für die Wahrheit werden."

Ebenso sind die *„Kleinen"* (V 42) bescheidene Jünger Jesu (18,6.10.14), wie die Hilfsbereitschaft *„auf den Namen eines Jüngers hin"* anzeigt. – Erneut wird auf den Lohn für den freizügigen Unterstützer verwiesen: „Er wird gewiss nicht um seinen Lohn kommen" (V 42).

# ÜBER JOHANNES DEN TÄUFER

## Mt 11,2-11

**[2]Johannes hörte im Gefängnis von den Taten Christi; da schickte er seine Jünger zu ihm [3]und ließ ihn fragen: Bist du der, der kommen soll, oder müssen wir auf einen andern warten? Jesus antwortete ihnen: Geht und berichtet Johannes, was ihr hört und seht: [5]Blinde sehen wieder, und Lahme gehen; Aussätzige werden rein, und Taube hören; Tote stehen auf, und den Armen wird das Evangelium verkündet. [6]Glückselig ist, wer an mir keinen Anstoß nimmt. [7]Als sie gegangen waren, begann Jesus zu der Volksmenge über Johannes zu reden; er sagte: Was seid ihr in die Wüste hinausgegangen zu sehen? Ein Schilfrohr, das im Wind schwankt? [8]Oder was habt ihr sehen wollen, als ihr hinausgegangen seid? Einen Mann in feiner Kleidung? Leute, die fein gekleidet sind, findet man in den Häusern der Könige. [9]Oder wozu seid ihr hinausgegangen? Um einen Propheten zu sehen? Ja, ich sage euch: Ihr habt sogar mehr gesehen als einen Propheten. [10]Er ist der, von dem es in der Schrift heißt: Ich sende meinen Boten vor dir her; er soll den Weg vor dir bereiten. [11]Amen, das sage ich euch: Unter allen Menschen hat es keinen größeren gegeben als Johannes den Täufer; doch der Kleinste im Himmelreich ist größer als er.**

### Anfrage und Antwort (V 2-6)

Die Erkundigung des Täufers (V 2f) ist ganz und gar verstehbar, weil Johannes auf Jesus als den „nach ihm Kommenden" verweist, ihn aber zugleich als den nahen Exekutor des Endgerichts ankündigt (Mt 3,11f): „Ich zwar taufe euch mit Wasser zur Buße; der nach mir Kommende aber ist stärker als ich, dessen Sandalen zu tragen ich nicht würdig bin; er wird euch mit Heiligem Geiste und Feuer taufen; [12]dessen Worfschaufel in seiner Hand ist, und er wird seine Tenne durch und durch reinigen und seinen Weizen in die Scheune sammeln, die Spreu aber wird er verbrennen mit unauslöschlichem Feuer." – Dem widerspricht die Art und Weise der Tätigkeit Jesu (Mt 4,23f; 12,19f): „[23]Er zog in ganz Galiläa umher, lehrte in den Synagogen, verkündete das Evangelium vom Reich und heilte im Volk alle Krankheiten und Leiden. [24]Und sein Ruf verbreitete sich in ganz Syrien. Man brachte Kranke mit den verschiedensten Gebrechen und Leiden zu ihm, Besessene, Mondsüchtige und Gelähmte, und er heilte sie alle. [19]Er wird nicht zanken und nicht schreien, und man wird seine Stimme nicht auf den Straßen hören. [20]Das geknickte Rohr wird er nicht zerbrechen und den glimmenden Docht nicht auslöschen, bis er dem Recht zum Sieg verholfen hat."

Die Inhaftnahme des Täufers wird erst in Mt 14,3f erzählt: „Herodes hatte nämlich Johannes festnehmen und in Ketten ins *Gefängnis* werfen lassen. Schuld daran war Herodias, die Frau seines Bruders Philippus. [4]Denn Johannes hatte zu Herodes gesagt: Du hattest nicht das Recht, sie zur Frau zu nehmen."

Die Antwort Jesu (V 4ff) greift auf folgende Texte zurück (Jes 29,18f; 35,5f; 61,1): „[18]An jenem Tag hören alle, die taub sind, sogar Worte, die nur geschrieben sind, und die Augen der Blinden sehen selbst im Dunkeln und Finstern. [19]Die Erniedrigten freuen sich wieder über Jahwe, und die Armen jubeln über den Heiligen Israels. [5]Dann werden die Augen der Blinden geöffnet, auch die Ohren der Tauben sind wieder offen. [6]Dann springt der Lahme wie ein Hirsch, die Zunge des Stummen jauchzt auf. In der Wüste brechen Quellen hervor, und Bäche fließen in der Steppe. [1]Der Geist Gottes, Jahwes, ruht auf mir; denn Jahwe hat mich gesalbt. Er hat mich gesandt, damit ich den Armen eine frohe Botschaft bringe und alle heile, deren Herz zerbrochen ist, damit ich den Gefangenen die Entlassung verkünde und den Gefesselten die Befreiung." – Demzufolge argumentiert Jesus (Mt 13,16f): „Ihr aber seid selig, denn eure Augen sehen und eure Ohren hören. [17]Amen, ich sage euch: Viele Propheten und Gerechte haben sich danach gesehnt zu sehen, was ihr seht, und haben es nicht gesehen, und zu hören, was ihr hört, und haben es nicht gehört." – Die Heilungen und Zeichen Jesu demonstrieren die messianische Epoche (Mt 12,28): „Wenn ich aber die Dämonen durch den Geist Gottes austreibe, dann ist das Reich Gottes schon zu euch gekommen." – Ein Höhepunkt ist gewiss die Auferweckung der Tochter eines Synagogenvorstehers (Mt 9,23ff): „Als Jesus in das Haus des Synagogenvorstehers kam und die Flötenspieler und die Menge der klagenden Leute sah, [24]sagte er: Geht hinaus! Das Mädchen ist nicht gestorben, es schläft nur. Da lachten sie ihn aus. [25]Als man die Leute hinausgedrängt hatte, trat er ein und fasste das Mädchen an der Hand; da stand es auf."

**Jesu Überzeugung (V 7-11)**

Jesu positives Engagement zu Johannes dem Täufer ist vor allem durch seine Taufe im Jordan dokumentiert (Mt 3,13-17) und ist auch wiederholt bekundet (Mt 21, 25. 32). Jesus befürwortet den unnachgiebigen Bußprediger, ein *„nicht schwankendes Schilfrohr"* (V 7), was in Erinnerung ruft (Mt 3,7-10): „Als Johannes sah, dass viele Pharisäer und Sadduzäer zur Taufe kamen, sagte er zu ihnen: Ihr Schlangenbrut, wer hat euch denn gelehrt, dass ihr dem kommenden Gericht entrinnen könnt? [8]Bringt Frucht hervor, die eure Umkehr zeigt, [9]und meint nicht, ihr könntet sagen: Wir haben ja Abraham zum Vater. Denn ich sage euch: Gott kann aus diesen Steinen Kinder Abrahams machen. [10]Schon ist die Axt an die Wurzel der Bäume gelegt; jeder Baum, der keine gute Frucht hervorbringt, wird umgehauen und ins Feuer geworfen."

Auf das *asketische Aussehen* des Täufers (V 8) verweist Mt 3,4: „Johannes trug ein Gewand aus Kamelhaaren und einen ledernen Gürtel um seine Hüften; Heuschrecken und wilder Honig waren seine Nahrung." – Darüber hinaus hält Jesus den Täufer nicht nur wie das Volk als einen Propheten (Mt 14,5; 21,26), sondern als einen noch grandioseren Mahner und göttlichen Boten (V 9). Das befürworten folgende Schriftzitate (Mal 3,1.23): „Siehe, ich sende meinen Boten, dass er den Weg bereite vor mir her. Und plötzlich wird zu seinem Tempel kommen der Herr, den ihr suchet; und der Engel des Bundes, den ihr begehret: Siehe, er kommt, spricht Jahwe der Heerscharen. [23]Siehe, ich sende euch Elija, den Propheten, ehe der Tag Jahwes kommt, der große und furchtbare."

Elija wird durch die Formulierung *„vor dir"* – *„für dich"* (V 10) zum Pionier und Bahnbrecher des Messias, nämlich Jesus.

Das Zitat vom *„Größeren"* unter den Menschen ist Jesus nicht anzufechten, auch wenn die Fortführung von dem *„Kleinsten im Reich der Himmel"*, der größer ist als der Täufer Johannes, schwer verständlich ist und demzufolge unterschiedlich interpretiert wird. Dem ungeachtet bilden beide Aussagen von V 11 eine antithetische Einheit.

Anscheinend ist gedacht, dass Johannes bei aller persönlichen individuellen Gesinnung und spiritueller Einzigkeit etwas fehlt, was dem als Jünger Jesu geschenkt wird, die volle Einigkeit mit Christus (Joh 15,4): „Bleibt in mir, dann bleibe ich in euch. Wie die Rebe aus sich keine Frucht bringen kann, sondern nur, wenn sie am Weinstock bleibt, so könnt auch ihr keine Frucht bringen, wenn ihr nicht in mir bleibt." – Johannes wird auf diese Weise nicht aus der Königsherrschaft Gottes eliminiert, sondern in seiner bedeutungsvollen heilsgeschichtlichen Perspektive eingeordnet. Der „Kleinste" ist jeder, der in einfacher Bescheidenheit in voller Nachfolge Jesu Jünger wird (Mt 10,42).

# JUBEL UND EINLADUNG

## Mt 11,25-30

**25In jener Zeit begann Jesus zu sprechen: Ich preise dich, Vater, Herr des Himmels und der Erde, weil du all das den Weisen und Klugen verborgen, den Unmündigen aber geoffenbart hast. 26Ja, Vater, so hat es dir gefallen. 27Mir ist von meinem Vater alles übergeben worden; niemand kennt den Sohn, nur der Vater, und niemand kennt den Vater, nur der Sohn und der, dem es der Sohn offenbaren will. 28Kommt alle zu mir, die ihr euch plagt und schwere Lasten zu tragen habt. Ich werde euch Ruhe verschaffen. 29Nehmt mein Joch auf euch und lernt von mir; denn ich bin sanftmütig und von Herzen demütig; so werdet ihr Ruhe finden für eure Seele. 30Denn mein Joch ist sanft, und meine Last ist leicht.**

**Dank an den Vater (V 25ff)**
Im Lobpreis Jesu ist die gewohnte Anrede Gottes mit *„Vater"* (Mt 6,9) durch die Formulierung *„Herr des Himmels und der Erde"* (Tob 7,17) ergänzt. Das demonstriert die Zuversicht und das volle Vertrauen auf Gott als Schöpfer, als den Regenten der Welt und der Geschichte, eine Mentalität, in der Jesus herangereift ist, wie nachfolgende Worte zeigen (Mt 5,44f; 6,26f): „Ich aber sage euch: Liebt eure Feinde und betet für die, die euch verfolgen, 45damit ihr Söhne eures Vaters im Himmel werdet; denn er lässt seine Sonne aufgehen über Bösen und Guten, und er lässt regnen über Gerechte und Ungerechte. 26Seht euch die Vögel des Himmels an: Sie säen nicht, sie ernten nicht und sammeln keine Vorräte in Scheunen; euer himmlischer Vater ernährt sie. Seid ihr nicht viel mehr wert als sie? 27Wer von euch kann mit all seiner Sorge sein Leben auch nur um eine kleine Zeitspanne verlängern?"
In den Wirkungsbereich Jesu lenkt die Erwähnung der *„Unmündigen"* (V 25). Was bedeutet *„all dies"*, weil keine reale Konstellation aufgezählt wird? Man erinnert sich an das „Geheimnis der Gottesherrschaft" (Mt 13,11): „... Euch ist es gegeben, die Geheimnisse des Himmelreichs zu erkennen; ihnen aber ist es nicht gegeben." – Das ist zu sehen in der von Jesus zuge-

teilten Bevollmächtigung (V 27): „Mir ist von meinem Vater alles übergeben worden; niemand kennt den Sohn, nur der Vater, und niemand kennt den Vater, nur der Sohn und der, dem es der Sohn offenbaren will.“ – Das ist an das Geheimnis des Messias gebunden; jedenfalls etwas, was nur Gottesfürchtige im Wirken Jesu verstehen (13,16f): „Ihr aber seid selig, denn eure Augen sehen und eure Ohren hören. [17] Amen, ich sage euch: Viele Propheten und Gerechte haben sich danach gesehnt zu sehen, was ihr seht, und haben es nicht gesehen, und zu hören, was ihr hört, und haben es nicht gehört.“

Die *„Unmündigen“* sind vielfach einfältige, bisweilen verachtete und ungebildete, aber auch demütige Menschen, die nicht Erkenntnis und Klugheit geltend machen können (Mt 18,6; 23,12), wie es im Gegensatz dazu anscheinend von den *„Weisen und Verständigen“* angenommen wird. Aber auch das kann sich ändern (Jes 29,14b; 1 Kor 1,19b): „Dann wird die Weisheit seiner Weisen vergehen und die Klugheit seiner Klugen verschwinden.“

Jesus preist die Armen und Trauernden selig (Mt 5,3f) und nimmt sie gewissermaßen in die Gemeinschaft jener auf, die sich seiner Frohbotschaft öffnen, während sich ihr verschließen, die sich für „weise und klug“ halten.

Mit der wiederholten intensiven Diktion „Vater“ akzentuiert Jesus (V 26) den göttlichen Ratschluss, den er kennt und „den er auch anderen offenbaren will“ (V 27). Jesus wurde von seinem Vater eine umfangreiche Bevollmächtigung *„übergeben“*, nämlich *„alles“* (V 27), was er schließlich selbst souverän bestätigt (Mt 28,18b): „Mir ist alle Macht gegeben im Himmel und auf der Erde.“ Jesus zeigt das in seinen Worten und Taten (7,29): „denn er lehrte sie wie einer, der (göttliche) Vollmacht hat, und nicht wie ihre Schriftgelehrten.“ Das bestätigt Nachfolgendes (Mt 9,6.8): „Ihr sollt aber erkennen, dass der *Menschensohn* die Vollmacht hat, hier auf der Erde Sünden zu vergeben. Darauf sagte er zu dem Gelähmten: Steh auf, nimm deine Tragbahre, und geh nach Hause! [8]Als die Leute das sahen, erschraken sie und priesen Gott, der den Menschen solche Vollmacht gegeben hat.“ – Die Vorstellung vom „Menschensohn“ (Mt 10,23 13,37.41) aktiviert die Übergabe der Herrschaft nach Dan 7,13f: „Immer noch hatte ich die nächtlichen Visionen: Da kam mit den Wolken des Himmels einer wie ein Menschensohn. Er gelangte bis zu dem Hochbetagten und wurde vor ihn geführt. [14]Ihm wurden Herrschaft, Würde und Königtum gegeben. Alle Völker, Nationen und Sprachen müssen ihm dienen. Seine Herrschaft ist eine ewige, unvergängliche Herrschaft. Sein Reich geht niemals unter.“ Dieser Menschensohn ist der auf Erden gegenwärtige „Sohn“ Jesus (V 27), der sich in einzigartiger Beziehung zum „Vater“ (V 25ff) erlebt, indem er verkündet (Joh 10,30): „Ich und der Vater sind eins.“

**Jesu Bürde (V 28ff)**

Jesus verknüpft die Zusicherung der *Ruhe* (V 28) mit der Einladung, *sein Joch auf sich zu nehmen*, durchdacht und fundiert von seiner Belehrung und Anweisung (V 29f) in drastischer Distanzierung zu den Schriftgelehrten und Pharisäern (Mt 23,1-4): „Darauf wandte sich Jesus an das Volk und an seine Jünger [2]und sagte: Die Schriftgelehrten und die Pharisäer haben sich auf den Stuhl des Mose gesetzt. [3]Tut und befolgt also alles, was sie euch sagen, aber richtet euch nicht nach dem, was sie tun; denn sie reden nur, tun selbst aber nicht, was sie sagen. [4]Sie schnüren schwere Lasten zusammen und legen sie den Menschen auf die Schultern, wollen selber aber keinen Finger rühren, um die Lasten zu tragen.“

Die *Metapher vom Joch* blickt auf einen Träger einer Arbeitslast, die auf Nacken und Schultern drückt. Das als göttliche

Weisung zum rechten Verhalten im Leben „von Schriftgelehrten und Pharisäern" interpretierte Gesetz – die Rabbiner zählen 613 Gebote – wird somit zur drückenden Last. – Weiterführende Aussagen zum Joch Jesu (Mt 7,24; 17,5): „[24]Wer diese meine Worte hört und danach handelt, ist wie ein kluger Mann, der sein Haus auf Fels baute. [5]Noch während er redete, warf eine leuchtende Wolke ihren Schatten auf sie, und aus der Wolke rief eine Stimme: Das ist mein geliebter Sohn, an dem ich Gefallen gefunden habe; auf ihn sollt ihr hören." – Joh 13,15.17: „[15]Ich habe euch ein Beispiel gegeben, damit auch ihr so handelt, wie ich an euch gehandelt habe. [17]Glückselig seid ihr, wenn ihr das wisst und danach handelt." – Joh 14,21-24: „Wer meine Gebote hat und sie hält, der ist es, der mich liebt; wer mich aber liebt, wird von meinem Vater geliebt werden, und auch ich werde ihn lieben und mich ihm offenbaren. [22] Judas – nicht der Judas Iskariot – fragte ihn: Herr, warum willst du dich nur uns offenbaren und nicht der Welt? [23]Jesus antwortete ihm: Wenn jemand mich liebt, wird er an meinem Wort festhalten; mein Vater wird ihn lieben, und wir werden zu ihm kommen und bei ihm wohnen. [24]Wer mich nicht liebt, hält an meinen Worten nicht fest. Und das Wort, das ihr hört, stammt nicht von mir, sondern vom Vater, der mich gesandt hat." – Joh 15,10-14: „Wenn ihr meine Gebote haltet, werdet ihr in meiner Liebe bleiben, so wie ich die Gebote meines Vaters gehalten habe und in seiner Liebe bleibe. [11]Dies habe ich euch gesagt, damit meine Freude in euch ist und damit eure Freude vollkommen wird. [12]Das ist mein Gebot: Liebt einander, so wie ich euch geliebt habe. [13]Es gibt keine größere Liebe, als wenn einer sein Leben für seine Freunde hingibt. [14]Ihr seid meine Freunde, wenn ihr tut, was ich euch auftrage."

Jesus verheißt die innere friedliche Aussöhnung und die ungestörte Ausgeglichenheit in Freude (Mt 11,28): „Kommt ..., die ihr ... schwere Lasten zu tragen habt. Ich werde euch *Ruhe* verschaffen." Darüber hinaus bezeichnet Ruhe die „wohlverdiente", noch mehr durch Gott gewährte Befreiung von Sorge, Last, Feinden und somit das gelungene Leben. Inbegriff dafür ist die „Sabbatruhe" Jahwes (Gen 2,2f). Natürlich dient diese Ruhe auch der Erholung und der menschlichen Gemeinschaftspflege und mündet schlussendlich verheißungsvoll ins Land der Ruhe (Dan 12,13): „Du aber geh nun dem Ende zu! Du wirst ruhen, und am Ende der Tage wirst du auferstehen, um dein Erbteil zu empfangen." Dann wird der Betreffende erfahren (Mt 25,23): „Komm, nimm teil an der Freude deines Herrn!"

# GLEICHNIS VOM SÄMANN

## Mt 13,1-23

[1]An jenem Tage aber ging Jesus aus dem Hause hinaus und setzte sich an den See.
[2]Da versammelte sich eine große Menschenmenge um ihn. Er stieg deshalb in ein Boot
und setzte sich; die Leute aber standen am Strand. [3]Und er redete vieles in Gleich-
nissen zu ihnen und sprach: Siehe, der Sämann ging aus zu säen; [4]und indem er säte,
fiel etliches an den Weg, und die Vögel kamen und fraßen es auf. [5]Ein anderer Teil
fiel auf felsigen Boden, wo es nur wenig Erde gab, und ging sofort auf, weil das Erd-
reich nicht tief war; [6]als aber die Sonne hochstieg, wurde die Saat versengt und ver-
dorrte, weil sie keine Wurzeln hatte. [7]Anderes aber fiel unter die Dornen; und die Dor-
nen schossen auf und erstickten es. [8]Anderes aber fiel auf die gute Erde und gab
Frucht: das eine hundertfach, das andere sechzigfach, das andere dreißigfach. [9]Wer
Ohren hat, der höre! [10]Und die Jünger traten herzu und sprachen zu ihm: Warum re-
dest du in Gleichnissen zu ihnen? [11]Er aber antwortete und sprach zu ihnen: Weil euch
gegeben ist, die Geheimnisse des Reiches der Himmel zu erkennen, jenen aber ist es
nicht gegeben. [12]Denn wer hat, dem wird gegeben, und er wird im Überfluss haben;
wer aber nicht hat, dem wird auch noch weggenommen, was er hat. [13]Deshalb rede
ich zu ihnen in Gleichnissen, weil sie sehen und doch nicht sehen, weil sie hören und
doch nicht hören und nichts verstehen. [14]An ihnen erfüllt sich die Weissagung Jesa-
jas: Hören sollt ihr, hören, aber nicht verstehen; sehen sollt ihr, sehen, aber nicht er-
kennen. [15]Denn das Herz dieses Volkes ist unempfindlich geworden, und mit den Oh-
ren hören sie schwer, und ihre Augen haben sie geschlossen, damit sie nicht etwa mit
den Augen sehen und mit den Ohren hören und mit dem Herzen verstehen und sich
bekehren, und ich sie heile. [16]Ihr aber seid glückselig, denn eure Augen sehen und
eure Ohren hören. [17]Amen, ich sage euch: Viele Propheten und Gerechte haben sich
danach gesehnt zu sehen, was ihr seht, und haben es nicht gesehen, und zu hören,
was ihr hört, und haben es nicht gehört. [18]Hört also, was das Gleichnis vom Sämann
bedeutet. [19]Immer wenn ein Mensch das Wort vom Reich hört und es nicht versteht,
kommt der Böse und nimmt alles weg, was diesem Menschen ins Herz gesät wurde;
hier ist der Samen auf den Weg gefallen. [20]Auf felsigen Boden ist der Samen bei dem
gefallen, der das Wort hört und sofort freudig aufnimmt, [21]aber keine Wurzeln hat, son-
dern unbeständig ist; sobald er um des Wortes willen bedrängt oder verfolgt wird,
kommt er zu Fall. [22]In die Dornen ist der Samen bei dem gefallen, der das Wort zwar
hört, aber dann ersticken es die Sorgen dieser Welt und der trügerische Reichtum, und
es bringt keine Frucht. [23]Auf guten Boden ist der Samen bei dem gesät, der das Wort
hört und es auch versteht; er bringt dann Frucht, hundertfach oder sechzigfach oder
dreißigfach.

**Gleichnis (V 1-9)**
Aus praktischen Gründen spricht Jesus vom Boot aus; somit kann man ihn besser sehen und hören – die Uferbucht und die Wasseroberfläche bilden geradezu einen Schalltrichter, was akustisch vorteilhaft ist (V 1f).
Die Bedeutung der Gleichnisrede im Munde Jesu könnte im Fluidum seiner Botschaft vom Reich Gottes fundiert sein. Das *Saatgut ist ausgestreut*, die göttliche Dynamik entfaltet sich und wird ungeachtet aller Gegenwirkungen erfolgreich sein, auch wenn zunächst von der Gottesherrschaft noch nichts zu beobachten ist. Die ausgedehnte Darstellung des *teilweisen Misserfolgs* und des anschließenden Erfolgs in dreifacher Entwicklung ist rhetorisch gekonnt illustriert (V 8). Möglicherweise blicken diese Formulierungen bereits auf nachfolgende Aussagen (Mt 13,25f; 21,43): „[25]Während nun die Leute schliefen, kam sein Feind, säte Unkraut unter den Weizen und ging wieder weg. [26]Als die Saat aufging und sich die Ähren bildeten, kam auch das Unkraut zum Vorschein. [43]Darum sage ich euch: Das Reich Gottes wird euch weggenommen und einem Volk gegeben werden, das die erwarteten Früchte bringt." – Ob Gott trotz allen Versagens genügend Frucht wachsen lässt?
Jedenfalls wird im sinnbildlichen Vergleich die göttliche Disposition als unübertreffliches Ereignis veranschaulicht. Das wird zugleich zum Appell, der göttlichen Botschaft zu vertrauen und sich von ihr ergreifen zu lassen. Darum erklingt der Aufruf (V 9): *„Wer Ohren hat, der höre!"* – Bekanntermaßen bewirkt das Wort des göttlichen Sämanns, was es will (Jes 55, 10f): „Denn wie der Regen und der Schnee vom Himmel fällt und nicht dorthin zurückkehrt, sondern die Erde tränkt und sie zum Keimen und Sprossen bringt, wie er dem Sämann Samen gibt und Brot zum Essen, [11]so ist es auch mit dem *Wort*, das meinen Mund verlässt: Es kehrt nicht leer zu mir zurück, sondern *bewirkt, was ich will*, und erreicht all das, wozu ich es ausgesandt habe."

**Sinn und Zweck der Gleichnisse (V 10-17)**
Wahrscheinlich sind die Jünger bei Jesus im Boot und fragen ihn nach dem Sinn und Zweck der Unterweisung in Gleichnissen. – In der Auskunft auf die Frage der Jünger stellt Jesus fest (V 11): „Euch ist es gegeben, die Geheimnisse des Himmelreichs zu verstehen; – ihnen aber ist es nicht gegeben." Dem Verständnis der Jünger steht die Unwissenheit der Volksmenge gegenüber. Eine tiefere Glaubenserkenntnis fehlt der Volksmasse. Das fundamentale Mysterium der Königsherrschaft Gottes ist gewiss den Jüngern im konkreten erlebbaren Wirken Jesu erfahrbar; daraus gewinnen sie weitere Einblicke.
Daran schließt sich ein missverständliches, befremdliches Wort (V 12): „Denn wer hat, dem wird gegeben, und er wird im Überfluss haben; wer aber nicht hat, dem wird auch noch weggenommen, was er hat." – Das wird etwa bedeuten: Dem glaubensstarken, gottesfürchtigen Menschen gewährt Gott fortgesetzt bedeutungsvollere, hoffnungsvollere Einblicke; wer sich Gott gegenüber verschließt, den lässt er in extremster geistiger Verarmung und spiritueller Mittellosigkeit untergehen.
Es ist eigenartig und rätselhaft, dass alle die Heilsereignisse nicht verstehen und ihren Sinn nicht erkennen, die nicht zu den Jüngern zählen; es wird damit begründet: Sie erleben zwar die in Jesus beginnende Heilszeit, *sehen und hören*, aber ihre Augen und Ohren verschließen sie (V 13). Das ist ihr schweres Vergehen, und darum wird ihnen alles in *bildhaften Vergleichen*, die verdeutlichen und veranschaulichen, offeriert. In einer ähnlichen Argumentation (V 14f) beruft sich Paulus auf Jes 6,9f: „Da sagte er: Geh und sag diesem Volk: Hören sollt ihr,

hören, aber nicht verstehen. Sehen sollt ihr, sehen, aber nicht erkennen. [10]Verhärte das Herz dieses Volkes, verstopf ihm die Ohren, verkleb ihm die Augen, damit es mit seinen Augen nicht sieht und mit seinen Ohren nicht hört, damit sein Herz nicht zur Einsicht kommt und sich nicht bekehrt und nicht geheilt wird." Paulus dient diese Aussage zur Forcierung der Heidenmission (Apg 28,25-28): „Ohne sich einig geworden zu sein, brachen sie auf, nachdem Paulus noch das eine Wort gesagt hatte: Treffend hat der Heilige Geist durch den Propheten Jesaja zu euren Vätern gesagt: [26]Geh zu diesem Volk und sag: Hören sollt ihr, hören, aber nicht verstehen; sehen sollt ihr, sehen, aber nicht erkennen. [27]Denn das Herz dieses Volkes ist hart geworden, und mit ihren Ohren hören sie nur schwer, und ihre Augen halten sie geschlossen, damit sie mit ihren Augen nicht sehen und mit ihren Ohren nicht hören, damit sie mit ihrem Herzen nicht zur Einsicht kommen, damit sie sich nicht bekehren und ich sie nicht heile. [28]Darum sollt ihr nun wissen: Den Heiden ist dieses Heil Gottes gesandt worden. Und sie werden hören!" – Eine parallele Dialektik bringt Joh 12,37-43: „Obwohl Jesus so viele Zeichen vor ihren Augen getan hatte, glaubten sie nicht an ihn. [38]So sollte sich das Wort erfüllen, das der Prophet Jesaja gesprochen hat: Herr, wer hat unserer Botschaft geglaubt? Und der Arm des Herrn – wem wurde seine Macht offenbar? [39]Denn sie konnten nicht glauben, weil Jesaja an einer anderen Stelle gesagt hat: [40]Er hat ihre Augen blind gemacht und ihr Herz hart, damit sie mit ihren Augen nicht sehen und mit ihrem Herzen nicht zur Einsicht kommen, damit sie sich nicht bekehren und ich sie nicht heile. [41]Das sagte Jesaja, weil er Jesu Herrlichkeit gesehen hatte; über ihn nämlich hat er gesprochen. [42]Dennoch kamen sogar von den führenden Männern viele zum Glauben an ihn; aber wegen der Pharisäer bekannten sie es nicht offen, um nicht aus der Synagoge ausgestoßen zu werden. [43]Denn sie liebten das Ansehen bei den Menschen mehr als das Ansehen bei Gott."

Jedenfalls charakterisieren diese Verse außergewöhnlich emphatisch die *„Verhärtung des Herzens dieses Volkes"* (V 15), was alle Einsicht, alles Bereuen und Bekehren undenkbar macht. – Akzentuiert wird nun der Erstarrung – der Herzenshärte – der Menschenmenge das Sehen und Begreifen der Jünger Jesu entgegengesetzt (V 16f): *„selig die Augen der Jünger, weil sie sehen, und ihre Ohren, weil sie hören"* pointiert schlussendlich das verstehende Wahrnehmen der Sinnbilder.

**Auslegung des Gleichnisses (V 18-23)**

Einleitend folgt eine allgemeine Aufforderung (V 18): *„Hört also, was das Gleichnis vom Sämann bedeutet."* – Das Hören soll die Grundhaltung des glaubenden Menschen wachrufen. – Es wird präzisiert und gelenkt auf *„jeden, der das Wort vom Reich hört";* dann wird der Gedanke weitergeführt: Der Same – das Wort – ist *„hier"* auf den *„Weg"* gefallen (V 19). Das ausgesprochene Wort ist abhängig von entsprechenden Voraussetzungen, Vorbedingungen, Konditionen wie von der Aufnahmebereitschaft, der Aufmerksamkeit, dem Interesse des Zuhörers. Fundamental ist die Feststellung, ob ein Wort *verstanden* wird oder nicht (V 19). Dabei ist gewiss ausschlaggebend, wie intensiv oder oberflächlich eine Wahrnehmung vom Gehör und Verstand registriert wird. Die erfolglose Reaktion wird im Gleichnis dem *„Bösen"* (V 19) zugeteilt, der auch ein Mensch sein kann (Mt 13,27f.38f): „[27]Da gingen die Knechte zu dem Gutsherrn und sagten: Herr, hast du nicht guten Samen auf deinen Acker gesät? Woher kommt dann das Unkraut? [28]Er antwortete: Das hat ein Feind von mir getan. Da sagten die Knechte zu ihm: Sollen wir gehen und es ausreißen? [38]Der Acker ist die Welt; der gute Samen, das sind die Söhne des Reiches; das Unkraut sind die Söhne des Bösen; [39]der Feind, der es gesät hat, ist der Teufel; die Ernte ist das Ende der Welt; die Arbeiter bei dieser Ernte sind die Engel."

Das zweite Modell vom gesäten Samen, der auf *felsigen Boden* (V 20f) fällt, greift die vorausgehende Aussage auf (13,5f) und begründet das rasche Unvermögen des Hörers mit ungenügender innerer Vertiefung; keine Möglichkeit, Wurzeln zu entwickeln. Es sind Menschen mit spontaner Begeisterung, deren übereilter intuitiver Enthusiasmus in Leid, Not oder Bedrängnis prompt wieder untergeht.

Der dritte Typ – *der unter die Dornen gefallene Samen* – präsentiert jene Menschen, die *in irdischen Sorgen verhaftet* und *im trügerischen Reichtum* verwurzelt sind (V 22). – Darüber ist zu lesen (1 Kor 7,32f; 1 Tim 6,9f): „[32]Ich wünschte aber, ihr wäret ohne Sorgen. Der Unverheiratete sorgt sich um die Sache des Herrn; er will dem Herrn gefallen. [33]Der Verheiratete sorgt sich um die Dinge der Welt; er will seiner Frau gefallen. [9]Wer aber reich werden will, gerät in Versuchungen und Schlingen, er verfällt vielen sinnlosen und schädlichen Begierden, die den Menschen ins Verderben und in den Untergang stürzen. [10]Denn die Wurzel aller Übel ist die Habsucht. Nicht wenige, die ihr verfielen, sind vom Glauben abgeirrt und haben sich viele Qualen bereitet."

Auf guten Boden mit seinem fruchtbaren Ernteertrag ist der Samen bei jenem Menschen gefallen, *„der das Wort hört und es auch versteht"* (V 23). – Das führt die Gedanken zu weiteren Aussagen (Mt 5,19; 7,21): „[19]Wer auch nur eines von den kleinsten Geboten aufhebt und die Menschen entsprechend lehrt, der wird im Himmelreich der Kleinste sein. Wer sie aber hält und halten lehrt, der wird groß sein im Himmelreich. [21]Nicht jeder, der zu mir sagt: Herr! Herr!, wird in das Himmelreich kommen, sondern nur, wer den Willen meines Vaters im Himmel erfüllt."

# GLEICHNISSE VOM UNKRAUT – SENFKORN – SAUERTEIG

## Mt 13,24-43

[24]Und er [Jesus] erzählte ihnen noch ein anderes Gleichnis: Mit dem Himmelreich ist
es wie mit einem Mann, der guten Samen auf seinen Acker säte. [25]Während nun die
Leute schliefen, kam sein Feind, säte Unkraut unter den Weizen und ging wieder weg.
[26]Als aber die Saat aufsprosste und Frucht brachte, da erschien auch das Unkraut. [27]Es
kamen aber die Knechte des Hausherrn hinzu und sprachen zu ihm: Herr, hast du
nicht guten Samen auf deinen Acker gesät? Woher hat er denn Unkraut? [28]Er aber
sprach zu ihnen: Ein feindseliger Mensch hat dies getan. Die Knechte aber sprachen
zu ihm: Willst du nun, dass wir hingehen und es ausreißen? [29]Er entgegnete: Nein,
sonst reißt ihr zusammen mit dem Unkraut auch den Weizen aus. [30]Lasst es beides
zusammen wachsen bis zur Ernte, und zur Zeit der Ernte werde ich den Schnittern
sagen: Leset zuerst das Unkraut zusammen und bindet es in Bündel, um es zu ver-
brennen; den Weizen aber sammelt in meine Scheune. [31]Ein anderes Gleichnis legte
er ihnen vor und sprach: Das Reich der Himmel ist gleich einem Senfkorn, welches
ein Mensch nahm und auf seinen Acker säte; [32]das zwar kleiner ist als alle Samen,
wenn es aber gewachsen ist, so ist es größer als die Kräuter und wird ein Baum, so-
dass die Vögel des Himmels kommen und sich niederlassen in seinen Zweigen. [33]Ein
anderes Gleichnis redete er zu ihnen: Das Reich der Himmel ist gleich einem Sauer-
teig, welchen eine Frau nahm und unter drei Maß Mehl verbarg, bis es ganz durch-
säuert war. [34]Dies alles redete Jesus in Gleichnissen zu den Volksmengen, und ohne
Gleichnis redete er nicht zu ihnen, [35]damit erfüllt würde, was durch den Propheten
gesprochen ist, der sagt: „Ich werde meinen Mund auftun in Gleichnissen; ich werde
aussprechen, was von Grundlegung der Welt an verborgen war.“ [36]Dann entließ er die
Volksmengen und kam in das Haus; und seine Jünger traten zu ihm und sprachen:
Deute uns das Gleichnis vom Unkraut des Ackers. [37]Er aber antwortete und sprach:
Der den guten Samen sät, ist der Menschensohn, [38]der Acker aber ist die Welt; der gute
Same aber, dies sind die Söhne des Reiches, das Unkraut aber sind die Söhne des Bö-
sen; [39]der Feind, der es gesät hat, ist der Teufel; die Ernte ist das Ende der Welt; die
Erntearbeiter sind die Engel. [40]Wie nun das Unkraut aufgesammelt und im Feuer ver-
brannt wird, so wird es auch am Ende der Welt sein: [41]Der Menschensohn wird
seine Engel aussenden, und sie werden aus seinem Reich alle zusammenholen, die
andere verführt und Gottes Gesetz übertreten haben, [4] und sie werden sie in den Feu-
erofen werfen: Da wird sein das Weinen und das Zähneknirschen. [43]Dann werden die
Gerechten im Reich ihres Vaters wie die Sonne leuchten. Wer Ohren hat, der höre!

**Unkraut unter dem Weizen (V 24-30)**
Diese Allegorie bringt einen Appell an die Hörer: Seid gute Saat! – Nach einer allgemein verständlichen Einführung und einem sympathischen Beginn (V 24) folgt eine unglaubliche Unverschämtheit. Man fragt, woher kommt der Unkrautsamen, wer züchtet so etwas? Vielfach wird ein Gewächs genannt, das beim Heranwachsen dem Weizen äußerst artgemäß erscheint; erst an den Früchten dieses Unkrauts lässt sich der Unterschied zum Weizen erkennen (V 25f). – Die Fragestellung der Knechte hilft der Auslegung und ist im Erzählzusammenhang verstehbar, da das Ausreißen des Unkrauts aktuell ist (V 27ff).

*„Sammelt zuerst das Unkraut“* (V 30): „zuerst“ ist aus der damaligen Sitte verständlich. Beim Ernten mit der Sichel lässt man das Unkraut mit dem Weizen auf den Erdboden fallen, sammelt es aber zuerst ein, um es – gegebenenfalls als Heizmaterial – zu verbrennen. – Die Metapher von der *Scheune* erinnert an Johannes den Täufer (Mt 3,12): „Schon hält er [der Messias] die Schaufel in der Hand; er wird die Spreu vom Weizen trennen und den Weizen in seine Scheune bringen; die Spreu aber wird er in nie erlöschendem Feuer verbrennen.“ – Die Scheune bringt eine positive eschatologische Perspektive für das Himmelreich.

**Senfkorn und Sauerteig (V 31ff)**
Das Doppelgleichnis (V 31ff) handelt von der Aktion eines Mannes und einer Frau und beleuchtet die gleichen Aussagen. Das Sinnbild vom Senfkorn beschreibt: Die Senfstaude wird zu einem Baum; die Vögel finden nicht nur Schutz in ihrem Schatten, sondern nisten auch in seinen Zweigen. So wird die Botschaft Jesu über die Gottesherrschaft verglichen: Damit werden die beiden Sinnbilder zu einer positiven Stärkung, die dieser Gottesherrschaft angehören. Der *„Mann“*, der das Senfkorn in seinen Acker sät, ist Symbolgestalt für Jesus (V 31). – Das Senfkorn zählt sprichwörtlich zu den kleinsten Keimen. Die Senfstaude wurde als Pflanzennahrung verwendet. Die Bezeichnung als „Baum“ (V 32) ist eine Hyperbel, um einen entsprechenden Vergleich zum Völker umspannenden Gebiet zu erhalten. Im Hintergrund steht die Diktion von Dan 4,8f.18 oder Ez 17,23; 31,6: *ein Baum, in dem die Vögel nisten.* – Eine Voraussage für das Hinzueilen der Völker (Mt 8,11) und die Bekehrung der Ungläubigen (Mt 28,19): „Darum geht zu allen Völkern, und macht alle Menschen zu meinen Jüngern; tauft sie auf den Namen des Vaters und des Sohnes und des Heiligen Geistes.“ Auch das *Gleichnis vom Sauerteig* mit den *„drei Maß Mehl“* – die Menge von drei *Sea* oder *Sat*, wie der Urtext lautet, ein Hohlmaß von ca. 13 Liter Mehl (insgesamt ca. 39 Liter) ist zwar nicht abnormal (Gen 18,6), allerdings doch verhältnismäßig voluminös (V 33). Die Menge des durchsäuerten Teigs will die Entfaltungsmöglichkeit des künftigen Gottesreiches präsentieren.

**Schlussbemerkung zu den Gleichnissen (V 34f)**
Hiermit ist die Unterweisung, die Jesus der Menschenmenge bietet, beendet. Es wird wie in Mt 13,13ff ein sogenanntes Erfüllungszitat nach Ps 78,2 gebracht. Damit wird angedeutet, dass Jesu Botschaft über das *Himmelreich* das Wirken Gottes in Schöpfung und Geschichte fundiert.

**Deutung vom Unkraut (V 36-43)**
Jesus *„geht nach Hause“* (V 36): Dabei ist an das Haus zu denken, das Jesus vor der Rede am See verlassen hat (13,1), es ist anscheinend mit dem Haus in Kafarnaum identisch (8,14; 9,10).

Die meisten *Menschensohn-Worte* sind vielfach Selbstbezeichnungen Jesu. Er wollte seine Messias-Idee ausdrücken: Ehre, Freude, Genugtuung und Leiden (V 37). Zur Auslegung des Säenden auf den Menschensohn ist illustrativ (Mt 9,6): „Ihr sollt aber erkennen, dass der Menschensohn die Vollmacht hat, hier auf der Erde Sünden zu vergeben. Darauf sagte er zu dem Gelähmten: Steh auf, nimm deine Tragbahre, und geh nach Hause!" – Im nachösterlichen Horizont ist bereits der irdische Jesus der „Menschensohn" (Mt 12,40; 16,13; 17,9,12): „[40]Denn wie Jona drei Tage und drei Nächte im Bauch des Fisches war, so wird auch der Menschensohn drei Tage und drei Nächte im Innern der Erde sein. [13]Als Jesus in das Gebiet von Cäsarea Philippi kam, fragte er seine Jünger: Für wen halten die Leute den Menschensohn? [9]Während sie den Berg hinab stiegen, gebot ihnen Jesus: Erzählt niemand von dem, was ihr gesehen habt, bis der Menschensohn von den Toten auferstanden ist. [12]Ich sage euch aber: Elija ist schon gekommen, doch sie haben ihn nicht erkannt, sondern mit ihm gemacht, was sie wollten. Ebenso wird auch der Menschensohn durch sie leiden müssen."

Außergewöhnlich ist die Sinngebung des *Ackers* mit Blick auf die *„Welt"* (V 38), indessen konveniert sie dem universalistischen Horizont des Kontextes (Mt 5,14; 18,7; 26,13): „[14]Ihr seid das Licht der Welt. Eine Stadt, die auf einem Berg liegt, kann nicht verborgen bleiben. [7]Wehe der Welt mit ihrer Verführung! Es muss zwar Verführung geben; doch wehe dem Menschen, der sie verschuldet. [13]Amen, ich sage euch: Überall auf der Welt, wo dieses Evangelium verkündet wird, wird man sich an sie erinnern und erzählen, was sie getan hat." – Der Teufel präsentiert sich als Potentat über „alle Reiche der Welt" (Mt 4,8); nichtsdestoweniger sät der Menschensohn die segensreiche Saat in der gesamten Welt. Seine Aussaat sind die Menschen, unterschieden in *„Söhne des Reiches"* – die guten Glieder des neuen Gottesvolkes – und *„Söhne des Bösen"* (V 38).

Der *„Teufel"* ist die in diesem Kontext favorisierte Diktion für den „Bösen" (V 39), den Gegenspieler Gottes, in der Versuchung Jesu (Mt 4,1-11) und im Weltgericht (Mt 25,41): „Dann wird er sich auch an die auf der linken Seite wenden und zu ihnen sagen: Weg von mir, ihr Verfluchten, in das ewige Feuer, das für den Teufel und seine Engel bestimmt ist!" – Desgleichen ist die Formulierung *„Ende der Welt"*, im Urtext *„Vollendung der Weltzeit"*, eine signifikante Ausdrucksart in diesem literarischen Ambiente (Mt 13,40.49; 24,3; 28,20). Die *Engel* werden als Vollstrecker des Weltgerichts einbezogen (Mt 25,31): „Wenn der Menschensohn in seiner Herrlichkeit kommt und alle Engel mit ihm, dann wird er sich auf den Thron seiner Herrlichkeit setzen." Die *apokalyptische Darstellung* greift überlieferte Charakteristika auf: die *Ernte* als Gerichtsbild (Mt 9,37f), Eliminierung der Bösen, Abbrennen im Feuer des Gerichtes (V 40ff). Neuartig ist die Darstellung vom *„Reich des Menschensohnes"*. Der Menschensohn hat eine umfangreiche Hegemonie, auch über die Bösen. Augenblicklich werden diese sichtbar und von den Engeln ausgesondert.

Dass die *„Gerechten"* (Mt 10,41; 13,17; 25,37) *„wie die Sonne leuchten"* (V 43) blickt auf das Endgericht. Das *„Reich des Vaters"*, das vollendete Reich Gottes (Mt 26,29), ist die Sehnsucht der gläubigen Gemeinschaft auf Erden (Mt 6,10): „Dein Reich komme, dein Wille geschehe wie im Himmel, so auf der Erde." Der Menschensohn ordnet die Gerechten in das Reich des Vaters ein (Mt 25,34): „Dann wird der König denen auf der rechten Seite sagen: Kommt her, die ihr von meinem Vater gesegnet seid, nehmt das Reich in Besitz, das seit der Erschaffung der Welt für euch bestimmt ist." – Allerdings ist eine Perspektive zu berücksichtigen, die Gott im Mittelpunkt stehend erblickt, auf die Jesus rechtzeitig hinweist (Mt 20,23): „Da antwortete er ihnen: Ihr werdet meinen Kelch trinken; doch den Platz zu meiner Rechten und zu meiner Linken habe nicht ich zu vergeben; dort werden die sitzen, für die mein Vater diese Plätze bestimmt hat." – Diese Unterordnung Jesu unter den Vater beglaubigt 1 Kor 15,28: „Wenn ihm dann alles unterworfen ist, wird auch er, der Sohn, sich dem unterwerfen, der ihm alles unterworfen hat, damit Gott herrscht über alles und in allem." – Damit wird das *Leuchten* perfekt.

# GLEICHNISSE VOM SCHATZ – DER PERLE – DEM FISCHERNETZ

## Mt 13,44-52

**44Das Reich der Himmel ist gleich einem im Acker verborgenen Schatz, welchen ein Mensch fand und verbarg; und vor Freude darüber geht er hin und verkauft alles, was er hat, und kauft jenen Acker. 45Weiterhin ist das Reich der Himmel gleich einem Kaufmann, der schöne Perlen sucht; 46als er aber eine sehr kostbare Perle gefunden hatte, ging er hin und verkaufte alles, was er hatte, und kaufte sie. 47Zusätzlich ist es mit dem Himmelreich wie mit einem Schleppnetz, das man ins Meer warf, um [Fische] aller Art zu fangen. 49So wird es auch am Ende der Welt sein: Die Engel werden kommen und die Bösen aus der Mitte der Gerechten trennen 50und in den Ofen werfen, in dem das Feuer brennt. Dort werden sie heulen und mit den Zähnen knirschen. 51Habt ihr das alles verstanden? Sie antworteten: Ja. 52Da sagte er zu ihnen: Jeder Schriftgelehrte also, der ein Jünger des Himmelreichs geworden ist, gleicht einem Hausherrn, der aus seinem reichen Vorrat Neues und Altes hervorholt.**

### Schatz und Perle (V 44ff)

Die alles übertreffende Kostbarkeit und den besonderen Wert der Herrschaft Gottes demonstrieren der *Schatz* und die äußerst exquisite *Perle*. Dem ungeachtet fragt man nach der Pointe dieser Gleichnisse: Liegt sie im *Finden* und in der *Freude* darüber oder in der *Tatkraft* des Erwerbes? Zweimal liest man, dass der Entdecker oder Finder *„alles verkauft, was er besaß"*. Der Beweggrund der Freude wird zwar nur in der Erzählung vom Schatz erwähnt, klingt gewiss aber noch in der Darstellung über die Perle nach.

Diese hoffnungsvolle Aussage lässt die Teilhabe an der Freude Gottes erwarten (Mt 25,21.23): „Sein Herr sagte zu ihm: Sehr gut, du bist ein tüchtiger und treuer Diener. Du bist im Kleinen ein treuer Verwalter gewesen, ich will dir eine große Aufgabe übertragen. Komm, nimm teil an der Freude deines Herrn!" – Zudem darf man sich nicht auf den Zufall verlassen, man muss die Ordnung Gottes auch suchen (Mt

6,33): „Trachtet aber zuerst nach dem Reiche Gottes und nach seiner Gerechtigkeit; dann wird euch alles andere dazugegeben." Die Allegorie vom Schatz im Acker demonstriert das außergewöhnliche und beseligende Ereignis, die Herrschaft Gottes zu finden, dessen ungeachtet auch die Bereitwilligkeit, alles andere dafür aufzugeben. Dem Handelsmann bietet sich die einmalige Gelegenheit, eine abnorme exzellente Perle zu *kaufen*. Auch er *„sucht und findet"* und tut alles, um sie zu erhalten. Das zielt auf totale Anstrengung hin, sich für das Reich Gottes mit allen Kräften einzusetzen.

**Schleppnetz (V 47-50)**

Tatsächlich entspricht die Schlussfolgerung (V 49f) der Sinngebung in Mt 13,41f: „Der Menschensohn wird seine Engel aussenden, und sie werden aus seinem Reich alle zusammenholen, die andere verführt und Gottes Gesetz übertreten haben, [42]und werden sie in den Ofen werfen, in dem das Feuer brennt. Dort werden sie heulen und mit den Zähnen knirschen."

In der Erzählung Jesu liegt der Akzent in der Formulierung *„um [Fische] aller Art zu fangen"* (V 47), dabei macht er bei dieser „Sammlung" die Erfahrung, dass sich *Gute und Schlechte, also Gerechte und Böse,* seiner Initiative anschließen. Somit wäre – wie sonst üblich – eine Ermahnung insinuiert (Mt 7,13f): „Geht durch das enge Tor! Denn das Tor ist weit, das ins Verderben führt, und der Weg dahin ist breit, und viele gehen auf ihm. [14]Aber das Tor, das zum Leben führt, ist eng, und der Weg dahin ist schmal, und nur wenige finden ihn."

**Abschluss der Rede (V 51f)**

Die Frage präsentiert das Erfordernis zu einem korrekten Verständnis. Ad hoc ist die Interpretation und Praktizierung der Allegorien bedeutend, und für diese Obliegenheit erscheint gegenwärtig der *christliche „Schriftgelehrte"* (V 52). Er muss selbst ein über das Reich Gottes bibelfester Pädagoge und ein vorbildlicher Jünger Christi sein (Mt 5,19): „Wer auch nur eines von den kleinsten Geboten aufhebt und die Menschen entsprechend lehrt, der wird im Himmelreich der Kleinste sein. Wer sie aber hält und halten lehrt, der wird groß sein im Himmelreich." – Das verweist zugleich auf (Mt 23,10): „Auch sollt ihr euch nicht Lehrer nennen lassen; denn nur einer ist euer Lehrer, Christus." – Das heißt, dem wahren Lehrer Christus verpflichtet zu sein (Mt 23,8): „Ihr aber sollt euch nicht Rabbi nennen lassen; denn nur einer ist euer Meister, ihr alle aber seid Brüder." – Dementsprechend erklärt Paulus (1 Kor 4,1): „Als Diener Christi soll man uns betrachten und als Verwalter von Geheimnissen Gottes."

Ein derartiger Katechet wird mit einem *Hausvater* konfrontiert, *„der aus seinem Vorrat Neues und Altes hervorholt"* (V 52). Die Abfolge ist außergewöhnlich: Die Botschaft Jesu muss immer neu präsentiert, auf die temporäre Konstellation bezogen, in ihrer erfrischenden Vitalität erhalten bleiben (Mt 9,16f): „Niemand setzt ein Stück neuen Stoff auf ein altes Kleid; denn der neue Stoff reißt doch wieder ab, und es entsteht ein noch größerer Riss. [17]Auch füllt man nicht neuen Wein in alte Schläuche. Sonst reißen die Schläuche, der Wein läuft aus, und die Schläuche sind unbrauchbar. Neuen Wein füllt man in neue Schläuche, dann bleibt beides erhalten." – Zugleich wird verständlich, dass kein Widerspruch vorliegen kann, wenn „Altes" sich auf das alte „Gesetz und die Propheten" bezieht, denn Jesus erklärt (Mt 5,17): „Denkt nicht, ich sei gekommen, um das Gesetz und die Propheten aufzuheben. Ich bin nicht gekommen, um aufzuheben, sondern um zu erfüllen."

# SPEISUNG DER FÜNFTAUSEND

## Mt 14,13-21

**[13]Als Jesus all das hörte, zog er sich von dort zurück in einem Boot in eine einsame Gegend, um allein zu sein. Und als die Volksmengen es hörten, folgten sie ihm auf dem Landweg aus den Städten. [14]Als er ausstieg und eine große Volksmenge sah, hatte er Mitleid mit ihnen und heilte die Kranken, die bei ihnen waren. [15]Als es aber Abend geworden war, traten seine Jünger zu ihm und sprachen: Der Ort ist öde, und die Zeit ist schon vorangeschritten; entlass die Volksmengen, auf dass sie hingehen in die Dörfer und sich Nahrung kaufen. [16]Jesus aber sprach zu ihnen: Sie haben nicht nötig wegzugehen; gebt ihr ihnen zu essen. [17]Sie aber sagen zu ihm: Wir haben nichts hier als nur fünf Brote und zwei Fische. [18]Er aber sprach: Bringet sie mir her. [19]Und er befahl den Volksmengen, sich auf das Gras zu lagern, nahm die fünf Brote und die zwei Fische, blickte auf gen Himmel und segnete sie, und er brach die Brote und gab sie den Jüngern, die Jünger aber gaben sie den Volksmengen. [20]Und sie aßen alle und wurden gesättigt. Und sie hoben auf, was an Brocken übrig blieb, zwölf Körbe voll. [21]Es waren etwa fünftausend Männer, die an dem Mahl teilnahmen, dazu noch Frauen und Kinder.**

*Wunder* werden nicht als „sensationelle Attraktion“ erzählt, sondern als Aktionen und Wohltaten Gottes erfahren. Durch Wunder befreit Jahwe sein Volk (Ex 3,20; 7,3ff), unter Wundertaten geleitet er es durch die Wüste (Ex 16,4ff; 13ff). Einem Propheten dienen bisweilen Wunder als Kennzeichen seiner Verkündigung (1 Sam 10,1-9; 2 Kön 19,29). Dass Jesus Wunder wirkt, wird als selbstverständlich berichtet: Natur-Wunder (Mk 6,30-44), Heilungen (Mk 1,40-45; Mk 7,31-37); Dämonenaustreibungen (Mk 5,1-20) und Totenerweckungen (Mk 5,21-43; Joh 11,33-44). Die Wunder Jesu sind Signale seiner Gottesherrschaft (Mk 4,35-41), zugleich Dokumentation mit dem Vater eins zu sein (Joh 2,11; 11,41ff). Wunder erleben ausschließlich jene Menschen, die im Glauben zu Jesus kommen (Mk 1,40; 6,54ff); das bestätigt sich auch im Lesen der biblischen Texte.

Alle vier Evangelien informieren über eine *Brotvermehrung*: Mk 6,32-44; Mt 14,13-21; Lk 9,10-17; Joh 6,1-15. Um eine Wiederholung – eine Dublette – des bereits Berichteten könnte es sich, einer älteren selbstständigen Version entsprechend, bei einer zweiten Brotvermehrung handeln (Mk 8,1-10; Mt 15,32-29).

Mit dem *exorbitanten Picknick* einer großen Volksmenge in einsamer Gegend soll offenbar ein wunderbares Geschehen beschrieben werden, das mitunter im Horizont aktuellen naturwissenschaftlichen Denkens die Vorstellung einer Durchbrechung der Naturgesetze wachruft. Für das biblische Verständnis ist diese delikate Erfahrung eine außerordentliche Gnadentat Gottes wie die Mannaspende in der Wüste (Ex 16,14-35). – Die vorliegende Erzählung erinnert an den Propheten Elischa (2 Kön 4,42ff): „Einmal kam ein Mann von Baal-Schalischa und brachte dem Gottesmann

Brot von Erstlingsfrüchten, zwanzig Gerstenbrote, und frische Körner in einem Beutel. Elischa befahl seinem Diener: Gib es den Leuten zu essen! [43]Doch dieser sagte: Wie soll ich das *hundert* Männern vorsetzen? Elischa aber sagte: Gib es den Leuten zu essen! Denn so spricht Jahwe: Man wird essen und noch übrig lassen. [44]Nun setzte er es ihnen vor; und *sie aßen und ließen noch übrig,* wie Jahwe gesagt hatte." – Im vorliegenden Text findet sich parallel dazu (V 20): „Und sie aßen alle und wurden gesättigt. Und sie hoben auf, was an Brocken übrig blieb, zwölf Körbe voll." – Jesus ist der Spender noch grandioserer Gaben; auch die Anzahl der Beglückten spricht für sich: Tausende von Männern noch Frauen und Kinder. Die zwölf Körbe voll übrig gebliebener Brotstücke rufen die zwölf Jünger ins Gedächtnis (Mt 10,1; 19,28).

*„Als Jesus all das hörte"* – die vorausgehenden Verse sprechen vom Tod des Täufers Johannes (14,1-12) –, will Jesus *„allein sein"* – mutmaßlich aus Betroffenheit, um darüber nachzusinnen –, aber die Volksmenge erlaubt ihm das nicht und geht ihm nach (V 13). – Wo finden sie ihn? Nur einmal wird Betsaida – östlich der Einmündung des Jordans in den See Gennesaret – genannt (Lk 9,10). Eher kommt das weniger besiedelte nördliche Ostufer infrage (Mt 14,34). Andere denken an Tabgha, etwa 2 km südwestlich von Kafarnaum, wo die „Brotvermehrungskirche" mit alten byzantinischen Mosaiken sich befindet. Wahrscheinlich ist das Ostufer in der Lokalisierung zu bevorzugen.

Das *„Mitleid"* Jesu (V 14) ist nicht nur eine gewöhnliche persönliche Betroffenheit, sondern messianische Barmherzigkeit, wie bereits vorausgehend vermerkt (Mt 9,36): „Als er die vielen Menschen sah, hatte er Mitleid mit ihnen; denn sie waren müde und erschöpft wie Schafe, die keinen Hirten haben." – Das Heilen der Kranken wie die anschließende Spende von Brot und Fisch sind Zeichen des göttlichen Erbarmens, das durch Jesus aufleuchtet.

Jesus bereitet psychologisch seine Jünger auf das enorme Ereignis vor und erregt die Aufmerksamkeit der Seinen (V 16): „Jesus aber sprach zu ihnen: Sie haben *nicht nötig wegzugehen*; gebt ihr ihnen zu essen." – Jesus will das Volk bei sich behalten: „Sie brauchen nicht wegzugehen"; er ist und bleibt der gute Hirt, der immer für seine Herde sorgen kann.

Jesus „blickte auf gen Himmel und segnete sie, und er brach die Brote und gab sie den Jüngern, die Jünger aber gaben sie den Volksmengen" (V 19b). Die Darstellung des Segensgebetes mit Brotbrechen und Verteilen an die Jünger entspricht in etwa der Gestik Jesu bei der Einsetzung der Eucharistie im Abendmahlsaal (Mt 26,26): „Während des Mahls nahm Jesus das Brot und sprach den Lobpreis; dann brach er das Brot, reichte es den Jüngern und sagte: Nehmt und esst; das ist mein Leib." – Dieser Konnex soll die Möglichkeit bieten, sich bei der Eucharistiefeier an dieses grandiose Geschehen der Sättigung von Tausenden zu denken; eine Motivation, sich mit der Völkergemeinschaft verbunden zu wissen.

Eine Frage bleibt allerdings offen, warum in dieser Erzählung das Austeilen der Fische nicht erwähnt wird, während das in zwei analogen Darstellungen der Fall ist (Mk 6,41; Joh 6,11).

# JESUS AUF DEM SEE

## Mt 14,22-33

**[22]Und sogleich nötigte er die Jünger, in das Schiff zu steigen und ihm an das jenseitige Ufer vorauszufahren, bis er die Volksmengen verabschiedet habe. [23]Und als er die Volksmengen entlassen hatte, stieg er auf den Berg besonders, um zu beten. Als es aber Abend geworden, war er dort allein. [24]Das Boot aber war schon viele Stadien vom Land entfernt und wurde von den Wellen bedrängt; denn sie hatten Gegenwind. [25]Aber in der vierten Nachtwache kam er zu ihnen, wandelnd auf dem See. [26]Und als die Jünger ihn auf dem See wandeln sahen, wurden sie bestürzt und sprachen: Es ist ein Gespenst! Und sie schrieen vor Furcht. [27]Sofort aber redete Jesus zu ihnen und sprach: Habt Mut, ich bin es; fürchtet euch nicht! [28]Darauf erwiderte ihm Petrus: Herr, wenn du es bist, so befiehl, dass ich auf dem Wasser zu dir komme. [29]Er aber sprach: Komm! Und Petrus stieg aus dem Schiffe und wandelte auf den Wassern, um zu Jesu zu kommen. [30]Als er aber sah, wie heftig der Wind war, bekam er Angst und begann unterzugehen. Er schrie: Herr, rette mich! [31]Jesus streckte sofort die Hand aus, ergriff ihn und sagte zu ihm: Kleingläubiger, warum hast du gezweifelt? [32]Und als sie ins Boot gestiegen waren, legte sich der Wind. [33]Die aber in dem Schiffe waren, warfen sich vor ihm nieder und sprachen: Wahrhaftig, du bist Gottes Sohn!**

Jesus *nötigt* die Jünger zur Abfahrt mit dem Boot und *verabschiedet* das Volk – er will *endlich allein* sein (V 22f), was ihm vorerst nicht gelungen ist (Mt 14,13): „Als Jesus all das hörte, fuhr er mit dem Boot in eine einsame Gegend, um allein zu sein. Und als die Leute in den Städten davon hörten, folgten sie ihm auf dem Landweg nach.“ – Jesus liebt Berge, wie die Bergpredigt zeigt (Mt 5,1): „Als Jesus die vielen Menschen sah, stieg er auf einen Berg. Er setzte sich, und seine Jünger traten zu ihm.“ – Oder eine ähnlich Szene (Mt 15,29): „Jesus zog weiter und kam an den See von Galiläa. Er stieg auf einen Berg und setzte sich.“ – Desgleichen dokumentiert die Verklärung (Mt 17,1): „Sechs Tage danach nahm Jesus Petrus, Jakobus und dessen Bruder Johannes beiseite und führte sie auf einen hohen Berg.“

Nun lässt sich der *Berg des Nachtgebetes* (V 23) nicht ausfindig machen und ist vielmehr von sinnbildlichem Belang: Einsamkeit und höher und damit vermeintlich näher bei Gott! – Jesus sucht die Einsamkeit im Gebet, die Gemeinschaft und das *Einssein mit dem Vater!*

Ein Richtungspunkt für die Überfahrt der Jünger wird nicht angeführt; schließlich liest man (Mt 14,34): „Sie fuhren auf das Ufer zu und kamen nach Gennesaret.“ – Aber noch erfährt der Leser eine interessante Szene mit entsprechender theologischer Tiefe.

Die Bootsfahrt wird für die Jünger zum Risiko, sie geraten in *Seenot* (V 24). Das ist allerdings nichts Neues. – Von eindringenden Wogen wird zwar noch nicht berichtet, aber immerhin wird in der Szenerie mit Petrus der Ruf *„Herr, rette mich!“* und der Tadel *„Kleingläubiger“* (V 30f) eine ähnliche Szene wachgerufen (Mt 8,24ff): „Plötzlich brach auf dem See ein gewaltiger Sturm los, sodass das Boot von den Wellen überflutet wurde. Jesus aber schlief. [25]Da traten die Jünger zu ihm und weckten ihn; sie riefen: *Herr, rette uns,* wir gehen zugrunde! [26]Er sagte zu ihnen: Warum habt ihr solche Angst, ihr *Kleingläubigen?* Dann stand er auf, drohte den Winden und dem See, und es trat völlige Stille ein."

Relativ spät, erst in der *vierten Nachtwache* – zwischen drei und sechs Uhr früh – erscheint Jesus den Jüngern, *„auf dem See wandelnd"* (V 25). Dieses Gehen über die Wogen ist zeichenhaft souveräner Ausdruck über die Mächte des Wassers – ein Ausdruck über die Überwindung bedrohlicher Mächte (Ps 18,17; 32,6;); aber Gott und nun ebenso Jesus ist Disponent über sie. – „Durch das Meer ging dein Weg, dein Pfad durch gewaltige Wasser" (Ps 77,20). Nicht nur „durch", sondern darüber hinaus gehen Gottes Wege! Damit erstrahlt die göttliche Erhabenheit und Hilfebereitschaft Jesu.

Zum Wirrwarr und dem Angstruf der Jünger passt exakt Jesu Bescheid: *„Ich bin es, kein Gespenst,* sie sollen *Vertrauen haben und sich nicht fürchten"* (V 26f). Mit der hoheitlichen Identifikation *„ich bin es"* wird die Schutz gebende Macht Gottes hiermit in der Erscheinung Jesu authentifiziert. Das blickt zurück auf Jes 43,1ff: „Fürchte dich nicht ... Denn ich bin Jahwe, dein Gott, ich, der Heilige Israels, bin dein Retter." – Die Errettung der Jünger wird durch das Eintreten Jesu ins Boot und das Ablassen des Sturmes signifiziert (V 32).

Jedem, der Jesus *glaubend vertraut,* gibt er Anteil an seiner Autorität und Allmacht, dem Skeptischen und Versinkenden bietet er rettend die Hand (V 28-31). Das soll zu einem zweifelsfreien Glauben führen (Mt 21,21): „Jesus aber antwortete und sprach zu ihnen: Wahrlich, ich sage euch: Wenn ihr Glauben habt und nicht zweifelt ... sondern wenn ihr auch zu diesem Berge sagen werdet: Werde aufgehoben und ins Meer geworfen! so wird es geschehen." – Damit soll jeder zu einem starken Glauben in Zeiten der Not motiviert werden. Zudem ist das Boot mit den Jüngern wie beim Seesturm (Mt 8,23-27) ein Sinnbild für Kirche, der Jüngergemeinschaft Jesu.

Eine solche Theophanie durch Jesus führt zur Proskynese, dem Niederfallen und Berühren der Stirn mit dem Boden, der Anbetung, wie seinerzeit die Sterndeuter (Mt 2,11) und das Bekenntnis der nun im Schiff anwesenden Jünger: „Wahrhaftig, du bist Gottes Sohn" sollte zur Antwort eines jeden gläubigen Menschen führen (V 32f).

Das Bekenntnis der Jünger geht dem des Petrus voraus und ist hiermit mitzuhören (Mt 16,16f): „Simon Petrus antwortete: Du bist der Messias, der Sohn des lebendigen Gottes! [17]Jesus sagte zu ihm: Selig bist du, Simon Barjona; denn nicht Fleisch und Blut haben dir das offenbart, sondern mein Vater im Himmel." Dies geschieht bei Cäsarea Philippi zur Veranschaulichung des rechtgläubigen Verständnisses für den Erlöser.

Abschließend sei bemerkt: Die in der Überlieferung fest verwurzelte Darstellung beleuchtet ein Erlebnis der Jünger, das sich der heutigen aktuellen Überprüfung entzieht. Immerhin steht im Mittelpunkt der Erzählung das majestätische und trostreiche Zitat: „Habt Vertrauen, ich bin es; fürchtet euch nicht!" (V 27).

# BITTE EINER HEIDNISCHEN FRAU

## Mt 15,21-28

**[21]Von dort zog sich Jesus in das Gebiet von Tyrus und Sidon zurück. [22]Da kam eine kanaanäische Frau aus jener Gegend zu ihm und rief: Hab Erbarmen mit mir, Herr, du Sohn Davids! Meine Tochter wird von einem Dämon gequält. [23]Jesus aber gab ihr keine Antwort. Da traten seine Jünger zu ihm und baten: Befreie sie, denn sie schreit hinter uns her. [24]Er aber antwortete und sprach: Ich bin nicht gesandt, als nur zu den verlorenen Schafen des Hauses Israel. [25]Sie aber kam und warf sich vor ihm nieder und sprach: Herr, hilf mir! [26]Er aber antwortete und sprach: Es ist nicht schön, das Brot der Kinder zu nehmen und den Hunden hinzuwerfen. [27]Sie aber sprach: Gewiss, Herr; denn es ernähren sich ja auch die Hunde von den Brosamen, die von dem Tisch ihrer Herren fallen. [28]Da antwortete Jesus und sprach zu ihr: O Frau, dein Glaube ist groß; es geschehe dir, wie du wünschst. Und geheilt war ihre Tochter von jener Stunde an.**

Es waren mitunter böse Nachrichten, auf die hin *Jesus sich zurückzog* (V 21). Zunächst die Kunde über den Täufer (Mt 4,12): „Als Jesus hörte, dass man Johannes ins Gefängnis geworfen hatte, zog er sich nach Galiläa zurück." – Dann die Mordabsicht der Pharisäer (12,14f): „Die Pharisäer aber gingen hinaus und fassten den Beschluss, Jesus umzubringen. [15]Als Jesus das erfuhr, ging er von dort weg ..." – Nach der Hinrichtung des Täufers ist zu erfahren (14,12f): „Die Jünger des Johannes aber holten den Leichnam und begruben ihn. Dann gingen sie zu Jesus und berichteten ihm alles. [13]Als Jesus all das hörte, fuhr er mit dem Boot in eine einsame Gegend, um allein zu sein ..." – Gewiss wollte Jesu drüber nachsinnen, meditieren, beten. – Andererseits scheint sich Jesus den Fahndungen der Widersacher zu entziehen, weil seine „Stunde noch nicht gekommen ist" (Joh 12,27).

*„Tyrus und Sidon"* (V 21) gilt als heidnisches Gebiet (Jes 23,1-4; Jer 25,22). – „Kanaan" ist ursprünglich das Gebiet des palästinisch-phönizischen Küstenstreifens. Die *„Kanaanäerin"* wird im Unterschied von Israel aus „Kanaan" stammend gedacht. Die exakte Landschaft wird nicht genannt, nur: *„aus jener Gegend."*

Durch den Zuruf an Jesus als *„Sohn Davids"* (V 22) gelangt die heidnische Frau jedenfalls in den Aktionsradius gläubiger jüdischer Traditionen (Mt 9,27; 12,23; 20,30f). – Sie bittet um Heilung ihrer Tochter von schwerkranker dämonischer Besessenheit. Auf das schrille Geschrei der Frau reagiert Jesus nicht. Den Jüngern ist die Situation peinlich, zugleich lästig und sie forcieren somit die Bitte der Frau und treten für sie bei Jesus als Fürsprecher ein (V 23). Wenn allerdings statt *„befreie sie"* eine andere Version gewählt wird, denn das entsprechende griechische Verbum kann auch „wegschicken" bedeuten, kann die Initiative der Jünger nicht als Fürsprache gesehen werden. – Wie auch immer: Jesus lehnt eine Hilfeleistung mit der Begründung ab, sein Aktionsradius sei auf Israel limitiert (V 24).

„Sie aber kam und warf sich vor ihm nieder und sprach: Herr, hilf mir!" (V 25). – Geradezu auf dem Boden liegend wird erneut ein Hilfeschrei laut, der nun eine Antwort Jesu erhält. Diese ist ablehnend und bildhaft deutlich. Die schon erwähnten *„verlorenen Schafe des Hauses Israel"* (V 24) werden nun als *„Kinder"* bezeichnet, denen man das *„Brot"*, nämlich die Gnadengaben Gottes, die ihnen zugedacht sind, nicht veräußern, nicht *„wegnehmen"* darf. – Der *„Hund"* zählt zur Hausgemeinschaft und ist nicht in feindseliger Manier genannt (V 26).

Intuitiv schlagkräftig interpretiert die vertrauensvolle Hilfesuchende den Vergleich zu ihrem Vorteil und bittet um die *„Brosamen, die von dem Tisch ihrer Herren fallen"* (V 27). Damit anerkennt sie die Dominanz Israels an, beschwört aber im Vertrauen auf die Wundermacht Jesu dessen Anteilnahme und Barmherzigkeit. – Da kann sich Jesus nicht mehr weiterhin verweigern und preist ihre gläubige Zuversicht (V 28): *„O Frau, dein Glaube ist groß!"* – Ähnliches wird über den Hauptmann von Kafarnaum erzählt (Mt 8,10): „Jesus war erstaunt, als er das hörte, und sagte zu denen, die ihm nachfolgten: Amen, das sage ich euch: Einen solchen Glauben habe ich in Israel noch bei niemand gefunden." Daran schließt Jesus die Verheißung an die Heiden (8,11): „Ich sage euch: Viele werden von Osten und Westen kommen und mit Abraham, Isaak und Jakob im Himmelreich zu Tisch sitzen." – Ähnlich bestätigt Mt 12,21: „Und auf seinen Namen werden die Völker ihre Hoffnung setzen."

Somit wird erkannt, dass sich Jesus einem großen Glauben, den eine Heidin oder ein Heide bezeugt, nicht verweigert.

# DAS MESSIASBEKENNTNIS

## Mt 16,13-20

**13 Als Jesus in das Gebiet von Cäsarea Philippi kam, fragte er seine Jünger: Für wen
halten die Leute den Menschensohn? 14 Sie sagten: Die einen für Johannes den Täu-
fer, andere für Elija, wieder andere für Jeremia oder sonst einen Propheten. 15 Da sagte
er zu ihnen: Ihr aber, für wen haltet ihr mich? 16 Simon Petrus antwortete: Du bist der
Messias, der Sohn des lebendigen Gottes! 17 Jesus sagte zu ihm: Selig bist du, Simon
Barjona; denn nicht Fleisch und Blut haben dir das offenbart, sondern mein Vater im
Himmel. 18 Ich aber sage dir: Du bist Petrus, und auf diesen Felsen werde ich meine
Kirche bauen, und die Mächte (Pforten) der Unterwelt werden sie nicht überwältigen.
19 Ich werde dir die Schlüssel des Reiches der Himmel geben; was du auf Erden bin-
den wirst, das wird auch im Himmel gebunden sein, und was du auf Erden lösen wirst,
das wird auch im Himmel gelöst sein. 20 Dann befahl er den Jüngern, niemand zu sa-
gen, dass er der Messias sei.**

In der Überlieferung ist die Lokalisation *Cäsarea Philippi* (V 13) solide fixiert (Mk 8,27). Der Tetrarch Philippus (4 v. Chr. – 36 n. Chr.), ein Sohn des Herodes des Großen, hat Paneas – heute Banias – zu Ehren des Hirtengottes Pan ausgebaut. An einer Quelle des Jordan gelegen, wurde diese Lokalisation zur Unterscheidung von Cäsarea am Meer daraufhin Cäsarea Philippi genannt. Jesus kommt nun *„in dieses Gebiet"*. Die Fragestellung Jesu an seine Jünger nach der Charakteristik seiner Person – *dem Menschensohn* – soll zu einer extrem bedeutungsvollen Entscheidung historischer Echtheit und Glaubwürdigkeit führen. – Jesus weiß sich verkannt (Mt 11,19): „Der Menschensohn ist gekommen, er isst und trinkt; darauf sagen sie: Dieser Fresser und Säufer, dieser Freund der Zöllner und Sünder! Und doch hat die Weisheit durch die Taten, die sie bewirkt hat, recht bekommen." – Jesu Vollmacht ist sichtbar geworden (Mt 9,6; 12,8): „[6]Ihr sollt aber erkennen, dass der Menschensohn die Vollmacht hat, hier auf der Erde Sünden zu vergeben. Darauf sagte er zu dem Gelähmten: Steh auf, nimm deine Tragbahre, und geh nach Hause, [8]denn der Menschensohn ist Herr über den Sabbat." – Was werden nun die Jünger antworten?

Die Meinung der breiten Masse wird von den Jüngern aufgezählt (V 14). *„Johannes der Täufer"* ist zunächst die Ansicht des Herodes Antipas (4 v. Chr. – 39 n. Chr.) – Mt 14,1f: „Zu dieser Zeit hörte der Tetrarch Herodes, was man von Jesus erzählte. [2] Er sagte zu seinem Gefolge: Das ist Johannes der Täufer. Er ist von den Toten auferstanden; deshalb wirken solche Kräfte in ihm." – Vor dem „Tag des Herrn" oder dem Auftreten des Messias erwartet man *Elija* (Mal 3,23): „Siehe, ich sende euch Elija, den Propheten, ehe der Tag Jahwes kommt, der große und furchtbare." Dazu findet man folgende Interpretation (Mt 17,10-13): „Da fragten ihn die Jünger: Warum sagen denn die Schriftgelehrten, zuerst müsse Elija kommen? [11]Er gab zur Antwort: Ja, Elija kommt, und er wird alles wiederherstellen. [12]Ich sage euch aber: Elija ist schon gekommen, doch sie haben ihn nicht erkannt, sondern mit ihm gemacht, was sie wollten. Ebenso wird auch der Menschensohn durch sie leiden müssen. [13]Da verstanden die Jünger, dass er von Johannes dem Täufer sprach." – *Jeremia* wird möglicherweise wegen des Einflusses genannt, den er in der Tradition erhielt (2 Makk 2,1-12), und weil er (2 Makk 15,14): „viel für das Volk und die Heilige Stadt betet." Das entfachte anscheinend in der Überlieferung Hoffnung auf Erlösung.

Anschließend an die unzureichenden Ansichten der Bevölkerung werden akzentuiert die Anschauungen der Jünger erkundet. Repräsentativ bringt *„Simon Petrus"* die Erklärung; die Verwendung seines Doppelnamens deutet bereits verheißungsvoll auf die Interpretation des Ehrennamens, der bereits bei der Berufung (Mt 4,18) und in der Apostelliste (10,2) angeführt wurde (V 15f).

Was Petrus bekennt, wurde vorbereitet (Mt 22,41-45): „Danach fragte Jesus die Pharisäer, die bei ihm versammelt waren: [42] Was denkt ihr über den *Messias?* Wessen Sohn ist er? Sie antworteten ihm: Der Sohn Davids. [43]Er sagte zu ihnen: Wie kann ihn dann David, vom Geist (Gottes) erleuchtet, „Herr" nennen? Denn er sagt: [44]Der Herr sprach zu meinem Herrn: Setze dich mir zur Rechten, und ich lege dir deine Feinde unter die Füße. [45]Wenn ihn also David „Herr" nennt, wie kann er dann Davids Sohn sein?"

Der Hohenpriester auskundschaftet (Mt 26,63f): Jesus ist der *Messias, der Sohn des lebendigen Gottes*. – *„Sohn Gottes"* ist von Gott selbst beglaubigt – nach der Tauf Jesu (3,17): „Und eine Stimme aus dem Himmel sprach: Das ist mein geliebter Sohn, an dem ich Gefallen gefunden habe." – Bei der Verklärung Jesu (Mt 17,5): „Noch während er redete, warf eine leuchtende Wolke ihren Schatten auf sie, und aus der Wolke rief eine Stimme: Das ist mein geliebter Sohn, an dem ich Gefallen gefunden habe; auf ihn sollt ihr hören." – Diese Bezeichnung beansprucht Jesus im Jubelruf für sich (Mt 11,27): „Mir ist von meinem Vater alles übergeben worden; niemand kennt den Sohn, nur der Vater, und niemand kennt den Vater, nur der Sohn und der, dem es der Sohn offenbaren will." – Nach dem Wandel Jesu auf dem See erkennen die Jünger (Mt 14,33): „ ... Wahrhaftig, du bist Gottes Sohn."

In Gegenüberstellung zu den toten Götzen wird vom *„lebendigen Gott"* gesprochen (2 Kön 19,4.16; Jes 37,4.17), so auch über Daniel in der Löwengrube (Dan 6,21); desgleichen übernimmt Paulus diese Diktion (1 Thess 1,9; 2 Kor 6,16). – Hiermit wird ebenfalls die Leben schaffende Autorität formuliert (Hos 2,1; 2 Kor 3,3).

Jesus zitiert in aramäischer Form *„Barjona"*, übersetzt *„Sohn des Jona"* und nennt somit den Vater des Simon Petrus, der anderswo „Johannes" heißt (Joh 1,42; 21,15ff). Die übliche Kennzeichnung mit dem Vaternamen verheißt die väterliche Autorität überbietende Verleihung des neuen Ehrennamens durch Jesus, womit geradezu ein neues Leben angezeigt wird. – *„Fleisch und Blut"* bezeichnet in semitischer Mentalität die menschliche Natur im Gegensatz zum offenbarenden Handeln Gottes, der göttlichen Inspiration und Intuition. Verklammerndes Bindeglied zur neuen Namensgebung und zur Verheißung an Simon Petrus ist die *Seligpreisung* (V 17).

Die Beifügung eines neuen Namens durch Jesus (V 18) ist auch für die Söhne des Zebedäus ausgedrückt (Mk 3,17): „Jakobus, der Sohn des Zebedäus, und Johannes, der Bruder des Jakobus – ihnen gab er den Beinamen Boanerges, das heißt Donnersöhne." – Für Petrus geht seine zusätzliche Benennung auf den aramäischen Begriff „Keph" – *Fels, Steinmassiv* – zurück, der sodann griechisch formuliert „Kephas" und analog entsprechend mit Petrus verdolmetscht wurde. Diese Nominierung führt zur Metapher vom Bau der Kirche Jesu auf dem Fels Petrus, und zwar auf Petrus selbst als Person. Die „Pforten/Tore der Unterwelt, Tore des Todes" (Jes 38,10; Ijob 38,17; Weish 16,13), *„die Mächte der Unterwelt"* – wörtlich: *„die Pforten des Hades"* (V 18) – benennen die vernichtende Macht des Todes. Die *Kirche* ist die heilige Gemeinschaft Gottes, die Kommunität Jesu, die alle aus dem alten Bundesvolk von Jesus gesammelten Erdenbürger, alle „verlorenen Schafe des Hauses Israel" (Mt 10,6; 15,24) einschließt, die alle in sich eingliedert, die sich der Botschaft Jesu anschließen. – Der Aussage *„ich werde bauen"* schließt bereits im nachösterlichen Horizont die berufenen Heiden ein.

Wer *„die Schlüssel"* (V 19a) zu einem Gebäude hat, verfügt über die Möglichkeit, es zu öffnen oder zu verschließen, ein Symbol für Recht und Macht. Gedacht ist an das Reich der Himmel, dem die Jünger Christi dienen; demzufolge übt Petrus seine Vollmacht auf Erden aus (V 19b). Dem geht voraus (Mt 5,19f): „Wer auch nur eines von den kleinsten Geboten aufhebt und die Menschen entsprechend lehrt, der wird im Himmelreich der Kleinste sein. Wer sie aber hält und halten lehrt, der wird groß sein im Himmelreich. [20]Darum sage ich euch: Wenn eure Gerechtigkeit nicht weit größer ist als die der Schriftgelehrten und der Pharisäer, werdet ihr nicht in das Himmelreich kommen." – Voraussetzung ist das Festhalten am Auftrag Jesu (Mt 28,20): „und lehrt sie, alles zu befolgen, was ich euch geboten habe. Seid gewiss: Ich bin bei euch alle Tage bis zum Ende der Welt."

Die Begriffe *„binden und lösen"* (V 19b) präsentieren, dass Petrus genuin, unverfälscht, echt eine Vollmacht übertragen wurde: Damit ist verbunden ein *Verbieten* *und Erlauben*, sowie das *Verhängen oder Aufheben eines Bannes oder Interdikts.* Diese „Schlüsselgewalt" wird präzisiert (Mt 18,15-18): „Wenn dein Bruder sündigt, dann geh zu ihm und weise ihn unter vier Augen zurecht. Hört er auf dich, so hast du deinen Bruder zurückgewonnen. [16]Hört er aber nicht auf dich, dann nimm einen oder zwei Männer mit, denn jede Sache muss durch die Aussage von zwei oder drei Zeugen entschieden werden. [17]Hört er auch auf sie nicht, dann sag es der Gemeinde. Hört er aber auch auf die Gemeinde nicht, dann sei er für dich wie ein Heide oder ein Zöllner. [18]Amen, ich sage euch: Alles, was ihr auf Erden binden werdet, das wird auch im Himmel gebunden sein, und alles, was ihr auf Erden lösen werdet, das wird auch im Himmel gelöst sein."

Die erstaunliche Erhabenheit der verliehenen Bevollmächtigung zeigt sich, dass die Schiedssprüche und Verordnungen auf Erden bei Gott – *„im Himmel"* – gutgeheißen werden.

Die Untersagung Jesu, seine Sendung als Messias *keinem Menschen mitzuteilen*, will ein falsches Verständnis über Jesu messianische Aufgabe in der damaligen Situation verhindern (V 20). Jesus erkennt, dass die Verfolgung durch die jüdische Behörde auf ihn nicht lange warten lässt; ihr will er keine Angriffsargumente liefern (Mt 16,21): „Von da an begann Jesus, seinen Jüngern zu erklären, er müsse nach Jerusalem gehen und von den Ältesten, den Hohenpriestern und den Schriftgelehrten vieles erleiden; er werde getötet werden, aber am dritten Tag werde er auferstehen."

# LEID, AUFERSTEHUNG UND NACHFOLGE

## Mt 16,21-27

**[21]Von da an begann Jesus, seinen Jüngern zu erklären, er müsse nach Jerusalem gehen und von den Ältesten, den Hohenpriestern und den Schriftgelehrten vieles erleiden; er werde getötet werden, aber am dritten Tag werde er auferstehen. [22]Da nahm ihn Petrus beiseite und machte ihm Vorwürfe; er sagte: Das soll Gott verhüten, Herr! Das darf nicht mit dir geschehen! [23]Er aber wandte sich um und sagte zu Petrus: Weg mit dir, Satan! Du bist mir ein Ärgernis, denn du hast nicht das im Sinn, was Gott will, sondern was die Menschen wollen. [24]Dann sprach Jesus zu seinen Jüngern: Wenn jemand mir nachfolgen will, der verleugne sich selbst und nehme sein Kreuz auf und folge mir nach. [25]Denn wer sein Leben retten will, wird es verlieren; wer aber sein Leben um meinetwillen verliert, wird es finden. [26]Was nützt es einem Menschen, wenn er die ganze Welt gewinnt, dabei aber sein Leben einbüßt? Um welchen Preis kann ein Mensch sein Leben zurückkaufen? [27]Der Menschensohn wird mit seinen Engeln in der Hoheit seines Vaters kommen und jedem Menschen vergelten nach seinem Tun.**

**Vorhersage (V 21ff)**

Die Ankündigung Jesu über seine Leiden, seinen Tod und seine Auferstehung wird als *„Erklärung Jesu für die Jünger"* beschrieben. Sie ist ein erforderlicher Zusatz, eine notwendige Weiterführung der Glaubensaussage (Mt 16,16): „Du bist der Messias, der Sohn des lebendigen Gottes." Der Messias *„muss"* (V 21) den Leidensweg gehen (Mt 8,17): „Dadurch sollte sich erfüllen, was durch den Propheten Jesaja gesagt worden ist: Er hat unsere Leiden auf sich genommen und unsere Krankheiten getragen." Das greift zurück auf Jes 53,4f; „Aber er hat unsere Krankheit getragen und unsere Schmerzen auf sich geladen. Wir meinten, er sei von Gott *geschlagen*, von ihm getroffen und gebeugt. [5] Doch er wurde *durchbohrt* wegen unserer Verbrechen, wegen unserer Sünden *zermalmt*. Zu unserem Heil lag die Strafe auf ihm, durch seine Wunden sind wir geheilt." – Das wird interpretiert (Mt 20,28): „Denn auch der Menschensohn ist nicht gekommen, um sich dienen zu lassen, sondern um zu dienen und sein Leben hinzugeben als Lösegeld für viele." – Hoffnungsvoll ist die Zusage: *„und auferweckt werden am dritten Tag"* (V 21c). Aber so wie der Text heute vorliegt, muss das zunächst ein Schock für die Jünger gewesen sein. Vom Erlebnis der Auferstehung nach Ostern her gesehen leuchtet bereits ein Triumph durch.

Repräsentativ in diesem Abschnitt sind folgende Charakteristika: Jesus beginnt, den Jüngern *„aufzuzeigen, zu erklären"* – er unterweist sie. Es wird der *„Weggang Jesu nach Jerusalem"* betont, was bereits erahnen lässt (Mt 23,37): „Jerusalem, Jerusalem, du tötest die Propheten und steinigst die Boten, die zu dir gesandt sind. Wie oft wollte ich deine Kinder um mich sammeln, so wie eine Henne ihre Küken unter ihre Flügel nimmt; aber ihr habt nicht gewollt." – Die Diktion *„am dritten Tag werde er auferstehen"* (V 21c) blickt bereits impulsiv auf Gottes Tatkraft. – Dem geht zuvor *„er werde getötet werden"*, was historisch nachfolgend grandios interpretiert beglaubigt wird (Apg 3,15; 5,30; 10,40): „[15]Den Urheber des Lebens habt ihr getötet, aber Gott hat ihn von den Toten auferweckt. Dafür sind wir Zeugen. [30]Der Gott unserer Väter hat Jesus auferweckt, den ihr ans Holz gehängt und ermordet habt. [40]Gott aber hat ihn am dritten Tag auferweckt und hat ihn erscheinen lassen." – Die Verantwortlichen für Jesu Hinrichtung sitzen im „Hohen Rat", dem Synedrium, zu dem drei Gruppen gehörten: die *„Hohenpriester"*, das heißt der amtierende Hohepriester und andere Oberpriester, die *„Ältesten"*, Vertreter der vornehmen Laien, und *„Schriftgelehrte"*, die überwiegend aus dem Bereich der Pharisäer herkamen.

Petrus probiert, Jesus von der Idee an das Leiden abzubringen (V 22b): *„das soll Gott verhüten"* (V 22). Obwohl ihm die Offenbarung geschenkt worden ist, dass Jesus Sohn Gottes ist (Mt 16,16f), verweilt er in allgemein irdischen Vorstellungen. Jesus tadelt ihn energisch (Mt 4,10): *„Weg mit dir, Satan!"*, wie einst in der Versuchung Jesu in der Wüste (4,1-11). – Petrus wird zu einem *„Ärgernis"* (V 23) – zu einem „Stein des Anstoßes" –, möglicherweise eine beabsichtigte Gegenüberstellung zu seiner Aufgabe als Fels (Mt 16,18). Damit wird Petrus zum Urbild des Jüngers in der Ergriffenheit zwischen göttlicher Bevollmächtigung und menschlicher Schwäche (14,28-31).

**Kreuzesnachfolge (V 24-27)**

Erneut wird die Devise über die *Nachfolge* (V 24f) aufgegriffen (Mt 10,38f): „Und wer nicht sein Kreuz auf sich nimmt und mir nachfolgt, ist meiner nicht würdig. [39]Wer das Leben gewinnen will, wird es verlieren; wer aber das Leben um meinetwillen verliert, wird es gewinnen." Nun wird dieses Axiom an die Jünger Jesu und somit an die ganze Jüngergemeinde gerichtet. Dem Weg des Kreuzes folgen wird durch *„er verleugne sich selbst, nehme sein Kreuz auf sich"* (V 24) expliziert. Das inkludiert bisweilen ein Verzichten auf irdische Kostbarkeiten, Ansehen und Einfluss. Wer sein Leben um Jesu willen – seinem Beispiel entsprechend – modifiziert, gewissermaßen nach ursprünglich persönlichen Vorstellungen *„verliert"*, wird es *„gewinnen"*, indem er die Fülle des Heils in Gott „findet" und somit der Auferstehung entgegen geht (V 21.25).

Desgleichen lehrt der Spruch vom *Gewinnen und Verlieren des Lebens* (V 26). Die Diktion aus dem Erwerbsleben über Gewinn und Verlust wächst über die Erkenntnis hinaus, dass jedermann mit dem Ableben alles *Erworbene*, alle Habseligkeiten *verliert*. Hinter der Übersetzung *„sein Leben einbüßt"* – im Urtext eine passive Formulierung *„Verlust erleiden"* (V 26) – ist Gott als Richter über den Wert oder die Wertlosigkeit eines Menschenlebens zu spüren. – Die Formulierung *„sein Leben zurückkaufen"* erinnert an Ps 49,8f.15f: „Keineswegs vermag jemand seinen Bruder zu erlösen, nicht kann er Gott sein Lösegeld geben, [9]für das Leben ist jeder Kaufpreis zu hoch; für immer muss man davon abstehen. [15]Der Tod führt sie auf seine Weide wie Schafe, sie stürzen hinab zur Unterwelt. Geradewegs sinken sie hinab in das Grab; ihre Gestalt zerfällt, die Unterwelt wird ihre Wohnstatt. [16]Doch Gott wird mich loskaufen aus dem Reich des Todes, ja, er nimmt mich auf." – Demzufolge gilt die Warnung (Mt 10,28): „Fürchtet euch nicht vor denen, die den Leib töten, die Seele aber nicht töten können, sondern fürchtet euch vor dem, der Seele und Leib ins Verderben der Hölle stürzen kann."

In Dan 7,13f heißt eine Gestalt *Menschensohn* (V 27), die von Gott die Herrschaft empfängt. Wiederholt ist diese Ausdrucksweise vor allem die Selbstbezeichnung Jesu (Mt 8,20): „Jesus antwortete ihm [einem Schriftgelehrten]: Die Füchse haben ihre Höhlen und die Vögel ihre Nester; der Menschensohn aber hat keinen Ort, wo er sein Haupt hinlegen kann." – Zudem wird an eine zukünftige Rechtsprechung angedeutet (Mt 13,41; 25,31): „[41]Der Menschensohn wird seine Engel aussenden, und sie werden aus seinem Reich alle zusammenholen, die andere verführt und Gottes Gesetz übertreten haben, [31]Wenn der Menschensohn in seiner Herrlichkeit kommt und alle Engel mit ihm, dann wird er sich auf den Thron seiner Herrlichkeit setzen." – Dem Menschensohn wird aus (Ps 62,13b) ein strafendes Wort beigefügt (V 27): *„Denn du wirst jedem vergelten, wie es seine Taten verdienen."* Diese Aussage expliziert (Ps 28,4): „Vergilt ihnen, wie es ihrem Treiben entspricht und ihren bösen Taten. Vergilt ihnen, wie es das Werk ihrer Hände verdient. Wende ihr Tun auf sie selbst zurück!" Das betrifft Böse und Gute.

# VERKLÄRUNG JESU

## Mt 17,1-9

**1Und nach sechs Tagen nimmt Jesus den Petrus und Jakobus und Johannes, seinen
Bruder, mit und führt sie auf einen hohen Berg für sich allein. 2Und er wurde vor ih-
ren Augen verwandelt; sein Gesicht leuchtete wie die Sonne, und seine Kleider wur-
den blendend weiß wie das Licht. 3Und siehe, Mose und Elija erschienen ihnen und
unterredeten sich mit ihm. 4Petrus aber hob an und sprach zu Jesu: Herr, es ist gut,
dass wir hier sind. Wenn du willst, werde ich hier drei Hütten bauen, eine für dich,
eine für Mose und eine für Elija. 5Während er noch redete, siehe, da überschattete sie
eine leuchtende Wolke, und siehe, eine Stimme kam aus der Wolke, welche sprach:
Dieser ist mein geliebter Sohn, an welchem ich Wohlgefallen gefunden habe; ihn hö-
ret. 6Und als die Jünger es hörten, fielen sie auf ihr Angesicht und fürchteten sich sehr.
7Da trat Jesus zu ihnen, fasste sie an und sagte: Steht auf, habt keine Angst! 8Und als
sie aufblickten, sahen sie nur noch Jesus. 9Während sie den Berg hinabstiegen, ge-
bot ihnen Jesus: Erzählt niemand von dem, was ihr gesehen habt, bis der Men-
schensohn von den Toten auferstanden ist.**

Die Angabe *„nach sechs Tagen“* (V 1) verweist offenbar auf einen früher genannten Zeitpunkt (Mt 16,13) oder zugleich auf „damals“ (16,21.24), also auf das Petrusbekenntnis und die Leidensweissagung, denn die Verklärung bildet ein Gegenstück zum Messiasbekenntnis des Petrus. – Der nicht genannte *„hohe Berg“* bleibt weiterhin unbekannt, auch wenn manche an den Tabor oder den Hermon oder irgendeinen Gipfel des Antilibanon denken.

Die *„Verwandlung“* (V 2) ruft Dan 12,3 ins Gedächtnis: „Die Verständigen werden strahlen, wie der Himmel strahlt; und die Männer, die viele zum rechten Tun geführt haben, werden immer und ewig wie die Sterne leuchten.“ – Dafür ist Jesus Vorbild. Zudem ist naheliegend, in diesem Konnex zunächst an die Theophanie zu erinnern, die Mose erlebte (Ex 24,16): „Die Herrlichkeit des Herrn ließ sich auf den Sinai herab, und die Wolke bedeckte den Berg sechs Tage lang.“. Über die Begleitung des Mose ist zu lesen (24,9): „Danach stiegen Mose, Aaron, Nadab, Abihu und die siebzig von den Ältesten Israels hinauf.“ Dazu kommt (24,11): „sie durften Gott sehen, und sie aßen und tranken.“

Diese Erfahrung wird auf Jesus und die drei Jünger übertragen, ein Vielfaches gesteigert und überhöht beschrieben. Jesus erstrahlt in göttlicher *sonnigem Licht* glühender Herrlichkeit: Seine *Kleider werden leuchtend weiß*, sein *Gesicht strahlt auf wie die Sonne* (V 2). – Seine Kleider werden *„Licht“* verweist auf Ps 104,2: „Du hüllst dich in Licht wie in ein Kleid, du spannst den Himmel aus wie ein Zelt.“ – Der Priestersegen intensiviert im Hinblick auf das göttliche Aussehen seinen Wunsch (Num 6,25): „Jahwe lasse sein *Angesicht* über dir leuchten und sei dir gnädig!“ Über das *Antlitz Gottes* reflektieren beispielsweise nachfolgende Gedanken aus dem Gebetsleben (Ps 4,7; 17,15; 31,17; 67,2): „7Viele sagen: Wer wird uns Gutes schauen lassen? Erhebe, Jahwe über uns das Licht deines Angesichts! – 15Ich, ich werde dein Angesicht schauen in Gerechtigkeit, werde gesättigt werden, wenn ich erwache, mit deinem Bilde. – [17]Lass dein Angesicht leuchten über deinem Knecht, hilf mir in deiner Güte! – [2]Gott sei uns gnädig und segne uns. Er lasse über uns sein Angesicht leuchten."

*„Mose und Elija erscheinen"* (V 3), die repräsentativen Vertreter von „Gesetz und Propheten", als Teilhaber der himmlischen Herrlichkeit – im Gespräch mit Jesus – und gewissermaßen als zwei Zeugen für Jesus, wie es in juridischen Szenen notwendig ist. – Charakteristisch ist *Moses* bereits seinerzeit „glänzendes Angesicht" (Ex 34, 29). Er wird in Ägypten geboren, von einer Tochter des Pharao aufgezogen, musste sich nach Midian davonmachen. Er entdeckt den Gott „Jahwe" durch ein visuelles Phänomen am Sinai und wird anschließend als Führer des Volkes beim Auszug, der Wüstenwanderung und als exorbitanter Gesetzgeber beschrieben (Ex 1-34). Im späten Judentum wird Mose geehrt (Sir 45,1-5): „Geliebt von Gott und den Menschen: Mose, sein Andenken sei zum Segen. [2]Er nannte ihn einen Gott und stärkte ihn zu Furcht erregenden Taten. [3]Durch sein Wort ließ er schnell die Zeichen geschehen und verlieh ihm Macht vor dem König. Er sandte ihn zum Volk und zeigte ihm seine Herrlichkeit. [4]Wegen seiner Treue und Bescheidenheit erwählte er ihn aus allen Sterblichen. [5]Er ließ ihn seine Stimme hören und zu der dunklen Wolke herantreten. In seine Hand legte er die Gebote, die Lehre voll Leben und Einsicht, um Jakob seine Gesetze zu lehren und Israel seine Satzungen und Vorschriften." – *Elija* wirkt unter Ahab (874-853 v. Chr.) im Nordreich Israel als Prophet (1 Kön 17-2 Kön 2). Er fordert die Baalspriester zum Gottesurteil auf dem Karmel heraus (1 Kön 18). Seine Fußreise zum Horeb ist ein Signal: zurück zu den Wurzeln! Das Geschehen des Volkes soll erneut mit den Fundamenten der Gottesoffenbarung am Sinai durchdrungen werden (1 Kön 19). Nach 2 Kön 2,11 in den Himmel entrückt, soll er vor dem „Tag des Herrn" wiederkehren (Mal 3,1.23-24). Diese Hoffnung ist lebendig (Sir 48,10ff): „Von dir sagt die Schrift, du stehst bereit für die Endzeit, um den Zorn zu beschwichtigen, bevor er entbrennt, um den Söhnen das Herz der Väter zuzuwenden und Jakobs Stämme wieder aufzurichten. [11]Wohl dem, der dich sieht und stirbt; denn auch er wird leben. [12]Elija ist im Wirbelsturm entschwunden, Elischa wurde mit seinem Geist erfüllt. Doppelt so viele Zeichen wirkte er, zu Wundern wurden alle Worte aus seinem Mund. Solange er lebte, hat er vor niemand gezittert, kein Sterblicher hatte Macht über seinen Geist."

*Petrus* reagiert glückstrahlend euphorisch über soviel Erfahrung göttlicher weihevoller Würde und Nähe. Sein Vorschlag zum *„Hüttenbau"* (V 4) mag möglicherweise die eschatologische Aussage über das Laubhüttenfest wachrufen (Sach 14,16): „Doch wer dann übrig bleibt von allen Völkern, die gegen Jerusalem gezogen sind, wird Jahr für Jahr hinaufziehen, um den König, Jahwe der Heere, anzubeten und das Laubhüttenfest zu feiern."

Die *„Wolke"* bezeugt seinerzeit bereits die Gegenwart Gottes, die das Volk führt, schützt und die den Sinai bedeckt (Ex 13,21f; 14,19f; Ex 24,15): „[21]Der Jahwe zog vor ihnen her, bei Tag in einer Wolkensäule, um ihnen den Weg zu zeigen, bei Nacht in einer Feuersäule, um ihnen zu leuchten. So konnten sie Tag und Nacht unterwegs sein. [22]Die Wolkensäule wich bei Tag nicht von der Spitze des Volkes, und die Feuersäule nicht bei Nacht. – [19]Der Engel Gottes, der den Zug der Israeliten anführte, erhob sich und ging an das Ende des Zuges, und die Wolkensäule vor ihnen erhob sich und trat an das Ende. [20]Sie kam zwischen das Lager der Ägypter und das Lager der Israeliten. Die Wolke war da und Finsternis, und Blitze erhellten die Nacht.

So kamen sie die ganze Nacht einander nicht näher. – [15]Dann stieg Mose auf den Berg, und die Wolke bedeckte den Berg." Die Worte des Petrus gehen im Phänomen einer *„leuchtenden Wolke"* und der göttlichen *Stimme* unter; welche erneut wie bei der Taufe den verklärt erscheinenden Jesus promulgiert (Mt 3,17b): *„Das ist mein geliebter Sohn, an dem ich Gefallen gefunden habe."* Dazu finden sich vorbereitende Aussagen (Ps 2,7; Jes 42,1): „[7]Vom Beschluss will ich erzählen: Jahwe hat zu mir gesprochen: Mein Sohn bist du. Heute habe ich dich gezeugt. – [1]Seht, das ist mein Knecht, den ich stütze; das ist mein Erwählter, an ihm finde ich Gefallen. Ich habe meinen Geist auf ihn gelegt, er bringt den Völkern das Recht."

Diese Repräsentation mündet in die Aufforderung (V 5): *„Auf ihn sollt ihr hören!"* Das ist eine Erfüllung der Aussagen von Dtn 18,15.18: „Einen Propheten aus deiner Mitte, aus deinen Brüdern, gleich mir, wird Jahwe, dein Gott, dir erwecken; auf ihn sollt ihr hören. – [18]Einen Propheten wie dich will ich ihnen mitten unter ihren Brüdern erstehen lassen. Ich will ihm meine Worte in den Mund legen, und er wird ihnen alles sagen, was ich ihm auftrage."

Das reflektierende Resultat der Jünger ist nun *hören – niederfallen* – Ehrfurcht gebietende *Angst* (V 6). – Das *„Hören und Niederfallen auf das Angesicht"* verweist auch auf Gehorsam und Anbetung, wie es bald darauf Jesus selbst durchführt (Mt 26,39): „Und er ging ein Stück weiter, warf sich zu Boden und betete: Mein Vater, wenn es möglich ist, gehe dieser Kelch an mir vorüber. Aber nicht wie ich will, sondern wie du willst."

Jesus nähert sich (V 7) den furchtsam betroffenen Jüngern im herkömmlichen Aussehen, fasst sie an und befreit sie von ihrer *Angst* (Mt 14,27; 28,10).

Die Jünger getrauen sich wieder die Augen zu erheben, sobald sie Jesus in gewohnter Umgangsform erfahren. *Alles Exorbitante ist vorbei:* Die göttliche Erscheinung, auch Mose und Elija sind nicht mehr zu sehen (V 8).

Beim Abstieg befiehlt Jesus den Jüngern, von ihrer „Vision" *niemanden zu erzählen, bis der Menschensohn von den Toten auferstanden ist* (V 9). Das ist eine Andeutung auf die erst später verständliche Einsicht, ein Hinweis an die mit der Ankündigung der Passion zusammen geschlossene Bekanntmachung der Auferstehung Jesu (16,21): „Von da an begann Jesus, seinen Jüngern zu erklären, er müsse nach Jerusalem gehen und von den Ältesten, den Hohenpriestern und den Schriftgelehrten vieles erleiden; er werde getötet werden, aber am dritten Tag werde er auferstehen."

# VERANTWORTUNG FÜR DEN BRUDER

## Mt 18,15-20

**15Wenn aber dein Bruder [wider dich] sündigt, so geh hin, weise ihn zurecht zwischen dir und ihm allein. Wenn er auf dich hört, so hast du deinen Bruder gewonnen. 16Wenn er aber nicht hört, so nimm noch einen oder zwei mit dir, damit aus zweier oder dreier Zeugen Mund jede Sache entschieden werde. 17Wenn er aber nicht auf sie hören wird, so sage es der Volksgemeinde; wenn er aber auch auf die Volksgemeinde nicht hören wird, so sei er dir wie der Heide und der Zöllner. 18Amen, ich sage euch: Alles, was ihr auf Erden binden werdet, das wird auch im Himmel gebunden sein, und alles, was ihr auf Erden lösen werdet, das wird auch im Himmel gelöst sein. 19Wiederum sage ich euch: Wenn zwei von euch auf der Erde übereinkommen werden über irgendeine Angelegenheit, um welche sie auch bitten mögen, so wird sie ihnen zuteil werden von meinem Vater, der in den Himmeln ist. 20Denn wo zwei oder drei versammelt sind in meinem Namen, da bin ich in ihrer Mitte.**

**Gemeinde-Disziplin (V 15-18)**

Der Gedanke an die *brüderliche Zurechtweisung* (V 15ff) führt zur fundamentalen Feststellung (Mt 18,7): „Wehe der Welt der Ärgernisse wegen! Denn es ist notwendig, dass Ärgernisse kommen; doch wehe dem Menschen, durch welchen das Ärgernis kommt!“ – Statt Hass und Rache wird empfohlen (Lev 19,17f): „Du sollst deinen Bruder nicht hassen in deinem Herzen. Du sollst deinen Nächsten ernstlich zurechtweisen, damit du nicht seinetwegen Schuld trägst. 18Du sollst dich nicht rächen und den Kindern deines Volkes nichts nachtragen, und sollst deinen Nächsten lieben wie dich selbst. Ich bin Jahwe.“ – Jesus motiviert und ermahnt eindringlich zu Versöhnung und Verzeihung (Mt 5,23f; 6,12; 7,1-5): „23Wenn du deine Opfergabe zum Altar bringst und dir dabei einfällt, dass dein Bruder etwas gegen dich hat, 24so lass deine Gabe dort vor dem Altar liegen; geh und versöhne dich zuerst mit deinem Bruder, dann komm und opfere deine Gabe. – 12Und erlass uns unsere Schulden, wie auch wir sie unseren Schuldnern erlassen haben. – 1Richtet nicht, damit ihr nicht gerichtet werdet! 2Denn wie ihr richtet, so werdet ihr gerichtet werden, und nach dem Maß, mit dem ihr messt und zuteilt, wird euch zugeteilt werden. 3Warum siehst du den Splitter im Auge deines Bruders, aber den Balken in deinem Auge bemerkst du nicht? 4Wie kannst du zu deinem Bruder sagen: Lass mich den Splitter aus deinem Auge herausziehen! – und dabei steckt in deinem Auge ein Balken? 5Du Heuchler! Zieh zuerst den Balken aus deinem Auge, dann kannst du versuchen, den Splitter aus dem Auge deines Bruders herauszuziehen.“ – Im Gleichnis vom unbarmherzigen Gläubiger wird Aussöhnung eingeschärft (Mt 18,32f): „Da ließ ihn sein Herr rufen und sagte zu ihm: Du elender Diener! Deine ganze Schuld habe ich dir erlassen, weil du mich so angefleht hast. 33Hättest nicht auch du mit jenem, der gemeinsam mit dir in meinem Dienst steht, Erbarmen haben müssen, so wie ich mit dir Erbarmen hatte?“

Im Gespräch unter *vier Augen* soll die Sünde eines Bruders gegen einen anderen vergeben werden. Der Vorgang, *zwei oder drei Zeugen* einzubeziehen bis zur Behandlung der Angelegenheit vor der *Gemeinde* setzt ein Delikt voraus, das ernstlich die Gemeinschaft bedroht (V 17). Diese Zeugenregel ist bereits in Dtn 19,15 festgehalten: „Wenn es um ein Verbrechen oder ein Vergehen geht, darf ein einzelner Belastungszeuge nicht recht bekommen, welches Vergehen auch immer der Angeklagte begangen hat. Erst auf die Aussage von zwei oder drei Zeugen darf eine Sache recht bekommen." Diese Bestimmung wird gewissenhaft beachtet (Mt 26,60; Apg 6,13), besonders deutlich (Joh 8,17): „Auch in eurem Gesetz heißt es: Erst das Zeugnis von zwei Menschen ist gültig." – Schlussendlich ist an der ausschlaggebenden Urteilsbildung die gesamte versammelte Gemeinde beteiligt (1 Kor 5,4f; Apg 6,2).

*„Heide und Zöllner"* bilden einen Kontrast zu den in christlicher Gemeinde verankerten Gläubigen (Mt 5,46ff): „Wenn ihr nämlich nur die liebt, die euch lieben, welchen Lohn könnt ihr dafür erwarten? Tun das nicht auch die Zöllner? [47]Und wenn ihr nur eure Brüder grüßt, was tut ihr damit Besonderes? Tun das nicht auch die Heiden? [48]Ihr sollt also vollkommen sein, wie es auch euer himmlischer Vater ist."

*„Amen, ich sage euch"* (V 18) signalisiert einen neuen Einsatz und lässt vermuten, dass dieser Spruch eine untrügliche Autonomie hat und sich vom Vorausgehenden abhebt. Mit der Anrede in zweiter Person Plural zeigt die Diktion, dass dieser grandiose Spruch retrospektiv eingefügt wurde. Die singularische Fassung erteilt akzentuiert Petrus die Vollmacht zum Binden und Lösen (Mt 16,19b): „was du auf Erden binden wirst, das wird auch im Himmel gebunden sein, und was du auf Erden lösen wirst, das wird auch im Himmel gelöst sein."

Was vorangehend Petrus zugesprochen wird, ist nun – wie aus dem Konnex der relevanten Aussagen hervorgeht – auf die Jünger übergegangen. Beide Sprüche wurzeln in den Auftragsworten des Auferstandenen (Mt 28,19f; Joh 20,21ff): „Darum geht zu allen Völkern, und macht alle Menschen zu meinen Jüngern; tauft sie auf den Namen des Vaters und des Sohnes und des Heiligen Geistes, [20]und lehrt sie, alles zu befolgen, was ich euch geboten habe. Seid gewiss: Ich bin bei euch alle Tage bis zum Ende der Welt. – [21]Jesus sagte noch einmal zu ihnen: Friede sei mit euch! Wie mich der Vater gesandt hat, so sende ich euch. [22]Nachdem er das gesagt hatte, hauchte er sie an und sprach zu ihnen: Empfangt den Heiligen Geist! [23]Wem ihr die Sünden vergebt, dem sind sie vergeben; wem ihr die Vergebung verweigert, dem ist sie verweigert." – Hiermit werden in der österlichen Diktion die „elf Jünger" beauftragt. Für Petrus liegt keine Opposition darin vor, dass die Binde- und Lösegewalt zunächst und primär ihm, dann den Jüngern, die in Übereinstimmung mit ihm stehen, zugesprochen wird. – Erwiesen ist die Autorität der Apostel als der von Jesus selbst berufenen Verkündiger der Frohbotschaft (Mt 10,1): „Dann rief er seine zwölf Jünger zu sich und gab ihnen die Vollmacht, die unreinen Geister auszutreiben und alle Krankheiten und Leiden zu heilen."

**Gebets-Kraft (V 19f)**

Die zwei Lehrsprüche (V 19-20) die mit neuem Einsatz – *„wiederum"* (Mt 5,33; 13,45.47) – eingefügt sind, informieren über das *gemeinsame Beten* zweier Mitglieder der Jüngergemeinschaft, das vom *himmlischen Vater* erhört wird (V 19).

Der zweite Denkspruch (V 20) fundiert darüber hinaus den vorausgehenden mit der Anwesenheit, der Gegenwart, dem Dasein Jesu, *„wenn zwei oder drei in seinem Namen versammelt sind"* und deuten geradezu mit der Teilnahme eine Mithilfe, Mitwirkung Jesu an.

Über das *Bittgebet* (V 19) informiert und lehrt (Mt 7,7-11): „Bittet, dann wird euch gegeben; sucht, dann werdet ihr finden; klopft an, dann wird euch geöffnet. [8]Denn wer bittet, der empfängt; wer sucht, der findet; und wer anklopft, dem wird geöffnet. [9]Oder ist einer unter euch, der seinem Sohn einen Stein gibt, wenn er um Brot bittet, [10]oder eine Schlange, wenn er um einen Fisch bittet? [11]Wenn nun schon ihr, die ihr böse seid, euren Kindern gebt, was gut ist, wie viel mehr wird euer Vater im Himmel denen Gutes geben, die ihn bitten." – Und erneut erfolgt die Zusage (Mt 21,22): „Und alles, was ihr im Gebet erbittet, werdet ihr erhalten, wenn ihr glaubt." – Voraussetzung ist also vielfach ein zweifelsfreier Glaube (Mt 17,20; 21,21).

Dieser Leitgedanke von der Kraft gemeinsamen Betens (V 19f) ist ein aufmunterndes, anspornendes Wort für ein brüderliches Gebet, das seine Begründung – „denn" (V 20) –, Effizienz, Würde und Weihe durch die Gegenwart Christi erhält. Das Zugegensein Jesu inmitten derer, *die in seinem Namen versammelt sind*, erklärt sich aus der Perspektive zum Auferstandenen, der den Jüngern verheißen hat (Mt 28,20b): „Seid gewiss: Ich bin bei euch alle Tage bis zum Ende der Welt." – Er ist der *„Immanuel ... das heißt übersetzt: Gott ist mit uns"* (Mt 1,23), und das dauert glücklicherweise an. – Darum wird denen, die im *Namen Jesu versammelt* sind, wenn sie seiner gedenken, ihn anrufen und sich auf ihn berufen, das Gebet durch Christus erfüllt (Joh 14,13f; 15,7; 16,23f): „[13]Alles, um was ihr in meinem Namen bittet, werde ich tun, damit der Vater im Sohn verherrlicht wird. [14]Wenn ihr mich um etwas in meinem Namen bittet, werde ich es tun. – [7] Wenn ihr in mir bleibt und wenn meine Worte in euch bleiben, dann bittet um alles, was ihr wollt: Ihr werdet es erhalten. – [23]An jenem Tag werdet ihr mich nichts mehr fragen. Amen, amen, ich sage euch: Was ihr vom Vater erbitten werdet, das wird er euch in meinem Namen geben. [24]Bis jetzt habt ihr noch nichts in meinem Namen erbeten. Bittet, und ihr werdet empfangen, damit eure Freude vollkommen ist."

# PFLICHT ZUR VERGEBUNG

## Mt 18,21-35

**[21]Dann trat Petrus zu ihm und sprach: Herr, wie oft soll ich meinem Bruder, der wi-
der mich sündigt, vergeben? Bis siebenmal? [22]Jesus sagt zu ihm: Nicht sage ich dir,
bis siebenmal, sondern bis siebzig mal sieben. [23]Deswegen ist das Reich der Himmel
einem menschlichen König gleich geworden, der mit seinen Dienern abrechnen
wollte. [24]Als er aber anfing abzurechnen, wurde einer zu ihm gebracht, der zehn-
tausend Talente schuldete. [25]Da derselbe aber nicht hatte zu bezahlen, befahl sein
Herr, ihn und seine Frau und die Kinder und alles, was er hatte, zu verkaufen und
zu bezahlen. [26]Da fiel der Diener vor ihm auf die Knie und bat: Hab Geduld mit mir!
Ich werde dir alles zurückzahlen. [27]Der Herr hatte Mitleid mit dem Diener, ließ ihn
gehen und schenkte ihm die Schuld. [28]Als nun der Diener hinausging, traf er einen
anderen Diener seines Herrn, der ihm hundert Denare schuldig war. Er packte ihn,
würgte ihn und rief: Bezahl, was du mir schuldig bist! [29]Da fiel der andere vor ihm
nieder und flehte: Hab Geduld mit mir! Ich werde es dir zurückzahlen. [30]Er aber wollte
nicht, sondern ging weg und ließ ihn ins Gefängnis werfen, bis er die Schuld bezahlt
habe. [31]Als die übrigen Diener das sahen, waren sie sehr betrübt; sie gingen zu ihrem
Herrn und berichteten ihm alles, was geschehen war. [32]Da ließ ihn sein Herr rufen und
sagte zu ihm: Du elender Diener! Deine ganze Schuld habe ich dir erlassen, weil du
mich so angefleht hast. [33]Hättest nicht auch du mit jenem, der gemeinsam mit dir in
meinem Dienst steht, Erbarmen haben müssen, so wie ich mit dir Erbarmen hatte?
[34]Und in seinem Zorn übergab ihn der Herr den Folterknechten, bis er die ganze
Schuld bezahlt habe. [35]Ebenso wird mein himmlischer Vater jeden von euch behan-
deln, der seinem Bruder nicht von ganzem Herzen vergibt.**

Petrus (V 21f) ist wiederholt Wortführer der Jünger (Mt 14,28-31; 15,15; 17,24-27) und steht an *„erster“* Stelle in der Apostelliste (Mt 10,2). Die Worte an Petrus und jene durch ihn gesprochenen haben in diesem Konnex hervorragende Dominanz. Das *„siebenmalige“ Verzeihen*, mit dem Petrus hoch pokern will, wird in Jesu Auskunft noch übersteigert: siebenundsiebzig Mal (Gen 4,24) oder: siebzig mal siebenmal, also unbegrenzt, unzählbar oft.

Die Parabel (V 23-35) beginnt mit einer vertrauten Formel *„das Reich der Himmel ist ... gleich geworden“*. Es wird eine Erzählung gebracht: Sie beschreibt mit markanten Bildern die ungeahnte und enorme Menschenliebe Gottes und die Erbarmungslosigkeit eines Menschen, der ungeachtet der erlebten barmherzigen Großzügigkeit einen Mitbürger erbarmungslos schikaniert. Die beabsichtigte Auseinandersetzung zeigt folgende Charakteristika: Der König *„schenkt“* einem hochgradigen Beamten – *„Knecht“* – eine gigantische Verschuldung, unterdessen dieser von seinem *„Mitknecht“* den relativ belanglosen Schuldbetrag gewalttätig einfordert. Mit gleicher Gestik und mit den gleichen Worten beschwören beide Schuldenmacher den Geldgeber, freilich mit gegensätzlichem Ergebnis. Der König hat Mitempfinden mit dem verschuldeten Diener (V 27), dieser aber ist brutal (V 28) und lässt seinen Schuldner *ins Gefängnis werfen* (V 30). – Der von Schulden entlastete Knecht hätte aufgrund der überreich erlebten Freizügigkeit desgleichen nachsichtig und großzügig gegenüber seinem Mitknecht sein müssen. – Dementsprechend lautet die Botschaft Jesu: Gott verzeiht dem Menschen alles, freilich erwartet er auch, dass dieser dem Mitmenschen verzeiht. Darum lautet die Vaterunserbitte (Mt 6,12): „und vergib uns unsere Schulden, wie auch wir unseren Schuldnern vergeben."

Den hohen Beamten wird die Gefängnisstrafe und die ganze Schuld – im Urtext letztlich *„das Darlehen"* erlassen (V 27). – Der geschuldete Gesamtbetrag sollte in der Haftanstalt abgearbeitet oder durch Verwandte sowie Freunde als Lösegeld aufgebracht werden (V 30); das bedeutet die Schuldhaft (Mt 5,25). – Die Berichterstattung *„der betrübten übrigen Diener an ihren Herrn"* ist einleuchtend (V 31). Sie bewirkt die entsprechende Reaktion und führt zur Maßregelung und Bestrafung des zunächst Begnadigten (V 33). – Der erzürnte Herr übergibt den Erbarmungslosen *„den Folterknechten, bis er die ganze Schuld bezahlt habe"* (V 34) – was entsprechend der Schuldenhöhe irreal, aussichtslos ist und geradezu eine ewige Bestrafung andeutet. Eine solche Überlegung führt zu Gott in Gnade und Gericht (Mt 16,27; 25,34). – Zu guter Letzt wird auf das *„Herz"* (V 35) verwiesen, was in Erinnerung ruft (Mt 11,29; 12,34; 15,8): „[29]Nehmt mein Joch auf euch und lernt von mir; denn ich bin gütig und von Herzen demütig; so werdet ihr Ruhe finden für eure Seele. – [34]Ihr Schlangenbrut, wie könnt ihr Gutes reden, wenn ihr böse seid? Denn wovon das Herz voll ist, davon spricht der Mund. – [8]Dieses Volk ehrt mich mit den Lippen, sein Herz aber ist weit weg von mir." Demzufolge soll der Mensch die Liebe Gottes mit entsprechender Liebe zu den Mitmenschen erwidern.

# ARBEITER IM WEINBERG

## Mt 20,1-16

**[1]Denn das Reich der Himmel ist gleich einem Hausherrn, der frühmorgens ausging, um Arbeiter in seinen Weinberg zu dingen. [2]Nachdem er aber mit den Arbeitern um einen Denar für den Tag übereingekommen war, sandte er sie in seinen Weinberg. [3]Und als er um die dritte Stunde ausging, sah er andere auf dem Markte arbeitslos stehen; [4]und zu diesen sprach er: Gehet auch ihr hin in den Weinberg, und was recht ist, werde ich euch geben. [5]Und sie gingen hin. Wiederum aber ging er aus um die sechste und neunte Stunde und tat desgleichen. [6]Als er nun um die elfte Stunde ausging, fand er andere stehen und spricht zu ihnen: Was steht ihr hier den ganzen Tag arbeitslos? [7]Sie antworteten: Niemand hat uns angeworben. Da sagte er zu ihnen: Geht auch ihr in meinen Weinberg! [8]Als es nun Abend geworden war, sagte der Herr des Weinbergs zu seinem Verwalter: Ruf die Arbeiter, und zahl ihnen den Lohn aus, angefangen bei den letzten, bis hin zu den ersten. [9]Da kamen die Männer, die er um die elfte Stunde angeworben hatte, und jeder erhielt einen Denar. [10]Als aber die ersten kamen, meinten sie, dass sie mehr empfangen würden; und auch sie empfingen je einen Denar. [11]Da begannen sie, über den Gutsherrn zu murren, [12]und sagten: Diese letzten haben nur eine Stunde gearbeitet, und du hast sie uns gleichgestellt; wir aber haben den ganzen Tag über die Last der Arbeit und die Hitze ertragen. [13]Da erwiderte er einem von ihnen: Freund, dir geschieht kein Unrecht. Hast du nicht einen Denar mit mir vereinbart? [14]Nimm das Deine und geh! Ich will aber diesem letzten geben wie auch dir. [15]Ist es mir nicht erlaubt, mit dem Meinigen zu tun, was ich will? Blickt dein Auge böse, weil ich gütig bin? [16]So werden die Letzten die Ersten sein und die Ersten die Letzten.**

Die Eröffnung *„denn das Reich der Himmel ist gleich“* (V 1a) ist eine eingespielte Diktion (Mt 13,24.31). Die vorliegende Metapher (V 1b-15) berichtet von einem Gutsherrn, der zu ungleichen Zeiten des Tages *Arbeiter für seinen Weinberg* anwirbt und sie nach Arbeitsschluss entlohnen lässt. Demzufolge ist die Geschichte in zwei Abschnitte gegliedert, der *„Abend“* bildet die Zäsur (V 1b-7 / V 8-15). Der Knalleffekt erfolgt in V 14b-15: Der Boss will die letzten Arbeiter aus Freizügigkeit und Edelmut ebenso bezahlen wie alle übrigen Tagelöhner, die die *Last und Hitze des Tages getragen haben* (V 12). Dementsprechend disponiert und verfährt Gott in seiner unfassbaren Liebenswürdigkeit.

Die Handlung der Erzählung entspricht den alltäglichen Erfahrungen: Der Besitzer des Weinbergs, der die auf dem Markt herumlungernden Männer in sein Weingut holt, vereinbart als *Tageslohn einen Denar* (V 2) und verheißt auch den nachkommend Gedungenen das, *„was recht ist“* (V 4). – Allerdings ist es eine in der Praxis unrealistische Aktion, *eine Stunde vor Arbeitsschluss* Taglöhner anzuwerben; es ist indessen die in der Erzählung gebrachte Szene eine eminent pointierte, die Aufmerksamkeit erregende, zugespitzte Idee, um das *Tertium comparationis*, den Vergleichspunkt, ausdrucksvoll zu signalisieren. – Dass die Letzten zuerst entlohnt werden, schafft eine Tension, eine Spannung nach der Frage, wie es den Ersten ergehen wird! Auf diese Weise sollen alle von der großzügigen Liebenswürdigkeit des Gutsherrn erfahren. Das *Murren*, dass die Ersten nicht dominierend mehr erhalten, ist menschlich gesehen gewiss verstehbar (V 9-12). Dem ungeachtet instruiert der Gutsbesitzer einen von ihnen liebenswürdig, wenn er ihn *„Freund"* anspricht (V 13): Es ist kein Unrecht, wenn er den Letzten freigiebig, aus purer Liebenswürdigkeit, ebensoviel gewähren will wie den Übrigen; es entspricht der Vereinbarung.

Die Metapher ist genial auf Gottes Verhaltensweise konstruiert und propagiert *ad hoc*, ihn in seiner Liebenswürdigkeit und Güte zu erkennen. Gottes Erbarmen soll desgleichen zu einer dementsprechenden, folgerichtigen Beziehung zu den Mitmenschen motivieren. Jesus will ebenso seine Zuhörer instruieren (V 15b): *„Bist du neidisch, weil ich gütig bin?"* – Darüber hinaus wird die Allegorie scharfzüngiger aggressiv erkannt, wie der Denkspruch von den *Letzten und Ersten* (V 16) ahnen lässt (Mt 21,28-32): „Was meint ihr? Ein Mann hatte zwei Söhne. Er ging zum ersten und sagte: Mein Sohn, geh und arbeite heute im Weinberg! [29]Er antwortete: Ja, Herr!, ging aber nicht. [30]Da wandte er sich an den zweiten Sohn und sagte zu ihm dasselbe. Dieser antwortete: Ich will nicht. Später aber reute es ihn, und er ging doch. [31]Wer von den beiden hat den Willen seines Vaters erfüllt? Sie antworteten: Der zweite. Da sagte Jesus zu ihnen: Amen, das sage ich euch: Zöllner und Dirnen gelangen eher in das Reich Gottes als ihr. [32]Denn Johannes ist gekommen, um euch den Weg der Gerechtigkeit zu zeigen, und ihr habt ihm nicht geglaubt; aber die Zöllner und die Dirnen haben ihm geglaubt. Ihr habt es gesehen, und doch habt ihr nicht bereut und ihm nicht geglaubt." *Zöllner und Dirnen* wurden vielfach zu den *„Letzten"* gezählt.

Man soll zudem die ursprüngliche zentrale Aussageabsicht Jesu über Gottes generöse Liebenswürdigkeit, Barmherzigkeit und Güte kulminiert bezogen auf ein *langes oder kurzes Leben* akzentuieren.

# EINZUG IN JERUSALEM

## Mt 21,1-11

**1Als sich Jesus mit seinen Begleitern Jerusalem näherte und nach Betfage am Ölberg kam, schickte er zwei Jünger voraus 2und sagte zu ihnen: Geht in das Dorf, das vor euch liegt; dort werdet ihr eine Eselin angebunden finden und ein Fohlen bei ihr. Bidet sie los, und bringt sie zu mir! 3 Und wenn euch jemand zur Rede stellt, dann sagt: Der Herr braucht sie, er lässt sie aber bald zurückbringen. 4Das ist geschehen, damit sich erfüllte, was durch den Propheten gesagt worden ist: 5Sagt der Tochter Zion: Siehe, dein König kommt zu dir. Er ist sanftmütig, und er reitet auf einer Eselin und auf einem Fohlen, dem Jungen eines Lasttiers. 6Die Jünger gingen und taten, was Jesus ihnen aufgetragen hatte. 7Sie brachten die Eselin und das Fohlen, legten ihre Kleider auf sie, und er setzte sich darauf. 8Eine große Volksmenge breitete ihre Kleider auf der Straße aus, andere schnitten Zweige von den Bäumen und streuten sie auf den Weg. 9Die Volksmengen aber, welche vor ihm hergingen und nachfolgten, riefen und sprachen: Hosanna dem Sohne Davids! Gepriesen sei, der da kommt im Namen des Herrn! Hosanna in der Höhe! 10Als er in Jerusalem einzog, geriet die ganze Stadt in Aufregung, und man fragte: Wer ist das? 11Die Volksmengen aber sagten: Das ist der Prophet Jesus von Nazaret in Galiläa.**

*Betfage* – „Haus der Feigen" –, Nachbarort von Betanien am Abhang des Ölbergs ist Ausgangsort für den festlichen Einzug Jesu in Jerusalem (V 1-6). In der Schilderung vom Entdecken und Loslösen der Eselin nach Jesu Anordnung wird ein erstaunliches Vorauswissen und autonomes regulierendes Ordnen Jesu präsentiert, dem sich die beteiligten Menschen fügen, wie desgleichen die spätere Darstellung von der Vorbereitung zum Paschamahl zeigt (Mt 26,17-19). – Das *Aufsitzen auf einer Eselin* aktiviert die Prophetie Sach 9,9f: „Juble laut, Tochter Zion! Jauchze, Tochter Jerusalem! Siehe, dein König kommt zu dir. Er ist gerecht und hilft; er ist demütig und reitet auf einem Esel, auf einem Fohlen, dem Jungen einer Eselin. 10Ich vernichte die Streitwagen aus Efraim und die Rosse aus Jerusalem, vernichtet wird der Kriegsbogen. Er verkündet für die Völker den Frieden; seine Herrschaft reicht von Meer zu Meer und vom Eufrat bis an die Enden der Erde." Diese Aussage ruft wiederum einen Friedenfürst in Erinnerung, der nicht mit Ross und Kriegswagen, sondern demütig auf einem Esel, dem königlichen Reittier der frühen Zeit, kommt (Gen 49,10f): „Nie weicht von Juda das Zepter, der Herrscherstab von seinen Füßen, bis der kommt, dem er gehört, dem der Gehorsam der Völker gebührt. 11Er bindet am Weinstock sein Reittier fest, seinen Esel am Rebstock ..." – Nach dem Gottesknecht-Lied von Jes 42,1-4 leuchtet das gleichartige Bild über dem Messias auf (Mt 12,18ff): „Seht, das ist mein Knecht, den ich erwählt habe, mein Geliebter, an dem ich Gefallen gefunden habe. Ich werde meinen Geist auf ihn legen, und er wird den Völkern das Recht verkünden. 19Er wird nicht zanken und nicht schreien, und man wird seine Stimme nicht auf den Straßen hören. 20Das geknickte Rohr wird er nicht zerbrechen und den glimmenden Docht nicht auslöschen, bis er dem Recht zum Sieg verholfen hat."

Der Hinweis auf Sach 9,9 wird eingeleitet mit (V 5): *„Sagt der Tochter Zion"*, was zu Jes 62,11 führt: „Hört, was Jahwe bis ans Ende der Erde bekannt macht: Sagt der Tochter Zion: Sieh her, jetzt kommt deine Rettung. Siehe, er bringt seinen Siegespreis mit: Alle, die er gewonnen hat, gehen vor ihm her." Das verweist auf die Rettung aller, die zu den *Begleitern* (V 1) Jesu zählen. Die Sehnsucht nach Erlösung wird erfüllt.

Als Sitzunterlage legen die Jünger *Kleider auf das Tier*, viele Menschen breiten *Kleider auf der Straße* vor Jesus aus (V 7ff), ähnlich wie es auch bei der Salbungsfeier des Jehu zum zehnten König von Israel (841-814 v. Chr.) erwähnt wird (2 Kön 9,13): „Sogleich nahmen alle ihre Kleider, legten sie ihm zu Füßen auf die bloßen Stufen, stießen in das Horn und riefen: Jehu ist König." – Man wird aber zugleich an die Salbung Salomos (970-931 v. Chr.) erinnert (1 Kön 1,38ff): „Der Priester Zadok, der Prophet Natan ... setzten Salomo auf das Maultier des Königs David und führten ihn zum Gihon. [39]Der Priester Zadok hatte das Salbhorn aus dem Zelt mitgenommen und salbte Salomo. Hierauf blies man das Widderhorn, und alles Volk rief: Es lebe König Salomo! [40]Nun zog das ganze Volk mit ihm hinauf. Dabei spielten sie auf Flöten und waren voller Freude, sodass bei ihrem Geschrei die Erde zu bersten drohte." – Die etwa drei Kilometer lange *symbolische Triumphstraße* von Betfage nach Jerusalem wird zudem mit grünen *„Zweigen"* (V 8) geschmückt.

Die Akklamationen – die bejahenden, anerkennenden Zurufe – lassen die Bedeutung der Aktion erkennen. Jesus wird offensichtlich, eindeutig erkennbar als der ersehnte *„Sohn Davids"* verherrlicht, wie später mit anderen Worten dokumentiert wird (Mt 20,30f): „Noch viele andere Zeichen, die in diesem Buch nicht aufgeschrieben sind, hat Jesus vor den Augen seiner Jünger getan. [31]Diese aber sind aufgeschrieben, damit ihr glaubt, dass Jesus der Messias ist, der Sohn Gottes, und damit ihr durch den Glauben das Leben habt in seinem Namen."

Das *Hosanna* – hosianna: *„hilf doch!"* –, ein Bittruf und zugleich ein Ruf um Hilfe (Ps 118,25): „Bitte, Jahwe, bring doch Hilfe! Bitte, Jahwe, gib doch Gelingen!" Daran schließt sich ein Segensspruch der Priester über die in den Tempel eintretenden Wallfahrer (Ps 118,26): „Gesegnet sei er, der kommt im Namen Jahwes. Wir segnen euch, vom Haus Jahwes aus." – Der Ausruf Hosanna wird zum Jubelruf und zur sakralen Formel, besonders am Laubhüttenfest, und wird nun (V 9) von der Menge Jesus zugedacht. – Jesus ist der Gesegnete, der im Namen Jahwes kommt; – womit die Frage des Täufers erneut beantwortet wird (Mt 11,2f): „Johannes hörte im Gefängnis von den Taten Christi. Da schickte er seine Jünger zu ihm [3]und ließ ihn fragen: Bist du der, der kommen soll, oder müssen wir auf einen andern warten?" – Durch die Wiederaufnahme des *„Hosanna"* – zweimal in V 9 – erzielt dieser Jubelruf wie am Laubhüttenfest, beim Schwingen der Weiden- und Palmzweige, eine rituelle Ausstrahlung, die auch in der christlichen Liturgie im Sanctus aufleuchtet. – *„In der Höhe"* weist auf den Himmel hin (Mt 18,10), wo der Jubel weiterklingen soll.

Die gesamte Initiative wird zur gigantischen Manifestation für den Messias, für „Jesus, dem Sohn Davids": *Ganz Jerusalem geriet in Aufregung* (V 10f). – Die *Jerusalemer* fragen – eine Situation ähnlich wie seinerzeit (Mt 12,23): „Da gerieten alle Leute außer sich und sagten: Ist er etwa der Sohn Davids?" – Offenbar antworten die *galiläischen* Wallfahrer (V 11): *„der Prophet Jesus von Nazaret in Galiläa."* – Und somit wird wachgerufen, was über Jesus geschrieben steht (Mt 2,23): „und [er] ließ sich in einer Stadt namens Nazaret nieder. Denn es sollte sich erfüllen, was durch die Propheten gesagt worden ist: Er wird Nazoräer genannt werden." – Man spürt freilich bereits den Respekt und die Ehrerbietung des Volkes zu diesem „Propheten" (Mt 22,46): „Niemand konnte ihm darauf etwas erwidern, und von diesem Tag an wagte keiner mehr, ihm eine Frage zu stellen." – Dennoch steht Jesus – wie sich anschließend zeigt – in Konfrontation mit den Hohenpriestern und Schriftgelehrten (Mt 21,15f): „Als nun die Hohenpriester und die Schriftgelehrten die Wunder sahen, die er tat, und die Kinder im Tempel rufen hörten: Hosanna dem Sohn Davids!, da wurden sie ärgerlich 16 und sagten zu ihm: Hörst du, was sie rufen? Jesus antwortete ihnen: Ja, ich höre es. Habt ihr nie gelesen: Aus dem Mund der Kinder und Säuglinge schaffst du dir Lob?"

# DIE UNGLEICHEN SÖHNE

## Mt 21,28-32

**28 Was meint ihr? Ein Mann hatte zwei Söhne. Er ging zum ersten und sagte: Mein Sohn, geh und arbeite heute im Weinberg! 2 Er antwortete: Ja, Herr!, ging aber nicht. 30 Da wandte er sich an den zweiten Sohn und sagte zu ihm dasselbe. Dieser antwortete: Ich will nicht. Später aber reute es ihn, und er ging doch. 31 Wer von den beiden hat den Willen seines Vaters erfüllt? Sie antworteten: Der zweite. Da sagte Jesus zu ihnen: Amen, das sage ich euch: Zöllner und Dirnen gelangen eher in das Reich Gottes als ihr. 32 Denn Johannes ist gekommen, um euch den Weg der Gerechtigkeit zu zeigen, und ihr habt ihm nicht geglaubt; aber die Zöllner und die Dirnen haben ihm geglaubt. Ihr habt es gesehen, und doch habt ihr nicht bereut und ihm nicht geglaubt.**

Die in der Quintessenz des Gleichnisses beschriebene Sinnesänderung der beiden Söhne wird bei den Zöllnern und Dirnen angenommen, für die Zuhörer indirekt erwartet. – In den Texttraditionen gibt es eine unterschiedliche Reihenfolge des zu- und absagenden Sohnes. Es ist wahrscheinlich, dass der vorerst und darauf versagende Jasager an erster Stelle steht.

Der vorliegende Text (V 28-31a) blickt auf Menschen vor dem Anruf Gottes: Zugleich erfolgt die Gutheißung und Anerkennung für einen gehorsamen Sohn. Das aus dem Leben gegriffene Beispiel konveniert der Lehrtätigkeit Jesu, der desgleichen wiederholt die Strapaze im *Weinberg* für Vergleiche verwendet (Mt 20,1-15; 21,33). – Die spontane Zusage des ersten Sohnes entspricht dem respektvollen Verhalten dem Vater gegenüber – könnte aber auch aus Bequemlichkeit und Gleichgültigkeit erfolgt sein –, sein Meinungswandel, seine Kehrtwendung, Ablehnung, Weigerung, Absage, Unterlassung wird zum Verhängnis. – Demgegenüber wird die ursprüngliche Ablehnung des zweiten Sohnes durch seinen Sinneswechsel kompensiert, wettgemacht. – Die Auflösung auf Jesu Fragestellung ist augenfällig, für sein Publikum äußerst einfach und deutlich.

Der Glaube, den die *Zöllner und Dirnen* der Botschaft des Täufers entgegenbringen, wird akzentuiert (V 31b-32). Glaube verlangt erwartungsvolle und willige Annahme des Wortes Gottes und umfasst in diesem Ambiente die Annahme der Johannestaufe „würdig der Umkehr" (Mt 3,7ff): „Als Johannes sah, dass viele Pharisäer und Sadduzäer zur Taufe kamen, sagte er zu ihnen: Ihr Schlangenbrut, wer hat euch denn gelehrt, dass ihr dem kommenden Gericht entrinnen könnt? [8]Bringt Frucht hervor, die eure Umkehr zeigt, [9]und meint nicht, ihr könntet sagen: Wir haben ja Abraham zum Vater. Denn ich sage euch: Gott kann aus diesen Steinen Kinder Abrahams machen." – Die Dirnen werden somit zusammen mit den Zöllnern zu allbekannten „Sündern" (9,10f; 11,19) gezählt. Ihnen wird die Teilhabe am Reich Gottes zugesichert.

Wer *nicht bereut und nicht glaubt* (V 32), geht dem Gericht des Menschensohnes entgegen (Mt 7,21; 13,41f; 25,45f): „[21]Nicht jeder, der zu mir sagt: Herr! Herr!, wird in das Himmelreich kommen, sondern nur, wer den Willen meines Vaters im Himmel erfüllt. – [41]Der Menschensohn wird seine Engel aussenden, und sie werden aus seinem Reich alle zusammenholen, die andere verführt und Gottes Gesetz übertreten haben, [42]und werden sie in den Ofen werfen, in dem das Feuer brennt. Dort werden sie heulen und mit den Zähnen knirschen. – [45]Darauf wird er ihnen antworten: Amen, ich sage euch: Was ihr für einen dieser Geringsten nicht getan habt, das habt ihr auch mir nicht getan. [46]Und sie werden weggehen und die ewige Strafe erhalten, die Gerechten aber das ewige Leben."

Die Diktion (V 31) *„Reich Gottes"* (Mt 12,28; 19,24; 21,43) ist mit der bisher gewohnten Formulierung „Reich der Himmel" identisch. – Die Formulierung *„Johannes kam zu euch auf dem Weg der Gerechtigkeit"* hat vorbereitende Darstellungsweisen (Mt 3,15; 5,6.20) und bahnbrechende Redeweisen (Ijob 24,13; Spr 8,20; 12,28) und bedeutet, dass der Täufer selbst das gebührende Tun vor Gott realisierte, den anderen verhieß und von allen verlangte. Jesus hat diese Redlichkeit akzeptiert und kundgemacht (Mt 11,7-11) und sich ihr untergeordnet (3,15).

Der Vorwurf (V 31b) – *„Ihr habt es gesehen, und doch habt ihr nicht bereut und ihm nicht geglaubt!"* – ist für jedermann eine stete Motivation zur Besinnung und ein Impuls zur Umkehr, zur radikalen Hinwendung zu Christus.

# DIE BÖSEN WINZER

## Mt 21,33-44

**33Hört ein anderes Gleichnis: Es war ein Gutsherr, der legte einen Weinberg an, zog
ringsherum einen Zaun, hob eine Kelter aus und baute einen Turm. Dann verpach-
tete er den Weinberg an Winzer und reiste in ein anderes Land. 34Als nun die Ernte-
zeit kam, schickte er seine Knechte zu den Winzern, um seine Früchte holen zu las-
sen. 35Die Winzer aber packten seine Knechte; den einen prügelten sie, den andern
töteten sie, einen dritten steinigten sie. 36Darauf schickte er andere Knechte, mehr als
das erste Mal; mit ihnen machten sie es genauso. 37Zuletzt sandte er seinen Sohn zu
ihnen; denn er sagte: Vor meinem Sohn werden sie Achtung haben. 38Als die Winzer
den Sohn sahen, sagten sie zueinander: Das ist der Erbe. Auf, wir wollen ihn töten
und sein Erbe in Besitz nehmen! 39Und sie nahmen ihn, warfen ihn aus dem Wein-
berg hinaus und töteten ihn. 40Wenn nun der Besitzer des Weinbergs kommt: Was wird
er mit solchen Winzern tun? 41Sie sagten zu ihm: Er wird diesen bösen Menschen ein
böses Ende bereiten und den Weinberg an andere Winzer verpachten, die ihm die
Früchte abgeben werden zu ihrer Zeit. 42Und Jesus sagte zu ihnen: Habt ihr nie in der
Schrift gelesen: Der Stein, den die Bauleute verworfen haben, er ist zum Eckstein ge-
worden; das hat der Herr vollbracht, und es ist bewundernswert in unseren Augen?
44Und wer auf diesen Stein fällt, wird zerschmettert werden; aber auf wen immer er
fallen wird, den wird er zermalmen. 43Darum sage ich euch: Das Reich Gottes wird
euch weggenommen und einem Volk gegeben werden, das seine Früchte bringt.**

In diesem Abschnitt (V 33-44) schimmern die Vergangenheit Israels und die Drangsal Jesu durch: das Verhalten zu den Propheten und zum letzten Gesandten, dem *„Sohn“*. Charakteristika sind: Der Gutsherr verlangt „seine Früchte“ (V 34), *nicht nur seinen Anteil von den Früchten*. Die Vehemenz dieser Forderung demonstriert die Feststellung (V 41), dass der Gutsherr den Weinberg anderen Winzern übergeben wird, *„die ihm die Früchte zu ihrer Zeit abliefern werden“* und darüber hinaus (V 43): *Das Reich Gottes wird einem Volk gegeben werden, das die erwarteten Früchte bringt*. – Es werden zweimal Gesandtschaften von Knechten geschickt, augenscheinlich ein Hinweis auf die Propheten. Die zweite Delegation ist ansehnlicher, möglicherweise sind die späteren Propheten angedeutet (V 35f). – Der Sohn wird *aus dem Weinberg hinausgeworfen und danach getötet* (V 39), eine Illustration des Geschicks Jesu, der außerhalb der heiligen Stadt kreuzigt wurde (Hebr 13,12). –Möglicherweise liegt die Idee dahinter: Falls der Universalerbe stirbt, wird der Weinberg herrenloses Besitztum, was anscheinend nach jüdischem Recht von jedermann durch Aneignung annektiert werden konnte.

Die Beschreibung, wie der *Weinberg angelegt* wurde (V 33), geht auf das Weinberglied zurück (Jes 5,1-7): „Ich will ein Lied singen von meinem geliebten Freund, ein Lied vom Weinberg meines Liebsten. Mein Freund hatte einen Weinberg auf einer fruchtbaren Höhe. 2Er grub ihn um und entfernte die Steine und bepflanzte ihn mit den edelsten Reben. Er baute mitten darin einen Turm und hieb eine Kelter darin aus. Dann hoffte er, dass der Weinberg süße Trauben brächte, doch er brachte nur saure Beeren. [3]Nun sprecht das Urteil, Jerusalems Bürger und ihr Männer von Juda, im Streit zwischen mir und dem Weinberg! [4]Was konnte ich noch für meinen Weinberg tun, das ich nicht für ihn tat? Warum hoffte ich denn auf süße Trauben? Warum brachte er nur saure Beeren? [5]Jetzt aber will ich euch kundtun, was ich mit meinem Weinberg mache: Ich entferne seine schützende Hecke; so wird er zur Weide. Seine Mauer reiße ich ein; dann wird er zertrampelt. [6]Zu Ödland will ich ihn machen. Man soll seine Reben nicht schneiden und soll ihn nicht hacken; Dornen und Disteln werden dort wuchern. Ich verbiete den Wolken, ihm Regen zu spenden. [7]Ja, der Weinberg Jahwes der Heere ist das Haus Israel, und die Männer von Juda sind die Reben, die er zu seiner Freude gepflanzt hat. Er hoffte auf Rechtsspruch – doch siehe da: Rechtsbruch, und auf Gerechtigkeit – doch siehe da: Der Rechtlose schreit." – Der Zuhörerschaft Jesu ist somit der Weinberg als Sinnbild für Israel geläufig. – Der Besitzer wird im Urtext wörtlich *„Hausherr"* genannt, eine Bezeichnung, die auch sonst für Gott oder Jesus verwendet wird (Mt 10,25; 13,27; 20,1.11).

Quälerei und Ermordung von Propheten (V 35) bezeugen folgende Erklärungen (1 Kön 19,14): „Da vernahm er eine Stimme, die ihm zurief: Was willst du hier, Elija? Er antwortete: Mit Leidenschaft bin ich für Jahwe, den Gott der Heere, eingetreten, weil die Israeliten deinen Bund verlassen, deine Altäre zerstört und deine Propheten mit dem Schwert getötet haben. Ich allein bin übrig geblieben, und nun trachten sie auch mir nach dem Leben." – Jer 37,15f: „Diese waren über Jeremia wütend, schlugen ihn und warfen ihn in den Kerker, in das Haus des Staatsschreibers Jonatan; denn dieses hatte man als Gefängnis eingerichtet. [16]So kam Jeremia in die Zisternenhöhle mit den Gewölben. Dort saß Jeremia lange Zeit gefangen." – Jer 38,6: „Da ergriffen sie Jeremia und warfen ihn in die Zisterne des Prinzen Malkija, die sich im Wachhof befand; man ließ ihn an Stricken hinunter. In der Zisterne war kein Wasser, sondern nur Schlamm, und Jeremia sank in den Schlamm." – 2 Chr 24,20ff: „Da kam der Geist Gottes über Secharja, den Sohn des Priesters Jojada. Er trat vor das Volk und hielt ihm vor: So spricht Gott: Warum übertretet ihr die Gebote Jahwes? So könnt ihr kein Glück mehr haben. Weil ihr Jahwe verlassen habt, wird er euch verlassen. [21]Sie aber taten sich gegen ihn zusammen und steinigten ihn auf Befehl des Königs im Hof des Hauses Jahwes. [22]König Joasch [König von Juda 835-796 v. Chr.] dachte nicht mehr an die Treue, mit der ihm Jojada, der Vater Secharjas, gedient hatte, sondern ließ dessen Sohn töten. Dieser aber rief sterbend aus: Jahwe möge es sehen und vergelten."

Diese Perspektive auf das monströse Schicksal von Propheten intensivieren nachfolgende Aussagen (Mt 23,34f.37): „Darum hört: Ich sende Propheten, Weise und Schriftgelehrte zu euch; ihr aber werdet einige von ihnen töten, ja sogar kreuzigen, andere in euren Synagogen auspeitschen und von Stadt zu Stadt verfolgen. [35]So wird all das unschuldige Blut über euch kommen, das auf Erden vergossen worden ist, vom Blut Abels, des Gerechten, bis zum Blut des Zacharias, Barachias' Sohn, den ihr im Vorhof zwischen dem Tempelgebäude und dem Altar ermordet habt. [37]Jerusalem, Jerusalem, du tötest die Propheten und steinigst die Boten, die zu dir gesandt sind. Wie oft wollte ich deine Kinder um mich sammeln, so wie eine Henne ihre Küken unter ihre Flügel nimmt; aber ihr habt nicht gewollt." – Apg 7,52: „Welchen der Propheten haben eure Väter nicht verfolgt? Sie haben die getötet, die die Ankunft des Gerechten geweissagt haben, dessen Verräter und Mörder ihr jetzt geworden seid." – Hebr 11,36ff: „Andere haben Spott und Schläge erduldet, ja sogar Ketten und Kerker. [37]Gesteinigt wurden sie, verbrannt, zersägt, mit dem Schwert umgebracht; sie zogen in Schafspelzen und Ziegenfellen umher, Not leidend, bedrängt, misshandelt. [38]Sie, deren die Welt nicht wert war, irrten umher in Wüsten und Gebirgen, in den Höhlen und Schluchten des Landes."

Der Abschnitt fokussiert die Szenerie auf den *Sohn*: Es ist offensichtlich, dass mit ihm Jesus identifiziert wird (V 39). Die definitive *Frage*, was der Gutsbesitzer *mit den bösen Winzern tun* wird, erwidern die bodenständigen Zuhörer: „Die Bösen böse zugrunde richten" (V 41), was ein imminentes Gericht androht.

Der Spruch von dem *Stein* (V 42ff), *den die Bauleute verwarfen und der zum Eckstein* – schwerlich Schluss-Stein – *gemacht wurde*, ist verbaliter aus Ps 118,22f adoptiert: „Der Stein, den die Bauleute verwarfen, er ist zum Eckstein geworden. [23]Von Jahwe ist dies geschehen; wunderbar ist es in unseren Augen." – Geradezu weiterbauende Bausteine zu dieser grandiosen fundamentalen Aussage bieten folgende Zeugnisse für ein spirituelles Bauwerk (Eph 2,19-22): „Also seid ihr denn nicht mehr Fremdlinge und ohne Bürgerrecht, sondern ihr seid Mitbürger der Heiligen und Hausgenossen Gottes, [20]aufgebaut auf die Grundlage der Apostel und Propheten, indem Jesus Christus selbst Eckstein ist, [21]in welchem der ganze Bau, wohl zusammengefügt, wächst zu einem heiligen Tempel im Herrn, [22]in welchem auch ihr mit aufgebaut werdet zu einer Behausung Gottes im Geiste." – Apg 4,11f: „Er (Jesus) ist der Stein, der von euch Bauleuten verworfen wurde, der aber zum Eckstein geworden ist. [12] Und in keinem anderen ist das Heil zu finden. Denn es ist uns Menschen kein anderer Name unter dem Himmel gegeben, durch den wir gerettet werden sollen." – 1 Petr 2,6-10: „Denn es heißt in der Schrift: Seht her, ich lege in Zion einen auserwählten Stein, einen Eckstein, den ich in Ehren halte; wer an ihn glaubt, der geht nicht zugrunde. [7]Euch, die ihr glaubt, gilt diese Ehre. Für jene aber, die nicht glauben, ist dieser Stein, den die Bauleute verworfen haben, zum Eckstein geworden, [8]zum Stein, an den man anstößt, und zum Felsen, an dem man zu Fall kommt. Sie stoßen sich an ihm, weil sie dem Wort nicht gehorchen; doch dazu sind sie bestimmt. [9]Ihr aber seid ein auserwähltes Geschlecht, eine königliche Priesterschaft, ein heiliger Stamm, ein Volk, das sein besonderes Eigentum wurde, damit ihr die großen Taten dessen verkündet, der euch aus der Finsternis in sein wunderbares Licht gerufen hat. [10]Einst wart ihr nicht sein Volk, jetzt aber seid ihr Gottes Volk; einst gab es für euch kein Erbarmen, jetzt aber habt ihr Erbarmen gefunden."

Auf den am Kreuz hingerichteten, von Gott auferweckten Jesus gründet sich das *neue Bauwerk*, die Heilsgemeinde der Kirche. In Jesus allein liegt Rettung (Apg 4,12). – Darüber hinaus führen dieses Aussagen zurück auf Jes 8,14f; 28,16: „Und er wird zum Heiligtum sein; aber zum Stein des Anstoßes und zum Fels des Strauchelns den beiden Häusern Israels, zur Schlinge und zum Fallstrick den Bewohnern von Jerusalem. [15]Viele stolpern darüber, sie fallen und zerschellen; sie verstricken und verfangen sich. – [16]Darum – so spricht Gott, Jahwe: Seht her, ich lege einen Grundstein in Zion, einen harten und kostbaren Eckstein, ein Fundament, das sicher und fest ist: Wer glaubt, der braucht nicht zu fliehen."

Darum ist die Formung eines neuen Gottesvolkes das Kolossalste, und somit führen die Worte (V 43) *„die Herrschaft Gottes"*, *„das Volk"*, zu einem neuen Gottesvolk, das die Heiden (12,18.21; 28,19) einschließt und

*„erwarteten die Früchte“* hervorbringt. – Dazu wird unentwegt motiviert (Mt 7,21-23): „Nicht jeder, der zu mir sagt: Herr! Herr!, wird in das Himmelreich kommen, sondern nur, wer den Willen meines Vaters im Himmel erfüllt. [22]Viele werden an jenem Tag zu mir sagen: Herr, Herr, sind wir nicht in deinem Namen als Propheten aufgetreten, und haben wir nicht mit deinem Namen Dämonen ausgetrieben und mit deinem Namen viele Wunder vollbracht? [23]Dann werde ich ihnen antworten: Ich kenne euch nicht. Weg von mir, ihr Übertreter des Gesetzes!“ – Mt 13,41ff: „Der Menschensohn wird seine Engel aussenden, und sie werden aus seinem Reich alle zusammenholen, die andere verführt und Gottes Gesetz übertreten haben, [42]und werden sie in den Ofen werfen, in dem das Feuer brennt. Dort werden sie heulen und mit den Zähnen knirschen. [43]Dann werden die Gerechten im Reich ihres Vaters wie die Sonne leuchten. Wer Ohren hat, der höre!“ – Mt 28,20: „und lehrt sie, alles zu befolgen, was ich euch geboten habe. Seid gewiss: Ich bin bei euch alle Tage bis zum Ende der Welt.“

Bleibt noch zu erklären (V 44): *„Und wer auf diesen Stein fällt, wird zerschmettert werden; aber auf wen immer er fallen wird, den wird er zermalmen.“* – Das führt zunächst zu Jes 8,13ff: „Jahwe der Heere sollt ihr heilig halten; vor ihm sollt ihr euch fürchten, vor ihm sollt ihr erschrecken. [14]Er wird das Heiligtum sein für die beiden Reiche Israels: der Stein, an dem man anstößt, der Felsen, an dem man zu Fall kommt. Eine Schlinge und Falle wird er sein für alle, die in Jerusalem wohnen. [15]Viele stolpern darüber, sie fallen und zerschellen; sie verstricken und verfangen sich.“ – Jahwe ist somit sakrales Zentrum – ein Fels auf dem man bauen kann – oder ein Stolperstein, an dem man zugrunde geht. – Darüber spricht auch Daniel in Weiterführung zu *„zermalmen“* (V 44) und zwar (Dan 2,44): „Zur Zeit jener Könige wird aber der Gott des Himmels ein Reich errichten, das in Ewigkeit nicht untergeht; dieses Reich wird er keinem anderen Volk überlassen. Es wird alle jene Reiche zermalmen und endgültig vernichten; es selbst aber wird in alle Ewigkeit bestehen.“ – Mag sein, dass hiermit die Auseinandersetzung mit der Heilsgemeinde Jesu und allen übrigen gesellschaftlichen Institutionen gemeint ist. – Es kann sich aber auch auf den einzelnen Menschen beziehen in seiner Entscheidung für oder gegen Gott.

# VOM KÖNIGLICHEN HOCHZEITSMAHL

## Mt 22,1-14

**1Und Jesus antwortete und sprach in Gleichnissen zu ihnen: 2Mit dem Himmelreich
ist es wie mit einem König, der die Hochzeit seines Sohnes vorbereitete. 3Und er
sandte seine Knechte aus, um die Geladenen zur Hochzeit zu rufen; und sie wollten
nicht kommen. 4Wiederum sandte er andere Knechte aus und sprach: Sagt den Ge-
ladenen: Siehe, mein Mahl habe ich bereitet, meine Ochsen und mein Mastvieh sind
geschlachtet, und alles ist bereit; kommt zur Hochzeit. 5Sie aber achteten es nicht und
gingen hin, der eine auf seinen Acker, der andere in sein Geschäft. 6Die Übrigen aber
ergriffen seine Knechte, misshandelten und töteten sie. 7Der König aber ward zornig
und sandte seine Heere aus, brachte jene Mörder um und steckte ihre Stadt in Brand.
8Dann sagt er zu seinen Knechten: Die Hochzeit ist zwar bereit, aber die Geladenen
waren nicht würdig; 9so gehet nun hin zu den Wegkreuzungen der Landstraßen, und
so viele immer ihr finden werdet, ladet zur Hochzeit. 10Und jene Knechte gingen aus
auf die Landstraßen und brachten alle zusammen, so viele sie fanden, sowohl Böse
als Gute. Und der Hochzeitssaal wurde voll von Gästen. 11Als aber der König herein-
kam, die Gäste zu besehen, sah er daselbst einen Menschen, der nicht mit einem
Hochzeitskleid bekleidet war. 12Und er spricht zu ihm: Freund, wie bist du hier her-
eingekommen, da du kein Hochzeitskleid anhast? Er aber verstummte. 13Da sprach der
König zu den Dienern: Bindet ihm Füße und Hände, werfet ihn hinaus in die äußere
Finsternis: Da wird sein das Weinen und das Zähneknirschen. 14Denn viele sind Be-
rufene, wenige aber Auserwählte.**

Zur Symbolsprache V 2-8 ist bemerkenswert: Ein *Hochzeitsmahl*, das ein König – ein vielfaches Symbol für Gott – seinem Sohn organisiert. Der Sohn hat aber in der Folge der Erzählung keine weitere Bedeutung. Im Eigentlichen ist Gott – der König – der einzig Aktive. Bisweilen wird *Christus mit einem Bräutigam* verglichen, dessen Braut die Kirche ist (2 Kor 11,2; Offb 19,6-9). – Diesen Redewendungen gehen zahlreiche Metaphern über *Jahwes Ehe mit Israel* voraus (Hos 2,18; 3,1; Ez 16,7f); besonders einprägsam (Jes 54,5f; 62,4): „5Denn dein Schöpfer ist dein Gemahl, ‚Jahwe der Heerscharen' ist sein Name. Der Heilige Israels ist dein Erlöser, ‚Gott der ganzen Erde' wird er genannt. 6Ja, Jahwe hat dich gerufen als verlassene, bekümmerte Frau. Kann man denn die Frau verstoßen, die man in der Jugend geliebt hat, spricht dein Gott. – 4Nicht länger nennt man dich ‚Die Verlassene' und dein Land nicht mehr ‚Das Ödland', sondern man nennt dich ‚Meine Wonne' und dein Land ‚Die Vermählte'. Denn Jahwe hat an dir seine Freude, und dein Land wird mit ihm vermählt."

Das Festmahl ist zudem eine Metapher für die Endzeit (8,11; 26,29): „11Ich sage euch: Viele werden von Osten und Westen kommen und mit Abraham, Isaak und Jakob im Himmelreich zu Tisch sitzen. – 29Ich sage euch: Von jetzt an werde ich nicht mehr von der Frucht des Weinstocks trinken, bis zu dem Tag, an dem ich mit euch von Neuem davon trinke im Reich meines Vaters."

Alle diese Symbole verweisen in eschatologischer Perspektive auf das Ende. Global wird die Vergangenheit Israels bis hin zur Zerstörung Jerusalems mitgedacht (V 7); nichtsdestoweniger bildet der Ausschluss der Unwürdigen von der endzeitlichen Hochzeit den Höhepunkt der Erzählung (V 8).
Die feindseligen Ideen der Hohenpriester und Pharisäer (Mt 21,45f) *„beantwortet“* – so im Urtext – Jesus erneut mit einer Parabel (V 1). Die Einleitung dazu (V 2) bringt dieses Gleichnis in Zusammenhang mit den eschatologischen Lehrstücken vom *„Reich der Himmel“* (13,24; 18,23; 25,1).
Zweimal ergeht die Einladung zum Mahl, womit die Eindringlichkeit betont wird (V 3f). Sie erinnert an die Sendung von Knechten im Beispiel von den *bösen Winzern* (21,34-36) und hat Propheten und religiöse Sendboten im Blickfeld. Möglicherweise entspricht eine zweimalige Einladung einer orientalischen Gepflogenheit, um die genaue Stunde des Mahlbeginns anzusagen.
Die Ursachen der Erstgeladenen sind Unbekümmertheit, verbunden mit Grunderwerb oder Handelsbeziehungen (V 5f); darüber hinaus erfolgen – wie im Gleichnis von den Winzern – Grausamkeiten an den Dienern und Ermordung der ausgesandten königlichen Boten. – Überraschend erfolgt die Bestrafung: Die Mörder werden getötet, die Stadt eingeäschert (V 7). Nach unlogischen Ungereimtheiten in der Erzählung zu fragen ist müßig, es handelt sich ja um ein konstruiertes Beispiel.
Als Ersatz werden von den *„Wegkreuzungen der Landstraßen“*, also von überall her, Leute *eingeladen* (V 8ff). Hiermit wird bereits an die Kirche aus Juden und Heiden gedacht: Alle sind berufen, in ihr finden sich *„Böse und Gute“* – die entscheidende Analyse erfolgt erst im Endgericht (Mt 13,36-43).
Die Absonderung der bösen Mitglieder der Glaubensgemeinschaft wird nun exemplarisch abschreckend demonstriert (V 11-14). Allerdings verblüfft und verunsichert, dass die übereilt zusammengesuchten neuen Besucher mit einem Festkleid – sauberem, gereinigtem Gewand – *erscheinen* sollen. – Der Blick ist fokussierend auf jene gerichtet, die sich *unredlich, entehrend eingeschlichen* haben. – Es wird mit dem *Hinauswerfen* des schmachvollen Eindringlings ein *warnenden Beispiel* statuiert. Das Verstoßen *in die äußerste Finsternis, wo Heulen und Zähneknirschen herrscht,* ist eine öfters gebrauchte Metapher für die Entfernung aus dem Reich Gottes und für die damit verbundene strafende Schlussfolgerung (Mt 8,12; 13,42.50; 24,51; 25,30).
Ein zusätzliches Warnsignal bildet (V 14): „Denn viele sind Berufene, wenige aber Auserwählte.“ Dieser abschließende signalisierende Denkspruch erinnert an Mt 19,30; 20,16: „[30]Aber viele Erste werden Letzte, und Letzte Erste sein. – [16] So werden die Letzten die Ersten sein und die Ersten die Letzten.“

# GEBT GOTT, WAS GOTT GEBÜHRT!

## Mt 22,15-21

**15Dann gingen die Pharisäer hin und hielten Rat, wie sie ihn [Jesus] in der Rede in eine Falle locken. 16Und sie sendeten ihre Jünger mit den Herodianern zu ihm und sagten: Lehrer, wir wissen, dass du wahrhaftig bist und den Weg Gottes in Wahrheit lehrst und dich um niemand kümmerst [Rücksicht nimmst], denn du siehst nicht auf die Person der Menschen; 17sage uns nun, was denkst du: Ist es erlaubt, dem Kaiser Steuer zu geben, oder nicht? 18Da aber Jesus ihre Bosheit erkannte, sprach er: Was versucht ihr mich, Heuchler? 19Zeigt mir die Steuermünze. Sie aber überreichten ihm einen Denar. 20Er fragte sie: Wessen ist dieses Bild und die Aufschrift? 21Sie antworteten: Des Kaisers. Darauf sagte er zu ihnen: Gebt also dem Kaiser, was des Kaisers ist, und Gott, was Gottes ist.**

Die Pharisäer sind Mitglieder einer jüdischen Fraktion über die der Apostel Paulus sagt (Apg 26,4f): „Das Leben, das ich seit meiner Jugend bei meinem Volk und in Jerusalem geführt habe, ist allen Juden von Anfang an bekannt. 5Ich bin ihnen von früher her bekannt, und wenn sie wollen, können sie bezeugen, dass ich nach der *strengsten Richtung unserer Religion* gelebt habe, nämlich als Pharisäer." – Die Pharisäer beratschlagen und beschließen, Jesus – dem Urtext entsprechend – „in einem Wort zu fangen" – einen Stick zu drehen, eine Falle zu stellen. Sie beauftragen hiermit allerdings nur ihre *„Schüler"*, gemeinsam mit den *„Herodianern"*, die als Parteigänger des Herodes und die als Verbündete der Römer eine politisch brisante Auskunft Jesu der römischen Besatzungsmacht zutragen würden (V 15ff). Verdächtig und verschlagen ist die aufwändige Ohrenbläserei, eine Lobhudelei der Deputation (V 16), die einen knalligen Kontrast zum bündigen und exakten Bescheid Jesu bewirkt. Dabei wird richtig positiv festgehalten: Jesus lehrt „in Wahrheit" gediegen den „Weg Gottes", was Gott im Gesetz – der Weisung für den Lebensweg – den Menschen empfiehlt (Ps 1; 119). Die negativen, die verneinenden Angaben – „du siehst nicht auf die Person" – bezeugt Jesus binnen Kurzem, wenn er die Schurkerei und Scheinfreundlichkeit der Ausfrager durchschaut (V 18). Der aalglatten Schmeichelei entspricht ungeplant die faktische Standhaftigkeit Jesu. Explosiv ist die Fragestellung nach dem kaiserlichen Tribut, der sogenannten „Kopfsteuer", die jedermann mit einem Denar bezahlen musste. Diese Besteuerung wurde in Judäa im Jahre 6 n. Chr. eingeführt und stieß auf bisweilen stürmischen Protest. Hätte Jesus diese Steuerabgabe verweigert, wäre er der römischen Gerichtsbarkeit verfallen; andererseits würde er bei alleiniger Zustimmung die Herrschaft Roms über die Oberherrschaft Gottes stellen.

Der programmatische Bescheid Jesu passiert nach der Maßregelung der *„Heuchler"* durch eine demonstrative Handlung und eine Fragestellung (V 18-21). Zunächst fordert Jesus die Fragesteller auf, ihm eine Steuermünze zu zeigen. Das scheint ihnen im Handumdrehen möglich zu sein. Exakt musste das eine Münze des Kaisers Tiberius (14-37 n. Chr.) sein; zu sehen war gewiss das Brustbild des Kaisers mit dem Lorbeerkranz und der Inschrift: „Tiberius Caesar Divi Augusti Filius Augustus". –

Anscheinend haben viele die römische Herrschaft akzeptiert, denn Gott kann auch heidnische Herrscher – wie einen Nebukadnezzar (Jer 27,5-8; 28,14) oder einen Kyrus (Jes 41,2-4; 44,28; 45,1 – als seine Werkzeuge verwenden; darüber hinaus „setzt er Könige ab und setzt Könige ein" (Dan 2,21).

Der prominente fulminante Lehrspruch Jesu (V 21b) verlangt, dem Kaiser zu geben, was ihm zusteht, was ihm gebührt; dieser Teilentscheid erhält seine Kulmination – und überbietet die Fragestellung der Abgesandten – mit der bewusst gesetzten Diktion Jesu: *„und gebt Gott, was Gott gehört"*. Demzufolge stellt Jesus die Forderungen Gottes über denen des Kaisers: Gott kann dominierend mehr beanspruchen als eine staatliche Regierung, er beansprucht den ganzen Menschen (Mt 6,24): „Niemand kann zwei Herren dienen; denn entweder wird er den einen hassen und den anderen lieben, oder er wird einem anhangen und den anderen verachten. Ihr könnet nicht Gott dienen und dem Mammon." – Infolgedessen: zuerst Gott vor allem anderen (Mt 10,28): „Und fürchtet euch nicht vor denen, die den Leib töten, die Seele aber nicht zu töten vermögen; *fürchtet aber vielmehr* den, der sowohl Seele als Leib zu verderben vermag in der Hölle."

Von der Monopolstellung Gottes her werden dem Staat seine Grenzen gesetzt. Dazu bemerkt Paulus (Röm 13,1-7): „Jeder leiste den Trägern der staatlichen Gewalt den schuldigen Gehorsam. Denn es gibt keine staatliche Gewalt, die nicht von Gott stammt; jede ist von Gott eingesetzt. [2]Wer sich daher der staatlichen Gewalt widersetzt, stellt sich gegen die Ordnung Gottes, und wer sich ihm entgegenstellt, wird dem Gericht verfallen. [3]Vor den Trägern der Macht hat sich nicht die gute, sondern die böse Tat zu fürchten; willst du also ohne Furcht vor der staatlichen Gewalt leben, dann tue das Gute, sodass du ihre Anerkennung findest. [4]Sie steht im Dienst Gottes und verlangt, dass du das Gute tust. Wenn du aber Böses tust, fürchte dich! Denn nicht ohne Grund trägt sie das Schwert. Sie steht im Dienst Gottes und vollstreckt das Urteil an dem, der Böses tut. [5]Deshalb ist es notwendig, Gehorsam zu leisten, nicht allein aus Furcht vor der Strafe, sondern vor allem um des Gewissens willen. [6]Das ist auch der Grund, weshalb ihr Steuern zahlt; denn in Gottes Auftrag handeln jene, die Steuern einzuziehen haben. [7]Gebt allen, was ihr ihnen schuldig seid, sei es Steuer oder Zoll, sei es Furcht oder Ehre."

Infolgedessen wird das Axiom Jesu (V 21b) programmatischer Maßstab für persönliche Verhaltungsweisen (Apg 4,19; 5,29): „[19]Doch Petrus und Johannes antworteten ihnen: Ob es vor Gott recht ist, mehr auf euch zu hören als auf Gott, das entscheidet selbst. – [29]Petrus und die Apostel antworteten: Man muss Gott mehr gehorchen als den Menschen."

# DAS WICHTIGSTE GEBOT

## Mt 22,34-40

**[34]Als die Pharisäer hörten, dass Jesus die Sadduzäer zum Schweigen gebracht hatte, kamen sie (bei ihm) zusammen. [35]Einer von ihnen, ein Gesetzeslehrer, wollte ihn auf die Probe stellen und fragte ihn: [36]Meister, welches Gebot im Gesetz ist das wichtigste? [37]Er antwortete ihm: Du sollst den Herrn, deinen Gott, lieben mit ganzem Herzen, mit ganzer Seele und mit all deinem Verstand. [38]Das ist das wichtigste und erste Gebot. [39]Das zweite aber ist ihm gleich: Du sollst deinen Nächsten lieben wie dich selbst. [40]An diesen zwei Geboten hängt das ganze Gesetz und die Propheten.**

Erneut werden Pharisäer aktiv (V 34), ihnen gegenüber stehen die Sadduzäer (Apg 23,8): „Die Sadduzäer behaupten nämlich, es gebe weder eine Auferstehung noch Engel noch Geister, die Pharisäer dagegen bekennen sich zu all dem." Zudem gibt es Pharisäer, die dem jungen Christentum wohlwollend gegenüberstehen, wie es über einen von ihnen heißt (Mk 12,34): „Du bist nicht mehr fern vom Reich Gottes." – Die Sadduzäer mit Mitgliedern aus den oberen Abteilungen der Priester haben die Mehrheit im Hohen Rat und bekämpfen in feindseliger Konfrontation die Jünger Jesu (Apg 4,1; 5,17).

Die Fragestellung (V 35f) – dem Urtext entsprechend – nach dem *„großen Gebot im Gesetz"* (V 36) zielt auf ein Gebot, das alle übrigen Gebote zusammenfasst und somit als das *„wichtigste"* präsentiert. In Anbetracht der umfangreichen Ansammlung der Gebote zur Zeit Jesu ist die Frage akut aktuell. – Im späteren Judentum zählt man 613 entsprechende Anordnungen, darunter 365 Verbote und 248 Gebote. – Die sogenannte *„Versuchung – auf die Probe stellen"* (V 35) Jesu ist somit eine Prüfung seines Wissens über das Gesetz, die Tora und seiner Bewertung der Gebote.

Jesus zitiert als *„das wichtigste und erste Gebot"* (V 37f) nach Dtn 6,5: „Und du sollst Jahwe, deinen Gott, lieben mit deinem ganzen Herzen und mit deiner ganzen Seele und mit deiner ganzen Kraft." Allerdings verwendet der griechische Text in V 37 statt *„mit deiner ganzen Kraft"* die Formulierung *„mit deinem ganzen Verstand"*, was keine sensationelle Abweichung darstellt, da die entsprechenden griechischen Vokabel „Kraft" und „Verstand" geradezu austauschbar sind. – Die Diktionen – „Herz" = zentraler Inbegriff des Menschen, Antrieb des Handelns, Planens und Wollens, „Seele" = Leben, „Kraft" = Vermögen, Fähigkeit, Dynamik – werden sichtbar sinnverwandt, den Impuls gesamter Liebe verstärkend.

Das Zitat der Nächstenliebe ist Lev 19,18 entnommen: „Du sollst deinen Nächsten lieben wie dich selbst." Dieses Gebot der Nächstenliebe (V 39) ist desgleichen akkurat geachtet. – Allerdings werden nirgends sonst wo vor Jesus Dtn 6,5 und Lev 19,18 zusammen parallel herbeizitiert. Es ist eindeutig die Auffassungsgabe, das Denkvermögen Jesu, die das herbeiführen, noch dazu mit der Feststellung, dass *beide Gebote gleich wichtig* sind (1 Joh 3,17f; 4,19ff).

An diesen beiden Geboten der Gottes- und Nächstenliebe *„hängen"* – sind abhängig, begründet, fundiert – alle richtungweisenden Mitteilungen Gottes (V 40). Sie sind der zentrale Kern all dessen, was Gott in seiner Selbstmitteilung – *„Gesetz und Propheten“* (Mt 5,17; 11,13) – an Anweisungen und Anordnungen erteilt. Die gleiche Redewendung wird in Mt 7,12 zum Resümee der Appelle der Bergpredigt hinzugefügt: „Alles, was ihr also von anderen erwartet, das tut auch ihnen! Darin besteht das Gesetz und die Propheten.“ Daraus wird zur *Goldenen Regel* die Verhaltensnorm: „Alles, was ihr wollt, dass euch die Leute tun, das tut ihnen auch.“

# ÜBERHEBLICHE LEHRER

## Mt 23,1-12

**1Darauf redete Jesus zu den Volksmengen und zu seinen Jüngern 2und sagte: Die
Schriftgelehrten und die Pharisäer haben sich auf den Stuhl des Mose gesetzt. 3Al-
les nun, was irgend sie euch sagen, tut und befolgt, aber richtet euch nicht nach ih-
ren Werken, denn sie tun nicht, was sie sagen. 4Sie schnüren schwere Lasten zu-
sammen und legen sie den Menschen auf die Schultern, wollen selber aber keinen
Finger rühren, um sie zu tragen. 5Alle ihre Werke aber tun sie, um sich vor den Men-
schen sehen zu lassen; denn sie machen ihre Gebetsriemen breit und die Quasten
groß. 6Sie lieben vielmehr den Ehrenplatz bei den Gastmählern und die ersten Sitze
in den Synagogen 7und die Begrüßungen auf den Märkten und von den Menschen
Rabbi genannt zu werden. 8Ihr aber, lasst ihr euch nicht Rabbi nennen; denn einer
ist euer Lehrer, ihr alle aber seid Brüder. 9Auch sollt ihr niemand auf Erden euren Va-
ter nennen; denn nur einer ist euer Vater, der im Himmel. 10Auch sollt ihr euch nicht
Lehrer nennen lassen; denn nur einer ist euer Lehrer, Christus. 11Der Größte von euch
soll euer Diener sein. 12Denn wer sich selbst erhöht, wird erniedrigt, und wer sich
selbst erniedrigt, wird erhöht werden.**

Eine scharfzüngige, bittere, kontrastreiche Charakterisierung der Pharisäer und ihrer Schriftgelehrten liegt hiermit vor (V 1-7). Die nachträgliche Aufzeichnung der Unterweisung Jesu scheint zu pauschalierend ausgefallen zu sein. Es gibt auch Pharisäer, die beten können, weil sie die Gesetzesvorschriften beachten (Lk 18,12): „Ich faste zweimal in der Woche und gebe dem Tempel den zehnten Teil meines ganzen Einkommens.“ – Das aufrichtige Bestreben um Gesetzesgerechtigkeit in pharisäischen Gemeinschaften hat Jesus sicher nicht beanstandet, gewiss aber eine oberflächliche, formale Gesetzeserfüllung, die zu Gefallsucht und Arroganz führt (Mt 15,8f): „Dieses Volk ehrt mich mit den Lippen, sein Herz aber ist weit weg von mir. 9Es ist sinnlos, wie sie mich verehren; was sie lehren, sind Satzungen von Menschen.“ – Die Gesetzeslehrer interpretierten die Tora, verkündeten vielerlei Vorschriften, die sie ihren Zuhörern auferlegten. Dass sie *schwere Lasten waren* (V 4a), sich *selbst daran nicht hielten* (V 3c), ist nicht nachweisbar. – Allerdings stehen im Kontrast dazu die Worte

Jesu (Mt 11,28ff): „Kommt alle zu mir, die ihr euch plagt und schwere Lasten zu tragen habt. Ich werde euch Ruhe verschaffen. 29Nehmt mein Joch auf euch und lernt von mir; denn ich bin gütig und von Herzen demütig; so werdet ihr Ruhe finden für eure Seele. 30Denn mein Joch drückt nicht, und meine Last ist leicht."

Unter dieser Perspektive mag verblüffen, was über die Schriftgelehrten zu lesen ist (V 3a): *„Alles nun, was irgend sie euch sagen, tut und befolgt."* Zudem wird vorausgehend festgestellt, dass *sie sich auf den Stuhl des Mose gesetzt* haben (V 2b), will heißen, dass sie beanspruchen, in der Autorität des Mose zu lehren. Das Bild vom *„Stuhl"* demonstriert entsprechende autorisierte, berechtigte Kompetenz und weist auf die Gepflogenheit hin, sitzend Unterweisungen zu geben. – Man wird aber an die kritische Warnung Jesu an Pharisäer und Schriftgelehrte erinnert (Mt 15,3-11): „Er entgegnete ihnen: Warum missachtet denn ihr Gottes Gebot um eurer Überlieferung willen? 4Gott hat gesagt: Ehre Vater und Mutter!, und: Wer Vater oder Mutter verflucht, soll mit dem Tod bestraft werden. 5 Ihr aber lehrt: Wer zu Vater oder Mutter sagt: Was ich dir schulde, erkläre ich zur Opfergabe!, 6der braucht seinen Vater oder seine Mutter nicht mehr zu ehren. Damit habt ihr Gottes Wort um eurer Überlieferung willen außer Kraft gesetzt. 7Ihr Heuchler! Der Prophet Jesaja hatte recht, als er über euch sagte: 8Dieses Volk ehrt mich mit den Lippen, sein Herz aber ist weit weg von mir. 9Es ist sinnlos, wie sie mich verehren; was sie lehren, sind Satzungen von Menschen. 10Und er rief die Leute zu sich und sagte: Hört und begreift: 11Nicht das, was durch den Mund in den Menschen hineinkommt, macht ihn unrein, sondern was aus dem Mund des Menschen herauskommt, das macht ihn unrein." – Davon hebt sich die Auslegung Jesu ab (Mt 5,17ff): „Denkt nicht, ich sei gekommen, um das Gesetz und die Propheten aufzuheben. Ich bin nicht gekommen, um aufzuheben, sondern um zu erfüllen. 18Amen, das sage ich euch: Bis Himmel und Erde vergehen, wird auch nicht der kleinste Buchstabe des Gesetzes vergehen, bevor nicht alles geschehen ist. 19Wer auch nur eines von den kleinsten Geboten aufhebt und die Menschen entsprechend lehrt, der wird im Himmelreich der Kleinste sein. Wer sie aber hält und halten lehrt, der wird groß sein im Himmelreich."

Nicht die Zeichen der Frömmigkeit an sich, die *Gebetsriemen* und die *Quasten an den Gewändern* werden abgelehnt (V 5), sondern der Pflanz, das Getue, der Bluff, der damit getrieben wird. Das *Vergrößern*, um auffallen zu können, wird angeprangert! Wichtigtuerei, Prahlerei, Angeberei ist verpönt. – Noch heute werden im frommen Judentum „Gebetsriemen", die Tephillin, Kapseln mit Toratexten, die an Hand, linken Oberarm und Stirne getragen werden (Ex 13,16; Dtn 6,8; 11,18), sowie Quasten, „Schaufäden", die Zizijot am Gebetstuch in Erinnerung an die Gebote Gottes verwendet (Num 15,37-40; Dtn 22,12).

Das Streben nach Ehrensitzen und anderen Honneurs – was weltweit erfahrbar, also allgemein menschlich und nicht auf jüdische Gesetzeslehrer beschränkt ist – wird angeprangert (V 6). Das alles geschieht aus Eitelkeit und Gefallsucht, *„damit die Menschen es sehen"* (Mt 6,2.5.16). Sie wollen von Menschen geehrt werden und nicht von Gott (Joh 5,44): „Wie könnt ihr zum Glauben kommen, wenn ihr eure Ehre voneinander empfangt, nicht aber die Ehre sucht, die von dem einen Gott kommt?"

Aus der auffordernden Ermahnung ist ersichtlich, dass es Lehrer gab, denen hiermit eine energische Standpauke zugedacht wird (V 8-10). Bisweilen werden V 8ff als „Gemeinderegel" eingestuft; allerdings scheint V 10 nahezu eine Wiederaufnahme oder Verdoppelung von V 8 zu sein. In V 10 wird *„euer Lehrer“* präzisiert und mit *„Christus“* bezeichnet, der nachösterlichen Diktion für Jesus. – Jesus wird wiederholt *„Rabbi“* (V 8) – wörtlich „mein Herr“ oder „mein Lehrmeister, mein Anführer, mein Oberster“ – genannt.

In einer hyperbolischen Ausdrucksweise soll die Aufmerksamkeit darauf gelenkt werden, dass die Bezeichnungen „Meister, Vater, Lehrer“ *per se* im überhöhten Vollsinn allein Gott und somit Christus gebührt; oder in die Alltagssprache übersetzt: der höchste Meister, der bedeutendste Vater, der erhabenste Lehrer ist Gott und Christus. – Zugleich erinnert man sich an die „Väter“: Henoch, Noach, Abraham, Isaak (Sir, 44,1.16-22); zudem wird der Prophet Elischa mit „Vater“ angeredet (2 Kön 2,12; 6,21; 13,14). – In der Urkirche bezeugt Paulus eine „spirituelle“ Vaterschaft durch die Verkündigung der Frohbotschaft und daraufhin durch die Gründung von Gemeinden (1 Thess 2,11f; 1 Kor 4,14f): „[11]Ihr wisst auch, dass wir, wie ein Vater seine Kinder, jeden Einzelnen von euch [12]ermahnt, ermutigt und beschworen haben zu leben, wie es Gottes würdig ist, der euch zu seinem Reich und zu seiner Herrlichkeit beruft. – [14]Nicht um euch bloßzustellen, schreibe ich das, sondern um euch als meine geliebten Kinder zu ermahnen. [15]Hättet ihr nämlich auch ungezählte Erzieher in Christus, so doch nicht viele Väter. Denn in Christus Jesus bin ich durch das Evangelium euer Vater geworden.“ – In einer Glaubensgemeinschaft soll eine familiäre Atmosphäre von Brüdern und Schwestern erfahrbar sein (V 8): „Bruder“ und „Schwester“ wird vorherrschende Anrede.

Nicht nur für Gemeindeleiter wird die Lebensregel geltend gemacht (V 11): „Der Größte unter euch soll euer Diener sein.“ Dem kommt ein anderes Jesuwort gleich (Mt 20,26f): „... wer bei euch groß sein will, der soll euer Diener sein, [27]und wer bei euch der Erste sein will, soll euer Sklave sein.“ Dem geht bereits voraus (Mt 18,4): „Wer folglich sich selbst verdemütigt wie dieses Kind, dieser ist der Größte im Reiche der Himmel.“ – Unter „Demut“ ist zu verstehen: Mut zum Dienen, Hingabe, Opferbereitschaft, Selbstlosigkeit, Aufopferung, Edelmut, Edelsinn, Uneigennützigkeit, Selbstüberwindung, Entsagung, Gutmütigkeit, Selbstbescheidung. – Vorbereitet wurde dieses Axiom in 1 Sam 2,7f; Spr 3,34: „Jahwe macht arm und macht reich, er erniedrigt, und er erhöht. [8]Den Schwachen hebt er empor aus dem Staub und erhöht den Armen, der im Schmutz liegt; er gibt ihm einen Sitz bei den Edlen, einen Ehrenplatz weist er ihm zu. Ja, Jahwe gehören die Pfeiler der Erde; auf sie hat er den Erdkreis gegründet. – [34]Fürwahr, der Spötter spottet er, den Demütigen aber gibt er Gnade.“ – Das intensiviert weiterhin (Jak 4,10; 1 Petr 5,6): „[10]Demütigt euch vor dem Herrn, und er wird euch erhöhen. – [6]So demütigt euch nun unter die mächtige Hand Gottes, auf dass er euch erhöhe zur rechten Zeit.“ – Damit wird auch die Zielintention in greifbare Nähe gerückt (Mt 19,28; Offb 3,21): „[28]Jesus erwiderte ihnen: Amen, ich sage euch: Wenn die Welt neu geschaffen wird und der Menschensohn sich auf den Thron der Herrlichkeit setzt, werdet ihr, die ihr mir nachgefolgt seid, auf zwölf Thronen sitzen und die zwölf Stämme Israels richten. – [21]Wer überwindet, der darf mit mir auf meinem Thron sitzen, so wie auch ich überwunden habe und mich mit meinem Vater auf seinen Thron gesetzt habe.“

# WIEDERKUNFT DES MENSCHENSOHNES

## Mt 24,29-44

29Sogleich nach der Bedrängnis jener Tage wird die Sonne verfinstert werden und der Mond seinen Schein nicht geben, und die Sterne werden vom Himmel fallen, und die Kräfte der Himmel werden erschüttert werden. 30Danach wird das Zeichen des Menschensohnes am Himmel erscheinen; und dann werden wehklagen alle Völker der Erde, und sie werden den Menschensohn kommen sehen auf den Wolken des Himmels mit Macht und großer Herrlichkeit. 31Und er wird seine Engel aussenden mit starkem Posaunenschall, und sie werden seine Auserwählten versammeln von den vier Winden her, von dem einen Ende der Himmel bis zu ihrem anderen Ende. 32Von dem Feigenbaum aber lernt das Gleichnis: Wenn sein Zweig schon weich geworden ist und die Blätter hervortreibt, so erkennt ihr, dass der Sommer nahe ist. 33Ebenso sollt ihr erkennen, wenn ihr das alles seht, dass es [das Ende] vor der Tür steht. 34Amen, ich sage euch: Diese Generation wird nicht vergehen, bis das alles eintrifft. 35Himmel und Erde werden vergehen, aber meine Worte werden nicht vergehen. 36Von jenem Tage aber und jener Stunde weiß niemand, auch nicht die Engel der Himmel, auch nicht der Sohn, sondern der Vater allein. 37Denn wie es in den Tagen des Noach war, so wird es bei der Ankunft des Menschensohnes sein. 38Wie die Menschen in den Tagen vor der Flut aßen und tranken und heirateten, bis zu dem Tag, an dem Noach in die Arche ging, 39und nichts ahnten, bis die Flut hereinbrach und alle wegraffte, so wird es auch bei der Ankunft des Menschensohnes sein. 40Dann wird von zwei Männern, die auf dem Feld arbeiten, einer mitgenommen und einer zurückgelassen. 41Und von zwei Frauen, die mit derselben Mühle mahlen, wird eine mitgenommen und eine zurückgelassen. 42Seid also wachsam! Denn ihr wisst nicht, an welchem Tag euer Herr kommt. 43Jenes aber bedenkt: Wenn der Hausherr wüsste, zu welcher Stunde in der Nacht der Dieb kommt, würde er wach bleiben und nicht zulassen, dass man in sein Haus einbricht. 44Darum haltet auch ihr euch bereit! Denn zu einer Stunde, in der ihr es nicht erwartet, kommt der Menschensohn.

### Parusie (V 29-31)

An einen Rückfall in Chaos und Finsternis (Gen 1,2) lassen die abnormen Änderungen in der Natur denken, wenn sich *die Sonne verfinstert, der Mond nicht mehr scheint und die Sterne vom Himmel fallen* (V 29). Sie sind doch Zeichen der Ordnung (Gen 1,14-18): „Dann sprach Gott: Lichter sollen am Himmelsgewölbe sein, um Tag und Nacht zu scheiden. Sie sollen Zeichen sein und zur Bestimmung von Festzeiten, von Tagen und Jahren dienen; 15sie sollen Lichter am Himmelsgewölbe sein, die über die Erde hin leuchten. So geschah es. 16Gott machte die beiden großen Lichter, das größere, das über den Tag herrscht, das kleinere, das über die Nacht herrscht, auch die Sterne. 17Gott setzte die Lichter an das Himmelsgewölbe, damit sie über die Erde hin leuchten, 18über Tag und Nacht herrschen und das Licht von der Finsternis scheiden. Gott sah, dass es gut war.“ – Das Ausfallen der Himmelkörper verweist auf eine Weltkatastrophe und erinnern an das Gericht über Babel und Edom (Jes 13,10; 34,4): „10Die Sterne und Sternbilder am

Himmel lassen ihr Licht nicht mehr leuchten. Die Sonne ist dunkel, schon wenn sie aufgeht, der Mond lässt sein Licht nicht mehr scheinen. – [4]... Wie eine Buchrolle rollt sich der Himmel zusammen, sein ganzes Heer welkt dahin, wie Laub am Weinstock verwelkt, wie Früchte am Feigenbaum schrumpfen." – Ähnliche Texte, die vorbereitend sein könnten, sind Hag 2, 6.21: „Denn so spricht Jahwe der Heere: Nur noch kurze Zeit, dann lasse ich den Himmel und die Erde, das Meer und das Festland erbeben. [21]... Ich lasse den Himmel und die Erde erbeben." – Ein vergleichbarer Nachklang wird vernehmbar 2 Petr 3,10: „Der Tag des Herrn wird aber kommen wie ein Dieb. Dann wird der Himmel prasselnd vergehen, die Elemente werden verbrannt und aufgelöst, die Erde und alles, was auf ihr ist, werden (nicht mehr) gefunden."

Die *„Erschütterung der Himmelskräfte"* (V 29) zeigt möglicherweise das Ende eines bösen Machtbereiches an (Eph 6,12): „Denn wir haben nicht gegen Menschen aus Fleisch und Blut zu kämpfen, sondern gegen die Fürsten und Gewalten, gegen die Beherrscher dieser finsteren Welt, gegen die bösen Geister des himmlischen Bereichs." – Gewiss liegt hiermit ein Hinweis auf ein Gericht Gottes vor, wie Hebr 12,26 andeutet: „Seine Stimme hat damals die Erde erschüttert, jetzt aber hat er verheißen: Noch einmal lasse ich es beben, aber nicht nur die Erde erschüttere ich, sondern auch den Himmel."

Was ist mit dem *„Zeichen des Menschensohnes"* (V 30) gemeint? – Man erinnert sich an das unmittelbar vorausgehende Wort (Mt 24,27): „Denn wie der Blitz bis zum Westen hin leuchtet, wenn er im Osten aufflammt, so wird es bei der Ankunft des Menschensohnes sein." – Offenbar ist an den Menschensohn selbst zu denken, wie unmittelbar anschließende Worte nahelegen. Zudem liegt zugleich möglicherweise eine weiterführende Antwort auf die Frage der Jünger vor (Mt 24,3): „Als er auf dem Ölberg saß, wandten sich die Jünger, die mit ihm allein waren, an ihn und fragten: Sag uns, wann wird das geschehen, und was ist das Zeichen für deine Ankunft und das Ende der Welt?" – Das *„Zeichen"* für die Parusie ist der Menschensohn! – Die Aneinanderreihung *„danach ... und dann"* (V 30) deutet an: Während der Anfangsphase seines Erscheinens *brechen alle Völker in Jammer und Klagen aus. Dann sehen sie ihn mit großer Macht und Herrlichkeit auf den Wolken des Himmels kommen!* – Das ruft ins Gedächtnis (Dan 7,13f): „Immer noch hatte ich die nächtlichen Visionen: Da kam mit den Wolken des Himmels einer wie ein Menschensohn. Er gelangte bis zu dem Hochbetagten und wurde vor ihn geführt. [14] Ihm wurden Herrschaft, Würde und Königtum gegeben. Alle Völker, Nationen und Sprachen müssen ihm dienen. Seine Herrschaft ist eine ewige, unvergängliche Herrschaft. Sein Reich geht niemals unter." – Daran schließt sich das Wort Jesu vor dem Hohen Rat (Mt 26,64): „Jesus antwortete: Du hast es gesagt. Doch ich erkläre euch: Von nun an werdet ihr den Menschensohn zur Rechten der Macht sitzen und auf den Wolken des Himmels kommen sehen." – Den Gedankenkonnex ergänzt Offb 1,7.13; 14,14: „[7]Siehe, er kommt mit den Wolken, und jedes Auge wird ihn sehen, auch alle, die ihn durchbohrt haben; und alle Völker der Erde werden seinetwegen jammern und klagen. Ja, amen. – [13]und mitten unter den Leuchtern einen, der wie ein Mensch aussah; er war bekleidet mit einem Gewand, das bis auf die Füße reichte, und um die Brust trug er einen Gürtel aus Gold. – [14]Dann sah ich eine weiße Wolke. Auf der Wolke thronte einer, der wie ein Menschensohn aussah. Er trug einen goldenen Kranz auf dem Haupt und eine scharfe Sichel in der Hand."

Für die urchristliche Gemeinschaft ist der

mit Macht kommende Christus *der irdische Jesus* (Mt 8,20; 9,6; 11,19): „[20]Jesus antwortete ihm: Die Füchse haben ihre Höhlen und die Vögel ihre Nester; der Menschensohn aber hat keinen Ort, wo er sein Haupt hinlegen kann. – [6]Ihr sollt aber erkennen, dass der Menschensohn die Vollmacht hat, hier auf der Erde Sünden zu vergeben. Darauf sagte er zu dem Gelähmten: Steh auf, nimm deine Tragbahre, und geh nach Hause! – [19]Der Menschensohn ist gekommen, er isst und trinkt; darauf sagen sie: Dieser Fresser und Säufer, dieser Freund der Zöllner und Sünder! Und doch hat die Weisheit durch die Taten, die sie bewirkt hat, Recht bekommen."

Der Menschensohn kommt zunächst zur *Zusammenführung der Auserwählten. Er sendet seine Engel aus* (V 31), die seine himmlischen Mitarbeiter, Boten und Repräsentanten der göttlichen Erhabenheit sind (Mt 13,39.41; 16,27; 25,31; 26,53): „[39]... die Ernte ist das Ende der Welt; die Arbeiter bei dieser Ernte sind die Engel. – [41]Der Menschensohn wird seine Engel aussenden, und sie werden aus seinem Reich alle zusammenholen, die andere verführt und Gottes Gesetz übertreten haben. – [27]Der Menschensohn wird mit seinen Engeln in der Hoheit seines Vaters kommen und jedem Menschen vergelten, wie es seine Taten verdienen. – [31]Wenn der Menschensohn in seiner Herrlichkeit kommt und alle Engel mit ihm, dann wird er sich auf den Thron seiner Herrlichkeit setzen. – [53]Oder glaubst du nicht, mein Vater würde mir sogleich mehr als zwölf Legionen Engel schicken, wenn ich ihn darum bitte?"

*„Mit starkem Posaunenschall"* führt zum endzeitlichen Signal, zur Posaune oder Trompete, hebräisch Schofar, ein Widderhorn (1 Thess 4,16; 1 Kor 15,52): „[16]Denn der Herr selbst wird vom Himmel herabkommen, wenn der Befehl ergeht, der Erzengel ruft und die Posaune Gottes erschallt. Zuerst werden die in Christus Verstorbenen auferstehen; – [52]plötzlich, in einem Augenblick, beim letzten Posaunenschall. Die Posaune wird erschallen, die Toten werden zur Unvergänglichkeit auferweckt, wir aber werden verwandelt werden." – Sichtbar und hörbar wird der Menschensohn erscheinen.

Das universell global erkennbare augenfällige Ereignis kulminiert *im Zusammenführen der Auserwählten „aus allen vier Windrichtungen"* (Sach 2,10): „Auf, auf! Flieht aus dem Land des Nordens – Spruch Jahwes. Denn wie die vier Winde des Himmels habe ich euch zerstreut – Spruch Jahwes." – *„Von einem Ende des Himmels bis zum andern"*, will heißen das gesamte vom Firmament umspannenden Gebiet in jeder Zielrichtung; das kennzeichnet die allgemeine Sammlung aller Auserwählten. – Über die unter die Völker Zerstreuten ist zu erfahren (Dtn 30,3f): „dann wird Jahwe, dein Gott, dein Schicksal wenden, er wird sich deiner erbarmen, sich dir zukehren und dich aus allen Völkern zusammenführen, unter die Jahwe, dein Gott, dich verstreut hat. [4]Und wenn einige von dir bis ans Ende des Himmels versprengt sind, wird dich Jahwe, dein Gott, von dort zusammenführen, von dort wird er dich holen."

**Terminfrage (V 32-42)**

Die brennende Ungewissheit über den Zeitpunkt der Wiederkunft Christi beim Jüngsten Gericht (V 32-42) erhält zunächst einen Hinweis mit den Formulierungen *„nahe vor der Tür"* (V 32), *„diese Generation"* (V 34) und durch den Wink auf das *Alleinwissen des Vaters* (V 36).

Die Allegorie vom Feigenbaum (V 32f) scheint primär zeichenhaft Gottesherrschaft anzukündigen, analog zu den „Wetterzeichen" (Mt 16,2f). Etwa wie der Zweige und Blätter treibende Feigenbaum den Sommer anzeigt, so verweist auf das Ende *„wenn ihr das alles seht"* (V 33), nämlich

die unmittelbar vorausgehenden, beschriebenen endzeitlichen Ereignisse.
*„Diese Generation wird nicht vergehen, bis das alles eintrifft"* (V 34). – Das ruft zunächst in Erinnerung (Mt 24,3): „Als er auf dem Ölberg saß, wandten sich die Jünger, die mit ihm allein waren, an ihn und fragten: Sag uns, wann wird das geschehen, und was ist das Zeichen für deine Ankunft und das Ende der Welt?" – „Diese Generation" ist in den Aussagen Jesu das zeitgenössische Geschlecht (Mt 23,36-39): „Darum hört: Ich sende Propheten, Weise und Schriftgelehrte zu euch; ihr aber werdet einige von ihnen töten, ja *sogar kreuzigen*, andere in euren Synagogen auspeitschen und von Stadt zu Stadt verfolgen. [35]So wird all das unschuldige Blut über euch kommen, das auf Erden vergossen worden ist, vom Blut Abels, des Gerechten, bis zum Blut des Zacharias, Barachias' Sohn, den ihr im Vorhof zwischen dem Tempelgebäude und dem Altar ermordet habt. [36]Amen, das sage ich euch: Das alles wird *über diese Generation* kommen. [37]Jerusalem, Jerusalem, du tötest die Propheten und steinigst die Boten, die zu dir gesandt sind. Wie oft wollte ich deine Kinder um mich sammeln, so wie eine Henne ihre Küken unter ihre Flügel nimmt; aber ihr habt nicht gewollt. [38]Darum wird *euer Haus [von Gott] verlassen.* [39]Und ich sage euch: Von jetzt an werdet ihr mich nicht mehr sehen, bis ihr ruft: Gesegnet sei er, *der kommt im Namen des Herrn*!" – Hiermit schimmert bereits ein Hinweis auf Tod und *Auferstehung* Jesu und die *Tempelzerstörung* (29.8.70) durch. Beides könnte als *Vorboten des Endgerichts* aufgefasst werden. – Die „böse und treulose Generation" wird das „Zeichen des Jona" erleben (Mt 12,39; 16,4) in der Auferstehung Jesu. – Derartiges gilt auch von der „ungläubigen und unbelehrbaren Generation" (Mt 17,17). – Ebenso scheint auf die Auferstehung Jesu zu verweisen (Mt 16,28): „Amen, ich sage euch: Von denen, die hier stehen, werden einige den Tod nicht erleiden, bis sie den Menschensohn in seiner königlichen Macht kommen sehen." – Eine frühe judenchristliche Naherwartung muss sich schließlich mit der Verzögerung der Parusie abfinden. Um das Durchsetzungsvermögen der Botschaft Jesu bis ans Ende der Welt anzuzeigen, verweist die machtvolle Zusicherung (V 35) auf Mt 5,18: „Amen, das sage ich euch: Bis Himmel und Erde vergehen, wird auch nicht der kleinste Buchstabe des Gesetzes vergehen, *bevor nicht alles geschehen ist.*" – Die Diktion *„bis alles eintrifft"* (V 34) präsentiert eine eschatologische Dimension: Alles zielt auf die Endzeit hin und involviert eine weltweite Verkündigung (Mt 24,14; 28,19f): „[14]Aber dieses Evangelium vom Reich wird auf der ganzen Welt verkündet werden, damit alle Völker es hören; dann erst kommt das Ende. – [19]Darum geht zu allen Völkern, und macht alle Menschen zu meinen Jüngern; tauft sie auf den Namen des Vaters und des Sohnes und des Heiligen Geistes, [20]und lehrt sie, alles zu befolgen, was ich euch geboten habe. Seid gewiss: Ich bin bei euch alle Tage bis zum Ende der Welt."
Im Text von V 34f liegt gewiss keine fiebrige Naherwartung vor; das wird durch V 36 bekannt: *Tag und Stunde* der Enderwartung sind selbst dem Wissen des Sohnes entzogen und nur dem Vater bekannt. – Das verwundert und überrascht zunächst im Rückblick auf Jesu Aussage (Mt 11,27): „Mir ist von meinem Vater alles übergeben worden; niemand kennt den Sohn, nur der Vater, und niemand kennt den Vater, nur der Sohn und der, dem es der Sohn offenbaren will." – Jesus ist als Mensch diese Kenntnis vorenthalten und das besagt, dass die „letzten Dinge" humaner Kenntnis und Neugier unzugänglich sind, und das ist gewiss und offenkundig desgleichen die menschliche Repräsentation Jesu.
V 37-42 beglaubigen die Unsicherheit des

Zeitpunkts, einen schmerzlichen Höhepunkt einer kritischen Entwicklung, von der die Menschen unerwartet plötzlich bestürmt werden, beabsichtigen aber desgleichen, zu dem Ratschlag zu führen (V 42), der daraufhin in anschließenden Vergleichen bereichert wird. – Der Hinweis auf Noach zeigt die Unbekümmertheit und den Leichtsinn der menschlichen alltäglichen Beschäftigung; in ihrer Sorglosigkeit und Naivität werden diese Träumer vom Desaster verblüfft. – Die Illustration von den zwei Männern auf einem Feld und von den zwei Frauen, die gemeinsam mahlen, soll Erlösung und Justiz demonstrieren. *„Mitgenommen“* – zum Menschensohn – präsentiert sich primär für die Errettung der Auserwählten, *„zurückgelassen“* – im katastrophalen Desaster – für die der Justiz Verwahrlosten. – Die Rechtsprechung resultiert den Taten entsprechend (Mt 16,27; 25,46): „27Der Menschensohn wird mit seinen Engeln in der Hoheit seines Vaters kommen und jedem Menschen vergelten, wie es seine Taten verdienen. – 46Und sie werden weggehen und die ewige Strafe erhalten, die Gerechten aber das ewige Leben.“ Dementsprechend erfolgt als Konsequenz (V 42) die Aufforderung zur *Wachsamkeit aus Ungewissheit* über den entsprechenden ausschlaggebenden Zeitpunkt (Mt 24,44.50; 25,6).

**Wachsamkeit (V 43f)**

Emphatisch wird diese Umsicht durch einen entsprechenden Vergleich motiviert (V 43f), *„wie der Dieb in der Nacht“* kommt der *„Tag des Herrn“* (1 Thess 5,2). – Wiederholt wird die Behutsamkeit und Bereitschaft als christliche Lebensart eingemahnt (Offb 3,3; 16,15).

# ZEHN JUNGFRAUEN

## Mt 25,1-13

**1Dann wird es mit dem Himmelreich sein wie mit zehn Jungfrauen, die ihre Lampen nahmen und dem Bräutigam entgegengingen. 2Fünf von ihnen waren töricht, und fünf waren klug. 3Die törichten nahmen ihre Lampen, nahmen aber kein Öl mit sich, 4die klugen aber nahmen außer den Lampen noch Öl in ihren Gefäßen mit. 5Als nun der Bräutigam lange nicht kam, wurden sie alle müde und schliefen ein. 6Mitten in der Nacht aber entstanden laute Rufe: Seht, der Bräutigam! Geht ihm entgegen! 7Da standen die Jungfrauen alle auf und machten ihre Lampen zurecht. 8Nun aber sagten die törichten zu den klugen: Gebt uns von eurem Öl, denn unsere Lampen erlöschen. 9Die klugen aber antworteten und sagten: Niemals, dann reicht es weder für uns noch für euch; geht lieber hin zu den Verkäufern und kauft für euch. 10Während sie nun hingingen zu kaufen, kam der Bräutigam, und die bereit waren, gingen mit ihm zur Hochzeit; und die Tür wurde verschlossen. 11Später kamen auch die übrigen Jungfrauen und riefen: Herr, Herr, mach uns auf! 12Er aber antwortete ihnen und sprach: Amen, ich sage euch: Ich kenne euch nicht. 13Seid also wachsam! Denn ihr wisst weder den Tag noch die Stunde.**

**Gleichnis**

Die berichtete Sachlage wird nur leidlich verständlich (V 1-5). Der ausschlaggebende Ablauf einer jüdischen Vermählung war die „Heimführung" der Braut in das Domizil des Bräutigams. Im vorliegenden Text wird die Braut überhaupt nicht erwähnt. Daher bleiben weitere Fragen über ihren Aufenthalt offen und Vermutungen über die Verzögerung des Bräutigams sind hinfällig und belanglos. Die Brautjungfrauen, die offensichtlich an einem Sammelpunkt ausharren, sollen den Hochzeiter mit Laternen nach Hause bringen. Durch die Saumseligkeit des Heiratskandidaten werden sie alle schläfrig und schlummern ein. Daraufhin gerät etwas „mitten in der Nacht" in Bewegung (V 6-9). Der Start der Hochzeitsfeier – vermutlich mit einem entsprechenden Festessen um Mitternacht – ist abnorm außerordentlich. Man kann an die gesellschaftlichen Konventionen des Bräutigams mit den Verwandten der Braut und entsprechende Bedingungen denken, die eine solche Verzögerung bewirkten. – Desgleichen könnte der Appell der „klugen" Jungfrauen verständlich werden, die „törichten" sollen zu den Verkäufern gehen, weil nach orientalischer Sitte vor Mitternacht die Verkäufer vermutlich noch zugänglich sind.

Schließlich wird erzählt, dass sich der Bräutigam in den Hochzeitssaal begibt zusammen mit den klugen Jungfrauen; die törichten Jungfrauen, die zu spät kommen, werden abgewiesen (V 10ff). Warum? – Es klingt nach Mt 7,21ff: „Nicht jeder, der zu mir sagt: Herr! Herr!, wird in das Himmelreich kommen, sondern nur, wer den Willen meines Vaters im Himmel erfüllt. [22]Viele werden an jenem Tag zu mir sagen: Herr, Herr, sind wir nicht in deinem Namen als Propheten aufgetreten, und haben wir nicht mit deinem Namen Dämonen ausgetrieben und mit deinem Namen viele Wunder vollbracht? [23]Dann werde ich ihnen antworten: Ich kenne euch nicht. Weg von mir, ihr Übertreter des Gesetzes!" – Somit ist die Sicht auf das Endgericht geöffnet.

**Charakteristik**

Die Metapher einer Hochzeit Jahwes mit Israel (Hos 2,21f; Jes 62,5) findet eine Nachfolge in Jesus (Mt 9,15; 22,2): „[15]Jesus antwortete ihnen: Können denn die Hochzeitsgäste trauern, solange der Bräutigam bei ihnen ist? Es werden aber Tage kommen, da wird ihnen der Bräutigam genommen sein; dann werden sie fasten. – [2]Mit dem Himmelreich ist es wie mit einem König, der die Hochzeit seines Sohnes vorbereitete." – Die Ausdrucksweise findet ihre Fortsetzung in den Worten Johannes des Täufer über Jesus (Joh 3,28-31): „Ihr selbst könnt mir bezeugen, dass ich gesagt habe: Ich bin nicht der Messias, sondern nur ein Gesandter, der ihm vorausgeht. [29]Wer die Braut hat, ist der Bräutigam; der Freund des Bräutigams aber, der dabeisteht und ihn hört, freut sich über die Stimme des Bräutigams. Diese Freude ist nun für mich Wirklichkeit geworden. [30]Er muss wachsen, ich aber muss kleiner werden. [31]Er, der von oben kommt, steht über allen; wer von der Erde stammt, ist irdisch und redet irdisch. Er, der aus dem Himmel kommt, steht über allen." – Paulus verteidigt seine Aufgabe den Korinthern gegenüber mit einem Bild über den messianischen Bräutigam (2 Kor 11,2f): „Denn ich liebe euch mit der Eifersucht Gottes; ich habe euch einem einzigen Mann verlobt, um euch als reine Jungfrau zu Christus zu führen. [3]Ich fürchte aber, wie die Schlange einst durch ihre Falschheit Eva täuschte, könntet auch ihr in euren Gedanken von der aufrichtigen und reinen Hingabe an Christus abkommen." – Diese bildliche Sprachweise wird weiterhin sichtbar (Offb 19,7; 21,2.9.): „[7]Wir wollen uns freuen und jubeln und ihm die Ehre erweisen. Denn gekommen ist die Hochzeit des Lammes, und seine Frau hat sich bereit gemacht.

– [2]Ich sah die heilige Stadt, das neue Jerusalem, von Gott her aus dem Himmel herabkommen; sie war bereit wie eine Braut, die sich für ihren Mann geschmückt hat. – [9] Und es kam einer von den sieben Engeln, die die sieben Schalen mit den sieben letzten Plagen getragen hatten. Er sagte zu mir: Komm, ich will dir die Braut zeigen, die Frau des Lammes.“ – Das Gegenüber zum Bräutigam wird im vorliegenden Abschnitt indes nicht durch die Braut, sondern durch die Jungfrauen dargestellt. – Der Bräutigam verzögert (Mt 25,5) seine Ankunft, ruft in Erinnerung das vorausgehende Wort 24,48.50: „[48]Wenn aber der Knecht schlecht ist und denkt: Mein Herr kommt noch lange nicht – [50]dann wird der Herr an einem Tag kommen, an dem der Knecht es nicht erwartet, und zu einer Stunde, die er nicht kennt.“ – Der Zeitpunkt der Parusie bleibt fraglich, unsicher, unbestimmt. Deshalb erfolgt der Appell zur *Wachsamkeit* (V 13), der erneut an die Aussage erinnert (Mt 24,44): „Darum haltet auch ihr euch bereit! Denn der Menschensohn kommt zu einer Stunde, in der ihr es nicht erwartet.“

# DIE ANVERTRAUTEN TALENTE

## Mt 25,14-30

**[14]Es ist wie mit einem Mann, der auf Reisen ging: Er rief seine Diener und vertraute ihnen seine Habe an. [15]Dem einen gab er fünf Talente, einem anderen zwei, wieder einem anderen eines, jedem nach seinen Fähigkeiten. Dann reiste er ab. Sofort [16]begann der Diener, der fünf Talente erhalten hatte, mit ihnen zu wirtschaften, und er gewann noch fünf dazu. [17]Gleicherweise gewann der, der zwei erhalten hatte, noch zwei dazu. [18]Der aber das eine empfangen hatte, ging hin, grub in die Erde und verbarg das Silbergeld seines Herrn. [19]Nach langer Zeit kommt der Herr jener Diener und hält Abrechnung mit ihnen. [20]Da kam der, der die fünf Talente erhalten hatte, brachte fünf weitere und sagte: Herr, fünf Talente hast du mir gegeben; sieh her, ich habe noch fünf dazugewonnen. [21]Sein Herr sagte zu ihm: Sehr gut, du bist ein tüchtiger und treuer Diener! Über weniges warst du treu, über vieles werde ich dich setzen; nimm teil an der Freude deines Herrn. [22]Dann kam der mit den zwei Talenten und sagte: Herr, du hast mir zwei Talente gegeben; sieh her, ich habe noch zwei dazugewonnen. [23]Sein Herr sprach zu ihm: Vortrefflich, du guter und treuer Diener! Über weniges warst du treu, über vieles werde ich dich setzen; nimm teil an der Freude deines Herrn. [24]Es trat aber auch herzu, der das eine Talent empfangen hatte, und sprach: Herr, ich kannte dich, dass du ein strenger Mann bist: du erntest, wo du nicht gesät, und sammelst, wo du nicht ausgestreut hast; [25]und ich fürchtete mich und ging hin und verbarg dein Talent in der Erde; siehe, da hast du das Deine. [26]Sein Herr aber antwortete und sprach zu ihm: Böser und fauler Diener! Du wusstest, dass ich ernte, wo ich nicht gesät, und sammle, wo ich nicht ausgestreut habe? [27]Hättest du mein Silbergeld wenigstens auf die Bank gebracht, dann hätte ich es bei meiner Rückkehr mit Zinsen zurückerhalten. [28]Nehmet nun das Talent von ihm und gebt es dem, der die zehn Talente hat! [29]Denn wer hat, dem wird gegeben, und er wird im Überfluss haben; wer aber nicht hat, dem wird auch noch weggenommen, was er hat. [30]Werft den nichtsnutzigen Diener hinaus in die äußerste Finsternis! Dort wird er heulen und mit den Zähnen knirschen.**

**Überantwortung (V 14-18)**
*„Es ist wie"* oder *„wie nämlich"* (V 14) bildet eine gedrängte Anknüpfung an das vorhergehende Gleichnis von den Jungfrauen (25,1-13). Die den Dienern anvertraute *„Habe"* oder das *„Vermögen"* (V 14) des reichen auf Reisen gehenden Mannes bezieht sich eigentlich nur auf das verborgte Bargeld. – Ein Talent ist eine Münzeinheit mit verschiedenen, immer sehr erheblichen Werten; die Metapher schein an den Schatz der Gottesherrschaft zu erinnern (Mt 13,44ff): „Mit dem Himmelreich ist es wie mit einem Schatz, der in einem Acker vergraben war. Ein Mann entdeckte ihn, grub ihn aber wieder ein. Und in seiner Freude verkaufte er alles, was er besaß, und kaufte den Acker. [45]Auch ist es mit dem Himmelreich wie mit einem Kaufmann, der schöne Perlen suchte."
Die ungleiche Aufteilung des Silbergeldes – vermutlich den Begabungen jedes Dieners entsprechend – macht die Erzählung interessant und plausibel. Profit bringende Händel mit den überantworteten Moneten wird als selbstverständlich angesehen. Der erste Diener mit den fünf Talenten wirtschaftet spontan, der zweite ebenfalls, der dritte verscharrt das Zahlungsmittel; was bis in die jüngste Zeit – man denke an das Herannahen der Kriegsfront am Ende des Zweiten Weltkrieges – als sicher gehalten wurde.

**Rechenschaft (V 19-30)**
**Positive Ergebnisse (V 19-23)**
Sobald der Herr von seiner Reise zurück ist, werden die zwei tüchtigen, rechtschaffenen Diener mit dem gleichen Honorar belohnt (V 19-23). Das ist ein gezielter Aspekt der Darstellung, eine bedeutende Perspektive für die Großzügigkeit Gottes (Mt 20,1-15). Die Teilnahme *„an der Freude des Herrn"* (V 21.23) vermag als Anerkennung, im irdischen Horizont die Tischgemeinschaft mit dem edlen Gönner, verstanden werden. Darüber hinaus gerät gewiss bereits gleichnishaft das himmlische und endzeitliche Bankett ins Blickfeld (Mt 8,11; 22,1-10; 25,10). Im Konnex damit steht eine Eskalierung, eine Klimax (V 21.23): „Über weniges warst du treu, über vieles werde ich dich setzen." – Das wird expliziert als Verheißung für jeden gläubigen Christen (Mt 19,29b): „er wird dafür das Hundertfache erhalten und das ewige Leben gewinnen."

**Negatives Resultat (V 24-30)**
Die Ausflüchte des Dieners, der sein Talent verscharrt hat, sind Ausreden für seinen Müßiggang, seine Bequemlichkeit, Faulenzerei, Passivität, sein Phlegma, und er wird vom *„strengen Mann"* (V 24) mit seiner eigenen Diktionen todgeweiht (V 24-30). Die Auseinandersetzung zählt zur Klarsicht der Darstellung: damit soll der Müßiggang und das verschuldete Nichtstun des bequemen Dieners demonstriert werden. Merkwürdig ist die Order (V 28), dem inaktiven Diener sein *Talent zu nehmen und es dem mit den zehn Talenten zu geben*. Im Rahmen der Erzählung kann man es als Beschämung auffassen. Der nachfolgende V 29 wiederholt eine Formulierung, die sich bereits in Mt 13,12 vorfindet: „Denn wer hat, dem wird gegeben, und er wird im Überfluss haben; wer aber nicht hat, dem wird auch noch weggenommen, was er hat." – Dieser Leitsatz über das großzügige Wohlwollen Gottes und die den Schuldigen treffende Verarmung ist offenbar verschiedentlich anzuwenden. – Wie die Bestrafung des Mannes ohne hochzeitliches Gewand (Mt 22,13) wird die des faulen Dieners (V 30) erzählt. Es sind das warnende Gleichnisse des ewigen göttlichen Rechtspruches.
Ein eschatologischer Aspekt ist durch die Rückkehr des Mannes *„nach langer Zeit"* (V 19) und die gefordert Rechenschaftslegung mit seinen Dienern vorhanden. Im zu-

rückkehrenden Mann ist Christus bei seiner Parusie zu erkennen. – Zum Endgericht führen die Aussagen über Lohn und Strafe, Freudenmahl und Finsternis (V 30).

## WELTGERICHT

### Mt 25,31-46

31Wenn der Menschensohn in seiner Herrlichkeit kommt und alle Engel mit ihm, dann
wird er auf dem Thron seiner Herrlichkeit sitzen. 32Und vor ihm werden versammelt
werden alle Völker, und er wird sie voneinander scheiden, wie der Hirt die Schafe von
den Böcken scheidet. 33Und er wird die Schafe zu seiner Rechten stellen, die Böcke
aber zur Linken. 34Dann wird der König zu denen zu seiner Rechten sagen: Kommet
her, Gesegnete meines Vaters, nehmt das Reich in Besitz, das euch bereitet ist seit der
Erschaffung der Welt an. 35Denn ich war hungrig, und ihr habt mir zu essen gegeben;
ich war durstig, und ihr habt mir zu trinken gegeben; ich war fremd, und ihr habt
mich aufgenommen; 36ich war nackt, und ihr habt mir Kleidung gegeben; ich war
krank, und ihr habt mich besucht; ich war im Gefängnis, und ihr seid zu mir ge-
kommen. 37Dann werden ihm die Gerechten antworten und sagen: Herr, wann haben
wir dich hungrig gesehen und dir zu essen gegeben, oder durstig und dir zu trinken
gegeben? 38Und wann haben wir dich fremd und obdachlos gesehen und aufgenom-
men, oder nackt und dir Kleidung gegeben? 39Und wann haben wir dich krank oder
im Gefängnis gesehen und sind zu dir gekommen? 40Darauf wird der König antwor-
ten und zu ihnen sagen: Amen, ich sage euch: Was ihr für einen meiner geringsten
Brüder getan habt, das habt ihr mir getan. 41Dann wird er auch zu denen zur Linken
sagen: Weg von mir, Verfluchte, in das ewige Feuer, das bereitet ist dem Teufel und
seinen Engeln! 42Denn ich war hungrig, und ihr habt mir nichts zu essen gegeben; ich
war durstig, und ihr habt mir nichts zu trinken gegeben; 43ich war fremd, und ihr habt
mich nicht aufgenommen; ich war nackt, und ihr habt mir keine Kleidung gegeben;
ich war krank und im Gefängnis, und ihr habt mich nicht besucht. 44Dann werden
auch sie antworten und sagen: Herr, wann haben wir dich hungrig oder durstig oder
obdachlos oder nackt oder krank oder im Gefängnis gesehen und haben dir nicht ge-
holfen? 45Darauf wird er ihnen antworten und sagen: Amen, ich sage euch: Was ihr
für einen dieser Geringsten nicht getan habt, das habt ihr auch mir nicht getan. 46Und
sie werden weggehen und die ewige Strafe erhalten, die Gerechten aber das ewige Le-
ben.

Der Leser wird zu einer spannenden Klimax gelenkt (V 31-36), zum Weltgericht: Der *Menschensohn kommt in seiner Herrlichkeit mit den ihn begleitenden Engeln* (V 31). Auf *„alle Völker“* (V 32) wird hingewiesen (Mt 24,30). Es entfaltet sich ein Gerichtsverfahren mit Richterstuhl und Urteil, Trennung der Straffälligen von den Redlichen, in der Folge der Vollzug des Urteils (V 46). Es ist dies eine beeindruckende eschatologische Skizze.

**Das zentrale Faktum (V 31-33)**

„Wenn der Menschensohn in seiner Herrlichkeit kommt und alle Engel mit ihm, dann wird er auf dem Thron seiner Herrlichkeit sitzen“ (V 31). – Diese Terminologie ist aus Mt 24,30f bereits bekannt und sieht den Menschensohn im beherrschenden Zentrum des Geschehens „auf dem Thron seiner Herrlichkeit“, ebenfalls eine vorausgehende Formulierung (Mt 19,28). Das verweist auf den Thron der göttlichen Majestät, auf die Huldigung vor dem Thron Gottes (Offb 4,1-11). – Das Lamm steht zwischen dem Thron und den vier Lebewesen (Offb 5,6f): „Und ich sah: Zwischen dem Thron und den vier Lebewesen und mitten unter den Ältesten stand ein Lamm; es sah aus wie geschlachtet und hatte sieben Hörner und sieben Augen; die Augen sind die sieben Geister Gottes, die über die ganze Erde ausgesandt sind (Jes 53,7; Sach 4,10). [7] Das Lamm trat heran und empfing das Buch aus der rechten Hand dessen, der auf dem Thron saß (Jes 6,1).

Das Gericht über alle Toten bleibt Gott vorbehalten (20,11-15): „Dann sah ich einen großen weißen Thron und den, der auf ihm saß; vor seinem Anblick flohen Erde und Himmel, und es gab keinen Platz mehr für sie (Jes 6,1; Dan 2,35). [12]Ich sah die Toten vor dem Thron stehen, die Großen und die Kleinen. Und Bücher wurden aufgeschlagen; auch das Buch des Lebens wurde aufgeschlagen. Die Toten wurden nach ihren Werken gerichtet, nach dem, was in den Büchern aufgeschrieben war (Dan 7,10; Offb 3,5). [13]Und das Meer gab die Toten heraus, die in ihm waren; und der Tod und die Unterwelt gaben ihre Toten heraus, die in ihnen waren. Sie wurden gerichtet, jeder nach seinen Werken (Hos 13,14; Ps 28,4). [14]Der Tod und die Unterwelt aber wurden in den Feuersee geworfen. Das ist der zweite Tod: der Feuersee (Hos 13,14; Jes 25,8; 1 Kor 15,26). [15]Wer nicht im Buch des Lebens verzeichnet war, wurde in den Feuersee geworfen (Ex 32,32f; Dan 12,1; Offb 3,5).“

**Urteilsspruch über die Gerechten (V 34-40)**

Exzeptionell wird nun der Menschensohn „König“ genannt; üblicher Weise ist „König“ ein Sinnbild für Gott (Mt 5,35; 18,23; 22,2), indessen allerdings hier exakt mit dem Menschensohn verknüpft (V 34f). – Die nachfolgende Darstellung, vornehmlich V 40.45, vermag nur Jesus, den künftigen Sittenrichter, meinen. Die Identifikation von Menschensohn und König expliziert die urchristliche Erfahrung Jesus als einen König (Mt 21,5; Joh 18,37; Offb 17,14). Der Menschensohn und zugleich König effektuiert den Heilsplan Gottes, der bereits von der Weltschöpfung an das Finale strukturiert: die Partizipation der Redlichen an seiner Herrschaft (V 34) und die Verurteilung der Schlechten am Ort der Bestrafung (V 41).

Gottes Segen und Fluch wird den Israeliten dargeboten (Dtn 11,26ff); in der Rechtsprechung des Menschensohnes wird das offenkundig, auch für alle Völker. – *„Dann wird er auch zu denen zur Linken sagen: Weg von mir, Verfluchte, in das ewige Feuer, das bereitet ist dem Teufel und seinen Engeln!“* (V 41). Dem steht gegenüber (V 34): *„Dann wird der König zu denen zu seiner Rechten sagen: Kommet her, Gesegnete meines Vaters, nehmt das Reich in Besitz, das euch bereitet ist seit der Erschaffung der*

*Welt an.*" – Das sind bekannte Klassifikationen: „Gesegnete meines Vaters", „erben des Reiches" (Mt 5,5; 19,29), „zubereiten", das vom Vater initiiert ist (20,23).

**Richterspruch über die Schuldigen (V 41-45)**

Die Vermaledeiten werden in das „*ewige Feuer*" geschickt (Mt 13,42.50; 18,8f), das „*dem Teufel und seinen Engeln*" zugedacht ist (V 41). – Von den Engeln des Teufels (V 41) wird zudem gesagt (Offb 12,7ff): „Da entbrannte im Himmel ein Kampf; Michael und seine Engel erhoben sich, um mit dem Drachen zu kämpfen. Der Drache und seine Engel kämpften, [8]aber sie konnten sich nicht halten, und sie verloren ihren Platz im Himmel. [9]Er wurde gestürzt, der große Drache, die alte Schlange, die Teufel oder Satan heißt und die ganze Welt verführt; der Drache wurde auf die Erde gestürzt, und mit ihm wurden seine Engel hinabgeworfen." Das ruft in Erinnerung (Mt 16,27): „Der Menschensohn wird mit seinen Engeln in der Hoheit seines Vaters kommen und jedem Menschen vergelten, wie es seine Taten verdienen." Infolgedessen erfolgt der Rechtsspruch den Werken des Einzelnen entsprechend; innerhalb eines individuellen Gerichtsverfahrens in der Versammlung aller Völker (V 32). Repräsentativ werden beispielgebend zur Illustration sechs gute Werke aufgezählt: Spenden von Essen, Trinken, Obdach, Kleidung, darüber hinaus Kranken- und Gefängnisbesuch. – Ähnlich formuliert bereits Jes 58,6f: „Ist nicht das ein Fasten, wie ich es liebe: die Fesseln des Unrechts zu lösen, die Stricke des Jochs zu entfernen, die Versklavten freizulassen, jedes Joch zu zerbrechen, [7] an die Hungrigen dein Brot auszuteilen, die obdachlosen Armen ins Haus aufzunehmen, wenn du einen Nackten siehst, ihn zu bekleiden und dich deinen Verwandten nicht zu entziehen." – Zu den „Werken der Barmherzigkeit" kommt noch die Bestattung der Toten (Tob 1,16-20; 2,3-8).

Im vorliegenden Text gewinnen diese guten Werke an Bedeutung durch den Konnex mit Jesus Christus (V 40b): „Was ihr für einen meiner geringsten Brüder getan habt, das habt ihr mir getan." Der endzeitliche Richter identifiziert sich mit den „Geringsten" im Sinne von Selbsterfahrung. Den Mitmenschen als Bruder anzusehen (Mt 5,22ff; 23,8), wird im Hinblick auf das Endgericht auf alle Menschen bezogen. Dahinter verbirgt sich das Wort Jesu (Mt 12,50): „Denn wer den Willen meines himmlischen Vaters erfüllt, der ist für mich *Bruder und Schwester* und Mutter."

**Ankündigungen der Urteilsvollstreckung (V 46)**

Prägnant werden Urteile angekündet: den Gerechten ewiges Leben, den anderen ewige Strafen. – Mit anderen Worten (Dan 12,2; Joh 5,28f): „[2]Von denen, die im Land des Staubes schlafen, werden viele erwachen, die einen zum ewigen Leben, die anderen zur Schmach, zu ewigem Abscheu. – [28]Wundert euch nicht darüber! Die Stunde kommt, in der alle, die in den Gräbern sind, seine Stimme hören [29]und herauskommen werden: Die das Gute getan haben, werden zum Leben auferstehen, die das Böse getan haben, zum Gericht."

# LEIDEN UND AUFERSTEHUNG JESU

## Mt 26,14–27,66

*Verrat durch Judas (V 14ff)*
14Darauf ging einer der zwölf namens Judas Iskariot zu den Hohenpriestern 15und
sagte: Was wollt ihr mir geben, wenn ich ihn [Jesus] euch ausliefere? Und sie sagten
ihm dreißig Silberstücke zu. 16Von da an suchte er nach einer günstigen Gelegenheit,
um ihn auszuliefern.

*Vorbreitung des Paschamahls (V 17ff)*
17An dem ersten Tag der Ungesäuerten Brote kamen die Jünger zu Jesus und sprachen:
Wo willst du, dass wir dir bereiten, zu essen das Pascha? 18Er antwortete: Geht in die
Stadt zu dem und dem und sagt zu ihm: Der Meister lässt dir sagen: Meine Zeit ist
nahe; bei dir halte ich das Pascha mit meinen Jüngern. 19Und die Jünger taten, wie Je-
sus ihnen aufgetragen hatte, und bereiteten das Pascha.

*Das Mahl (V 20-29)*
20Als es aber Abend geworden war, legte er sich zu Tische mit den zwölf [Jüngern].
21Und während sie aßen, sprach er: Amen, ich sage euch: Einer von euch wird mich
ausliefern. 22Da waren sie sehr betroffen, und einer nach dem andern fragte ihn: Ich
bin es doch nicht, Herr? 23Er aber antwortete und sprach: Der mit mir die Hand in die
Schüssel eintaucht, dieser wird mich überliefern. 24Der Menschensohn geht zwar, wie
über ihn geschrieben steht; wehe aber jenem Menschen, durch den der Menschen-
sohn überliefert wird! Es wäre jenem Menschen gut, wenn er nicht geboren wäre. 25Da
fragte Judas, der ihn auslieferte: Bin ich es etwa, Rabbi? Jesus sagte zu ihm: Du sagst
es. 26Während sie nun aßen, nahm Jesus Brot, segnete, brach und gab es den Jüngern
und sprach: Nehmt, esset; das ist mein Leib. 27Und er nahm den Kelch und dankte und
gab ihn ihnen und sprach: Trinkt alle daraus. 28Denn das ist mein Blut des Bundes,
das für viele vergossen wird zur Vergebung der Sünden. 29Ich sage vielmehr euch:
Nicht mehr werde ich trinken von nun an von der Frucht des Weinstocks, bis an je-
nem Tage, da ich es neu mit euch trinken werde im Reich meines Vaters.

*Gang zum Ölberg (V 30-35)*
30Nach dem Lobgesang gingen sie hinaus zum Ölberg. 31Da spricht Jesus zu ihnen: Ihr
werdet euch alle in dieser Nacht an mir Anstoß nehmen; denn es steht geschrieben:
„Ich werde den Hirten erschlagen, und die Schafe der Herde werden zerstreut wer-
den". 32Aber nach meiner Auferstehung werde ich euch nach Galiläa vorausgehen.
33Petrus erwiderte ihm: Und wenn alle an dir Anstoß nehmen – ich werde niemals An-
stoß nehmen! 34Jesus entgegnete ihm: Amen, ich sage dir: In dieser Nacht, noch ehe
der Hahn kräht, wirst du mich dreimal verleugnen. 35Da sagte Petrus zu ihm: Und
wenn ich mit dir sterben müsste – ich werde dich nie verleugnen. Das gleiche sagten
auch alle anderen Jünger.

*Gebet in Getsemani (V 36-46)*

[36]Darauf kommt Jesus mit ihnen an einen Ort, genannt Getsemani, und er spricht zu den Jüngern: Setzt euch hier, bis ich hingegangen bin und dort gebetet habe. [37]Und er nahm den Petrus und die zwei Söhne des Zebedäus mit, und fing an betrübt und beängstigt zu werden. [38]Dann spricht er zu ihnen: Meine Seele ist sehr betrübt bis zum Tode; bleibt hier und wacht mit mir. [39]Und er ging ein wenig weiter und fiel auf sein Angesicht und betete und sprach: Mein Vater, wenn es möglich ist, so gehe dieser Kelch an mir vorüber; doch nicht wie ich will, sondern wie du willst. [40]Und er kommt zu den Jüngern und findet sie schlafend; und er spricht zu Petrus folgendermaßen: Nicht eine Stunde vermochtet ihr mit mir zu wachen? [41]Wacht und betet, damit ihr nicht in Versuchung geratet. Der Geist ist willig, aber das Fleisch ist schwach. [42]Wiederum, zum zweiten Male, ging er hin und betete und sprach: Mein Vater, wenn dieses nicht an mir vorübergehen kann, ohne das ich davon trinke, so geschehe dein Wille. [43]Und als er kam, fand er sie wiederum schlafend, denn ihre Augen waren schlaftrunken. [44]Und er ließ sie, ging wiederum hin, betete zum dritten Male und sprach Wort aufs Neue. [45]Dann kommt er zu den Jüngern und spricht zu ihnen: So schlaft denn fort und ruht aus; siehe, die Stunde ist nahe gekommen, und der Menschensohn wird in Sünderhände überliefert. [46]Stehet auf, lasst uns gehen; siehe, nahe ist gekommen, der mich überliefert.

*Gefangennahme (V 47-56)*

[47]Und während er noch redete, siehe, da kam Judas, einer der zwölfe, und mit ihm eine große Volksmenge mit Schwertern und Knüppeln, von den Hohenpriestern und Ältesten des Volkes. [48]Der ihn nun überlieferte, hat ihnen ein Zeichen gegeben und gesagt: Der, den ich küssen werde, der ist es; nehmt ihn fest. [49]Sogleich ging er auf Jesus zu und sagte: Sei gegrüßt, Rabbi! Und er küsste ihn. [50]Jesus erwiderte ihm: Freund, dazu bist du gekommen? Dann traten sie herzu und legten die Hände an Jesus und nahmen ihn fest. [51]Und siehe, einer von denen, die mit Jesu waren, streckte die Hand aus, zog sein Schwert und schlug den Knecht des Hohenpriesters und hieb ihm das Ohr ab. [52]Da spricht Jesus zu ihm: Stecke dein Schwert wieder an seinen Ort; denn alle, die das Schwert nehmen, werden durch das Schwert umkommen. [53]Oder meinst du, dass ich nicht jetzt meinen Vater bitten könne, und er mir mehr als zwölf Legionen Engel stellen werde? [54]Wie sollten denn die Schriften erfüllt werden, weil es so geschehen muss? [55]In jener Stunde sprach Jesus zu den Volksmengen: Wie gegen einen Räuber seid ihr mit Schwertern und Knüppeln ausgezogen, um mich festzunehmen. Täglich saß ich bei euch, im Tempel lehrend, und ihr habt mich nicht ergriffen. [56]Aber dies alles ist geschehen, damit die Schriften der Propheten erfüllt werden. Da verließen ihn die Jünger alle und flohen.

*Verhör vor dem Hohen Rat (V 57-68)*

[57]Die nun Jesus ergriffen hatten, führten ihn zu Kajaphas, dem Hohenpriester, wo die Schriftgelehrten und die Ältesten versammelt waren. [58]Petrus folgte ihm von ferne bis zum Hof des Hohenpriesters und ging hinein und setzte sich zu den Dienern, um das Ergebnis zu sehen. [59]Die Hohenpriester und die ganze Ratsversammlung suchten ein falsches Zeugnis gegen Jesus, um ihn zum Tod verurteilen zu können; [60]und sie fanden keines, obwohl viele falsche Zeugen auftraten. Zuletzt aber traten zwei herzu

[61]und sprachen: Dieser sagte: Ich kann den Tempel Gottes abbrechen und in drei Ta-
gen ihn aufbauen. [62]Da stand der Hohepriester auf und fragte Jesus: Antwortest du
nichts zu dem, was diese gegen dich bezeugen? [63]Jesus aber schwieg. Darauf sprach
der Hohepriester zu ihm: Ich beschwöre dich bei dem lebendigen Gott, dass du uns
sagst, ob du der Christus bist, der Sohn Gottes! [64]Jesus spricht zu ihm: Du hast es ge-
sagt. Doch ich sage euch: Von nun an werdet ihr den Menschensohn sitzen sehen zur
Rechten der Macht und kommen auf den Wolken des Himmels. [65]Da zerriss der Ho-
hepriester seine Kleider und sprach: Er hat Gott gelästert; was bedürfen wir noch Zeu-
gen? Siehe, jetzt habt ihr die Gotteslästerung gehört. [66]Was meint ihr? Sie aber ant-
worteten und sprachen: Er ist des Todes schuldig. [67]Dann spuckten sie ihm ins
Gesicht und schlugen ihn. Andere ohrfeigten ihn [68]und sprachen: Weissage uns, Chri-
stus, wer ist es, der dich schlug?

*Verleugnung durch Petrus (V 69-75)*

[69]Petrus aber saß draußen im Hof. Da trat eine Magd zu ihm und sagte: Auch du warst
mit Jesus aus Galiläa. [70]Er aber leugnete vor allen und sprach: Ich weiß nicht, was du
sagst. [71]Und als er zum Tor hinausgehen wollte, sah ihn eine andere und sagte zu de-
nen, die dort waren: Dieser war mit Jesus aus Nazaret. [72]Und wiederum leugnete er
mit einem Eid: Ich kenne den Menschen nicht! [73]Kurz darauf aber traten die Daste-
henden herzu und sprachen zu Petrus: Wahrhaftig, auch du bist einer von ihnen, denn
auch dein Dialekt verrät dich. [74]Da fing er an, sich zu verfluchen und zu schwören:
Ich kenne den Menschen nicht! Und sogleich krähte der Hahn. [75]Und Petrus erinnerte
sich des Wortes Jesu, der zu ihm gesagt hatte: Ehe der Hahn kräht, wirst du mich drei-
mal verleugnen. Und er ging hinaus und weinte bitterlich.

*Auslieferung an Pilatus (27,1f)*

[1]Als es aber Morgen geworden war, fassten alle Hohenpriester und Ältesten des Vol-
kes den Beschluss gegen Jesus, ihn töten zu lassen. [2]Und nachdem sie ihn gefesselt
hatten, führten sie ihn weg und überlieferten ihn Pilatus, dem Statthalter.

*Ende des Judas (3-10)*

[3]Als nun Judas, der ihn ausgeliefert hatte, sah, dass er verurteilt wurde, gereute es
ihn, und er brachte die dreißig Silberlinge den Hohenpriestern und den Ältesten zu-
rück [4]und sagte: Ich habe gesündigt, indem ich schuldloses Blut überliefert habe. Sie
aber sagten: Was geht das uns an? Siehe du zu. [5]Und er warf die Silberlinge in den
Tempel und machte sich davon und ging hin und erhängte sich. [6]Die Hohenpriester
aber nahmen die Silberlinge und sprachen: Es ist nicht erlaubt, sie in den Tempel-
schatz zu geben, denn es ist Blutgeld. [7]Sie beschlossen, es zu nehmen und kauften
dafür den Acker des Töpfers zum Begräbnis für die Fremden. [8]Deswegen ist jener Ak-
ker Blutacker genannt worden bis auf den heutigen Tag. [9]Da wurde erfüllt, was
durch den Propheten Jeremia gesagt worden ist, welcher spricht: „Und sie nahmen
die dreißig Silberlinge, den Preis des Geschätzten, welchen man geschätzt hatte sei-
tens der Söhne Israels, [10]und gaben sie für den Acker des Töpfers, wie mir der Herr
befohlen hat.“

*Verhandlung vor Pilatus (V 11-26)*
[11]Als Jesus vor dem Statthalter stand, fragte ihn der Statthalter: Bist du der König der
Juden? Jesus antwortete: Du sagst es. [12]Und als er von den Hohenpriestern und den
Ältesten angeklagt wurde, antwortete er nichts. [13]Da sagte Pilatus zu ihm: Hörst du
nicht, was sie dir alles vorwerfen? [14]Und er antwortete ihm auch nicht auf einziges
Wort, sodass der Statthalter sich sehr verwunderte. [15]Jeweils zum Fest aber war der
Statthalter gewohnt, der Volksmenge einen Gefangenen freizulassen, welchen sie woll-
ten. [16]Sie hatten aber damals einen berüchtigten Gefangenen, genannt Barabbas. [17]Als
sie nun versammelt waren, sprach zu ihnen Pilatus: Wen wollt ihr, dass ich euch frei-
lassen soll, Barabbas oder Jesus, der genannt wird Christus? [18]Denn er wusste, dass
sie ihn aus Neid überliefert hatten. [19]Während er nun auf dem Richterstuhl saß, sandte
seine Frau zu ihm und ließ ihm sagen: Habe du nichts zu tun mit jenem Gerechten;
denn viel habe ich heute im Traum gelitten um seinetwillen. [20]Aber die Hohenprie-
ster und die Ältesten überredeten die Volksmengen, dass sie um den Barabbas bitten,
Jesum aber töten zu lassen. [21]Der Statthalter antwortete ihnen: Wen von den beiden
wollt ihr, dass ich euch freilasse? Sie aber riefen: Barabbas! [22]Pilatus sagt zu ihnen:
Was soll ich denn mit Jesus tun, der genannt wird Christus? Sie schrien alle: Kreu-
zige ihn! [23]Er erwiderte: Was hat er denn Böses getan? Sie aber schrien maßlos: Kreu-
zige ihn! [24]Als aber Pilatus sah, dass er nichts erreichte, sondern vielmehr ein Tumult
entstand, nahm er Wasser, wusch seine Hände vor der Volksmenge und sprach: Un-
schuldig bin ich am Blut dieses [Menschen]; seht ihr zu. [25]Und das ganze Volk ant-
wortete und sprach: Sein Blut komme über uns und über unsere Kinder! [26]Darauf gab
er ihnen den Barabbas frei; Jesus aber ließ er geißeln und überlieferte ihn, dass er
gekreuzigt werde.

*Verspottung durch die Soldaten (V 27-31a)*
[27]Da nahmen die Soldaten des Statthalters Jesus, führten ihn in das Prätorium und
versammelten um ihn die ganze Kohorte. [28]Sie zogen ihn aus und legten einen schar-
lachroten Soldatenmantel um ihn. [29]Und sie flochten eine Krone aus Dornen und setz-
ten sie auf sein Haupt und gaben ihm ein Rohrstock in seine Rechte; und sie fielen
vor ihm auf die Knie und verspotteten ihn und sagten: Sei gegrüßt, König der Juden!
[30]Und sie spuckten ihn an, nahmen den Rohrstock und schlugen ihn auf den Kopf.
[31a]Und als sie ihn verspottet hatten, zogen sie ihm den Soldatenmantel aus und zogen
ihm seine Kleider an.

*Kreuzigung (V 31b-44)*
[31b]Und sie führten ihn hin, um ihn zu kreuzigen. [32]Als sie hinausgingen, fanden sie
einen Menschen von Zyrene, mit Namen Simon; diesen zwangen sie, sein Kreuz zu
tragen. [33]Und als sie an einen Ort gekommen waren, genannt Golgota, das heißt Schä-
delhöhe, [34]gaben sie ihm Wein mit Galle vermischt zu trinken; und als er es ge-
schmeckt hatte, wollte er nicht trinken. [35]Als sie ihn gekreuzigt hatten, verteilten sie
seine Kleider, indem sie das Los warfen. [36]Dann setzten sie sich nieder und bewach-
ten ihn daselbst. [37]Und sie befestigten oben über seinem Kopf seine Beschuldi-
gungsschrift: Dieser ist Jesus, der König der Juden. [38]Alsdann werden zwei Räuber
mit ihm gekreuzigt, der eine rechts, der andere links. [39]Die Vorübergehenden aber ver-
höhnten ihn, indem sie ihre Köpfe schüttelten [40]und sagten: Der du den Tempel ab-

brichst und in drei Tagen aufbaust, rette dich selbst. Wenn du Gottes Sohn bist, so steige herab vom Kreuze. 41Gleicherweise aber spotteten auch die Hohenpriester samt den Schriftgelehrten und Ältesten und sprachen: 42Andere hat er gerettet, sich selbst kann er nicht retten. Er ist Israels König; so steige er jetzt vom Kreuze herab, und wir wollen an ihn glauben. 43Er hat auf Gott vertraut: der soll ihn jetzt retten, wenn er an ihm Gefallen hat; er hat doch gesagt: Ich bin Gottes Sohn. 44Auf dieselbe Weise schmähten ihn auch die Räuber, die mit ihm gekreuzigt waren.

*Tod Jesu (V 45-56)*

45Aber von der sechsten Stunde an kam eine Finsternis über das ganze Land bis zur neunten Stunde. 46Um die neunte Stunde schrie Jesus auf mit lauter Stimme: Eli, Eli, lema sabachtani? Das heißt: Mein Gott, mein Gott, warum hast du mich verlassen? 47Einige von denen, die dabeistanden und es hörten, sagten: Er ruft nach Elija. 48Sogleich lief einer von ihnen und nahm einen Schwamm, füllte ihn mit Essig und steckte ihn auf einen Stock und gab ihm zu trinken. 49Die Übrigen aber sagten: Lass uns sehen, ob Elija kommt, ihn zu retten! 50Jesus aber schrie abermals mit lauter Stimme und gab den Geist auf. 51Und siehe, der Vorhang des Tempels zerriss von oben bis unten entzwei; und die Erde erbebte, und die Felsen spalteten sich. 52Und die Gräber taten sich auf, und viele Leiber der entschlafenen Heiligen wurden auferweckt; 53und sie gingen aus den Gräbern nach seiner Auferweckung und gingen in die Heilige Stadt und erschienen vielen. 54Als aber der Hauptmann und die mit ihm Jesum bewachten das Erdbeben sahen und das, was geschah, fürchteten sie sich enorm und sprachen: Wahrhaftig, dieser war Gottes Sohn! 55Es waren dort viele Frauen, die von fern zusahen, welche Jesus von Galiläa nachgefolgt waren und ihm gedient hatten; 56unter ihnen war Maria von Magdala, Maria, die Mutter des Jakobus und des Josef, und die Mutter der Söhne des Zebedäus.

*Begräbnis Jesu (V 57-61)*

57As es Abend geworden war, kam ein reicher Mann von Arimathäa namens Josef, der auch selbst ein Jünger Jesu war. 58Dieser ging hin zu Pilatus und bat um den Leib Jesu. Da befahl Pilatus, dass er ihm übergeben werde. 59Und Josef nahm den Leib und hüllte ihn in reines Leinen, 60und legte ihn in sein neues Grab, das er in dem Felsen ausgehauen hatte; und er wälzte einen großen Stein an den Eingang des Grabes und ging hinweg. 61Es waren daselbst Maria von Magdala und die andere Maria; sie saßen dem Grab gegenüber.

*Bewachung des Grabes (V 62-66)*

62Des folgenden Tages, der nach dem Rüsttage ist, versammelten sich die Hohenpriester und die Pharisäer bei Pilatus. 63Sie sagten: Herr, wir haben uns erinnert, dass jener Verführer sagte, als er noch lebte: Nach drei Tagen werde ich auferstehen. 64So befiehl nun, dass das Grab gesichert werde bis zum dritten Tag, damit nicht etwa seine Jünger kommen, ihn stehlen und dem Volke sagen: Er ist von den Toten auferstanden; und die letzte Täuschung wird ärger sein als die erste. 65Pilatus sprach zu ihnen: Ihr sollt eine Wache haben; geht hin, sichert es, so gut ihr es versteht. 66Sie aber gingen hin und sicherten das Grab, nachdem sie den Stein versiegelt hatten, mit der Wache.

**Verrat (V 14ff)**
Judas Iskariot zählt zum engsten Kreis der Jünger Jesu (10,4) und will seinen Rabbi an seine Widersacher *ausliefern*, noch dazu um Geld. Deshalb befragt er die Hohenpriestern, was er dafür bekommen könnte. Somit scheint augenfällig eindeutig die Habsucht der Hauptgrund dieser niederträchtigen Tat zu sein. – Ob nicht doch noch ein anderes Motiv dahinter liegt, lässt sich nicht eruieren. – Die Judaserzählung hat *ab ovo* erheblich zahlreiche unterschiedliche Sinngebungen erfahren. – Eine Fortführung zum vorliegenden Abschnitt drängt den Judas erneut zu den Hohenpriestern, was ihn schließlich in seinen Selbstmord treibt (27,3-5). In beiden Stellen geht es um den Verräterlohn, der in V 15 auf Sach 11,12 und somit auf dreißig Silberlinge verweist. Infolgedessen wird rätselhaft geheimnisvoll Gottes Plan offenbar: Der Menschensohn wird nach dem Willen Gottes Menschen *„ausgeliefert“* (Mt 17,22; 20,19; 26,2.24.45). – Gottes Widersacher will Gottes Pläne vereiteln oder verhindern; er erkennt nicht, dass er sie unbewusst in einer tiefgründigeren Bedeutung verwirklicht, realisiert.

**Paschamahl (V 17ff)**
Nach einer Überlieferung stirbt Jesus noch bevor die Juden das Paschamahl gegessen haben (Joh 18,28), und offenbar zu der Stunde, als die Paschalämmer im Tempel geschlachtet wurden (Joh 19,31.36). Demnach war das letzte Abendmahl Jesu kein Paschamahl im üblichen traditionellen Sinn. Dennoch sollen die Jünger das Paschamahl vorbereiten (V 17). Während des Abendmahles gibt es keinen Hinweis auf das Essen des Paschalammes, wenn auch die erzählten Vorgänge (V 20.23.26.30) innerhalb einer Paschafeier vorstellbar sind. Die Vorbereitung zum Paschamahl wird artgemäß beschrieben wie die Vorkehrung zum Einzug Jesu in Jerusalem (21,1ff) mit vorauswissenden Anordnungen Jesu, welche die Jünger durchführten (21,6; 26,19). Möglicherweise hat Jesus mit seinen Jüngern eine Paschafeier wie die Essener zu anderer Zeit als die übrigen Juden zelebriert. Er hat bereits ein *„neues Paschafest“* gestiftet, denn Christus ist „als unser Paschalamm geopfert worden“ (1 Kor 5,7). Das siebentägige Fest der Ungesäuerten Brote (V 17) setzte damals das Paschafest fort. Gedacht ist hiermit der Paschatag, an dem abends die häusliche Feier für die Familie oder eine adäquate Gemeinschaft von etwa fünfzehn Menschen anfing. – Dazu musste man einen Raum vorbereiten und entsprechende Maßnahmen für die Pascha-Tafel treffen (V 18). – „Meine Zeit ist nahe“ (V 18) verweist bereits auf das imminent drohende Leiden (Mt 26,45).

**Mahl (V 20-29)**
Über den Verrat – die „Auslieferung“ – Jesu durch Judas Iskariot ist der Leser bereits informiert (V 14ff), anscheinend noch nicht der Jüngerkreis (V 20-25). Jesus kennt den „Verräter“; dem ungeachtet ist diese „Auslieferung“ von Gott angeordnet, in der Schrift vorhergesagt und fundiert: Das Bestürzende ist, dass einer aus der Tischgemeinschaft diesen abscheulichen Angriff verübt, und die Betroffenheit der gegenwärtigen Jünger zeigt ihr Entsetzen: *„Bin ich es etwa, Herr?“*
Diese Szene bringt kulminierend die schauderhafte, entsetzliche, vermessene Fragestellung des Judas, *„bin ich es“* und Jesu affirmative Beantwortung (V 25). Man versteht die verstärkte Aufmerksamkeit am Mensch des Abtrünnigen. Judas spricht Jesus wie später bei der Verhaftung (Mt 26,49) mit *„Rabbi“* an, und Jesu Bescheid *„du sagst es“* – dein ganzes Verhalten dokumentiert es. – Mehr wird nicht erfahrbar. – Sensationell erstaunlich ist das Wort Jesu auf das gemeinsame Eintauchen in die Schüssel: *„dieser wird mich verraten / aus-*

*liefern"* (V 23). – Die Fortsetzung besagt (Mt 26,24): „Der Menschensohn muss zwar seinen Weg gehen, wie die Schrift über ihn sagt. Doch weh dem Menschen, durch den der Menschensohn verraten wird. Für ihn wäre es besser, wenn er nie geboren wäre." – Die Aussage über Judas muss nicht absolut ewige Verurteilung ankünden (Mt 18,7): „Wehe der Welt mit ihrer Verführung! Es muss zwar Verführung geben; doch wehe dem Menschen, der sie verschuldet." Allerdings ist es eine schreckliche Ängstigung, die durch das furchtbare Ende des Judas (Mt 27,5) beglaubigt wird und die Rechtsprechung Gottes vorausahnt.

Die Einsetzung der Eucharistie bildet das Nonplusultra des letzten Abendmahles Jesu mit seinen Jüngern. Sie ist der Ursprung der neuen christlichen Paschafeier (V 26-29), die in der Urkirche das „Herrenmahl" (1 Kor 11,20) oder „Brotbrechen" (Apg 2,42.46; 20,7.11; 1 Kor 10,16) genannt wird.

„Während sie nun aßen, nahm Jesus Brot, segnete, brach und gab es den Jüngern und sprach: Nehmt, esset; das ist mein Leib" (V 26). – Dieses Geschehen bildet durch die Handlungsweise und Worte Jesu den Höhepunkt des Mahles. Im „Nehmen" des Brotes wird die Aufmerksamkeit der Jünger auf etwas Außergewöhnliches gelenkt. Der „Segen oder Lobpreis" Jesu wird nicht im Wortlaut zitiert. – Die flachen Brotscheiben werden „gebrochen"; in der Symbolhandlung von „Geben" und „Nehmen" erfahren die Anwesenden einen Gemeinschaft bildenden Akt durch Jesus, der das Brot nur den Jüngern reicht, die dadurch mit ihm eine besondere Einheit bilden. – Jesus fügt zu „nehmt" hinzu „esset" und isst selbst nicht von dem Brot, das einen besonderen Sinngehalt hat: „Das ist mein Leib." Der griechischen Diktion entsprechend sind das „Brechen" des Brotes und das „Sprechen" dieser Worte die Höhepunkte dieser Zeremonie; daraus bildete sich die frühe Benennung der „Eucharistie (Danksagung)" als „Brotbrechen". – Dank dieses von Jesus ausgeteilten Brotes, das sein Leib ist, bekommen die Partner der Mahlgemeinschaft Anteil an ihm selbst (1 Kor 10,16): „Ist der Kelch des Segens, über den wir den Segen sprechen, nicht Teilhabe am Blut Christi? Ist das Brot, das wir brechen, nicht Teilhabe am Leib Christi?" – Durch diese Teilhabe an Jesus wird Gemeinschaft mit ihm und untereinander, nämlich aller Teilnehmer, erlebt. – Die Aussage über „Leib" und „Blut" (V 26.28) führt zur Hingabe in den Tod, „für viele ... zur Vergebung der Sünden". – Das offenbart die grandiose Idee und Zielsetzung der Menschwerdung Gottes in Jesus: Jesu Dasein für die anderen und die Hingabe seines Leibes.

Statt „Segen oder Lobpreis" (V 26) wird nun „dankte oder sagte Dank" (V 27) verwendet: Lobpreis, „Eulogie", und Dank, „Eucharistie" sind ursprünglich gleichbedeutend. – Das *„Blut des Bundes"* erinnert an den Bundesschluss am Sinai (Ex 24,8): „Und Mose nahm das Blut und sprengte es auf das Volk und sprach: Siehe, das Blut des Bundes, den Jahwe mit euch geschlossen hat aufgrund all dieser Worte." – Der Bundesgedanke wird hiermit auf den blutigen Tod Jesu gelenkt, transponiert: Gott „erwirbt sich durch das Blut seines eigenen Sohnes" ein neues Bundesvolk (Apg 20,28): „So ist Jesus auch zum Bürgen eines besseren Bundes geworden" (Hebr 7,22); er „ist Mittler eines besseren Bundes" (Hebr 8,6), „Mittler eines neuen Bundes" (Hebr 12,24).

Der Ausdruck *„für viele"* (V 28) ist offen für alle Ungezählten und kann geradezu mit „alle" übersetzt werden, wie auch das stellvertretende und sühnende Leiden des Gottesknechtes für „viele" vorausgesagt wird (Jes 53,11f). Das betrifft die gesamte Menschheit (2 Kor 5,14f.19): „Denn die Liebe Christi drängt uns, da wir erkannt haben: Einer ist für alle gestorben, also sind alle gestorben. [15]Er ist aber für alle gestorben, damit die Lebenden nicht mehr für sich leben, sondern für den, der für sie starb und auferweckt wurde. [19]Ja, Gott war es, der in Christus die Welt mit sich versöhnt hat, indem er den Menschen ihre Verfehlungen nicht anrechnete und uns das Wort von der Versöhnung anvertraute." – Ebenso interpretiert 1 Tim 2,5f: „Denn: Einer ist Gott, einer auch Mittler zwischen Gott und den Menschen: der Mensch Christus Jesus, [6]der sich als Lösegeld hingegeben hat für alle, ein Zeugnis zur vorherbestimmten Zeit."

Dies geschieht *„zur Vergebung der Sünden"* (V 28) womit die Konsequenz des Sühnetodes Jesu illustriert wird (Kol 1,14; Eph 1,7): „[14]Durch ihn haben wir die Erlösung, die Vergebung der Sünden. – [7]Durch sein Blut haben wir die Erlösung, die Vergebung der Sünden nach dem Reichtum seiner Gnade."

Von der augenblicklichen Situation verweist Jesus auf die jenseitige Mahlgemeinschaft im Reich der Himmel (V 29): „Ich sage vielmehr euch: nicht mehr werde ich trinken von nun an von der Frucht des Weinstocks, bis an jenem Tage, da ich es neu mit euch trinken werde im Reich meines Vaters." Diese Aussage involviert Jesu Wissen um sein nahes Ableben; er sieht das Todesgeschick unmittelbar bevorstehend. In diesen Momenten des Abschieds beteuert Jesus den Jüngern, dass er „von nun an" keinen Wein trinken werde – sondern prophetisch vorauswissend – „neu mit euch", also andersartig im künftigen Lebensbereich (2 Petr 3,13): „Dann erwarten wir, seiner Verheißung gemäß, einen neuen Himmel und eine neue Erde, in denen die Gerechtigkeit wohnt." – Die gegenwärtige Mahlgemeinschaft verweist auf Zukünftiges (Mt 8,11): „Ich sage euch: Viele werden von Osten und Westen kommen und mit Abraham, Isaak und Jakob im Himmelreich zu Tisch sitzen." – Dieser eschatologische Aspekt ist ausdrucksvoll eminent bedeutend (1 Kor 11,26): „Denn sooft ihr von diesem Brot esst und aus dem Kelch trinkt, verkündet ihr den Tod des Herrn, bis er kommt." – Die Frage nach dem „Wann" wird beantwortet (Offb 22,20): „Der diese Dinge bezeugt, spricht: Ja, ich komme bald. Amen; komm, Herr Jesus!"

**Ölberg (V 30-35)**

Dieser Abschnitt beschreibt die Ortsangabe (V 30), die Ankündigung der Verwirrung, Zerrüttung, Versprengung der Jünger (V 31f), die Voraussage der Verleugnung Jesu durch Petrus (V 31f) und die maßlose Zusicherung des Petrus und schließlich der anderen Jünger (V 34f). Dem ungeachtet ist alles bestimmt durch das Wort Jesu, dass die Jünger *alle Anstoß nehmen werden* (V 33), in ihrer Überzeugung und Liebe aufgewühlt werden und unterliegen, versagen (Mt 11,6; 13,57; 18,6; 24,10). Nämlich *„an mir in dieser Nacht"* (V 31): Ein provokantes, aufrüttelndes Wort, das den Petrus ungünstig motiviert: In seiner Arroganz – „wenn alle Anstoß nehmen, ich niemals" (V 34) – landet er in der Katastrophe. Auch nach Jesu Ankündigung seines schmachvollen Verhaltens protestiert er noch einmal großsprecherisch. – Der entsetzliche Ausspruch vom Versagen der Jünger wird auf zweifache Weise verständlich gemacht (V 31f): mit Hilfe des Schriftzitates (Sach 13,7) *von dem Hirten, der erschlagen wird und dessen Schafe sich zerstreuen,* zudem durch die Ankündigung Jesu, dass *er ihnen nach Galiläa vorausgehen wird* (V 32). – Galiläa wird zur Neubesinnung, zur Wiedervereinigung der Jünger, zum Ausgangspunkt *in nuce* der Urkirche. Die Voraussagen Jesu bewahrheiten sich exakt: Während der Verhaftung machen sich die Jünger davon (Mt 26,56), und zur Zeit des Verhörs Jesu vor dem Hohen Rat handelt Petrus gegen seine Überzeugung, bekennt sich nicht zu Jesus –dreimal, bevor der Hahn kräht (26,69-75).

**Getsemani (V 36-46)**

Die Ortsangabe – ein Landgut im Kidrontal, am Fuß des Ölbergs mit dem Namen *Getsemani* was mit „Ölkelter" übersetzt werden kann – garantiert eine verbürgte Tradition.

Das Anliegen Jesu nach Brüderlichkeit mit den Jüngern wird akzentuiert. Jesus geht *„mit ihnen"* nach Getsemani (V 36) und erbittet: *„Wacht mit mir!"* (V 38), und bemängelt: *„Konntet ihr nicht eine Stunde mit mir wachen?"* (V 40). Dadurch wird das Jesus-Wort *„wacht und betet"* (V 41) allgemein verpflichtend, universal, weltweit!

Zuvörderst bittet Jesus, der *Kelch des Todes* möge ihm, wenn möglich, erspart bleiben (V 39); daraufhin, bei der zweiten Gebetsphase, *wenn es nicht möglich sei*, soll der Wille des Vaters geschehen (V 42), was die entsprechende Bitte aus dem Vaterunser (Mt 6,10) aufgreift. – Auf diese Weise aktiviert sich die Unterwürfigkeit Jesu in den Willen Gottes. – Auch an die Anweisung *„wacht und betet"* schließt sich ein Gedanke aus dem Vaterunser an: *„damit ihr nicht in Versuchung geratet"* (V 41). Selbst wenn des Menschen *„Geist willig ist"*, gibt es Anfechtungen, welche die Kraft – das *„Fleisch"* – überfordern. – Diesen Vorgang interpretiert Hebr 5,7f: „Als er auf Erden lebte, hat er mit lautem Schreien und unter Tränen Gebete und Bitten vor den gebracht, der ihn aus dem Tod retten konnte, und er ist erhört und aus seiner Angst befreit worden. [8]Obwohl er der Sohn war, hat er durch Leiden den Gehorsam gelernt." – Das Gebetsringen Jesu ist lehrreich und beispielgebend.

**Gefangennahme (V 47-56)**
**Judaskuss und Festnahme (V 47-50)**

Mit der *„großen Volksmenge"* wird offenbar auch der Verhaftungstrupp, der mit Schwertern und Knüppeln bewaffnet ist, vor allem die Tempelpolizei, bezeichnet, alle die von den „Hohenpriestern und Ältesten des Volkes" geschickt wurden (Mt 26,3). Die Aufmerksamkeit wird unverzüglich auf den Verräter gelenkt. Mit dem vereinbarten Wink, einem Freundeskuss, verrät er den *„Rabbi"* (26,25). Jesus entgegnet besorgniserregend mit *„Freund"*, eine Wendung, welche die Abendmahls-Gemeinschaft ins Gedächtnis ruft. „Dazu bist du gekommen?" ist das letzte zur Umkehr und Reue motivierende Wort Jesu an Judas. – Unmittelbar darauf wird Jesus verhaftet.

**Schwertschlag (V 51-54)**

„Und siehe, einer von denen, die mit Jesu waren, streckte die Hand aus, zog sein Schwert und schlug den Knecht des Hohenpriesters und hieb ihm das Ohr ab" (V 51). Im vorliegenden Text wird kurz und bündig nur das Faktum erzählt. – Der Zuschlagende aus dem Kreis Jesu ist nach Joh 18,10 Petrus, und der Verletzte wird dort Malchus genannt: „Simon Petrus aber, der ein Schwert bei sich hatte, zog es, schlug nach dem Diener des Hohenpriesters und hieb ihm das rechte Ohr ab; der Diener hieß Malchus." Die Heilung des Verwundeten wird nur einmal folgendermaßen einzig und allein mit nachfolgender Aussage überliefert (Lk 22,50f): „Und einer von ihnen schlug auf den Diener des Hohenpriesters ein und hieb ihm das rechte Ohr ab. [51]Jesus aber sagte: Hört auf damit! Und er berührte das Ohr und heilte den Mann." Es ist verständlich, dass „Lukas der Arzt" (Kol 4,14) dafür besonders aufmerksam ist.

Jesus weist den Schwertschläger energisch zurecht, hat er doch gelehrt (Mt 5,39a): „Ich aber sage euch: Leistet dem, der euch etwas Böses antut, keinen Widerstand." Rache und Vergeltung möge man Gott überlassen (Röm 12,19).

Der Hinweis Jesu auf *zwölf Legionen Engel* (V 53) führt zur Unterweisung, dass ein Heilsplan Gottes, wie in den Schriften vorherverkündet wird, zu erfüllen ist. Mag sein, dass hiermit an den leidenden Gottesknecht (Jes 42,1-4; 49,1-6; 50,4-9; 52,13-53,12), den die Urkirche in Christus gekommen sieht (Mt 12,18; Apg 3,26; 8,30-36; Phil 2,7), gedacht wird. Dies bestätigt auch (1 Kor 15,3): „Denn vor allem habe ich euch überliefert, was auch ich empfangen habe: Christus ist für unsere Sünden gestorben, gemäß der Schrift, (Jes 53,4f; Röm 4,25; 1 Petr 2,24) [4] und ist begraben worden. Er ist am dritten Tag auferweckt worden, gemäß der Schrift" (Hos 6,2).

**Vorwurf und Flucht (V 55f)**

Die beiden Verweise auf die Schrifterfüllung (V 54.56) bilden eine Inklusion, womit noch profilierter das moralische Unrecht Jesus gegenüber promulgiert wird: Wie *„gegen einen Räuber"* (V 55) wird vorgegangen, geradezu eine Vorverurteilung ihm gegenüber, der ohnedies *„täglich im Tempel lehrend ergreifbar war".* Die Lehrtätigkeit Jesu im Tempel ist allgemein bekannt (Mt 21,23; 24,1). Unproportional ist nun zunächst dieses Vorgehen wie gegen einen Verbrecher. – Das blickt auf die Aussagen zurück (Mt 7,1): „Richtet nicht, damit ihr nicht gerichtet werdet!" – Dem steht gegenüber (1 Kor 2,14): „Der irdisch gesinnte Mensch aber lässt sich nicht auf das ein, was vom Geist Gottes kommt. Torheit ist es für ihn, und er kann es nicht verstehen, weil es nur mit Hilfe des Geistes beurteilt werden kann."

Andererseits klagt dieser Tadel den Volkshaufen (V 47) an, dass sie Jesus, der als Lehrer täglich unter ihnen saß, nicht ergriffen haben, aber in dieser nächtlichen *„Stunde"* – lange nachdem es *„Abend wurde"* (V 20) – geradezu schwer bewaffnet gegen Jesus heranrücken. Das ist alles Ausdruck der Feigheit der „Hohenpriester und Ältesten" (V 47). Dem gegenüber steht die Entschlossenheit Jesu, „die Schrift zu erfüllen": Tod und Auferstehung auf sich zu nehmen. – Und erneut zeigt sich *„in jener Stunde"* (V 55) der Nacht die feige, beschämende „Flucht aller Jünger" (V 56). – Entschlossenheit zeigt allein Jesus – um ihn herum ist Feigheit, Angst, Mutlosigkeit, Niedergeschlagenheit.

**Hohe Rat (V 57-68)**

**Kajaphas – Petrus (V 57f)**

Josef *Kajaphas* war von 18-37 n. Chr. amtierender *Hoherpriester*, der Schwiegersohn des noch immer mächtigen, aber von den Römern abgesetzten Hannas (Lk 3,2; Joh 18,13). Aaron gilt als Prototyp für den Hohepriester (Ex 28f; 39; Lev 8-10). In der Zeit fremder Besatzung wurden die Hohepriester Sprecher und Vertreter des Volkes. – Das jüdische Prozessrecht der Zeit Jesu ist nicht exakt bekannt.

Der Hohe Rat – Hebräisch Sanhedrin, Griechisch Synedrion – ist die oberste jüdische Administration seit der Zeit kurz vor Jesu Geburt und zur ntl. Zeit mit überwiegend religiösen und verwaltungsmäßigen Aufgaben. Entstanden ist der Hohe Rat aus dem Ältestenrat der Nachexilszeit und wird erstmals in 1 Makk 12,6 genannt. An führender Position des Hohen Rates fungiert der Hohepriester; die einzelnen Gruppen waren die Oberpriester, die Ältesten – einflussreiche, potente Leute – und die Schriftgelehrten, die überwiegend der Partei der Pharisäer angehörten. Die Ratssitzungen fanden üblicherweise in einer Halle im Südwestteil des Tempelbezirks am Xystos-Tal, gelegentlich auch in der Oberstadt im Haus des Hohenpriesters statt.

Wahrscheinlich ereignete sich zunächst noch in der Nacht ein Verhör Jesu durch den Hohenpriester in dessen Haus; und erst am Morgen erfolgte die Verhandlung vor dem Hohen Rat im Gerichtsgebäude. Die Verleugnung des *Petrus* fand gewiss im Hof des hohenpriesterlichen Wohnsitzes statt.

**Zeugenverhör (V 59-62)**

Das Verhör der Zeugen war im jüdischen Gerichtsverfahren das Bedeutungsvollste und wurde extrem akkurat vorgenommen, wie die Erzählung Susannas (Dan 13) anzeigt. Da die Zeugen im Prozess gegen Jesus nicht übereinstimmten, kommt es zu keiner Anklage und daher auch zu keinem Schuldspruch. – Allerdings wird eine vermeintliche Anschuldigung von *zwei Zeugen* – die obligatorische Zahl nach Dtn 17,6; 19,15 – erwähnt (Mt 26,60): ein Wort Jesu über den Tempel, wozu andernorts vermerkt wird (Mk 14,59): „Aber auch in diesem Fall stimmten die Aussagen nicht überein.“ – Dahinter verbirgt sich (Joh 2,19.21): „Jesus antwortete ihnen: Reißt diesen Tempel nieder, in drei Tagen werde ich ihn wieder aufrichten. [21]Er aber meinte den Tempel seines Leibes. [22]Als er von den Toten auferstanden war, erinnerten sich seine Jünger, das er dies gesagt hatte, und sie glaubten der Schrift und dem Wort, das Jesus gesprochen hatte.“ – Die Ankündigung der Tempelzerstörung wäre wahrscheinlich ein Verurteilungsgrund gewesen, der auch von den Römern akzeptiert worden wäre.

Der Hohepriester versucht Jesus ein Wort zu entlocken (V 62), er aber schweigt – sein Schweigen klassifiziert, verurteilt dieses höhnische Treiben mit falschen Zeugen, es ist keiner Rede, keines Wortes, keiner Silbe wert. Das verunsichert den Hohenpriester und führt ihn, um sich zu rechtfertigen, zur nachfolgenden beschwörenden Frage. – Zugleich wird in Erinnerung gerufen (Jes 53,7): „Er wurde misshandelt und niedergedrückt, aber er tat seinen Mund nicht auf. Wie ein Lamm, das man zum Schlachten führt, und wie ein Schaf angesichts seiner Scherer, so tat auch er seinen Mund nicht auf.“

**Hohepriester und Jesus (V 63f)**

Das Schweigen Jesu bewegt, ja nötigt geradezu zur persönliche Kompensation den Hohenpriester zu einer beschwörenden rituellen Frage – *„beim lebendigen Gott“* –, ob er der Messias sei. Nachdenken lässt die Diktion *„der Sohn Gottes“* im Munde des Hohenpriesters. – „Sohn Gottes“ ist als Bezeichnung für den Messias in dieser Situation durchaus vorstellbar, zwar außergewöhnlich, aber nicht undenkbar, wie nachfolgende Zitate zeigen (2 Sam 7,14a): „Ich will für ihn Vater sein, und er wird für mich Sohn sein.“ – Ps 2,7: „Den Beschluss will ich kundtun. Jahwe sprach zu mir: Mein Sohn bist du. Heute habe ich dich gezeugt.“ – Ps 89,27: „Er wird zu mir rufen: Mein Vater bist du, mein Gott, der Fels meines Heiles.“ – Und diese Aussagen bestätigt auf Jesus Christus bezogen Hebr 1,5: „Denn zu welchem Engel hat er jemals gesagt: Mein Sohn bist du, heute habe ich dich gezeugt, und weiter: Ich will für ihn Vater sein, und er wird für mich Sohn sein?“

Jesus offenbart sich als Messias – etwas reserviert mit der Antwort (V 64): *„du hast es gesagt.“* Dem schließt er spontan eine Zusicherung an, die sein Bekenntnis veranschaulicht und zur drohenden Warnung für die gesamte Ratsversammlung wird: *„Doch ich sage euch: Von nun an werdet ihr den Menschensohn sitzen sehen zur Rechten der Macht und kommen auf den Wolken des Himmels.“* – Die gegen Jesus zu Gericht sitzen, werden ihn zur Rechten Gottes und auf den Wolken des Himmels kommen sehen. Damit korrigiert Jesus das jüdische Messiasverständnis; zugleich wird auf zwei Schriftstellen verwiesen, die nicht nur in der Urkirche bedeutungsvoll sind: Ps 110,1; Dan 7,13. – Zu Ps 110,1 findet sich bereits folgende Jesu zugedachte Interpretation (Mt 22,42-46): „Was denkt ihr über den Messias? Wessen Sohn ist er? Sie antworteten ihm: Der Sohn Davids. [43]Er sagte zu ihnen: Wie kann ihn dann David, vom Geist (Gottes) erleuchtet, ‚Herr‘ nennen? Denn er sagt: [44]Jahwe sprach zu meinem Herrn: Setze dich mir zur Rechten, und ich lege dir deine Feinde unter die Füße (Ps 110,1). [45]Wenn ihn also David ‚Herr' nennt, wie kann er dann Davids Sohn sein? [46]Niemand konnte ihm darauf etwas erwidern, und von diesem Tag an wagte keiner mehr, ihm eine Frage zu stellen." – Nun zu Dan 7,13: „Immer noch hatte ich die nächtlichen Visionen: Da kam mit den Wolken des Himmels einer wie ein Menschensohn. Er gelangte bis zu dem Hochbetagten und wurde vor ihn geführt." „Menschensohn" bezeichnet hier den messianischen Herrscher des endzeitlichen Gottesreiches. Das wird folgendermaßen von Jesus nach Mt 24,29ff erklärt: „Sofort nach den Tagen der großen Not wird sich die Sonne verfinstern, und der Mond wird nicht mehr scheinen; die Sterne werden vom Himmel fallen, und die Kräfte des Himmels werden erschüttert werden. [30]Danach wird das Zeichen des Menschensohnes am Himmel erscheinen; dann werden alle Völker der Erde jammern und klagen, und sie werden den Menschensohn mit großer Macht und Herrlichkeit auf den Wolken des Himmels kommen sehen. [31]Er wird seine Engel unter lautem Posaunenschall aussenden, und sie werden die von ihm Auserwählten aus allen vier Windrichtungen zusammenführen, von einem Ende des Himmels bis zum andern."

Somit wird in diesem Konnex angedeutet, dass Jesus seine Rechtfertigung und das ihm von Gott übertragene Richteramt als *„Menschensohn"* artikuliert, nämlich in einer Naherwartung, die *„von nun an"* akzentuiert.

**Beschuldigung und Urteil (V 65f)**

Der Hohepriester erkennt in Jesu Selbstbekenntnis eine Blasphemie: Das *„Sitzen zur Rechten Gottes"* ist nur mit göttlichem Fähigkeitsausweis, durch göttliche Dokumentation wahrnehmbar, wovon der Hohepriester mutmaßlich keine Kenntnis hat. So wird diese Selbstoffenbarung und Zusage Jesu in verblendeter Weise töricht als Attacke auf Gottes Souveränität und eine Verhöhnung seiner Rechte gewertet. Das bewirkt den Sachverhalt der *Blasphemie*. Zum Kennzeichen *ad hoc* reißt der Hohepriester, wie erfordert, sein Gewand ein und vereinnahmt die Gegenwärtigen zu Zeugen der Gotteslästerung, die sie gerade selbst vernommen haben. Der Rechtsspruch ist für sie drastisch: Jesus ist *„des Todes schuldig"*. Der Darstellung im vorliegenden Text reicht es, die vom Hohen Rat formulierte Todesschuld Jesu darzulegen.

**Verspottungsszene (V 67f)**

Die Entehrung ist ruppig und niederträchtig erbarmungslos beschrieben. Sie geht anscheinend von der Sitzung des Hohen Rats aus (V 59), womit das Limit eines hohen Niveaus äußerst tief gehalten wird. Man hat den Eindruck, sie waren alle mehr als primitiv. Die Verhöhnung des Propheten Jesus (Mt 14,5; 21,11.16) inkludiert die Anrede Jesu mit „Messias", augenscheinlich in Reminiszenz an seine unmittelbar vorausgehenden Diktionen (V 63f). Ob diese ungeheuerliche Beleidigung und Quälerei Jesu durch die Ratsmitglieder möglich ist? Das wäre eine enorme Entgleisung der höchsten Richter. Die Verspottungsszene hat sich möglicherweise im Arrest Jesu durch die Wachmannschaft ereignet, wie Paralleltexte annehmen lassen.

**Verleugnung durch Petrus (V 69-75)**

Die feige, mutlose, ängstliche Verleugnung durch Petrus, wird von allen Evangelisten erzählt und kann nicht erfunden sein (Mt 26,69-75; Mk 14,66-72; Lk 22,56-62; Joh 18,15-18.25-27). Die dreimalige Verleugnung ist allen Darstellungen gemeinsam, was mit der Voraussage Jesu (Mt 26,34) harmoniert. Die Abweichungen zählen zur literarischen Freiheit. – Anfangs leugnet Petrus, als würde er den Namen Jesu nicht kennen (V 70), sodann mit einem Eid (V 72), in der Folge mit Selbstverfluchungen und Schwüren (V 74). Und doch wird man an das Schwurverbot Jesu erinnert (Mt 5,33-37). – Abgrundtief ist das Versagen des Petrus; grandios ist seine Reue: beim Hahnenschrei begreift er die Voraussage Jesu entsprechend seinem sündhaften Frevel, *„geht hinaus und weint bitterlich“* (V 75). – Nach dieser Begebenheit wird Petrus im Evangelium des Matthäus nicht mehr erwähnt. – Dieses Faktum ist eine bewegende Aufforderung, nicht auf eigene Kraft zu bauen, eingedenk der Worte Jesu (Mt 26,41): „Wacht und betet, damit ihr nicht in Versuchung geratet. Der Geist ist willig, aber das Fleisch ist schwach.“ – Zugleich ergeht hiermit eine Motivation, durch Reue Vergebung zu erlangen, die durch das Blut Jesu ermöglicht wird (Mt 26,28): „Das ist mein Blut, das Blut des Bundes, das für viele vergossen wird zur Vergebung der Sünden.“

**Auslieferung an Pilatus (V 27,1f)**

Durch die Auslieferung Jesu an den Prokurator Pontius Pilatus, der Statthalter oder Präfekt der römischen Provinz Judäa von 26-36 n. Chr. war, kommt es zu einem römischen Prozess. – Somit wird schon spürbar: Von der obersten Gerichtsbarkeit des eigenen Volkes und der höchsten Rechtsprechung des okkupierten Landes zum Tode verurteilt – die gesamte kompetente zuständige menschliche Rechtsprechung stellt sich gegen Gott, verurteilt seinen Sohn! – Die Durchführung von Todesurteilen, die sogenannte „Blutgerichtsbarkeit“, ist damals dem römischen Statthalter reserviert (Joh 18,31): „Pilatus sagte zu ihnen: Nehmt ihr ihn doch, und richtet ihn nach eurem Gesetz! Die Juden antworteten ihm: Uns ist es nicht gestattet, jemand hinzurichten.“ Die Römer hatten demnach das Recht über Leben und Tod dem Hohen Rat entzogen.

In einer Ratssitzung am *„Morgen“* beschließen *„alle“* des Hohen Rates, Jesus dem Pilatus zu „überliefern“. Sie erwarteten nicht bloß die Durchführung eines von ihnen beschlossenen Urteils, sondern zusätzlich ein römisches Gerichtsverfahren mit der Anklage auf Rebellion eines politischen Hochverräters, welche die Todesstrafe durch Kreuzigung zur Folge hat (Mt 27,11-14.26.37).

**Judas Ende (V 3-10)**

Diese erschütternde Darstellung vom Ende des Judas und der kühlen, erbarmungslosen, abgestumpften, hartherzigen, verachtenden, ironischen Reaktion der Hohenpriester und Ältesten führt zur Verzweiflungstat des unseligen Verräters. – Zumindest von Priestern würde man ein anderes Verhalten erwarten!

Die *„Reue“* (V 3) des Judas – wenige Verse nach der Verleugnung Jesu durch Petrus (Mt 26,69-75) – stellt die beiden Jünger in Konfrontation gegenüber; die unterschiedlichen Reaktionen auf ihr Versagen sind enorm, gigantisch, massiv, bestürzend, katastrophal: Petrus *„weint bitterlich“* (V 75), Judas verzweifelt und *„erhängt sich“* (V 5). Dem geht unmittelbar voraus die Einsicht und das Bekenntnis des Judas: *„ich habe schuldloses Blut überliefert“* (V 4). – *„Und er warf die Silberlinge in den Tempel“* (V 5) – sie sind nun für Judas sinnlos und umsonst; unrecht – durch Verrat – erworbenes Geld treibt in die Selbstvernichtung. – Das Eingeständnis der Blutschuld und das Ende des Judas bezeugen Jesu Unschuld; der Hohe Rat bleibt davon unbeeindruckt.

Der *„Blutacker“* auch *Hakeldamach* genannt (V 8) ist südlich vom Tempel in Jerusalem zu suchen, wo das Kidrontal, das Tyropöontal und des Hinnomtal zusammentreffen und wo auch die Töpfer ansässig waren. Darum wird der Ort „Töpferacker“ (V 10) genannt.

Das komplizierte Erfüllungszitat (V 9f), das

dem Propheten Jeremia zugeschrieben wird, ist eine improvisierte Kombination von Stellen aus Sacharja und Jeremia (Sach 11,12f; Jer 18,2f; 19,4.6.11; 32,8f). Das ganze Schriftzitat ist ein Zeugnis für die Nachforschungen urchristlicher Autoren nach Erfüllung der Schrift.

**Vor Pilatus (V 11-26)**

**Anklage und Verhör (V 11-14)**

Jesus „steht" nun nach der Auslieferung an Pontius Pilatus (V 2) vor der zuständigen obersten römischen Rechtsinstanz. Aus der Frage des Pilatus – „Bist du der König der Juden?" – geht hervor, dass eine Anklage bereits bei ihm vorliegt. Pilatus muss vor allem prüfen, ob der Angeklagte ein politischer Rebell ist, ein Anstifter zum Aufruhr gegen die römische Herrschaft, denn darauf – auf Hochverrat – steht das Todesurteil, für Nichtrömer vielfach in der Provinz durch die Kreuzesstrafe. – Die Auskunft Jesu *„Du sagst es"*, die jener an den Hohenpriester ähnlich ist (V 26,64), kann somit eine ausdrückliche distanzierte Zurückweisung andeuten. Wenn Jesus dann zu den vielen Anklagen schweigt, so bedeutet das, dass er souverän über allen diesen lügnerischen Bosheiten und Verleumdungen steht. – Im Hintergrund dieses Schweigens (V 12.14) scheint das Schweigen des sühnenden Gottesknechtes (Jes 53,7) oder der leidenden Gerechten (Ps 38,13ff; 39,9f) zu stehen.

**Versuch einer Freilassung (V 15-23)**

Pilatus erkennt, dass die Anklage gegen Jesus unberechtigt und daher falsch ist; sie ist *„aus Neid"* (V 18) geschehen: Wahrscheinlich ist sie auch aus „Eifersucht und Missgunst" wegen der enormen Popularität Jesu erfolgt. – Die Begnadigung, die Pilatus nach Gewohnheitsrecht einem Gefangenen bewilligt, indem er ihn zum Paschafest amnestiert, ist bei Römern üblich. Pilatus erwartet, dass Jesus im Volk mehr Sympathien hat als Barabbas. – Gefehlt! Der *„berüchtigte"* Barabbas (V 16) wird Jesus, dem Messias, gegenübergestellt. – Der gewalttätige Verbrecher wird dem heilenden und Frieden bringenden Messias (12,18-21; 20,30f; 21,1-10) bevorzugt.

Die Warnung der Frau des Pilatus bleibt erfolglos (V 19)! – Sie hat Jesu willen *„im Traum gelitten"*. – An die Bedeutung von Träumen zu glauben, ist bis heute nicht ausgestorben. Aber auch in der Heiligen Schrift finden sich etwa 67 Fundstellen zu „Traum". – Im vorliegenden Text soll dieser Zwischenfall die Argumentation für Jesu Unschuld, der nicht nur hier *„Gerechter"* genannt wird, verstärken.

Offenbar entspricht einer römischen Rechtspraxis der Usus einer Volksbefragung (V 20-23). Unter bestimmten Situationen kann dem Verlangen des Volkes zugestimmt werden, einen Gefangenen aus der Haft zu entlassen. So scheint die Mitteilung, dass Pilatus das Volk durch Akklamation (per acclamationem) entscheiden lassen will, der Aktivität der Hohenpriester und Ältesten vorangegangen zu sein. Diese agitieren, hetzen, verfahren aufwieglerisch, aufputschen, fanatisieren das Volk für Barabbas.

Die Rufe „Kreuzige ihn!" (V 22f) bürgen für dubiosen, suspekten Erfolg der „Hohenpriester und Ältesten" (V 20). – Die Frage des Pilatus: „Was hat er denn Böses getan?" (V 23a), bleibt unbeantwortet und geht im Massenverhalten – durch priesterliche Massenpsychose hervorgerufenen Massenwahn – unter. – Die Volksmenge skandiert blindwütig fanatisch: „Kreuzige ihn!"

Der Versuch des Pilatus, Jesus frei zu bekommen, ist jämmerlich, für römische Rechtsprechung beschämend missglückt.

**Verurteilung (V 24ff)**

Pilatus lässt sich durch den *„Tumult"* (V 24) nötigen, zwingen, erpressen, keine Wahl lassen – wäscht sich symbolisch, pa-

thetisch, affektiert die Hände und will somit theatralisch blasiert, überheblich, eingebildet, hochnäsig, dünkelhaft die Schuld auf die zugeströmte Volksmasse abwälzen. Damit kann er nicht nur Rechtbeugung, sondern Rechtsbruch nicht hinwegwaschen! – Charakterlich zeigt sich Pilatus nicht besonders ausgewogen, stabil, korrekt; er handelt mit politischem Kalkül (Joh 19,12-15). – Dem vorliegenden Text entsprechend nimmt das Volk die Schuld auf sich (V 25): *„Sein Blut komme über uns und unsere Kinder."* Eine furchtbare Aussage (Jer 26,15; Apg 5,28; 18,6). – Noch dazu *„ruft das ganze Volk"* (V 25), was auf Israel hindeutet. – Dementsprechend wird dem bisherigen erwählten Volk das Reich Gottes genommen (Mt 21,43): „Darum sage ich euch: Das Reich Gottes wird euch weggenommen und einem Volk gegeben werden, das die erwarteten Früchte bringt." – Mutmaßlich wird an das Strafgericht über Jerusalem und den Tempel verwiesen (Mt 22,7; 23,38): „[7]Da wurde der König zornig; er schickte sein Heer, ließ die Mörder töten und ihre Stadt in Schutt und Asche legen. – [38]Darum wird euer Haus (von Gott) verlassen."
Historisch wahrgenommen ruht die Verantwortlichkeit für den Rechtsspruch über Jesus bei den einstigen Hohenpriestern, die möglicherweise nach ihrer Überzeugung handelten, nichtsdestoweniger ebenfalls bei Pilatus, der ihren Forderungen entsprach (Mt 27,26): „Darauf ließ er Barabbas frei und gab den Befehl, Jesus zu *geißeln und zu kreuzigen.*" – Die *Kreuzigung* war eine der abscheulichsten römischen Hinrichtungsarten. Die *Geißelung* mit Lederpeitschen, in die spitze Metallstücke eingewickelt waren, konnte der Hinrichtung vorangehen. Sie wurde auch als eigenständige Bestrafung gebraucht.

**Verspottung durch Soldaten (V 27-31a)**
Die verspottende Verhöhnung Jesu durch die römische Soldateska im Prätorium fand vielleicht an der ehemaligen Stätte der Burg Antonia oder unweit davon entfernt im früheren Herodespalast im Westen der Stadt statt. Der grobschlächtige, brutale Hohn der Soldaten setzt den Schuldspruch Jesu als *„König der Juden"* als proklamiert voraus. – Die römischen Landser legen Jesus einen purpurfarbenen Soldatenmantel um, setzen ihm eine Krone aus Dornen auf das Haupt, geben ihm ein Rohr wie ein Zepter in die Hand, mit dem sie ihm dann auf den Kopf schlagen.

**Kreuzigung (V 31b-44)**
Reale Begebenheiten des Leidens Jesu sind: das Kreuztragen durch Simon von Zyrene (V 32), die Kreuzesaufschrift (V 37), die Kreuzigung zwischen zwei Räubern (V 38), die Erwähnung des Ausspruches vom Niederreißen und Aufbauen des Tempels (V 40). Darüber hinaus werden die Verhöhnungen und Beschimpfungen von drei Cliquen berichtet: von den Vorübergehenden (V 39f), von den Hohenpriestern, Schriftgelehrten und Ältesten (V 41ff), von den beiden Räubern (V 44). Die beißenden, zynischen Worte über Jesu Ohnmacht (V 40) und Wirken durch Wundertaten (V 42) lassen die seelischen Qualen Jesu erahnen.
Wiederholt werden Anspielungen auf Schriftstellen wahrgenommen: als Betäubungstrank „Wein, mit Galle vermischt" (V 34.48 - Ps 69,22); das „Los werfen über die Kleider" (V 35 - Ps 22,19); den „Kopf schütteln" (V 39 - Ps 22,8); – „Sohn Gottes" (V 40.43 - Weish 2,13.18). – „Er hat auf Gott vertraut: der soll ihn jetzt retten, wenn er an ihm Gefallen hat" (V 43 – Ps 22,9).

**Tod Jesu (V 45-56)**
Die *„Finsternis von der sechsten bis zur neunten Stunde über dem ganzen Land"* (V 45) ist eine Dunkelheit besonderer Ehrfurcht gebietender Art und keine Sonnenfinsternis im natürlichen astronomischen Geschehen, die wegen des Vollmondes am

Paschafest nicht möglich ist. Es wird eine besondere Düsterkeit, ein Dunkel, eine Schwärze gemeint sein, womit sinnbildlich das Mittrauern der gesamten Schöpfung über das grausame Ableben des Sohnes Gottes ausgedrückt wird. – Analoges wird gleichartig formuliert (Am 8,9): „An jenem Tag – Spruch Jahwes, des Herrn – lasse ich am Mittag die Sonne untergehen und breite am helllichten Tag über die Erde Finsternis aus." – Jes 13,10: „Die Sterne und Sternbilder am Himmel lassen ihr Licht nicht mehr leuchten. Die Sonne ist dunkel, schon wenn sie aufgeht, der Mond lässt sein Licht nicht mehr scheinen." – Joël 2,1f.10; 3,4; 4,15: „Auf dem Zion stoßt in das Horn, schlagt Lärm auf meinem heiligen Berg! Alle Bewohner des Landes sollen zittern; denn es kommt der Tag Jahwes, ja, er ist nahe, [2]der Tag des Dunkels und der Finsternis, der Tag der Wolken und Wetter. Wie das Morgenrot, das sich über die Berge hinbreitet, kommt ein Volk, groß und gewaltig, wie es vor ihm noch nie eines gab und nach ihm keines mehr geben wird bis zu den fernsten Geschlechtern. – [10]Die Erde zittert vor ihnen, der Himmel erbebt; Sonne und Mond verfinstern sich, die Sterne halten ihr Licht zurück. – [4]Die Sonne wird sich in Finsternis verwandeln und der Mond in Blut, ehe der Tag Jahwes kommt, der große und schreckliche Tag. – [15] Sonne und Mond verfinstern sich, die Sterne halten ihr Licht zurück." – Da stockt gewissermaßen der gesamten Schöpfung der Atem!

Der qualvolle laute Schrei der Gottverlassenheit Jesu zur neunten Stunde (V 46) ist ein schriller, durchbohrender Gebetsruf; Jesus betet mit Worten aus Ps 22,2: „Mein Gott, mein Gott, warum hast du mich verlassen, bist fern meinem Schreien, den Worten meiner Klage?" – Es wird im vorliegenden Bericht nur der erste Teil dieses Verses gebracht: geradezu als Originalwiedergabe Aramäisch! – *„Eli, Eli"* führt zu einem bedeutungslosen „Missverständnis": *„Er ruft Elija"* (V 47f). – Jesu Ruf ist Ausdruck seiner radikalsten Selbsthingabe, er nimmt auch Alleinsein, Depression, Niedergeschlagenheit, Trostlosigkeit, Verlassenheit, Verzagtheit, seelische Not auf sich: Das ist Menschwerdung bis zum letzten Atemzug!

Es bleibt eine offene Frage, ob die Tränkung mit Essig durch einen der Dabeistehenden die abscheulichen, schrecklichen, unvorstellbaren Qualen des Durstes mildern oder sein Leiden verlängern sollte (V 48). Die Formulierung erinnert an Ps 69,22b: „Für den Durst reichten sie mir Essig."

Bald darauf folgt ein wortloser *Aufschrei „mit lauter Stimme"*, mit der Jesus *„seinen Geist aufgibt"* (V 50). – Der Todesschrei verweist *„abermals"* auf den ersten, an den Vater gerichteten qualvollen Gebetsruf (V 46). – Mit der Diktion, dass Jesus *„seinen Geist aufgibt"*, soll mutmaßlich das bewusste, von Jesus selbst gewollte Sterben insinuiert werden.

Als erstes Ereignis nach dem Tod Jesu (V 51) wird das Zerreißen des *Tempelvorhangs „von oben bis unten entzwei"* genannt, ein sinnbildliches Signal, dessen Bedeutung allerdings nicht interpretiert wird. Es wird nicht gesagt, welcher Vorhang es war, der innere zwischen Heiligem und Allerheiligstem oder der allen sichtbare äußere (Hebr 9,3)? – Wird hiermit das Ende des bisherigen Kultes angezeigt; eine Ankündigung der Zerstörung des Tempels (29.8.70 nC), oder ein Anzeichen auf den neuen legitimen christlichen Kult?

Zugleich *bebte die Erde, Felsen spalteten sich, Gräber taten sich auf und entschlafene „Heilige" wurden auferweckt* (V 51ff). – Desgleichen entsteht ein *„großes Erdbeben"* am Ostermorgen, als ein Engel herabsteigt und den Stein vom Grabe Jesus wegwälzt (Mt 28,2). Die verwunderliche berichtete Auferweckung von Verstorbenen und ihr –

vorübergehendes – Auftauchen in Jerusalem ist ein vorbereitendes Zeichen für die Auferstehung Jesu. – Denn der Vorrang der Auferstehung Jesu wird bezeugt (1 Kor 15,22f): „Denn wie in Adam alle sterben, so werden in Christus alle lebendig gemacht werden. [23]Es gibt aber eine bestimmte Reihenfolge: Erster ist Christus; dann folgen, wenn Christus kommt, alle, die zu ihm gehören."

Darüber hinaus wird berichtet, dass der heidnische *Hauptmann* und seine Mannen, die das Erdbeben und diese Geschehnisse sahen, von enormer Furcht betroffen, Jesus als Sohn Gottes beglaubigten und bezeugten (V 54).

Im Gegensatz zu den Jüngern, die bei der Gefangennahme Jesu entflohen (Mt 26,56), hat die urchristliche Tradition mit Recht anerkennend, ehrend die Zuverlässigkeit und Treue der Frauen überliefert. Die Frauen, die *„von fern"* dem Ereignis zuschauen und die Jesus von Galiläa nachgefolgt sind, wo sie ihm *„dienten"*, zählen zu einer historischen Tradierung, die vertrauenswürdig und zuverlässig ist (V 55f). Das versichern die Namensangaben in Parallelberichten (Lk 8,3); außerordentlich aktiv und bekannt ist *Maria von Magdala* (Mt 27,61; 28,1; Joh 19,25; 20,17f). Zudem wird eine *„Maria, Mutter des Jakobus und Josefs"* erwähnt, die *„andere Maria"* (Mt 27,61; 28,1). Schließlich wird die *„Mutter der Söhne des Zebedäus"*, des Fischer-Unternehmers am See Gennesaret genannt, dessen Söhne Jakobus und Johannes (Mt 4,21) sind, die immer zu den bevorzugten der zwölf zählen.

**Begräbnis (V 57-61)**

Über das Begräbnis Jesu (Mt 27,57-61; Mk 15,42-47; Lk 23,50-56; Joh 19,38-42) erhält der Leser einen glaubwürdigen Bericht: Josef von Arimathäa holt sich von Pilatus die Erlaubnis, den Leichnam Jesu bestatten zu dürfen. – Josef von Arimathäa wird als *„reicher Mann"* präsentiert, der *„ein Jünger Jesu"* geworden ist (V 57). Er ist entschlossen, *„ein neues Grab, das er für sich selbst in den Felsen aushauen hatte lassen"*, für Jesu Leichnam zu Verfügung zu stellen, damit er nicht wie die anderen Hingerichteten in ein Massengrab komme. Josef *hüllte den Leib Jesu in reines Leinen, legte ihn in sein neues Grab und wälzte einen großen Stein an den Eingang des Grabes* (V 59f). – Schlicht und einfach erzählt; es handelt sich zugleich um den Ort der Auferstehung, des Triumphes über Sünde und Tod, was bis zum heutigen Tag bezeugt wird.

Untrüglich sitzen (V 61) auch als Zeuginnen – die kurz zuvor genannten Frauen – *„Maria von Magdala und die andere Maria"* (V 56) *„dem Grab gegenüber"*. Zugleich begründen, etablieren sie die Verehrung dieses heiligen Ortes.

**Grabbewachung (V 62-66)**

Matthäus allein referiert von der *Bewachung* und *Versiegelung* des Grabes bis zum dritten Tag (V 62-65); da nur er vom jüdischen Klatsch über den Raub des Leichnams Jesu durch seine Jünger informiert, entstand ein Arsenal von Fragen. – Diese Erzählung von der Grabbewachung (V 62-66) erhält anschließend in Mt 28,11-15 ihre Fortführung: Die heimtückische, arglistig erfundene Lüge, die Fama, dass die *Jünger Jesu in der Nacht kamen und den Leichnam Jesu stahlen* (Mt 28,13), ist *„bei den Juden bis heute verbreitet"* (Mt 28,15). – Es steht immer noch in hitziger Diskussion, ob aus Gründen der Verteidigung und Rechtfertigung die Erzählung von den Grabeswächtern in urchristlichen Berichten, sozusagen als Gegenangriff gegen die jüdische Verdächtigung zur Diebstahl-Hypothese, tradiert wird. – Fest steht, dass die Auferstehung Jesu in der urchristlichen Gemeinschaft ein von Gott gewirktes Ereignis, ein unumstößliches Faktum ist (1 Kor

15,3f): „Denn vor allem habe ich euch überliefert, was auch ich empfangen habe: Christus ist für unsere Sünden gestorben, gemäß der Schrift, 4und ist begraben worden. Er ist am dritten Tag auferweckt worden, gemäß der Schrift." – Das bezeugen die Martyrer! – Dieser Vermerk über die Grabbewachung (V 62-66) ist daher als Apologie, als Verteidigung des urchristlichen Auferstehungsglaubens zu ermessen, bewerten, anzuerkennen, zu schätzen.

Der *„folgende Tag"*, der *„Tag nach dem Rüsttag"*, bringt die Betriebsamkeit eines Teiles des Hohen Rates in Bewegung – aus schlechtem Gewissen oder aus Angst – um sich zu rechtfertigen, und somit bezeichnen sie Jesus als *„Verführer"* (V 63), der eine *„letzte Täuschung"* (V 64) mit sich bringt. – Der *„ersten"* Täuschung entspricht das Leben und Wirken Jesu in seiner Verkündigung und Erlösung, gegenübergestellt der nachösterliche Tätigkeit, der vermeintlichen *„letzten"* Täuschung, die durch die Jünger mit der Verkündigung aktiviert wird, dass Jesus *„von den Toten auferstanden"* ist (Mt 28,7; Röm 6,4).

# AUFERSTEHUNG JESU

## Mt 28,1-10

**1Nach dem Sabbat kamen in der Morgendämmerung des ersten Tages der Woche Ma-
ria aus Magdala und die andere Maria, um nach dem Grab zu sehen. 2Und siehe, da
geschah ein großes Erdbeben; denn ein Engel des Herrn kam aus dem Himmel her-
nieder, trat hinzu, wälzte den Stein weg und setzte sich darauf. 3Sein Aussehen aber
war wie der Blitz und sein Gewand weiß wie Schnee. 4Aber aus Furcht vor ihm er-
zitterten die Wächter und wurden wie Tote. 5Der Engel hob an und sprach zu den
Frauen: Fürchtet euch nicht, denn ich weiß, dass ihr Jesus, den Gekreuzigten, sucht.
6Er ist nicht hier; denn er ist auferstanden, wie er gesagt hat. Kommt her und seht die
Stelle, wo er lag; 7und geht schnell hin und sagt seinen Jüngern, dass er von den To-
ten auferstanden ist; und siehe, er geht vor euch hin nach Galiläa, daselbst werdet ihr
ihn sehen. Siehe, ich habe es euch gesagt. 8Und sie gingen eilends vom Grab weg mit
Furcht und großer Freude, und liefen, es seinen Jüngern zu verkünden. 9Siehe, da kam
Jesus ihnen entgegen und sprach: Seid gegrüßt! Sie aber traten herzu, umfassten seine
Füße und beteten ihn an. 10Da sagte Jesus zu ihnen: Fürchtet euch nicht! Geht und sagt
meinen Brüdern, sie sollen nach Galiläa gehen, und dort werden sie mich sehen.**

**Vorbemerkungen**
Die Darstellung Mt 28,1-8 präsentiert, dass hiermit nicht eine exakte Schilderung detaillierter Ereignisse gebracht wird, sondern schlicht und einfach die Nachricht: Der gekreuzigte Jesus ist auferstanden. Die urchristliche Gemeinschaft sucht nicht so sehr akkurat die strikten Konstellationen der Begebnisse als das überwältigende exorbitante Geschehen, dass der Gekreuzigte durch die Macht Gottes auferweckt wurde. Vielfältig erläutert sie ausdrucksvoll, anschaulich und attraktiv dieses Faktum für die damaligen Menschen, bringt neue Perspektiven ein, freilich in einer Form, die das Mysterium der Auferweckung Jesu präsentiert. Jedenfalls ist am Grabbesuch der Frauen am Ostersonntag – wie die Tradition zeigt – nicht zu zweifeln; er ist über jeden Argwohn erhaben, auch wenn die Darstellungen in den Parallelberichten merklich differieren.

**Botschaft an die Frauen (V 1-8)**
**Grabbesuch (V 1)**
Die Terminangabe ist nach dem griechischen Text mit *„nach dem Sabbat"* zu übersetzen; daran schließt sich eine exaktere Festlegung des Zeitpunktes: *„in der Morgendämmerung des ersten Wochentages"*. Der vorliegende Text nennt – wie beim Begräbnis (Mt 27,61) – zwei Frauen, die beide den Namen Maria tragen und nur zur Besichtigung des Grabes kommen.

**Erscheinung des Engels (V 2ff)**
Die Erscheinung des Engels wird durch ein *„großes Erdbeben"* angekündigt, artgemäß wie die Offenbarung Gottes am Sinai (Ex 19,18) und vor Elija am Horeb (Sinai, 1 Kön 19,11). – Der Engel zeigt sich als machtvoller Bote Gottes, der den *Stein wegwälzt*. Somit wird nichts über die Auferstehung Jesu noch über deren Zeitpunkt gesagt, allerdings wird demonstriert, dass das bisher verschlossene Grab nun offen ist.

Die strahlende himmlische Gestalt präsentiert ihr Aussehen wie ein *Blitz*, dazu wird ein *wie Schnee leuchtendes weißes Gewand* sichtbar, was auch an die Verklärung Jesu erinnert (Mt 17,2). – Über die Parusie Christi ist zu lesen (Mt 24,27): „Denn wie der Blitz bis zum Westen hin leuchtet, wenn er im Osten aufflammt, so wird es bei der Ankunft des Menschensohnes sein." Der Blitz erklärt die außergewöhnliche Gewalt der Erscheinung, welche die Wächter *„erbeben"* – die gleiche Diktion wie beim Erdbeben – und die Wächter *„wie Tote"* zu Boden sinken lässt.

**Nachricht an die Frauen (V 5-7)**
Der Engel spricht die Frauen an, passend für die Szene der Offenbarung mit dem Aufruf (V 5): *„Fürchtet euch nicht!"* – eine Diktion, die in ähnlichen Situationen üblich ist (Mt 1,20; 14,27; 17,6; 28,10). Die Osterbotschaft des Engels heißt: *„Er ist auferstanden!"* Dem wird die Erinnerung an die Vorhersage Jesu hinzugefügt (V 6a): *„Wie er gesagt hat!"* Das geschah wiederholt (Mt 16,21; 17,22; 20,19; 26,32).
Mit dem Hinweis des Engels (V 6b): *„Seht die Stelle, wo er lag"*, wird die anfangs (V 1) genannte Absicht der Grabbesichtigung erfüllt.
Die Bekanntgabe, dass Jesus den *Jüngern nach Galiläa vorausgeht*, um sich ihnen zu zeigen, und die Anordnung, den Jüngern das *„schnell"* auszurichten, geht akzentuiert vom Engel aus: *„Siehe, ich habe es euch gesagt"* (V 7). – Diese Voraussage erfüllt sich mit der Erscheinung auf dem Berg in Galiläa (Mt 28,16-20).

**Durchführung der Order (V 8)**
Die beiden Frauen führen diese Anweisung des Engels *„eilends"* aus (V 8): *„von Furcht und großer Freude"* erfüllt. Sie verkünden den Jüngern Jesu *„die Botschaft"* und zweifelsohne alles, was sie erfahren haben.

**Jesus erscheint den Frauen (V 9f)**
Im Gefüge der Erzählung ereignet sich die Begegnung Jesu mit den Frauen, die auf dem Weg zu den Jüngern sind (Mt 28,11). Der Gruß Jesu – *„Seid gegrüßt!“* (V 9) – hat im Griechischen eine Affinität zu Freude (Mt 5,12; 18,13). – Die Frauen wollen sich von der Leiblichkeit Jesu überzeugen und *„umfassen“* seine Füße, woraufhin sie sich *„niederwerfen“* (V 9), was Verehrung und Anbetung bedeutet (Mt 2,11; 28,17).
Erneut wird die Ermutigung – wie V 5 – aufgegriffen; nun spricht Jesus (V 10): *„Fürchtet euch nicht!“* – Jesus verwendet zudem eine versöhnliche Sprache, die alle „Furcht“ nehmen will und nennt seine Jünger nun *„meine Brüder“* (V 10), womit er offenbar den bisher versagenden engsten Gefährten vergibt, verzeiht, sie begnadigt und seine vertraute Gemeinschaft mit ihnen kontinuierlich fortsetzt. Somit werden die Jünger bestärkt, seiner Anweisung nachzukommen, nach Galiläa zu gehen, um ihn dort zu *„sehen“*(V 10).

# BETRUG DER HOHENPRIESTER

## Mt 28,11-15

**11Noch während sie [die Frauen] unterwegs waren, kamen einige von den Wächtern in die Stadt und berichteten den Hohenpriestern alles, was geschehen war. 12Und sie versammelten sich mit den Ältesten und fassten einen Beschluss: Sie nahmen Silbergeld; und sie gaben genug (davon) den Soldaten 13und sagten: Erzählt: Seine Jünger kamen bei Nacht und stahlen ihn, während wir schliefen. 14Falls der Statthalter davon hört, werden wir ihn beschwichtigen und dafür sorgen und machen, dass ihr ohne Sorge seid. 15Sie nahmen das Silbergeld und taten, wie sie unterwiesen worden waren. Und dieses Gerücht ist bei den Juden verbreitet bis auf den heutigen Tag.**

**Texterklärung**
Die Erzählung von den Grabeswächtern (Mt 27,62-66; 28,2ff) findet nun eine Fortsetzung. Weil die *„Hohenpriester und Ältesten“* (V 11) – sie werden wie in Mt 7,3.12.20 genannt – an Jesus nicht glauben, wollen sie durch Irreführung und Bestechung die Realität bekämpfen. – Die erzählte Affäre, explizit die Bestechung der Wächter, ist an sich vorstellbar (Mt 26,14f): „Darauf ging einer der zwölf namens Judas Iskariot zu den Hohenpriestern 15und sagte: Was wollt ihr mir geben, wenn ich euch Jesus ausliefere? Und sie zahlten ihm dreißig Silberstücke.“ – Das spricht für sich! – Was am Grab Jesu erfolgt ist, erreicht die jüdische Führungsschicht, den Hohen Rat durch die Wache, deren Anwesenheit am Grabe sie selbst bewirkt hatten. Die Wächter konnten nur die mit der Auferstehung verbundenen Ereignisse „bezeugen“: *„alles, was geschehen war“* (V. 11). Die Reaktion der Mitglieder des Hohen Rates auf diese Mitteilung bekundet, dass sie diese nicht als phantastische Erdichtung werten; durch Irreführung und Schmiergeld versuchen sie die für sie ungemein bedrohliche Botschaft ungefährlich zu gestalten. Es

ist zwar unsinnig was sie damit den römischen Soldaten aufbürden – wenn sie *„schliefen"* (V 13), können sie nicht Zeugen des Leichen-Diebstahls sein. Durch entsprechende Summen von Silbergeld und die Versicherung der Ratsmitglieder, dass sie für Schadlosigkeit bürgen, lassen sich die Soldaten willfährig und erbötig machen. Diese Darstellung der Osterbotschaft erhielt sich *„bei den Juden bis auf den heutigen Tag"* (V 15) lebendig. Hiermit wird der christliche Glauben gegen jüdische Entstellung verteidigt.

Man beachte: Die *Frauen* (V 11) kommen als Erste zum Grabe, dessen genaue Lage sie schon am Karfreitag diagnostiziert haben (Mt 27,61), und finden es leer (28,6). Demzufolge werden sie zu Hauptzeugen gegen die von den Juden verbreiteten Falschnachrichten, Irreführungen und Unwahrheiten.

# DER AUFTRAG DES AUFERSTANDENEN

## Mt 28,16-20

**16Die elf Jünger gingen nach Galiläa auf den [zu dem] Berg, den Jesus ihnen genannt hatte. 17Und als sie Jesus sahen, fielen sie vor ihm nieder [beteten sie ihn an]. Einige aber hatten Zweifel. 18Da trat Jesus auf sie zu und sagte zu ihnen: Mir ist alle Macht gegeben im Himmel und auf der Erde. 19Darum geht zu allen Völkern, und macht alle Menschen zu meinen Jüngern; tauft sie auf den Namen des Vaters und des Sohnes und des Heiligen Geistes, 20und lehrt sie, alles zu befolgen, was ich euch geboten habe. Seid gewiss: Ich bin bei euch alle Tage bis zum Ende der Welt.**

### Weiterführende Ideen – einfach zum Nachdenken

Die Historizität der Auferstehung Jesu bildet für den Glauben der urchristlichen Gemeinschaft das sicherste und bedeutungsvollste Faktum der Heilsgeschichte. Das bezeugt die urchristliche Verkündigung, die mit dem Kreuzestod und der Auferstehung Jesu das Zentralthema der apostolischen Predigt signalisiert (Apg 2,22-36; 3,12-26; 4,8-12). Für die Jünger Jesu ist der Ostertag nach der Katastrophe des Karfreitags der Beginn einer erneuerten Erkenntnis der Person und Obliegenheit ihres Meisters, welche durch die Unterweisungen des ihnen erscheinenden Lehrmeisters fundiert und maximiert wird. Im ihnen untrüglichen Faktum, dass Jesus lebt, erkennen die Jünger die göttliche Bestätigung: Jesus ist der Messias (Apg 2,14-36), den Gott von den Toten erweckte (Röm 4,24; 8,11; 2 Kor 4,14).

Allen Berichten über die Auferweckung Jesu ist gemeinsam, dass sie den Vorgang der Auferstehung nicht beschreiben; kein Mensch war als Augenzeuge dabei. Dies aber muss als fundamentaler Beweis dafür zitiert werden, dass die Auferstehungsberichte ein historisches Faktum und nicht eine Legende überliefern wollen. – Den Jüngern geben ausschließlich die Erscheinungen des Auferstandenen die Gewissheit und Überzeugung, dass Jesus tatsächlich existent lebt.

**Erscheinung Jesu auf dem Berg (V 16f)**
Wegen des Ausscheidens des Verräters wird nun nicht mehr von den zwölf, sondern von den *„elf Jüngern"* gesprochen, die der Anweisung entsprechend (Mt 28,7.10) nach *Galiläa* gehen (V 16). – Auf diese Weise kehrt sozusagen die Frohbotschaft in sein Ausgangsgebiet zurück (4,15f): „Das Land Sebulon und das Land Naftali, die Straße am Meer, das Gebiet jenseits des Jordan, das heidnische *Galiläa:* [16]Das Volk, das im Dunkel lebte, hat ein helles Licht gesehen; denen, die im Schattenreich des Todes wohnten, ist ein Licht erschienen." Von dort aus geht die Sendung der Jünger Jesu zu allen Völkern in alle Welt.

Von einem *„Berg"* war in diesem Konnex bisher nicht die Rede, die Jünger erhielten jedoch von Jesus die entsprechenden Angaben. Berge werden namentlich nicht genannt, weder der Berg der Versuchung (Mt 4,8), noch der Berg der Bergpredigt (Mt 5,1), noch der Berg der Heilungen vieler Kranker (Mt 15,29), noch der Berg der Verklärung (Mt 17,1). Berg ist eine sinnbildliche Diktion für das in die Nähe zu Gott erhobene und von Gott beglaubigte Erlösungswerk Jesu, das in göttlicher Vollmacht gipfelt.

Mit einer kurzen Formulierung – *„als sie ihn sahen"* – wird zunächst die Begegnung mit dem auferstandenen Jesus fixiert (V 17); nach urchristlicher Terminologie ist hiermit meistens eine „Erscheinung" gemeint (1 Kor 9,1; Joh 20,18.25). Der vom Tod erweckte Jesus hat sich bestimmten Menschen „sichtbar", richtiger augenfällig, offenbar mitgeteilt (1 Kor 15,5). Es lässt sich nicht registrieren, in welcher Dimension über eine Vision hinausgehend dieses Erlebnis war. Das ratzekahl funkelnagelneue Erlebnis der Präsenz des Auferstandenen übersteigt den normalen menschlichen Erfahrungsbereich. Der Reflex der Jünger ist indessen bemerkenswert: Sie fallen vor ihm nieder und beten ihn an (V 17). Bei dieser Selbstmitteilung des Auferstandenen haben *„einige Zweifel"*, ähnlich wie Petrus beim Gang auf dem Wasser (Mt 14,29ff): Jesus sagte: Komm! Da stieg Petrus aus dem Boot und ging über das Wasser auf Jesus zu. [30]Als er aber sah, wie heftig der Wind war, bekam er Angst und begann unterzugehen. Er schrie: Herr, rette mich! [31]Jesus streckte sofort die Hand aus, ergriff ihn und sagte zu ihm: Du Kleingläubiger, warum hast du gezweifelt?"

**Das Vollmachtswort (V 18)**
Das Wort über *„alle Macht"* spielt auf Dan 7,14 an, wo über den Menschensohn konstatiert wird: „Ihm wurden Herrschaft, Würde und Königtum gegeben. Alle Völker, Nationen und Sprachen müssen ihm dienen. Seine Herrschaft ist eine ewige, unvergängliche Herrschaft. Sein Reich geht niemals unter." – Diese Aussagen vertiefen weitere Schriftbelege (Mt 24,30; 26,64): „[30]Danach wird das Zeichen des Menschensohnes am Himmel erscheinen; dann werden alle Völker der Erde jammern und klagen, und sie werden den Menschensohn mit großer Macht und Herrlichkeit auf den Wolken des Himmels kommen sehen. – [64]Jesus antwortete: Du hast es gesagt. Doch ich erkläre euch: Von nun an werdet ihr den Menschensohn zur Rechten der Macht sitzen und auf den Wolken des Himmels kommen sehen." Diese auf die Wiederkunft Christi beim Jüngsten Gericht bezogenen Aussagen über den Menschensohn inkludieren auch die Vollmachtsübertragung an den Auferstandenen, die sich somit bereits erfüllt. Der „Menschensohn" ist zugleich ebenfalls der schon gekommene, auf Erden tätige Jesus (Mt 8,20; 9,6; 11,19; 13,17; 16,13). Seine Befugnis ist gleichermaßen die des „Sohnes", eine allumfassende Vollmacht, im Blick auf die Völkerwelt (11,27): „Mir ist von meinem Vater alles übergeben worden; niemand kennt den Sohn, nur der Vater, und nie-

mand kennt den Vater, nur der Sohn und der, dem es der Sohn offenbaren will."

**Sendungsauftrag (V 19-20a)**

Durch die Sendung der Jünger, zu *„allen Völkern"* zu gehen, wird erneut die weltweite Perspektive dieses Bibelabschnittes bekundet. Spezifisch richtet sich die Aussendung an alle heidnischen Nationen (Mt 24,9.14; 25,32), sodass sich nun die Obliegenheit des irdischen Jesus zu seinem Volk Israel (10,5f) im Sendungsauftrag des Auferstandenen auf den Erdkreis, die ganze Ökumene, die bewohnte Erde als menschlicher Lebens- und Siedlungsraum ausdehnt. *Alle Menschen zu Jüngern* Christi zu machen, ist die Zielsetzung der Evangelisierung, der Verkündigung der Frohbotschaft. Was ein Jünger Christi ist, erklären vor allem die Bergpredigt mit der Rede von der wahren Gerechtigkeit (5,1-7,29), die Anweisung für die Mission (10,5-15), die Aufforderung zu furchtlosem Bekenntnis (10,16-39), die Rede über das Leben in der Gemeinde (18,1-35).

Die Zentralaussage „macht zu meinen Jüngern" wird realisiert durch die *Taufe* und die Obligation, die von Jesus gebotenen, verpflichteten *Anweisungen* zu befolgen. Es wird die dreigliedrige trinitarische Taufformel zitiert. Der Heilige Geist ist von Anfang an im Taufgeschehen eingegliedert (1 Kor 6,11; 12,13; Tit 3,5f). – Wesentlich belangreich und bedeutend ist die Beobachtung all der Direktiven, die Jesus den Jüngern befohlen hat, wie sie zentral in der Bergpredigt vorliegen (Mt 5,1-7,29): „denn er lehrte sie wie einer, der Vollmacht hat" (7,29a). Diese obligatorische Lehre sollen die Jünger allen übermitteln, die durch ihre Unterweisung gläubig geworden sich taufen lassen und somit zur Jüngerschaft Christi zählen.

**Beistandzusage (V 20b)**

Die abschließende Zusage, dass Jesus *„mit ihnen"* ist bis zur *Vollendung eben dieser Weltzeit* setzt die lange Heilsgeschichte mit all ihren Höhen und Tiefen fort, die mit der Berufung Abrahams beginnt (Mt 1,1), über den Spross Davids, durch die geistgewirkte Geburt aus der Jungfrau Maria (1,16.20) sich über Jesus, dem Messias fortsetzt. Er wird *„Immanuel – Gott ist mit uns"* genannt (1,23). – Diesen göttlichen Beistand bestätigen nachfolgende Aussagen (Mt 16,18f): „Ich aber sage dir: Du bist Petrus, und auf diesen Felsen werde ich meine Kirche bauen, und *die Mächte der Unterwelt werden sie nicht überwältigen.* [19]Ich werde dir die Schlüssel des Himmelreichs geben; was du auf Erden binden wirst, das wird auch im Himmel gebunden sein, und was du auf Erden lösen wirst, das wird auch im Himmel gelöst sein." – Diese Zusage an Petrus wird auf alle Jünger ausgedehnt (18,18): „Amen, ich sage euch: Alles, was ihr auf Erden binden werdet, das wird auch im Himmel gebunden sein, und alles, was ihr auf Erden lösen werdet, das wird auch im Himmel gelöst sein." Das bezeugt auch die Beauftragung der Jünger (Joh 20,19-23) besonders V 23: „Wem ihr die Sünden vergebt, dem sind sie vergeben; wem ihr die Vergebung verweigert, dem ist sie verweigert." – Zudem werden alle bestärkt (Mt 18,20): „Denn wo zwei oder drei in meinem Namen versammelt sind, da *bin ich mitten unter ihnen."*

# DAS EVANGELIUM NACH MARKUS

## JOHANNES DER TÄUFER

### Mk 1,1-8

**[1]Anfang des Evangeliums von Jesus Christus, dem Sohn Gottes: [2]wie geschrieben steht in Jesaja, dem Propheten: „Siehe, ich sende meinen Boten vor deinem Angesicht her, der deinen Weg bereiten wird“. [3]„Stimme eines Rufenden in der Wüste: Bereitet den Weg des Herrn, machet gerade seine Pfade!“ [4]Johannes kam, taufte in der Wüste und verkündete die Taufe der Buße zur Vergebung der Sünden. [5]Und es ging zu ihm hinaus das ganze Land Judäa und alle Bewohner von Jerusalem; und sie wurden im Jordanflusse von ihm getauft, während sie ihre Sünden bekannten. [6]Johannes war bekleidet mit Kamelhaaren und einem ledernen Gürtel um seine Hüften; und er aß Heuschrecken und wilden Honig. [7]Er verkündete und sagte: Es kommt nach mir, der stärker ist als ich, dessen ich nicht würdig bin, ihm gebückt den Riemen seiner Sandalen zu lösen. [8]Ich habe euch mit Wasser getauft, er aber wird euch mit Heiligem Geist taufen.**

**Eröffnung (V 1)**

„Im Anfang“ (Gen 1,1a) beginnt die Heilige Schrift mit dem Schöpfungsbericht; daran erinnert der *„Anfang“* (Mk 1,1a) der vorliegenden Schrift, der „Freudenbotschaft Jesu Christi“, die geradezu eine neue Schöpfung repräsentiert. Mit „Frohbotschaft Jesu“ werden zugleich der Inhalt, die Materie und die Thematik der nachfolgenden Abschnitte charakterisiert. Alles zusammen kann nur ein „Anfang sein“, denn die Frohbotschaft Jesu setzt sich fort, wie er beauftragt (Mk 16,15): „Geht hinaus in die ganze Welt, und verkündet das Evangelium *allen Geschöpfen*!“ – Den Auftakt in diesem Anbeginn bildet die Erzählung über das Auftreten Johannes des Täufers (V 2f).

*Evangelium* oder Frohbotschaft wird schließlich zur Benennung für eine literarische Kategorie, zur Kennzeichnung einer zusammenfassenden Darstellung von Verkündigung und Taten Jesu verwendet (Röm 1,1-4.16): „Paulus, Knecht Christi Jesu, berufen zum Apostel, auserwählt, das Evangelium Gottes zu verkündigen, [2]das er durch seine Propheten im Voraus verheißen hat in den heiligen Schriften: [3]das Evangelium von seinem Sohn, der dem Fleisch nach geboren ist als Nachkomme Davids, [4]der dem Geist der Heiligkeit nach eingesetzt ist als Sohn Gottes in Macht seit der Auferstehung von den Toten, das Evangelium von Jesus Christus, unserem Herrn. – [16]Denn ich schäme mich des Evangeliums nicht: Es ist eine *Kraft Gottes, die jeden rettet, der glaubt*, zuerst den Juden, aber ebenso den Griechen.“ – „Evangelium“ wird somit zu einem theologischen Fundamentalbegriff, dessen Ursprung bestens

Jes 61,1 signalisiert: „Der Geist Gottes, Jahwes, ruht auf mir; denn Jahwe hat mich gesalbt. Er hat mich gesandt, damit ich den Armen eine frohe Botschaft bringe und alle heile, deren Herz zerbrochen ist, damit ich den Gefangenen die Entlassung verkünde und den Gefesselten die Befreiung." Es geziemt der Sendung des „Gesalbten Jahwes", dass er „den Armen die frohe Botschaft bringe" (Lk 4,18): „Der Geist des Herrn ruht auf mir; denn der Herr hat mich gesalbt. Er hat mich gesandt, damit ich den Armen eine gute Nachricht bringe; damit ich den Gefangenen die Entlassung verkünde und den Blinden das Augenlicht; damit ich die Zerschlagenen in Freiheit setze."

Triumphal – wie ein Trompetensignal – wird diese Verkündigung promulgiert *„von Jesus Christus, dem Sohn Gottes!"* – Mensch, was willst du mehr! – Jesus ist der von Gott gesandte Messias! – Zudem sind die Bezeichnungen (V 1) „Christus" und „Sohn Gottes" geradezu Titel, Hoheitszeichen an bedeutenden Zentralaussagen im nachfolgendem Text (Mk 1,11; 8,29; 9,7; 14,61; 15,32.39).

**Ankündigung (V 2f)**

Die Wortwahl „es begann" (V 2) führt zunächst zu *Mal 3,1a*: „Seht, ich sende meinen Boten; er soll den Weg für mich bahnen." Es wird indessen im vorliegenden Text mit der direkten Anrede – *„vor dir"* – ein Ausdruck aus *Ex 23,20* bevorzugt: „Ich werde einen Engel schicken, der dir vorausgeht. Er soll dich auf dem Weg schützen und dich an den Ort bringen, den ich bestimmt habe." Diese beiden Schriftstellen werden verbunden. V 2 wird dem Jesaja zugedacht, von dem dann V 3 zitiert (*Jes 40,3*): „Stimme eines Rufenden: In der Wüste bahnt den Weg Jahwe; ebnet in der Steppe eine Straße für unseren Gott!" – Somit steht fest, dass der „Anfang" schon im Gotteswort, das durch Propheten ergangen ist, fundiert ist. Diese Aussage anbelangt den *„Boten"*, der *„vor dir"*, dem eschatologischen Heilbringer, dem Messias Jesus vorbereitend wirkt. – Infolgedessen betrifft den „Sohn Gottes" (V 1) diese Wegbereitung durch den „Boten", der Johannes der Täufer ist (Mk 1,1-8), als Ankündiger, Bahnbrecher und Vorläufer des kommenden Messias. – Folgerichtig werden eschatologische Aspekte der Prophetentexte für die Präsentation des Kommens Jesu beansprucht. Dementsprechend wird die in und mit Jesus Christus angebrochene Heilsgeschichte eröffnet.

*„Stimme eines Rufenden in der Wüste..."* (Jes 40,3) – der *„Bote"* (V 2) wird aktiv (V 3). Er *„ruft"*, sein Ort ist klar definiert, die Wüste. Die Empfänger seines Rufes bleiben anonym: Es sind dies alle, die dem Ruf der *Umkehr* des Täufers Folge leisten. – Aber ist nicht gewissermaßen „Wüste" überall? „Bereitet den *Weg des Herrn*, machet gerade seine Pfade!" (V 3b) gemahnt zunächst an Ps 95,10: „Vierzig Jahre war mir dies Geschlecht zuwider, und ich sagte: Sie sind ein Volk, dessen Herz in die Irre geht; denn meine Wege kennen sie nicht." Dem schließt sich weiterführend an (Jes 55,8): „Meine Gedanken sind nicht eure Gedanken, und eure Wege sind nicht meine Wege – Spruch Jahwes." – Wörtlich bedeutet Weg eine Marschroute, einen Pfad, Steig, eine Verbindung von Orten, im übertragenen Sinn wird das menschliche Leben als Weg bezeichnet (Ps 37,5), auf dem der Mensch von Gott gelenkt wird (Ex 13,21), den der Einzelne wählen (Ijob 23,11) oder desavouieren kann (Mal 2,9). Demzufolge wird gemahnt vom falschen Weg abzurücken und sich auf den rechten Weg zu begeben (Jer 25,5; 31,21). Darum erfolgt die Bitte, Gott möge den rechten Weg zeigen (Ps 27,11; 119). Diesen weist Jesus selbst (Joh 14,6): „Jesus sagte ...: Ich bin der Weg und die Wahrheit und das Leben; niemand kommt zum Vater außer durch mich."

**Bericht (V 4-8)**

**Tauf-Bewegung (4f)**

Spontan, geradezu schlagfertig wird Johannes als „der Täufer“ präsentiert. Der historische Ort seiner Tätigkeit am Jordan war die Senke nördlich des Toten Meeres. Er wird charakterisiert als „Verkünder und Spender“ der Taufe. – *Taufe* ist eine rituelle Waschung; weil man um Liebe und Heiligkeit Gottes weiß und das menschliche Versagen als Unreinheit vor Gott empfindet, werden ausführliche Vorschriften über Reinigungsriten verordnet (Lev 12-16; Num 19). Die Taufe des Johannes ist ein Bußritus, zeichenhafter Ausdruck der *Umkehr zur Vergebung der Sünden* und zur Vorbereitung auf den kommenden Messias. – *„Umkehr“* ist demgemäß zuvörderst Hinwendung zu Gott und seiner Bereitwilligkeit zur Versöhnung. – Schlussendlich ist die Vergebung der Sünden ein eschatologischer juridischer Prozess Gottes an seinem Volk, das von ihm Amnestie erhofft (Jer 31,34): „Keiner wird mehr den andern belehren, man wird nicht zueinander sagen: Erkennt Jahwe, sondern sie alle, klein und groß, werden mich erkennen – Spruch Jahwes. Denn ich verzeihe ihnen die Schuld, an ihre Sünde denke ich nicht mehr.“

Es wird von einem Massenzustrom referiert (V 5), von einer Bewegung der gewaltigen Umkehr, die durch die Predigt des Täufers bewirkt wurde: *„Ganz Judäa“* und *„alle Bewohner Jerusalems“* begeben sich zu Johannes an den Jordan! – Demonstrative Massenveranstaltungen haben ihre Bedeutung! – Es folgen Sündenbekenntnis und Taufe!

**Outfit (V 6)**

Die Kleidung aus Kamelhaaren, der lederne Gürtel und die kärgliche Nahrung aus Heuschrecken und wildem Honig präsentieren Johannes als einen anspruchslosen Büßer. Die struppige Garderobe mit Ledergürtel ruft den Propheten Elija in Erinnerung (2 Kön 1,8), der in der Person des Täufers wiederkommt (Mk 9,11ff), was Jesus bestätigt (Mt 11,14; 17,12a): „Und wenn ihr es gelten lassen wollt: Ja, er ist Elija, der wiederkommen soll. – [12]Ich sage euch aber: Elija ist schon gekommen.“

**Direkte Rede (V 7f)**

In direkter Rede verheißt der Täufer das Eintreffen des *„Stärkeren, der nach mir kommt“* (V 7). Die *„Umkehr“* (V 4), die Johannes von der Volksmasse verlangt, ist Vorbereitung für den herannahenden *„Herrn“* (V 3). Die Bußtaufe soll Versöhnung mit Gott bringen; zugleich ist die Taufe des Johannes *„mit Wasser“* Vorbereitung auf die Taufe *„mit Heiligem Geist“*, der Taufe Jesu. Der Hinweis auf die Geisttaufe lässt bereits vorausblicken, vorbereiten, erahnen, ersehnen die Geistsendung, die „Ausgießung des Geistes“ auf die nachösterliche Jüngergemeinschaft Jesu (Apg 2,1-13). – Die Sendung des Täufers ist begrenzt, durch das Auftreten, das Kommen des *„Stärkeren“* (V 7) begrenzt, der als Geisttäufer verheißen wird.

# TAUFE JESU

## Mk 1,9-11

**[9]Und es geschah in jenen Tagen, da kam Jesus von Nazaret in Galiläa und wurde ge-
tauft in dem Jordan von Johannes. [10]Und sobald, als er heraufstieg aus dem Wasser,
sah er den Himmel sich öffnen und den Geist wie eine Taube herabkommen auf sich.
[11]Und eine Stimme geschah aus dem Himmel: Du bist mein geliebter Sohn, an dir habe
ich Wohlgefallen gefunden.**

### Aktion (V 9)

Mit wahrnehmbarer Referenz auf die vorab erzählten Aktionen des Täufers wird mit *„in jenen Tagen“* verhältnismäßig gängig, geradezu leger die Taufe Jesu initiiert, in die Erzählung hineingenommen, in die Verkündigung eingebracht. – Mit *„Nazaret in Galiläa“* wird die Provenienz Jesu angezeigt. Galiläa ist Heimatland und bevorzugter Bereich für die Aktivitäten Jesu. – In der Taufbewegung des Johannes am Jordan liegt eine enorme Motivation Jesu irdischer Heilstätigkeit. – Mit der Volksmasse, die zu Johannes kommt, um die Vergebung der Sünden zu erhalten, ist die Taufe Jesu vorweg ein Ausdruck der Solidarität, dessen ungeachtet er ohne Sünde ist (1 Joh 3,5): „Ihr wisst, dass er erschienen ist, um die Sünde wegzunehmen, und er selbst ist ohne Sünde.“

### Vision (V 10)

Jesus *„sah den Himmel sich öffnen und den Geist auf sich herabkommen“*. – Auch am Beginn der Berufungsvision des Propheten Ezechiel „öffnete sich der Himmel“ (Ez 1,1); hiermit geschieht weit mehr: Der „Geist Gottes“ kommt auf Jesus herab, um seine messianische Sendung erkennen zu lassen. Das entspricht folgenden Ansagen (Jes 11,2; 42,1; 61,1): „[2]Und auf ihm wird ruhen der Geist Jahwes ...“ – [1]Siehe, mein Knecht ... Ich habe meinen Geist auf ihn gelegt ...“ – [1] Der Geist des Herrn, Jahwes, ist auf mir ...“ Diese Schriftstellen verweisen auf Jesus darin, dass der Geist ihn vom Anfang seiner Sendungsaufgabe erfüllt und sein Wirken bestimmt. – Die *„Taube“* wird zum „Symbol des Geistes“ und will das schwebende Herabkommen anzeigen.

### Audition (V 11)

Der Konnex erbringt, dass die *„Stimme aus dem Himmel“* Gottes Stimme ist, die Jesus als seinen *„Sohn“* anspricht, ihn somit nicht nur „adoptiert“, sondern vielmehr „legitimiert“. Damit wird folgende Aussage lebendig (Ps 2,7): „Vom Beschluss will ich erzählen: Jahwe hat zu mir gesprochen: Du bist mein Sohn, heute habe ich dich gezeugt.“

Daraufhin durchzieht das Markusevangelium dieses Bekenntnis zum Sohn Gottes. – So in der Verklärung Jesu (Mk 9,7): „Da kam eine Wolke und warf ihren Schatten auf sie, und aus der Wolke rief eine Stimme: Das ist mein geliebter Sohn; auf ihn sollt ihr hören.“ – Die Prädestination, der schicksalsschwere Auftrag „des Sohnes“ erzählt das Gleichnis von der Ermordung durch die brutalen Winzer (Mk 12,1-11). – Das Bewusstsein Jesu, Sohn Gottes zu sein, drückt sich in der Anrede Gottes mit „Abba“ aus, der vertraulichen aramäischen Form, in der man den Familienvater anspricht (Mk 14,36). – Im Verhör vor dem Hohen Rat war Jesus mit dieser Bezeichnung einverstanden (Mk 14,61f): „ ... Da wandte sich der Hohepriester nochmals an ihn und fragte: Bist du der Messias, der Sohn des Hochgelobten? [62] Jesus sagte: Ich bin es ....“ – Vom römischen Hauptmann beim Kreuz Jesu wird berichtet (Mk 15,39): „Als der Hauptmann, der Jesus gegenüberstand, ihn auf diese Weise sterben sah, sagte er: Wahrhaftig, dieser Mensch war Gottes Sohn.“

Das alles besagt schlussendlich: Jesus ist der erwartete Messias; er findet restlos die zustimmende *„Liebe“* und das *„Wohlgefallen“* Gottes (V 11).

# JESU VERSUCHUNG UND ERSTES AUFTRETEN IN GALILÄA

## Mk 1,12-15

**[12]Und geradewegs treibt der Geist ihn [Jesus] hinaus in die Wüste. [13]Und er war vierzig Tage in der Wüste und wurde von dem Satan versucht; und er war unter den wilden Tieren, und die Engel dienten ihm. [14]Nachdem aber Johannes [dem Gefängnis] überliefert war, kam Jesus nach Galiläa, predigte das Evangelium des Reiches Gottes [15]und sprach: Die Zeit ist erfüllt, und das Reich Gottes ist nahe gekommen. Tut Buße und glaubt an das Evangelium.**

### Wüste (V 12f)

Der Konnex dieses kurzen Abschnittes mit dem vorausgehenden ist anschaulich augenfällig wahrnehmbar: Es ist derselbe *„Geist“* Gottes, der bei der Taufe auf Jesus herabkommt, der ihn nun *„in die Wüste treibt“*. Es folgt hiermit eine Kurznotiz über den Aufenthalt Jesu in der Wüste und seine Versuchung durch den Satan. – Die Veranlassung dazu kennzeichnet der *Wüstenaufenthalt Jesu als Vorbereitung* für seine prophetische und messianische Aufgabe. Ebenso lange verharrte Mose auf dem Berg (Ex 24,18): „Mose ging mitten in die Wolke hinein und stieg auf den Berg hinauf. Vierzig Tage und vierzig Nächte blieb Mose auf dem Berg.“ – Desgleichen marschierte Elija bis zum Gottesberg (1 Kön 19,8): „Da stand er auf, aß und trank und wanderte, durch diese Speise gestärkt, vierzig Tage und vierzig Nächte bis zum Gottesberg Horeb.“ – Immerzu steht auch für Jesus die fundamentale maßgebliche Begegnung mit Gott im Zentrum dieser Einsamkeit der Wüstentage. Es ist eine Chance der Besinnung, der Selbstorientierung vor und mit Gott, in der Jesus sich von Gott für seine Sendungsaufgabe entscheidet; dem klaren Ergebnis geht ein Ringen voraus, das als satanische Versuchung bezeichnet wird. Die fundmentale existentielle Entscheidung lautet; für oder gegen Gott. Darum wird der Widersacher Gottes aktiv. – Wie der nachfolgende Zusammenhang Mk 1,14f zeigt, geht er aus dieser Versuchung siegreich hervor mit der Bereitschaft zu verkünden, dass *das Reich Gottes nahe ist.* – Für Jesus zählen nicht „Menschengedanken“, sondern allein „Gedanken Gottes“, wie aus einem späteren harten Verweis hervorgeht (Mk 8,33): „ ... Weg mit dir, Satan, geh mir aus den Augen! Denn du hast nicht das im Sinn, was Gott will, sondern was die Menschen wollen.“

Die Gesellschaft *„mit den wilden Tieren“* passt zum Leben in der Wüste, das freilich demzufolge beinahe das Image eines paradiesischen Verhältnisses bekommt. Die *„Engeln dienten“* Jesus, damit er der Versuchung erfolgreich widersteht und am Leben bleibt.

**Galiläa (V 14f)**

Jesu erstes Auftreten in Galiläa als Verkünder der Frohbotschaft wird kurz und bündig mit den bedeutsamsten Angaben notiert (V 14). Mit einem präzisen bedeutsamen Vermerk wird auf das Lebensende des Johannes des Täufers verwiesen (V 14): *„Nachdem Johannes überliefert worden war ...“* – Nachfolgend wird detaillierter darüber informiert (Mk 6,14-29). – Mit der Ausdrucksweise „überliefern, hingegeben, gefangen gesetzt werden“ wird zugleich auf Jesu Schicksal angespielt (9,31; 10,33; 14,11), das Parallelen zum Täufer aufweist. Zudem verbindet Jesus mit dem Täufer der Ruf zur Umkehr. – Völlig neu hingegen ist nun Jesu Auftreten mit der Verkündigung der Frohbotschaft, des Evangeliums, das ihn und seine eigene Sendung charakterisiert.

Jesus wanderte von Nazaret in Galiläa, seiner Heimat (1,9), zu Johannes an den Jordan und von dort aus in die Wüste; nun kommt er nach Galiläa zurück, um *„das Evangelium zu verkünden“* (V 14). – Gott ist der Urheber und Ursprung des Evangeliums und seines Gehaltes, der mit „Jesus Christus“ angegeben worden ist (Mk 1,1). – Diese Frohbotschaft erzielt schlussendlich von Gott her eine den Weltenlauf wendende und das Universum verändernde eschatologische Macht. – Im Background steht die Aktivität des Freudenboten (Jes 61,1; Lk 4,18).

In direkter Rede proklamiert Jesus sein Grundsatzprogramm, seine determinierte Konzeption, die Darlegung von Direktiven (V 15). – Das demonstrieren theologisch bedeutsame Formulierungen: *„die Zeit ist erfüllt“, „das Reich Gottes ist nahe“, „kehrt um“, „glaubt an das Evangelium“.* – Die Kernaussage seiner Frohbotschaft zentriert also Jesus mit dem Grundgedanken von der *„Königsherrschaft Gottes“,* verbunden mit der Ansage von der *„erfüllten Zeit“*, als einem determinierten, von Gott disponierten Zeitpunkt, der nun eintrifft durch seine *Königsherrschaft,* die Jesus verkündet und *„nahe ist“.*

Gewiss ist die „Königsherrschaft Gottes“ durch Jesus näher gekommen, sie hat aber eine *„eschatologische Dimension“*, sie ist mit dem Auftreten Jesu bereits gegenwärtig und wirksam, weist aber letztlich über Jesus hinaus auf Gottes universale Herrschaft über die ganze Welt und den Kosmos. Dann wird alle sündige Abkehr der Schöpfung von ihrem Erschaffer beseitigt sein. Zuvor aber obliegt dem Messias Jesus, *„Umkehr“* und *„Glauben“* zu proklamieren. „Umkehr“ zu Gott, von dem sich der Mensch durch Untreue und Abfall losgesagt und getrennt hat. – Die Hörer dieser Botschaft – endzeitlich alle Menschen – sind gefordert, die entsprechenden Konsequenzen zu ziehen und in glaubender Hingabe sich durch Bußübungen und Versöhnung in die universale Gottesherrschaft einzuordnen.

# JESUS IN KAFARNAUM

## Mk 1,21-28

**[21]Sie kamen nach Kafarnaum. Am folgenden Sabbat ging er in die Synagoge und lehrte. [22]Und sie erstaunten über seine Lehre: Denn er lehrte sie wie einer, der Vollmacht hat, und nicht wie die Schriftgelehrten. [23]In ihrer Synagoge saß ein Mann, der von einem unreinen Geist besessen war. Der begann zu schreien: [24]Was haben wir mit dir zu tun, Jesus von Nazaret? Bist du gekommen, um uns zu verderben? Ich weiß, wer du bist: der Heilige Gottes. [25]Und Jesus bedrohte ihn und sprach: Verstumme und fahre aus von ihm! [26]Und zerrte ihn hin und her der unreine Geist und schrie mit lauter Stimme und fuhr von ihm aus. [27]Und sie entsetzten sich alle, sodass sie untereinander disputierten und sprachen: Was ist dies? Was ist dies für eine neue Lehre? Denn mit Vollmacht gebietet er den unreinen Geistern, und sie gehorchen ihm. [28]Und alsbald ging die Kunde über ihn aus überall in die ganze Umgegend von Galiläa.**

**Unterweisung (V 21f)**

Der Textabschnitt beginnt (V 21) mit einem Wechsel von Ort und Zeit: Kafarnaum – Sabbat – Synagoge. – Die Ruinen der Synagoge von Kafarnaum, die man heute bestaunen kann, stammen aus dem 2. Jh. n. Chr., gehen auf einen Bau aus der Zeit Jesu zurück und lassen auf ein bemerkenswertes Bauwerk schließen. – Dort also *„lehrt"* Jesus am Sabbat; üblicher Weis folgt auf die Verlesung eines Abschnittes der Schrift die Auslegung: die besagte „Lehre" Jesu. Es wird die einzigartige unikale Kompetenz des „lehrenden Jesus" akzentuiert. Die Zuhörer sind *„betroffen von seiner Lehre"*, weil er in der ihm von Gott her gebührenden *„Vollmacht"* unterwies und *„nicht wie die Schriftgelehrten"* (V 22).

**Austreibung des Dämons (V 23-26)**

Als angsterfüllte schreckhafte Rückwirkung auf Jesu Anwesenheit ist das furchtbare Schreien des Besessenen zu registrieren. Der *„Mann ist von einem unreinen Geist besessen":* eine Formulierung im Hinblick auf ihre disqualifizierende Auswirkung. – Die Terminologie zwischen „unreinen Geistern" und „Dämonen" (Mk 1,34.39) ist fluktuierend: Daher ist eine Dämonenaustreibung eine Besessenenheilung. Die Tat Jesu – seine Dämonenaustreibung – ist Signal der bereits angebrochenen Königsherrschaft Gottes. – Der Dämon schreit zunächst in Pluralform für seine ganze Kategorie und lässt mit seinem angstvollen Gebrüll seine übermenschliche Kenntnis über die überlegene Dominanz und Sendungsaufgabe Jesu erkennen: *„Ich weiß, wer du bist: der Heilige Gottes"* (V 24). Mit dieser Aussage und der Nennung des Namens Jesu durch den Dämon wird untrüglich die deutliche Diskrepanz zu der Unheiligkeit des unreinen Geistes deutlich. „Der Heilige Gottes" (Joh 6,69) bringt wie „Sohn Gottes" (Mk 1,1; 3,11) die besondere Nähe Jesu zu Gott zum Ausdruck.

Mit einem kurzen Befehl – *„verstumme und fahre aus von ihm"* – treibt Jesus den Dämon aus; das übermächtige Wort Jesu genügt. – Danach (V 26) wird nur noch das letzte Aufbäumen des unreinen Geistes festgestellt und die erfolgte Austreibung notiert.

**Reaktion der Zeugen (V 27)**
Detaillierter wird die Erschütterung der präsenten Beobachter des Ereignisses referiert. Ihre Ergriffenheit lädt sich vorerst in Unschlüssigkeit ab, um alsdann indessen bald zum wesenhaften „Motiv“ zu gelangen: Sie erkennen in diesem Faktum der Heilung einen Erweis der von Jesus mit Vollmacht promulgierten *„neuen Lehre“*. Eine „neue Lehre“ ist dieses Erlebnis, weil man tatsächlich daraus – das rechte Einfühlungsvermögen der von Jesus angekündigten Königsherrschaft Gottes (Mk 1,15) – „lernen“ kann. Sie wird im Wirken Jesu heilkräftig für „Leib und Seele“ initiiert. – Die daraufhin bewunderte und beglaubigte *Dominanz Jesu über die unreinen Geister* bestätigt Jesus als Messias.

**Resultat (V 28)**
Als Schlussmotiv wird der *„Ruf“* Jesu, der *„sich in ganz Galiläa verbreitet“*, zitiert (V 28): Er ist das Echo auf seine wunderbare Tätigkeit, sein überirdisches Wirken. Das dokumentiert die aufstrahlende Bedeutsamkeit Jesu, sein Format, seine Macht, sein Einfluss, seine Kraft, sein Ansehen.

# HEILUNGEN UND AUFBRUCH AUS KAFARNAUM

## Mk 1,29-39

**[29]Und alsbald gingen sie aus der Synagoge und kamen in das Haus des Simon und des Andreas, mit Jakobus und Johannes. [30]Die Schwiegermutter des Simon aber lag fieberkrank danieder; und alsbald sprachen sie mit ihm [Jesus] über sie. [31]Und er trat hinzu und richtete sie auf, indem er sie bei der Hand fasste; und das Fieber verließ sie, und sie sorgte für sie. [32]Als es aber Abend geworden war, als die Sonne unterging, brachten sie zu ihm [Jesus] alle Leidenden und Besessenen; [33]und die ganze Stadt war vor der Haustür versammelt. [34]Und er heilte viele, die an mancherlei Krankheiten litten; und er trieb viele Dämonen aus und erlaubte den Dämonen nicht zu reden, weil sie ihn erkannten. [35]Und frühmorgens, als es noch sehr dunkel war, stand er auf und ging hinaus und ging an einen öden Ort und daselbst betete er. [36]Und es eilte ihm nach Simon und die mit ihm waren; [37]und als sie ihn fanden, sagten sie zu ihm: Alle suchen dich. [38]Er antwortete: Lasst uns anderswohin gehen, in die benachbarten Dörfer, damit ich auch dort predige; denn dazu bin ich gekommen. [39]Und er zog durch ganz Galiläa, predigte in den Synagogen und trieb die Dämonen aus.**

**Heilung der Schwiegermutter des Petrus (V 29ff)**

Mit einer Angabe über die lokale Situation – und die erste namentliche Zusammenführung der berufenen Jünger Jakobus und Johannes mit Simon und Andreas in der Begleitung Jesu – wird die kurze Erzählung über die Heilung angeschlossen, die sich in Kafarnaum im Hause des Simon und Andreas ereignet. Es soll hiermit die wunderbare heilkräftige Tätigkeit Jesu über die vorausgehende Heilung des Besessenen hinaus prolongiert, fortgesetzt werden. Dementsprechend folgt eine Erzählung (V 32ff) mit zusätzlichen Heilungswundern. – Zur Heilung der Schwiegermutter des Simon durch Jesus genügen das Ergreifen der Hand der Kranken und ihr Aufrichten. Die Befähigungen Jesu, die Charismen zu heilen, stehen im Vordergrund. Der Heilungserfolg wird registriert und die alltägliche Situation kehrt zurück: Die Geheilte „bedient" und bewirtet daraufhin alle Anwesenden. – Wurde vorausgehend von Jesus ein Mann, so nun zum ersten Mal eine Frau geheilt.

**Heilung von Besessenen und Kranken (V 32ff)**

Die romantische Einleitung findet eine realistische Erklärung (V 32a): Mit Sonnenuntergang ist die Sabbatruhe (Mk 1,21) beendet, die das Tragen von Lasten und somit von Tragbahren verbot. Darum der besagte Ansturm. – Die Steigerung ist nicht zu übersehen, waren es bisher Einzelpersonen, die geheilt wurden, so nun gleich eine Unzahl von Leidenden. Die folgenden zusammenfassenden Darbietungen über die entsprechenden Aktivitäten Jesu sollen einige repräsentative Perspektiven dieses Wirkens veranschaulichen: In einer Volksbewegung werden geradezu *„alle Kranken und Besessenen"* zu Jesus gebracht und *„viele"* von ihm geheilt. Dabei wird nicht erwähnt, wie viele – oder doch alle?

Vor allem werden die von Dämonen Besessenen betont (V 34). Sie erkennen Jesu Sendungsaufgabe und *„wussten, wer er war"*. Darum untersagt ihnen Jesus, darüber zu sprechen; warum Jesus das tut, wird nicht mitgeteilt: möglicherweise, um falsche Vorstellungen und irrige Erwartungen vom Messias nicht aufkommen zu lassen.

**Aufbruch aus Kafarnaum (V 35-39)**

Liebevoll aufmerksam werden Einzelheiten erzählt, die sich gewiss wiederholt zugetragen haben: Jesu Tagesbeginn *„in aller Frühe"*, sein *„Gebet an einem einsamen Ort"*, das Hinterhereilen und Suchen des Simon und *„seiner Begleiter"*, nämlich der Jünger: Das sind offenbar die bisher genannten zwei Brüderpaare: Simon und Andreas, Jakobus und Johannes. – Aber auch die Volksmenge des vergangenen Abends fängt an, für Jesus Interesse zu zeigen (V 37b): *„Alle suchen dich."* – Daraufhin realisiert Jesus seine Sendungsaufgabe, die Frohbotschaft den Menschen von Ort zu Ort in ganz Galiläa zu offenbaren. Die Austreibungen der Dämonen beglaubigen seine Verkündigung als Manifestation der bereits eingetroffenen, begonnenen Herrschaft Gottes (Mk 1,27).

*„Lasst uns anderswohin gehen"* (V 38): Jesus verlässt also Kafarnaum aber nur vorübergehend; denn bald danach liest man (Mk 2,1): „Als er einige Tage später nach Kafarnaum zurückkam, wurde bekannt, dass er (wieder) zu Hause war." Und geraume Zeit nachher wird vermerkt (9,33): „Sie kamen nach Kafarnaum. Als er dann im Haus war, fragte er sie: Worüber habt ihr unterwegs gesprochen?"

# HEILUNG EINES AUSSÄTZIGEN

## Mk 1,40-45

**[40]Und es kommt zu ihm [Jesus] ein Aussätziger, bittet ihn und kniet vor ihm nieder
und spricht zu ihm: Wenn du willst, kannst du mich reinigen. [41]Jesus hatte Mitleid
mit ihm; er streckte die Hand aus, berührte ihn und sagte: Ich will es – werde rein!
[42]Und sofort verschwand der Aussatz, und er war rein. [43]Und er [Jesus] fuhr ihn er-
grimmt an und sofort entließ er ihn: [44]Siehe zu, sage niemand etwas; sondern gehe
hin, zeige dich dem Priester und opfere für deine Reinigung, was Mose geboten hat,
ihnen zum Zeugnis. [45]Er [der Mann] aber ging weg und fing an, es massiv kundzu-
tun und die Geschichte auszubreiten, so dass er [Jesus] nicht mehr öffentlich in die
Stadt gehen konnte; sondern er war draußen in einsamen Orten, und sie [die Leute]
kamen von allen Seiten zu ihm.**

Die Beschreibung beginnt spontan; sie will die wunderbare Aktivität Jesu mit einer weithin ausdrucksvollen Wohltat fortsetzen (V 40ff). – Charakteristische Züge für eine „Wundererzählung“ sind (V 40ff): Bitte um hilfreichen Beistand, Motiv des Mitleids, Heilung durch Berührung und eskortierendes Zitat, Befund der Heilung. – Im griechischen Text bedeutet „reinigen, Reinigung“ auch die kultische, sittliche Sauberkeit, Makellosigkeit; diese Idee begleitet diese Erzählung.

**Bitte (V 40)**
Das bittende Verlangen des Aussätzigen beginnt mit *„wenn du willst“*. Die konditionale Formulierung bezieht sich weniger auf die Bereitwilligkeit Jesu zum Heilen, sondern ist vielmehr Bekundung der Überzeugung, dass Jesus mit göttlicher Macht heilt. Dem korrespondiert – den Heilungsgestus begleitend – die wirkungsvolle Diktion Jesu (V 41): *„Ich will es!“*

**Heilung (V 41f)**
*„Jesus hatte Mitleid mit ihm“*, ein überaus verstehbarer Beweggrund (Mk 6,34; 8,2). In vielen alten Handschriften ist dagegen freilich zu lesen (V 41). *„Und (Jesus) war zornerfüllt.“* – Diese Lesart ist allerdings härter und nicht spontan einleuchtend, aber deswegen nicht weniger berechtigt, ursprünglich zu sein. Das Motiv der erbosten Ergriffenheit Jesu (Joh 11,38) kann sein, dass Jesus hiermit seine Erbitterung über den von den Zeitgenossen ertragenen Ausschluss des Aussätzigen (Lev 13,46; Lk 17,12) kundtut. Jesus *„will“* (V 41) die Rekonvaleszenz, die Heilung und somit die rückführende Eingliederung des Ausgestoßenen in seine soziale Lebensgemeinschaft. Der unberührbare Aussätzige wird durch die Berührung Jesu geheilt. Gegenüber aller Ausgrenzung und Absonderung, die der Aussätzige erfahren musste, demonstriert Jesus seinen Willen zum Leben in *„Reinheit“* (V 42), in der Gemeinschaft des Gottesvolkes.

**Aufforderung (V 43f)**
**Dramatik (V 43)**
Merkwürdig (V 43): *„Und er [Jesus] fuhr ihn ergrimmt an und sofort entließ er ihn.“* – In alten Handschriften heißt es (V 43): „Jesus

... schärfte ihm ein", wörtlich: *„und ihn zornig anfahrend, schickte er ihn gleich hinweg".* – Der griechische Urtext gibt sich zäher und bizarrer gegenüber den modernen Übersetzungen, die entschärfen und abschwächen. Er heißt ursprünglich in wortgetreuer Darbietung: *„Und er fuhr ihn hart an und warf ihn hinaus."* Diese Version ist schwerfällig, wuchtig, bleiern, aber nach der Diktion *„Zorn" statt „Mitleid"* (V 41) verstehbar. Man wird an den Exorzismus erinnert (Mk 1,25): „Und Jesus bedrohte ihn und sprach: Verstumme und fahre aus von ihm!" – Nach dem Axiom der Textkritik – „lectio difficilior praeferenda est", „der schwierigeren Lesart gebührt die Präferenz " – ist Jesus nicht voll Mitleid, sondern „zornig" vor (V 41) und nach dem Heilungswunder (V 43), und zwar über die Tragik, wie ein Aussätziger verstoßen wurde. Das lässt nachfolgende energische Aufforderung klarer begreifen.

**Redeverbot (V 44a)**

Die Direktive Jesu ist zweiteilig, sie existiert aus der Schweigepflicht und der Sendung an den Priester zur Ausführung der Verpflichtung. Dass der Wiederhergestellte über die erhaltene Gesundung nicht sprechen soll, erhält seine Bedeutung an und für sich durch die von Jesus gewollte zurückhaltende Diskretion, Abstinenz, Reserve gegenüber jeder falscher Publicity (V 45).

**Entsendung (V 44b)**

Jesus schickt den Wiederhergestellten zum Priester, dem es zukommt (Lev 13,49; 14,2-32), die „offizielle" Erklärung der Reinheit des einstigen Aussätzigen zu bestätigen und das entsprechende Reinigungsopfers für ihn anzuordnen. – Nach der Intention Jesu soll diese präzise Durchführung *„ihnen zum Zeugnis"* werden, also über den Priester hinaus allen, die davon erfahren, um Jesu fragliche, angezweifelte Gesetzestreue zu beweisen. Die Empfänger dieses Erweises wären dann die durch den Priester repräsentierten Respektspersonen.

**Ergebnis (V 45)**

Gegen das Geheimhaltungsgebot Jesu (V 44) bringt der Geheilte die Neuigkeit von dem Ereignis in Umlauf (V 45). Diese Aussage unterstützt augenscheinlich das vergebliche Entweichen Jesu aus einer störenden Publizität und die Nutzlosigkeit dieses Bemühens. Darin präsentiert sich zugleich deutlich die messianische Aufgabe Jesu im Kontrast zwischen persönlicher Diskretion und dem Anrecht auf Öffentlichkeit seiner Frohbotschaft. – Genau genommen beruht die Expansion der *„ganzen Geschichte"* (V 45) auf der bereits bekannten Basis (Mk 1,28): „Und sein Ruf verbreitete sich rasch im ganzen Gebiet von Galiläa." – In der Diskrepanz zwischen Untersagung wegen der Zurückhaltung Jesu und der Missachtung des Verbots, die zur Ausweitung seines Rufes führt, soll dokumentiert werden, dass zur rechten Erkenntnis der messianischen Aufgabe Jesu sein *gesamtes Lebenswerk* bis zu Tod und Auferstehung zu beachten ist, und daher die einzelnen Ereignisse, so interessant, attraktiv und aufregend sie sein mögen, demzufolge – vom Kreuz und der Auferstehung her – ihre wesenhafte Klarheit erleben. Darum erteilt bald darauf Jesus nach seiner Verklärung eine ähnliche Direktive (Mk 9,9): „Während sie den Berg hinabstiegen, verbot er ihnen, irgendjemand zu erzählen, was sie gesehen hatten, bis der Menschensohn von den Toten auferstanden sei."

# HEILUNG EINES GELÄHMTEN

## Mk 2,1-12

**[1]Und als er kam zurück nach Kafarnaum einige Tage später, wurde bekannt, dass er im Hause ist. [2]Und es versammelten sich viele, sodass vor der Tür kein Platz war; und er verkündete ihnen das Wort. [3]Da kommen sie zu ihm und bringen einen Gelähmten, von vieren getragen. [4]Und da sie wegen der Volksmenge nicht nahe zu ihm kommen konnten, deckten sie das Dach ab, wo er war; und als sie es aufgebrochen hatten, ließen sie die Tragbahre hinab, auf welchem der Gelähmte lag. [5]Als Jesus ihren Glauben sah, sprach er zu dem Gelähmten: Sohn, deine Sünden sind vergeben. [6]Es waren aber einige der Schriftgelehrten, die dort saßen und überlegten in ihren Herzen: [7]Wie kann dieser so reden? Er lästert. Wer kann Sünden vergeben außer einem, Gott? [8]Und sofort erkannte Jesus in seinem Geist, dass sie derartig bei sich überlegten, und sprach zu ihnen: Was überleget ihr dies in euren Herzen? [9]Was ist leichter, zu dem Gelähmten zu sagen: Deine Sünden sind vergeben, oder zu sagen: Steh auf, nimm dein Tragbahre und geh? [10]Damit ihr aber erkennt, dass der Menschensohn Vollmacht hat, Sünden zu vergeben auf der Erde... spricht er zu dem Gelähmten: [11]Ich sage dir: Steh auf, nimm dein Tragbahre, und geh nach Hause! [12]Und sofort stand er auf, nahm die Tragbahre und ging hinaus vor allen, sodass alle außer sich gerieten und Gott verherrlichten und sagten: So etwas haben wir niemals gesehen!**

**Umzingelt (V 1-4)**
Nach seinen Exkursionen durch Galiläa kommt Jesus mitunter auch *„nach Hause“*, nach Kafarnaum, das gewissermaßen eine Zeit lang als sein „Wohnsitz“ gilt (Mt 4,13): „Er verließ Nazaret, um in Kafarnaum zu *wohnen*, das am See liegt, im Gebiet von Sebulon und Naftali.“ – Jesus *„verkündete das Wort“* (V 2), die Frohbotschaft; der Menschenzulauf ist enorm. – Vier Männer bemühen sich, einen Gelähmten auf seiner Tragbahre zu Jesus zu tragen, obwohl eine Volksmenge das verhindert. Die Kompliziertheit des Versuches über die Außentreppe und das flache Hausdach hält den Leser in Atem und steigert die Aufmerksamkeit auf das Kommende (V 3f). Anschließend belohnt Jesus das Bezwingen von Barrieren, um zur angestrebten positiven Endabsicht zu gelangen.

**Durchschaut (V 5)**
Zwei unterschiedliche, fundamentale Aussagen bieten einen Spannungsaffekt (V 5): Jesus blickt auf die Träger und den Gelähmten und sieht *„ihren Glauben“*; alle fünf sind von der Heilsmacht Jesu überzeugt. – Jesus sieht gewiss mehr, als der Leser erkennen kann, wie nachfolgend gezeigt wird. Mag sein, dass ein Zusammenhang zwischen Krankheit und Sünde vorliegt. – Infolgedessen spricht Jesus dem Behinderten die Vergebung der Sünden zu. – Allerdings stellt Jesus nach Joh 9,2f einen unmittelbaren Konnex zwischen Sünde und Krankheit in Frage: „Da fragten ihn seine Jünger: Rabbi, wer hat gesündigt? Er selbst? Ober haben seine Eltern gesündigt, sodass er blind geboren wurde? [3] Jesus antwortete: Weder er noch seine Eltern haben gesündigt, sondern das Wirken Gottes soll an ihm offenbar werden.“

Das Verlangen der Menschenmenge, Jesus näher zu kommen und damit außerdem umstandsbedingte Behinderungen zu bezwingen, wird von ihm als *Glaube* verstanden. Ihr Zutrauen, Vertrauen, ihre Zuversicht und Hoffnung existiert in ihrer Überzeugung auf die Heilungsgewalt Jesu. Diese unumstößliche Überzeugung präpariert die Bittenden für das wunderbare Mysterium. Demzufolge ist *„ihr Glaube"*, der Glaube der vier Träger – der ebenfalls die sehnsüchtige Hoffnung des Erkrankten einbezieht – repräsentativer, stellvertretender Glaube.
Jesus spricht zunächst ein Wort der Sündenvergebung. Dieser Reflex Jesu verblüfft. Erhofft wurde eine Heilung des Behinderten, und Jesus entgegnet mit der Zusage der Vergebung der Sünden; – diese hat indes eine prinzipielle Grundlage (2,17): „Nicht die Gesunden brauchen den Arzt, sondern die Kranken. Ich bin gekommen, um die Sünder zu rufen, nicht die Gerechten." – In der Befreiung von Sünden liegt bereits die kurative Kraft, die im Kranken alsdann auch zur leiblichen Rekonvaleszenz wirksam wird.

**Konfrontation (V 6-10)**
Als Beobachter des Geschehens finden sich Schriftgelehrte ein, deren Gedanken Jesus der Gotteslästerung bezichtigen, denn Sünden vergeben kann nur Gott allein. Jesus erkennt den unausgesprochenen Vorwurf seiner Widersacher: die Frage nach seiner Vollmacht. Jesus argumentiert daraufhin mit der Frage: *„Was ist leichter ..."* – Es gilt abzuwägen zwischen „Sündenvergebung" und „Heilung"! Jesus will den Nachweis seiner Vollmacht zur Sündenvergebung durch das Heilungswunder erbringen. Der eigentliche, essentielle, wesenhafte Beweis dieser Vollmacht wird in dem Bekenntnis Gottes zu seinem Sohn bei der Taufe Jesu, bei seiner Verklärung (Mk 1,11; 9,7) und schlussendlich in seiner Auferweckung (16,6) erbracht. – Diese Vollmacht *„auf Erden"* auszuüben hat Jesus in seiner einmaligen Beziehung als „Sohn" zu Gott, die mit dem hoheitlichen Titel *„Menschensohn"* (V 10) proklamiert wird.

**Reaktion (V 11f)**
Das gebieterische, diktatorische Wort Jesu verursacht das Wunder. – Die anwesenden Zeugen sind erstaunt, perplex, konsterniert, bestürzt, fassungslos; antworten nichtsdestoweniger desgleichen in denkrichtigem Verhalten mit dem Lobpreis Gottes über ein derart bis dahin noch nie erlebtes Ereignis, einem Signal für Jesus, dem Sohn Gottes, der durch eine Wunderheilung die Vollmacht der Sündenvergebung anzeigt.

# FRAGE NACH DEM FASTEN

## Mk 2,18-22

**[18]Und die Jünger des Johannes und die Pharisäer fasteten; und sie kommen und sagen zu ihm: Warum fasten die Jünger des Johannes und die Jünger der Pharisäer, deine Jünger aber fasten nicht? [19]Und Jesus sprach zu ihnen: Können etwa die Gefährten des Bräutigams fasten, während der Bräutigam bei ihnen ist? Solange sie den Bräutigam bei sich haben, können sie nicht fasten. [20]Es werden aber Tage kommen, da der Bräutigam von ihnen weggenommen sein wird, und dann werden sie fasten, an jenem Tag. [21]Niemand näht einen Flicklappen von neuem Tuch auf ein altes Kleid; sonst reißt das Eingesetzte von ihm ab, das neue vom alten, und ärger wird der Riss. [22]Auch tut niemand neuen Wein in alte Schläuche; sonst zerreißt der Wein die Schläuche, und der Wein geht zugrunde und die Schläuche. Sondern neuer Wein in neue Schläuche!**

**Kontroverse (V 18)**
Der Status der Situation existiert in einer Erkundigung über eine ungleiche Verhaltensweise in der Frage *„Fasten“*: Die Jünger Jesu fasten nicht, während die Jünger des Johannes und die Pharisäer fasten (V 18a). Das bietet den Anstoß zu einer kritischen Fragestellung an Jesus (V18b). – Wer exakt die Frage an Jesus richtet, geht aus dem Text nicht hervor. Augenscheinlich wird mit dieser Angelegenheit eine Kontroverse gebracht, die von konservativen Verteidigern der Gesetzestreue veranlasst wird. – Wie ist die Disziplin Jesu und somit seiner Jünger zu der angesprochenen Praxis des Fastens.

**Retardierende Replik (V 19f)**
Jesu Antwort (V 19a) blockiert die Frage mit der Allegorie vom Bräutigam und den Hochzeitsgästen. Diese Auskunft Jesu ist untrüglich für eine sinnbildliche Auslegung auf Jesus und seine Jünger zugänglich: Somit ist die messianische Zeit angebrochen, die daher schon eschatologische Vorfreude mit sich bringt. – Man beachte allerdings *„solange“* (V 19b): Diese Diktion verleiht eine gewisse einschränkende Perspektive: Die Zeit des messianischen „Bräutigams“ Jesus wird durch seine eventuelle Absenz limitiert, wie er später in einem anderen Konnex formuliert (Mk 14,7): „Denn die Armen habt ihr immer bei euch, und ihr könnt ihnen Gutes tun, sooft ihr wollt; mich aber habt ihr *nicht immer*.“ – Exakt formuliert diese Tatsache (V 20): *„Es werden aber Tage kommen, da der Bräutigam von ihnen weggenommen sein wird, und dann werden sie fasten, an jenem Tag.“* – Die Zeitangabe „an jenem Tag“ veranschaulicht, definiert geradezu das Fasten: am Tag – und Gedächtnistag – des Todes Jesu.

**Neue Situation (V 21f)**
Es ergibt sich zur Frage des Fastens eine neue Konstellation. In zwei unterschiedlichen Vergleichen – *dem neuen Tuch auf einem alten Kleid und dem neuen Wein in alten Schläuchen* – wird die Neuerscheinung, Neuerung, Aktualität, Neugestaltung, das Novum interpretiert, die mit der Existenz des *„Bräutigams“* Jesus Christus entstanden ist, vielmehr mit zwei unterschiedlichen

Pointierungen. Die Frohbotschaft Jesu ist nicht „ein neues Flicktuch auf einem Alten Kleid“, es hat eine heilsame brisante Macht: „Neuer Wein gehört in neue Schläuche.“ – In und mit Jesus ist die eschatologisch neue Realität der Herrschaft Gottes angebrochen. – Die Frage nach dem Fasten erhält somit völlig neue Perspektiven.

# SABBATHEILIGUNG

## Mk 2,23–3,6

**23Und es geschah, dass er am Sabbat durch die Saaten ging; und seine Jünger fingen
an, unterwegs die Ähren abreißen. 24Da sagten die Pharisäer zu ihm: Sieh dir an, was
sie tun! Das ist doch am Sabbat nicht erlaubt. 25Und er sprach zu ihnen: Habt ihr nie
gelesen, was David tat, als er in Not war und als ihn und die bei ihm waren, hungerte?
26Wie er in das Haus Gottes ging unter Abjatar, dem Hohenpriester, und die Schau-
brote aß – welche niemand essen darf als nur die Priester –, und auch denen gab, die
bei ihm waren? 27Und er sprach zu ihnen: Der Sabbat ist für den Menschen da, nicht
der Mensch für den Sabbat. 28Somit ist der Menschensohn Herr auch über den Sab-
bat.
3 1Und er ging wiederum in die Synagoge; und es war daselbst ein Mann, der eine ver-
dorrte Hand hatte. 2Und sie beobachteten ihn, ob er ihn am Sabbat heilen würde, um
ihn anzuklagen. 3Da sagte er zu dem Mann mit der verdorrten Hand: Stell dich in die
Mitte! 4Und er sprach zu ihnen: Ist es am Sabbat erlaubt, Gutes zu tun oder Böses, ein
Leben zu retten oder es zu vernichten? Sie aber schwiegen. 5Und er blickte auf sie um-
her mit Zorn, betrübt über die Verstockung ihres Herzens, und sprach zu dem Mann:
Strecke deine Hand aus! Und er streckte sie aus, und seine Hand war gesund. 6Und
die Pharisäer gingen sofort hinaus und fassten mit den Herodianern den Beschluss,
auf dass sie ihn umbringen.**

**Abreißen der Ähren (V 23-28)**
**Situationsangabe (V 23f)**
Wird das Sabbatgebot (Ex 20,8-11; Dtn 5,12-15) akribisch sorgfältig interpretiert, dann ist das Abreißen der Ähren ein Gesetzesverstoß, ein Delikt. Vorerst einmal steht das provokante Faktum im Vordergrund, auf das die Pharisäer gelauert haben und nun entsprechend anklagend agieren. – Eine dispensierende Argumentation wie die Notsituation des Hungers tritt erst retrospektiv (V 25) ins Blickfeld.

**Argumentation (V 25f)**
Die Frage, wie das Sabbatgebot zu beachten ist, zeigt die Verhaltensweise des David – Urgestalt, Typus des erwarteten Messias: Eine entsprechende Notlage befreit von der Gesetzeserfüllung. – Durch die begründende Beweisführung Jesu wird nicht im Geringsten infrage gestellt, dass das Sabbatgebot zu erfüllen ist.
Allerdings werden im Verweis auf David (1 Sam 21,2-7) zwei kleine Fehler entdeckt: Abjatar wird anstelle seines Vaters Ahimelech erwähnt; beide waren „Priester", aber keine „Hohenpriester". Wann dieser Lapsus passiert ist, lässt sich nicht eruieren; in Mt 12,4; Lk 6,4 ist er eliminiert.

**Grundsatzerklärung (V 27f)**
Der *Menschensohn* präsentiert sich als *„Herr über den Sabbat"* und ist somit beispielgebend für seine Jüngergemeinschaft. Es gibt Konfliktsituationen, die von einer starren Gesetzeserfüllung abraten, geradezu verpflichten. Die Geltung des Sabbatgebotes wird in diesem Konnex nirgends angezweifelt; die Verpflichtung zur Gesetzeserfüllung erhält durch die Interpretation Jesu eine notwendige neue Dimension.

**Heilung am Sabbat (V 1-6)**
**Konstellation (V 1f)**
Aufgrund der Situation und der Angelegenheiten – Synagoge, Sabbat – und der gegenwärtigen Menschen – Jesus, kranker Mann, Beobachter – bildet sich eine repräsentative Szene. – Das Interesse konzentriert sich von Anfang an auf Jesus; sein Charisma, auf wunderbare Weise zu heilen, ist populär geworden. Für die Gesetzeswächter ist nur die Frage, ob *Jesus am Sabbat heilen werde.* Die Hinterlist und Intrige der Widersacher wird dadurch signalisiert, dass sie *einen Grund zur Anklage gegen Jesus suchen.* Weil Jesus nicht nach ihren Normvorstellungen lebt, sind sie auf seine Vernichtung aus.

**Demonstrative Heilung (V 3ff)**
Jesus geht mit provozierender Taktik vor und arrangiert die Szene (V 3). – Mit einer Grundsatzfrage konkretisiert er die Problematik und bietet somit den Gegnern eine Chance zum Umdenken (V 4): *„Ist es erlaubt, am Sabbat Gutes zu tun oder Böses zu tun, ein Leben zu retten oder es zu vernichten?"* – Die Antwort ist sonnenklar! *„Sie aber schwiegen!"* – Jesu prinzipielle Frage inkludiert seine Sendungsaufgabe; sein ganzes Leben ist auf *„Rettung"* ausgerichtet. – Auf die in Verstummen verhärtete gegnerische Reaktion der Spitzel antwortet Jesus vorab *„mit Zorn, betrübt über die Verstockung ihres Herzens"* (V 5), dann dem ungeachtet mit der glücklichen Wiederherstellung der verdorrten Hand.
Damit wird offensichtlich, die kurative Hilfeleistung für einen Menschen hat Dominanz vor einer vorschriftsmäßigen Vollziehung des Sabbatgebotes. – Real und konkret beglaubigt diese Heilung am Sabbat die Gültigkeit des Axioms (Mk 2,27f): „ ... Der Sabbat ist für den Menschen da, nicht der Mensch für den Sabbat. [28] Somit ist der Menschensohn Herr auch über den Sabbat."

**Vernichtungsbeschluss (V 6)**
Es wird als kontroverse Fraktion die *Pharisäer* genannt, die sich zur Beschlussfassung gegen Jesus mit ihren Erzfeinden, den *Herodianern*, konspirieren, paktieren, gemeinsame Sache machen. Diese Sentenz besiegelt effektvoll die Szene. – Dass sich die miteinander verfehdeten Pharisäer und Parteigänger des Herodes gegen Jesus zu einem Entschluss der Vernichtung, Austilgung, Ausmerzung verbünden, könnte Zeichen einer erbitterten, gehässigen, böswilligen Aktion sein, die in übertriebener Weise reagiert. Damit kündigt sich ein gefahrvoller ultimativer Aspekt auf das brutale Finale Jesu an.

## Die wahren Verwandten

### Mk 3,20-35

**[20]Und er kommt in ein Haus. Und wiederum kommt eine Menschenmenge zusammen, sodass sie nicht einmal essen konnten. [21]Und als seine Angehörigen es hörten, gingen sie aus, um ihn zu ergreifen; denn sie sprachen: Er ist außer sich. [22]Und die Schriftgelehrten, die von Jerusalem herabgekommen waren, sprachen: Er hat den Beelzebul, und mit den Obersten der Dämonen treibt er die Dämonen aus. [23]Und er rief sie herzu und sprach in Gleichnissen zu ihnen: Wie kann Satan den Satan austreiben? [24]Und wenn ein Reich wider sich selbst entzweit ist, so kann jenes Reich nicht bestehen. [25]Und wenn ein Haus wider sich selbst entzweit ist, so kann jenes Haus nicht bestehen. [26]Und wenn der Satan wider sich selbst aufsteht und entzweit ist, so kann er nicht bestehen, sondern hat ein Ende. [27]Niemand aber kann in das Haus des Starken eindringen und seinen Hausrat rauben, wenn er nicht zuvor den Starken fesselt, und erst dann wird er sein Haus plündern. [28]Wahrlich, ich sage euch: Alle Sünden werden den Söhnen der Menschen vergeben werden und die Lästerungen, mit welchen irgend sie lästern mögen; [29]wer aber irgend wider den Heiligen Geist lästern wird, hat keine Vergebung in Ewigkeit, sondern ist verfallen ewiger Sünde; – [30]weil sie sagten: Er hat einen unreinen Geist. [31]Und es kommen seine Mutter und seine Brüder; und draußen stehend sandten sie zu ihm und riefen ihn. [32]Und eine Menschenmenge saß um ihn her; sie sagten aber zu ihm: Siehe, deine Mutter und deine Brüder draußen suchen dich. [33]Und er antwortete ihnen und sprach: Wer ist meine Mutter oder [wer sind] meine Brüder? [34]Und er blickte auf die Menschen, die im Kreis um ihn herumsaßen, und sagte: Das hier sind meine Mutter und meine Brüder. [35]Wer den Willen Gottes erfüllt, der ist für mich Bruder und Schwester und Mutter.**

**Jesu Angehörige (V 20f)**

Jesus geht in ein Haus, der Andrang der Menschen, die sich um ihn versammeln, ist enorm; es bietet sich keine Gelegenheit zur Bewirtung: Nicht einmal zum Essen finden Jesus und seine Jünger Zeit. – Durchaus dramatisch wird das Auftreten der Angehörigen Jesu, die sich verunsichern, beirren, irritieren, beängstigen lassen und sein begnadetes charismatisches Wirken verkennen, missverstehen, unterschätzen, unterbewerten; die Jesus für irr, gestört, überspannt deklarieren und ihn deswegen, wenn nötig *„mit Gewalt"* isolieren, abschirmen wollen. – Seinerzeit wurde auch das Verhalten des zwölfjährigen Jesus im Tempel nicht verstanden (Lk 2,48-50).

**Verteidigungsrede Jesu (V 22-30)**

Nun kommt es zu einer weiteren Denunziation, Beschuldigung, Verleumdung, zu Argwohn und Verdacht gegenüber Jesus durch Jerusalemer Schriftgelehrte, was durch Jesus zur Unterscheidung der Geister hinführt. – Jesu Gegnerschaft nimmt zu, von den Anverwandten bis hin zu den Schriftgelehrten, den Pharisäern und den Herodianern (Mk 2,6.16.24; 3,6). – Die Anklage, Anprangerung, Beanstandung der *Schriftgelehrten* (Mk 3,22) lässt erkennen, dass diese über Dämonenaustreibungen, Heilungen von Besessenen, die Jesus bewirkt hat (1,21-28.32ff; 3,7-12), unkorrekt, diffamierend oder einseitig informiert wurden. – Dazu kommt die Unterstellung eines Paktes oder Bundes mit dem Satan (V 22). Diese verfemte Mutmaßung behauptet zunächst: *„er ist von Beelzebul* (2 Kön 1,2.6) *besessen"*, und noch dazu: *„mit Hilfe des Anführers der Dämonen treibt er die Dämonen aus"*. Der erste Verdacht – *„besessen"* – kommt dem bereits geäußerten Vorwurf (V 21) *„er ist von Sinnen"* nahe. Beide Vorwürfe fegt Jesus anschließend *„in Form von Gleichnissen"* (V 23a) hinweg.

Die Rechtfertigung Jesu (V 23-29) eröffnet eine provokative Frage (V 23b): *„Wie kann der Satan den Satan austreiben?"* – Der Satan wäre sein eigener Vernichter!

In zum Teil allegorischen Ausdrücken (V 24ff) wird die Unhaltbarkeit des Vorwurfs gegen Jesus erläutert. – Die Vergleiche von dem *in sich gespaltenen Reich* und der *in sich gespaltenen Familie* erklären die Selbstzerstörung und somit den Untergang eines Reiches sowie einer Familie; das wird schlussfolgernd auf den Satan bezogen (V 26).

In einem Gleichniswort vom Einbrechen *„in das Haus des Starken"* wird erneut eine positive Erklärung der exorzistischen Tätigkeit Jesu präsentiert und somit (V 27) die Dominanz Jesu über die Macht der Bosheit, die sich mitunter *„stark"* entwickelt, demonstriert (Lk 11,21f).

Mit einem bekräftigenden *„Wahrlich, ich sage euch"* zieht Jesus einen Schlussstrich zu den bisher gebrachten Argumentationen. Mit einer zweigliedrigen Diktion (V 28f) über *Sünden, die nicht vergeben werden.* Offensichtlich soll diese Dialektik – wie die Schlussbemerkung (V 30) zu verstehen gibt – die Schriftgelehrten nicht aus den Augen verlieren (V 22): „Und die Schriftgelehrten, die von Jerusalem herabgekommen waren, sprachen: Er hat den Beelzebul, und mit den Obersten der Dämonen treibt er die Dämonen aus." – Der gesamte Text will die für Jesus kritische Konstellation einsichtsvoll interpretieren und für die Zukunft eine Warnung sein (V 29): „wer aber irgend *wider den Heiligen Geist lästern wird,* hat keine Vergebung in Ewigkeit, sondern ist verfallen ewiger Sünde." – Diese Sentenz gemahnt an das beabsichtigte, bewusste Treiben und Sichaufblähen der Schriftgelehrten gegen Jesus und ihre Engstirnigkeit gegen das Wirken des Geistes Gottes in und durch Jesus, was als eine derartige Lästerung gegen den Heiligen Geist erkannt wird. – Dieser Grundsatz – keine Vergebung – bezieht sich gewiss auf das Verharren in der Verstocktheit des Herzens bis zum Lebensende.

**Jesu wahre Verwandten (V 31-35)**

All die bisher gebrachten Aussagen über die Geisteshaltung veranlassen Jesus nun, den Geist der Unterscheidung auch auf die eigene Verwandtschaft auszuweiten und auszuwerten (V 31-35), die bereits ihre entrüstete Überraschung, unangenehm berührte Verwunderung, indignierte Verblüffung, ihr rabiates Erstaunen, verärgertes Befremden Jesus gegenüber angemeldet und aktiv demonstriert hat (V 21). Somit entsteht eine Inklusion vom Anfang zum Ende dieses Abschnitts.

„31Und es kommen seine Mutter und seine Brüder; und draußen stehend sandten sie zu ihm und riefen ihn. 32Und eine Menschenmenge saß um ihn her; sie sagten aber zu ihm: Siehe, deine Mutter und deine Brüder draußen suchen dich. 33Und er antwortete ihnen und sprach: Wer ist meine Mutter oder [wer sind] meine Brüder? 34Und er blickte auf die Menschen, die im Kreis um ihn herumsaßen, und sagte: Das hier sind meine Mutter und meine Brüder. 35Wer den Willen Gottes erfüllt, der ist für mich Bruder und Schwester und Mutter."

Nun wird von *„seiner Mutter und seinen Brüdern"* gesagt, dass sie draußen vor dem Haus stehen und ihn herausrufen (V 31). Erneut ist Jesus also im Hause, eingeschlossen von vielen Menschen, die ihn umringen. So entsteht ein entscheidendes Wort zwischen denen, die drinnen und die draußen sind (V 33b): „Wer ist meine Mutter, und wer sind meine Brüder?" Dieser Rahmen, Kreis, dieses Forum, Ambiente ist auf das Wort von den „wahren Verwandten Jesu" hin prädestiniert. Sie werden in doppelseitiger Art präsentiert: Zunächst sind es die, die sich im unmittelbaren Umkreis Jesu wohlfühlen, ihn umdrängen und ihn hören (V 34b), schließlich genereller, allumfassender (V 35): *„Wer den Willen Gottes erfüllt!"* Wie der Konnex zeigt, sind beide Gemeinschaften identisch. Das besagt freilich nichtsdestoweniger, dass der Wille Gottes allein sublim in engster Verbundenheit mit Jesus und im Hören auf ihn eruiert werden kann. Auf diese Weise bilden und erwachsen die wesenhaften, tatsächlichen, allgemein anerkannten „Verwandten" Jesu in der Form einer Nachfolge Jesu.

# GLEICHNISSE VOM REICH GOTTES

## Mk 4,26-34

**[26]Und er sprach: Infolgedessen ist das Reich Gottes, wie wenn ein Mensch den Samen
auf den Erdboden wirft, [27]und schläft und aufsteht, Nacht und Tag, und der Same
sprießt und wächst, er weiß selbst nicht wie. [28]Von selbst bringt die Erde Frucht her-
vor, zuerst die grüne Saat, dann eine Ähre, dann vollen Weizen in der Ähre. [29]Sobald
aber die Frucht reif ist, legt er die Sichel an; denn die Zeit der Ernte ist da.**
**[30]Und er sprach: Wie sollen wir das Reich Gottes vergleichen? Oder in welchem
Gleichnis sollen wir es darstellen? [31]Gleichwie ein Senfkorn, welches, wenn es auf die
Erde gesät wird, kleiner ist als alle Samen, die auf der Erde sind; [32]und, wenn es ge-
sät ist, aufschießt und größer wird als alle Gewächse und große Zweige treibt, sodass
unter seinem Schatten die Vögel des Himmels sich niederlassen können.**
**[33]Und in vielen solchen Gleichnissen redete er zu ihnen das Wort, wie sie es zu hö-
ren vermochten. [34]Ohne Gleichnis aber redete er nicht zu ihnen; aber besonders sei-
nen Jüngern erklärte er alles.**

### Vom Wachsen der Saat (V 26-29

Die Allegorie über die heransprießende Saat, die *„von selbst"* (V 28) wächst, zeigt die Beobachtungsfähigkeit Jesu über das Geschehen in der Natur und der Feldbestellung seiner Heimat. Prompt und unmittelbar wird die kurze Beispielerzählung mit dem Thema *„Reich Gottes"* (V 26) in Verbindung gebracht. Wo liegt das *Tertium comparationis,* der Vergleichspunkt, das Gemeinsame zweier verschiedener, miteinander verglichener Sachverhalte: *Reich Gottes – Samen auf Erdboden?*

Der den Samen aussäende Mann wird nicht genannt, kann aber nur Jesus selbst sein. Bedeutungsvoller erstrahlt das *„von selbst"* V 28), dem griechischen Wort im Urtext angepasst: *„automatisch"*. – Die Aussage über den Mann (V 27) *„er weiß selbst nicht wie"* betont dieses *„von selbst"*. – Infolge ruht darauf deutlich der zentrale Akzent der Darstellung. – Alles andere sind nachklingende Ausgangsmotive, selbst wenn die Ernte als lohnendes Geschenk akzentuiert aufscheint (Joël 4,13a): „Schwingt die Sichel; denn die Ernte ist reif." – Das „von selbst" charakterisiert den Menschen bei der Verwirklichung des Reiches Gottes als abwartenden Beschenkten.

### Vom Senfkorn (V 30ff)

Das *Senfkorn* bildet einen weiteren Vergleich aus dem Sektor des natürlichen Reifens. Erneut wird das *Reich Gottes* charakterisiert. Mit dem Vergleich vom Senfkorn erklärt Jesus den bedeutenden Beweggrund, die Bescheidenheit und Einfachheit des Beginns des Gottesreiches nicht gering zu achten, da diesem die fundierte Chance auf ein außergewöhnliches, von Gott bewirktes Resultat oder Endziel folgen wird. Die Dimension des *„größer als alle anderen Gewächse"* (V 32) verschafft Bereiche für immense eschatologische Ausmaße (Dan 4,8f.18; Ez 17,23): „[8] Der Baum wuchs zusehends und wurde immer mächtiger; seine Höhe reichte bis an den Himmel; er war bis ans Ende der ganzen Erde zu sehen. [9]Er hatte prächtiges Laub und trug so viele Früchte, dass er Nahrung für alle bot. Unter ihm fanden die wilden Tiere des Feldes Schatten; die Vögel nisteten in seinen Zweigen; alle Lebewesen ernährten sich von ihm. [18]Er hatte prächtiges Laub und trug so viele Früchte, dass er Nahrung für alle bot. Unter ihm fanden die wilden Tiere des Feldes Zuflucht, und in seinen Zweigen wohnten die Vögel des Himmels. – [23]Auf die Höhe von Israels Bergland pflanze ich ihn. Dort treibt er dann Zweige, er trägt Früchte und wird zur prächtigen Zeder. Allerlei Vögel wohnen darin; alles, was Flügel hat, wohnt im Schatten ihrer Zweige." – Die Dimension des Gottesreiches ist steigernd!

**Schlussbemerkung (V 33f)**
Ähnlich wird vorausgehend formuliert (Mk 4,10f): „Als er mit seinen Begleitern und den zwölf allein war, fragten sie ihn nach dem Sinn seiner Gleichnisse. [11]Da sagte er zu ihnen: Euch ist das Geheimnis des Reiches Gottes anvertraut; denen aber, die draußen sind, wird alles in Gleichnissen gesagt." Es existieren auch allgemein verständliche Bildreden (Mk 4,1f.33), die Jesus weiterhin erschließt, was zu einem tieferen Verständnis führt (V 34). Die Lehre vom Reich Gottes und der messianischen Sendung Jesu ist zudem erst unter der Perspektive des vom Tod Erstandenen umfangreicher einsichtig.

# STURM AUF DEM SEE

## Mk 4,35-41

**[35]Und er sagte zu ihnen an jenem Tag, als es Abend geworden war: Lasst uns hinüberfahren an das jenseitige Ufer. [36]Und als er die Menschenmenge entlassen hatte, nahmen sie ihn, wie er war, in dem Boot mit. Aber auch andere Boote waren mit ihm. [37]Und es erhob sich ein heftiger Sturmwind, und die Wellen schlugen in das Schiff, sodass sich schon füllte das Boot. [38]Und er war im Heck des Schiffes und schlief auf einem Kopfkissen; und sie weckten ihn auf und sprachen zu ihm: Meister, kümmert es dich nicht, dass wir umkommen? [39]Da stand er auf, drohte dem Wind und sagte zu dem See: Schweig, verstumme! Und der Wind legte sich, und es ward eine große Stille. [40]Und er sprach zu ihnen: Was seid ihr so furchtsam? Habt ihr noch keinen Glauben? [41]Und sie fürchteten sich mit großer Furcht und sprachen zueinander: Wer ist denn dieser, dass auch der Wind und der See ihm gehorchen?**

Harmonisch führt die einleitende Formulierung – *„an jenem Tag, als es Abend geworden war“* (V 35) – vom bisherigen Geschehen (Mk 4,1-34) weiter. Jesus wird initiativ und erteilt die Anweisung zur Überfahrt ans andere Ufer, nachdem er die Menschenmenge entlassen hat (V 35f). Die Jünger (Mk 4,34) sind als Crew, als Betreuer Jesu und Bootpersonal, am Ereignis teilhaftig. Dass noch *„andere Boote“* im Gefolge sind, ist für den Fortgang der Erzählung belanglos.

Mit den bedrohenden hereinbrechenden Naturgewalten (V 37f) wird die Szene stürmisch: die wunderbare Rettung aus einer brenzligen Katastrophe. – Der unerwartet hastige, aufpeitschende Sturm ist auf dem See Gennesaret ein bekanntes Phänomen; eine dramatische Szene der Natur, im Kontrast dazu der auf einem Kissen im Heck schlafende Jesus. Den Jüngern – als erfahrene Fischer und Seeleute – wird die Situation *zu bedrohlich*. Sie wecken mit vorwurfsvollen Worten den schlafenden Jesus. Sie sprechen ihn respektvoll mit *„Meister“* an, wörtlich dem Urtext entsprechend „Lehrer“, was auch als Übersetzung im Aramäischen mit „Rabbi, Rabbuni“ wiedergegeben wird. – Etwas später ist zu lesen (Mk 10,51): „Und Jesus fragte ihn: Was soll ich dir tun? Der Blinde antwortete: Rabbuni, ich möchte wieder sehen können.“ – „Rabbuni – mein Meister“ ist eine ehrfurchtsvollere, ehrerbietigere Anrede als das einfache „Rabbi“. – Das dokumentiert ebenso (Joh 20,16): „Jesus sagte zu ihr: Maria! Da wandte sie sich ihm zu und sagte auf Hebräisch zu ihm: Rabbuni!, das heißt: Meister.“ – Durch Jahrtausende hindurch ist die Frage nicht verstummt (V 38b): *„Meister, kümmert es dich nicht, dass wir umkommen?“*

Die Intervention Jesu verändert total und spontan das drohende Desaster (V 39f). Gewissermaßen wie zu lebendigen Kreaturen gebietet er bezwingend und befehlshaberisch zu Wind und Wasser: „Schweig, verstumme!“ Dementsprechend verhielt er sich den Dämonen gegenüber (Mk 1,25; 3,12). Nun werden als dämonische Kräfte ebenfalls die sich aufbrausenden Naturgewalten erkannt. – Jesu Überlegenheit wird offenbar (V 39b): *„Und der Wind legte sich, und es ward eine große Stille!“*

Demzufolge tadelt Jesus die Jünger (V 40): *„Und er sprach zu ihnen: Was seid ihr so furchtsam? Habt ihr noch keinen Glauben?“* – Furcht entspringt aus falscher Angst um sich selbst. Unglaube bedeutet, nicht mit der in Jesus tätigen Kraft Gottes zu kalkulieren, der über die unberechenbaren Naturgewalten dominiert und vor ihnen befreit.

Die *„große Furcht“*, die die Jünger erfasst, initiiert Jesus (V 41): „Und sie fürchteten sich mit großer Furcht und sprachen zueinander: Wer ist denn dieser, dass auch der Wind und der See ihm gehorchen?“ – Ihre Frage ist Ausdruck des Staunens.

# HEILUNG EINER KRANKEN – AUFERWECKUNG DER TOCHTER DES JAÏRUS

## Mk 5,21-43

[21]Jesus fuhr im Boot wieder ans andere Ufer hinüber, und eine große Menschenmenge versammelte sich um ihn. Während er noch am See war, [22]kam ein Synagogenvorsteher namens Jaïrus zu ihm. Als er Jesus sah, fiel er ihm zu Füßen, [23]und er bat ihn inständig und sprach: Mein Töchterchen liegt in den letzten Zügen; ich bitte, dass du kommst und ihr die Hände auflegst, damit sie geheilt werde und lebe. [24]Und er ging mit ihm, und eine große Menschenmenge folgte ihm und drängte ihn. [25]Darunter war eine Frau, die schon zwölf Jahre an Blutungen litt. [26]Sie hatte vieles erlitten von vielen Ärzten und alle ihre Habe ausgegeben und keinen Nutzen davon gehabt, es war vielmehr schlimmer mit ihr geworden. [27]Sie hatte von Jesus gehört. Nun drängte sie sich in der Menge von hinten an ihn heran und berührte sein Obergewand. [28]Denn sie sagte sich: Wenn ich auch nur sein Obergewand berühre, werde ich geheilt werden. [29]Sofort hörte die Blutung auf, und sie merkte am Leib, dass sie von der Plage geheilt war. [30]Und sofort erkannte Jesus in sich selbst die Kraft, die von ihm ausgegangen war, wandte sich um in der Menschenmenge und sprach: Wer hat mein Obergewand berührt? [31]Und seine Jünger sprachen zu ihm: Du siehst, dass die Menschenmenge dich bedrängt, und du sprichst: Wer hat mich berührt? [32]Und er blickte umher, um zu sehen, wer es getan hatte. [33]Die Frau aber, voll Furcht und Zittern, wissend, was ihr geschehen war, kam und fiel vor ihm nieder und sagte ihm die ganze Wahrheit. [34]Er aber sprach zu ihr: Tochter, dein Glaube hat dich geheilt; gehe hin in Frieden und sei gesund von deiner Plage. [35]Während er noch redete, kamen sie von dem Synagogenvorsteher und sagten: Deine Tochter ist gestorben; was bemühst du den Meister noch? [36]Als aber Jesus das Wort reden hörte, sprach er zu dem Synagogenvorsteher: Fürchte dich nicht; glaube nur. [37]Und er erlaubte niemand, ihn zu begleiten, außer Petrus und Jakobus und Johannes, dem Bruder des Jakobus. [38]Und sie kamen in das Haus des Synagogenvorstehers, und er sah einen Lärm und Weinende und laut Heulende. [39]Und als er eingetreten war, sprach er zu ihnen: Was lärmt und weint ihr? Das Kind ist nicht gestorben, sondern es schläft. [40]Da lachten sie ihn aus. Als er aber alle hinausgetrieben hatte, nahm er den Vater des Kindes und die Mutter und die bei ihm waren mit und ging hinein, wo das Kind lag. [41]Und indem er das Kind an der Hand fasste, sprach er zu ihm: Talita kum!, das heißt übersetzt: Mädchen, ich sage dir, steh auf! [42]Sofort stand das Mädchen auf und ging umher. Es war nämlich zwölf Jahre alt. Und sie erstaunten mit großem Erstaunen. [43]Und er befahl ihnen dringend, dass niemand davon erfahre, dann sagte er, ihr zu essen geben.

**Am anderen Ufer (V 21-24)**
**Menschenmenge**

Das *„andere Ufer“* (V 21) wird nicht genauer genannt, man kann aber nach den bisherigen Überquerungen des Sees von Galiläa (Mk 4,35; 5,1) und einem Hinweis nach Mt 9,1 Kafarnaum – wo eine Synagoge steht – als weiteres Gebiet der wunderbaren Tätigkeit Jesu annehmen. Erneut versammelt sich eine *große Menschenmenge* um Jesus. Diese Bemerkung bereitet bereits die Erzählung von der Heilung der kranken Frau vor.

**Aufbruch zur Sterbenden**

Zunächst aber kommt der Synagogenvorsteher namens Jaïrus zu Jesus und bittet ihn *kniefällig* – was seine Überzeugung über die Heilsmacht Jesu inständig, eindringlich bekundet: Wenn jemand helfen kann, dann nur noch Jesus, denn sein Töchterchen *„liegt im Sterben“*. Er erhofft infolgedessen von Jesus eine Gesundung der Todkranken durch *Auflegung der Hände* (V 23). – Bereitwillig, prompt, sofort *„geht Jesus mit ihm“*. – Eine *„große Menschenmenge“* begleitet ihn und verlangsamt vermutlich seinen Schritt. – Wie soll Jesus da zur Sterbenden kommen?

**Die kranke Frau (V 25-34)**
**Krankheitsgeschichte**

Kurz informativ, aufschlussreich, anschaulich, ausdrucksvoll, tragisch wird (V 25f) die Geschichte der Krankheit der Frau in düsteren Farben dargestellt mit dem Resultat, dass sie an den Ärzten ihr gesamtes Vermögen verloren, aber nicht die geringste Linderung erfahren hat; paradox: Peinlicher, katastrophaler ist es mit ihr geworden. – So die Ärzte, die sie erfahren hat. – Demgegenüber zieht nun der alle anderen Mediziner überragende „Arzt Jesus“ die Aufmerksamkeit auf sich. – Die furchtbar gepeinigte Frau hat über sein Heilswirken einiges erfahren; und auf ihn hin akut ihr ganzes Vertrauen und ihre Hoffnung orientiert – nicht erfolglos, wie dokumentiert wird (V 27ff). In der Masse presst sie sich an Jesus durch, um sein Obergewand zu *„berühren“*.

**Die Erwartung der Kranken**

Die entsprechende Absicht und hoffnungsvolle Sehnsucht der Frau erklärt V 28: „Denn sie sagte sich: Wenn ich auch nur sein Obergewand berühre, werde ich geheilt werden.“ Man kann dieses Geschehen eine populäre, volksverbundene Ansicht und Gepflogenheit nennen, wie schon vorausgehend über Jesus gesagt wird (Mk 6,56): „Und immer, wenn er in ein Dorf oder eine Stadt oder zu einem Gehöft kam, trug man die Kranken auf die Straße hinaus und bat ihn, er möge sie wenigstens den Saum seines Gewandes berühren lassen. Und alle, die ihn berührten, wurden geheilt.“ Ähnliches wird über Petrus und Paulus berichtet (Apg 5,15; 19,12). Entsprechende Blutungen einer Frau verlangen einen limitierten Umgang mit den Mitmenschen (Lev 12,1-8); darum wagt sie nur heimlich und versteckt vorzugehen.

**Sofort geheilt**

Von Jesus wird offenbar bekräftigt und bezeugt, dass die von der Frau riskierte Taktik glückt und wirkt; sie ist *„sogleich“* von ihrer Qual befreit (V 29): „Sogleich erkannte er, dass eine Kraft von ihm ausging“ (V 30). Daraufhin fragt Jesus: *„Wer hat mein Gewand berührt?“* Jesus will anscheinend auf das wunderbare Geschehen aufmerksam machen. Die Jünger haben darüber, wie ihre Antwort zeigt, nicht die geringste Ahnung. Die Szene gerät in Bewegung, das unfassliche Ereignis wird bekannt! – Die Geheilte exponiert sich und zeigt sich verschämt, reumütig, bußfertig, demütig, *„zitternd vor Furcht, fällt sie vor ihm nieder und sagt ihm „die ganze Wahrheit“* (V 33); somit beglaubigt sie, dass sie als Unheilbare von

Jesus Gesundung erhofft und erhalten hat. Ihren Höhepunkt erhält dieser ergreifende, eindrucksvolle Vorgang durch das lobende Wort Jesu, das die Heilung auf den *Glauben der Frau* begründet und sie *„in Frieden"* und mit erneuter Gesundungszusage verabschiedet wird. – Die vertrauliche Anrede *„Tochter"* zeigt ihr prompt ihre Aufnahme in den Kreis der Glaubenden: *„dein Glaube hat dich geheilt"* (V 34).

**Das tote Mädchen (V 35-37)**

Die Heilung der kranken Frau verzögerte die erwartete Heilung des Töchterchens. Einige Menschen aus dem Haus des Jaïrus treffen ein und melden ihm – der zu seinem Haus mit Jesus unterwegs ist – das Ableben des Mädchens. Damit scheint ihnen eine weitere Hilfe durch Jesus nicht mehr gegeben. Jesus hingegen ermutigt den Synagogenvorsteher *zu glauben*, dass es sich lohnt *„ihn noch länger zu bemühen"* (V 35). – Das bereitet bereits vor, dass in und durch Jesus der lebendig machende Gott wirkt. – Jesus entscheidet die Vorgänge und Aktivitäten; er lässt die Menschenmenge zurück und nimmt nur drei Vertraute mit: Petrus, Jakobus und Johannes (V 37). Zudem sind allerdings beim Wundergeschehen selbst auch die Eltern des Mädchens gegenwärtig (V 40). Der Bereich um Jesus und um das erhoffte, erwartete, vermutete Ereignis wird begrenzter; dieses Faktum disqualifiziert Neugier und Sensationslust.

**Totenerweckung (V 38-42)**

Bei seinem Eintreffen im Hause des Jaïrus stößt Jesus auf die Gesellschaft der trauenden Hinterbliebenen. Ihr Gestöhne und Schmerzensrufe und Jammern wird zum abstechenden, divergierenden, abweichenden, differenten, entgegengesetzten Background zu dem, was nun geschieht. – Mit seiner Diktion *„das Kind ist nicht gestorben, es schläft nur"* (V 39) bagatellisiert Jesus nicht den Todesfall, sondern protestiert dem Anschein der Unabänderlichkeit, Unumstößlichkeit des Ablebens. – Jesu Wort erntet bei den betroffenen Trauernden nur Gedankenlosigkeit, Unbesonnenheit, was sich in beißendem Hohn äußert. – Er verengt den Kreis der Zeugen, denn das Wunder verlangt ein Ambiente der Diskretion. Es ist eigentlich das Erlebnis der Kraft Gottes, die durch Jesus gelingt. – Die Details der demonstrierten Zurückholung ins Leben gleichen ähnlichen wunderbaren Wiederbelebungen: Körperkontakt, wachrufende, ins Leben zurückrufende Diktion, Sicherheben des Belebten und Umhergehen als Bezeichnung des Gelingens, bestürzte, fassungslose, konsternierte, perplexe Gemütsäußerung der gegenwärtigen Personen. – Das ins Leben zurückführende Wort wird vorerst in der aramäischen Muttersprache Jesu zitiert. *„Talíta kum!"* und dann die Übersetzung aus der griechischen Version: *„Mädchen, ich sage dir, steh auf!"*(V 41b). Für den griechischsprachigen Leser erhält das aramäische Wort allerdings, vom Autor wohl gewollt, den Charakter des Fremdländischen, Aparten, Rätselhaften.

**Schweigegebot (V 43)**

Dem Geheimhaltungsgebot geht die Aussonderung der drei Begleiter Jesu (V 37. 40) parallel. Jesus will keine glaubenslosen Sensationsberichte. Erst im Licht von Tod und Auferstehung ist eine entsprechende Sicht des Glaubens an Jesus Christus möglich, wie im Anschluss an die Verklärung erfahrbar wird (Mk 9,9): „Während sie den Berg hinabstiegen, verbot er ihnen, irgendjemand zu erzählen, was sie gesehen hatten, bis der Menschensohn von den Toten auferstanden sei."

Hiermit liegt erneut eine erzählende Glaubensverkündigung vor mit Geschichten, die in ihrem Kern wahr sind. – Die Heilung der Frau und die Auferweckung des Mädchens verknüpft vor allem das Glaubensmotiv (V 34.36).

# ABLEHNUNG IN DER HEIMAT

## Mk 6,1-6a

**[1]Und er brach auf von dort und kam in seine Heimatstadt; und es begleiteten ihn seine Jünger. [2]Und als es Sabbat geworden war, fing er an, in der Synagoge zu lehren; und viele, die zuhörten, erstaunten und sprachen: Woher hat er das alles? Und was ist das für eine Weisheit, die ihm gegeben ist, und solche Wundertaten geschehen durch seine Hände? [3]Ist dieser nicht der Zimmermann, der Sohn der Maria, und ein Bruder des Jakobus und Joses und Judas und Simon? Und sind nicht seine Schwestern hier bei uns? Und sie nahmen Anstoß an ihm. [4]Und Jesus sprach zu ihnen: Ein Prophet ist nirgends ungeehrt, außer in seiner Heimatstadt und unter seinen Verwandten und in seiner Familie. [5]Und er konnte dort kein Wunder tun, außer dass er einigen Kranken die Hände auflegte und sie heilte. [6]Und er verwunderte sich über ihren Unglauben. Und er ging durch die Dörfer ringsum und lehrte (dort).**

Die *Jünger begleiten Jesus in seine Heimatstadt;* die Erfahrung, die Jesus dort macht, sollte sie lehren (V 1), dass sie in seiner Nachfolge Ähnliches erleben werden (Lk 6,40): „Der Jünger steht nicht über seinem Meister; jeder aber, der alles gelernt hat, wird wie sein Meister sein."

In der Folge von Aktivität und Protest, wobei der Akzent auf der Gegenwirkung, der Reaktion liegt, präsentiert sich das Ereignis in der Heimatstadt Jesu (V 2f): *„Jesus lehrt am Sabbat in der Synagoge".* – Nicht die Thematik der Lehre wird nun angegeben, vielmehr zunächst die Verwunderung der Einheimischen, die anfangs Wertschätzung – *„Weisheit, die ihm gegeben ist ... Wunder, die durch ihn geschehen"* –, indessen bald Skepsis und Argwohn – *„ist das nicht der Zimmermann ..."* –enthält. – Im Gesamtkonnex dieser Aussage ist die „Weisheit" grundsätzliche Diktion der Frohbotschaft Jesu, die sich wesentlich von der Lehre der Schriftgelehrten unterscheidet (Mk 1,22): „Und die Menschen waren sehr betroffen von seiner Lehre; denn er lehrte sie wie einer, der (göttliche) Vollmacht hat, nicht wie die Schriftgelehrten." – Die „Wunder" Jesu, seine „Machttaten" werden als *„geschehen"* nicht infrage gestellt, auch nicht angefochten, aber nicht begriffen, ihre Bedeutung nicht erkannt. Nun werden vermeintliche, den Lebenslauf Jesu betreffende Details genannt, über die seine einheimischen Mitbewohner angeben, anscheinend informiert zu sein (V 3). Er hat den Beruf als *„Zimmermann"* ausgeübt – sein putativer Vater Josef wird nicht genannt, dafür ist Jesus als *„Sohn der Maria"* in seiner Heimatstadt im Gedächtnis. – Ein Sohn wird gewöhnlich nach dem Vater genannt; die Angabe Marias statt Josefs lässt eine originäre, primäre, echte Reminiszenz annehmen. Möglicherweise verweist dieses Faktum auch auf den frühen Tod des Josef. – Die unbekümmerte Charakterisierung der Landsleute Jesu, dass Jesus als der Bruder von Jakobus – Gal 1,19 „Bruder des Herrn" –, Joses, Judas und Simon sowie von zusätzlichen Schwestern in Erinnerung ist, motiviert nicht, diese Erwähnung zu erläutern. Spätere Interpretationen bezeichnen die „Brüder und Schwestern" Jesu als Verwandte zweiten, dritten Grades oder einfach Angehörige seiner Großfamilie.

Jene, die die Frage stellen „woher hat er das alles?" (V 2), scheinen keine richtige Antwort zu finden. Das Fazit lautet (V 4): „Und Jesus sprach zu ihnen: Ein Prophet ist nirgends ungeehrt, außer in seiner Heimatstadt und unter seinen Verwandten und in seiner Familie.“ Daraufhin folgt die Feststellung, seinen heimatlichen Mitbürgern gegenüber kann er in Ermangelung des Glaubens an ihn (V 5.6a) nur wenige Wunder wirken. – Jesus lässt sich, beispielgebend für seine Jünger, nicht entmutigen (V 6b): „Und er ging durch die Dörfer ringsum und lehrte (dort).“

# AUSSENDUNG DER ZWÖLF

## Mk 6,7-13

**7Und er rief die Zwölf zu sich, und er fing an, sie zu zwei und zwei auszusenden, und gab ihnen Gewalt über die unreinen Geister. 8Und er gebot ihnen, dass sie nichts mit auf den Weg nehmen sollten, als nur einen Stab; kein Brot, keine Tasche, im Gürtel keine Münze, 9sondern Sandalen untergebunden (unter die Füße); und ziehet nicht zwei Unterkleider an. 10Und er sprach zu ihnen: Wo irgend ihr in ein Haus eintretet, daselbst bleibt, bis ihr von dort weggeht. 11Wenn man euch aber in einem Ort nicht aufnimmt und euch nicht hören will, dann geht weiter von dort, und schüttelt den Staub von euren Füßen, zum Zeugnis gegen sie. 12Und sie gingen aus und verkündeten, dass sie Buße tun sollten; 13und sie trieben viele Dämonen aus und salbten viele Kranke mit Öl und heilten sie.**

### Aussendung (V 7)

Jesus hat die zwölf Jünger in seiner Reichweite. Sie haben anscheinend genügend Erfahrung gesammelt, sodass sie Jesus aussendet und bevollmächtigt. Das ist eine gewaltige Aussage – Teilhabe an seiner messianischen Sendung –, welche die *Austreibung der unreinen Geister* betrifft; was erlösend und kurativ sich erweist. – *„Jeweils zwei zusammen“* (V 7) werden beauftragt, was auf Lebenserfahrung wie auf entsprechende Tradition verweist (Dtn 19,15; Mt 18,16).

### Ausrüstung (V 8-11)

Die Anordnungen Jesu zur Verhaltensweise auf dem Weg sind bewusst asketisch, auf die Echtheit der Boten und ihrer Mission konzentriert (V 8-11). Sie sollen sich nicht einquartieren – weil sie sympathisch sind, möchte man ergänzen: Wo die Botschaft vom Reich Gottes nicht angenommen wird, soll man sich weiterhin nicht verlorener Mühe unterziehen und insistieren, sondern *weiterziehen*, um die Chance der Frohbotschaft anderen anbieten zu können. – Die *Konfrontation* mit der von Jesus und seinen Boten manifestierten Botschaft vom Reich Gottes ist notwendig, *unabdingbar*, relevant, erforderlich, lebensentscheidend.

### Erfolg (V 12f)

Die Frohbotschaft von der bevorstehenden Herrschaft Gottes – „Die Zeit ist erfüllt, das Reich Gottes ist nahe. Kehrt um, und glaubt an das Evangelium!“ (Mk 1,15) – funktioniert vorerst als *Ruf zur Umkehr* (V 12). – Abgesehen von den Dämonenaustreibungen werden momentan insbesondere die Salbung und Genesung von Ungesunden als Fingerzeig der angehenden Gottesherrschaft angeführt (V 12f).

# RÜCKKEHR DER JÜNGER

## Mk 6,30-34

**[30]Die Apostel versammelten sich wieder bei Jesus und berichteten ihm alles, was sie getan und gelehrt hatten. [31]Und er sprach zu ihnen: Kommet ihr selbst her an einen einsamen Ort, wo wir allein sind, und ruhet ein wenig aus. Denn derer, die da kamen und gingen, waren viele, und sie fanden nicht einmal Zeit, um zu essen. [32]Sie fuhren also in einem Boot in eine einsame Gegend, um allein zu sein. [33]Und viele sahen sie wegfahren und erkannten sie und liefen zu Fuß von allen Städten dorthin zusammen und kamen ihnen zuvor. [34]Und als Jesus aus dem Boot trat, sah er eine große Volksmenge und wurde innerlich bewegt über sie; denn sie waren wie Schafe, die keinen Hirten haben. Und er fing an, sie vieles zu lehren.**

**Bericht (V 30)**
Die zwölf Jünger werden „Apostel" genannt (V 30), die griechische Bezeichnung für Abgesandte, Ausgesandte, was mit der vorausgehenden Aussage übereinstimmt (Mk 6,7): „Er rief die zwölf zu sich und sandte sie aus, jeweils zwei zusammen. Er gab ihnen die Vollmacht, die unreinen Geister auszutreiben." Diese Angabe fundiert bereits im Bericht (Mk 3,14): „Und er setzte zwölf ein, die er bei sich haben und die er dann aussenden wollte, damit sie predigten." – Die zwölf von Jesus ausgesandten kehren zu ihm zurück; ihre Sendung ist an Jesus gebunden und in ihm geborgen. Wenn sie darüber berichten, *„was sie getan und gelehrt hatten"*, dann ist ein gewisser Erfolg anzunehmen, denn (Mk 3,15; 6,7b) Jesus *„gab ihnen die Vollmacht, die unreinen Geister auszutreiben"*.

**Erfolglose Einladung (V 31ff)**
Jesus lädt die Jünger ein (V 31a): *„Kommet ihr selbst her an einen einsamen Ort, wo wir allein sind, und ruhet ein wenig aus."* – Die Überwindung von Gegensätzlichkeiten – von authentischer Öffentlichkeitsarbeit und Privatsphäre – wird konkret evident. Sie zählt zum Aufgabenbereich der Sendung Jesu und seiner Jünger: Die erforderliche Ruhe wird gestört durch den Ansturm der Leute. Der Versuch, mit dem Boot der *„Menschenmenge"* zu entkommen, gelingt nicht.

**Mitleid Jesu (V 34)**
Jesus hat *Mitleid* (V 34) und besinnt sich möglicherweise auf Num 27,17b: „die Gemeinde Jahwes soll nicht sein wie Schafe, die keinen Hirten haben" (1 Kön 22,17; Ez 34,5). – Das Mitleid äußert sich, indem über Jesus gesagt wird (V 34c): *„Und er fing an, sie vieles zu lehren."* – Das ist die erste Konsequenz von dem, der sagt (Joh 10,14): „Ich bin der gute Hirt; ich kenne die Meinen, und die Meinen kennen mich." – Die Lehre Jesu ist gewiss *in nuce* Orientierungshilfe und Offenbarung seiner Sendung, wie schon vermerkt wird (Mk 4,2): „er lehrte sie vieles in Gleichnissen."

# REIN UND UNREIN

## Mk 7,1-8.14-15.21-23

**[1]Und es versammeln sich bei ihm die Pharisäer und einige der Schriftgelehrten, die von Jerusalem gekommen waren; [2]und sie sahen, dass einige seiner Jünger mit unreinen, das ist ungewaschenen Händen, Brot aßen. [3]Die Pharisäer essen nämlich wie alle Juden nur, wenn sie vorher mit einer Handvoll Wasser die Hände gewaschen haben, indem sie die Überlieferung der Ältesten halten. [4]Auch wenn sie vom Markt kommen, essen sie nicht, ohne sich vorher zu waschen. Noch viele andere überlieferte Vorschriften halten sie ein: Waschungen der Becher und Krüge und Kupfergeschirr. [5]Die Pharisäer und die Schriftgelehrten fragten ihn also: Warum halten sich deine Jünger nicht an die Überlieferung der Alten, sondern essen das Brot mit unreinen Händen? [6]Er aber antwortete und sprach zu ihnen: Vortrefflich hat Jesaja über euch Heuchler geweissagt, wie geschrieben steht: „Dieses Volk ehrt mich mit den Lippen, aber ihr Herz ist weit entfernt von mir. [7]Vergeblich aber verehren sie mich, indem sie als Lehren Satzungen von Menschen lehren.“ [8]Ihr gebt Gottes Gebot preis und haltet euch an die Überlieferung der Menschen.**

**[14]Und als er die Leute wieder zu sich gerufen hatte, sprach er zu ihnen: Höret mich alle und begreift! [15]Nichts, was von außen in den Menschen hineinkommt, kann ihn unrein machen, sondern was aus dem Menschen herauskommt, das macht den Menschen unrein.**

**[21]Denn von innen, aus dem Herzen der Menschen, kommen die bösen Gedanken, Unzucht, Diebstahl, Mord, [22]Ehebruch, Habgier, Bosheit, Hinterlist, Ausschweifung, Neid, Verleumdung, Hochmut und Unvernunft. [23]Alle diese bösen Dinge kommen von innen heraus und verunreinigen den Menschen.**

Als „alte Clique“ werden (V 1) die Pharisäer und Schriftgelehrten integriert, die noch dazu bei Jesus eintreffen. Dass sie aus Jerusalem kommen, lässt Böses erwarten, denn sie sind Jesus nicht wohlgesinnt (Mk 3,22): Pharisäer und Schriftgelehrte handeln als Rivalen Jesu. Ihre Angriffslust entdeckt die „Freizügigkeit“ Jesu, seine Haltung zur *„Überlieferung der Alten“* und dessen Interpretation innerhalb seiner pedanten Mitbürger. Zudem gehen die angesprochenen Reinheitsvorschriften nicht auf Mose zurück, sondern sind Direktiven der Schriftgelehrten für das praktische Leben. Die Masse des Volkes kümmerte sich nicht darum. Für nichtjüdische Leser wird erläutert, was *„unrein“* besagt: *„mit ungewaschenen Händen“*. Daran schließt sich eine zusätzliche ergänzende Erklärung (V 3f). Die Begriffe „rein und unrein“ prägen bisweilen das Judentum (Ps 18,21; 26,6). Es klingt an im Bekenntnis des Propheten (Jes 6,5): „Weh mir, ich bin verloren; denn ich bin ein Mann mit unreinen Lippen und lebe inmitten eines Volkes mit unreinen Lippen ...“ Die Attacke auf Jesus zentriert sich aber vor allem auf die „überlieferten Vorschriften“, die zur *„Überlieferung der Menschen“* (V 8) zählen. Die Konfrontation und die Bekrittelung der

Widersacher Jesu demonstriert, wie die „Überlieferung der Alten“ zu einem Scheingrund wird, um gegen Jesus eingreifen zu können (V 5ff). Jesus demaskiert ihren scheinheiligen Rekurs auf „Überlieferung“ und verweist auf ihre *„Heuchelei“* mit Jes 29,13: „Der Herr sagte: Weil dieses Volk sich mir nur mit Worten nähert und mich bloß mit den Lippen ehrt, sein Herz aber fernhält von mir, weil seine Furcht vor mir nur auf einem angelernten menschlichen Gebot beruht.“ – Jesus findet eine klare Sprache (V 8): *„Ihr gebt Gottes Gebot preis und haltet euch an die Überlieferung der Menschen.“*

Jesus versammelt Leute um sich und motiviert mit der Einladung zu *„hören“* und zu *„begreifen“* (V 14). – In einer bildhaften Aussage verweist Jesus (V 15) auf den Tatbestand von „rein und unrein“ mit der Formulierung von „in den Menschen hineinkommen“ und „aus dem Menschen herauskommen“. Das will besagen, dass im alltäglichen Leben nicht etwas außerhalb des menschlichen Körpers, was man berühren oder als Nahrung aufnehmen kann, den Menschen verunreinigt, sondern was aus seinem Herzen und seiner Gesinnung an Bösen nach außen in Erscheinung tritt und sich als Sünde darstellt. Der Mensch selbst verursacht mit seinem Denken, Reden und Tun bisweilen Unreinheit.

Diese Darlegung intensiviert Jesus mit der nochmaligen Aussage, dass aus dem *„Herzen“* die Laster kommen, die den Menschen verunreinigen (V 21f). Damit wird zugleich verdeutlicht, dass der Christ in der Nachfolge Jesu als Orientierungshilfe die Gebote Gottes (V 8) braucht. Die Lehre Jesu über „unrein und rein“ mündet schlussendlich in der Unterscheidung zwischen „Sünde“ und „Heiligkeit“.

# HEILUNG EINES TAUBSTUMMEN

## Mk 7,31-37

**31 Jesus verließ das Gebiet von Tyrus wieder und kam über Sidon an den See von Ga-
liläa, mitten in das Gebiet der Dekapolis. 32 Da brachte man einen Taubstummen zu
Jesus und bat ihn, dass er ihm die Hand auflege. 33 Und er nahm ihn von der Men-
schenmenge weg beiseite und legte seine Finger in seine Ohren; und berührte mit
Speichel seine Zunge; 34 danach blickte er zum Himmel auf, seufzte und sagte zu ihm:
Effata!, das heißt: Öffne dich! 35 Sogleich öffneten sich seine Ohren, seine Zunge
wurde von ihrer Fessel befreit, und er konnte richtig reden. 36 Und er gebot ihnen, dass
sie es niemand sagen sollten. Je mehr er es ihnen aber gebot, desto mehr machten sie
es nachhaltig bekannt. 37 Außer sich vor Staunen sagten sie: Er hat alles gut ge-
macht; er macht, dass die Tauben hören und die Stummen sprechen.**

Die geographischen Angaben skizzieren den Reiseweg durch nichtjüdisches Territorium zum See Gennesaret und *mitten in das Gebiet der Zehnstädte, der Dekapolis*. – Die Dekapolis ist eine zwischen 63 v. Chr. und 106 n. Chr. entstandene Konföderation von zehn Städten südlich und südöstlich vom See Gennesaret und zugleich von dort aus westlich und östlich des Jordan. Hierher in etwa wird anscheinend die Heilungserzählung lokalisiert, anberaumt (V 31f): Jesus wird gebeten, einen Taubstummen zu berühren, um dessen Heilung zu erreichen.

Einsam, *„abseits von der Menschenmenge“*, geschieht die erbetene *„Berührung“* (V 33ff). Dies konveniert der Resonanz, der Diskretion von einem wunderbaren Geschehen, dessen Ablauf und Hergang sich weitgehend der Beobachtung entzieht, denn im Wesentlichen ist jedes Wunder außerhalb des menschlich Durchschaubaren. Dem korrespondiert die Isolierung von der Menschenansammlung. Einige Details sind allerdings doch dem Schriftsteller von der Handlungsweise Jesu bekannt geworden. Es dominiert die Erkenntnis: Jesus kuriert in der ihm eigenen Vollmacht als der Messias Gottes durch sein Wort und wenigen begleitenden Zeichen, die den Heilungsbedürftigen vorbereiten sollen. Dem ungeachtet gewinnen vielfach in der allgemeinen Bevölkerung solche zeichenhafte Handlungen und die begleitenden Worte aufmerksames Interesse; so auch das Wort Jesu: *„Effata“*. Die mitgelieferte Deutung: *„das heißt: Öffne dich!“*, die die fremdartige, ausländische, nicht bekannte Ausdrucksweise forciert, intensiviert somit die Deutung der Aktion Jesu als Faktum des Öffnens. Die auf diese Weise sinnbildliche Form der Heilung signalisiert, auch die Jünger benötigen bisweilen der Öffnung ihrer Interessen, Sinne, Perspektiven (8,17f).

Wie ein Lauffeuer verbreitet sich trotz des *„Verbotes“* Jesu die *„Bekanntgabe“* des Heilungswunders. Jesus erweist sich als Messias, aber das scheinen nur wenige erfasst zu haben. Jesus will keine Sensationsberichte und dennoch ist es für viele einfach ein Bedürfnis weiterzusagen, was geschehen ist; für sie ist es ein Lichtstrahl aus der wunderbaren Tätigkeit Jesu, der Not, Leid, Krankheit und Gebrechen beseitigen kann. Sie sollten erkennen, dass die endzeitliche Herrschaft Gottes mit dem Kommen des Messias angebrochen ist; oberflächliche Begeisterung ist zu wenig und verweht bald, wie der Wind (V 36f). – Sich *öffnen* für das Wort Gottes und dessen Umsetzung in die Tat wäre die richtige Antwort (Mk 9,37): „ wer aber mich aufnimmt, der nimmt nicht nur mich auf, sondern den, der mich gesandt hat.“

# MESSIASBEKENNTNIS – TOD UND AUFERSTEHUNG – NACHFOLGE

## Mk 8,27-35

**[27]Jesus ging mit seinen Jüngern in die Dörfer bei Cäsarea Philippi. Unterwegs fragte
er die Jünger und sprach zu ihnen: Für wen halten mich die Menschen? [28]Sie aber ant-
worteten ihm und sagten: Einige für Johannes den Täufer, andere für Elija, wieder an-
dere für sonst einen von den Propheten. [29]Da fragte er sie: Ihr aber, für wen haltet ihr
mich? Simon Petrus antwortete ihm: Du bist der Messias! [30]Doch er verbot ihnen, mit
jemand über ihn zu sprechen.**
**[31]Dann begann er, sie darüber zu belehren, der Menschensohn müsse vieles erleiden
und von den Ältesten, den Hohenpriestern und den Schriftgelehrten verworfen wer-
den; er werde getötet, aber nach drei Tagen werde er auferstehen. [32]Und er redete ganz
offen darüber. Da nahm ihn Petrus beiseite und machte ihm Vorwürfe. [33]Jesus wandte
sich um, sah seine Jünger an und wies Petrus mit den Worten zurecht: Geh hinter
mich, Satan! Denn du hast nicht das im Sinn, was Gott will, sondern was die Menschen
wollen.**
**[34]Und als er die Volksmenge samt seinen Jüngern zu sich gerufen hatte, sprach er zu
ihnen: Wer mir nachfolgen will, verleugne sich selbst und nehme sein Kreuz auf und
folge mir nach. [35]Denn wer sein Leben retten will, wird es verlieren; wer aber sein Le-
ben um meinetwillen und um des Evangeliums willen verliert, wird es retten.**

Jesus instruiert seine Jünger (V 27-35): Durch seine Belehrung wird auch ein verzögerter Erfolg erfahrbar, der sich durch ein teilweises Nichtverstehen zeigt. Diese „Lehre Jesu" wird zugleich zur Orientierung für den christlichen Glauben und der entsprechenden Lebensgestaltung der Urkirche: Die fundmentale Botschaft Jesu, sein Wort und seine Aktivität begründet zunächst die Unterweisung über die Messianität, die nicht nur das Bekenntnis des Petrus (V 27-30), sondern auch die Ankündigung von Tod und Auferstehung Jesu (V 31ff) und die Nachfolge (V 34f) umfasst.

### Messianität (V 27-30)

Jesus wandert an die nördliche Landesgrenze Galiläas und kommt ins Gebiet von *Cäsarea Philippi*, einem Ort an den Jordanquellen, zu Ehren des römischen Kaisers vom Tetrarchen Herodes Philippus um 3-2 v. Chr. wiederaufgebaut, der heute Banias heißt. In diese Gegend wird das Messiasbekenntnisses des Petrus verlegt, lokalisiert – in die Nähe einer heidnischen Besiedlung und somit fern von Jerusalem, was eine distanzierte, differenzierte Relation oder Beziehung dieses „Messias" zu Israel und vor allem seiner Zeitgenossen und Landsleute erkennen lässt. – Jesus startet die Konversation und *fragt* die Jünger anscheinend mehr oder minder allgemein (V 27). Die Jünger *antworten* (V 28), indem sie zusammengefasst die gängigen Ansichten über Jesus wiederholen (Mk 6,14f): „ ... man sagte: Johannes der Täufer ist von den Toten auferstanden; deshalb wirken solche Kräfte in ihm. [15] Andere sagten: Er ist Elija.

Wieder andere: Er ist ein Prophet, wie einer von den alten Propheten." Mit dem Täufer und Elija ist ein Hinweis auf die Endzeit spürbar und Jesu Aktivität trägt prophetische Merkmale; die eigentliche Identität Jesu – sein wahres Wesen – ist damit nicht charakterisiert.

Erneut fragt Jesus (V 29) und beansprucht von seinen Jüngern selbst eine Expertise, ein Attest, ein Zeugnis zu seiner Individualität. Petrus als ihr Wortführer repliziert mit der Proklamation: *„Du bist der Messias."* Dem Griechischen „Christos", was „der Gesalbte" bedeutet, geht die hebräische Bezeichnung „Messias" parallel. – Somit ist jeder Christ ein „Gesalbter" und steht in der Nachfolge des Messias. – Mit dem „Messias" wird eine eschatologische – die letzten Dinge betreffende – Heilszeit erwartet. Die vorchristliche Messiaserwartung inkludiert ein Gedenken an eine vermeintliche exzellente Königsherrschaft Davids. Zur Zeit Jesus existierte darüber allerdings eine äußerst divergierende Vorstellung. Die Verwendung des Messiastitels auf Jesus bezogen ist erst exakt in der Zeit der Urkirche verständlich geworden, wozu gewiss die „Geistsalbung" (Jes 61,1; Lk 4,18; Apg 10,38) beitrug, welche die Erkenntnis brachte, dass Jesus erst als der Gekreuzigte und Auferstandene seine wahre messianische Identität dokumentiert. – Deshalb gebietet Jesus, über das Messiasbekenntnis des Petrus zu schweigen (V 30); die Messiaserwartungen des Volkes waren dazu noch nicht reif. – Auch die Jünger verstehen die messianische Sendung nur teilweise, wie sich anschließend herausstellt, und das Messiasbekenntnis des Petrus braucht somit eine interpretierende Präzisierung.

**Tod und Auferstehung (V 31ff)**

In der Unterweisung seiner Jünger (V 31) bezeichnet sich Jesus als „den Menschensohn". Diese Benennung nach Dan 7,14 verweist innerhalb der Worte Jesu auf das endzeitliche Kommen des Menschensohnes zum Gericht (Mk 13,26; 14,62). Die Identifizierung des „Menschensohns" mit dem leidenden Jesus illustriert, veranschaulicht, erläutert die eschatologische, also endzeitliche Erhabenheit Jesu repräsentativ effektvoll in Relation zu seiner Herabsetzung im Leiden. Es ist im Heilsplan Gottes, im Willen Gottes – Gott hat es bestimmt – *„er muss vieles erleiden"*. Der Beweggrund vom leidenden Gerechten wird laut (Ps 34,20): „Der Gerechte muss viel leiden, doch allem wird Jahwe ihn entreißen." – Analysiert wird diese fundamentale Bekundung über Jesu Ablehnung durch die genannten Schlüsselfiguren und Drahtzieher: die Ältesten, die Hohenpriester und die Schriftgelehrten. – Die Todesaussage wird in der Folge durch die von der Auferstehung *„nach drei Tagen"* kulminiert.

Die *„offene Rede"* Jesu – will heißen seine offenherzige Art des Gedankenaustausches (V 32f) über seine Torturen und Qualen – basiert in Konfrontation zu dem verlangten Beweggrund der Geheimhaltung (V 30). Diese Mitteilsamkeit ist motiviert durch die Bedeutung seiner Instruktion und seinem besonderen Gegenüber, der Jünger. Dass Petrus Jesus vor seiner qualvollen Passion bewahren will, ist allgemein human verstehbar, korrespondiert aber nicht dem „Plan Gottes", den die Jünger augenblicklich verstehen lernen sollen. So bitter die Antwort Jesu an Petrus erfolgt – „Satan = Widersacher" –, so eindeutig ist die Ermahnung Jesu *„geh, hinter mich"*, womit Jesus ihn auf seinen Standort ruft, insbesondere in die Nachfolge Jesu, genauso wie bereits Mk 1,17 mit *derselben Diktion* in der originalen Urschrift. – Dies wird bei der anderslautenden Formulierung in der Einheitsübersetzung mit der Aussage „geh mir aus den Augen!" – wofür keine Begründung im Urtext vorliegt –, als katastrophaler Lapsus leider übersehen.

**Nachfolge (V 34f)**
Dieser Redeabschnitt schlussfolgert mit dem Motiv „Nachfolge“ das Zielbewusstsein und die Treue aus der Information Jesu (V 31) für die Jüngergemeinschaft. Das Ambiente wird freilich durch die dazugerufene Bevölkerung ausgedehnt; ihre Gegenwart verallgemeinert freilich nur den Beweggrund der Jüngergemeinschaft als Chance für jedweden.
Jesus führt mit *„wenn einer hinter mir hergehen will“* – mein Jünger sein will – in das Einfühlungsvermögen von Jüngerschaft ein. Die beiden Anforderungen der Selbstlosigkeit und des Kreuztragens werden anschließend mit der Benennung von der Nachfolge Jesu erfasst. Was *„sich selbst verleugnen“* und *„sein Kreuz tragen“* bedeutet, versteht sich in der Perspektive auf Jesus, seine Mission und seine Zusicherung. – Worauf es ankommt und was zu gewinnen ist heißt: *„sein Leben retten“*. Bei aller *„Selbstlosigkeit“* geht es um das „Leben“ in Fülle (Joh 10,10b): „Ich bin gekommen, damit sie das Leben haben und es in Fülle haben.“ – Das verliert, wer um sich und nur um sich selbst besorgt ist. Wer sich indessen stärkt um Jesu willen und um des Evangeliums willen, in Verbundenheit mit ihm und seiner Verheißung, der wird es in Sicherheit bringen.

# VERKLÄRUNG JESU

## Mk 9,2-10

**[2]Sechs Tage danach nahm Jesus Petrus, Jakobus und Johannes beiseite und führte sie
auf einen hohen Berg, aber nur sie allein. Und er wurde vor ihnen verwandelt; [3]und
seine Kleider wurden glänzend, sehr weiß, wie kein Bleicher auf der Erde weiß ma-
chen kann. [4]Da erschien vor ihnen Elija und mit ihm Mose, und sie redeten mit Je-
sus. [5]Petrus sagte zu Jesus: Rabbi, es ist gut, dass wir hier sind. Wir wollen drei Hüt-
ten bauen, eine für dich, eine für Mose und eine für Elija. [6]Er wusste nämlich nicht,
was er sagen sollte; denn sie waren voll Furcht. [7]Und es kam eine Wolke und über-
schattete sie; und eine Stimme kam aus der Wolke: Dieser ist mein geliebter Sohn, ihn
höret. [8]Und plötzlich, als sie sich umblickten, sahen sie niemand mehr, sondern Je-
sum allein bei ihnen. [9]Als sie aber von dem Berg herabstiegen, gebot er ihnen, dass
sie niemand erzählen sollten, was sie gesehen hatten, außer bis der Menschensohn
von den Toten auferstanden sei.**

Cäsarea Philippi (Mk 8,27) ist bereits dem Blickfeld entschwunden, *„sechs Tage danach ...“* (V 2a) leitet erzählend zur nachfolgenden Begebenheit über und deutet – ohne ihn ausdrücklich zu nennen – zugleich den „siebten Tag“ an, was die Theophanie vom Sinai aufgreift (Ex 24,16): „Und die Herrlichkeit Jahwes ruhte auf dem Berge Sinai, und die Wolke bedeckte ihn sechs Tage; und am siebten Tage rief er Mose aus der Mitte der Wolke.“

Erneut wird Jesus aktiv und nimmt seine drei Vertrauensmänner aus seinem Jüngerkreis (Mk 5,37; 13,3; 14,33) mit sich *„auf einen hohen Berg“*. – Die nachfolgende christliche Tradition lokalisiert das Geschehen auf dem Tabor, der immer schon als heiliger Berg angesehen wurde. – Die Auswahl weniger Begleitpersonen soll die außerordentliche Einmaligkeit des Geschehens akzentuieren. Ähnlich wie in Ex 24,1.9.13 nimmt Jesus die drei Jünger – *„nur sie allein“* – mit, die Augenzeugen des außergewöhnlichen Ereignisses werden. Jesus wird *„vor ihnen verwandelt“* (V 2b); die äußeren Symptome werden charakterisiert (V 3): *„seine Kleider wurden glänzend, sehr weiß ...“* Die „Verwandlung“ Jesu ist demnach nicht eine Vorwegnahme des auferstanden Leibes, sondern eher ein vorübergehendes Aufstrahlen seiner „Glorie“, in der er am Ende erscheint (Mk 8,38c): „wenn er kommen wird in der Herrlichkeit seines Vaters mit den heiligen Engeln.“

*„Da erschien vor ihnen Elija und mit ihm Mose, und sie redeten mit Jesus“* (V 4). Im Hintergrund dieser Aussage scheinen die Entrückung des Mose – die allenfalls im jüdischen Volkglauben tradiert wird – und die Entrückung des Elija zu stehen (2 Kön 2,11): „Während sie miteinander gingen und redeten, erschien ein feuriger Wagen mit feurigen Pferden und trennte beide voneinander. Elija fuhr im Wirbelsturm zum Himmel empor.“ – Es wird bisweilen populär interpretiert, dass ihre einstigen Entrückungen ihr Zusammentreffen mit Jesus zulassen. – Mose repräsentiert das Gesetz, Elija die Prophetie.

Die Konversation – Elija und Mose *reden mit Jesus* – ist ein Zeugnis dafür, dass mit und durch Jesu messianische Sendung nun Gesetz und Prophetie ihren Höhepunkt und ihre Erfüllung erhalten.

Die spontane Anregung des aus Furchtsamkeit verworrenen Petrus ist unangebracht, er will die „verklärte Situation“ prolongieren, was nicht den messianischen Aufgaben Jesu entsprechen kann (V 5f). – Die Aufstellung von *„Hütten“* verweist allerdings an das Zelten Gottes unter den Menschen (Ps 78,60; 2 Sam 7,2) und das Laubhüttenfest mit seiner eschatologischen Perspektive: In der Endzeit werden nach Sach 14,16ff alle Völker zum Laubhüttenfest nach Jerusalem pilgern.

Wie in der bereits zitierten Belegstelle Ex 24,16 ist die Wolke ein Zeichen der Gegenwart Gottes, sie dient als Begleiterscheinung bei Theophanien (1 Kön 8,10; Ez 10,3f); sie ist Zeichen der verhüllten Herrlichkeit Gottes (Ex 40,34.38). – Die *„Stimme aus der Wolke“* richtet sich an die Jünger (V 7). Ihnen wird mitgeteilt, wer ihr Rabbi (V 5) ist (V 7b): *„Dieser ist mein geliebter Sohn, ihn höret.“* – Es wird wiederholt, was schon in der Taufe Jesu proklamiert wurde (Mk 1,11): „Und eine Stimme aus dem Himmel sprach: Du bist mein geliebter Sohn, an dir habe ich Gefallen gefunden.“ – Die Bezeichnung „mein Sohn“ etikettiert präzise exakt den Messiastitel (Mk 8,29): „Da fragte er sie: Ihr aber, für wen haltet ihr mich? Simon Petrus antwortete ihm: Du bist der Messias!“ – Mit diesem indirekten Verweis auf Ps 2,7 wird die einzigartige Beziehung Jesu zu Gott als seinem Vater promulgiert: „Den Beschluss will ich kundtun. Jahwe sprach zu mir: Mein Sohn bist du. Heute habe ich dich gezeugt.“ – Daran schließt sich geradezu nahtlos (Jes 42,1):

„Seht, das ist mein Knecht, den ich stütze; das ist mein Erwählter, an ihm finde ich Gefallen. Ich habe meinen Geist auf ihn gelegt, er bringt den Völkern das Recht.“ – Somit ist zugleich die Autorität seinen Jüngern gegenüber begründet; sie werden infolgedessen auf sein Wort verwiesen. Darum schließt sich nun daraufhin die zielbewusste Konsequenz: *„ihn höret!“* – Das wurde bereits in literarischer Tradition durch Mose angekündet (Dtn 18,15): „Einen Propheten wie mich wird dir Jahwe, dein Gott, aus deiner Mitte, unter deinen Brüdern, erstehen lassen. *Auf ihn sollt ihr hören.*“ – Das verweist anknüpfend infolge auf eine entsprechende Direktive Mariens in Kana (Joh 2,5): „Seine Mutter sagte zu den Dienern: *Was er euch sagt, das tut!*“

Folgerichtig schließt die Darstellung in V 8 mit einer Aussage über die Jünger, denen das gesamte Erlebnis zugedacht war. Am Ende erfahren sie die „Desillusion – Zurückführung in die Realität“, die sie auf den Boden der Wirklichkeit zurückbringt: zu „Jesus allein“. Das Beachten seines Wortes und die Perspektive auf ihn hin erlauben die unerlässliche Orientierung, die sie unabdingbar benötigen.

Eine Reflexion, Assoziation, Ideenfolge über das Erlebte schließt sich an (V 9f). Das vielfach ausgesprochene Schweigegebot Jesu erfährt nun ein Limit: *„bis der Menschensohn von den Toten auferstanden ist“*. – Das verheißt, verkündigt, prophezeit bejahend, zusagend: Mit der Auferstehung werden die Jünger verstehen und überzeugend verkünden (Mk 8,31): „ ... der Menschensohn müsse vieles erleiden und von den Ältesten, den Hohenpriestern und den Schriftgelehrten verworfen werden; er werde getötet, aber nach drei Tagen werde er auferstehen.“

## LEIDEN UND AUFERSTEHUNG – RANGSTREIT

### Mk 9,30-37

**30Sie gingen von dort weg und zogen durch Galiläa. Er wollte aber nicht, dass jemand**
**davon erfuhr; 31denn er lehrte seine Jünger und sprach zu ihnen: Der Menschensohn**
**wird überliefert in die Hände der Menschen, und sie werden ihn töten; und nachdem**
**er getötet worden ist, wird er nach drei Tagen auferstehen. 32Sie aber verstanden die**
**Rede nicht und fürchteten sich, ihn zu fragen. 33Sie kamen nach Kafarnaum. Als er**
**dann im Haus war, fragte er sie: Worüber habt ihr unterwegs gesprochen? 34Sie aber**
**schwiegen; denn sie hatten sich auf dem Wege untereinander besprochen, wer der**
**Größte sei. 35Und nachdem er sich gesetzt hatte, rief er die zwölf; und er sprach zu**
**ihnen: Wenn jemand der Erste sein will, so soll er der Letzte von allen und aller Die-**
**ner sein. 36Und er nahm ein Kind und stellte es in ihre Mitte; und als er es in seine**
**Arme genommen hatte, sprach er zu ihnen: 37Wer ein solches Kind aufnimmt in mei-**
**nem Namen, nimmt mich auf; und wer mich aufnimmt, nimmt nicht nur mich auf,**
**sondern den, der mich gesandt hat.**

Abermalig wird eine Ankündigung des Leidens Jesu mit einem geographischen Verweis eröffnet und dem Vermerk, unbemerkt zu verweilen, um die Jünger aufmerksam unterweisen zu können. Vor versammelter Menschenmenge wäre diese Atmosphäre nicht möglich. – Der lokale Hinweis will die realistische Reminiszenz an eine entsprechende Begebenheit verstärken. – Die Instruktion über sein Leiden ist der Öffentlichkeit nicht zumutbar; dem ungeachtet bleibt auch den Jüngern seine Bekanntgabe unverständlich. Darüber hinaus verfallen sie in Angst und *„fürchten sich“* (V 30ff).

Erneut steht *Tod und Auferstehung* des Menschensohnes im Zentrum der Unterweisung Jesu, aber nun wird nicht davon gesprochen, dass „er verworfen wird“ (Mk 8,31), sondern das er *„in die Hände der Menschen überliefert“* wird (V 31). – Der Leitgedanke und die Ausdrucksweise rufen das vierte Gottesknechtlied ins Gedächtnis (Jes 53,6.12): „ ... Doch Jahwe lud auf ihn die Schuld von uns allen. [12]... weil er sein Leben dem Tod preisgab und sich unter die Verbrecher rechnen ließ. Denn er trug die Sünden von vielen und trat für die Schuldigen ein.“ – In der Darstellung des leidenden Gottesknechtes wird versucht, den Tod des Menschensohnes im Konnex der heilsgeschichtlichen Initiativen Gottes zu begreifen. – Nachfolgend wird nochmals ähnlich argumentiert (Mk 10,33f): „Er sagte: Wir gehen jetzt nach Jerusalem hinauf; dort wird der Menschensohn den Hohenpriestern und den Schriftgelehrten ausgeliefert; sie werden ihn zum Tod verurteilen und den Heiden übergeben; [34] sie werden ihn verspotten, anspucken, geißeln und töten. Aber nach drei Tagen wird er auferstehen.“

Nach einer erneuten Lokalisierung – *„Kafarnaum“* (V 33) – führt Jesus die Unterweisung seiner Jünger mit einem anderen Motiv und in einem anderen Modus weiter. Die Basis bildet eine Auseinandersetzung der Jünger über Rangfolge unter ihnen. Jesus beurteilt und unterweist sie durch eine Sentenz über *„den Ersten“* und mit einer anschaulichen Illustration seiner Mentalität durch ein Kind, das er den Jüngern präsentiert (V 36). Der Sinnspruch (V 35) und das Exempel weisen allerdings divergierende Schlusseffekte auf.

Die differenzierte Instruktion der Jünger wird mit der Frage Jesu nach dem Thema ihres Disputs *unterwegs* eröffnet. Der Leser erfährt, es ging um die Frage, *wer der Größte unter ihnen sei.* – Rangstufen werden vorausgesetzt. Jesus betrachtet es als selbstverständlich, dass es *„Erste“* (V 35) in der Gemeinschaft der Jünger gibt, aber sie werden motiviert, sich als *„Letzte“* zu erweisen, um *„Diener aller“* zu sein. Die reale Position legitimiert keine konkurrierende Ambitionen gegenüber den anderen Jüngern, sondern verlangt die Bereitwilligkeit zum Dienen.

Jesus setzt neue Maßstäbe über *„wahre Größe“* in seiner Nachfolge mit dem *Kind, das er in die Mitte stellt.* Aber mit dem Merkwort oder der Parole *„Kind“* erhält die Belehrung Jesu eine Erneuerung (V 37). Nicht mehr die Beurteilung der Geltungssucht der Jünger steht primär im Blickfeld, sondern das dienende Sorgen um die Bedürftigsten in der Gemeinschaft Jesu und der menschlichen Gesellschaft. – Im „Letzten“ erlebt man Jesus selbst (Mt 25, 40b. 45b): „Was ihr für einen meiner geringsten Brüder getan habt, das habt ihr mir getan. [45]Was ihr für einen dieser Geringsten nicht getan habt, das habt ihr auch mir nicht getan.“ – In diesem Kind begegnet man somit den von Gott gesandten Sohn, zugleich Gott, von dem Jesus abschließend sagt: *„der mich gesandt hat“* (V 37).

# FREMDER WUNDERTÄTER – VERFÜHRUNG

## Mk 9,38-43.45.47f

**[38]Da sagte Johannes zu ihm: Meister, wir haben gesehen, wie jemand in deinem Namen Dämonen austrieb; und wir versuchten, ihn daran zu hindern, weil er uns nicht nachfolgt. [39]Jesus erwiderte: Hindert ihn nicht! Keiner, der in meinem Namen Wunder tut, kann so leicht schlecht von mir reden. [40]Denn wer nicht gegen uns ist, der ist für uns. [41]Wer euch auch nur einen Becher Wasser zu trinken gibt in meinem Namen, weil ihr Christi seid, wahrlich, ich sage euch: Er wird nicht verlieren seinen Lohn. [42]Und wer einen der Kleinen, die an mich glauben, zur Sünde verführt, dem wäre besser, wenn ein Mühlstein um seinen Hals gelegt und er ins Meer geworfen würde. [43]Wenn dich deine Hand zur Sünde verleitet, dann haue sie ab; es ist besser für dich, verkrüppelt in das Leben zu gelangen, als mit zwei Händen in die Hölle zu kommen, in das nie erlöschende Feuer. [45]Und wenn dich dein Fuß zur Sünde verführt, dann hau ihn ab; es ist besser für dich, einfüßig in das Leben zu gelangen, als mit zwei Füßen in die Hölle geworfen zu werden. [47]Und wenn dich dein Auge zur Sünde verleitet, dann reiß es aus; es ist besser für dich, einäugig in das Reich Gottes zu kommen, als mit zwei Augen in die Hölle geworfen zu werden, [48]wo ihr Wurm nicht stirbt und das Feuer nicht erlischt.**

**Toleranz (V 38-41)**
*Duldsamkeit,* Friedlichkeit, Großzügigkeit, Gutmütigkeit, Behutsamkeit, Geduld, Langmut, Selbstbeherrschung, Charakterstärke, Vorsicht, Sorgfalt, Besonnenheit, Nachgiebigkeit, Verträglichkeit, Hochherzigkeit werden erwartet gegenüber von *Sympathisanten,* Anhängern, Gesinnungsgenossen, Mitläufern, Anhängern, Kameraden, Gefährten, Mitkämpfern, Helfern, Komplizen, Genossen, Freunden.

Jesus belehrt zu einem konkreten Fall – gewiss bedeutungsvoll heute für die Ökumene –, der grundsätzliche, wesentliche, elementare Signalwirkung hat: Irgendeiner treibt *„im Namen Jesu"* Dämonen aus, ohne dass er zum Jüngerkreis zählt. Jesus kontert mit der Direktive zur Großmütigkeit.

Die Konstellation, die den Schmerzensruf des Jüngers Johannes darstellt, ist die Situation des Geisterbeschwörers, der auf die Effizienz des Namens Jesu baut, ohne zur aktiven Gemeinschaft Jesu zu gehören; es betrifft einen „Outsider". – Aktuell artikuliert heißt das Problem: Wie beurteilen wir ein „Christentum" ohne Zusammengehörigkeit zur Kirche, zum Papst? – Die Anweisung Jesu zur Duldsamkeit fundiert in der Mutmaßung einer untrüglichen Zielstrebigkeit dieses sonderbaren *„Jemand".* Die Seriosität seiner Beziehung zu Jesus bezeugt ihn darin, dass er nicht so *„leicht schlecht von ihm redet",* folglich nicht nach Willkür die Kompetenz Jesu beansprucht (V 38f).

Eine Beglaubigung für „Toleranz" gewährt die Diktion (V 40): „Wer nicht gegen uns ist, der ist für uns." Jesus assoziiert sich mit seiner Jüngerschaft. Das Problem der Mitgliedschaft zur Jüngergemeinschaft kann nicht ohne Jesus bewertet werden.

Durch das Stichwort *„Namen"* (V 38.39.41) wird ein weiteres Jesuwort angefügt, das die wohltätige Barmherzigkeit mit der Verheißung eines entsprechenden *„Lohnes"* motiviert. Die Diktion, von Jesus rezitiert, *„weil ihr Christi seid = weil ihr zu Christus gehört"*, dokumentiert die enorme Autorität, die dem *„Namen"* Jesu innewohnt.

**Verführung (V 42-48)**

Das kann bedeuten: Versuchung, Verlockung, Verleitung, Sinnenreiz, Betörung, Zuflüsterung, Verblendung, Anfechtung, Beeinflussung, Begierde, Täuschung, Überredungskraft, Propaganda, Irreführung.
Es wird nun eine Ermahnung angefügt (V 42): *„wer einen der Kleinen, die an mich glauben, zur Sünde verführt."* – Die *„Kleinen"* (V 42) sind die Armen und Mittellosen, denen der *„Becher Wasser"* (V 41) gereicht wird. *„Die an mich glauben"* charakterisiert sie als Mitglied der Jüngergemeinschaft Jesu. Es handelt sich also um einen Konflikt innerhalb der Glaubensgemeinschaft.

Das Wort „skandalisieren" (V 43.45.47), etwas zu einem Skandal machen, Anstoß nehmen, bedeutet im Griechischen: Anstoß geben, zur Sünde verleiten, zur Sünde verführen, abfallen, ärgern, empören, Ärgernis geben, irremachen, Anstoß nehmen. Die drei folgenden Mahnungen (V 43.45.47f) handeln davon. – Es betrifft die Hand, den Fuß, das Auge, die zum Skandal werden können. Die Aufforderung, die hyperbelartig – im Ausdruck übertreibend – formuliert wird, ist den Jüngern zugedacht.
Das Endziel der Jüngerschaft ist *„das Leben"* (V 43.45), *„das Reich Gottes"* (V 47), dem in einer Antithese *„Hölle"* (V 43.45.47) und *„Wurm"* (V 48) gegenübersteht. – Den Abschluss bildet ein intensivierendes Zitat aus Jes 66,24: „Dann wird man hinausgehen, um die Leichen derer zu sehen, die sich gegen mich aufgelehnt haben. Denn der Wurm in ihnen wird nicht sterben, und das Feuer in ihnen wird niemals erlöschen; ein Ekel sind sie für alle Welt."

# EHESCHEIDUNG – KINDERSEGNUNG

## Mk 10,2-16

**[2]Da kamen Pharisäer zu ihm und fragten: Darf ein Mann seine Frau aus der Ehe entlassen? Damit wollten sie ihm eine Falle stellen. [3]Er aber antwortete und sprach zu ihnen: Was hat euch Mose geboten? [4]Sie aber sagten: Mose hat gestattet, einen Scheidebrief zu schreiben und zu entlassen. [5]Und Jesus antwortete und sprach zu ihnen: Wegen eurer Herzenshärte hat er euch dieses Gebot geschrieben; [6]von Anfang der Schöpfung an aber hat er sie männlich und weiblich geschaffen. [7]Deshalb wird der Mann seinen Vater und seine Mutter verlassen und seiner Frau anhangen, [8]und es werden die zwei ein Fleisch sein; also sind sie nicht mehr zwei, sondern ein Fleisch. [9]Was aber Gott verbunden hat, das darf der Mensch nicht trennen. [10]Zu Hause befragten ihn die Jünger noch einmal darüber. [11]Er antwortete ihnen: Wer seine Frau aus der Ehe entlässt und eine andere heiratet, begeht ihr gegenüber Ehebruch. [12]Und wenn eine Frau ihren Mann entlässt und einen anderen heiratet, so begeht sie Ehebruch.**

**[13]Da brachte man Kinder zu ihm, damit er ihnen die Hände auflegte. Die Jünger aber wiesen sie ab. [14]Als Jesus das sah, wurde er unwillig und sagte zu ihnen: Lasst die Kinder zu mir kommen; hindert sie nicht daran! Denn ihnen gehört das Reich Gottes. [15]Wahrlich, das sage ich euch: Wer das Reich Gottes nicht so annimmt, wie ein Kind, der wird nicht hineinkommen. [16]Und er nahm sie in seine Arme, segnete sie, und legte die Hände auf sie.**

### Ehescheidung (V 2-12)

### Kontroverse (V 2-9)

### Unnötige Frage (V 2ff)

Im Grunde ist die Fragestellung der Pharisäer entbehrlich, denn Dtn 24,1 ordnet dieses Problem: „Wenn ein Mann eine Frau geheiratet hat und ihr Ehemann geworden ist, sie ihm dann aber nicht gefällt, weil er an ihr etwas Anstößiges entdeckt, wenn er ihr dann eine Scheidungsurkunde ausstellt, sie ihr übergibt und sie aus seinem Haus fortschickt“, ist die Ehe gelöst, sodass die Entlassene eines anderen Mannes Frau werden kann. Den Fragestellern ist diese Entscheidung des Mose bekannt (V 4). – Die konträre Rechtspraxis einer Entlassung des Ehemannes durch seine Frau ist in diesem Konnex ignoriert und daher nicht möglich.

### Antwort (V 5-9)

Mit der mosaischen Maßnahme (Dtn 24,1) ist für Jesus das heikle, prekäre, problematische Thema nicht vollauf gelöst: Es ist ein Zugeständnis des Mose für „*hartherzige* Männer“, womit zugleich die Fragesteller – die Jesus eine Falle stellen (V 2) – identifiziert werden. – Hartherzigkeit – zugleich Manko an Reue, Selbstanklage, Buße – signalisiert mangelnden Einblick in den Willen Gottes.

Jesus verweist auf den Ursprung (Gen 1,27): „Gott schuf also den Menschen als sein Abbild; als Abbild Gottes schuf er ihn. Als Mann und Frau schuf er sie.“ Demgemäß folgt (Gen 2,24): „Darum verlässt der Mann Vater und Mutter und bindet sich an seine Frau, und sie werden ein Fleisch.“ Die Konsequenz (V 8b) fundiert diesen Schlusseffekt: „Sie sind also nicht mehr zwei, sondern eins.“ Daraus deduziert Jesus in seiner absoluten Diktion (V 9): „Was aber Gott verbunden hat, das darf der Mensch nicht trennen.“ Die Intention des Schöpfers legitimiert das Verbot der Ehescheidung; die Konzession des Mose (Dtn 24,1) ist für Jesus nicht nur fraglich, sondern nutzlos.

**Jüngerbelehrung (V 10ff)**

Die Jünger beanspruchen eine umfassendere Instruktion. Dazu bietet sich geradezu von selbst immer wieder die Gelegenheit, wenn sie mit Jesus *„zu Hause“* sind. Was Jesus ihnen expliziert, ist eine Weiterführung des bisher Gelehrten, zugleich die reale Beobachtung des Scheidungsverbotes (V 9) auf den Mann in Verbindung zur Frau und auf die Frau in Beziehung zum Mann mit einer exakten Qualifikation der Situation. Die Verstoßung der Frau durch den Mann, die ihm nach den mosaischen Bestimmungen eine neue Heirat gestattet, wird von Jesus klipp und klar als *„Ehebruch“* bezeichnet. Die umgekehrte Situation, die nach *römischem Recht* möglich wurde, wobei die Frau die Initiative zur Entlassung ergreift und einen anderen Mann heiratet, ist genauso *„Ehebruch“*.

Es existiert ein Echo auf diese Unterweisung mit einer interpretierenden Weiterführung des Apostels Paulus (1 Kor 7,10-17): „Den Verheirateten gebiete nicht ich, sondern der Herr: Die Frau soll sich vom Mann nicht trennen [11]– wenn sie sich aber trennt, so bleibe sie unverheiratet oder versöhne sich wieder mit dem Mann –, und der Mann darf die Frau nicht verstoßen. [12] Den Übrigen sage ich, nicht der Herr: Wenn ein Bruder eine ungläubige Frau hat und sie willigt ein, weiter mit ihm zusammenzuleben, soll er sie nicht verstoßen. [13]Auch eine Frau soll ihren ungläubigen Mann nicht verstoßen, wenn er einwilligt, weiter mit ihr zusammenzuleben. [14]Denn der ungläubige Mann ist durch die Frau geheiligt, und die ungläubige Frau ist durch ihren gläubigen Mann geheiligt. Sonst wären eure Kinder unrein; sie sind aber heilig. [15]Wenn aber der Ungläubige sich trennen will, soll er es tun. Der Bruder oder die Schwester ist in solchen Fällen nicht wie ein Sklave gebunden; zu einem Leben in Frieden hat Gott euch berufen. [16]Woher weißt du denn, Frau, ob du den Mann retten kannst? Oder woher weißt du, Mann, ob du die Frau retten kannst? [17]Im Übrigen soll jeder so leben, wie der Herr es ihm zugemessen, wie Gottes Ruf ihn getroffen hat. Das ist meine Weisung für alle Gemeinden.“

Gewiss ist dieses Reglement geborgen in der hoffnungsvollen Zusage (Ez 11,19f): „Ich schenke ihnen ein anderes Herz und schenke ihnen einen neuen Geist. Ich nehme das Herz von Stein aus ihrer Brust und gebe ihnen ein Herz von Fleisch, [20]damit sie nach meinen Gesetzen leben und auf meine Rechtsvorschriften achten und sie erfüllen. Sie werden mein Volk sein, und ich werde ihr Gott sein.“

**Segnung der Kinder (V 13-16)**

Nach der Instruktion über die Ehe ist die nachfolgende Segnung der Kinder eine natürliche, gottgewollte Initiative, zudem ja Jesu Liebe den Kindern gegenüber bekannt ist (Mk 9,36f).

Zunächst benehmen sich die Jünger den eingesammelten Kindern ablehnend gegenüber, anscheinend um Jesus zu schonen (V 13). Infolge erwidert Jesus mit Unmut und einer speziellen Einladung der Kinder. Beifolgend verallgemeinert er die Mentalität der Kinder als beispielgebend (V 14).

An den Kindern erscheint exemplarisch, dass sie das Reich Gottes willkommen, vorbehaltlos, bedingungslos annehmen. Wer diese schlichte Einfachheit ohne Argwohn nicht hat, *„der wird nicht ins Reich Gottes hineinkommen“* (V 15). – Einfach zu Jesus kommen zu wollen, ihn zu hören, ihm zu folgen, von ihm gesegnet zu werden, darin liegt die „Vorbildlichkeit“ der Kinder – im Unterschied zu den Erwachsen, die Jesus „eine Falle stellen“ (V 2), sich treulos verhalten ... Wo bleibt der Segen (V 16)?

# REICHTUM UND NACHFOLGE

## Mk 10,17-30

[17]Und als er auf den Weg hinausging, lief einer herzu, fiel vor ihm auf die Knie und fragte ihn: Guter Meister, was soll ich tun, damit ich ewiges Leben erlange? [18]Jesus aber sprach zu ihm: Was nennst du mich gut? Niemand ist gut als nur ein Einziger, Gott. [19]Du kennst doch die Gebote: Du sollst nicht töten, du sollst nicht die Ehe brechen, du sollst nicht stehlen, du sollst nicht falsch aussagen, du sollst keinen Raub begehen; ehre deinen Vater und deine Mutter! [20]Er erwiderte ihm: Meister, alle diese Gebote habe ich befolgt von Jugend an. [21]Da sah ihn Jesus an, und weil er ihn liebte, sagte er: Eines fehlt dir noch: Geh, verkaufe, was du hast, gib das Geld den Armen, und du wirst einen bleibenden Schatz im Himmel haben; dann komm und folge mir nach! [22]Der Mann aber war betrübt, als er das hörte, und ging traurig weg, denn er hatte viele Besitztümer. [23]Da sah Jesus seine Jünger an und sagte zu ihnen: Wie schwer ist es für Menschen, die viel besitzen, in das Reich Gottes zu kommen! [24]Die Jünger waren über seine Worte bestürzt. Jesus aber sagte noch einmal zu ihnen: Kinder, wie schwer ist es, in das Reich Gottes zu kommen! [25]Eher geht ein Kamel durch ein Nadelöhr, als dass ein Reicher in das Reich Gottes gelangt. [26]Sie aber erschraken noch mehr und sagten zueinander: Wer kann dann noch gerettet werden? [27]Jesus sah sie an und sagte: Für Menschen ist das unmöglich, aber nicht für Gott; denn alles ist möglich für Gott. [28]Petrus fing an, zu ihm zu sagen: Siehe, wir haben alles verlassen und sind dir nachgefolgt. [29]Jesus antwortete: Wahrlich, ich sage euch: Jeder, der um meinetwillen und um des Evangeliums willen Haus oder Brüder, Schwestern, Mutter, Vater, Kinder oder Äcker verlassen hat, [30]wird das Hundertfache dafür empfangen: Jetzt in dieser Zeit wird er Häuser, Brüder, Schwestern, Mütter, Kinder und Äcker erhalten, wenn auch unter Verfolgungen, und in der kommenden Welt das ewige Leben.

**Freimütiger Verzicht (V 17-22)**
Unterwegs geschieht ein bemerkenswertes Ereignis, das ein bedeutungsvolles, folgenreiches, signifikantes Leitmotiv, eine normgebende, richtungsweisende Lebensordnung in Erinnerung bewahren ließ. – Die Konversation beginnt mit dem Gruß des Mannes an Jesus: *„guter Meister“.* Jesus greift das Wort „gut“ auf und will somit die Gedanken auf Höheres führen, zu Gott, von dem alles Gute ausgeht. Jesus betont auf diese Weise die totale Dominanz Gottes. – Zugleich zeigt die Gegenfrage – *„Warum nennst du mich gut?“* –, dass Jesus der vereinnahmenden Absicht des Fragestellers reserviert gegenübersteht (V 17f). Jesus antwortet wie ein Gesetzeslehrer (V 19), verweist auf den Dekalog und rezitiert kennzeichnend typisch Gebote aus Ex 20,12-16. – Der Fragesteller kann bekennen (V 20): *„alle diese Gebote habe ich befolgt von Jugend an.“* – Die Antwort bewirkt zunächst einen sympathischen Eindruck auf Jesus und er gewann ihn lieb. Der Liebesblick mutet ihm eine Berufung zu (V 21): *„Da sah ihn Jesus an, und weil er ihn liebte, sagte er: Eines fehlt dir noch: Geh, verkaufe, was du hast, gib das Geld den Armen, und du wirst einen bleibenden Schatz im Himmel haben; dann komm und folge mir nach!“* Aber es fehlt noch etwas Entscheidendes, nur mehr *„eines“*: *„Geh, verkaufe, was du*

*hast ...“* Das würde zu „einem Vermögen, einer Kostbarkeit im Himmel“ werden. Woraufhin der Höhepunkt im Ruf der Nachfolge Jesu folgt (V 20ff). – Der Berufene reagiert *„betrübt“* – eigentlich eine Katastrophe. – Durch die Zusage Jesu wäre ihm „ein größeres Vermögen“ zuteil geworden.

**Unverhohlene Besitzlosigkeit (V 23-27)**
Die ergreifende Erzählung einer Berufung erhält eine vertiefende Unterweisung der Jünger durch Jesus über die Macht des Reichtums (V 22-27). Diese Reflexion ist aber auch den Jüngern nicht sogleich einsichtig, sie sind *„bestürzt“* und *„erschrecken“* (V 24.26).

Es könnten die Worte Jesu nachklingen (Mk 8,36f): „Was nützt es einem Menschen, wenn er die ganze Welt gewinnt, dabei aber sein Leben einbüßt? [37]Um welchen Preis könnte ein Mensch sein Leben zurückkaufen?“ – Die Wohlhabenheit an irdischen Besitztümern verhindert, in das Reich Gottes zu gelangen. Das Gleichnis mit dem *„Kamel, das durch das Nadelöhr geht“*, ist anschaulich und beansprucht keiner erleichternden Interpretation etwa mit einem kleinen Türchen, das bisweilen Nadelöhr genannt wird und sich im großen Stadttor befindet.

Die Jünger sind betroffen, weil geradezu das Leben unter gewöhnlichen irdischen Situationen überhaupt die Erlösung der Erdenbewohner infrage stellt. Dem gibt Jesus die Antwort (V 27): *„Für Menschen ist das unmöglich, aber nicht für Gott; denn alles ist möglich für Gott.“*

**Wahre Nachfolge (V 28-31)**
In diesem Konnex von Zaghaftigkeit überrascht das energische Wort des Petrus über die Nachfolge, die den Verzicht auf Familie und Besitz einschließt. Dazu folgt die Verheißung Jesu, dass alle bisher erbrachten Opfer der Entsagung eine alles übertreffende, unermessliche Vergeltung und Belohnung erhalten werden. Diese beginnt bereits *„in dieser Zeit“* – *„wenn auch unter Verfolgung“* – *„und erhält in der kommenden Welt das ewige Leben“*.

# HERRSCHEN UND DIENEN

## Mk 10,35-45

**35 Da traten zu ihm Jakobus und Johannes, die Söhne des Zebedäus, und sagten zu
ihm: Meister, wir möchten, dass du uns, um was wir dich bitten, erfüllst. 36 Er aber
sprach zu ihnen: Was wollt ihr, das ich euch tun soll? 37 Sie aber sprachen zu ihm: Gib
uns, dass wir einer zu deiner Rechten und einer zu deiner Linken sitzen mögen in
deiner Herrlichkeit. 38 Jesus aber sprach zu ihnen: Ihr wisset nicht, um was ihr bit-
tet. Könnt ihr den Kelch trinken, den ich trinke, oder mit der Taufe getauft werden,
mit der ich getauft werde? 39 Sie aber sprachen zu ihm: Wir können es. Jesus aber
sprach zu ihnen: Den Kelch, den ich trinke, werdet ihr trinken, und mit der Taufe, mit
der ich getauft werde, werdet ihr getauft werden; 40 aber das Sitzen zu meiner Rech-
ten oder Linken steht nicht bei mir zu vergeben, sondern ist für die es bereitet ist. 41
Und als die zehn es hörten, fingen sie an, unwillig zu werden über Jakobus und Jo-
hannes. 42 Da rief Jesus sie zu sich und sagte: Ihr wisst, dass die, die als Herrscher
gelten, ihre Völker unterdrücken und die Mächtigen ihre Macht missbrauchen. 43 Bei
euch aber soll es nicht so sein, sondern wer bei euch groß sein will, der soll euer Die-
ner sein, 44 und wer bei euch der Erste sein will, soll der Diener aller sein. 45 Denn auch
der Menschensohn ist nicht gekommen, um bedient zu werden, sondern um zu die-
nen und sein Leben zu geben als Lösegeld für viele.**

### Schicksalsgemeinschaft (V 35-40)

Grundsätzlich und prinzipiell sei hiermit infrage gestellt, ob die Bezeichnungen „Rangstreit der Jünger“ oder „Zumutung der Zebedaiden“ oder die Aussage „Jakobus und Johannes stellen aus Ehrgeiz und Egoismus“, „aus naiver Schlauheit“ – wie in Kommentaren zu lesen ist – die Bitte objektiv charakterisieren (V 37): *„Gib uns, dass wir einer zu deiner Rechten und einer zu deiner Linken sitzen mögen in deiner Herrlichkeit.“* Warum kann dieser Wunsch im Innersten nicht ein fundamentaler Ausdruck der Liebe der Jünger zu ihrem Meister sein? – Jesus sagt ja den beiden das Glaubenszeugnis von Leiden und Verfolgung voraus (V 39). – Zudem ist offenbar Johannes der Jünger, „den Jesus liebte“ (Joh 13,23; 19,26: 21,7), und das beruht sicher auf Gegenseitigkeit. – Also sollte man auf gehässige, bissige Interpretationen verzichten.

Die Brüder Jakobus und Johannes (1,19f) werden wiederholt, mit Petrus gemeinsam, als favorisierte beliebte Vertrauenspersonen genannt (Mk 1,29; 5,37,9,2 – Verklärung), die später eine besondere Bedeutung für Jesus haben (13,3: 14,33 – Getsemani). Ihr Ersuchen an Jesus ist aus dieser Perspektive verständlich, zudem ist es möglicherweise auch Ausdruck der Bereitschaft, in der *„Herrlichkeit“*, in der Nähe Jesu behilflich sein zu können. – Mag sein, dass ihre erwählte Position in der Reichweite Jesu auch ihre außerordentliche Stellung in der Urgemeinde durchschimmern lässt. – Zudem lässt der Kontext bereits eine reale Erfahrung von unterschiedlicher Klassifizierung, Hierarchie und Rangordnung, wie in jedem Kollektiv den Veranlagungen und Fähigkeiten entsprechend, so auch in der Jüngergemeinschaft und der Urkirche erkennen (V 37).

Der Bescheid Jesu birgt zuvörderst eine

Motivation für die Jünger (V 38a): *„Ihr wisst nicht, um was ihr bittet.“* – Wie sollten sie es auch! Aber sie sind bereit, mit Jesus durch dick und dünn zu gehen, in seiner Nachfolge auch seine Lebens- und Schicksalsgemeinschaft auf sich zu nehmen. Dies wird mit der Allegorie vom Kelch und der Taufe insinuiert (V 38b) und deutet Leiden und Sterben Jesu an (Mk 8,34): „Wer mein Jünger sein will, der verleugne sich selbst, nehme sein Kreuz auf sich und folge mir nach.“ Die Teilhabe an Jesu Leiden und Sterben fundiert die immerwährende Lebensgemeinschaft mit ihm auch in seiner *„Herrlichkeit“*. – Für Jakobus erfüllte sich diese Voraussage bald (Apg 12,1f): „Um jene Zeit ließ der König Herodes einige aus der Gemeinde verhaften und misshandeln. 2 Jakobus, den Bruder des Johannes, ließ er mit dem Schwert hinrichten.“ – In der Folge (V 40) erklärt Jesus, dass das „Vergeben der Plätze zu seiner Rechten und Linken in der Herrlichkeit“ nicht ihm zusteht.

**Ganzhingabe (V 41-45)**

Das *„ärgerliche“* Verhalten lässt an *„invidia clericalis“* des Kirchenrechts denken, an den Neid, der auch in religiösen Gemeinschaften aufkommen kann. – Jedenfalls bewirkt der Verdruss der *„zehn anderen Jünger über Jakobus und Johannes“* eine Unterweisung Jesu über das Gebot des Dienens, das in seiner Gemeinschaft Jesu beobachtet werden soll. – Zunächst skizziert Jesus den Missbrauch der Macht, den die Herrscher demonstrieren (V 42). Das legt dar, wie es in seiner Jüngergemeinschaft nicht sein soll. Auch in der Jüngergemeinde gibt es unterschiedliche Positionen, aber sie sollen sich durch gegenseitige Dienstbarkeit, Hilfebereitschaft und Unterordnung qualifizieren. Jesus verweist auf Grundsätze, die er unentwegt manifestiert und persönlich verwirklicht hat. Jesu Lebensaufgabe ist *„dienen und sein Leben hinzugeben als Lösegeld für viele“* (V 45). Mit diesem Wort *„Lösegeld“* dokumentiert Jesus, dass sein Tod die Kraft der stellvertretenden Sühne besitzt. Diese Diktion führt zum Abendmahlsbericht (Mk 14,24): „Das ist mein Blut ..., das für viele vergossen wird.“ Beide Male klingt Jes 53,12 an: „er (der Knecht Gottes) gab sein Leben dahin in den Tod“ und „er trug die Sünden von vielen und trat für die Schuldigen ein“. – Befreiung von den Sünden gibt es nur von Gott her durch die Selbsthingabe seines Sohnes.

# BARTIMÄUS

## Mk 10,46-52

**46Sie kamen nach Jericho. Als er Jericho verließ mit seinen Jüngern und einer zahl-
reichen Menschenmenge, saß der Sohn des Timäus, Bartimäus, der Blinde, bettelnd
am Wege. 47Sobald er hörte, dass es Jesus von Nazaret war, fing er an zu schreien und
rief: Sohn Davids, Jesus, erbarme dich meiner! 48Und viele ermahnten ihn, dass er
schweigen solle; er aber schrie umso mehr: Sohn Davids, erbarme dich meiner!
49Und Jesus blieb stehen und hieß ihn rufen. Und sie riefen den Blinden und sagten
zu ihm: Hab Mut; steh auf, er ruft dich! 50Er indessen warf sein Obergewand ab, sprang
auf und kam zu Jesu. 51Und Jesus begann und sprach zu ihm: Was willst du, dass ich
dir tun soll? Der Blinde vielmehr sprach zu ihm: Rabbuni, dass ich sehen könne. 52Da
sagte Jesus zu ihm: Geh! Dein Glaube hat dich geheilt. Und sofort wurde er sehend
und folgte ihm auf dem Weg.**

**Blinder Bettler (V 46ff)**

Mit grandiosem Geleit verlässt Jesus Jericho, ihm und seinen Jüngern hat sich eine beachtliche Menschenmenge angeschlossen. Die Szene ist eine Lehrpraxis für die Jünger; der Geleitzug kennzeichnet die Popularität Jesu, die auch der blinde Almosenempfänger mit seinem direkten Appell beglaubigt (V 47): *„Sohn Davids, Jesus ...“* – Der Name des um Heilung Bittenden ist „Sohn des Timaios“ – so lautet der Eigenname in griechischer Version, in aramäischer Schreibweise mit hinzugefügtem „Sohn“ eben *„Bartimaios“*. Damit wird der auf diese Weise Bezeichnete als Jude präsentiert, der aufgrund seiner *„Nachfolge“* (V 52) offenbar der urchristlichen Gemeinde in Erinnerung geblieben ist. – Als ein Mensch, der nicht sieht, ist er auf das *„Hören“* konzentriert. So erfährt er bald, dass *Jesus von Nazaret* sich ihm nähert. Folgerichtig, wohlbewusst nennt er ihn *„Sohn Davids“*, womit er der jüdischen Hoffnung entsprechend Jesus als Messias begrüßt; das entspricht der gläubigen Erwartung seines Volkes. Zudem wird erhofft, dass *die Blinden in messianischer Zeit sehen* (Jes 29,18). – Der Unmut der Menschenmenge aktiviert Bartimäus zu einem verstärkten Rufen; ein Kennzeichen seiner zuversichtlichen Überzeugung und seines vertrauensvollen Glaubens.

**Heilung und Nachfolge (49-52)**

Infolgedessen ereignet sich die Zusammenkunft mit Jesus. Das Verhalten der Anwesenden verändert sich spontan: Sie motivieren den *„um Erbarmen Rufenden“* mit dem Verweis *„steh auf, er ruft dich“*! – Die das Gespräch einleitende Frage Jesu *„Was willst du, dass ich dir tun soll?“* lenkt zur Veranschaulichung der Not des Hilfesuchenden: *„Rabbuni, dass ich sehen könne“* (V 51). „Rabbuni“, das heißt „mein Herr“, ist eine ehrerbietige Steigerung der einfacheren Anrede „Rabbi“ und will damit den messianischen Davidssohn angemessen demutsvoll hochschätzen. – Der Glaube des Blinden hat zur Gesundung beigetragen, wie Jesus in seiner entscheidenden Wunder wirkenden Diktion feststellt (V 52): *„Geh! Dein Glaube hat dich geheilt.“* Mit „Glaube“ ist sein Vertrauen zu Jesus gemeint; ein solcher Glaube, der immer Hoffnung und Liebe umschließt, erweist sich vorbildlich in der Nachfolge auf dem Weg Jesu. Das ist der eigentliche Sinn des Lebens.

# EINZUG IN JERUSALEM

## Mk 11,1-10

**[1]Als sie in die Nähe von Jerusalem kamen, nach Betfage und Betanien am Ölberg, schickte er zwei seiner Jünger voraus. [2]Er sagte zu ihnen: Geht in das Dorf, das vor euch liegt; gleich wenn ihr hineinkommt, werdet ihr einen jungen Esel angebunden finden, auf dem noch nie ein Mensch gesessen hat. Bindet ihn los, und bringt ihn her! [3]Und wenn jemand zu euch sagt: Was tut ihr da?, dann antwortet: Der Herr braucht ihn; er lässt ihn alsbald wieder zurückbringen. [4]Sie freilich gingen hin und fanden ein Füllen angebunden an der Tür draußen auf dem Wege; und sie banden es los. [5]Und einige von denen, die dort standen, sprachen zu ihnen: Was tut ihr, dass ihr das Füllen losbindet? [6]Sie gaben ihnen zur Antwort, was Jesus gesagt hatte, und man ließ sie gewähren. [7]Sie brachten das Füllen zu Jesus, legten ihre Obergewänder darauf, und er setzte sich auf dasselbe. [8]Und viele breiteten ihre Obergewänder auf den Weg aus; andere hieben auf den Feldern Zweige ab. [9]Und die vorangingen und nachfolgten, riefen: Hosanna! Gepriesen sei, der da kommt im Namen des Herrn! [10]Gepriesen sei das kommende Reich unseres Vaters David! Hosanna in der Höhe!**

**Hoheitsvoller Esel (V 1-7)**

Mit Jesus treffen (V 1a) in der Nähe von Jerusalem ein: seine Jünger und desgleichen eine zahlreiche Menschenmenge (Mk 10,46), die mit ihm unterwegs nach „Betfage“ und „Betanien“ in unmittelbarer Nähe des zentralen Ortes der Heilsgeschichte sich befinden.

Der Einzug Jesu in Jerusalem wird vorbereitet: Zwei Jünger werden dazu ausgesendet. In diesem Abschnitt kann bestaunt werden, wie Jesus vorausblickt und vorherweiß, was in den kommenden Tagen in Jerusalem geschehen wird. – Die beiden Ausgesandten finden, wie von Jesus vorausgesagt, einen *„jungen Esel, ein Eselsfüllen“*, was Sach 9,9 reflektiert: „Juble laut, Tochter Zion! Jauchze, Tochter Jerusalem! Siehe, dein König kommt zu dir. Er ist gerecht und hilft; er ist demütig und reitet auf einem Esel, auf einem Fohlen, dem Jungen einer Eselin.“ Somit ist Jesu Einzug *auf einem Esel Zeichen seiner Messiaswürde.* – Zudem ruft das *„Eselsfüllen“* und das *„Angebundensein“* Gen 49,11in Erinnerung: „Er bindet an den Weinstock sein Eselsfüllen und an die Edelrebe das Junge seiner Eselin; er wäscht im Weine sein Kleid und im Blute der Trauben sein Gewand.“ *„Blut“* lässt an das blutige Ende denken, der triumphale Einzug hat indessen einen grandiosen Abschluss in der Auferstehung. – Mit diesen Schriftzitaten wird die Einmaligkeit dieses von Gott in seine Metropole und zu seiner Bevölkerung gesandten Messias akzentuiert. Zweifelsohne wird der *Esel losgebunden* und die *Dabeistehenden lassen gewähren*, das sind Details, die hervorheben, dass nun alles nach einem „höheren Plan“ entsprechend erfolgen *„muss“* (Mk 8,31): „Dann begann er, sie darüber zu belehren, der Menschensohn *müsse* vieles erleiden und von den Ältesten, den Hohenpriestern und den Schriftgelehrten verworfen werden; er werde getötet, aber nach drei Tagen werde er auferstehen.“

**Triumph in Jerusalem (V 8ff)**

Die Verherrlichung des repräsentierenden Messias in Jerusalem wird beschrieben (V

8ff). Er wird als der von Gott gesendete Erlöser gefeiert (Ps 118,25f): „Bitte, Jahwe, *rette doch*! Bitte, Jahwe, gib doch Gelingen! [26] Gesegnet, der da kommt im Namen Jahwes! Von dem Hause Jahwes aus haben wir euch gesegnet." Der Ruf Hosanna *„rette doch"* oder *„bring doch Hilfe"*, der ursprünglich ein Angstruf, ein schmerzlich aufschreiender Appell an Gott war, wird im jüdischen Brauchtum zur Würde eines Jubelrufs höchsten Ansehens und somit zur überwältigenden Anerkennung an den *„Herannahenden"*. – Die ergänzenden Aussagen mit dem *„Reich unseres Vaters David"* (V 10) verdeutlichen die messianische Gedankenverbindungen, die Bedeutung des *„Kommenden"* (Mk 8,29): „Da fragte er sie: Ihr aber, für wen haltet ihr mich? Simon Petrus antwortete ihm: Du bist der Messias!"

# WICHTIGSTES GEBOT

## Mk 12,28-34

**[28]Und es trat herzu einer der Schriftgelehrten, der gelauscht hatte ihren Auseinandersetzungen, und als er erkannte, wie trefflich er ihnen geantwortet hatte, fragte er ihn: Welches Gebot ist das erste von allen? [29]Jesus antwortete: Das erste ist: „Höre, Israel, der Herr, unser Gott, ist der einzige Herr, [30]und du sollst den Herrn, deinen Gott, lieben aus deinem ganzen Herzen und aus deiner ganzer Seele und aus deinem ganzen Denken und aus deiner ganzen Kraft." [31]Und das zweite ist dieses: „Du sollst deinen Nächsten lieben wie dich selbst. Größer als diese ist kein anderes Gebot." [32]Da sagte der Schriftgelehrte zu ihm: Gut, Rabbi, und wahr hast du gesagt: „Er ist ein Einziger, und es ist kein anderer außer ihm." [33]Und ihn zu lieben aus ganzem Herzen, aus ganzem Denken und aus ganzer Kraft, und den Nächsten zu lieben wie sich selbst, ist mehr als alle Brandopfer und Opfergaben. [34]Und als Jesus sah, dass er wohlbedacht geantwortet hatte, sprach er zu ihm: Du bist nicht fern vom Reiche Gottes. Und niemand wagte hinfort, ihn zu befragen.**

### Frage eines gelehrigen Schriftgelehrten (V 28)

Ein Schriftgelehrter, der den vorausgehenden Disput mitgehört hat und Jesu Bescheid, als bemerkenswert *„zutreffend"* erkennt, kommt und fragt nach dem *„ersten Gebot von allen"*. Warum? Diese Frage bleibt offen. Immerhin erweist es sich (V 32f), dass er die Antwort Jesu estimiert und weiterführend interpretiert. Die Problemstellung nach dem *„ersten Gebot von allen"* lässt bereits die Erkenntnis einer Rangordnung der sittlichen Anordnungen und Appelle erkennen (V 28).

### Brillante Antwort Jesu (V 29ff)

Die Auskunft Jesu ist rundweg vollendet, sie lautet nach dem hebräischen Text (Dtn 6,4f): „Höre Israel: Jahwe, unser Gott, ist ein einziger Jahwe! [5] Und du sollst Jahwe, deinen Gott, lieben mit deinem ganzen Herzen und mit deiner ganzen Seele und mit deiner ganzen Kraft." – Wie bedeutungsvoll diese Worte sind, zeigt sich in der anschließenden Anordnung (Dtn 6,6-9): „Und diese Worte, die ich dir heute gebiete, sollen auf deinem Herzen sein. [7] Und du sollst sie deinen Kindern einschärfen und davon reden, wenn du in deinem Hause sitzest und wenn du auf dem Weg gehst und wenn du dich niederlegst und wenn du aufstehst. [8]Und du sollst sie zum Zeichen auf deine Hand binden, und sie sollen zu Stirnbändern sein zwischen deinen Augen; [9]und du sollst sie auf die Pfosten deines Hauses und an deine Tore schreiben." – Das *„Höre Israel – Sch^e^ma Jisrael"* wurde inklusiv des Gebotes der Gottesliebe zum fundamentalen Bekenntnis zur Einzigkeit Gottes. Dieses Gebot der Gottesliebe ist das entscheidende Fundament für alle anderen Gebote.

Anbeginns wurde nach dem *„ersten Gebot"* ermittelt. Bezeichnend ist, dass Jesus ein *„zweites"* anschließt, indem er aus Lev 19,18 zitiert: „Du sollst deinen Nächsten lieben wie dich selbst." Dem „zweiten" Gebot wird eine *Äquivalenz,* also gleiche Bedeutung wie dem „ersten" zuerkannt. Das zweite Gebot wird mit dem ersten assoziiert und darin eingegliedert. Gottes- und Nächstenliebe gehen Hand in Hand (1 Joh 4,20): „Wenn jemand sagt: Ich liebe Gott, aber seinen Bruder hasst, ist er ein Lügner. Denn wer seinen Bruder nicht liebt, den er sieht, kann Gott nicht lieben, den er nicht sieht."

**Wahrer Gottesdienst (V 32f)**

Mit Hilfe der improvisierten Resonanz, der Wiederholung der Beantwortung Jesu, anerkennt der Schriftgelehrte uneingeschränkt die Lehre Jesu. Simultan intensiviert er sie: Der Glaube an den einen Gott betrifft die Ablehnung der Götter der heidnischen Umwelt. Dies erwägt Paulus (1 Kor 8,4ff): „Was nun das Essen von Götzenopferfleisch angeht, so wissen wir, dass es keine Götzen gibt in der Welt und keinen Gott außer dem einen. [5]Und selbst wenn es im Himmel oder auf der Erde so genannte Götter gibt – und solche Götter und Herren gibt es viele –, [6]so haben doch wir nur einen Gott, den Vater. Von ihm stammt alles, und wir leben auf ihn hin. Und einer ist der Herr: Jesus Christus. Durch ihn ist alles, und wir sind durch ihn." Diesen Ein-Gott-Glauben bezeugen für ihr Leben in heidnischer Umwelt die Christen.

Desgleichen akzeptiert der Schriftgelehrte den Konnex der beiden Liebesgebote. Darüber hinaus ist bezeichnender die vergleichende Konfrontation mit *„allen Brandopfern und anderen Opfergaben".* Zudem werden differenziert die Tempelopfer durch die erheblichere Obliegenheit, die obligatorische Verpflichtung von Gottes- und Nächstenliebe relativiert, entsprechend der prophetischen Forderung (Hos 6,6): „Liebe will ich, nicht Schlachtopfer, Gotteserkenntnis statt Brandopfer." – Mit dieser richtungweisenden Aussage wird die urchristliche Tradition, in der dieser Text seine Form erhalten hat, reflektiert: Allein – bestimmend ist das Verhältnis der Liebe zu Gott und zum Nächsten. Das Kennzeichen wahren Gottesdienstes wird damit neu definiert.

**Sympathisch – berufen? (V 34)**

Die Bewunderung Jesu für den einsichtigen Schriftgelehrten ist überaus sympathisch, liebenswert, charmant (V 34): *„Du bist nicht fern vom Reich Gottes!"* Das ist gewiss eine Einladung, für die Lehre Jesu bedachtsam, aufmerksam, konzentriert zu bleiben und die Möglichkeit zu erfassen, der Verheißung der Herrschaft Gottes zu folgen. – Wer erweist sich heute im Hinhören auf die Lehre Jesu als „nicht fern vom Reich Gottes"?

Schlussendlich präsentiert sich Jesus alles in allem total als der überlegene „Lehrer, Rabbi"; das Diskutieren, die Kontroversgespräche haben sich nicht als zweckdienliche Kampfansage gegen ihn gezeigt; sie führen – wie sollte es sonst sein – jeweils zu seiner Nachfolge. – Was hat der „verständnisvolle Schriftgelehrte" getan? – Keine Frage mehr – blockiert ist kurzfristig die rhetorische Angrifflust. – Wie reagiert man, wenn man diese Worte Jesu liest?

# SCHRIFTGELEHRTE – WITWE

## Mk 12,38-44

**[38]Und er sprach in seiner Lehre: Hütet euch vor den Schriftgelehrten, die in langen Gewändern einhergehen wollen und die Begrüßungen auf den Märkten lieben [39]und die Ehrenplätze in den Synagogen und die Ehrenplätze bei den Gastmählern; [40]welche die Häuser der Witwen sich aneignen und zum Schein lange Gebete halten. Diese werden ein umso härteres Urteil erfahren. [41]Und er setzte sich dem Opferkasten gegenüber und sah, wie die Leute Geld in den Opferkasten warfen; und viele Reiche viel hineinwarfen. [42]Da kam auch eine arme Witwe und warf zwei geringe Münzen hinein, das ist ein kleines Geldstück. [43]Und er rief seine Jünger herzu und sprach zu ihnen: Wahrlich, ich sage euch: Diese arme Witwe hat mehr eingeworfen als alle, die in den Opferkasten eingeworfen haben. [44]Denn alle haben von ihrem Überfluss eingeworfen, sie aber hat in ihrer Armut alles eingeworfen, was sie zum Leben hatte.**

Das äußerliche Erscheinungsbild der Schriftgelehrten und ihr Benehmen in der Gesellschaft werden gekennzeichnet. Mitunter werden die alltäglichen Umgangsformen solcher Art von Funktionären, Agenten, Verbindungsmännern auch unangenehm und lästig. Nichtsdestoweniger intensiver fragt man, was der wesenhafte Anlass der Warnung vor ihnen ist (V 38f). Einen gigantischen Vorwurf bringt die Anschuldigung gegen die Schriftgelehrten (V 40): „welche die Häuser der Witwen sich aneignen". Die Witfrauen sind besondere Favoriten Gottes, so schon im Gesetz des Mose (Ex 22,21f): „Ihr sollt keine Witwe oder Waise ausnützen. [22]Wenn du sie ausnützt und sie zu mir schreit, werde ich auf ihren Klageschrei hören." – Zudem sind offenbar vielfach die Witfrauen opfer- und spendenbereit, wie anschließende Verse zeigen (V 41-44). Desto peinlicher sind das unrechtmäßige Aneignen auf listige Art von fremdem Besitz und die Scheinheiligkeit von Gebetsfrömmigkeit, die den Schriftgelehrten vorgehalten wird. Die Mahnung Jesu konzentriert sich hauptsächlich auf die Vortäuschung, die eigentlich Maskerade ist. Die Diskrepanz von Lehre und Aktivität ist auch die hauptsächliche Attacke Jesu den Schriftgelehrten gegenüber (Mk 12,38ff). Demzufolge erhalten sie schlussendlich das *„um so härtere Urteil"* im Endgericht.

In allen Sanktuarien befinden sich *„Opferkasten"*, so auch im Jerusalemer Tempel (V 41f). Diese unterstützten die Kontinuität des Opferdienstes im Heiligtum. Die Reichen können mehr geben, die arme Witwe *„gibt alles, was sie besaß"*: zwei *kleine Münzen*, genauer „zwei Lepta, das ist – in römischer Valuta – ein Quadrans", frei übersetzt: ein paar Cent. – Sie behält nichts zurück für ihren Lebensbedarf, das demonstriert: Sie verlässt sich ganz auf Gott. Hieraus schlussfolgert Jesus für seine Jünger (V 43f): Die ärmliche Gabe der Witwe hat dominierende Geltung über die Spende *„aller anderen"*, da *die Reichen* nur *„von ihrem Überfluss"* gespendet haben.

Das ruft erneut in Erinnerung (Mk 11,15-18): „Dann kamen sie nach Jerusalem. Jesus ging in den Tempel und begann, die Händler und Käufer aus dem Tempel hinauszutreiben; er stieß die Tische der Geldwechsler und die Stände der Taubenhändler um [16] und ließ nicht zu, dass jemand irgendetwas durch den Tempelbezirk trug.

[17]Er belehrte sie und sagte: Heißt es nicht in der Schrift: Mein Haus soll ein Haus des Gebetes für alle Völker sein? Ihr aber habt daraus eine Räuberhöhle gemacht. [18]Die Hohenpriester und die Schriftgelehrten hörten davon und suchten nach einer Möglichkeit, ihn umzubringen. Denn sie fürchteten ihn, weil alle Leute von seiner Lehre sehr beeindruckt waren." – Jesus lehrt die Ganzhingabe!

## ÜBER DAS ENDE

### Mk 13,24-37

**[24]Aber in jenen Tagen, nach jener Drangsal, wird die Sonne verfinstert werden und der Mond seinen Schein nicht geben; [25]und die Sterne des Himmels werden herabfallen, und die Kräfte in den Himmeln werden erschüttert werden. [26]Und dann werden sie den Menschensohn kommen sehen in Wolken mit großer Macht und Herrlichkeit. [27]Und dann wird er die Engel aussenden und die Auserwählten versammeln von den vier Winden her, vom Ende der Erde bis zum Ende des Himmels. [28]Von dem Feigenbaum aber lernt das Gleichnis: Wenn sein Zweig schon saftig wird und die Blätter heraustreibt, so erkennt ihr, dass der Sommer nahe ist. [29]Also auch ihr, wenn ihr dies geschehen seht, so erkennt, dass es [das Ende] nahe an der Tür ist. [30]Wahrlich, ich sage euch: Dieses Geschlecht wird nicht vergehen, bis alles dieses geschehen ist. [31]Der Himmel und die Erde werden vergehen, meine Worte aber werden nicht vergehen. [32]Jenen Tag und jene Stunde kennt niemand, auch nicht die Engel im Himmel, nicht einmal der Sohn, sondern nur der Vater. [33]Seht euch vor, bleibt wach! Denn ihr wisst nicht, wann die Zeit da ist. [34]Gleichwie ein Mann, der außer Landes reiste, sein Haus verließ und seinen Dienern die Vollmacht gab, jedem seine Arbeit, und dem Türhüter befahl, dass er wache. [35]So wachet nun, denn ihr wisst nicht, wann der Herr des Hauses kommt, des Abends oder um Mitternacht oder beim Hahnenschrei oder frühmorgens; [36]damit er nicht, plötzlich kommend, euch schlafend finde. [37]Was ich aber euch sage, sage ich allen: Wachet!**

**Ankunft des Menschensohnes (V 24-27)**
Mit *„in jenen Tagen"* (V 24) wird „der Tag des Herrn" (Jes 12,9; Joël 2,1) als Gerichtstag über die Menschheit angemeldet. Mit einer Replik aus Dan 7,13 wird die zentrale Aussage über das Ende angezeigt: „Immer noch hatte ich die nächtlichen Visionen: Da kam mit den Wolken des Himmels einer wie ein Menschensohn. Er gelangte bis zu dem Hochbetagten und wurde vor ihn geführt." Somit wird das Ankommen des Menschensohnes zum Gericht annonciert. Es wird die Emission der Engel und die Integration der Auserwählten als positive Perspektive des gerichtlichen Vorgangs vorausgesagt.

Der Termin (V 24) *„in jenen Tagen, nach jener Drangsal"* inkludiert die vorausgehende Aussage (Mk 13,19): „Denn jene Tage werden eine Not bringen, wie es noch nie eine gegeben hat, seit Gott die Welt erschuf, und wie es auch keine mehr geben wird." Damit scheint dem Autor dieses Textes ausreichend die Befristung angegeben zu sein, obwohl sich daraus keine Zeitangabe eruieren lässt. Es entspricht jedoch einer analogen Formulierung (Offb 22,7a. 12a): „Siehe, ich komme bald." – Und zwar schlussendlich am „Tag des Herrn" (Jes 13,10; 34,4; Joël 2,10f; Hag 2,6.21), der Offenbarung Gottes im Endgericht, das weltumfassend die kosmischen Manifestationen inkludiert, die alle Erdbewohner anbelangen.

Wer dieser Menschensohn ist, ist keine Frage für den, der Jesu Wort beachtet (Mk 8,38): „Denn wer irgend sich meiner und meiner Worte schämt unter diesem ehebrecherischen und sündigen Geschlecht, dessen wird sich auch der Sohn des Menschen schämen, wenn er kommen wird in der Herrlichkeit seines Vaters mit den heiligen Engeln." Der zum Gericht kommende Menschensohn ist niemand anders als Jesus (Mt 10,33; Lk 12,8). Das bezeugt in der Folge, dass der von den Menschen verworfene Messias Jesus mit dem zum Endgericht kommenden Menschensohn identisch ist, wie im Prozess Jesu erfahrbar wird (Mk 14,61f): „Er aber schwieg und gab keine Antwort. Da wandte sich der Hohepriester nochmals an ihn und fragte: Bist du der Messias, der Sohn des Hochgelobten? 62 Jesus sagte: Ich bin es. Und ihr werdet den Menschensohn zur Rechten der Macht sitzen und mit den Wolken des Himmels kommen sehen."

Die *Zusammenführung* der *„Auserwählten"* (V 27) von den vier Winden verwirklicht die eschatologische Heimführung des Gottesvolkes aus der „Zerstreuung" (Sach 2,10): „Auf, auf! Flieht aus dem Land des Nordens – Spruch Jahwes. Denn wie die vier Winde des Himmels habe ich euch zerstreut – Spruch Jahwes." Da klingt bereits durch (Offb 21,5): „Seht, ich mache alles neu."

**Naherwartung (V 28-32)**

Das „Wann" der Endereignisse führt zur Naturbeobachtung. Anschauliches Exempel ist der *Feigenbaum*. Dieses kann allerdings nur zur Betrachtung natürlicher Vorgänge, gewissermaßen zu Vorzeichen motivieren. Auch die Limitierung auf *„dieses Geschlecht"* bringt keine bestimmte zeitlich determinierte Aussage (V 30).

Mit einem affirmativen Wort wird die Naherwartung des Endereignisses signifiziert, dessen Beobachter die *Lebenden von damals* werden sollen; was schließlich mit der Verzögerung der Parusie interpretiert wird. Da hilft auch ein analoges Wort nicht weiter (Mk 9,1): „Und er sagte zu ihnen: Amen, ich sage euch: Von denen, die hier stehen, werden einige den Tod nicht erleiden, bis sie gesehen haben, dass das Reich Gottes in (seiner ganzen) Macht gekommen ist." – Diese Unsicherheit wird durch das Jesuwort aufgewogen (V 31): *„Der Himmel und die Erde werden vergehen, meine Worte aber werden nicht vergehen."* – Schließlich folgt die Lösung (V 32); das liegt in der Kompetenz, der Autorität des göttlichen Vaters (V 32): *„Jenen Tag und jene Stunde kennt niemand, auch nicht die Engel im Himmel, nicht einmal der Sohn, sondern nur der Vater."*

Die Zusicherung (V 31) und die Unkenntnis *„des Sohnes"* bringen die prinzipielle Unterschiedenheit der Anordnungen Gottes und ihres für den Menschen mitteilbaren Wissens zur Gültigkeit; das limitiert und bezeichnet die Differenz von göttlicher Autorität und menschlicher historischer Beschränkung: Ausdruck der Geschöpflichkeit.

**Wachsamkeit (V 33-37)**

Das Resultat der Instruktion Jesu ist infolgedessen die Mitteilung, dass konkretisiert *„Zeit"* im vollen Ausmaß nicht detailliert definiert zu vermitteln, nicht mitteilbar ist. Diese Bilanz begründet die in der Perspektive auf das endgültige Finale notwendige Wachsamkeit. Diese betrifft in der

Allegorie besonders den *„Türhüter"*. Der Impuls zur Wachsamkeit gilt allen Menschen (V 37). Die Behutsamkeit wird in der Anweisung Jesu an die Jünger in Getsemani mit dem Appell zum Beten vereint gesehen (Mk 14,38): „Wachet und betet, damit ihr nicht in Versuchung geratet; der Geist zwar ist willig, das Fleisch aber schwach."

# LEIDEN JESU

## Mk 14,1–15,47

Entscheidung gegen Jesus (V 1f)

**[1]In zwei Tagen aber war Pascha und das Fest der Ungesäuerten Brote. Und die Ho-
henpriester und Schriftgelehrten suchten, wie sie ihn mit List ergreifen und töten
könnten. [2]Sie sagten nämlich: Nur nicht am Fest, damit kein Aufruhr im Volk entstehe.**

Salbung in Betanien (V 3-9)

**[3]Und als er in Betanien war, in dem Hause Simons, des Aussätzigen, kam, während
er zu Tische lag, eine Frau, die ein Alabastergefäß mit Salbe von echter, kostbarer
Narde hatte; und sie zerbrach das Gefäß und goss es auf sein Haupt. [4]Es waren aber
etliche unwillig bei sich selbst und sprachen: Wozu ist diese Vergeudung des Salböls
geschehen? [5]Denn dieses Salböl hätte für mehr als dreihundert Denare verkauft und
den Armen gegeben werden können. Und sie zürnten mit ihr. [6]Jesus aber sprach: Lasst
sie; warum kränkt ihr sie? Sie hat ein gutes Werk an mir getan; [7]denn die Armen habt
ihr allezeit bei euch, und wenn ihr wollt, könnt ihr ihnen Gutes tun; mich aber habt
ihr nicht allezeit. [8]Sie hat getan, was sie vermochte; sie hat zum Voraus meinen Leib
zum Begräbnis gesalbt. [9]Wahrlich, ich sage euch: Wo immer die Freudenbotschaft
(Evangelium) verkündet werden wird in der ganzen Welt, wird auch von dem gere-
det werden, was sie getan hat, zu ihrem Gedächtnis.**

Verrat durch Judas (V 10f)

**[10]Und Judas Iskariot, einer der zwölf, ging hin zu den Hohenpriestern, um ihn ihnen
zu überliefern. [11]Als sie das hörten, freuten sie sich und versprachen, ihm Geld zu ge-
ben; und er suchte, wie er ihn zu günstiger Zeit überliefern könnte.**

Vorbereitung des Paschamahls (V 12-16)

**[12]Und an dem ersten Tag der Ungesäuerten Brote, an dem man das Pascha schlach-
tete, sagen seine Jünger zu ihm: Wo willst du, dass wir hingehen und bereiten, damit
du das Pascha essen kannst? [13]Und er sandte zwei seiner Jünger und spracht zu ih-
nen: Geht in die Stadt, und es wird euch ein Mann begegnen, der einen Krug Wasser
trägt; folget ihm. [14]Und wo er hineingeht, sprecht zu dem Hausherrn: Der Meister lässt
sagen: Wo ist das Gemach für mich, wo ich mit meinen Jüngern das Pascha essen
kann? [15]Und dieser wird euch ein großes Obergemach zeigen, mit Polstern belegt und
hergerichtet; dort bereitet (alles) für uns. [16]Und die Jünger gingen aus und kamen in
die Stadt und fanden es, wie er ihnen gesagt hatte; und sie bereiteten das Pascha.**

Bezeichnung des Verräters (V 17-21)

[17]Und als es Abend geworden war, kam er mit den zwölf. [18]Und während sie zu Tische lagen und aßen, sprach Jesus: Wahrlich, ich sage euch: Einer von euch wird mich überliefern, der, welcher mit mir isst. [19]Sie aber fingen an, betrübt zu werden und einer nach dem anderen zu ihm zu sagen: Doch nicht ich? [20]Er aber antwortete und sprach zu ihnen: Einer von den zwölf, der eintaucht mit mir in die Schüssel. [21]Der Menschensohn geht zwar dahin, wie über ihn geschrieben steht; wehe aber jenem Menschen, durch den der Menschensohn überliefert wird! Es wäre jenem Menschen vorteilhaft, wenn er nicht geboren wäre.

Vermächtnis der Eucharistie (V 22-25)

[22]Und während sie aßen, nahm Jesus Brot, segnete und brach und gab es ihnen und sprach: Nehmt, das ist mein Leib. [23]Und er nahm den Kelch, dankte und gab ihn ihnen; und sie tranken alle daraus. [24]Und er sprach zu ihnen: Dieses ist mein Blut, das des Bundes, das für viele vergossen wird. [25]Wahrlich, ich sage euch, dass ich künftig nicht mehr von dem Gewächs des Weinstocks trinken werde bis an jenem Tag, da ich es neu trinken werde im Reiche Gottes.

Voraussage für Petrus (V 26-31)

[26]Und nach dem Lobgesang gingen sie hinaus zum Ölberg. [27]Und Jesus sprach zu ihnen: Ihr werdet euch alle empören, denn es steht geschrieben: „Ich werde den Hirten schlagen, und die Schafe werden zerstreut werden". [28]Wenn ich aber auferweckt worden bin, werde ich euch vorausgehen nach Galiläa. [29]Petrus aber sprach zu ihm: Wenn sich auch alle empören werden, ich aber nicht. [30]Und Jesus spricht zu ihm: Wahrlich, ich sage dir, dass du heute, in dieser Nacht, ehe der Hahn zweimal kräht, mich dreimal verleugnen wirst. [31]Er aber sprach nachdrücklich: Wenn ich mit dir sterben müsste, werde ich dich nicht verleugnen. Desgleichen aber sprachen auch alle.

Gebet in Getsemani (V 32-42)

[32]Sie kamen zu einem Grundstück, das Getsemani heißt, und er sagte zu seinen Jüngern: Setzt euch hier, während ich bete. [33]Und er nahm Petrus, Jakobus und Johannes mit sich und fing an, bestürzt und beängstigt zu werden. [34]Und er sprach zu ihnen: Meine Seele ist tief betrübt bis zum Tode; bleibet hier und wachet. [35]Und er ging ein wenig weiter und fiel auf die Erde; und er betete, dass, wenn es möglich wäre, die Stunde an ihm vorübergehe. [36]Und er sprach: Abba, Vater, alles ist dir möglich; nimm diesen Kelch von mir weg; doch nicht was ich will, sondern was du willst (geschehe)! [37]Und er kam und fand sie schlafend, und er sprach zu Petrus: Simon, schläfst du? Konntest du nicht eine Stunde wachen? [38]Wachet und betet, damit ihr nicht in Versuchung geratet; der Geist ist zwar willig, das Fleisch aber schwach. [39]Und er ging wiederum hin, betete und sprach dasselbe Wort. [40]Und als er zurückkam, fand er sie wiederum schlafend, denn ihre Augen waren schwer geworden; und sie wussten nicht, was sie ihm antworten sollten. [41]Und er kam zum dritten Mal und sprach zu ihnen: So schlaft weiter und ruht aus. Es ist genug; die Stunde ist gekommen, siehe, der Menschensohn wird in die Hände der Sünder überliefert. [42]Steht auf, lasst uns gehen; siehe, der mich überliefert, ist nahe gekommen.

### Gefangennahme Jesu (V 43-52)

43Und alsbald, während er noch redete, kam Judas, einer der zwölf, und mit ihm eine
große Volksmenge mit Schwertern und Knüppeln, von den Hohenpriestern und den
Schriftgelehrten und den Ältesten. 44Der ihn aber überlieferte, hatte ihnen ein Zeichen
gegeben und gesagt: Der, den ich küssen werde, der ist es; ihn ergreift und führt ihn
sicher fort. 45Und als er kam, ging er sofort zu ihm und sagte: Rabbi! und küsste ihn.
46Sie aber legten ihre Hände an ihn und ergriffen ihn. 47Einer aber von den Dabei-
stehenden zog das Schwert, schlug auf den Knecht des Hohenpriesters und hieb ihm
das Ohr ab. 48Da begann Jesus zu sprechen und sagte zu ihnen: Wie gegen einen Räu-
ber seid ihr mit Schwertern und Knüppeln ausgezogen, um mich festzunehmen. 49Täg-
lich war ich bei euch im Tempel und lehrte, und ihr habt mich nicht festgenommen;
nur damit die Schriften erfüllt werden. 50Da verließen ihn alle und flohen. 51Und ein
gewisser Jüngling folgte ihm, der ein Linnen um den bloßen Leib geworfen hatte; da
fassten sie ihn an: 52Er aber ließ das Linnen zurück und entfloh nackt.

### Vor dem Hohen Rat (V 53-65)

53Und sie führten Jesus zum Hohenpriester, und es versammelten sich alle Hohen-
priester und Ältesten und Schriftgelehrten. 54Und Petrus folgte ihm von ferne bis hi-
nein in den Hof des Hohenpriesters; und er saß mit bei den Dienern und wärmte sich
am Feuer. 55Die Hohenpriester aber und der ganze Hohe Rat suchten ein Zeugnis ge-
gen Jesus, um ihn zu töten; und sie fanden keines. 56Denn viele gaben falsches Zeug-
nis gegen ihn, und die Zeugnisse waren nicht übereinstimmend. 57Und einige stan-
den auf und gaben falsches Zeugnis gegen ihn und sprachen: 58Wir hörten ihn sagen:
Ich werde diesen Tempel, der mit Händen gemacht ist, niederreißen, und in drei Ta-
gen werde ich einen anderen aufbauen, der nicht mit Händen gemacht ist. 59Und auch
dabei war ihr Zeugnis nicht übereinstimmend. 60Und der Hohepriester stand auf, trat
in die Mitte und fragte Jesus und sprach: Antwortest du nichts, was diese gegen dich
bezeugen? 61Er aber schwieg und antwortete nichts. Wiederum fragte ihn der Hohe-
priester und sprach zu ihm: Bist du der Messias, der Sohn des Hochgelobten? 62Jesus
aber sprach: Ich bin es! Und ihr werdet den Menschensohn sitzen sehen zur Rechten
der Macht und kommen mit den Wolken des Himmels. 63Da zerriss der Hohepriester
seine Kleider und sprach: Was brauchen wir noch Zeugen? 64Ihr habt die Lästerung ge-
hört. Was ist eure Meinung? Sie aber verurteilten ihn, dass er des Todes schuldig sei.
65Und einige fingen an, ihn anzuspucken, und sein Angesicht zu verhüllen und ihn mit
Fäusten zu schlagen und zu ihm zu sagen: Weissage! Und die Diener gaben ihm Ohr-
feigen.

### Verleugnung des Petrus (V 66-72)

66Und als Petrus unten im Hofe war, kam eine von den Mägden des Hohenpriesters,
67und als sie den Petrus sich wärmen sah, blickte sie ihn an und sprach: Auch du warst
mit dem Nazarener Jesus. 68Er aber leugnete und sprach: Ich weiß nicht, verstehe
nicht, was du sagst. Und er ging hinaus in den Vorhof; und der Hahn krähte. 69Und
als die Magd ihn (dort) sah, fing sie wiederum an, zu den Dabeistehenden zu sagen:
Dieser ist einer von ihnen. 70Er aber leugnete wiederum. Und kurz nachher sagten wie-
derum die Dabeistehenden zu Petrus: Wahrhaftig, du bist einer von ihnen, denn du
bist auch ein Galiläer.

[71]Da fing er an zu fluchen und zu schwören: Ich kenne diesen Menschen nicht, von dem ihr redet. [72]Und sogleich krähte der Hahn zum zweiten Mal. Da erinnerte sich Petrus an das Wort, das Jesus zu ihm gesagt hatte: Ehe der Hahn zweimal kräht, wirst du mich dreimal verleugnen. Und er begann zu weinen.

Vor Pilatus (V 15,1-15)

[1]Und sogleich am frühen Morgen fassten die Hohenpriester mit den Ältesten und Schriftgelehrten und dem ganzen Hohen Rat einen Beschluss, ließen Jesus fesseln, abführen und dem Pilatus übergeben. [2]Und Pilatus fragte ihn: Bist du der König der Juden? Er aber antwortete und sprach zu ihm: Du sagst es. [3]Und die Hohenpriester klagten ihn vieler Dinge an. [4]Pilatus aber fragte ihn wiederum und sprach: Antwortest du nichts? Siehe, wie vieles sie dich anklagen! [5]Jesus aber antwortete gar nichts mehr, sodass Pilatus sich verwunderte. [6]Zum Fest aber pflegte er ihnen einen Gefangenen freizugeben, den sie sich ausbaten. [7]Es war aber einer, genannt Barabbas, mit Rebellen gefangen, die bei einem Aufruhr einen Mord begangen hatten. [8]Die Volksmenge zog hinauf und bat, ihnen zu gewähren wie sonst. [9]Pilatus aber antwortete ihnen und sprach: Wollt ihr, dass ich euch den König der Juden freigebe? [10]Denn er erkannte, dass die Hohenpriester ihn aus Neid überliefert hatten. [11]Die Hohenpriester aber wiegelten die Volksmenge auf, dass er ihnen lieber den Barabbas freigebe. [12]Pilatus aber antwortete und sprach wiederum zu ihnen: Was wollt ihr denn, dass ich mit dem tue, welchen ihr König der Juden nennet? [13]Sie aber schrien wiederum: Kreuzige ihn! [14]Pilatus aber sprach zu ihnen: Was hat er denn Böses getan? Sie aber schrien noch lauter: Kreuzige ihn! [15]Darauf ließ Pilatus, um die Menge zufriedenzustellen, Barabbas frei und gab den Befehl, Jesus zu geißeln und zu kreuzigen.

Verspottung durch die Soldaten (V 16-20a)

[16]Die Soldaten führten ihn in den Palast hinein, das heißt in das Prätorium, und riefen die ganze Kohorte zusammen. [17]Dann legten sie ihm einen Purpurmantel um und flochten einen Dornenkranz; den setzten sie ihm auf [18]und sie fingen an, ihn zu grüßen: Sei gegrüßt, König der Juden! [19]Und sie schlugen ihn mit einem Rohr auf das Haupt und spuckten ihn an, und sie beugten die Knie und huldigten ihm. [20a]Und als sie ihn verspottet hatten, zogen sie ihm den Purpur aus und zogen ihm seine eigenen Kleider an.

Kreuzweg (V 20bff)

[20b]Und sie führten ihn hinaus, um ihn zu kreuzigen. [21]Und sie zwangen einen Vorübergehenden, einen gewissen Simon von Zyrene, der vom Feld kam, den Vater des Alexander und des Rufus, sein Kreuz zu tragen. [22]Und sie brachten ihn zum Ort Golgota, das heißt übersetzt: Schädelstätte.

Kreuzigung (V 23-28)

[23]Und sie gaben ihm Wein, mit Myrrhe vermischt; er aber nahm ihn nicht. [24]Dann kreuzigten sie ihn und verteilten seine Kleider, indem sie das Los über sie warfen, was jeder bekommen sollte. [25]Es war aber die dritte Stunde, und sie kreuzigten ihn. [26]Und die Inschrift seiner Beschuldigung war über (ihm) geschrieben: Der König der Juden. [27]Und mit ihm kreuzigten sie zwei Räuber, einen rechts, den andern links von ihm.

[[28]Und die Schrift wurde erfüllt, welche sagt: „Und er ist unter die Gesetzlosen ge-
rechnet worden".]

Verhöhnung (V 29-32)
[29]Und die Vorübergehenden lästerten ihn, indem sie ihre Köpfe schüttelten und sag-
ten: Ha! Der du den Tempel abbrichst und in drei Tagen aufbaust, [30]rette dich selbst
und steige herab vom Kreuz. [31]Ebenso spotteten auch die Hohenpriester samt den
Schriftgelehrten untereinander und sprachen: Andere hat er gerettet, sich selbst kann
er nicht retten. [32]Der Messias, der König Israels, steige jetzt herab vom Kreuze, da-
mit wir sehen und glauben. Auch die mit ihm gekreuzigt waren, schmähten ihn.

Tod Jesu (V 33-39)
[33]Als es aber die sechste Stunde war, kam eine Finsternis über das ganze Land bis zur
neunten Stunde; [34]und zur neunten Stunde schrie Jesus mit lauter Stimme: Eloï, Eloï,
lema sabachtani?, das heißt übersetzt: Mein Gott, mein Gott, warum hast du mich ver-
lassen? [35]Und als einige der Dabeistehenden es hörten, sagten sie: Siehe, er ruft nach
Elija! [36]Es lief aber einer und füllte einen Schwamm mit Essig und steckte ihn auf ein
Rohr, gab ihm zu trinken und sprach: Lasst uns doch sehen, ob Elija kommt, ihn herab-
zunehmen. [37]Jesus aber stieß einen lauten Schrei aus und hauchte den Geist aus.
[38]Und der Vorhang des Tempels zerriss in zwei Stücke, von oben bis unten. [39]Als aber
der Hauptmann, der ihm gegenüber dabeistand, sah, wie er verschied, sprach er:
Wahrhaftig, dieser Mensch war Gottes Sohn!

Frauen auf Golgota (V 40f)
[40]Es waren aber einige Frauen, die von ferne zusahen, darunter Maria aus Magdala,
Maria, die Mutter von Jakobus dem Kleinen und Joses, sowie Salome; [41]sie waren Je-
sus schon in Galiläa nachgefolgt und hatten ihm gedient. Noch viele andere Frauen
waren dabei, die mit ihm nach Jerusalem hinaufgezogen waren.

Grablegung (V 42-47)
[42]Als es nun schon Abend wurde – es war nämlich Rüsttag, das ist der Tag vor dem
Sabbat –, [43]kam Josef von Arimathäa, ein angesehener Ratsherr, der auch selbst auf
das Reich Gottes wartete. Er wagte es, zu Pilatus zu gehen und bat um den Leichnam
Jesu. [44]Pilatus aber wunderte sich, dass er schon gestorben sei; und er rief den
Hauptmann herzu und fragte ihn, ob er schon gestorben sei. [45]Und als er es von dem
Hauptmann erfuhr, schenkte er den Leichnam dem Josef. [46]Und er kaufte Leinwand,
nahm ihn herab, wickelte ihn in die Leinwand und legte ihn in ein Grab, das aus ei-
nem Felsen gehauen war; und er wälzte einen Stein an den Eingang des Grabes. [47]Ma-
ria aus Magdala aber und Maria, die Mutter des Joses, beobachteten, wo er hingelegt
wurde.

**Gegen Jesus (V 1f)**

Durch eine Terminangabe beginnen die Kernaussagen der Passionsgeschichte: die taktische, durchtriebene Konsultation der Hohenpriester und der Schriftgelehrten gegen Jesus. Die angedeutete Unschlüssigkeit der Widersacher, der Gegner Jesu (V 1f) – Ausweichen einer Massendemonstration, eines Aufstands – wird vermeintlich angenehmerweise durch das Angebot des Judas erleichtert (V 10f).

*„Zwei Tage vor dem Pascha und dem Fest der Ungesäuerten Brote“* (V 1a). Zwei Feierlichkeiten determinieren das Geschehen; beide betreffen dasselbe Fest: *„Pascha“* – in aramäischer Schreibart „Pesach“ – benennt das Fest und zugleich das Festessen, zu dem ein Lamm bereitet wird; es wird im Gedenken an die Flucht aus dem „Sklavenhaus Ägypten“ (Ex 13,3.14; 20,2) zelebriert, und zwar am 15. Nissan, dem Frühlingsmonat. Zu diesem Termin fing die *Woche der „Ungesäuerten Brote“* – Jüdisch: Mazzoth – an (Ex 12,15a): „Sieben Tage lang sollt ihr ungesäuertes Brot essen. Gleich am ersten Tag schafft den Sauerteig aus euren Häusern!“ – Diese Befristung *„zwei Tage vor...“* (V 1) verbindet die Leidensgeschichte mit dem Paschatermin.

Vorausgehend wurde bereits festgestellt (Mk 11,18): „Die Hohenpriester und die Schriftgelehrten hörten davon und suchten nach einer Möglichkeit, ihn umzubringen. Denn sie fürchteten ihn, weil alle Leute von seiner Lehre sehr beeindruckt waren.“ Die Hohenpriester und die Schriftgelehrten suchen erneut nach einer günstigen Situation, Jesus zu *„töten“* (V 1b). – Die ursprüngliche Vorsichtsmaßnahme *„nur nicht am Fest“* (V 2) erübrigt sich durch den Verrat (V 10f), und die angepeilte Chance ergab sich übereilter als erhofft. – Durch eine göttliche Fügung – seinem Heilsplan entsprechend – wird „nur nicht am Fest“ überboten und dennoch realisiert, da Jesus nach der Zeitangabe (Mk 14,12a) *„an dem ersten Tag der Ungesäuerten Brote“* dennoch *„am Fest“* stirbt (anders Joh 19,14).

**Salbung (V 3-9)**

*„Betanien“* (V 3) ruft die Auferweckung des Lazarus in Erinnerung, die dort geschehen ist (Mk 11,1.11f). Nun ist Jesus *„im Hause Simons des Aussätzigen“* eingeladen. Vom Hausherrn und Gastgeber Simon wird nichts erzählt; jedoch von Jesus: *„während er zu Tisch lag“*, kommt eine namentlich nicht genannte Frau hinzu, um Jesus mit wertvollem Öl zu salben; Ausdruck einer besonderen Ehrung und Wertschätzung. Die Salbung des Hauptes erinnert an Königssalbungen (1 Sam 10,1; 2 Kön 9,6).

Die anmaßende Empörung *etlicher,* die das sahen (V 4-8), bringt unangemessen die Sorge für die Armen ins Gespräch. Jesus durchschaut diese Heuchelei und verteidigt die Handlungsweise der Frau: *„Lasst sie, warum kränkt ihr sie? Sie hat ein gutes Werk an mir getan.“* Es war berechtigt, was sie tat (V 7): *„die Armen habt ihr allezeit – mich aber habt ihr nicht allezeit.“* – Das erläutert anschließend ausdrucksvoll Jesus mit dem Hinweis auf sein Begräbnis (V 8). Hiermit wird keine Alternative konstruiert: Sorge für die Armen – oder Verehrung Jesu, dem Gesalbten, dem Messias. – Eine korrekt erkannte Nachfolge Jesu sollte beide Aspekte vereinen (Mk 10,21): „Da sah ihn Jesus an, und weil er ihn liebte, sagte er: Eines fehlt dir noch: Geh, verkaufe, was du hast, gib das Geld den Armen, und du wirst einen bleibenden Schatz im Himmel haben; dann komm und folge mir nach!“ – Sinnbildlich zu verstehen ist die zeichenhafte Aktion der Frau: eine Vorwegnahme der Salbung zum Begräbnis, womit Jesus seinen baldigen Tod andeutet. Im Zusammenhang des Komplotts gegen Jesus (V 1f.10f) und des Unwillens etlicher Anwesenden wird die Aktion der Frau zur Demonstration der sympathischen Zuneigung für Jesus und zum Signal, das auf sein Leiden als eine zentrale Klimax seiner *„Frohbotschaft“* verweist und *aller Welt verkündet* wird (V 9). Somit wird der anonymen Frau ein *„Gedächtnis“* gestiftet.

**Verrat (V 10f)**

„Mit den Hohenpriestern“ trifft sich mit der Intention, Jesus *„auszuliefern – Judas Iskariot, einer der zwölf“* (Mk 3,19). Die Hohenpriester *versprechen ihm dafür Geld* (V 11). Die Mitgliedschaft des Judas zum Bereich der zwölf hat die urchristliche Tradition akzentuiert vermerkt. Der unmittelbaren Umgebung seiner Vertrauten entstammt der *„Auslieferer“* oder „Verräter“ Jesu (V 18.21). Das Pompöse der Aktion des Judas demonstriert die fixe Ausdrucksweise *„einer der zwölf“* (V 10.20.43). Die moralische Perspektive des *„Judas“* ist in einer umfangreicheren Szene zu sehen, die sich so ereignen *„muss“* (Mk 8,31): „Dann begann er, sie darüber zu belehren, der Menschensohn *müsse* vieles erleiden und von den Ältesten, den Hohenpriestern und den Schriftgelehrten verworfen werden; er werde getötet, aber nach drei Tagen werde er auferstehen.“

**Vorbereitung (V 12-16)**

Die Terminangabe ist diskutierbar (V 12): Nach Mk 14,1, ist der Paschafesttag zugleich der erste Tag der Ungesäuerten Brote; am vorausgehenden Nachmittag wurden die Paschalämmer abgeschlachtet. – Der Sterbetag Jesu wäre der Tag des Paschafestes gewesen, wenn Jesus am Abend vor dem Pascha das letzte Abendmahl hielt (V 12-17). Dem widerspricht die Angabe, dass Jesus „am Rüsttag des Paschafestes“ (Joh 18,28; 19,14) verurteilt und gekreuzigt wurde. Demzufolge steht in Mk 14,12-16 eine theologische Aussage im Vordergrund: Im letzten Abendmahl (V 22-25) wird die alte Paschafeier abgelöst und durch ein *neues Pascha* ersetzt, das Jesus im Abendmahlssaal stiftet, in seinem Tod begründet und das er selbst repräsentiert, wie später formuliert wird (1 Kor 5,7): „Denn unser Paschalamm, Christus, ist geschlachtet.“

Zudem bekunden die Jünger, dass sie dienstbereit helfen wollen, das erwartete und ersehnte Mahl vorzubereiten mit ihrer Frage an Jesus (Mk 14,12b): „Wo willst du, dass wir hingehen und bereiten, damit du das Pascha essen kannst?“

Jesus sendet (V 13) *„zwei seiner Jünger“* – „jeweils zwei zusammen“ (Mk 6,7; 11,1), was die Verantwortung und Sorgfalt motiviert – mit einer Anweisung und exakten, akkuraten Anhaltspunkten, denen zufolge sie zu einem Obergemach gelangen, das bereits zum Mahl vorbereitet ist. Daraus ist zu entnehmen: Jesus weiß vorausschauend die Konstellationen, der sich fügenden Ereignisse. Jesus ist gewissermaßen den konkreten erfahrbaren Fakten voraus: Er weiß, was geschehen wird. – Im Hintergrund steht die Tatsache, dass die Gastfreundschaft hoch geschätzt wird (Gen 18,1-8; 19,1-8; Jes 58,7).

**Verräter (V 17-21)**

Am Vorabend des Paschafestes wird das letzte Abendmahl gehalten (V 17). Jesus formt mit den *zwölf* eine entsprechende Mahlgemeinschaft, welche die Kennzeichnung des Verräters und das Vermächtnis der Eucharistie (V 22-25) erlebt.

Mit dem bekräftigenden Wort *„wahrlich“* wird während des Mahles (V 18ff) die Voraussage des Verräters eingeleitet (V 18): „Einer von euch wird mich überliefern.“ – Schmerzlich für Jesus – eine Warnung? Das ruft in Erinnerung (Ps 41,10): „Auch mein Freund, dem ich vertraute, der mein Brot aß, hat sich gegen mich erhoben.“ – Die zweimalige Nennung *„mit mir“* (V 18.20) führt zurück auf die Berufung (Mk 3,14) „damit sie mit ihm seien und er sie aussende...“ – Ist somit Jesus einiges missglückt?

Die Diskrepanz zwischen dem positiven *„Menschensohn“* und dem negativen *„Menschen“*, dem Verräter (V 21), führt zur Existenzfrage von „sein oder nicht sein“: schriftgemäß dem Heilsplan Gottes entsprechend – und andererseits menschlichen Vorstellungen und Aktionen ausgeliefert.

Jesus spricht ein *„Wehe“* (V 21) über den abtrünnigen Denunzianten, was allgemein die reale Eventualität eines Misserfolgs einer Jüngerschaft Jesu ankündigt. Vom Unheil des Abtrünnigen, dessen Name in V 12-16 nicht angegeben wird, fehlt in diesem Zusammenhang jede weitere biographische Notiz (Mt 27,3-10; Apg 1,16-20).

**Eucharistie (V 22-25)**

Jesus nimmt das Brot, spricht den Segen – *Hebräisch: Berakah, Griechisch: Eulogia* –, bricht das Brot und reicht es seinen Jüngern (V 22). Der Segen und das Brechen des Brotes initiieren das ersehnte, vorbereitete Mahl und begründen eine Gemeinschaft. Die besondere Bedeutung des überreichten Brotes deutet das erklärende Wort Jesu: *„das ist mein Leib.“* Mit dem Brot identifiziert sich Jesus selbst; in Diesem Brot ist er persönlich für die anderen da (1 Kor 11,24; Lk 22,19). Das assoziiert die persönliche Ganzhingabe Jesu in seinem Tod, die nun im „sakralen“ Mahl antizipiert wird. Desgleichen spricht Jesus über den Kelch das Dankgebet, das mit dem Griechischen *„Eucharistia“* benannt wird (V 23f). Jesus identifiziert sich erneut mit dem Inhalt des Kelches, den Wein, als *„mein Blut des Bundes“*. Somit ist mit dem Kelchwort die Gründung des *„neuen Bundes“*, insbesondere *„in meinem Blut“*, nämlich im Tod Jesu geschehen. Das eucharistische Mahl ist somit das neue Bundesmahl. Dieser „Bund“, der infolgedessen zelebriert wird, ist in der Lebenshingabe Jesu begründet, bildet eine neue Lebensgemeinschaft mit Gott und überbietet den vorausgehenden, der durch Mose geschlossen wurde (Ex 24,8): „Da nahm Mose das Blut, besprengte damit das Volk und sagte: Das ist das Blut des Bundes, den der Herr aufgrund all dieser Worte mit euch geschlossen hat.“

Jesu *Blut wird „für viele“ vergossen* – was als Rückblick auf Jes 53,12c erkannt werden kann: „Denn er trug die Sünden von vielen und trat für die Schuldigen ein.“ Das lässt eine gesamte, universelle Reichweite des Gottesvolkes erkennen, die dem Tod Jesu seine besondere Eigenschaft schenkt (Mk 10,45): „Denn auch der Menschensohn ist nicht gekommen, um sich dienen zu lassen, sondern um zu dienen und sein Leben hinzugeben als *Lösegeld für viele*.“

Mit seiner prophetischen Diktion *„nicht mehr trinken – neu trinken im Reich Gottes“* (V 25) verweist Jesus über seinen bevorstehenden Tod auf das kommende Reich Gottes.

Die Ausdrucksweise *„neu trinken“* nimmt eschatologische Dimensionen an, gewissermaßen ein Auftanken mit göttlichem Leben, was zur vollen Einheit mit Gott führt. Das reicht über *„jenen Tag“*, folglich über die endzeitliche Wende – Auferstehung, Himmelfahrt, Geistsendung – hinaus. – Das *„Reich Gottes“* ist kein Gebiet, sondern ein Ausdruck für eine neue Beziehung zwischen Gott und Mensch. Es ist bereits *gegenwärtig* (Lk 17,21b): „Das Reich Gottes ist (schon) mitten unter euch“ (Lk 11,20; Mt 12,28), andere Aussagen *erwarten* dieses neue Verhältnis, wie die Vaterunserbitte (Mt 6,10; Lk 11,2): „Dein Reich komme“ und die christliche Eucharistie (1 Kor 11,26): „Denn sooft ihr von diesem Brot esst und aus dem Kelch trinkt, verkündet ihr den Tod des Herrn, bis er kommt.“ Das Reich Gottes ist also gegenwärtig und wird zugleich erwartet. In dieser Spannung befindet sich der Christ heute noch: Der Start ist gelungen, das Ziel noch nicht erreicht.

**Voraussage für Petrus (V 26-31)**

Ein *„Lobgesang"* beschließt das Abendmahl (V 26). Das konveniert dem kultischen Brauch des Paschamahles, das mit dem zweiten Abschnitt des „Halleluja" (Ps 114-118) endet.

Jesus sieht voraus und spricht zu seinen Jüngern (V 27): *„Ihr werdet euch alle empören ..."* Dahinter verbirgt sich Verunsicherung, Enttäuschung, Verständnislosigkeit. Der nachfolgende Spruch, der sich an Sach 13,7 anlehnt, deutet es an: „Ich werde den Hirten schlagen, und die Schafe werden *zerstreut* werden." Wie sollen die Jünger das verstehen? – Es klingt nach wie vor durch (Mk 8,21): „Da sagte er zu ihnen: Versteht ihr immer noch nicht?" – Gefangennahme und Verurteilung Jesu bleiben in dieser Situation den Jüngern unverständlich.

Ein positiver Lichtblick wird vermittelt, ein Impuls, der über die bevorstehende Passion hinausreicht, ein Hoffnungsstrahl mit der Ankündigung der Begegnung des Auferstandenen in *„Galiläa"* (V 28); er wird die *„zerstreuten"* Jünger wieder sammeln.

Bei der Verklärung Jesu heißt es von Petrus (Mk 9,6): „Er wusste nämlich nicht, was er sagen sollte; denn sie waren vor Furcht ganz benommen." Das scheint sich nun zu wiederholen (V 29ff). Eine riesige Verwirrung der festesten Vertrauten Jesu in der „Nachfolge" zum leidenden Messias zeigt nicht nur Petrus, sondern *„sprachen auch alle"* (V 31) anderen Jünger aus.

**Getsemani (V 32-42)**

*„Getsemani"* – verdeutscht: Ölkelter – liegt am Ölberg (V 32) und ist zur Zeit Jesu ein Garten „auf der anderen Seite des Baches Kidron", wo er „dort oft mit seinen Jüngern zusammen war"(Joh 18,1f). Der Wunsch Jesu ist, hier zu beten. Die Entfernung von den Jüngern betont seine Dynamik zur Einsamkeit, die seinen Leidensweg total bis hin zum Todesschrei am Kreuz signifiziert.

Die drei besonders verlässlichen Jünger, denen er sich anvertraut, werden distanziert: *„Bleibt hier und wachet"* (V 33f). Sie werden dennoch Beobachter der abgrundtiefen emotionalen Bestürzung, die er vor ihnen nicht verheimlicht und die er mit gewaltigen Gebetsrufen formuliert (Ps 42,6.12; 43,5): „Meine Seele, warum bist du betrübt und bist so unruhig in mir? Harre auf Gott; denn ich werde ihm noch danken, meinem Gott und Retter, auf den ich schaue. – [12]Meine Seele, warum bist du betrübt und bist so unruhig in mir? Harre auf Gott; denn ich werde ihm noch danken, meinem Gott und Retter, auf den ich schaue. – [5]Meine Seele, warum bist du betrübt und bist so unruhig in mir? Harre auf Gott; denn ich werde ihm noch danken, meinem Gott und Retter, auf den ich schaue." – Es folgt die Aufforderung zur Wachsamkeit.

Das Zu-Boden-, Auf-sein-Gesicht-Fallen (Gen 17,3) ist Geste der Selbstdemütigung des Beters vor Gott (V 35f). Jesus vertraut seine seelische Not seinem Vater an und bittet, dass *„die Stunde"* (V 35b) vorübergehe. Möglicherweise ist hiermit die „Stunde, oder die Zeit des Endes" (Dan 11.40.45) gemeint. Sie ist allerdings mit der Auslieferung (V 35b) angebrochen. – *„Wenn es möglich wäre"* (V 35): Die Entscheidung bleibt Gott überlassen, *seinem Willen* (V 36) entsprechend.

In seiner aramäischen Muttersprache wendet sich Jesus vertrauensvoll mit „Abba" (V 36) an Gott. Das ist beispielgebend (Gal 4,6; Röm 8,15). Jesus bittet *„nimm diesen Kelch von mir"*. Der „Kelch" repräsentiert das „Leiden" (Mk 10,38). Erneut motiviert Jesus sein Anliegen an Gott gerichtet wie im Vaterunser: „dein Wille geschehe" (Mt 6,10).

Wiederholt fordert Jesus die Jünger zum Wachen auf (V 37f); allerdings zunächst nicht besonders erfolgreich. Jesus weiß, was Versuchung bedeutet (Mk 1,12f), darum ermutigt er zu Wachsamkeit und

Gebet, um der Versuchung zu entgehen, was im Vertrauen auf Gott gelingt. Bisweilen steht nämlich der *„willige Geist“* – eine Gabe Gottes – zum *„schwachen Fleisch“* – dem gebrechlichen irdischen Leben – in Opposition. Darum die Bitte (Jes 51,14): „Mach mich wieder froh mit deinem Heil; mit einem willigen Geist rüste mich aus.“
Das wiederholte Hin- und Hergehen Jesu zum Beten und sein Zurückkehren zu den Jüngern zeigt die innere Not und Zerrissenheit an: Er ist schließlich alleingelassen, weder der Vater, noch seine liebsten Freunde spenden ihm Trost, er muss seine Entscheidung und Zusage zum Heilsplan Gottes allein finden (V 39-41a).
Entschlossen sieht Jesus der „Auslieferung des Menschensohnes“ (V41bf) „in die Hände der Menschen“ (Mk 9,31), nun verdeutlicht „in die Hände der Sünder“ (V 41b) entgegen. Jesus beherrscht souverän die Situation und erkennt, was auf ihn zukommt (V 42).

**Gefangennahme (V 43-52)**

Die Rädelsführer der Gefangennahme Jesu werden genannt (V 43): *„Judas, einer der zwölf“* und die Auftraggeber, nämlich *die Hohenpriester, die Schriftgelehrten und die Ältesten,* die bereits einmal in anderer Reihenfolge aufgezählt wurden (Mk 8,31). Nun werden die Hohenpriester als Erste genannt, da von ihnen die Initiative ausgeht. Im Vordergrund steht das heuchlerische Zeichen des Judaskusses und die Anweisung, Jesus „sicher“ abzuführen, was auf ein schlechtes Gewissen des Verräters zurückzuführen ist (V 44f).
Es wird die Reaktion eines Einzelnen vermerkt, der dem Knecht des Hohenpriesters das Ohr abschlägt (V 47). Aus den Parallelberichten geht hervor: Der *„Dabeistehende, der das Schwert zieht“*, ist Simon Petrus, der Name des Knechtes ist Malchus (Joh 18,10), und Jesus heilt sofort den Verwundeten (Lk 22,51).
Jesus demaskiert die Arglist seiner Widersacher, die eine gewaltsame Ergreifung in aller Öffentlichkeit scheuen (V 48f). Jesus verweist auf seine Lehrtätigkeit im Tempel (Mk 11-12). Der Hinweis auf die *Schriften,* die so ihre Erfüllung finden (V 49), lässt den Heilsplan Gottes erkennen und ruft ein Wort Jesu wach (Mk 8,31): „Dann begann er, sie darüber zu belehren, der Menschensohn müsse vieles erleiden und von den Ältesten, den Hohenpriestern und den Schriftgelehrten verworfen werden; er werde getötet, aber nach drei Tagen werde er auferstehen.“
Die Flucht der Jünger (V 50) wurde bereits vorausgesagt (Mk 14,27): „Und Jesus sprach zu ihnen: Ihr werdet euch alle ärgern, denn es steht geschrieben: Ich werde den Hirten schlagen, und die Schafe werden zerstreut werden.“
Der Eindruck der geflohenen Jünger erhält schließlich eine mildernde Perspektive durch den *Jüngling, der Jesus folgt* und sich nur mühevoll retten kann. Diese biographische Reminiszenz blieb der Urkirche erhalten (V 51f).

**Hoher Rat (V 53-65)**

Jesus wird zum Hohenpriester geführt, der bei Mk nicht genannt wird, nach Mt 26,57; Joh 18,24 Kajaphas heißt. Bei ihm versammeln sich *„alle Hohenpriester und Ältesten und Schriftgelehrten“* (V 53). Warum werden die „Hohenpriester“ im Plural genannt? Entweder wird noch Hannas, der Schwiegervater des Kajaphas (Joh 18,13), mitgezählt, oder der Plural deutet höchste Kompetenz an.
*„Petrus folgte ihm von ferne“* (V 54) zeigt bereits eine Unsicherheit, lässt ein Dilemma in Petrus erkennen: Einerseits *folgt* er, andererseits nur *von ferne*! Diese Bemerkung bereitet die nachfolgende Verleugnung des Petrus (V 66-72) vor. Die Divergenz der Begebenheiten – Bekenntnis Jesu – Verleugnung durch Petrus – wird infolgedessen offensichtlicher.

Der *„ganze Hohe Rat"* – Synedrion, Synedrium, Sanhedrin, das heißt „Versammlung" – wird initiativ (V 55). Dieses Gremium ist das höchste jüdische regierende Forum zur Zeit Jesu. Seit Herodes (37-4 v. Chr.) wird der aus dem nachexilischen Ältestenrat (Esra 6,7) hervorgegangene Senat (1 Makk 12,35) Hoher Rat genannt. Unter dem Vorsitz des *Hohenpriesters* zählt diese Instanz 71 Mitglieder, nämlich *Älteste* – Vertreter der angesehensten nichtpriesterlichen Familien, *Priester* – Noblesse des Priesterstandes und *Schriftgelehrte* – überwiegend pharisäischer Orientierung. Die Entscheidungsgewalt war weithin von der herrschenden politischen Macht abhängig. Die Versammlung im Haus des Hohenpriesters (V 53) zur Verurteilung Jesu war außerordentlich und ominös. Mit der *„ganze Hohe Rat"* wird gewiss nicht die Vollständigkeit der Mitglieder angezeigt. Dubios und sarkastisch ist auch das Rechtsverfahren: *„sie suchten ein Zeugnis gegen Jesus, um ihn zu töten."* Da steht das Urteil vor dem Prozessgeschehen bereits fest. – Das erinnert an die Feststellung (Ps 37,32): „Der Frevler belauert den Gerechten und sucht ihn zu töten."

Die auftretenden Bürgen werden als *„falsche Zeugen"* charakterisiert, die divergierende Aussagen liefern (V 56-59). Besondere Bedeutung wird der Aussage vom *„Niederreißen und Aufbauen"* des Tempels geschenkt. Gegen Jesus verwendet, kann es sich in diesem Konnex nur um eine falsche Zeugenaussage handeln, die auf eine charakteristische Szene zurückreicht (Mk 11,15-19): „Dann kamen sie nach Jerusalem. Jesus ging in den Tempel und begann, die Händler und Käufer aus dem Tempel hinauszutreiben; er stieß die Tische der Geldwechsler und die Stände der Taubenhändler um [16]und ließ nicht zu, dass jemand irgendetwas durch den Tempelbezirk trug. [17]Er belehrte sie und sagte: Heißt es nicht in der Schrift: Mein Haus soll ein Haus des Gebetes für alle Völker sein? Ihr aber habt daraus eine Räuberhöhle gemacht. [18]Die Hohenpriester und die Schriftgelehrten hörten davon und suchten nach einer Möglichkeit, ihn umzubringen. Denn sie fürchteten ihn, weil alle Leute von seiner Lehre sehr beeindruckt waren. [19]Als es Abend wurde, verließ Jesus mit seinen Jüngern die Stadt." – Völlig verfälscht, widersinnig sind in diesem vermeintlichen „Rechtsprozess" die Aussagen und Ansichten verdreht.

Zudem führt die antithetische Ausdrucksweise *„mit Händen gemacht" – „nicht mit Händen gemacht"* (V 58) zu einer spirituellen Anerkennung des Mysteriums Gottes (Apg 7,48ff; Joh 4,23f): „[48]Doch der Höchste wohnt nicht in dem, was von Menschenhand gemacht ist, wie der Prophet sagt: [49] Der Himmel ist mein Thron und die Erde der Schemel für meine Füße. Was für ein Haus könnt ihr mir bauen?, spricht der Herr. Oder welcher Ort kann mir als Ruhestätte dienen? [50]Hat nicht meine Hand dies alles gemacht? – [23]Aber die Stunde kommt, und sie ist schon da, zu der die wahren Beter den Vater anbeten werden im Geist und in der Wahrheit; denn so will der Vater angebetet werden. [24]Gott ist Geist, und alle, die ihn anbeten, müssen im Geist und in der Wahrheit anbeten."

Die problematische ratlose Hilflosigkeit des Hohen Rates in dieser Situation demonstrieren die Frage des Hohenpriesters an Jesus und das Schweigen Jesu (V 60fa). – Diese Schweigen wird im Voraus angekündigt (Ps 38,14f; 39,10): „[14]Ich bin wie ein Tauber, der nicht hört, wie ein Stummer, der den Mund nicht auftut. [15]Ich bin wie einer, der nicht mehr hören kann, aus dessen Mund keine Entgegnung kommt. – [10]Ich bin verstummt, ich tue den Mund nicht mehr auf. Denn so hast du es gefügt."

Nun passiert ein Wendepunkt (V 61bf) durch die ausschlaggebende Frage nach seiner Sendung: „Bist du der Messias, der

Sohn des Hochgelobten?" Prompt versichert Jesus (V 62): „Ich bin es! Und ihr werdet den Menschensohn sitzen sehen zur Rechten der Macht und kommen mit den Wolken des Himmels." Die Übermacht dieser Erkundigung wird schon im Messiastitel eindeutig. Gegenwärtig steht vor der Justiz, den die bisherigen Voraussagen als den göttlichen Messias ergründen lassen. Jesus reflektiert in seiner Proklamation Aussagen, die folgendermaßen formuliert werden (Ps 110,1; Dan 7,13: Mk 13,26): „[1]So spricht Jahwe zu meinem Herrn: Setze dich mir zur Rechten, und ich lege dir deine Feinde als Schemel unter die Füße. – [13] Immer noch hatte ich die nächtlichen Visionen: Da kam mit den Wolken des Himmels einer wie ein Menschensohn. Er gelangte bis zu dem Hochbetagten und wurde vor ihn geführt. – [26]Dann wird man den Menschensohn mit großer Macht und Herrlichkeit auf den Wolken kommen sehen." Diese Promulgation Jesu eröffnet seine Aburteilung (V 63f). Nur in feindseliger, gehässiger, böswilliger, unversöhnlicher, renitenter, widerspenstiger Perspektive kann dieses Bejahung Jesu als „Gotteslästerung" gewertet werden; dennoch führt es zum Todesurteil. – Die Alternative dazu ist das nachfolgende Bekenntnis zu Jesus (Mk 15,39): „Als der Hauptmann, der Jesus gegenüberstand, ihn auf diese Weise sterben sah, sagte er: Wahrhaftig, dieser Mensch war Gottes Sohn."

Die Quälerei Jesu (V 65) entspricht dem leidenden Gottesknechtes (Jes 50,6): „Ich hielt meinen Rücken denen hin, die mich schlugen, und denen, die mir den Bart ausrissen, meine Wangen. Mein Gesicht verbarg ich nicht vor Schmähungen und Speichel."

**Petrus leugnet (V 66-72)**

Petrus verweilt immer noch *„im Hof"* (V 54.66) des Hohenpriesters. *„Eine der Mägde des Hohenpriesters"* erkennt ihn (V 67) als einen, der zum *„Nazarener Jesus"* gehört. Die Vokabel *„leugnen"* (V 68.70.72) definiert exakt das schmähliche Verhalten des Petrus. In seiner kurzen Antwort findet sich zweimal das Wort „nicht" (V 68): *„Ich weiß nicht, verstehe nicht, was du sagst."* – Petrus will ausweichen, geht in den Vorhof, doch die Magd lässt nicht locker.

*„Wiederum"* (V 69) bringt die Wiederholung der Szene mit einer kleinen Ortsveränderung und einigen Zeugen. Es ist auch eine Steigerung in der Vehemenz der Worte zu spüren: *„Dieser ist einer von ihnen."*

Nun sind es die Umstehenden, die Petrus bedrängen und ihn an der Sprache erkennen (V 70): „ein Galiläer". Die Situation kulminiert, *„fluchend und schwörend"* exaltiert gibt Petrus von sich (V 71b): *„Ich kenne diesen Menschen nicht, von dem ihr redet."* – Zenit, Knalleffekt der Verleugnung, Feigheit, Schwäche.

Durch den *„zweiten Hahnenschrei"* (V 72) wird die Voraussage Jesu (V 30) bestätigt. Petrus *„erinnerte sich"*, ein Sinneswechsel tritt ein: *„Und er begann zu weinen."* – Tränen der Reue!

**Pilatus (V 1-15)**

Erneut werden *„die Hohenpriester, die Ältesten und die Schriftgelehrten"* und gewissermaßen grundsätzlich der *„ganze Hohe Rat"* (Mk 14,55) genannt. Sie beschließen, Jesus an Pilatus auszuliefern (V 1).

In der Verhandlung sind nur Pilatus, Jesus und die Hohenpriester als Ankläger anwesend (V 2-5). Dem römischen Richter Pilatus wird Jesus nicht als der *„Messias"* (14,61) präsentiert, sondern ins Politische umgebogen, für den staatsmännisch begierigen Pilatus verstehbarer, als *„der König der Juden"* (V 2). Diese Jesus unterschobene Anrede wird wiederholt im Verlauf der Leidensgeschichte aufgegriffen – während der Verspottung bis zur Kreuzesinschrift (V 2.9.12.18.26). – Pilatus beginnt den Prozess mit der Frage an Jesus (V 2): *„Bist du der König der Juden?"* Das betrifft den Hauptanklagepunkt. Jesus antwortet zwiespältig, doppelwertig ambivalent: *„Du sagst es."* Das ist keine direkte Zustimmung, wenngleich mit dieser Bezeichnung mitunter der erwartete messianische König aus Davids Geschlecht verstanden werden konnte. Die messianische Sendung Jesu kann nicht mit dem identifiziert werden, was vom kommenden König der Juden erwartet wurde.

Das Schweigen Jesus (V 4f) qualifiziert die Anklagen der Hohenpriester und die Verlegenheit des Pilatus; zugleich offenbart es die Überlegenheit Jesu: Das alles ist gewissermaßen nicht einmal der Rede wert!

Abrupt folgt die Gepflogenheit der Amnestie zum Paschafest (V 6-14). Dem hoffnungslos überforderten Pilatus scheint nun alles zu entgleiten. In den Augen des Pilatus ist Jesus das Opfer einer Intrige und unschuldig angeklagt. Das Angebot des Pilatus, „den König der Juden" durch einen Volksentscheid gegen den politischen Strafhäftling Barabbas freizubekommen, misslingt. Pilatus, der damit rechnet, dass die Bevölkerung hinter Jesus steht, verkalkuliert sich, weil die Hohenpriester die Volksmenge gegen Jesus aufwiegeln (V 11). Pilatus erkennt keinen Rechtsgrund für die verlangte Kreuzigung Jesu (V 14), dennoch entscheidet er – wie auch immer motiviert und verängstigt – dem Volksbegehren entsprechend.

Das Resultat der Auseinandersetzung mit dem Pöbel, der gesamte Rechtshandel wird resümiert (V 15): Aus Furcht vor der Menschenmenge lässt Pilatus den Verbrecher Barabbas frei und überliefert den unschuldigen Jesus zur Geißelung und Kreuzigung.

Viele Fragen bleiben offen. Gab es überhaupt jemals eine Osteramnestie? Alle Evangelien und eine Anspielung der Apostelgeschichte erwähnen die Szene mit Barabbas. Sonst existieren anscheinend keine Zeugnisse dafür. Jedenfalls soll mit dieser Schilderung die Erfolglosigkeit und die Ungerechtigkeit eines Rechtsprozesses gegen Jesus demonstriert werden. – Jedenfalls fungierte Pilatus von 26-36 n. Chr. als römischer Präfekt über Judäa. Geschichtlich ist an der Aburteilung Jesu durch den kompetenten Gerichtsherrn Pilatus nichts zu beargwöhnen und zu bedenken.

**Spott der Soldaten (V 16-20a)**

Der Ort der Verspottung Jesu durch die Soldaten ist das Prätorium, der Amtssitz des Pilatus (V 16). Die Landser des Pilatus treiben ihren Hohn mit Jesus. Man fragt sich, was sie dazu führt? Sie kostümieren ihn hämisch als König, krönen ihn mit einem Dornenkranz und nachäffen ihn als *„König der Juden"* (V 2.12). Die Herabsetzung Jesu, die Übergabe des Menschensohnes „in die Hände der Menschen" (Mk 9,31), ist beschämend virtuos. – Jesus ist völlig ausgeliefert: Das ist Ganzhingabe!

**Kreuzweg (V 20bff)**

Der Kreuzweg beginnt (V 20b): Jesus wird *„hinausgeführt"* – vor die Stadt, was einer gewissen Praxis entspricht (Lev 24,14; Apg 7,58). – Die spirituelle Aussage dieser Diktion hat vortrefflich ergattert (Hebr 13,11ff): „Denn die Körper der Tiere, deren Blut vom Hohenpriester zur Sühnung der Sünde in das Heiligtum gebracht wird, werden außerhalb des Lagers verbrannt. [12] Deshalb hat auch Jesus, um durch sein eigenes Blut das Volk zu heiligen, außerhalb des Tores gelitten. [13]Lasst uns also zu ihm vor das Lager hinausziehen und seine Schmach auf uns nehmen." – Es sollten der Sündopferstier und der Sündopferbock, deren Blut zur Entsühnung beitrug, außerhalb des Lagers verbrannt werden (Lev 16,27). Die Todesstrafe Jesu ereignete sich „außerhalb des Tors" (Joh 19,20; Mt 21,39), um die Heilige Stadt nicht zu verunreinigen (Joh 19,31). Die Ausführung spielt auf die Schmach des Kreuzestodes an und auf die

Tatsache, dass die Christen sowohl von den Juden als auch von den Heiden aus deren Kollektiv ausgestoßen wurden (Mt 27,33; Joh 19,17).

Ein biographisches Detail wird vom Leidensweg Jesu referiert (V 21). *Simon von Zyrene, der Vater des Alexander und des Rufus,* die vermeintlich in der urkirchlichen Gemeinschaft geschätzt waren, wird genötigt, den Kreuzesbalken (*patibulum*) zu tragen. Die ungeplante Hilfe des Simon wird zu einer Vorwegleistung der Kreuzesnachfolge.

Der exakte Platz der Kreuzigung Jesu ist Golgota, eine Indikation, die somit mit der Deutung *„Schädelstätte"* erklärt wird (V 22). Die Bezeichnung ist möglicherweise von der Gestalt des Hügels aufgegriffen, vermutlich aber von der Hinrichtungsstätte.

**Kreuzigung (V 23-28)**

Der Wein mit Myrrhe wurde gereicht, um durch Betäubung die Qualen zu mildern (V 23). Jesus verzichtet auf dieses Getränk. Vermutlich wollte er mit klarem Bewusstsein leiden und sterben. – Im Licht von Ps 22,19 wird die Situation (V 24) beschrieben: „Sie verteilen unter sich meine Kleider und werfen das Los um mein Gewand." – Mit der *„dritten Stunde"*, also 9 Uhr vormittags, wird der Beginn des Leidens und Sterbens Jesu vermerkt (V 25).

Mit der *„Inschrift"* (V 26) wird die Begründung der Bestrafung angegeben. Als *„König der Juden"* wurde Jesus angeklagt und abgelehnt. Die Urkirche hat in dieser Formulierung Jesus als Messias begreifen können, denn seine messianische Sendung wird in seinem Sterben und in seiner Auferstehung besonders präsentiert. Das überbietet alle diesbezüglichen Erwartungen. Mit Jesus wurden *„zwei Räuber"* gekreuzigt (V 27), möglicherweise Rebellen wie Barabbas (V 7). – „Den einen rechts, den anderen links von ihm" lässt an Jes 53,12 denken: „Er wurde unter die Verbrecher gezählt." Das bewirkte die spätere Ergänzung von V 28: „Und die Schrift wurde erfüllt, welche sagt: Und er ist unter die Gesetzlosen gerechnet worden."

**Verhöhnung (V 29-32)**

Nach der Verspottung durch die Soldaten (V 16-20a) folgt nun eine weitere Schmähung Jesu (V 29-32) durch vorübergehende Leute, die Hohenpriester, die Schriftgelehrten und die Mitgekreuzigten. – Den „Kopf schütteln" (V 29) ist Ausdruck der Unbegreiflichkeit, verheißt Mangel an Verstand und Einsicht, bedeutet Spott, Hohn und Schadenfreude (Klgl 2,15a): „Alle, die des Weges ziehen, schlagen über dich die Hände zusammen, sie zischen und schütteln ihren Kopf." – Entfremdet und aus dem Kontext gerissen wird das Tempelwort zur Verhöhnung verwendet (Mk 14,58): „Wir hörten ihn sagen: Ich werde diesen Tempel, der mit Händen gemacht ist, abbrechen, und in drei Tagen werde ich einen anderen aufbauen, der nicht mit Händen gemacht ist." Das führt zum schadenfrohen, ironischen Aufruf (V 30): *„rette dich selbst und steige herab vom Kreuz."* – Diese Aufforderung variieren die Hohenpriester und Schriftgelehrten in verschrobener Art intensiviert: Sie vermuten Jesu Hilflosigkeit (V 31). – Eine Steigerung ist auch in der doppelten Anrede Jesus als *„Messias, König Israels"* (V 32) zu erkennen: Statt „der König der Juden" (14,61f; 15,2.26) heißt es jetzt überhöhter und umfassender „der König Israels". – Der Zwecksatz *„damit wir sehen und glauben"* präsentiert mit einem letzten Spruch der Widersacher Jesu ihr Verbleiben in Unglauben und Unduldsamkeit. Die Schmähung Jesu durch die beiden Mitgekreuzigten intensiviert die Katastrophe.

**Tod Jesu (V 33-39)**
Die Zeitangaben des letzten Tages Jesu werden registriert: am frühen Morgen (V 1), die dritte (V 25), die sechste (V 33), die neunte Stunde (34). – *Über das ganze Land bricht eine Finsternis herein* (V 33), gewiss ein Zeichen einer kosmischen Bestürzung, aber darüber hinaus ein eschatologische Ereignis (Mk 13,24f): „Aber in jenen Tagen, nach jener Drangsal, wird die Sonne verfinstert werden und der Mond seinen Schein nicht geben; [25]und die Sterne des Himmels werden herabfallen, und die Kräfte in den Himmeln werden erschüttert werden." – Dafür ist die sechste Stunde, also der Mittag, vorgesehen (Am 8,9): „Und es wird geschehen an jenem Tage, spricht der Herr, Jahwe, da werde ich die Sonne untergehen lassen am Mittag und Finsternis über die Erde bringen am lichten Tag." Die Diktion „an jenem Tag" bezeichnet den Termin des Gerichts. Im Tod Jesu erfolgt bereits die Vorwegnahme des Endgerichts, ein Rechtsurteil über das ganze Land, über die ganze Erde.
Zur „neunten Stunde", 3 Uhr nachmittags, erfolgt der Tod Jesu (V 34): „und zur neunten Stunde schrie Jesus mit lauter Stimme: Eloï, Eloï, lema sabachtani?, das heißt übersetzt: Mein Gott, mein Gott, warum hast du mich verlassen?" – Jesus verwendet die Klage des Beters in Ps 22,2a. Sie ist Manifestation extremster Einsamkeit und Hilflosigkeit. Dieser Aufschrei des sterbenden Jesus richtet sich an Gott, an seinen Gott, was eine „Hoffnung gegen alle Hoffnung" (Röm 4,18) und eine Zukunftserwartung erkennen lässt.
Das aramäische *„Eloï, Eloï"* (V 34) veranlasst einige Dabeistehende – möglicherweise Griechisch sprechende Juden – zu meinen, Jesus rufe „Elija" zu Hilfe (V 35f). – Als letzte Verspottung (V 36) wird die Szene mit dem Schwamm registriert, die an Ps 69,22b erinnert: „Für den Durst reichten sie mir Essig."

Der Tod (V 37): *„Jesus aber stieß einen lauten Schrei aus und hauchte den Geist aus."* – Vom griechischen Text ausgehend ist ein Aushauchen des Geistes zu verstehen. Der Lebensodem, den Gott spendet, wird ihm zurückgegeben.
Ein erstaunliches Zeichen geschieht: Jesus stirbt und der Vorhang im Tempel zerreißt (V 38). Hiermit werden eschatologische, apokalyptische Perspektiven wachgerufen: Im Tode Jesu wird der Zutritt zum Allerheiligsten eröffnet; dieser war Unberechtigten unter Todesstrafe verboten. Dazu finden sich folgende erklärende, weiterführende Worte (Hebr 10,19-22): „Wir haben also die Zuversicht, Brüder, durch das Blut Jesu in das Heiligtum einzutreten. [20] Er hat uns den neuen und lebendigen Weg erschlossen durch den Vorhang hindurch, das heißt durch sein Fleisch. [21]Da wir einen Hohenpriester haben, der über das Haus Gottes gestellt ist, [22]lasst uns mit aufrichtigem Herzen und in voller Gewissheit des Glaubens hintreten, das Herz durch Besprengung gereinigt vom schlechten Gewissen und den Leib gewaschen mit reinem Wasser." Somit wird der Tod Jesu zugleich zum Zeichen der Selbsterschließung Gottes; das bedeutet den vollen Zutritt durch Jesus, dem Sohn Gottes zu Gott Vater!
Dementsprechend wird daraufhin vom – an der Kreuzigung beteiligten – heidnischen Hauptmann die erste kompetente Feststellung abgegeben. Nachdem er Jesus sterben sah, erkennt er (V 39c): *„Wahrhaftig, dieser Mensch war Gottes Sohn!"* Damit reiht sich zu „Messias, der König Israels" (V32) eine weitere Charakterisierung: „Sohn Gottes"! Diese Diktion wird weiterhin verwendet, um die einzigartige Beziehung Jesu zum Vater sowie seinen Gehorsam gegen den Willen des Vaters auszudrücken.

**Frauen auf Golgota (V 40f)**
Abrupt werden die Frauen genannt, die *„von ferne zusahen“* (V 40f). Einige werden namentlich erwähnt, was mit bisherigen Aufzählungen nicht vollständig konveniert (15,47; 16,1). Sie werden zu Augenzeugen und Bürgen des Ereignisses. Insbesondere werden sie als Begleitpersonen in der Nachfolge Jesu *„schon in Galiläa“* präsentiert. Es wird noch *„auf viele andere Frauen“* verwiesen, die mit Jesus nach Jerusalem hinaufgezogen sind. Vermutlich kann von ihnen gesagt werden (Lk 8,3b): „Sie alle unterstützten Jesus und die Jünger mit dem, was sie besaßen.“

**Grablegung (V 42-47)**
Die Erzählung wird mit einer zweifachen Zeitangabe fortgesetzt: *„als es nun schon Abend wurde“* und *„es war nämlich Rüsttag, der Tag vor dem Sabbat“* (V 42). Der Leichnam sollte wegen des Sabbats noch am Rüsttag vom Kreuz genommen und bestattet werden. Allerdings wird nicht bemerkt, dass nach Mk 14,12-16 an diesem Tag das Paschafest ist.
*„Josef von Arimathäa, ein angesehener Ratsherr, der auch auf das Reich Gottes wartete“* (V 43), fühlt sich verpflichtet, für die Bestattung des Leichnams Jesu zu sorgen. Aufgrund seiner Position gelangt er couragiert zu Pilatus und erbittet sich von ihm den Leichnam Jesu. Pilatus zeigt sich gewissenhaft und beordert seinen verantwortlichen, bereits erwähnten Hauptmann (V 39) zum Rapport, um die Mitteilung des Ratsherrn Josef zu überprüfen. Josef erhält den Leichnam, besorgt Leinwand, in die er den toten Körper hüllt, und legt ihn in ein Felsgrab, vor dessen Eingang er einen Stein wälzte (V 44ff).
Die Zeuginnen der Grablegung werden genannt (V 47): „Maria aus Magdala und Maria, die Mutter des Joses.“ Sie sehen, wohin der Leichnam gelegt wurde.

# DAS LEERE GRAB

## Mk 16,1-7

**1Und als der Sabbat vergangen war, kauften Maria aus Magdala und Maria, die Mutter des Jakobus, und Salome wohlriechende Spezereien, um zu kommen und ihn zu salben. 2Und sehr früh am ersten Wochentag kamen sie zum Grab, als die Sonne aufgegangen war. 3Sie sagten zueinander: Wer könnte uns den Stein vom Eingang des Grabes wegwälzen? 4Doch als sie hinblickten, sahen sie, dass der Stein schon weggewälzt war; er war sehr groß. 5Und als sie in das Grab eintraten, sahen sie einen Jüngling zur Rechten sitzen, angetan mit einem weißen Gewande, und sie schauderten sehr. 6Er aber sagte zu ihnen: Erschreckt nicht! Ihr sucht Jesus von Nazaret, den Gekreuzigten. Er ist auferstanden; er ist nicht hier. Seht, da ist die Stelle, wo man ihn hingelegt hatte. 7Nun geht hin, sagt seinen Jüngern und Petrus, dass er euch vorausgeht nach Galiläa; dort werdet ihr ihn sehen, wie er euch gesagt hat.**

Man beachte die Zeitangaben (V 1f; Mk 15,42) *„Sabbat“* und *„sehr früh am ersten Wochentag“*, welche die Länge der Grabesruhe kalkulieren lassen. Damit erhält die Sabbatruhe eine neue theologische Perspektive. Sobald der Sabbat verstrichen war, besorgen jene drei Frauen, die auf Golgota „von ferne zusahen“ (Mk 15,40), was für die Salbung des Leichnams notwendig ist. – Maria Magdalena, die jeweils vorrangig erwähnt wird (V 1; Mk 15,41.47), hat somit in der frühchristliche Tradition eine besondere Stellung.

Bereits in urchristlicher Zeit wird der *„erste Tag der Woche“* mit der Feier des Gottesdienstes als Tag der Auferstehung Christi charakterisiert. Dieser fundamentale Termin erhält hiermit akzentuiert Priorität. Zugleich ist der *„Sonnenaufgang“* Symbol der Auferstehung (V 2). Darüber hinaus werden die Frauen Zeuginnen außerordentlicher Fakten: Die Sorge über das Wegrollen des großen Eingangsteines vor dem Grabe wird belanglos; das Grab ist bereits offen (V 3f).

Die ins Grab Eintretenden sehen *„einen Jüngling zur Rechten im weißen Gewand“* (V 5). Der junge Mann ist den Parallelstellen entsprechend ein Bote Gottes, ein Engel des Herrn (Mt 28,2.5; Lk 24,23; Joh 20,12). Die *„rechte Seite“* scheint Heil, Seligkeit, Segen und Freude anzukündigen (Mt 25,34: Weltgericht; Lk 1,11: Zacharias; Joh 21,6: Fischfang). – Das Erschaudern der Frauen ist Reflex auf die Erscheinung des Engels, die eine entsprechende Erklärung erhält.

Der Engel spricht ermutigend zu den Frauen. Er weiß, warum sie gekommen sind: Sie können den Gekreuzigten *„hier“* nicht finden, denn *„er ist auferstanden“*. Das leere Grab steht im Dienst der Botschaft über die Auferstehung: *„die Stelle, wo man ihn hingelegt hatte“*. Diese Botschaft der Auferstehung wird den Frauen vom Engel mitgeteilt und soll weiter verkündet werden (V 6). Das wird im bezeugenden Bekenntnis im frühen Stadium urchristlicher Überlieferung dokumentiert (1 Kor 15,3-6): „Denn vor allem habe ich euch überliefert, was auch ich empfangen habe: Christus ist für unsere Sünden gestorben, gemäß der Schrift, [4]und ist begraben worden. Er ist am dritten Tag auferweckt worden, gemäß der Schrift, [5]und erschien dem Kephas, dann den zwölf. [6]Danach erschien er mehr als fünfhundert Brüdern zugleich; die meisten von ihnen sind noch am Leben, einige sind entschlafen.“

Der Auftrag des Engels an die Frauen lautet (V 7): „Nun geht hin, sagt seinen Jüngern und Petrus, dass er euch vorausgeht nach Galiläa; dort werdet ihr ihn sehen, wie er euch gesagt hat.“ – „Wie er euch gesagt hat“ verweist auf die Ankündigung Jesu (Mk 14,28): „Wenn ich aber auferweckt worden bin, werde ich euch vorausgehen nach Galiläa.“ Zudem hat aber auch Jesus prophezeit, dass sich die Jünger empören und sich zerstreuen (Mk 14,27). – Somit werden die zerstreuten Jünger, die den Auferstandenen „sehen“ sollen, gesammelt, und ein erneuter Start der Verkündigung beginnt in Galiläa, dem Ursprungsland der Frohbotschaft. Dabei ist dem Petrus eine entsprechende Initiative zugedacht.

# SENDUNGSAUFTRAG UND HIMMELFAHRT

## Mk 16,15-20

**15Dann sagte er zu ihnen [den elf]: Geht hinaus in die ganze Welt und verkündet das**
**Evangelium allen Geschöpfen! 16Wer glaubt und sich taufen lässt, wird gerettet; wer**
**aber nicht glaubt, wird verdammt werden. 17Diese Zeichen aber werden denen folgen,**
**welche glauben: In meinem Namen werden sie Dämonen austreiben; sie werden in**
**neuen Sprachen reden, 18werden Schlangen aufnehmen, und wenn sie etwas Tödli-**
**ches trinken, so wird es ihnen nicht schaden; Kranken werden sie die Hände aufle-**
**gen, und sie werden gesund werden. 19Nachdem nun der Herr Jesus zu ihnen gere-**
**det hatte, wurde der emporgehoben in den Himmel und setzte sich zur Rechten Gottes.**
**20Jene aber zogen hinaus und predigten überall, wobei der Herr mitwirkte und das**
**Wort bekräftigte durch die darauffolgenden Zeichen.**

**Sendungsbefehl (V 15)**

Der Verkündigungsauftrag oder Missionsbefehl (V 15) scheint nach Mt 28,19f gebildet: „Darum geht zu allen Völkern, und macht alle Menschen zu meinen Jüngern; tauft sie auf den Namen des Vaters und des Sohnes und des Heiligen Geistes, 20und lehrt sie, alles zu befolgen, was ich euch geboten habe. Seid gewiss: Ich bin bei euch alle Tage bis zum Ende der Welt." – Der Ausdruck *„jeder Kreatur"* oder *„allen Geschöpfen"* die Botschaft *verkünden* wird sonst in den Evangelien nicht verwendet, ist allerdings bei Paulus zu finden (Kol 1,23): „Doch müsst ihr unerschütterlich und unbeugsam am Glauben festhalten und dürft euch nicht von der Hoffnung abbringen lassen, die euch das Evangelium schenkt. *In der ganzen Schöpfung* unter dem Himmel *wurde das Evangelium verkündet;* ihr habt es gehört, und ich, Paulus, diene ihm."

**Entscheidung (V 16)**

Die Verkündigung der Frohbotschaft führt zur Alternative (V 16): „gerettet oder verdammt". Die Auseinandersetzung lautet *für oder gegen* Gott (V 16): *„Wer glaubt und sich taufen lässt, wird gerettet; wer aber nicht glaubt, wird verdammt werden."* Durch die Taufe wird ein Mensch in die Nachfolge Jesu eingegliedert und für ewig in die christliche Heilsgemeinschaft aufgenommen. Wer aber nicht glaubt, weist diese Chance für immer zurück; Verdammnis ist die Folge. Diese Entscheidung wird folgendermaßen interpretiert (Joh 3,18): „Wer an ihn glaubt, wird nicht gerichtet; wer nicht glaubt, ist schon gerichtet, weil er an den Namen des einzigen Sohnes Gottes nicht geglaubt hat." – Ein weiteres Ergebnis von „Umkehr", also „Buße" und Taufe, ist der Empfang des Heiligen Geistes (Apg 2,38): „Kehrt um, und jeder von euch lasse sich auf den Namen Jesu Christi taufen zur Vergebung seiner Sünden; dann werdet ihr die Gabe des Heiligen Geistes empfangen." – Voraussetzung dazu ist die innere Sicherheit, die keines Beweises bedarf, das Vertrauen, die feste Zuversicht (Apg 16,31): „Glaube an Jesus, den Herrn, und du wirst gerettet werden."

**Zeichen (V 17f)**

Den Glaubenden wird die Macht, Wunder zu wirken, zugesagt (V 17f). Als Beispiele für das charismatische Wirken werden fünf Wunderzeichen genannt. Die Kraft, *böse Geister auszutreiben und Kranke zu heilen*, wird bereits bei der Wahl der Apostel genannt (Mk 3,14f): „Und er setzte zwölf ein, die er bei sich haben und die er dann aussenden wollte, damit sie predigten [15]und mit seiner Vollmacht Dämonen austrieben." – Diese wurden zur Probe ausgesendet (Mk 6,7.13): „Er rief die zwölf zu sich und sandte sie aus, jeweils zwei zusammen. Er gab ihnen die Vollmacht, die unreinen Geister auszutreiben. [13]Sie trieben viele Dämonen aus und salbten viele Kranke mit Öl und heilten sie." – Auch der Diakon Philippus und Petrus trieben böse Geister aus (Apg 8,7; 16,18). – Paulus *heilt* unter Handauflegung (Apg 28,8).

Beim Pfingstfest überrascht das *„Reden in neuen Sprachen"* (Apg 2,4.11): „Alle wurden mit dem Heiligen Geist erfüllt und begannen, in fremden Sprachen zu reden, wie es der Geist ihnen eingab. [11]Juden und Proselyten, Kreter und Araber, wir hören sie in unseren Sprachen Gottes große Taten verkünden." – Ebenso in darauffolgenden Szenen (Apg 10,46; 19,6): „Denn sie hörten sie in Zungen reden und Gott preisen. – [6]Paulus legte ihnen die Hände auf, und der Heilige Geist kam auf sie herab; sie redeten in Zungen und weissagten." – Besonders umfassend und detailliert referiert 1 Kor 14,1-25 über die Charismen der Prophetie und der Zungenrede.

*Schlangen* bilden kein Problem (Lk 10,19): „Seht, ich habe euch die Vollmacht gegeben, auf Schlangen und Skorpione zu treten und die ganze Macht des Feindes zu überwinden. Nichts wird euch schaden können." Hiermit wird in Erinnerung gerufen (Ps 91,13): „du schreitest über Löwen und Nattern, trittst auf Löwen und Drachen." Besonders eindrucksvoll ist die Begebenheit vom giftigen Biss, ohne Schaden zu nehmen (Apg 28,3-6): „Als Paulus einen Haufen Reisig zusammenraffte und auf das Feuer legte, fuhr infolge der Hitze eine Viper heraus und biss sich an seiner Hand fest. [4]Als die Einheimischen das Tier an seiner Hand hängen sahen, sagten sie zueinander: Dieser Mensch ist gewiss ein Mörder; die Rachegöttin lässt ihn nicht leben, obwohl er dem Meer entkommen ist. [5]Er aber schleuderte das Tier ins Feuer und erlitt keinen Schaden. [6]Da erwarteten sie, er werde anschwellen oder plötzlich tot umfallen. Als sie aber eine Zeitlang gewartet hatten und sahen, dass ihm nichts Schlimmes geschah, änderten sie ihre Meinung und sagten, er sei ein Gott."

*Schlange* assoziiert *Gift* und somit die Diktion (V 18): *„Wenn sie etwas Tödliches trinken, so wird es ihnen nicht schaden."* Das *„Trinken von etwas Tödlichem"* hat keine direkte biblische Parallelen, erinnert aber an einige Aussagen, die einen bestimmten Gedankenkonnex ergeben (Dtn 32,33): „Ihr Wein ist Schlangengift und Gift von ekligen Ottern." – Ps 58,5: „Ihr Gift ist wie das Gift der Schlange, wie das Gift der tauben Natter, die ihr Ohr verschließt." – Ps 69,22: „Sie gaben mir Gift zu essen, für den Durst reichten sie mir Essig." – Spr 23,32: „Zuletzt beißt er wie eine Schlange, verspritzt Gift gleich einer Viper." – Weish 1,14: „Zum Dasein hat er alles geschaffen, und heilbringend sind die Geschöpfe der Welt. Kein Gift des Verderbens ist in ihnen, das Reich des Todes hat keine Macht auf der Erde."

**Himmelfahrt (V 19)**

Es wird mitgeteilt (V 19): *„Nachdem nun der Herr Jesus zu ihnen geredet hatte, wurde der emporgehoben in den Himmel und setzte sich zur Rechten Gottes."* Beachtenswert ist der verwendete Ausdruck „er wurde erhoben" durch die Macht Gottes (Apg 1,2.11.22). – Die Wendung *„und setzte sich zur Rechten Gottes"* ist Ausdruck der Selbständigkeit und Selbstberechtigung (Joh 10,30): „Ich und der Vater sind eins."

Die Himmelfahrt Jesu wird zunächst in Lk

24,51 berichtet: „Und während er sie segnete, verließ er sie und wurde zum Himmel emporgehoben." – Weitaus ausführlicher informiert Apg 1,3-12: „Ihnen hat er nach seinem Leiden durch viele Beweise gezeigt, dass er lebt; vierzig Tage hindurch ist er ihnen erschienen und hat vom Reich Gottes gesprochen. [4]Beim gemeinsamen Mahl gebot er ihnen: Geht nicht weg von Jerusalem, sondern wartet auf die Verheißung des Vaters, die ihr von mir vernommen habt. [5]Johannes hat mit Wasser getauft, ihr aber werdet schon in wenigen Tagen mit dem Heiligen Geist getauft. [6]Als sie nun beisammen waren, fragten sie ihn: Herr, stellst du in dieser Zeit das Reich für Israel wieder her? [7]Er sagte zu ihnen: Euch steht es nicht zu, Zeiten und Fristen zu erfahren, die der Vater in seiner Macht festgesetzt hat. [8]Aber ihr werdet die Kraft des Heiligen Geistes empfangen, der auf euch herabkommen wird; und ihr werdet meine Zeugen sein in Jerusalem und in ganz Judäa und Samarien und bis an die Grenzen der Erde. [9]Als er das gesagt hatte, wurde er vor ihren Augen emporgehoben, und eine Wolke nahm ihn auf und entzog ihn ihren Blicken. [10]Während sie unverwandt ihm nach zum Himmel emporschauten, standen plötzlich zwei Männer in weißen Gewändern bei ihnen [11] und sagten: Ihr Männer von Galiläa, was steht ihr da und schaut zum Himmel empor? Dieser Jesus, der von euch ging und in den Himmel aufgenommen wurde, wird ebenso wiederkommen, wie ihr ihn habt zum Himmel hingehen sehen. [12]Dann kehrten sie vom Ölberg, der nur einen Sabbatweg von Jerusalem entfernt ist, nach Jerusalem zurück."

**Schlussfolgerung (V 20)**

Erfolgreich lautet präzise (V 20): „Jene aber zogen hinaus und predigten überall, wobei der Herr mitwirkte und das Wort bekräftigte durch die darauffolgenden Zeichen." Das entspricht der Aussage Jesu zu den Aposteln (Apg 1,8): „Ihr werdet meine Zeugen sein in Jerusalem und ganz Judäa und Samaria und bis an das Ende der Erde." Mit diesem Indiz auf den Start der Weltmission und die Bezeugung der Heilsbotschaft durch Wunderzeichen endet das Markusevangelium.

# DAS EVANGELIUM NACH LUKAS

## GRUNDSATZERKLÄRUNG

### Lk 1,1-4

**[1]Nachdem viele es unternommen haben, eine Erzählung der Begebenheiten abzufassen, die unter uns geschehen sind, [2]so wie es uns die überliefert haben, welche von Anfang an Augenzeugen und Diener des Wortes waren, [3]so habe auch ich mich entschlossen, der ich allem von Anfang an genau nachgegangen bin, der Reihe nach niederzuschreiben, für dich, hoch verehrter Theophilus, [4]damit du dich von der Zuverlässigkeit der Worte, über die du unterrichtet worden bist, überzeugen kannst.**

Lukas konfrontiert den Initiativen vorausgegangener Autoren und ihrer Methoden die eigene Aktion in Arbeitsweise und Endabsicht (V 1-4).

Mit *„viele“* ist eine ernst zu nehmende Anzahl von Bemühungen, die über das Leben, Sterben, Auferstehen und die Himmelfahrt Jesu berichten, vor allem Markus und Matthäus, gedacht. Nun will Lukas mit Akribie die Überlieferung nicht nur in den Fakten referieren, sondern diese auch als Erfüllung von Verheißungen beobachten (Lk 4,21; 9,51; Apg 2,1): „[21]Da begann er, ihnen darzulegen: Heute hat sich das Schriftwort, das ihr eben gehört habt, erfüllt. – [51]Als die Zeit herankam, in der er (in den Himmel) aufgenommen werden sollte, entschloss sich Jesus, nach Jerusalem zu gehen. – [1]Als der Pfingsttag gekommen war, befanden sich alle am gleichen Ort.“ Der Ausdruck *„unter uns“* (V 1) umschließt und erfasst über den ersten Jüngerkreis hinaus auch Theophilus und den Autor selbst; alle, „die überliefert haben, welche von Anfang an Augenzeugen und Diener des Wortes waren“ (V 2); das wird bekräftigt (Apg 1,21f; 6,4): „[21]Einer von den Männern, die die ganze Zeit mit uns zusammen waren, als Jesus, der Herr, bei uns ein und aus ging, [22]angefangen von der Taufe durch Johannes bis zu dem Tag, an dem er von uns ging und (in den Himmel) aufgenommen wurde, einer von diesen muss nun zusammen mit uns Zeuge seiner Auferstehung sein. [4]Wir aber wollen beim Gebet und beim Dienst am Wort bleiben.“

Es werden zwei methodische Vorgänge angegeben: das *Nachforschen* und die *Niederschrift* (V 3a). Das Erforschen von *„allem – von Anfang an – genau“* entspricht der Arbeit eines Historikers, wenn das „Aufzeichnen“ dazukommt. Das wird folgendermaßen skizziert (V 3b): *„der Reihe nach – für dich“* will heißen: in einer entsprechenden Anordnung und im Hinblick auf Theophilus, der demnach bereits Christ ist oder sich auf die Taufe vorbereitete. Damit wird das Ziel der Niederschrift genannt (V 4): *„damit du erkennst – die Zuverlässigkeit der Worte“*.

# VERHEISSUNG DER GEBURT DES TÄUFERS

## Lk 1,5-17

[5]In den Tagen des Herodes, des Königs von Judäa, lebte ein Priester namens Zacharias, der zur Priesterklasse Abija gehörte. Seine Frau stammte aus dem Geschlecht Aarons; sie hieß Elisabet. [6]Beide waren gerecht vor Gott und wandelten in allen Geboten und Satzungen des Herrn untadelig. [7]Und sie hatten kein Kind, weil Elisabeth unfruchtbar war; und beide waren in ihren Tagen weit vorgerückt. [8]Es begab sich aber, als er in der Reihe seiner Abteilung Priesterdienst tat vor Gott, [9]da traf ihn nach dem Brauch der Priesterschaft das Los, das Rauchopfer darzubringen und zu betreten den Tempel des Herrn. [10]Und die ganze Menge des Volkes betete draußen zur Stunde des Rauchopfers. [11]Es erschien ihm aber ein Engel des Herrn, stehend zur Rechten des Räucheraltars. [12]Und es erschrak Zacharias, als er ihn sah, und Furcht überfiel ihn. [13]Der Engel aber sprach zu ihm: Fürchte dich nicht, Zacharias, denn erhört ist dein Flehen, und deine Frau Elisabet wird dir einen Sohn gebären, und du sollst heißen seinen Namen Johannes. [14]Und er wird dir zur Freude und Jubel sein, und viele werden sich über seine Geburt freuen. [15]Denn er wird groß sein vor dem Herrn; weder Wein noch Rauschtrank wird er trinken und mit Heiligem Geiste erfüllt werden schon im Leibe seiner Mutter. [16]Und viele der Söhne Israels wird er bekehren zu dem Herrn, ihrem Gott. [17]Und er wird vor ihm hergehen in dem Geist und der Kraft des Elija, um der Väter Herzen zuzuwenden zu den Kindern und Ungehorsame zur Einsicht von Gerechten, um zu bereiten dem Herrn ein wohlgerüstetes Volk.

Da Herodes der Große 37-4 v. Chr. herrschte, ist die Zeitangabe äußerst großzügig. *„Zacharias"* zählt zu den Priestern, die in Jerusalem den Tempeldienst durchführen (1 Chr 24,19): „Das waren ihre Dienstklassen, nach denen sie in das Haus Jahwes kommen mussten, wie es ihre Pflicht war, die sie von ihrem Vater Aaron übernommen hatten; so hatte es ihm Jahwe, der Gott Israels, befohlen." Zacharias wohnt in „einer Stadt Judas" (Lk 1,39). Desgleichen priesterlicher Herkunft ist seine Frau Elisabet. Die einwandfreie Gesetzestreue beider präsentiert, dass ihre bisherige Kinderlosigkeit keineswegs als Bestrafung zu beurteilen ist (V 5ff).

*„Es begab sich aber"* leitet die Darstellung eines Ereignisses ein: Zacharias wird verpflichtet, sich in den Raum vor dem Allerheiligsten zu begeben, um Räucherwerk auf den Brandopferaltar zu streuen, das am Morgen und am Abend stattfand (Ex 30,7; Dan 9,21): „[7]Aaron soll auf ihm Morgen für Morgen duftendes Räucherwerk verbrennen; wenn er die Lampen herrichtet, soll er es verbrennen. – [21]Während ich also noch mein Gebet sprach, da kam im Flug der Mann Gabriel, den ich früher in der Vision gesehen hatte; er kam um die Zeit des Abendopfers zu mir."

Mit *„erschien"* (V 11) wird mitgeteilt, dass eine überirdische Realität sichtbar wird (Gen 12,7; Lk 24,34; Apg 2,3): „[7]Jahwe erschien Abram und sprach: Deinen Nachkommen gebe ich dieses Land. Dort baute er Jahwe, der ihm erschienen war, einen Altar. – [34]Diese sagten: Der Herr ist wirklich auferstanden und ist dem Simon erschienen. – [3]Und es erschienen ihnen Zungen wie von Feuer, die sich verteilten; auf jeden von ihnen ließ sich eine nieder."

Anfänglich ist der *„Engel des Herrn / Jahwes"* eine Ausdruckform für eine persönliche Selbstmitteilung Jahwes (Gen 16,7-13; Ex 3,2-6) und in der Folge darauf Benennung für ein überirdisches Wesen (Sach 1,11-14); in V 11 handelt es sich um einen Boten Gottes, der anschließend seinen Namen mitteilt (1,19): Gabriel.

Die *„rechte Seite"* (V 11) bedeutet Ehre, Heil, Segen (1 Kön 2,19; Apg 5,31). – Der Mensch reagiert vielfach mit *„Schrecken und Furcht"* (V 12) auf eine überirdische Erfahrung (Ex 15,16; Dan 10,7): „[16]Es überfiel sie Schrecken und Furcht; ob der Größe deines Armes verstummten sie gleich einem Stein, bis hindurch zog dein Volk, Jahwe, bis hindurch zog das Volk, das du erworben hast. – [7]Nur ich, Daniel, sah diese Erscheinung; die Männer, die bei mir waren, sahen die Erscheinung nicht; doch ein großer Schrecken befiel sie, sodass sie wegliefen und sich versteckten."

Nach der üblichen Besänftigung (Gen 15,1; Dan 10,12; Lk 1,30) *„Fürchte dich nicht"* (V 13) verheißt der Engel dem Zacharias, aufgrund seines Gebetslebens, einen Sohn, den er nicht mehr zu erwarten wagte und erhält die Anweisung, ihm den Namen *„Johannes"* – das bedeutet „Jahwe ist gnädig" – zu geben. Das wird Anlass zu *„Freude und Jubel"* für Zacharias und *„viele"* andere Menschen sein (V 14). – Mit der Formulierung *„ein Großer vor dem Herrn"* (V 15) werden seine Wertschätzung in den Augen Gottes und seine Bedeutung im göttlichen Heilsplan ausgedrückt.

Nach Art eines Nasiräers, eines „Gottgeweihten", wird er in seinem Leben auf *berauschende Getränke* verzichten (Num 6,3). Er wird bereits *im Mutterschoß mit Heiligem Geist erfüllt*, was in Erinnerung ruft (Jes 49,1b; Jer 1,5): „Jahwe hat mich schon im Mutterleib berufen; als ich noch im Schoß meiner Mutter war, hat er meinen Namen genannt. – [5]Noch ehe ich dich im Mutterleib formte, habe ich dich ausersehen, noch ehe du aus dem Mutterschoß hervorkamst, habe ich dich geheiligt, zum Propheten für die Völker habe ich dich bestimmt."

Die Tätigkeit des Johannes wird vorab allseitig als Sinnesänderung und Hinwendung *„vieler Söhne Israels"* (V 16) zu Jahwe verheißen und sodann entsprechend der jüdischen Hoffnung eines Propheten wie Elija dargestellt (Mal 3,1.23f; Sir 48,10): „[1]Seht, ich sende meinen Boten; er soll den Weg für mich bahnen. Dann kommt plötzlich zu seinem Tempel der Herr, den ihr sucht, und der Bote des Bundes, den ihr herbeiwünscht. Seht, er kommt!, spricht Jahwe der Heere. – [23]Siehe, ich sende euch Elija, den Propheten, ehe der Tag Jahwes kommt, der große und furchtbare. [24]Er wird das Herz der Väter wieder den Söhnen zuwenden und das Herz der Söhne ihren Vätern, damit ich nicht kommen und das Land dem Untergang weihen muss. – [10]Von dir sagt die Schrift, du stehst bereit für die Endzeit, um den Zorn zu beschwichtigen, bevor er entbrennt, um den Söhnen das Herz der Väter zuzuwenden und Jakobs Stämme wieder aufzurichten."

Die Aussage *„um zu bereiten dem Herrn ein wohlgerüstetes Volk"* (V 17) führt zu Johannes als Pionier, Bahnbrecher, Vorbote Jahwes (V 17), der das Volk wie am Sinai für die Gottesbegegnung vorbereitet (2 Sam 7,24; Ex 19,10f): „[24]Und du hast dir dein Volk Israel befestigt, dir zum Volke auf ewig; und du, Jahwe, bist ihr Gott geworden. – [10]Und Jahwe sprach zu Mose: Gehe zum Volke und heilige sie heute und morgen, und dass sie ihre Kleider waschen; [11]Und sie seien bereit auf den dritten Tag; denn am dritten Tage wird Jahwe vor den Augen des ganzen Volkes auf den Berg Sinai herabsteigen."

# VERHEISSUNG DER GEBURT JESU

## Lk 1,26-38

**26 Im sechsten Monat aber wurde gesandt der Engel Gabriel von Gott in eine Stadt in
Galiläa, mit Namen Nazaret, 27 zu einer Jungfrau, die einem Manne verlobt war mit
Namen Josef, aus dem Hause Davids; und der Name der Jungfrau war Maria. 28 Der
Engel trat bei ihr ein und sagte: Sei gegrüßt, Begnadete, der Herr (ist) mit dir. 29 Sie
aber ward bestürzt über sein Wort und überlegte, was für ein Gruß dies sei. 30 Und
der Engel sprach zu ihr: Fürchte dich nicht, Maria, denn du hast Gnade bei Gott gefunden;
31 und siehe, du wirst im Leibe empfangen und einen Sohn gebären, und du
sollst nennen seinen Namen Jesus. 32 Dieser wird groß sein und Sohn des Höchsten
genannt werden; und der Herr, Gott, wird ihm geben den Thron seines Vaters David;
33 und er wird herrschen über das Haus Jakobs in Ewigkeit, und seines Reiches wird
kein Ende sein. 34 Maria sagte zu dem Engel: Wie wird das sein, da ich keinen Mann
erkenne? 35 Und der Engel antwortete und sprach zu ihr: Der Heilige Geist wird über
dich kommen, und Kraft des Höchsten wird dich überschatten; darum wird auch das,
was geboren werden wird, heilig genannt werden, Sohn Gottes. 36 Und siehe, Elisabet,
deine Verwandte, ist auch mit einem Sohne schwanger in ihrem Alter, und dies
ist der sechste Monat bei ihr, welche unfruchtbar genannt war; 37 denn bei Gott ist kein
Ding unmöglich. 38 Maria aber sprach: Siehe, ich bin die Magd des Herrn; es geschehe
mir nach deinem Worte. Da verließ sie der Engel.**

Die unverbindliche, chronologisch nicht realisierbare Zeitangabe – *„im sechsten Monat“* – bringt zum Ausdruck, dass der Autor nachfolgende Mitteilungen als historisches, zuverlässiges Faktum darlegen möchte (V 26f). Die Mission Gabriels (Lk 1,11.19) als göttlicher Beauftragter – *„gesandt von Gott“* nach *„Nazaret zu einer Jungfrau“* – erhält durch die exakte Namensnennungen der Beteiligten und des Ortes eminente Bedeutung. *„Jungfrau“* kennzeichnet das frauliche, noch unverheiratete Mädchen, das allerdings mit *„einem Manne verlobt war mit Namen Josef, aus dem Hause Davids“*. Wenn sie auch noch nicht mit ihm zusammenlebt (V 34), ist sie doch rechtlich bereits Josef versprochen. Die Herkunft Josefs aus dem *„Hause Davids“*, die nicht streng im Verständnisse heutiger Genealogie zu denken ist, gewährt einem zugesagten Sohn Mariens die Verwandtschaft zur königlichen Familie.

Mag sein, dass die Begrüßungsworte (V 28f) an Gideon und somit an eine Begebenheit früherer Zeit sich anlehnen, an die sich Maria erinnern sollte (Ri 6,12): „Und der Engel Jahwes erschien ihm und sprach zu ihm: Jahwe ist *mit dir*, du tapferer Held!“ – Maria ist nun von Gott *„begnadet – beschenkt“* und ihr wird mitgeteilt, er ist unterwegs *„mit dir“*. Die Bemerkung über die Bestürzung Mariens betont das Abnorme des Grußes und lenkt das Interesse auf die anschließende Beweisführung.

Gabriel verheißt Maria (V 30-33) mit Ähnlichkeiten an frühere Prophezeiungen (Gen 16,11; Ri 13,3) die Geburt eines Sohnes, dem sie den Namen *„Jesus“* – Jahwe rettet – geben soll. Hiermit erfüllt sich (Jes 7,14): „Darum wird euch der Herr von sich aus ein Zeichen geben: Seht, die Jungfrau wird ein Kind empfangen, sie wird einen Sohn gebären, und sie wird ihm den Namen Immanuel (Gott mit uns) geben." Die Namensbezeichnungen konvenieren in theologischer Übereinstimmung. – Mariens Sohn wird *„ein Großer"* und *„Sohn des Höchsten"* und somit *„Sohn Gottes"* (V 35c) heißen, womit ihm selbstverständlich mehr als der *„Thron Davids"* zugedacht wird (Ps 2,7): „Vom Beschluss will ich erzählen: Jahwe hat zu mir gesprochen: Du bist mein Sohn, heute habe ich dich gezeugt." Er überbietet alle messianischen Erwartungen (V 33c): *„seines Reiches wird kein Ende sein."* – Dem entsprechen die Aussagen der Urkirche über Auferstehung und Erhöhung Jesu (Apg 2,36; Röm 1,4): „[36]Mit Gewissheit erkenne also das ganze Haus Israel: Gott hat ihn zum Herrn und Messias gemacht, diesen Jesus, den ihr gekreuzigt habt. – [4]der dem Geist der Heiligkeit nach eingesetzt ist als Sohn Gottes in Macht seit der Auferstehung von den Toten, das Evangelium von Jesus Christus, unserem Herrn."

Marias Frage führt zur Erkenntnis der von Gottes Geist gewirkten Entstehung des Kindes, die der Engel verkündet (V 34f): „Maria sagte zu dem Engel: Wie wird das sein, da ich keinen Mann erkenne? [35]Und der Engel antwortete und sprach zu ihr: Der Heilige Geist wird über dich kommen, und Kraft des Höchsten wird dich überschatten; darum wird auch das, was geboren werden wird, heilig genannt werden, Sohn Gottes." – Damit ist die Hoheitsbezeichnung „Sohn Gottes" nun als Angabe seiner Herkunft fixiert.

Als improvisiertes zwangloses Signal relegiert der Engel auf die abnorme Mutterschaft Elisabets, die artgemäß wie die Maria angemeldete ihr Motiv in Gottes Omnipotenz, Allgewalt hat (V 36f).

Die Beantwortung Mariens charakterisiert sie als exemplarisch Glaubende, die sich gewissermaßen wie die zu einem besonderen Leistungssoll berufenen Menschen zur Verfügung stellt (V 37b): *„ es geschehe mir nach deinem Worte. Da verließ sie der Engel."* Damit ist auch de Aufgabe des Engels realistisch erfüllt.

# MARIA BEI ELISABET

## Lk 1,39-56

[39]Maria aber stand in diesen Tagen auf und ging in Eile in eine Stadt im Bergland von Judäa. [40]Sie ging in das Haus des Zacharias und begrüßte Elisabet. [41]Und es geschah, als Elisabet den Gruß der Maria hörte, hüpfte das Kind in ihrem Leibe; und Elisabet wurde mit Heiligem Geiste erfüllt [42]und rief aus mit lauter Stimme und sprach: Gesegnet bist du unter den Frauen, und gesegnet ist die Frucht deines Leibes! [43]Und woher mir dieses, dass die Mutter meines Herrn zu mir kommt? [44]Denn siehe, wie die Stimme deines Grußes in meine Ohren drang, hüpfte das Kind vor Freude in meinem Leibe. [45]Und glückselig, die geglaubt hat, denn es wird zur Erfüllung kommen, was von dem Herrn zu ihr geredet ist! [46]Und Maria sprach: [47]Meine Seele erhebt den Herrn, und mein Geist frohlockt in Gott, meinem Retter; [48]denn er hat angesehen auf die Niedrigkeit seiner Magd; denn siehe, von nun an werden mich glückselig preisen alle Geschlechter. [49]Denn Großes hat der Mächtige an mir getan, und heilig ist sein Name; [50]und seine Barmherzigkeit ist von Geschlecht zu Geschlecht über die, welche ihn fürchten. [51]Er hat Macht geübt mit seinem Arm; er hat zerstreut, die in der Gesinnung ihres Herzens hochmütig sind. [52]Er hat Mächtige von Thronen hinabgestoßen, und Niedrige erhöht. [53]Hungrige hat er mit Gütern erfüllt, und Reiche leer ausgehen lassen. [54]Er hat sich Israels, seines Knechtes, angenommen, damit er eingedenk sei der Barmherzigkeit, [55]wie er unseren Vätern verheißen hat, Abraham und seinen Nachkommen in Ewigkeit. – [56]Und Maria blieb ungefähr drei Monate bei ihr; und sie kehrte nach ihrem Haus zurück.

**Wunderbare Begegnung (V 39-46)**
Die kurz gezeichnete Begebenheit bietet die Szenerie für die anerkennende, lobende Bekanntmachung der beiden Frauen Elisabet und Maria (V 39-56). – Die Abreise Mariens zum Domizil der Verwandten in Judäa (V 39f) geschieht aufgrund der übernatürlichen Mitteilung (Lk 1,36): „Und siehe, Elisabet, deine Verwandte, ist auch mit einem Sohne schwanger in ihrem Alter, und dies ist der sechste Monat bei ihr, welche unfruchtbar genannt war." – Die kompakte Notiz (V39f) verrät nichts über den weiten Weg, die Begleitung und die geographische Situation.

Johannes signalisiert bereits im Mutterleib durch eine frohgemute Reaktion das Kommen des Messias (V 41), ähnlich wie sich die bevorstehende Beziehung von Jakob und Esau schon im Schoß ihrer Mutter Rebekka anzeigt (Gen 25,22). – Der Täufer ist also vom Mutterleib an (Mk 1,15) zu seiner Sendungsaufgabe veranlagt und begabt. Elisabet erkennt das Signal des Sprösslings (V 44) und lobt in geisterfüllter voraussehender Sprache *„mit lauter Stimme"* (V 42) die werdende, vor allen Frauen außerordentliche, außergewöhnliche, eminente Mutter und ihr noch ungeborenes Baby. – In ausdrucksvoller Frageform artikuliert sie beeindruckt die einmalige Lebensaufgabe Mariens (V 43). – *„Herr"* (V 43.45.47) ist vor allem der Name des Erhöhten (Apg 2,36): „Mit Gewissheit erkenne also das ganze Haus Israel: Gott hat ihn zum Herrn und Messias gemacht, diesen Jesus, den ihr gekreuzigt habt." So wird Jesus – aus österlicher Perspektive – auch schon im Evangelium genannt.

**Magnifikat (V 47-55)**

**Erster Teil: Gott – Maria (V 47-50)**

Marias Antwort (V 47-55) ist eine Verherrlichung Gottes – nach dem ersten Wort der lateinischen Wiedergabe „Magnifikat" bezeichnet –, in der sie das Interesse von sich weg auf Gott richtet. Eröffnend verkündet Maria in zwei parallel artikulierten Gedanken ihre frohlockende Beglückung: *„Seele"* (Psyche) und *„Geist"* (Pneuma) stehen für Maria, die mit ihrem gesamten Dasein *„den Herrn erhebt"* und über ihn *„jauchzt"* als ihren *„Retter"* (V 47). Das ruft in Erinnerung (Ps 69,31; Hab 3,18; Jes 43,11): „[31]Rühmen will ich den Namen Gottes im Liede und ihn erheben mit Lob. – [18]Ich aber, ich will Jahwe frohlocken, will jubeln dem Gott meines Heils. – [11]Ich bin Jahwe, ich, und außer mir gibt es keinen Retter."

Maria jubelt, weil Gott unerwartet auf sie und somit auf die *„Niedrigkeit seiner Magd"* (V 48) blickt und sie ehrt, was zur Ursache der Freude für viele Menschen wird, die sie von nun ab lobpreisen und verehren. Der rettende Gott vollbringt an Maria ein Werk seiner Allmacht durch die geistgewirkte Empfängnis. Dies harmoniert mit der Heiligkeit des *Namens* (V 49) Gottes (Ex 3,14): Jahwe. Und das findet seine Entsprechung (Dtn 32,3; Ps 62,8): „[3]Ich will den Namen Jahwes verkünden. Preist die Größe unseres Gottes! – [8]Bei Gott ist mein Heil, meine Ehre; Gott ist mein schützender Fels, meine Zuflucht."

**Zweiter Teil: Gott – Menschheit (V 51ff)**

„Du hast deine Feinde zerstreut mit starkem Arm" (Ps 89,11b) bezieht sich auf den *„Arm"* Gottes (V 51). Darüber hinaus wird festgestellt (Ps 89,14): „Dein Arm ist voll Kraft, deine Hand ist stark, deine Rechte hoch erhoben."

Im Hintergrund der Aussage über das *„Niedrige"* V 52, was nochmals die „Niedrigkeit" (V 48) aufgreift, steht (Ez 21,31b; Ps 147,6; Ijob 5,11): „[31b]Nichts soll bleiben, wie es ist. Das Niedrige wird hoch, das Hohe wird niedrig. – [6]Jahwe hilft den Gebeugten auf und erniedrigt die Frevler. – [11]um Niedere hoch zu erheben, damit Trauernde glücklich werden."

Vorgeprägte Formulierungen über die *„Hungrigen"* (V 53) werden hörbar (Ps 34,11; 107,9): „[11]Reiche müssen darben und hungern; wer aber Jahwe sucht, braucht kein Gut zu entbehren. – [9]weil er die lechzende Seele gesättigt, die hungernde Seele mit seinen Gaben erfüllt hat."

**Dritter Teil: Gott – Bundesvolk (V 54f)**

Was Maria zugedacht worden ist, bezeichnet sie als Geschenk Gottes an sein Volk (V 54): *„Er nimmt sich seines Knechtes Israel an!"* Das erinnert an (Jes 41,8f; Ps 98,3): „[8]Du, mein Knecht Israel, du, Jakob, den ich erwählte, Nachkomme meines Freundes Abraham. [9]Ich habe dich von den Enden der Erde geholt, aus ihrem äußersten Winkel habe ich dich gerufen. Ich habe zu dir gesagt: Du bist mein Knecht, ich habe dich erwählt und dich nicht verschmäht. – [3]Er dachte an seine Güte und an seine Treue zum Hause Israel. Alle Enden der Erde sahen das Heil unsres Gottes." – Das geschah entsprechend den *Verheißungen an die Erzväter* (V 55), womit in Erinnerung gerufen wird (Gen 17,7; 22,16ff; Mi 7,20; 2 Sam 22,51): „[7]Ich schließe meinen Bund zwischen mir und dir samt deinen Nachkommen, Generation um Generation, einen ewigen Bund: Dir und deinen Nachkommen werde ich Gott sein. – [16]und sprach:

Ich habe bei mir geschworen – Spruch Jahwes: Weil du das getan hast und deinen einzigen Sohn mir nicht vorenthalten hast, [17]will ich dir Segen schenken in Fülle und deine Nachkommen zahlreich machen wie die Sterne am Himmel und den Sand am Meeresstrand. Deine Nachkommen sollen das Tor ihrer Feinde einnehmen. [18]Segnen sollen sich mit deinen Nachkommen alle Völker der Erde, weil du auf meine Stimme gehört hast. – [20]Du wirst Jakob deine Treue beweisen und Abraham deine Güte, wie du unseren Vätern geschworen hast in den Tagen der Vorzeit. – [51]Seinem König verlieh er große Hilfe, Güte erwies er seinem Gesalbten, David und seinem Stamm auf ewig."

**Abschlussnotiz (V 56)**

Dem zusammenfassenden, resümierenden Vermerk entsprechend (V 56) war Maria nur kurze Zeit bei Elisabet und bei der Geburt des Täufers nicht präsent. – In späterer Zeit wurde die Erzählung fixiert und in Ain Karin (Kerem) ca. 7 km westlich von Jerusalem lokalisiert.

# NAMENSGEBUNG DES TÄUFERS

## Lk 1,57-66.80

**[57]Für Elisabeth aber wurde die Zeit erfüllt, dass sie gebären sollte, und sie gebar ei-
nen Sohn. [58]Und ihre Nachbarn und Verwandten hörten, dass der Herr sein reiches
Erbarmen ihr erwiesen hatte, und sie freuten sich mit ihr. [59]Und es geschah am ach-
ten Tage, da kamen sie, das Kind zu beschneiden; und sie wollten es nennen nach dem
Namen seines Vaters: Zacharias. [60]Und seine Mutter antwortete und sprach: Nein, son-
dern er soll heißen Johannes. [61]Und sie sprachen zu ihr: Niemand ist aus deiner Ver-
wandtschaft, der diesen Namen trägt. [62]Sie winkten aber seinem Vater zu, wie er etwa
wolle, dass er genannt werde. [63]Und er verlangte ein Täfelchen und schrieb die
Worte: Johannes ist sein Name. Und sie verwunderten sich alle. [64]Alsbald aber wurde
sein Mund aufgetan und seine Zunge gelöst, und er redete, indem er Gott lobte. [65]Und
Furcht kam über alle, die um sie her wohnten; und auf dem ganzen Bergland von Ju-
däa wurden alle diese Dinge besprochen. [66]Und alle, die es hörten, nahmen es zu Her-
zen und sprachen: Was wird doch aus diesem Kindlein werden? Denn auch des
Herrn Hand war mit ihm. [80]Das Kind wuchs heran, und sein Geist wurde stark. Und
Johannes lebte in der Wüste bis zu dem Tag, an dem er den Auftrag erhielt, in Israel
aufzutreten.**

Die Diktion *„für Elisabet erfüllte sich die Zeit“* verknüpft die Erzählung über die Geburt des Täufers mit der Darstellung über deren Verheißung (Lk 1,5-25). Die Freude der betagten Eltern, der Anwohner und Anverwandten ist enorm, sie erkennen in der außergewöhnlichen Geburt das Erbarmen Gottes mit dem bisher kinderlosen Ehepaar (V 57f).

Die Beschneidung galt den Israeliten als Zeichen des Bundes und der Zugehörigkeit zum Gottesvolk und sollte am achten Tag nach der Geburt an einem Knaben vorgenommen werden (Gen 17,11f; Lev 12,3). In der Erzählung (V 59) wird dieser Zeitpunkt als Termin der Namensgebung angeben, wofür (V 59) in der Heiligen Schrift keine weiteren Belegstellen vorliegen, ebenso wenig für ein „Mitspracherecht“ oder einer „Beraterfunktion“ in der Namenswahl durch Nachbarn und Verwandte. Ihr Interesse veranschaulicht allerdings das Überraschende der Namensgebung, denn dieser Name *„Johannes“* hat Elisabet und Zacharias geradezu zusammengeschmiedet, wenn man in Erinnerung ruft (Lk 1,13): „Der Engel aber sprach zu ihm: Fürchte dich nicht, Zacharias, denn erhört ist dein Flehen, und deine Frau Elisabet wird dir einen Sohn gebären, und du sollst heißen seinen Namen Johannes.“ – Johannes heißt „Jahwe/Gott hat Gnade erwiesen“! – Darum sind die entschiedene Diktion Elisabets und die umständliche Mitteilung durch Schreibtäfelchen des Zacharias als Jahwes getreuer Diener evident: keine geheime Abmachung, geschweige denn das Versöhnungsergebnis einer Ehekrise. – Dass Zacharias wieder sprechen kann, zeigt die Güte Gottes, sein Erlösungswerk hat begonnen. Die feinfühlende, spirituelle Qualität des Zacharias ist erkennbar: Die ersten Worte des Wiederhergestellten sind eine triumphale Verherrlichung des Allmächtigen (V 64).

Die von Mysterien und wunderbarem Geschehen mitbestimmte Geburt des Johannes wird volksbeliebt und allgemein verbreitet; sie lässt betroffen machen – viele „nahmen es zu Herzen“ (V 66) – sannen darüber nach und bewahrten es in ihrem Gedächtnis (Lk 2,19.51) – und fragten wie wahrscheinlich bei jeder Geburt: *„Was wird doch aus diesem Kind werden?“* – Allerdings sind in diesem Fall besonders aufstrahlende, markante Vorzeichen zu erfahren. Was wird die machtvoll leitende „Hand“ Gottes bewirken?

Antwort auf diese Frage gibt (V 80): „Das Kind wuchs heran, und sein Geist wurde stark. Und Johannes lebte in der Wüste bis zu dem Tag, an dem er den Auftrag erhielt, in Israel aufzutreten.“ – Vermutlich spiegelt sich in dieser Aussage (1 Sam 2,26): „Und der Knabe Samuel wurde fort und fort größer und wohlwollender, sowohl bei Jahwe als auch bei den Menschen.“ Ähnlich, wie es später über Jesus gesagt wird (Lk 2,40.54): „[40]Das Kind wuchs heran und wurde kräftig; Gott erfüllte es mit Weisheit, und seine Gnade ruhte auf ihm. – [52]Jesus aber wuchs heran, und seine Weisheit nahm zu, und er fand Gefallen bei Gott und den Menschen.“ – Wann Johannes in die Wüste ging – wahrscheinlich in die nördlich vom Toten Meer gelegenen Wüste Juda – ist nicht eruierbar; jedenfalls verweist diese Aussage bereits an die Vorbereitung auf seine Buß- und Täufertätigkeit am Jordan (Lk 3,3).

# GEBURT JESU

## Lk 2,1-14

**[1]Es geschah aber in jenen Tagen, dass eine Verordnung vom Kaiser Augustus ausging,
den ganzen Erdkreis aufzuzeichnen. [2]Diese Aufzeichnung war die erste, welche statt-
fand; damals war Quirinius Statthalter von Syrien. [3]Und alle gingen hin, um sich ein-
schreiben zu lassen, ein jeder in seine Stadt. [4]So zog auch Josef von der Stadt Naza-
ret in Galiläa hinauf nach Judäa in die Stadt Davids, die Betlehem heißt; denn er war
aus dem Haus und Geschlecht Davids, [5]um sich einschreiben zu lassen mit Maria, sei-
ner Verlobten, die schwanger war. [6]Und es geschah, als sie daselbst waren, wurden
ihre Tage erfüllt, dass sie gebären sollte; [7]und sie gebar ihren erstgeborenen Sohn und
wickelte ihn in Windeln und legte ihn in eine Krippe, weil in der Herberge kein Platz
für sie war. [8]In jener Gegend lagerten Hirten auf freiem Feld und hielten Nachtwache
bei ihrer Herde. [9]Da trat der Engel des Herrn zu ihnen, und der Glanz des Herrn um-
strahlte sie, und sie wurden von großer Frucht ergriffen. [10]Und der Engel sprach zu
ihnen: Fürchtet euch nicht, denn siehe, ich verkündige euch große Freude, die für das
ganze Volk sein wird; [11]denn euch ist heute ein Erretter geboren, nämlich der Mes-
sias, der Herr, in der Stadt Davids. [12]Und dies sei euch das Zeichen: Ihr werdet ein Kind
finden, in Windeln gewickelt und in einer Krippe liegend. [13]Und plötzlich war bei dem
Engel eine Menge der himmlischen Heerscharen, welche Gott lobten und sprachen:
[14]Ehre sei Gott in der Höhe und auf Erden Frieden den Menschen des (göttlichen)
Wohlgefallens.**

*Augustus* (V 1) war römischer Kaiser 27 v. Chr. – 14 n. Chr., Herodes der Große (Lk 1,5) war König von Judäa 37-4 v. Chr., *Quirinius* (V 2), Statthalter von Syrien, führt in Palästina um das Jahr 6 n. Chr. eine Steuererhebung durch. Lk 2,2 setzt diesen Zensus oder Volkszählung – *„die erste Aufschreibung“* oder Aufzeichnung (V 2) – schon unter der Regierung Herodes des Großen um 6 v. Chr. an, möglicherweise weil Quirinius bereits seit 12 v. Chr. im Vorderen Orient für die römische Politik verantwortlich war.

Die Angabe des römischen Kaisers bringt die Ankunft Jesu durch seine Geburt in einen herrschaftlichen Rahmen mit dem Regime des Machthabers. Über „den ganzen Erdkreis“ lautet wörtlich *„die ganze bewohnte Welt“*, will heißen „das Römerreich“ (V 1). Das lässt bereits eine spirituelle Herrschaft Jesu erahnen (Lk 21,33): „Himmel und Erde werden vergehen, aber meine Worte werden nicht vergehen.“

Alle Anstrengungen, diese Steuererfassung unter Quirinius (Apg 5,37) in die Zeit des Herodes zu versetzen, sind nicht überzeugend. Diese historisch unzulängliche Bemerkung sollte augenscheinlich als eine einigermaßen bekannte Begebenheit demonstrieren, wie es zur Geburt Jesu von Nazaret in der Stadt Davids, nämlich Betlehem, kam (V 3f).

Jedenfalls entsprechen Josef und Maria der Anordnung des Augustus und kommen nach Betlehem (V 4f), der Geburtsstadt Davids, wo der erwartete Sohn Davids geboren werden sollte (Mi 5,1): „Aber du, Betlehem-Efrata, so klein unter den Gauen Judas, aus dir wird mir einer hervorgehen, der über Israel herrschen soll. Sein Ursprung liegt in ferner Vorzeit, in längst vergangenen Tagen." – Darauf verweisen auch spätere Angaben (Lk 1, 32.69f): „[32]Dieser wird groß sein und Sohn des Höchsten genannt werden; und der Herr, Gott, wird ihm den Thron seines Vaters David geben; – [69]er hat uns einen starken Retter erweckt im Hause seines Knechtes David. [70]So hat er verheißen von alters her durch den Mund seiner heiligen Propheten."

Während des Besuchs in Betlehem *„erfüllten sich die Tage"* (V 6), dass Maria gebären sollte; mehr darüber wird nicht gesagt. Er ist der *„Erstgeborene"* (V 7), womit nicht weitere Söhne angedeutet werden, sondern vielmehr die Gesetzesbestimmung (Lk 2,23): „gemäß dem Gesetz des Herrn, in dem es heißt: Jede männliche Erstgeburt soll dem Herrn geweiht sein (Ex 13,2.12)", was einzig und allein besonders für Jesus zutrifft. Er ist geradezu Zenit dieser Forderung: zuerst Gott!

Richtungweisend, maßgeblich, programmatisch, progressiv, dominierend, kompetent für „würdevolle Armut" sind nicht so sehr die *Windeln*, sondern der Futtertrog (V 7). Die Windeln sind irgendwie selbstverständlich (Weish 7,4); aus Unzulänglichkeit der Herberge für dieses enorme Geschehen steht der *Futtertrog* im Blickfeld, keine prachtvolle Wiege, total in Divergenz zum kolossalen Augustus und zu allgemeinen Erwartungen über den Messias.

In der Umgebung waren *„Hirten"* (V 8), die besonders bevorzugt wurden durch *„einen Engel des Herrn"* (V 9), und sie erfahren Wunderbares, sie befinden sich plötzlich im *„Glanz des Herrn"* und zugleich, wie immer in solchen Situationen, in *„großer Furcht"*. – Eine Gotteserfahrung ist es, was sie *„umglänzt"*, etwas Außergewöhnliches, noch nie Erfahrenes, was beklemmende Angst bewirkt. Wie ihr Berufskollege David, der Hirt war (1 Sam 16,11), sind sie zu Zeugen eines großen Geschehens berufen. Eine *„große Freude"* (V 10) wird verkündet, welche „die große Furcht" (V 9) ablöst und überbietet; das ist die Übermittlung einer Frohbotschaft, ein Evangelium! – *„Heute"* (V 11) demonstriert den Zeitpunkt, an dem seit langfristigem Zugesagtes geschieht (4,21; 5,26). – Die Ankunft Jesu ist für die *Hirten* und *das ganze Volk* ein Zeichen *der Rettung* (Jes 9,5; Lk 1,47; Phil 3,20; Apg 5,31; 13,23): „[5]Denn uns ist ein Kind geboren, ein Sohn ist uns geschenkt. Die Herrschaft liegt auf seiner Schulter; man nennt ihn: Wunderbarer Ratgeber, Starker Gott, Vater in Ewigkeit, Fürst des Friedens. – [47]Und mein Geist jubelt über Gott, meinen Retter. – [20]Unsere Heimat aber ist im Himmel. Von dorther erwarten wir auch Jesus Christus, den Herrn, als Retter. – [31]Ihn hat Gott als Herrscher und Retter an seine rechte Seite erhoben, um Israel die Umkehr und Vergebung der Sünden zu schenken. – [23]Aus seinem Geschlecht hat Gott dem Volk Israel, der Verheißung gemäß, Jesus als Retter geschickt." – Er ist der einzige Retter (Apg 2,36): „Mit Gewissheit erkenne also das ganze Haus Israel: Gott hat ihn zum Herrn und Messias gemacht, diesen Jesus, den ihr gekreuzigt habt." – Das *Zeichen* (V 12) von „Windeln und Krippe" führt schließlich zu dem was über ihn vorausgesagt wird (Lk 1,32): „Er wird groß sein und Sohn des Höchsten genannt werden. Gott, der Herr, wird ihm den Thron seines Vaters David geben."

Ein Engelchor (Lk 2,15) betont und intensiviert die verheißene Mitteilung (V 13f). *„Ehre"* oder wörtlich *„Herrlichkeit"* (V 14) und Lobpreis geziemen Gott im Himmel; *„Friede"* und somit Wohlbefinden, Heil und Sicherheit werd den *„auf der Erde"* lebenden *„Menschen des Wohlgefallens"* verheißen, also jenen, denen Gott seine Güte bezeugt. Die Geburt Jesu verursacht infolgedessen, Gottes Herrlichkeit zu ehren, seine lichtvolle Herrschaft, die den Tod überwindet und der von Gottes Gunst erlösten Menschheit die Sehnsucht nach Wohlergehen, Segen, Frieden und Versöhnung erfüllt.

# HIRTEN BEIM KIND

## Lk 2,15-20

**15 Und es geschah, als die Engel von ihnen hinweg in den Himmel zurückgekehrt wa-
ren, sagten die Hirten zueinander: Lasst uns nun hingehen nach Bethlehem und diese
Sache sehen, die geschehen ist, welche der Herr uns kundgetan hat. 16 Und sie kamen
eilends und fanden Maria und Josef und das Kind in der Krippe liegend. 17 Als sie es
aber gesehen hatten, machten sie überall das Wort kund, das über dieses Kind zu ih-
nen gesagt worden war. 18 Und alle, die es hörten, verwunderten sich über das, was von
den Hirten zu ihnen gesagt wurde. 19 Maria aber bewahrte alle diese Worte und erwog
sie in ihrem Herzen. 20 Und die Hirten kehrten um, indem sie Gott verherrlichten und
lobten über alles, was sie gehört und gesehen hatten, so wie es ihnen gesagt worden
war.**

Sobald die Erscheinung der Engel vorbei war, entscheiden die Hirten, sich ehestens zu überzeugen, was die Engelsbotschaft *„kundgetan hat“* (V 15). Sie wollen sich vergewissern. – Sie *„sehen“*, dass sich alles so zugetragen hat, wie es ihnen verkündet wurde und werden nun selbst *„überall“* zu Botschaftern dieser wunderbaren Ereignisse und ihrer persönlichen übernatürlichen Erfahrungen, die sie bezeugen können. Maria und Josef sind die Ersten, die davon hören (V 17).

Während sich alle über die Verkündigung der Hirten *„verwundern“* (V 18) oder erstaunen, verhält sich allerdings im Gegensatz dazu die Mutter des Kindes (V 19): *„Maria aber bewahrte alle diese Worte und erwog sie in ihrem Herzen.“* – Ebenso ist das Verhalten Mariens nach den Ereignissen mit dem zwölfjährigen Jesu im Tempel (Lk 2,51): „Dann kehrte er mit ihnen nach Nazaret zurück und war ihnen gehorsam. Seine Mutter bewahrte alles, was geschehen war, in ihrem Herzen.“ – Das entspricht auch der Lehre Jesu (8,15): „Auf guten Boden ist der Samen bei denen gefallen, die in einem redlichen und guten Herzen das Wort, nachdem sie es gehört haben, bewahren und Frucht bringen mit Ausharren.“ – Maria wird somit zum Vorbild, wie sie die Ereignisse schweigsam und verinnerlicht beherzigt und erwägt, um auszuharren und die entsprechenden Konsequenzen zu finden.

Bezeichnend und motivierend zugleich wird abschließend notiert, dass die Hirten Gott für alles *lobpreisen*, vor allem für die Bestätigung der ihnen angekündigten Benachrichtigung und des Nachweises ihrer Zuverlässigkeit (V 20). Ähnliche Schlussfolgerungen werden überliefert; so nach der Auferweckung des Jünglings von Nain (Lk 7,16): „Alle wurden von Furcht ergriffen; sie priesen Gott und sagten: Ein großer Prophet ist unter uns aufgetreten: Gott hat sich seines Volkes angenommen.“ – Analog dazu wird, die Himmelfahrt Jesu Christi abschließend vermerkt (24,53): „Und sie waren immer im Tempel und priesen Gott.“

# ERSTMALS IM TEMPEL

## Lk 2,21-40

**[21]Und als acht Tage erfüllt waren, dass man ihn beschneiden sollte, da wurde sein Name Jesus genannt, der von dem Engel genannt worden war, ehe er im Mutterleibe empfangen wurde. [22]Und als die Tage ihrer Reinigung nach dem Gesetz des Mose erfüllt waren, brachten sie ihn nach Jerusalem hinauf, um ihn dem Herrn darzustellen, [23]wie im Gesetz des Herrn geschrieben steht: Alles Männliche, das den Mutterleib öffnet, soll dem Herrn heilig heißen [24]und ein Opfer zu geben nach dem, was im Gesetz des Herrn gesagt ist: ein Paar Turteltauben oder zwei junge Tauben. [25]Und siehe, es war in Jerusalem ein Mensch mit Namen Simeon; und dieser Mann war gerecht und gottesfürchtig und wartete auf den Trost Israels; und der Heilige Geist war auf ihm. [26]Und es war ihm von dem Heiligen Geist geoffenbart worden, er werde den Tod nicht sehen, ehe er den Messias des Herrn gesehen habe. [27]Und er kam durch den Geist in den Tempel. Und als die Eltern das Kind Jesus hereinbrachten, um mit ihm nach der Gewohnheit des Gesetzes zu verfahren, [28]da nahm auch er es auf seine Arme und lobte Gott und sprach: [29]Nun, entlässt du deinen Knecht, Herr, nach deinem Wort, in Frieden; [30]denn meine Augen haben dein Heil gesehen, [31]das du bereitet hast vor dem Angesicht aller Völker: [32]ein Licht zur Offenbarung der Heiden und zur Herrlichkeit deines Volkes Israel. [33]Und sein Vater und seine Mutter verwunderten sich über das, was über ihn geredet wurde. [34]Und Simeon segnete sie und sprach zu Maria, seiner Mutter: Siehe, dieser ist bestimmt zum Fall und Aufstehen vieler in Israel und zu einem Zeichen, dem widersprochen wird, [35]aber auch deine eigene Seele wird ein Schwert durchdringen, damit die Überlegungen vieler Herzen offenbar werden. [36]Und es war eine Prophetin Hanna, eine Tochter Penuëls, aus dem Stamme Ascher. Diese war in ihren Tagen weit vorgerückt und hatte sieben Jahre mit ihrem Manne gelebt von ihrer Jungfräulichkeit an; [37]und sie war eine Witwe von vierundachtzig Jahren, die nicht von dem Tempel wich, indem sie diente mit Fasten und Beten Nacht und Tag. [38]Und sie trat zu derselben Stunde herzu, lobte Gott und redete von ihm (Jesus) zu allen, welche auf Erlösung warteten in Jerusalem. [39]Und als sie alles erfüllt hatten nach dem Gesetz des Herrn, kehrten sie nach Galiläa zurück in ihre Stadt Nazaret. [40]Das Kind aber wuchs und erstarkte, erfüllt mit Weisheit, und Gottes Gnade war auf ihm.**

**Beschneidung und Namensgebung (V 21)**
*„Und als die acht Tage erfüllt waren"* geht auf die Vorschrift zurück (Gen 17,12a): „Ein Sohn von acht Tagen soll beschnitten werden." Ebenso lehrt (Lev 12,3): „Am achten Tag soll man die Vorhaut des Kindes beschneiden." –Die Beschneidung besteht in der Entfernung der Vorhaut des männlichen Gliedes. Dass anfänglich ein scharfer Stein als Beschneidungsmesser gebraucht wurde (Ex 4,25), verweist auf das hohe Alter dieses Brauchtum. Es wird auf Abraham zurückgeführt (Gen 17,9-14). Gewöhnlich nahm der Familienvater die Beschneidung vor. Auf dem „Apostelkonzil" (Apg 15) fällen die mit Paulus und Barnabas in Jerusalem versammelten Apostel und Ältesten die Entscheidung, dass die Heidenchristen sich nicht der Beschneidung und den Weisungen des jüdischen

Gesetzes zu unterwerfen haben. Nach Paulus ist die Beschneidung durch den Glauben an Christus und die Taufe überholt und wertlos (Kol 2,11f): „In ihm habt ihr eine Beschneidung empfangen, die man nicht mit Händen vornimmt, nämlich die Beschneidung, die Christus gegeben hat. Wer sie empfängt, sagt sich los von seinem vergänglichen Körper. [12]Mit Christus wurdet ihr in der Taufe begraben, mit ihm auch auferweckt, durch den Glauben an die Kraft Gottes, der ihn von den Toten auferweckt hat." Nun gilt nur noch die Beschneidung „des Herzens, dem Geiste und nicht dem Buchstaben nach" (Röm 2,29). Wie vorausgehend bei Johannes dem Täufer werden (V 21) Beschneidung und Namensgebung in Verbindung gebracht (Lk 1,59-63). – Der Name *Jesus* ist die griechische Form vom Hebräischen Jehoschua, was übersetzt werden kann mit „Jahwe / Gott ist Hilfe, Jahwe ist großzügig, Jahwe rettet" (V 21). – Was nun folgt, ist, wenn man zu zählen beginnt, 32 Tage später.

**Zeremonie im Tempel (V 22-38)**

**Darstellung (V 22ff)**

*„Und als die Tage ihrer Reinigung gemäß dem Gesetz des Mose erfüllt wurden"* (V 22a) bezieht sich auf Lev 12,2-8: „Sag zu den Israeliten: Wenn eine Frau niederkommt und einen Knaben gebiert, ist sie *sieben Tage* unrein, wie sie in der Zeit ihrer Regel unrein ist. [3]Am *achten Tag* soll man die Vorhaut des Kindes beschneiden, [4]und *dreiunddreißig Tage* soll die Frau wegen ihrer Reinigungsblutung zu Hause bleiben. Sie darf nichts Geweihtes berühren und nicht zum Heiligtum kommen, bis die Zeit ihrer Reinigung vorüber ist. [5]Wenn sie ein Mädchen gebiert, ist sie zwei Wochen unrein wie während ihrer Regel. Sechsundsechzig Tage soll sie wegen ihrer Reinigungsblutung zu Hause bleiben. [6]Wenn die Zeit ihrer Reinigung vorüber ist, soll sie, für einen Sohn ebenso wie für eine Tochter, ein einjähriges Schaf als Brandopfer und eine junge Taube oder eine Turteltaube als Sündopfer zum Priester an den Eingang des Offenbarungszeltes bringen. [7]Er soll es vor dem Herrn darbringen und sie entsühnen; so wird sie von ihrem Blutfluss gereinigt. Das ist das Gesetz für eine Frau, die einen Knaben oder ein Mädchen gebiert. [8]Wenn sie die Mittel für ein Schaf nicht aufbringen kann, soll sie zwei Turteltauben oder zwei junge Tauben nehmen, eine als Brandopfer und die andere als Sündopfer; der Priester soll sie entsühnen, und so wird sie gereinigt."

Nach diesen Zeitangaben von Lev 12,2-8 war die Mutter eines Knaben insgesamt 40 Tage kultisch *„unrein"*; dementsprechend tragen termingemäß Maria und Josef das Kind in den Tempel, um es dem Herrn *„darzustellen"* (V 22). – Als Argument wird die für *„jedes Männliche, das den Mutterschoß öffnet"* (V 23), anerkannte Anordnung angeführt, dass im Gedenken an die Rettung der Erstgeburt beim Exodus jeder Erstgeborene Gott gehöre und ausgelöst werden soll (Ex 4,23; 11,5; 13,2; 34,20). – Die Verknüpfung von *„Reinigung"* und *„Darstellung"* gestaltet eine ausdrucksvolle Szenerie für die nachstehende Darstellung.

**Simeon (V 25-35)**

Simeon wird als charakterfester, glaubensstarker Mensch präsentiert, der dem *„Trost Israels"* (V 25), dem Messias entgegensehnt. Das erinnert an (Jes 40,1; 49,13): „[1]Tröstet, tröstet mein Volk, spricht euer Gott. – [13]Jubelt, ihr Himmel, jauchze, o Erde, freut euch, ihr Berge! Denn Jahwe hat sein Volk getröstet und sich seiner Armen erbarmt." Simeon wird vom Heiligen Geist erfüllt und geführt (V 25ff), was an Elisabet und Zacharias verweist (Lk 1,41.67): „[41]Als Elisabet den Gruß Marias hörte, hüpfte das Kind in ihrem Leib. Da wurde Elisabet vom Heiligen Geist erfüllt. – [67]Sein Vater Zacharias wurde vom Heili-

gen Geist erfüllt und begann prophetisch zu reden.“ – Darum sind auch Simeons Worte besonders bedeutungsvoll (V 28).
*„Nun“* (V 29) besagt *augenblicklich, gegenwärtig, jetzt, soeben* erfüllt sich die Zeit, da Simeon der persönlichen messianischen Verheißung entsprechend (V 26), *„in Frieden“* (V 29) von seinem Dienst befreit wird, wie die Aussage illustriert (Lk 1,74); „er hat uns geschenkt, dass wir, aus Feindeshand befreit, ihm furchtlos dienen.“ Das verweist auf ein erfülltes Leben (Gen 15,15): „Du aber wirst in Frieden zu deinen Vätern heimgehen; in hohem Alter wirst du begraben werden.“ – Das *„Heil“* (V 30), das Simeon sehen darf, ist allen Menschen zugedacht (Lk 3,6; Apg 28,28): „[6]Und alle Menschen werden das Heil sehen, das von Gott kommt. – [28]Darum sollt ihr nun wissen: Den Heiden ist dieses Heil Gottes gesandt worden. Und sie werden hören!“ – *„Licht“* für die *„Heiden“* (V 32) wurde verheißen und erfüllt sich nun (Jes 42,6; 49,6.9): „[6]Ich, Jahwe, habe dich aus Gerechtigkeit gerufen, ich fasse dich an der Hand. Ich habe dich geschaffen und dazu bestimmt, der Bund für mein Volk und das Licht für die Völker zu sein. – [6]Und er sagte: Es ist zu wenig, dass du mein Knecht bist, nur um die Stämme Jakobs wieder aufzurichten und die Verschonten Israels heimzuführen. Ich mache dich zum Licht für die Völker; damit mein Heil bis an das Ende der Erde reicht. – [9]den Gefangenen zu sagen: Kommt heraus, und denen, die in der Finsternis sind: Kommt ans Licht!“ – Die unwiderlegbare *„Herrlichkeit“* für das *„Volk Israel“* (V 32) wird wie zugesagt sichtbar (Jes 46,13): „Ich selbst bringe euch das Heil, es ist nicht mehr fern; meine Hilfe verzögert sich nicht. Ich bringe Hilfe für Zion und verleihe Israel meine strahlende Pracht.“
Simeon *„segnet“* (V 34) und weissagt Maria, dass Jesus nicht allen in seinem Volk Erlösung schenken wird; viele werden sich ihm widersetzen, *„damit die Gedanken vieler Herzen enthüllt werden“* (V 35), womit auf die Ablehnung Jesu durch viele Juden angespielt wird, die schlussendlich das „Gericht“ herbeiführt (Lk 21,20-24): „Wenn ihr aber seht, dass Jerusalem von einem Heer eingeschlossen wird, dann könnt ihr daran erkennen, dass die Stadt bald verwüstet wird. [21]Dann sollen die Bewohner von Judäa in die Berge fliehen; wer in der Stadt ist, soll sie verlassen, und wer auf dem Land ist, soll nicht in die Stadt gehen. [22]Denn das sind die Tage der Vergeltung, an denen alles in Erfüllung gehen soll, was in der Schrift steht. [23]Wehe den Frauen, die in jenen Tagen schwanger sind oder ein Kind stillen. Denn eine große Not wird über das Land hereinbrechen: Der Zorn (Gottes) wird über dieses Volk kommen. [24]Mit scharfem Schwert wird man sie erschlagen, als Gefangene wird man sie in alle Länder verschleppen, und Jerusalem wird von den Heiden zertreten werden, bis die Zeiten der Heiden sich erfüllen.“
Die Zusage *„durch deine eigene Seele aber wird ein Schwert hindurchgehen“* (V 35a) verweist auf die direkten individuellen Qualen Mariens, zugleich auf die des Volkes und seiner Sippschaften, welche die Mutter Jesu mit leidvoller Anteilnahme mitfühlt (Ez 14,17; Lk 12,51-53): „[17]Oder wenn ich das Schwert über dieses Land bringen und sagen würde: Ein Schwert soll durch das Land fahren, ich will Mensch und Tier darin ausrotten! – [51]Meint ihr, ich sei gekommen, um Frieden auf die Erde zu bringen? Nein, sage ich euch, nicht Frieden, sondern Spaltung. [52]Denn von nun an wird es so sein: Wenn fünf Menschen im gleichen Haus leben, wird Zwietracht herrschen: Drei werden gegen zwei stehen und zwei gegen drei, [53]der Vater gegen den Sohn und der Sohn gegen den Vater, die Mutter gegen die Tochter und die Tochter gegen die Mutter, die Schwiegermutter gegen ihre Schwiegertochter und die Schwie-

gertochter gegen die Schwiegermutter." – Dies alles schmerzt desgleichen die Mutter Jesu, denn (Lk 2,19.51b): „[19]Maria aber bewahrte alles, was geschehen war, in ihrem Herzen und dachte darüber nach. – [51b]Seine Mutter bewahrte alles, was geschehen war, in ihrem Herzen."

**Hanna (V 36ff)**
Die Benennung Hannas als *„Prophetin"* kennzeichnet und bewertet ihre Aussagen. Die hochbetagte Witwe – 84-jährig oder seit 84 Jahren aus dem Stamm Ascher im Norden Palästinas, im Gebiet des Karmels bis zum Mittelmeer (Jos 19,24-31; Ri 5,17) – lobpreist Gott im Hinblick auf Jesus. Ihre Worte werden nicht überliefert, wenden sich (V 38) an *„alle"* Tempelbesucher, die wie sie auf *„die Erlösung warteten"* (Lk 2,25; Jes 52,9): „[25]In Jerusalem lebte damals ein Mann namens Simeon. Er war gerecht und fromm und wartete auf die Rettung Israels, und der Heilige Geist ruhte auf ihm. – [9]Brecht in Jubel aus, jauchzt alle zusammen, ihr Trümmer Jerusalems! Denn Jahwe tröstet sein Volk, er erlöst Jerusalem." – Hanna schließt offenbar an Simeon an und der Autor hat sich eine Wiederholung erspart. Von beiden soll festgestellt werden: Jesus ist in Realität der verheißene Erlöser Israels und aller Völker, obgleich er von vielen in seinem Volk abgelehnt wird.

**Heimkehr (V 39f)**
Die Anmerkung über die treue Gesetzeserfüllung der Pflegeeltern (Lk 2,22) und über ihr Comeback mit dem Kind in Nazaret (2,4) verweist bereits auf die nachfolgende Darstellung. Dafür spricht auch die Anspielung, dass das Kind mit *Weisheit erfüllt* wurde, was vermutlich die Aussagen über Samuel und Johannes überstrahlen soll (1 Sam 2,26; Lk 1,80): „[26]Der Knabe Samuel aber wuchs heran und gewann immer mehr an Gunst bei Jahwe und auch bei den Menschen. – [80]Das Kind wuchs heran, und sein Geist wurde stark. Und Johannes lebte in der Wüste bis zu dem Tag, an dem er den Auftrag erhielt, in Israel aufzutreten."

# DER ZWÖLFJÄHRIGE IM TEMPEL

## Lk 2,41-52

**41Und seine Eltern gingen jedes Jahr am Paschafest nach Jerusalem. 42Und als er zwölf Jahre alt war und sie hinaufgingen, nach der Gewohnheit des Festes, 43und die Tage vollendet hatten, blieb bei ihrer Rückkehr der Knabe Jesus in Jerusalem zurück; und seine Eltern merkten es nicht. 44Da sie aber meinten, er sei unter der Reisegesellschaft, kamen sie eine Tagereise weit und suchten ihn unter den Verwandten und Bekannten; 45und als sie ihn nicht fanden, kehrten sie nach Jerusalem zurück und suchten ihn. 46Und es geschah, nach drei Tagen fanden sie ihn im Tempel, wie er inmitten der Lehrer saß und ihnen zuhörte und sie befragte. 47Es erstaunten alle aber, die ihn hörten, über sein Verständnis und seine Antworten. 48Und als sie ihn sahen, erschraken sie; und seine Mutter sprach zu ihm: Kind, warum hast du uns also getan? Siehe, dein Vater und ich haben dich mit Schmerzen gesucht. 49Und er sprach zu ihnen: Wie konntet ihr mich suchen? Wusstet ihr nicht, dass ich in dem sein muss, was meines Vaters ist? 50Und sie verstanden das Wort nicht, das er zu ihnen redete. 51Und er ging mit ihnen hinab und kam nach Nazaret, und er war ihnen untertan. Und seine Mutter bewahrte alle diese Worte in ihrem Herzen. 52Und Jesus nahm zu an Weisheit und an Körpergröße und an Anmut bei Gott und Menschen.**

Im Mittelpunkt der Darstellung über den Besuch des zwölfjährigen Jesu im Tempel signalisieren seine *ersten Worte* – Jesu erste Diktion – und die Reaktionen darauf seine messianische Sendung (V 41-52).

„Dreimal im Jahre sollen alle deine Männlichen vor dem Angesicht des Herrn Jahwe erscheinen" (Ex 23,17; 34,23; Dtn 16,16). Die Termine sind Pascha, Pfingsten und Laubhüttenfest. Offenbar genügte auch eine Wallfahrt im Jahr (1 Sam 1,3) und wie einleitend gesagt wird (V 41): *„Und seine Eltern gingen jedes Jahr am Paschafest nach Jerusalem."* – Die Aussage *„seine Eltern"* – also nicht nur Josef, sondern auch Maria – verweist auf deren besonders treue Pflichterfüllung des Gesetzes.

Dass *Jesus in Jerusalem zurückbleibt* (V 42-45) verweist auf seine besondere Wertschätzung dieser Stadt gegenüber, lässt sein *Erlösungswerk* in dieser Stadt erahnen und erinnert an die *Völkerwallfahrt* (Jes 2,2f): „Am Ende der Tage wird es geschehen: Der Berg mit dem Haus Jahwes steht fest gegründet als höchster der Berge; er überragt alle Hügel. Zu ihm strömen alle Völker. 3Viele Nationen machen sich auf den Weg. Sie sagen: Kommt, wir ziehen hinauf zum Berg Jahwes und zum Haus des Gottes Jakobs. Er zeige uns seine Wege, auf seinen Pfaden wollen wir gehen. Denn von Zion kommt die Weisung Jahwes, aus Jerusalem sein Wort."

Der Fundort „im Tempel" verleiht dem Geschehen erhabenes Ansehen und Würde (V 48): „Und es geschah, nach drei Tagen fanden sie ihn im Tempel, wie er inmitten der Lehrer saß und ihnen zuhörte und sie befragte." – Dass Jesus unter den Schriftgelehrten sitzt, bekundet ihn als zuhörenden, aber zugleich fragenden, geradezu gleichberechtigten Diskutanten. Denn es heißt (V 47): „Es staunten alle aber, die ihn hörten, über sein Verständnis und seine Antworten." – Die verblüffende Verwunderung aller Teilnehmer und Zeugen

betont das bereits Jesus zugesagte Wissen. (Lk 2,40): „Das Kind aber wuchs und erstarkte, erfüllt mit Weisheit, und Gottes Gnade war auf ihm."
Die kummervolle Frage der Mutter und ihr Verweis auf die seelische Belastung offenbaren die Fassungslosigkeit der bestürzten Eltern (V 48).
Durch zwei Gegenfragen versucht Jesus die vorgebrachten sorgenvollen Ängste zu vermindern (V 49): *„ ... Wie konntet ihr mich suchen? Wusstet ihr nicht, dass ich in dem sein muss, was meines Vaters ist?"* – Die zweite Frage gibt das Motiv seines Benehmens an, das die Eltern letztlich erkennen sollten: Das *„Muss"* verweist auf einen Heilsplan Gottes, auf eine heilgeschichtliche Erfordernis. – Die Formulierung *„in dem meines Vaters"* vermag „das Haus, den Tempel" oder das vom himmlischen Vater ihm zugedachte „Erlösungswerk, seine Sendungsaufgabe" bezeichnen. Grundsätzlich, unüberhörbar bildet *„mein Vater"* einen gewaltigen Kontrast, eine Gegenüberstellung zu *„dein Vater"* im Vorwurf der Mutter (V 48) und charakterisiert, bekundet, offenbart, bezeugt Jesus als Sohn Gottes; zugleich klingt durch (Apg 5,29b): „Man muss Gott mehr gehorchen als den Menschen." – Das Außerordentliche dieser Auskunft wird durch die Aussage intensiviert, dass beide, denen die Antwort gilt, sie nicht begreifen (V 50).
Obwohl die Sohnschaft Gottes Jesu noch nicht verstanden wurde, bewahrt Maria, wie bereits vermerkt (Lk 2,19), alle Worte *„in ihrem Herzen"*. – Erneut zeigt sich eine überraschende Angabe über Jesu Rückkehr: Obwohl Jesus Sohn Gottes ist, gehorcht er, unterwirft sich offensichtlich der üblichen, konventionellen Familienordnung und lebt als Sohn Gottes wie jeder andere Mensch (V 51).
Schlussendlich wird an eine frühere Aussage über Jesus erinnert (Lk 2,40): „Das Kind wuchs heran und wurde kräftig; Gott erfüllte es mit Weisheit, und seine Gnade ruhte auf ihm." Das steht parallel zum Täufer (Lk 1,80): „Das Kind wuchs heran, und sein Geist wurde stark. Und Johannes lebte in der Wüste bis zu dem Tag, an dem er den Auftrag erhielt, in Israel aufzutreten." – Daraus ist zu erkennen, dass Jesus bis zu seinem öffentlichen Wirken, nicht wie Johannes in der Wüste, sondern in der Geborgenheit familiärer Verhältnisse lebt (V 52).

# AUFTRETEN DES JOHANNES

## Lk 3,1-6

**[1]Es war im fünfzehnten Jahr der Regierung des Kaisers Tiberius; Pontius Pilatus war Statthalter von Judäa, Herodes Tetrarch von Galiläa, sein Bruder Philippus Tetrarch von Ituräa und Trachonitis, Lysanias Tetrarch von Abilene; [2]unter dem Hohenpriestertum von Hannas und Kajaphas geschah das Wort Gottes zu Johannes, dem Sohn des Zacharias, in der Wüste. [3]Und er kam in die ganze Umgegend des Jordan und predigte die Taufe der Buße zur Vergebung der Sünden; [4]wie geschrieben steht im Buch der Worte des Jesaja, des Propheten: Stimme eines Rufenden in der Wüste: Bereitet den Weg des Herrn, macht gerade seine Pfade! [5]Jede Schlucht wird ausgefüllt und jeder Berg und Hügel erniedrigt werden, und das Krumme soll gerade und die Rauheiten zu ebenen Wegen werden; [6]und schauen wird alles Fleisch die Gnade Gottes.**

Sechs Terminangaben sollen die nachfolgende Erzählung gewissermaßen der Weltchronik eingliedern. Daraus sieht man, wie dem Autor dieses Ereignis, worüber er berichtet, überaus wertvoll, hochgeschätzt, fulminant ist. Das *„fünfzehnte Jahr“* bedeutet – der historischen Expertise entsprechend über Tiberius – der Zeitraum *um 28-29 n. Chr.* zu sein; Pilatus ist der 6. römische Prokurator für Judäa (26-36 n. Chr.); Herodes Antipas, Sohn Herodes I., ist *„Tetrarch“*, auch Vierfürst genannt, was besagen will, dass er Landesherr eines Viertels des Reiches, nämlich von Galiläa ist (4 v.Chr.-39 n. Chr.), sein Halbbruder Philippus (4 v.Chr.-34 n. Chr.) verwaltete das im Nordosten lokalisierte Viertel und Lysanias das nordwestlich von Damaskus anberaumte Viertel. Hannas war Hoherpriester 6-15 n. Chr. und sein Schwiegersohn Kajaphas ist Hoherpriester 18-36 n. Chr. Dies ist die Epoche Johannes des Täufers (V 1-2a). Den Start des öffentlichen Wirkens von Johannes dem Täufer (V 2bf) kennzeichnen zudem folgende Aussagen (Lk 1,15.80; 16,16): „[15]Denn er wird groß sein vor dem Herrn. Wein und andere berauschende Getränke wird er nicht trinken, und schon im Mutterleib wird er vom Heiligen Geist erfüllt sein. – [80]Das Kind aber wuchs und erstarkte im Geist und war in der Wüste bis zum Tage seines Auftretens vor Israel. – [16]Bis zu Johannes hatte man nur das Gesetz und die Propheten. Seitdem wird das Evangelium vom Reich Gottes verkündet, und alle drängen sich danach, hineinzukommen.“ – Johannes verkündet nach der wörtlichen Übersetzung *„die Taufe der Umkehr“* (V 3) als Ausdruck der Sinnesänderung im Aspekt auf die *Vergebung der Sünden* (Lk 1,77).

Johannes Aufenthalt war nicht stabil (V 3), er predigte *„in der ganzen Umgegend des Jordan“*, was eine Dynamik zum Ausdruck bringt, nicht nur *localiter*, vielmehr *spiritualiter* – örtlich und geistig!

Die Aktivität des Johannes wird als Vollzug der lange zuvor verkündeten Zusagen gewertet (V 4ff), die nach einer dem Urtext näher kommenden Übersetzung lauten (Jes 40,3ff): „Eine Stimme ruft: Bahnt für Jahwe einen Weg durch die Wüste! Baut in der Steppe eine ebene Straße für unseren Gott! [4] Jedes Tal soll sich heben, jeder Berg und Hügel sich senken. Was krumm ist, soll gerade werden, und was hüglig ist, werde eben. [5]Dann offenbart sich die Herrlichkeit Jahwes, alle Sterblichen werden sie sehen. Ja, der Mund Jahwes hat gesprochen." – Die Diktion *„alle Sterblichen"* (Jes 40,5) verweist auf die abschließende Aussage (V 6). – Dieses Zitat wird somit auf den in der Wüste lehrenden Johannes bezogen, der somit als Pionier und Bahnbrecher für den *„Herrn"* (V 4) Jesus Christus gilt.

Die universale Direktive intensiviert die Aussage (V 6): *„und schauen wird alles Fleisch die Gnade Gottes."* – Johannes reicht über sein Land und sein Volk hinaus; er wirkt weltweit, wie verheißen wird (Lk 2,30ff; Apg 28,28): „[30]Denn meine Augen haben das Heil gesehen, [31]das du vor allen Völkern bereitet hast, [32]ein Licht, das die Heiden erleuchtet, und Herrlichkeit für dein Volk Israel. – [28]Darum sollt ihr nun wissen: Den Heiden ist dieses Heil Gottes gesandt worden. Und sie werden hören!"

# VOLL ERWARTUNG

## Lk 3,10-18

**[10]Und die Volksmassen fragten ihn und sprachen: Was sollen wir denn tun? [11]Er aber antwortete und sprach zu ihnen: Wer zwei Leibröcke hat, teile mit dem, der keinen hat; und wer Nahrung hat, handle ebenso. [12]Es kamen aber auch Zöllner, um getauft zu werden; und sie sprachen zu ihm: Meister, was sollen wir tun? [13]Er sagte zu ihnen: Verlangt nicht mehr, als festgesetzt ist. [14]Auch Soldaten fragten ihn: Was sollen denn wir tun? Und er sagte zu ihnen: Misshandelt niemand, erpresst niemand, begnügt euch mit eurem Sold! [15]Das Volk war voll Erwartung, und alle überlegten in ihrem Herzen über Johannes, ob er nicht vielleicht selbst der Messias sei. [16]Doch antwortete Johannes allen und sprach: Ich taufe euch mit Wasser; es kommt aber, der stärker ist als ich, dessen ich nicht würdig bin, ihm den Riemen seiner Sandalen zu lösen; er wird euch mit Heiligem Geiste und Feuer taufen; [17]dessen Worfschaufel in seiner Hand ist, und er wird seine Tenne reinigen und den Weizen in seine Scheune sammeln; die Spreu aber wird er verbrennen mit unauslöschlichem Feuer. [18]Mit diesen und vielen anderen Ermahnungen verkündete er dem Volk die Frohbotschaft.**

Johannes verkündet „die Taufe der Umkehr" (Lk 3,3), und es scheint festzustehen (Apg 2,37a): „Als sie das hörten, traf es sie mitten ins Herz!" Man spürt die Betroffenheit (V 10): *„Was sollen wir denn tun?"* – Motiviert durch die Fragestellung der Menschenmasse verlangt Johannes generell das kameradschaftliche Teilen, demzufolge sittliche Leistungen, nämlich Nächstenliebe. Den Zöllnern, die in Anweisung der römischen Besatzung Zölle und Steuern einforderten und den Soldaten, die dem jüdischen König verpflichtet sind, nennt er diese Forderungen: Vor allem keine Unredlichkeit; keine ungerechte Bereicherung durch Überforderung – keine Unterdrückung und Ausbeutung oder Erpressung (V 10-14). – Was aus einem Zöllner werden kann, demonstriert Lk 19,8: „Zachäus aber wandte sich an den Herrn und sagte: Herr, die Hälfte meines Vermögens will ich den Armen geben, und wenn ich von jemand zu viel gefordert habe, gebe ich ihm das Vierfache zurück."

Johannes erkennt die Gedanken der Menschen (V 15): „Das Volk war voll Erwartung, und alle überlegten in ihrem Herzen über Johannes, ob er nicht vielleicht selbst der Messias sei." – Ohne gefragt zu werden gibt der Täufer Auskunft (V 16f) und unterscheidet seine Taufe von einem, der *„stärker"* ist und mit *„Geist und Feuer"* tauft. Auf diese Weise wird der Blick auf Christus und das Pfingstereignis gelenkt (Apg 1,5; 2,3): „[5]Johannes hat mit Wasser getauft, ihr aber werdet schon in wenigen Tagen mit dem Heiligen Geist getauft. – [3]Und es erschienen ihnen Zungen wie von Feuer, die sich verteilten; auf jeden von ihnen ließ sich eine nieder." – Wahrscheinlich erwartet der Täufer selbst auf diese Weise ein durch Gottes Geist herbeigeführtes Gericht, das säubert, läutert, reinigt (Mal 3,2f): „Doch wer erträgt den Tag, an dem er kommt? Wer kann bestehen, wenn er erscheint? Denn er ist wie das Feuer im Schmelzofen und wie die Lauge im Waschtrog. [3]Er setzt sich, um das Silber zu schmelzen und zu reinigen: Er reinigt die Söhne Levis, er läutert sie wie Gold und Silber. Dann werden sie Jahwe die richtigen Opfer darbringen." – Das würde auf das neutestamentliche Bundesvolk verweisen. – Johannes erläutert somit die herannahenden Aktionen des Exorbitanteren als Rechtsverfahren und erklärt es mit der Allegorie von dem Landwirt (V 17), der auf dem Kornspeicher die Feldfrüchte durch Worfeln die Frucht errafft, die Spreu aber abbrennt. Die Bezeichnung des Feuers als *„unauslöschlich"* (V 17) kennzeichnet den auf diese Weise charakterisierten Ort der Bestrafung als Hölle (Jes 66,24): „Dann wird man hinausgehen, um die Leichen derer zu sehen, die sich gegen mich aufgelehnt haben. Denn der Wurm in ihnen wird nicht sterben, und das Feuer in ihnen wird niemals erlöschen; ein Ekel sind sie für alle Welt."

Schlussfolgernd werden die gebrachten Zitate als ein Exzerpt der Aufforderungen bezeichnet, mit denen Johannes der Bevölkerung *„die Frohbotschaft verkündete"* (V 18).

# EPIPHANIE

## Lk 3,21-22

**[21]Es geschah aber, als das ganze Volk getauft wurde, und Jesus getauft war und betete, dass der Himmel aufgetan wurde, [22]und der Heilige Geist in leiblicher Gestalt wie eine Taube, auf ihn herabstieg, und eine Stimme aus dem Himmel kam: Du bist mein geliebter Sohn, an dir habe ich Wohlgefallen gefunden.**

Kompakt wird ein dreifaches Geschehen nach Jesu Taufe erzählt: Der Himmel öffnet sich, der Heilige Geist wird sichtbar, eine Stimme des Himmels proklamiert Jesus als Sohn Gottes (Lk 3,21f).

Jesu Taufakt wird zunächst in Beziehung zur gesamten Bevölkerung gebracht; – es sollen möglichst viele Menschen zu Zeugen des außerordentlichen anschließenden Geschehens werden. – Jesus *„betete"*, was überraschende Folgen hat. Wiederholt wird vom betenden Jesus gesprochen (Lk 5,16; 6,12; 9,18.28f; 11,1; 22,41.44; 23,34): „[16]Doch er zog sich an einen einsamen Ort zurück, um zu beten. – [12]In diesen Tagen ging er auf einen Berg, um zu beten. Und er verbrachte die ganze Nacht im Gebet zu Gott. – [18]Jesus betete einmal in der Einsamkeit, und die Jünger waren bei ihm. Da fragte er sie: Für wen halten mich die Leute? – [28]Etwa acht Tage nach diesen Reden nahm Jesus Petrus, Johannes und Jakobus beiseite und stieg mit ihnen auf einen Berg, um zu beten. [29]Und während er betete, veränderte sich das Aussehen seines Gesichtes, und sein Gewand wurde leuchtend weiß. – [1]Jesus betete einmal an einem Ort; und als er das Gebet beendet hatte, sagte einer seiner Jünger zu ihm: Herr, lehre uns beten, wie schon Johannes seine Jünger beten gelehrt hat. – [41]Dann entfernte er sich von ihnen ungefähr einen Steinwurf weit, kniete nieder und betete: [44]Und er betete in seiner Angst noch inständiger, und sein Schweiß war wie Blut, das auf die Erde tropfte. – [34]Jesus aber betete: Vater, vergib ihnen, denn sie wissen nicht, was sie tun. Dann warfen sie das Los und verteilten seine Kleider unter sich." – Diese Mitteilungen lassen die Bedeutung und Intensität des Gebetes Jesu erahnen.

Die Aussage *„der Himmel wurde aufgetan"* wird nicht detaillierter berichtet, sondern der Phantasie des Lesers überlassen, bezeichnet eine übernatürliche Erfahrung, gewissermaßen einen Einblick in den persönlichen Bereich Gottes, wie ähnliche prophetische und apokalyptische Aussagen erkennen lassen (Ez 1,1; Offb 4,1): „[1]Am fünften Tag des vierten Monats im dreißigsten Jahr, als ich unter den Verschleppten am Fluss Kebar lebte, öffnete sich der Himmel, und ich sah eine Erscheinung Gottes. – [1]Danach sah ich: Eine Tür war geöffnet am Himmel; und die Stimme, die vorher zu mir gesprochen hatte und die wie eine Posaune klang, sagte: Komm herauf, und ich werde dir zeigen, was dann geschehen muss."

Das Geschenk des Heiligen Geistes wird dem Messias zugedacht (Jes 11,2; 42,1): „[2]Und auf ihm wird ruhen der Geist Jahwes, der Geist der Weisheit und des Verstandes, der Geist des Rates und der Kraft, der Geist der Erkenntnis und Furcht Jahwes. – [1]Seht, das ist mein Knecht, den ich stütze; das ist mein Erwählter, an ihm finde ich Gefallen. Ich habe meinen Geist auf ihn gelegt, er bringt den Völkern das Recht." – Auf zweifache Ausdrucksweise wird das Herabkommen des Geistes exakter angegeben: zunächst *„in leiblicher Gestalt"*, infolgedessen allen gegenwärtigen Menschen erkennbar, erblickbar, greifbar und augenfällig; darüber hinaus wird festgestellt *„wie eine Taube"* (V 22.), was sowohl auf ein Herabschweben als auch auf eine analoge, anscheinende Figur verweist. Die *„Stimme aus dem Himmel"* (V 22) ist deutlich eine allen präsenten Personen hörbare, verständliche Mitteilung Gottes. Ihre Formulierung tangiert allen Anwesenden vernehmbar (Ps 2,7): „Den Beschluss Jahwes will ich kundtun. Er sprach zu mir: Mein Sohn bist du. Heute habe ich dich gezeugt." Das bildet im Komplex der bisher wachgerufenen messianischen Aussagen eine majestätische Proklamation. Jesus ist Gottes *„geliebter Sohn"*, was die Opferszene wachruft (Gen 22,2): „Gott sprach: Nimm deinen Sohn, deinen einzigen, den du liebst, Isaak, geh in das Land Morija und bring ihn dort auf einem der Berge, den ich dir nenne, als Brandopfer dar.“ – Das lässt Jesu Erlösungsopfer „als Sühne“ erahnen (1 Joh 4,10): „Nicht darin besteht die Liebe, dass wir Gott geliebt haben, sondern dass er uns geliebt und seinen Sohn als Sühne für unsere Sünden gesandt hat.“ – Zugleich wird auf die *einzigartige Herkunft* Jesu von Gott verwiesen, wie aus der Ankündigung seiner Geburt zu erkennen ist (Lk 1,34f): „Maria sagte zu dem Engel: Wie soll das geschehen, da ich keinen Mann erkenne? 35 Der Engel antwortete ihr: Der Heilige Geist wird über dich kommen, und die Kraft des Höchsten wird dich überschatten. Deshalb wird auch das Kind heilig und Sohn Gottes genannt werden.“

Zusammenfassend wird *im Endeffekt* verkündet (Apg 10,37-40): „Ihr wisst, was im ganzen Land der Juden geschehen ist, angefangen in Galiläa nach der Taufe, die Johannes verkündet hat: 38wie Gott Jesus von Nazaret gesalbt hat mit dem Heiligen Geist und mit Kraft, wie dieser umherzog, Gutes tat und alle heilte, die in der Gewalt des Teufels waren; denn Gott war mit ihm. 39Und wir sind Zeugen für alles, was er im Land der Juden und in Jerusalem getan hat. Ihn haben sie an den Pfahl gehängt und getötet. 40Gott aber hat ihn am dritten Tag auferweckt und hat ihn erscheinen lassen.“

# VERSUCHUNGEN JESU

## Lk 4,1-13

**1Jesus aber, voll Heiligen Geistes, kehrte vom Jordan zurück und wurde durch den
Geist in der Wüste umhergeführt, 2vierzig Tage indem er vom Teufel versucht wurde.
Und er aß in jenen Tagen nichts; und als sie vorüber waren, hungerte ihn. 3Und der
Teufel sprach zu ihm: Wenn du Gottes Sohn bist, so sprich zu diesem Stein, dass er
Brot werde. 4Und Jesus antwortete ihm und sprach: Es steht geschrieben: Nicht vom
Brot allein soll der Mensch leben. 5Und er führte ihn hinauf und zeigte ihm alle Rei-
che des Erdkreises in einem Augenblick. 6Und der Teufel sprach zu ihm: Ich will dir
alle diese Gewalt und ihre Herrlichkeit geben; denn mir ist sie übergeben, und wem
irgend ich will, gebe ich sie. 7Wenn du mich anbetest, soll sie ganz dein sein. 8Und Je-
sus antwortete ihm und sprach: Es steht geschrieben: Du sollst den Herrn, deinen Gott,
anbeten und ihm allein dienen. 9Und er führte ihn nach Jerusalem und stellte ihn auf
die Zinne des Tempels und sprach zu ihm: Wenn du Gottes Sohn bist, so wirf dich von
hier hinab; 10denn es steht geschrieben: Er wird seinen Engeln befehlen, dass sie dich
behüten; 11und sie werden dich auf den Händen tragen, damit du nicht etwa deinen
Fuß an einen Stein stoßest. 12Und Jesus antwortete und sprach zu ihm: Es ist gesagt:
Du sollst den Herrn, deinen Gott, nicht versuchen. 13Und als der Teufel jede Versu-
chung beendet hatte, wich er für eine Zeit von ihm.**

Jesus ist *„voll Heiligen Geistes"* (V 1). Es klingt noch nach (Lk 3,22): „dass der Heilige Geist in leiblicher Gestalt wie eine Taube auf ihn herabstieg, und eine Stimme aus dem Himmel kam: Du bist mein geliebter Sohn, an dir habe ich Wohlgefallen gefunden." – Das verweist zugleich auf die Aussagen (Lk 4,18a; Apg 10, 37f): „Der Geist des Herrn ruht auf mir; denn der Herr hat mich gesalbt. – [37]Ihr wisst, was im ganzen Land der Juden geschehen ist, angefangen in Galiläa nach der Taufe, die Johannes verkündet hat: [38]wie Gott Jesus von Nazaret gesalbt hat mit dem Heiligen Geist und mit Kraft, wie dieser umherzog, Gutes tat und alle heilte, die in der Gewalt des Teufels waren; denn Gott war mit ihm." – Das gilt desgleichen vom gesamten Zeitraum seiner Versuchung: vom Heiligen Geist geführt (V 1). Lokale Angaben, wohin Jesus vom Jordan *„zurückkehrte"* (V 1), werden nicht gegeben. *„Wüste"* (V 1) erinnert an die Zeit der Bewährung beim Exodus (Ex 19,1).

Die Zahl *„vierzig"* (V 2) und eine *„lange Periode"* rufen in Erinnerung (Ex 24,18; 34,28; Num 14,34; Dtn 8,2): „[18]Mose ging mitten in die Wolke hinein und stieg auf den Berg hinauf. Vierzig Tage und vierzig Nächte blieb Mose auf dem Berg. – [28]Mose blieb dort bei Jahwe vierzig Tage und vierzig Nächte. Er aß kein Brot und trank kein Wasser. Er schrieb die Worte des Bundes, die zehn Worte, auf Tafeln. – [34]So viele Tage, wie ihr gebraucht habt, um das Land zu erkunden, nämlich vierzig Tage, so viele Jahre lang – für jeden Tag ein Jahr – müsst ihr die Folgen eurer Schuld tragen, also vierzig Jahre lang; dann werdet ihr erkennen, was es heißt, mir Widerstand zu leisten. – [2]Du sollst an den ganzen Weg denken, den Jahwe, dein Gott, dich während dieser vierzig Jahre in der Wüste geführt hat, um dich gefügig zu machen und dich zu prüfen. Er wollte erkennen, wie du dich entscheiden würdest: ob du auf seine Gebote achtest oder nicht." – Darüber hinaus ist zu lesen über den Richter Otniël, der den König aus dem benachbarten Nordosten besiegt (Ri 3,11): „Darauf hatte das Land vierzig Jahre lang Ruhe; dann starb Otniël ..." – Über Elija am Horeb erfährt man (1 Kön 19,8): „Da stand er auf, aß und trank und wanderte, durch diese Speise gestärkt, vierzig Tage und vierzig Nächte bis zum Gottesberg Horeb."

*„Teufel"* (V 2) benennt den Satan, den Widersacher, Rivalen oder Beschuldiger der Menschen, der auch im Himmel vor Gott als Ankläger auftritt (2x Ijob 1,6; 2,1): „Und es geschah eines Tages, da kamen die Söhne Gottes, um sich vor Jahwe zu stellen; und auch der Satan kam in ihrer Mitte, um sich vor Jahwe zu stellen." Ähnlich ist die Situation in Sach 3,1f. – In den 40 Tagen der Versuchungen Jesu wird über seinen Ursprung, seine Kreatur und den Modus seiner Anfechtung, Verlockung und Verführung nichts mitgeteilt. Dass der Satan Menschen auf die Probe stellt, wird als allgemein möglich vorausgesetzt. Die Möglichkeit solcher Versuchung wird als bekannt vorausgesetzt (1 Chr 21,1).

Nach dem langen Fasten war Jesus ausgehungert und hatte ein entsprechendes Verlangen nach Nahrung (V 2). Da ist der Teufel zur Stelle und bezieht sich auf die Taufe Jesu (Lk 3,22): *„Wenn du Gottes Sohn bist ..."* (V 3) – Jesus soll die ihm gebührende Kraft verwerten und ein Mirakel bewirken: Stein zu Brot werden lassen. Bedeutender als den Hunger zu beseitigen ist Gottes Wort (V 4), das ist die Auskunft Jesu, mit der er auf Dtn 8,3b verweist: „Und er demütigte dich und ließ dich hungern; und er speiste dich mit dem Manna, das du nicht kanntest und das deine Väter nicht kannten, um dir kundzutun, dass *der Mensch nicht von Brot allein lebt*, sondern dass der Mensch von allem lebt, was aus dem Munde Jahwes hervorgeht."

Anscheinend wird an eine Anhöhe gedacht, von der aus Jesus *alle Reiche gezeigt* werden und ihm die Herrschaft zugesagt wird, wenn er ihn verehre (V 5ff). – Jesus weist dieses Ansinnen zurück und zitiert Dtn 6,13 mit der fokussierten Ergänzung „ihm allein“: „Jahwe, deinen Gott, sollst du fürchten und ihm dienen, und bei seinem Namen sollst du schwören.“ Jesus demonstriert, dass er als „Sohn Gottes“, einzig und allein Gott gehorcht, der ihm die entsprechende Dominanz überträgt (Lk 1,32; Ps 2,7): „[32]Dieser wird groß sein und Sohn des Höchsten genannt werden; und der Herr, Gott, wird ihm den Thron seines Vaters David geben. – [7]Vom Beschluss will ich erzählen: Jahwe hat zu mir gesprochen: Du bist mein Sohn, heute habe ich dich gezeugt.“

Der Teufel empfiehlt Jesus, sich von einer markanten Höhe des Tempels hinabzustürzen (V 9-12) und verweist auf Ps 91,11f: „Denn er befiehlt seinen Engeln, dich zu behüten auf all deinen Wegen. [12]Sie tragen dich auf ihren Händen, damit dein Fuß nicht an einen Stein stößt.“ – Jesus lehnt einen solchen Beweis der göttlichen Allmacht kategorisch ab und argumentiert mit Dtn 6,16a: „Ihr sollt Jahwe, euren Gott, nicht versuchen.“ – Jesus stellt sich auch bei nachfolgender Gelegenheit gegen ein Zeichen (Lk 11,16.29): „[16]Andere wollten ihn auf die Probe stellen und forderten von ihm ein Zeichen vom Himmel. – [29a]Als immer mehr Menschen zu ihm kamen, sagte er: Diese Generation ist böse. Sie fordert ein Zeichen.“

Der Vermerk (V 13) – *„und als der Teufel jede Versuchung beendet hatte, wich er für eine Zeit von ihm“* – deutet an, dass Jesus vorübergehend diesbezügliche Ruhe hatte, aber später erneut in Bedrängnis geriet (Lk 22,3.28.53): „[3]Der Satan aber ergriff Besitz von Judas, genannt Iskariot, der zu den Zwölf gehörte. – [28]In allen meinen Versuchungen habt ihr bei mir ausgeharrt. – [53]Tag für Tag war ich bei euch im Tempel, und ihr habt nicht gewagt, gegen mich vorzugehen. Aber das ist eure Stunde, jetzt hat die Finsternis die Macht.“

Die Darstellung (V 1-13) bringt dreimal ein Gespräch an drei unterschiedlichen Plätzen; jede Szene beendet Jesus mit einem biblischen Zitat. – Eine Erläuterung dieser Versuchungsgeschichte bringt Hebr 2,18; 4,15: „[18]Denn da er selbst in Versuchung geführt wurde und gelitten hat, kann er denen helfen, die in Versuchung geführt werden. – [15]Wir haben ja nicht einen Hohenpriester, der nicht mitfühlen könnte mit unserer Schwäche, sondern einen, der in allem wie wir in Versuchung geführt worden ist, aber nicht gesündigt hat.“

Jesus erweist sich als „Sohn Gottes“ ganz dem Vater gegenüber gehorsam. Darum motiviert er seine Jünger (Lk 22,40.46): „[40]Als er dort war, sagte er zu ihnen: Betet darum, dass ihr nicht in Versuchung geratet! – [46]Da sagte er zu ihnen: Wie könnt ihr schlafen? Steht auf und betet, damit ihr nicht in Versuchung geratet.“ – Schlussendlich ist festzustellen (1 Kor 10,11ff): „Das aber geschah an ihnen, damit es uns als Beispiel dient; uns zur Warnung wurde es aufgeschrieben, uns, die das Ende der Zeiten erreicht hat. [12]Wer also zu stehen meint, der gebe acht, dass er nicht fällt. [13]Noch ist keine Versuchung über euch gekommen, die den Menschen überfordert. Gott ist treu; er wird nicht zulassen, dass ihr über eure Kraft hinaus versucht werdet. Er wird euch in der Versuchung einen Ausweg schaffen, sodass ihr sie bestehen könnt.“

# INTERESSE FÜR JESUS

## Lk 4,14-21

**14Und Jesus kehrte in der Kraft des Geistes nach Galiläa zurück, und die Kunde über
ihn ging aus durch die ganze Umgegend. 15Und er lehrte in ihren Synagogen, geehrt
von allen. 16Und er kam nach Nazaret, wo er aufgewachsen war; und er ging nach sei-
ner Gewohnheit am Tag der Sabbate in die Synagoge und stand auf, um vorzulesen.
17Und es wurde ihm das Buch des Propheten Jesaja gereicht; und als er das Buch auf-
gerollt hatte, fand er die Stelle, wo geschrieben war: 18Der Geist des Herrn ist auf mir,
weil er mich gesalbt hat, Armen gute Botschaft zu verkünden; er hat mich gesandt,
Gefangenen Befreiung anzukündigen und Blinden das Augenlicht, Zerschlagene in
Freiheit zu senden, 19auszurufen das angenehme Jahr des Herrn. 20Und als er das Buch
zugerollt hatte, gab er es dem Diener zurück und setzte sich; und aller Augen in der
Synagoge waren auf ihn gerichtet. 21Er fing an, zu ihnen zu sprechen: Heute hat sich
diese Schrift vor euren Ohren erfüllt.**

Interesse für Jesus, Mitgefühl, Neugier, Reiz, Zuneigung, oder war es doch mehr, was Lk 4,14-21 erzählt? – Zunächst bringt V 14f eine konkrete zusammenfassende Bemerkung über den *Beginn der öffentlichen Tätigkeit Jesu*. Diese wurde *allgemein bekannt*, wie auch aus nachfolgenden Texten – Jesus vor Pilatus und Paulus vor König Agrippa – hervorgeht (Lk 23,5; Apg 26,26): „5Sie aber blieben hartnäckig und sagten: Er wiegelt das Volk auf und verbreitet seine Lehre im ganzen jüdischen Land von Galiläa bis hierher. – 26Der König versteht sich auf diese Dinge; deshalb spreche ich auch freimütig zu ihm. Ich bin überzeugt, dass ihm nichts davon entgangen ist; das alles hat sich ja nicht in irgendeinem Winkel zugetragen."

Die Aussage klingt verheißungsvoll (V 15): *„Und er lehrte in ihren Synagogen, geehrt von allen."* – Synagoge, „Zusammenkunft" und daraufhin der Versammlungsort einer jüdischen Gemeinschaft wird durch die Zerstörung des Tempels (586 v.Chr.) und das Exil besonders in der Diaspora aktuell. Man motiviert die Gläubigen durch einen Wortgottesdienst mit Gebet, Schriftlesung, deren Auslegung und Segen. Zur Zeit Jesu existieren Synagogen im gesamten Mittelmeerraum, selbst in Jerusalem. Vielfach sind sie – dem Beispiel Jesu entsprechend – Basis der apostolischen Proklamation (Apg 13,14; Mk 1,39).

Die Übereinstimmung und der Beifall *„aller"* (V 15) demonstrieren Jesu Beweisführung und Urteilskraft (Lk 4,22.32.36f): „22Seine Rede fand bei allen Beifall; sie staunten darüber, wie begnadet er redete, und sagten: Ist das nicht der Sohn Josefs? – 32Sie waren sehr betroffen von seiner Lehre, denn er redete mit Vollmacht. – 36Da waren alle erstaunt und erschrocken, und einer fragte den andern: Was ist das für ein Wort? Mit Vollmacht und Kraft befiehlt er den unreinen Geistern, und sie fliehen. 37Und sein Ruf verbreitete sich in der ganzen Gegend." – Der Art entsprechend ist dies eine Darstellung des Wirkens Jesu, vorbildlich für die Lehrtätigkeit seiner Jünger und deren Nachfolger (Apg 2,42-47): „Sie hielten an der Lehre der Apostel fest und an der Gemeinschaft, am Brechen des Brotes und an den Gebeten. 43Alle wurden von Furcht ergriffen; denn durch die Apostel geschahen viele Wunder und Zeichen. [44]Und alle, die gläubig geworden waren, bildeten eine Gemeinschaft und hatten alles gemeinsam. [45]Sie verkauften Hab und Gut und gaben davon allen, jedem so viel, wie er nötig hatte. [46]Tag für Tag verharrten sie einmütig im Tempel, brachen in ihren Häusern das Brot und hielten miteinander Mahl in Freude und Einfalt des Herzens. [47]Sie lobten Gott und waren beim ganzen Volk beliebt. Und der Herr fügte täglich ihrer Gemeinschaft die hinzu, die gerettet werden sollten."

Das entspricht der anfänglichen Verehrung und Wertschätzung von Christen im jüdischen Ambiente (Apg 2,47): „Sie lobten Gott und waren beim ganzen Volk beliebt. Und der Herr fügte täglich ihrer Gemeinschaft die hinzu, die gerettet werden sollten." – Demnach stimmt die Doktrin Jesu ganz mit den bisherigen biblischen Aussagen überein. Jesu Bewunderung beim Volk erklärt, dass seine Lehre und Berufung eigentlich den bedeutungsvollsten Sehnsüchten der Menschen entspricht.

Vom zwölfjährigen Jesus wird gesagt (Lk 2,51): „Dann kehrte er mit ihnen nach Nazaret zurück und war ihnen gehorsam. Seine Mutter bewahrte alles, was geschehen war, in ihrem Herzen." Jesus ist in Nazaret einheimisch, beteiligt sich am Gottesdienst, wird vom Vorsteher der Synagoge (Apg 13,15) zum Vorlesen und der Schriftauslegung eingeladen (V 16f). Es wird ein Text zitiert (V 18f), der einige Schriftstellen kombiniert, die nachfolgend in entsprechender Reihenfolge genannt werden. Jes 61,1f: „Der Geist Gottes, Jahwes, ruht auf mir; denn Jahwe hat mich gesalbt. Er hat mich gesandt, damit ich den Armen eine frohe Botschaft bringe und alle heile, deren Herz zerbrochen ist, damit ich den Gefangenen die Entlassung verkünde und den Gefesselten die Befreiung, [2]damit ich ein Gnadenjahr Jahwes ausrufe, einen Tag der Vergeltung unseres Gottes, damit ich alle Trauernden tröste." – Jes 29.18: „An jenem Tag hören alle, die taub sind, sogar Worte, die nur geschrieben sind, und die Augen der Blinden sehen selbst im Dunkeln und Finstern." – Jes 58,6: „Nein, das ist ein Fasten, wie ich es liebe: die Fesseln des Unrechts zu lösen, die Stricke des Jochs zu entfernen, die Versklavten freizulassen, jedes Joch zu zerbrechen." – Lev 25,10: „Erklärt dieses fünfzigste Jahr für heilig, und ruft Freiheit für alle Bewohner des Landes aus! Es gelte euch als Jubeljahr. Jeder von euch soll zu seinem Grundbesitz zurückkehren, jeder soll zu seiner Sippe heimkehren." – In diesem biblischen Konglomerat wird Befreiung der Gefangenen und ein Gnadenjahr angekündet.

Die gezeichnete Verhaltungsweise der Teilnehmer in der Synagoge in Nazaret weckt Neugierde für Jesu Auslegung. Jesus identifiziert sich gewissermaßen mit den vorgelesenen Worten (V 21): *„Er fing an, zu ihnen zu sprechen: Heute hat sich diese Schrift vor euren Ohren erfüllt."* Das hat Wohlgefallen, Staunen aber auch Widerspruch hervorgerufen (V 20f).

# AUSSTOSSUNG AUS NAZARET

## Lk 4,22-30

**[22]Und alle gaben ihm Beifall und verwunderten sich über die Worte der Gnade, die aus seinem Munde hervorgingen; und sie sprachen: Ist dieser nicht der Sohn Josefs? [23]Und er sprach zu ihnen: Ihr werdet allerdings dieses Sprichwort zu mir sagen: Arzt, heile dich selbst; alles, was wir gehört haben, dass es in Kafarnaum geschehen sei, tue auch hier in deiner Vaterstadt. [24]Er sprach aber: Wahrlich, ich sage euch, dass kein Prophet in seiner Vaterstadt angenehm (günstig, willkommen) ist. [25]Wahrhaftig, das sage ich euch: In Israel gab es viele Witwen in den Tagen des Elija, als der Himmel für drei Jahre und sechs Monate verschlossen war und eine große Hungersnot über das ganze Land kam. [26]Aber zu keiner von ihnen wurde Elija gesandt, nur zu einer Witwe in Sarepta bei Sidon. [27]Und viele Aussätzige gab es in Israel zur Zeit des Propheten Elischa. Aber keiner von ihnen wurde geheilt, nur Naaman, der Syrer. [28]Und alle wurden von Wut erfüllt in der Synagoge, als sie dies hörten. [29]Und sie standen auf und stießen ihn zur Stadt hinaus und führten ihn bis an den Rand des Berges, auf welchem ihre Stadt erbaut war, um ihn so hinabzustürzen. [30]Er aber, durch ihre Mitte hindurchgehend, ging hinweg.**

Es ist wunderbar: Jesu Lehre bringt Beifall bereits beim ersten Auftreten in Galiläa (Lk 4,14f): „Jesus kehrte, erfüllt von der Kraft des Geistes, nach Galiläa zurück. Und die Kunde von ihm verbreitete sich in der ganzen Gegend. [15]Er lehrte in den Synagogen und wurde von allen gepriesen." Allerdings fragen die Hörer bald nach seiner Abstammung und Ausbildung (V 22f). Im Sinne eines Sehers spricht Jesus breitere Ideen der Zeugen aus, und zwar in Form eines vertrauten Sinnspruchs, den er als Anliegen in der Heimatstadt erklärt (V 23b): *„Arzt, heile dich selbst; alles, was wir gehört haben, dass es in Kafarnaum geschehen sei, tue auch hier in deiner Vaterstadt."* Diese Forderung platziert Jesu entsprechend einer allseitigen Erkenntnis, die er mit dem hebräischen Wort *„Amen – wahrlich, ja"* bezeugt (V 24-27). Er enthüllt auf diese Weise das Verlangen der Mitbürger als Zurückweisung und ordnet sich somit unter die Propheten ein. Jesus veranschaulicht diese negative Verhaltensweise durch *zwei biblische Darstellungen* (1 Kön 17,8-16): „Da erging das Wort Jahwes an Elija: [9] Mach dich auf, und geh nach Sarepta, das zu Sidon gehört, und bleib dort! Ich habe dort einer Witwe befohlen, dich zu versorgen. [10]Er machte sich auf und ging nach Sarepta. Als er an das Stadttor kam, traf er dort eine Witwe, die Holz auflas. Er bat sie: Bring mir in einem Gefäß ein wenig Wasser zum Trinken! [11]Als sie wegging, um es zu holen, rief er ihr nach: Bring mir auch einen Bissen Brot mit! [12]Doch sie sagte: So wahr Jahwe, dein Gott, lebt: Ich habe nichts mehr vorrätig als eine Handvoll Mehl im Topf und ein wenig Öl im Krug. Ich lese hier ein paar Stücke Holz auf und gehe dann heim, um für mich und meinen Sohn etwas zuzubereiten. Das wollen wir noch essen und dann sterben. [13]Elija entgegnete ihr: Fürchte dich nicht! Geh heim, und tu, was du gesagt hast. Nur mache zuerst für mich ein kleines Gebäck, und bring es zu mir heraus! Danach kannst du für dich und deinen Sohn etwas zubereiten; 14denn so spricht Jahwe, der Gott Israels: Der Mehltopf wird nicht leer werden und der Ölkrug nicht versiegen bis zu dem Tag, an dem Jahwe wieder Regen auf den Erdboden sendet. 15Sie ging und tat, was Elija gesagt hatte. So hatte sie mit ihm und ihrem Sohn viele Tage zu essen. 16Der Mehltopf wurde nicht leer, und der Ölkrug versiegte nicht, wie der Jahwe durch Elija versprochen hatte."

Ebenso wird an zweiter Stelle ein Heide gerühmt (2 Kön 5,1-27), nämlich (V 27): *„Und viele Aussätzige gab es in Israel zur Zeit des Propheten Elischa. Aber keiner von ihnen wurde geheilt, nur Naaman, der Syrer."*

Die Menschenmenge reagiert sarkastisch, weil sie fürchtet, dass Jesus sich von seinen Landsleuten abwendet und die Heiden bevorzugt (V 28ff). Daraufhin versucht man, Jesus außerhalb der Stadt von einem Abhang zu stürzen und somit zu töten, was bereits an seine Kreuzigung denken lässt. Jesus schreitet allerdings souverän durch die Masse des Pöbels hindurch und anderswo hin. Ähnlich wie in einem Parallelfall (Joh 7,30): „Da wollten sie ihn festnehmen; aber keiner wagte ihn anzufassen, denn seine Stunde war noch nicht gekommen."

Die Ablehnung Jesu im eigenen Land entspricht dem Schicksal der Propheten (V 24) und entspricht der nachösterlichen Resonanz bei den Heiden. Der Mensch kann der Botschaft Jesu zustimmen oder ausweichen.

# BERUFUNG DES SIMON

## Lk 5,1-11

**1Es geschah aber, als die Volksmenge ihn umdrängte, um das Wort Gottes zu hören, als er am See Gennesaret stand. 2Und er sah zwei Schiffe am See liegen; die Fischer aber waren aus denselben gestiegen und wuschen ihre Netze. 3Er aber stieg in eines der Schiffe, welches Simon gehörte, und bat ihn, ein wenig vom Lande hinauszufahren; und er setzte sich und lehrte die Volksmengen vom Schiffe aus. 4Als er aber aufhörte zu reden, sprach er zu Simon: Fahre hinaus ins tiefe Wasser und lasset eure Netze zu einem Fange hinab. 5Und Simon antwortete und sprach zu ihm: Meister, wir haben uns die ganze Nacht hindurch bemüht und nichts gefangen, aber auf dein Wort will ich die Netze hinablassen. 6Und als sie dies getan hatten, umschlossen sie eine große Menge Fische, und ihre Netze drohten zu reißen. 7Und sie winkten ihren Genossen in dem anderen Schiff, sie sollten kommen und ihnen helfen; und sie kamen, und sie füllten beide Schiffe, sodass sie fast sanken. 8Als aber Simon Petrus es sah, fiel er zu den Knien Jesu nieder und sprach: Geh von mir hinaus, denn ich bin ein sündiger Mensch, Herr. 9Denn Staunen hatte ihn erfasst und alle, die bei ihm waren, über den Fang der Fische, den sie erhalten hatten; 10gleicher Weise aber auch Jakobus und Johannes, die Söhne des Zebedäus, welche Genossen von Simon waren. Und Jesus sprach zu Simon: Fürchte dich nicht; von nun an wirst du Menschen fangen. 11Und als sie die Schiffe ans Land gebracht hatten, verließen sie alles und folgten ihm nach.**

Die Lokalisierung der Szene bleibt offen, obwohl man sich einige prachtvolle Buchten vorstellen und zeigen kann. Im Vordergrund steht nicht das „Wo“ sondern das „Was“ der Begebenheit: Der Wunsch, die Sehnsucht der Bevölkerung nach dem „Wort Gottes“ (V 1). Dieser Ausdruck der lukanischen Literatur (Lk, Apg) ist Terminus technicus für die neutestamentliche Verkündigung, die ihren Ursprung in Jesu Botschaft hat und schlussendlich von Gott herkommt (1 Thess 2,13): „Darum danken wir Gott unablässig dafür, dass ihr das Wort Gottes, das ihr durch unsere Verkündigung empfangen habt, nicht als Menschenwort, sondern – was es in Wahrheit ist – als Gottes Wort angenommen habt; und jetzt ist es in euch, den Gläubigen, wirksam.“

Die Nennung der Barken und der Fischer, die während des Tages ihr von Schnüren geknüpftes und geflochtenes Maschenwerk zum Fischfang ausbessern, fädelt bereits die nächste Aktion ein. Vom Schiff des Simon aus blickt Jesus auf die Menschenmasse, „und er setzte sich“ – ähnlich wie in der Synagoge in Nazaret (Lk 4,20) – und lehrte die vielen am Ufer Zuhörenden über das Imperium Gottes (V 2f).

Jesu Anweisung betrifft zunächst allein Simon, unterdessen werden zum Fischfang noch andere motiviert (V 4). Für sie antwortet Simon, wenn er „wir“ (V 5a) verwendet und auf die bisherige Erfolglosigkeit ihrer Anstrengungen zu bedenken gibt; noch dazu geschah dies zu den üblichen günstigen Stunden des Fischens. Allerdings spricht Simon nur für sich persönlich (V 5b): „Auf dein Wort hin werde ich die Netze auswerfen“ (V 5b), und manifestiert auf diese Weise seine eigene unmittelbare glaubwürdige Ergebenheit, Sympathie, Liebe und Zuversicht Jesus gegenüber. Das unerwartete, überraschende Ergebnis des Fanges zeigt ostentativ das bedrohliche Entzweireißen der Netze, das Heranwinken der Kameraden im benachbarten Schiff und das Risiko umzukippen und abzusinken (V 6f). Jesus gibt zwar erst später Simon den Namen Petrus (Lk 6,14), die Nennung an dieser Stelle dokumentiert die Primatstellung des Simon, in die er allmählich hineinwächst (V 8). Das ehrfurchtsvolle Niedersinken zu den Knien Jesu ist Zeichen seiner Bestürzung und Ergriffenheit durch die gigantische, göttliche Machtbezeugung; dies beglaubigen auch die Anrede „Herr, Kyrie“ und seine Bitte, die im Sinne von Jes 6,5 verstanden werden kann: „Da sagte ich: Weh mir, ich bin verloren. Denn ich bin ein Mann mit unreinen Lippen und lebe mitten in einem Volk mit unreinen Lippen, und meine Augen haben den König, Jahwe der Heere, gesehen.“ – Simon erlebt ein Ehrfurcht gebietendes Faktum, das zu einer Gotteserfahrung führt, die die Niedrigkeit und Unwürdigkeit und somit Beschämung des betroffenen Menschen erkennen lässt. – Welch eine Distanz zwischen Gott und Geschöpf, zwischen Allmächtigen und machtlosen Menschen, den der Schöpfer somit an seiner Allmacht teilnehmen lässt.

„Jakobus und Johannes, die Söhne des Zebedäus“ (V 10) werden erstmals als Mitarbeiter des Simon – zu seinem Team gehörig – erwähnt (Lk 6,14; 8,51; 9,28.54). Allerdings gilt die verheißungsvolle Vorsaussage des nun einsetzenden neuen Arbeitsbereichs „Menschen fangen“ (V 10) in diesem Konnex zunächst allein dem Simon und erinnert an den Vergleich für „Menschen gewinnen“ (Jer 16,16a): „Siehe, ich will zu vielen Fischern senden, spricht Jahwe, dass sie sie fischen.“ – Das alles ist eindrucksvoll, imposant genug, überzeugend, begeisternd, überwältigend. Es wird definitiv vermerkt, dass Simon und seine Komplizen von ihrem bisherigen Aufgabenbereich und ihre Familie fortgehen (Lk 14,26) und hinter ihrem Rabbi einherzogen (V 11b): So „verließen sie alles und folgten ihm nach.“ – Für sie gab es nichts Besseres; sie sind entschlossen, bereit! Für sie gilt allein nur noch Jesus!

# SELIG- UND WEHRUFE JESU

## Lk 6,17.20-26

**[17]Und als er mit ihnen herabgestiegen war, stand er auf einem ebenen Platz, eine Menge seiner Jünger und eine große Menge des Volkes von ganz Judäa und Jerusalem und vom Küstenland von Tyrus und Sidon, welche kamen. [20]Und er hob seine Augen auf zu seinen Jüngern und sprach: Selig ihr Armen, denn euer ist das Reich Gottes. [21]Selig, die ihr jetzt hungert, denn ihr werdet gesättigt werden. Selig, die ihr jetzt weinet, denn ihr werdet lachen. [22]Selig seid ihr, wenn die Menschen euch hassen werden und wenn sie euch absondern und schmähen und euren Namen als böse verwerfen werden um des Menschensohnes willen; [23]freuet euch an diesem Tag und springt, denn siehe, euer Lohn ist groß im Himmel; denn desgleichen taten ihre Väter den Propheten. [24]Aber wehe euch Reichen, denn ihr habt empfangen euren Trost. [25]Wehe euch, die ihr voll seid, denn ihr werdet hungern. Wehe euch, die ihr jetzt lacht, denn ihr werdet klagen und weinen. [26]Wehe, wenn alle Menschen gut von euch reden; denn ebenso haben es ihre Väter mit den falschen Propheten gemacht.**

Eine imponierende Szene: Nach dem Herabsteigen von einem Berg – auf dem er lange gebetet hat – steht Jesus im Flachland gemeinsam mit seinen zwölf Erwählten und einer grandiosen Jüngerschar sowie „einer zahlreichen Menge des Volkes" (V 17) aus dem gesamten Land und darüber hinaus aus heidnischen Bereichen des heutigen Libanon. Beweggrund ihres Ansturms ist die Sehnsucht nach Unterweisung, Instruktion, Information über den Sinn des Lebens und darüber hinaus vielfach der Wunsch nach Genesung (V 17ff).

### Die Armen – Hungernden – Weinenden – Verhassten

Den vier Seligpreisungen stehen vier Weherufe gegenüber (V 20-26). Jesus proklamiert zunächst in der Sicht auf die zahlreichen Jünger und darüber hinaus an alle Zuhörer, die weder allesamt mittellos noch begütert sind: Die Menschen der gesamten Welt sind angesprochen.

„Selig" ist der Freudestrahlende, der zu beglückwünschen ist (V 20-23) und der deshalb Anlass zur Beglückung hat (Ps 1,1; Sir 14,20; Offb 14,13): „[1]Glückselig der Mann, der nicht wandelt im Rate der Gottlosen und nicht steht auf dem Wege der Sünder und nicht sitzt im Kreis der Spötter. – [20]Glückselig der Mann, der nachsinnt über die Weisheit, der sich bemüht um Einsicht. – [13]Und ich hörte eine Stimme aus dem Himmel sagen: Schreibe: Glückselig die Toten, die im Herrn sterben, von nun an! Ja, spricht der Geist, sie sollen ruhen von ihren Arbeiten, denn ihre Werke folgen ihnen nach."

„Arm" ist der auf Beistand Ausgelieferte, was besonders auf finanziellem Elend beruht. Solche Menschen stehen im besonderen Schutz Jahwes (Ijob 29,16a; Ps 37,11; Jes 25,4a): „[16a]Vater war ich für die Armen. – [11]Aber die Armen werden das Land besitzen und werden sich erfreuen an der Fülle von Frieden. – [4a]Du bist die Zuflucht der Schwachen, die Zuflucht der Armen in ihrer Not; du bietest ihnen ein Obdach bei Regen und Sturm und Schatten bei glühender Hitze."

Den augenblicklichen Entbehrungen und Klagen der Jünger werden zukünftige Erquickungen zugesagt (Jes 49,10; 65,13; Ps 132,15): „[10]Auf allen Bergen werden sie weiden, auf allen kahlen Hügeln finden sie Nahrung. Sie leiden weder Hunger noch Durst, Hitze und Sonnenglut schaden ihnen nicht. Denn er leitet sie voll Erbarmen und führt sie zu sprudelnden Quellen. – [13]Darum spricht der Herr, Jahwe, also: Siehe, meine Knechte werden essen, ihr aber werdet hungern; siehe, meine Knechte werden trinken, ihr aber werdet dürsten. Siehe, meine Knechte werden sich freuen, ihr aber werdet beschämt sein. – [15]Seine Speise will ich reichlich segnen, seine Armen mit Brot sättigen."

Nicht auf den gegenwärtigen Augenblick der Zuhörer, sondern auf eine ihnen „an diesem Tag" (V 23) zugemutete Nachstellung wegen ihrer Treue zum Menschensohn verweist die vierte Seligpreisung. Das bedenkt bereits für jeden in solcher Situation (1 Petr 4,16): „Wenn er aber leidet, weil er Christ ist, dann soll er sich nicht schämen, sondern Gott verherrlichen, indem er sich zu diesem Namen bekennt." – Das wird Beweggrund und Motivation zu neuem Jubel (Lk 6,35): „Doch liebet eure Feinde, und tut Gutes, und leihet, ohne etwas wieder zu hoffen, und euer Lohn wird groß sein, und ihr werdet Söhne des Höchsten sein; denn er ist gütig gegen die Undankbaren und Bösen." Darüber hinaus wird fundiert in Aussicht gestellt (Lk 12,8): „Ich sage euch: Wer sich vor den Menschen zu mir bekennt, zu dem wird sich auch der Menschensohn vor den Engeln Gottes bekennen." – Dem gehen analog die Lebenserfahrungen der Propheten voraus (Lk 11,49-51; 1 Kön 19,10; Jer 26,20-24): „[49]Deshalb hat auch die Weisheit Gottes gesagt: Ich werde Propheten und Apostel zu ihnen senden, und sie werden einige von ihnen töten und andere verfolgen, [50]damit das Blut aller Propheten, das seit der Erschaffung der Welt vergossen worden ist, an dieser Generation gerächt wird, [51]vom Blut Abels bis zum Blut des Zacharias, der im Vorhof zwischen Altar und Tempel umgebracht wurde. Ja, das sage ich euch: An dieser Generation wird es gerächt werden. – [10]Er [Elija] sagte: Mit leidenschaftlichem Eifer bin ich für den Herrn, den Gott der Heere, eingetreten, weil die Israeliten deinen Bund verlassen, deine Altäre zerstört und deine Propheten mit dem Schwert getötet haben. Ich allein bin übrig geblieben, und nun trachten sie auch mir nach dem Leben. – [20]Damals wirkte noch ein anderer Mann als Prophet im Namen Jahwes, Urija, der Sohn Schemajas, aus Kirjat-Jearim. Er weissagte gegen diese Stadt und dieses Land mit ganz ähnlichen Worten wie Jeremia. [21]Der König Jojakim, alle seine Heerführer und alle Beamten hörten von seinen Reden. Daher suchte der König, ihn zu töten. Als Urija davon erfuhr, bekam er Angst, floh und gelangte nach Ägypten. [22]Der König Jojakim aber schickte Leute nach Ägypten, nämlich Elnatan, den Sohn Achbors, mit einigen Männern. [23]Sie holten Urija aus Ägypten und brachten ihn zu König Jojakim; dieser ließ ihn mit dem Schwert erschlagen und seinen Leichnam zu den Gräbern des niedrigen Volkes werfen. [24]Ahikam jedoch, der Sohn Schafans, beschützte Jeremia, sodass man ihn nicht dem Volk auslieferte, das ihn töten wollte."

**Die Reichen – Satten – Lachenden – Gepriesenen**

In demonstrativem Gegensatz zu den viermaligen Lobpreisungen heben sich die analog artikulierten Weherufe ab (V 24ff). In der Ausdrucksart vorhersagenden Elends kündigt Jesus den Anwesenden ein dem momentanen Wohlbefinden konträres Schicksal an (V 25): „ihr werdet weinen und wehklagen." Wer den Menschen zu Gefallen redet, Komplimente machend schmeichelt, den zählt Jesus zu den falschen Propheten (Jes 30,10f, Jer 5,31; 6,14): „[10]Sie sagen zu den Sehern: Seht nichts!, und zu den Propheten: Erschaut für uns ja nicht, was wahr ist, sondern sagt, was uns schmeichelt, erschaut für uns das, was uns täuscht. [11]Weicht nur ab vom rechten Weg, verlasst den richtigen Pfad, lasst uns in Ruhe mit dem Heiligen Israels! – [31]Die Propheten weissagen Lüge, und die Priester richten ihre Lehre nach ihnen aus; mein Volk aber liebt es so. Doch was werdet ihr tun, wenn es damit zu Ende geht? – [14]Den Schaden meines Volkes möchten sie leichthin heilen, indem sie rufen: Friede, Friede! Aber kein Friede ist da.“

Die Seligpreisungen sind Heilsverheißungen und charakterisieren sie im Konnex mit den Weherufen zu einer rechtlichen Verordnung. Durch die Diktion „an diesem Tag“ (V 23) fällt der Blick auf eine bevorstehende Verfolgung der Gemeinschaft. Im Vordergrund steht die „Gefährlichkeit des Reichtums“ (Lk 16,9-13; Apg 2,44f; 4,32; 5,1-11). Jesus preist diejenigen selig, die herkömmlich als bedauerlich angesehen werden, vor allem wegen ihrer radikalen Nachfolge. Im Gesamtkontext gelten die Seligpreisungen allen Christen.

Die Weherufe sind eine klare Aufforderung an alle, die sich ihr Heil selbst absichern wollen; sie sind ein radikaler Appell an alle, ihre Verbindung zu Wohlhabenheit differenziert sorgfältig zu kontrollieren, vor allem motiviert durch die Verheißung der Seligpreisungen.

# FEINDESLIEBE UND URTEILEN

## Lk 6,27-38

**[27]Aber euch sage ich, die ihr zuhört: Liebt eure Feinde; tut Gutes denen, die euch hassen; [28]segnet, die euch fluchen; betet für die, welche euch kränken. [29]Dem, der dich auf die eine Wange schlägt, halt auch die andere hin, und dem, der dir den Mantel wegnimmt, lass auch das Unterkleid. [30]Jedem, der dich bittet, gib; und von dem, der dir das Deinige nimmt, fordere es nicht zurück. [31]Und wie ihr wollt, dass euch die Menschen tun sollen, tut auch ihr ihnen in gleicher Weise. [32]Wenn ihr nur die liebt, die euch lieben, welchen Dank erwartet ihr dafür? Auch die Sünder lieben die, von denen sie geliebt werden. [33]Und wenn ihr nur denen Gutes tut, die euch Gutes tun, welchen Dank erwartet ihr dafür? Das tun auch die Sünder. [34]Und wenn ihr nur denen etwas leiht, von denen ihr es zurückzubekommen hofft, welchen Dank erwartet ihr dafür? Auch die Sünder leihen Sündern in der Hoffnung, alles zurückzubekommen. [35]Doch liebt eure Feinde, und tut Gutes, und leiht, ohne etwas wieder zu erhoffen, und euer Lohn wird groß sein, und ihr werdet Söhne des Höchsten sein; denn er ist gütig gegen die Undankbaren und Bösen. [36]Seid nun barmherzig, wie auch euer Vater barmherzig ist. [37]Und richtet nicht, und ihr werdet nicht gerichtet werden; verurteilt nicht, und ihr werdet nicht verurteilt werden. Vergebt, und euch wird vergeben werden. [38]Gebt, und es wird euch gegeben werden: Ein gutes, volles, gehäuftes und überlaufendes Maß wird man in euren Schoß geben; denn mit demselben Maße, mit welchem ihr messt, wird euch wieder gemessen werden.**

**Idealistische Großzügigkeit**

Jesus verkündet seine Lehre mit Autorität, normativ, richtungweisend (V 27-30). „Liebe“ wird im Sinn der Forderungen von Dtn 6,5; Lev 19,18 verstanden: „[5]Und du sollst Jahwe, deinen Gott, lieben mit deinem ganzen Herzen und mit deiner ganzen Seele und mit deiner ganzen Kraft. – [18]Du sollst dich nicht rächen und den Kindern deines Volkes nichts nachtragen und sollst deinen Nächsten lieben wie dich selbst. Ich bin Jahwe.“ Das inkludiert Barmherzigkeit, Mildtätigkeit, Wohltätigkeit, Humanität, Achtung, Mitgefühl, Hilfsbereitschaft, Interesse, Gewogenheit in der Perspektive Gottes. Darüber hinaus verlangt Jesus detailliert noch mehr. Er bringt ein Beispiel (Lk 10,33ff): „Dann kam ein Mann aus Samarien, der auf der Reise war. Als er ihn [den Verletzten] sah, hatte er Mitleid, [34]ging zu ihm hin, goss Öl und Wein auf seine Wunden und verband sie. Dann hob er ihn auf sein Reittier, brachte ihn zu einer Herberge und sorgte für ihn. [35]Am andern Morgen holte er zwei Denare hervor, gab sie dem Wirt und sagte: Sorge für ihn, und wenn du mehr für ihn brauchst, werde ich es dir bezahlen, wenn ich wiederkomme.“

Jesus gibt ein unüberbietbares Beispiel der Feindesliebe während der Kreuzigung (Lk 23,34): „Jesus aber betete: Vater, vergib ihnen, denn sie wissen nicht, was sie tun. Dann warfen sie das Los und verteilten seine Kleider unter sich.“ – Ihm folgt Stephanus während seiner Steinigung (Apg 7,60): „Dann sank er in die Knie und schrie laut: Herr, rechne ihnen diese Sünde nicht an! Nach diesen Worten starb er.“

Es zwingt zum Nachdenken: Verzicht auf das Untergewand und auf Rückforderung. – Jesus scheint unter „Feind“ zu verstehen, wer nicht unmittelbar zum Freundeskreis zählt.

Die sogenannte „goldene Regel“ ist eine moralische Verhaltensnorm, die den meisten Weltanschauungen und Religionen verpflichtend ist. Als volkstümliches Sprichwort lautet sie: „Was du nicht willst, das man dir tu, das füge keinem anderen zu!“ Sie fundiert in V 31: „Und wie ihr wollt, dass euch die Menschen tun sollen, tut auch ihr ihnen in gleicher Weise.“ Darüber hinaus in der bereits zitierten Regel Lev 19,18 und Tob 4,15a; Sir 31,15: „[15a]Was dir selbst verhasst ist, das mute auch einem anderen nicht zu! – [15]Sorge für einen Nächsten wie für dich selbst, und denk an all das, was auch dir zuwider ist.“ – Diese Aussagen dienen augenscheinlich als sittliches Argument für die von Jesus verlangte Nächstenliebe.

In drei Fragen – über lieben, helfen, leihen – führt Jesus zu einer persönlichen Erkenntnis und macht auf den besonderen Typus der verpflichtenden Nächstenliebe bedachtsam. Indem viermal „Sünder“ angeführt werden, bekommt der Appell Jesu die Form eines göttlichen Glaubenssatzes (V 32ff).

Nochmals werden die Aufrufe zur Feindesliebe lapidar formuliert und durch entsprechende Zusagen vervollständigt (V 35). „Söhne des Höchsten“ (V 35) werden die Gehorsamen sein (Rom 8,14f): „Denn alle, die sich vom Geist Gottes leiten lassen, sind Söhne Gottes. [15]Denn ihr habt nicht einen Geist empfangen, der euch zu Sklaven macht, sodass ihr euch immer noch fürchten müsstet, sondern ihr habt den Geist empfangen, der euch zu Söhnen macht, den Geist, in dem wir rufen: Abba, Vater!“

Zur Schlussfolgerung (V 36) „Seid nun barmherzig, wie auch euer Vater barmherzig ist“ finden sich die Argumente (Lev 19,2b): „Seid heilig, denn ich, Jahwe, euer Gott, bin heilig.“ – Wiederholt betont dies Ps 136,1: „Preiset Jahwe! Denn er ist gütig, denn seine Güte währt ewiglich.“

**Verurteilende Kritik**

Aburteilen bedeutet bemessen, bewerten, verwerfen, vergleichbar der als Motiv angedeuteten Justiz und dem Rechtsspruch Gottes (V 37). Desgleichen wird die Anweisung zum Vergeben mit der Anspielung auf ersehnten Erlass der eigenen Verfehlungen fundiert (Lk 11,4): „und vergib uns unsere Sünden, denn auch wir selbst vergeben jedem, der uns schuldig ist; und führe uns nicht in Versuchung."

Die generelle Ermutigung zu Großzügigkeit, Generosität, Hochherzigkeit, Gebefreudigkeit, Spendenfreudigkeit, Freigebigkeit akzentuiert die vorausgehenden Aufforderungen (V 38). Die opulente Gegengabe Gottes signifiziert 2 Kor 9,6f: „Denkt daran: Wer kärglich sät, wird auch kärglich ernten; wer reichlich sät, wird reichlich ernten. 7Jeder gebe, wie er es sich in seinem Herzen vorgenommen hat, nicht verdrossen und nicht unter Zwang; denn Gott liebt einen fröhlichen Geber."

In der zitierten Argumentation „denn" ist das kennwortartige erwähnte „Maß" auf das Aburteilen über andere verkettet. – Die Diktion „in euren Schoß geben" ist in diesem Konnex Ausdruckweise einer besonderen vertraulichen, verantwortungsvollen Sorgfalt und bedeutet: sicher, geborgen, geschützt, behütet, beschirmt wie in Abrahams Schoß (Lk 16,22f). – Das „Zumessen" empfiehlt, die gesamte Aufforderung als Veranschaulichung, Illustrierung, Demonstrierung des Gebotes der Nächsten- und Feindesliebe ernst zu nehmen (V 31.36).

Es liegen hiermit sentenzartige Maximen vor, die inständig die Feindesliebe als Nächstenliebe einschärfen. Sie ermutigen jeden, sein persönliches Tun zu kontrollieren. Bereits in Spr 25,21 wird empfohlen: „Wenn deinen Hasser hungert, speise ihn mit Brot, und wenn ihn dürstet, tränke ihn mit Wasser." – Dieser Appell hat eigentlich sein Argument in der „Feindesliebe" Gottes zu uns Schuldnern (Röm 5,6ff): „Christus ist schon zu der Zeit, da wir noch schwach und gottlos waren, für uns gestorben. 7Dabei wird nur schwerlich jemand für einen Gerechten sterben; vielleicht wird er jedoch für einen guten Menschen sein Leben wagen. 8Gott aber hat seine Liebe zu uns darin erwiesen, dass Christus für uns gestorben ist, als wir noch Sünder waren."

# SPANNUNGEN ZWISCHEN GUT UND BÖSE

## Lk 6,39-45

**[39]Er sagte aber auch ein Gleichnis zu ihnen: Kann etwa ein Blinder einen Blinden führen? Werden nicht beide in eine Grube fallen? [40]Ein Jünger ist nicht über dem Lehrer; jeder aber, der ausgebildet ist, wird sein wie sein Lehrer. [41]Was aber siehst du den Splitter, der in deines Bruders Auge ist, den Balken aber, der in deinem eigenen Auge ist, bemerkst du nicht? [42]Oder wie kannst du zu deinem Bruder sagen: Bruder, erlaube, ich will den Splitter herausziehen, der in deinem Auge ist, während du selbst den Balken in deinem Auge nicht siehst? Heuchler, ziehe zuerst den Balken aus deinem Auge, und dann wirst du klar sehen, um den Splitter im Auge deines Bruders herauszuziehen. [43]Denn es gibt keinen guten Baum, der faule Frucht bringt, noch einen faulen Baum, der gute Frucht bringt; [44]denn ein jeder Baum wird an seiner eigenen Frucht erkannt; denn von Disteln sammelt man nicht Feigen, noch erntet man von einem Dornstrauch Trauben. [45]Der gute Mensch bringt aus dem guten Schatze seines Herzens das Gute hervor, und der böse bringt aus dem bösen das Böse hervor; denn aus der Fülle des Herzens redet sein Mund.**

Jesus bringt mit einer rhetorischen Frage einen sinnbildlichen Lehrspruch, ein Sprichwort, das abratet, ohne gebührende Erkenntnis andere zu leiten – oder sich von einem Verblendeten und Beschränkten führen zu lassen (V 39). Zugleich wird auf die nachfolgend beschriebene eigene Blindheit hingedeutet, welche die persönlichen Vergehen nicht wahrnimmt (V 42). Vielleicht wird hiermit auf Ketzer, Häretiker, Sektierer angespielt (Apg 20,30): „Und selbst aus eurer Mitte werden Männer auftreten, die mit ihren falschen Reden die Jünger auf ihre Seite ziehen."

„Ein Jünger ist nicht über dem Lehrer" (V 40a) ist eine landläufige Feststellung, die generelle Gültigkeit hat. Sie befürwortet Unterordnung, Genügsamkeit, Zufriedenheit und Selbstdisziplin, um eine dem Meister Jesus vergleichbare Prägung anzustreben. Im Zusammenhang dieser Gleichnisworte wird vor allem Jesu Sanftmut den Sündern gegenüber in Erinnerung gerufen. Er führt, lenkt und leitet als vorbildlicher Meister im Kontrast zu den „blinden Anführern".

Die zielbewusste direkte Anrede – „was aber siehst du, oder wie kannst du" – verleiht den beiden Fragen und der darauffolgenden Anordnung höchste Dringlichkeitsstufe und duldet keinen Aufschub (V 41f). – Die Bezeichnung „Bruder" impliziert der seinerzeitigen alten Ausdrucksweise auch die „Schwester", was dieser Aufforderung eine außerordentliche Bedeutung und Verantwortung im Hinblick auf die Glaubensgemeinschaft schenkt (Apg 1,15; 11,1.29). – Die hyperbolische Konfrontation der Metapher vom Holzsplitter und Balken im Auge demonstriert auffallend die falsche Verhaltungsweise des vermeintlichen Sittenrichters als heuchlerische Anmaßung: Die kleinen Fehler des Bruders sieht er, die persönlichen, um vieles weitaus größeren bemerkt er nicht.

Die bisher gebrachte Unterweisung will begründet werden (V 43): „denn es gibt ..." Das erinnert an Sir 27,6: „Der Art des Baumes entspricht seine Frucht; so wird ein jeder nach seiner Gesinnung beurteilt." – Schlussendlich wird also der Mensch nach seiner Lebensanschauung, Denkweise, Mentalität, Einstellung, Weltanschauung, Ideologie, Sinnesart, seinem Charakterfundament bewertet (V 44a): „denn ein jeder Baum wird an seiner eigenen Frucht erkannt."

Diese Erläuterung vom Baum und seinen Erträgen wird allegorisch interpretiert: Das Gute und das Böse entstammen „aus der Fülle des Herzens" (V 45); die Qualität des Herzens ist ausschlaggebend: Gute oder böse Worte „redet sein Mund". Die Mahnungen in diesem Abschnitt fordern in erster Linie eine ehrenhafte Geisteshaltung und Denkart.

# VORBILDLICHER GLAUBE EINES HEIDEN

## Lk 7,1-10

**1Nachdem er aber alle seine Worte vor den Ohren des Volkes vollendet hatte, ging er
hinein nach Kafarnaum. 2Ein Hauptmann hatte einen Diener, der todkrank war und
den er sehr schätzte. 3Als er von Jesus hörte, sandte er Älteste der Juden zu ihm und
bat ihn, dass er käme und seinen Diener gesund mache. 4Sie gingen zu Jesus und
baten ihn inständig. Sie sagten: Er verdient es, dass du ihm dies gewährst; 5denn er
liebt unser Volk, und er selbst hat uns die Synagoge erbaut. 6Jesus aber ging mit
ihnen. Als er aber schon nicht mehr weit von dem Hause entfernt war, sandte der
Hauptmann Freunde zu ihm und ließ ihm sagen: Herr, bemühe dich nicht, denn ich
bin nicht würdig, dass du unter mein Dach trittst. 7Darum habe ich mich selbst auch
nicht würdig erachtet, zu dir zu kommen; sondern sprich ein Wort, und mein Diener
wird gesund werden. 8Denn auch ich bin ein Mensch, unter Herrschaft gestellt, und
habe Soldaten unter mir; sage ich nun zu einem: Geh!, so geht er, und zu einem an-
dern: Komm!, so kommt er, und zu meinem Diener: Tu das!, so tut er es. 9Als Jesus
dies hörte, verwunderte er sich über ihn; und er wandte sich zu der Volksmenge, die
ihm folgte, und sprach: Ich sage euch, selbst nicht in Israel habe ich so großen Glau-
ben gefunden. 10Und als die Abgesandten in das Haus zurückkehrten, fanden sie den
kranken Diener gesund.**

Die harmonische, stilvolle Darstellung bewegt sich um die beispielhafte Frömmigkeit eines Heiden (V 1-10). – Es wird spornstreichs das Interesse auf die anscheinend nahe liegende Stadt Kafarnaum und den sympathischen Hauptmann gelenkt (V 1f). Die Stadt liegt am Nordwestufer des Sees von Gennesaret und ist Zentrum eines großen Teils von Jesu Wirken (Lk 4,23.31; 7,1; 10,15). Der Hauptmann ist ein nicht ausführlicher determinierter Befehlshaber, Kommandant, ein Centurio, ein Führer einer Hundertschaft, der über hundert Soldaten verantwortlich ist. Wie aus dem Kontext hervorgeht (V 9), ist er ein Heide, der mutmaßlich im Dienst des jüdischen Königs Herodes Antipas steht, der Tetrarch (Vierfürst, Regent eines Viertels des Reichs) von Galiläa (4 v.Chr.-39 n. Chr.) zur Zeit Jesu ist. Dass dieser Centurio seinen „todkranken Diener" besonders schätzt, macht ihn liebenswert.

Die Kunde über das Wirken Jesu in Galiläa (Lk 4,14-9,50) verbreitet sich wie ein Lauffeuer (4,14.37; 5,15; 7,17): „[14]Jesus kehrte, erfüllt von der Kraft des Geistes, nach Galiläa zurück. Und die Kunde von ihm verbreitete sich in der ganzen Gegend. – [37]Und sein Ruf verbreitete sich in der ganzen Gegend. – [15]Sein Ruf verbreitete sich immer mehr, sodass die Menschen von überall herbeiströmten. Sie alle wollten ihn hören und von ihren Krankheiten geheilt werden. – [17]Und die Kunde davon verbreitete sich überall in Judäa und im ganzen Gebiet ringsum." So ist nicht verwunderlich, dass der Hauptmann „von Jesus hörte" (V 3). – Die „Ältesten der Juden" (V 3), die er zu Jesus sendet, scheinen zum Kreis der Synagogenvorsteher zu zählen, denn sie sagen (V 5): „er selbst hat uns die Synagoge erbaut," – und wollen sich nun erkenntlich zeigen. Ihr eindringliches Ersuchen demonstriert, dass Jesus nur ausnahmsweise den Heiden hilft (Mk 7,24-30); sie kennen also sein Engagement (Mt 10,5f; 15,24): „[5]Diese zwölf sandte Jesus aus und gebot ihnen: Geht nicht zu den Heiden, und betretet keine Stadt der Samariter, [6]sondern geht zu den verlorenen Schafen des Hauses Israel. – [24]Er antwortete: Ich bin nur zu den verlorenen Schafen des Hauses Israel gesandt."

Das gute Verhältnis eines Heiden zum Volk Israel zeigt eine spätere parallele Erzählung zu dieser Szene (Apg 10,2f.20-23): „In Cäsarea lebte ein Mann namens Kornelius, Hauptmann in der sogenannten Italischen Kohorte; [2]er lebte mit seinem ganzen Haus fromm und gottesfürchtig, gab dem Volk reichlich Almosen und betete beständig zu Gott. – [20]Steh auf, geh hinunter, und zieh ohne Bedenken mit ihnen; denn ich habe sie geschickt. [21]Petrus stieg zu den Männern hinab und sagte: Ich bin der, den ihr sucht. Aus welchem Grund seid ihr hier? [22]Sie antworteten: Der Hauptmann Kornelius, ein gerechter und gottesfürchtiger Mann, der beim ganzen Volk der Juden in gutem Ruf steht, hat von einem heiligen Engel die Weisung erhalten, dich in sein Haus holen zu lassen und zu hören, was du ihm zu sagen hast. [23(a)] Da ließ er sie eintreten und bewirtete sie. [(b)]Tags darauf machte sich Petrus mit ihnen auf den Weg, und einige Brüder aus Joppe begleiteten ihn."

Der Hauptmann bittet überraschender Weise allerdings Jesus durch eine zweite Delegation – diesmal sind es persönliche Freunde –, nicht sein Haus aufzusuchen (V 6b). Er begründet das in Anbetracht der einflussreichen, maßgebenden Persönlichkeit von enorm hohem Ansehen Jesu, den er „Herr" nennt und als Heide dessen Besuch nicht würdig ist. – Diese bescheidene Haltung scheint auch der Beweggrund zu sein, die erste jüdische Gesandtschaft zu senden. Demgegenüber bittet er aus seiner Glaubensüberzeugung heraus geradezu um eine Fernheilung (V 7). Er verweist auf die Befehlsgewalt Jesu im Vergleich zum Gehorsam, wie er und seine Untergebenen Vorgesetzten Folge leisten (V 8).

Jesus spricht bestimmend, normativ mit Autorität – „ich sage euch" – zu der Volksmenge, die ihn begleitet, im Hinblick auf den Glauben des heidnischen Hauptmanns, der den bislang in Israel erlebten überbietet und „verwunderte sich über ihn" oder „bewunderte ihn". Eine kaum zu überbietende Anerkennung und Auszeichnung (V 9)! – Komprimiert und lapidar wird die Heilung festgestellt: „Sie fanden den kranken Diener gesund" (V 10).

Die Klimax dieser Erzählung (V 1-10) formt das Wort Jesu (V 9): „Ich sage euch, selbst nicht in Israel habe ich so großen Glauben gefunden." Somit wird die Überzeugung dieses Heiden an Jesu Machtwort

als Ideal dargeboten und gleichzeitig Jesu Sendungsauftrag zu den Heiden begründet.
Im christlichen Gottesdienst wird das Wort des Hauptmanns – „ich bin nicht würdig, dass du unter mein Dach trittst“ (V 6c) – vor dem Empfang der Eucharistie als Bekundung der Unwürdigkeit und als Bitte um Heilung gebraucht.

# TOTENERWECKUNG

## Lk 7,11-17

**11Und es geschah danach, dass er in eine Stadt ging, genannt Naïn, und es gingen**
**mit ihm seine Jünger und eine große Menschenmenge. 12Als er sich aber dem Tor**
**der Stadt näherte, siehe, da wurde ein Toter herausgetragen, der einzige Sohn seiner**
**Mutter, und sie war eine Witwe; und eine zahlreiche Volksmenge aus der Stadt war**
**mit ihr. 13Als der Herr sie sah, hatte er Mitleid mit ihr und sagte zu ihr: Weine nicht!**
**14Und er trat hinzu und rührte die Bahre an, die Träger aber standen still; und er**
**sprach: Jüngling, ich sage dir, stehe auf! 15Und der Tote setzte sich auf und fing an zu**
**reden; und er gab ihn seiner Mutter. 16Alle aber ergriff Furcht; und sie verherrlich-**
**ten Gott und sprachen: Ein großer Prophet ist unter uns erweckt worden: Gott hat sich**
**seines Volkes angenommen. 17Und die Nachricht über ihn verbreitete sich in ganz**
**Judäa und in der ganzen Umgegend.**

Im südlichen Galiläa, etwa 10 km im Südosten von Nazaret, unweit vom Tabor entfernt, liegt der bescheidene Ort Naïn, der in der Bibel nur an dieser Stelle (Lk 7,11) erwähnt wird. Die grandiose Begleitung Jesu hat die Aufgabe, als Augenzeuge des Ereignisses dieses zu beglaubigen und schlussendlich (V 17) zu verkündigen (V 11).
Vielleicht sollte man realistischer vom Dorfeingang und nicht vom „Tor der Stadt“ (V 12) sprechen. – Der Verstorbene wurden damals – soweit möglich – noch am Sterbetag außerhalb des Wohngebietes bestattet; auf einer Bahre (V 14) wurde er zum Grab gebracht, in Leinen gewickelt, wie über Lazarus und Jesus überliefert wird (Joh 11,43f; 19,40): „43Nachdem er [Jesus] dies gesagt hatte, rief er mit lauter Stimme: Lazarus, komm heraus! 44Da kam der Verstorbene heraus; seine Füße und Hände waren mit Binden umwickelt, und sein Gesicht war mit einem Schweißtuch verhüllt. Jesus sagte zu ihnen: Löst ihm die Binden, und lasst ihn weggehen! – 40Sie nahmen den Leichnam Jesu und umwickelten ihn mit Leinenbinden, zusammen mit den wohlriechenden Salben, wie es beim jüdischen Begräbnis Sitte ist.“
Die Nennung des Verstorbenen als einzigen jungen Sohn einer Witfrau steuert das Interesse auf deren Trübsal, Kummer, Bedrängnis, Trostlosigkeit, Seelennot, Einsamkeit, Hilflosigkeit ... Dazu kommt die große Anteilnahme der Bevölkerung, die „sie“ umgibt, dass „der Herr“ zunächst „sie“ anspricht und dann erst den Toten. Dieser entspricht und folgt spontan dem entscheidenden Wort Jesu (V 14c): „Jüngling, ich sage dir, steh auf!“ – Er „setzt sich auf und redet“, was bezeugt, dass er ins Leben zurückgekehrt ist. Nun ist der Au-

genblick gekommen, von dem es über Jesus heißt, „und er gab ihn seiner Mutter“ (V 15). Diese letzte Diktion findet sich bereits wörtlich bei Elija in Sarepta (1 Kön 17,23).

„Alle aber ergriff Furcht“ ist ein Signal, dass in dieser Totenerweckung die Nähe Gottes erlebt wurde (V 16a). Die Verherrlichung Gottes lobpreist das Faktum als Aktivität eines Propheten, der an Elija erinnert und dessen Tat überstrahlt, was zugleich als eindeutige wahrnehmbare „Heimsuchung“ Gottes (Lk 1,68.78) gilt (V 16b). Diese „Nachricht“ – wörtlich „dieses Wort“ inkludiert auch die Verherrlichung, den Lobpreis und dessen Bedeutung – wird in der Folge im gesamten Judenland und darüber hinaus verkündet (V 17).

# SÜNDERIN – FRAUEN IM GEFOLGE

## Lk 7,36–8,3

**36 Es bat ihn aber einer der Pharisäer, dass er mit ihm essen möchte; und er ging in
das Haus des Pharisäers und legte sich zu Tische. 37 Und siehe, eine Frau in der Stadt,
eine Sünderin, erfuhr, dass er in dem Hause des Pharisäers zu Tische liege, brachte
eine Alabasterflasche mit Salböl; 38 und hinten zu seinen Füßen stehend und weinend
fing sie an, seine Füße mit Tränen zu benetzen; und sie trocknete sie mit den Haaren ihres Hauptes und küsste seine Füße und salbte sie mit dem Salböl. 39 Als das der
Pharisäer sah, der ihn geladen hatte, sprach er bei sich selbst und sagte: Wenn dieser ein Prophet wäre, so würde er erkennen, wer und was für eine Frau sie ist, die
ihn anrührt; denn sie ist eine Sünderin. 40 Und Jesus antwortete und sprach zu ihm:
Simon, ich habe dir etwas zu sagen. Er darauf: Sprich, Meister! 41 Ein Geldverleiher
hatte zwei Schuldner; der eine war ihm fünfhundert Denare schuldig, der andere
fünfzig. 42 Da sie aber nichts hatten zu bezahlen, schenkte er es beiden. Wer von ihnen
wird ihn nun mehr lieben? 43 Simon aber antwortete und sprach: Ich meine, dem er
mehr geschenkt hat. Er aber sprach zu ihm: Du hast recht geurteilt. 44 Und sich zu der
Frau wendend, sprach er zu Simon: Siehst du diese Frau? Ich bin in dein Haus gekommen, du hast mir kein Wasser auf meine Füße gegeben; diese aber hat meine
Füße mit Tränen benetzt und mit ihren Haaren getrocknet. 45 Du hast mir keinen Kuss
gegeben; diese aber hat, seitdem ich hereingekommen bin, nicht abgelassen, meine
Füße zu küssen. 46 Du hast mein Haupt nicht mit Öl gesalbt; diese aber hat mit Salbe
meine Füße gesalbt. 47 Deswegen sage ich dir: Ihre vielen Sünden sind vergeben, denn
sie hat viel geliebt; wem aber wenig vergeben wird, der liebt wenig. 48 Er aber sprach
zu ihr: Deine Sünden sind vergeben. 49 Da begannen die mit zu Tische lagen, bei sich
selbst zu sagen: Wer ist dieser, der auch Sünden vergibt? 50 Er sprach aber zur Frau:
Dein Glaube hat dich gerettet; gehe hin in Frieden.**

**8 1 Und es geschah darauf folgend, dass er Stadt und Dorf durchzog, indem er predigte und die Frohbotschaft vom Reiche Gottes verkündigte; und die zwölf mit ihm,
2 und einige Frauen, die von bösen Geistern und Krankheiten geheilt worden waren:
Maria, genannt Magdalene, von welcher sieben Dämonen ausgefahren waren, 3 Johanna, die Frau des Chuzas, eines Verwalters des Herodes, Susanna und viele andere, die sie unterstützten mit ihrem Besitz.**

Die Situation der Erzählung ist schlicht und einfach irgendwo im Haus eines zunächst nicht namentlich genannten Pharisäers, der ein Gastmahl gibt und dazu Jesus einlädt (V 36). Später erfährt man den Namen des Gastgebers, er heißt Simon (V 40). Nach damaliger Gepflogenheit ruhen auf Polstern beim Bankett die Besucher bequem um einen niedrigen Esstisch, einer Art Tafel oder Platte in Kniehöhe oder sogar am Boden, wenn es einfacher zugeht. Mehr ist zunächst über das Ambiente nicht zu erfahren (V 36).

Das Auftreten und die Handlungsweise einer berüchtigten, verschrienen, nicht detaillierter beschriebenen Dirne wird ohne Angabe von Herkunft, Alter, Lebenslauf eindrucksvoll berichtet. Im Hinblick auf eine spätere Teilnahme im Gefolge Jesu ist eine gewisse Diskretion angebracht (Lk 8,2). Ihr Benehmen in dieser Hausgemeinschaft ist aufsehenerregend (V 37b): „Sie brachte eine Alabasterflasche mit Salböl"; will heißen, dass sie auf Grund des Wirkens, der Wunder und der Verkündigung Jesu von vornherein beabsichtigt, Jesus damit zu salben, um ihn zu ehren. Es ist also bereits eine innere Wandlung zu Jesus hin vor sich gegangen. Sie tut dies gewiss aus Reue über ihr bisheriges sündhaftes Leben in Erwartung der Sündenvergebung durch Jesus, der dies selbstverständlich sofort erkennt und schließlich auch durchführt (V 47). Die von ihren Tränen benetzten Füße Jesu trocknet sie mit ihren Haaren (V 38) – womit sie sich über alle Gepflogenheit und Erlaubtheit hinwegsetzt –, das ist erstaunlich, bewegend, ergreifend, sensationell, beeindruckend. – Die Empfindungen des Hausherrn präsentieren, wie niederträchtig und empörend seiner Meinung nach nicht nur das Benehmen dieses Frauenzimmers ist, sondern auch die Haltung Jesu, der solche ihn anscheinend verunreinigende Körperkontakte gestattet (V 37ff). – Jesus durchschaut die Überlegungen des Pharisäers und promulgiert somit, dass er „ein Prophet" ist, wie seinerzeit bereits den Schriftgelehrten und Pharisäern gegenüber (Lk 5,22): „Als aber Jesus ihre Überlegungen erkannte, antwortete und sprach er zu ihnen: Was überleget ihr in euren Herzen?" – Nun spricht Jesus „Simon" namentlich an, was auch heute noch als Zeichen der besonderen Zuneigung, Sympathie und Aufmerksamkeit gilt. Damit lenkt Jesus die Aufmerksamkeit auf sein nachfolgendes Beispiel und motiviert ihn, auf das belehrende Exempel besonders zu hören. – Der Gastgeber lädt dazu ein mit (V 40c): „Sprich, Meister!" In diesem Konnex ein Kompliment an Jesus.

Das berichtete Gleichnis – welcher Geldverleiher spendiert seine Zahlungsmittel? – bezeichnet die Verhaltensweise Gottes gegenüber den Schuldigern. Während Jesus Simon selbst zu einer Beantwortung einlädt, sorgt er für die nachfolgende, Simon überzeugende Interpretation (V 40-43).

Jesus differiert das Benehmen des Simon mit dem der immer noch ominösen Dame (V 44-47). – Simon hat freilich nicht rüpelhaft oder taktlos sich benommen; denn die genannten Umgangsformen und Höflichkeiten der Etikette sind nicht unbedingt verpflichtend. Nichtsdestoweniger unterliegt er in der Bewertung unmissverständlich der Sünderin, deren Gebärden Jesus insbesondere als Ausdruck für die ihr vergebenen „Sünden" erklärt. Das kurze Argument „denn sie hat viel geliebt" (V 47) kann bedeuten, sie hat bereits die Vergebung ihrer Sünden erfahren, erkannt und erlebt, oder dass sie mit ihrer soeben erbrachten Liebesbezeugung die Voraussetzung für ihre Sündenvergebung erbringt, woraufhin Jesus die Absolution erteilt (V 48b): „Deine Sünden sind vergeben."

Die Tischgenossen, die nun ins Blickfeld

geraten (V 49), reagieren daraufhin bedenklich, dubios, kritisch, skeptisch. Das ist nichts Neues, auch die Schriftgelehrten und Pharisäer verhielten sich einst so, woraufhin Jesus bezeugt (Lk 5,24): „Ihr sollt aber erkennen, dass der Menschensohn die Vollmacht hat, hier auf der Erde Sünden zu vergeben. Und er sagte zu dem Gelähmten: Ich sage dir: Steh auf, nimm deine Tragbahre, und geh nach Hause!" – Eine ähnlich auflehnende suspekte Reaktion erfolgt im Zusammenhang der Berufung des Levi (Lk 5,30): „Da sagten die Pharisäer und ihre Schriftgelehrten voll Unwillen zu seinen Jüngern: Wie könnt ihr zusammen mit Zöllnern und Sündern essen und trinken?"

Mit einer beliebten, überaus bedeutungsvollen Diktion der Verabschiedung – „Dein Glaube hat dich gerettet; gehe hin in Frieden" (V 50b) – entlässt Jesus die Frau; ebenso findet sich dieses Sendungswort nach der Heilung der blutflüssigen Frau (Lk 8,48); Jesus spricht es zum dankbaren der zehn geheilten Aussätzigen (Lk 17,19), ebenso zum geheilten, einst Blinden von Jericho (Lk 18,42). – Glaube bedeutet primär Vertrauen, feste Zuversicht.

Diese Affäre beleuchtet die Begabung der als Schuldiger verschrienen Menschen zu Herzenswärme und Dankbarkeit; insbesondere verteidigt sie Jesu Sympathie und Vorliebe zu ihnen. Dem Beispiel Jesu entsprechend ist jedem empfohlen, missachteten Personen Wertschätzung entgegen zu bringen. Das soll alle Menschen motivieren, ihre persönliche Meinung über andere zu kontrollieren und ebenso auf Gottes Barmherzigkeit zu bauen.

Jesus ist anschließend nicht allein, sie werden genannt (Lk 8,1): „die zwölf mit ihm";„die er berufen hat (Lk 6,13-16): „Als es Tag wurde, rief er seine Jünger zu sich und wählte aus ihnen zwölf aus; sie nannte er auch Apostel. [14] (Es waren) Simon, dem er den Namen Petrus gab, und sein Bruder Andreas, dazu Jakobus und Johannes, Philippus und Bartholomäus, [15] Matthäus und Thomas, Jakobus, der Sohn des Alphäus, und Simon, genannt der Zelot, [16] Judas, der Sohn des Jakobus, und Judas Iskariot, der zum Verräter wurde."

Darüber hinaus begleiten Jesus Frauen, die teilweise gekennzeichnet werden, wie Maria von Magdala (V 8,1): Durch Jesus von „sieben Dämonen" geheilt (Lk 8,2), zählt sie zum Kreis der Frauen, die Jesus von Galiläa aus nachfolgen (Lk 8,2), beim Kreuz ausharren (Mt 27,55f; Lk 23,49), beim Begräbnis helfen (Mt 27,61), Parfüme zur Salbung des Leichnams kaufen (Mk 16,1), das leere Grab entdecken (Mt 28,1ff); sie ist es, die als Erste den Auferstandenen sieht (Mk 16,9) und das den Aposteln mitteilt (Lk 24,9f). – Johanna wird noch genannt, die sich am Ostermorgen beim Grab Jesu einfindet (Lk 24,10), während Susanna nur in diesem Konnex aufscheint. – Dass Frauen Jesus und die Jünger mit ihrem Besitz versorgen, lässt vieles verstehen und begreifen (V 3). – Damit ist ein für allemal die Hochschätzung, Bedeutsamkeit, Relevanz, Signifikanz von Frauen durch Jesus gegeben.

# SPEISUNG DER FÜNFTAUSEND

## Lk 9,10-17

**[10]Und als die Apostel zurückkehrten, erzählten sie ihm, was sie getan hatten; und er nahm sie beiseite, um mit ihnen allein zu sein, und zog sich zurück nach einer Stadt mit Namen Betsaida. [11]Als aber die Volksmengen es erfuhren, folgten sie ihm; und er empfing sie und redete zu ihnen vom Reiche Gottes, und die der Heilung bedurften, machte er gesund. [12]Der Tag aber begann sich zu neigen, und die zwölf traten herzu und sprachen zu ihm: Entlass die Volksmenge, damit sie in die umliegenden Dörfer und Gehöfte gehen, dort Unterkunft und Nahrungsmittel finden; denn hier sind wir an einem öden Ort. [13]Er sprach aber zu ihnen: Gebt ihr ihnen zu essen. Sie aber sprachen: Wir haben nicht mehr als fünf Brote und zwei Fische, es sei denn, dass wir hingingen und für dieses ganze Volk Nahrung kauften. [14]Denn es waren etwa fünftausend Männer. Er erwiderte seinen Jüngern: Lasst sie in Gruppen zu ungefähr fünfzig niedersetzen. [15]Und sie taten also und ließen alle sich lagern. [16]Er nahm aber die fünf Brote und die zwei Fische, blickte auf zum Himmel und segnete sie; und er brach sie und gab sie den Jüngern, um der Volksmenge vorzulegen. [17]Und sie aßen und wurden alle gesättigt; und es wurde aufgehoben, was ihnen an Brotstücken übrig geblieben war, zwölf Körbe.**

Einst wählte sich Jesus besondere Mitarbeiter (Lk 6,13): „Als es Tag wurde, rief er seine Jünger zu sich und wählte aus ihnen zwölf aus; sie nannte er auch Apostel."
Ihnen gab er Aufträge (Lk 9,1f): „Dann rief er die zwölf zu sich und gab ihnen die Kraft und die Vollmacht, alle Dämonen auszutreiben und die Kranken gesund zu machen. [2]Und er sandte sie aus mit dem Auftrag, das Reich Gottes zu verkünden und zu heilen." – Nun kommen sie zurück und berichten Jesus über ihre Tätigkeit. „Um mit ihnen allein zu sein, zieht sich Jesus zurück in die Betsaida genannte Stadt" (V 10b), am Nordufer des Sees Gennesaret, östlich des Jordan, Heimat der Apostel Petrus, Andreas und Philippus (Joh 1,44; 12,21). – Dorthin folgt Jesus eine Volksmenge, die seine Gefühle und Sympathien für die zwölf durchkreuzt, und die er dennoch spontan betreut (V 11); und somit liegt in der Nähe von Betsaida der Ort der „Brotvermehrung", über die nun anschließend berichtet wird.
Die Sonne begann bereits zu sinken und ließ bald die Dämmerung erwarten; da sind die zwölf besorgt in Anbetracht der einsamen Lage um Nachtquartier und Proviant für die überraschend vielen Leute (V 12-14a). – Jesu Anweisung – „gebt ihr ihnen zu essen" (V 13a) – und die Überlegungen der Jünger, sowie die enorme Zahlenangabe haben den Anschein, unwirklich zu sein, skizzieren aber anschaulich die Ausgangssituation für die überraschend wunderbare Verpflegung (V 13b): „Wir haben nicht mehr als fünf Brote und zwei Fische, es sei denn, dass wir hingingen und für dieses ganze Volk Nahrung kauften."
Jesu Direktive an die Jünger, die Masse sich nach „Gruppen" (V 14) zu annähernd fünfzig Menschen „niederzulassen" (V 14), bringt Ordnung in das Geschehen und

somit die Voraussetzung für Friede, Freude, Wohlwollen, Rechtmäßigkeit, was wohltuend den Menschen beeinflusst (V 14bff). – Der Text ist für Leser geschrieben, die Jesus im Abendmahl bereits auf eucharistische Weise erfahren haben (Lk 22,19), ein Geschehen, das überwältigend über fünftausend hinausreicht und weltumspannend für alle Zeiten und Generationen gilt, und den Nachfolgern der Apostel und ihren Jüngern, die nach wie vor die Anweisung erhalten (V 13): „Gebt ihr ihnen zu essen." Dass dieser Auftrag spirituell zu verstehen ist, kann jeder empfinden, der darüber nachsinnt.
Definitiv wird nur flüchtig notiert, dass „alle" – die zwölf und die Masse – abgefüttert wurden und der Apostelzahl parallel zwölf Körbe gefüllt mit Überbleibseln – mutmaßlich zum fortgesetzten Austeilen – überschüssig abfallen (V 17). – Gott ist immer großzügig (Ps 23,5; 78,15, 112,9): „[5]Du deckst mir den Tisch vor den Augen meiner Feinde. Du salbst mein Haupt mit Öl, du füllst mir reichlich den Becher. – [15]Er spaltete Felsen in der Wüste und gab dem Volk reichlich zu trinken, wie mit Wassern der Urflut. – [9]Reichlich gibt er den Armen, sein Heil hat Bestand für immer; er ist mächtig und hoch geehrt."
Die gesamte Szene ruft die Tat des Elischa wach (2 Kön 4,42ff): „Einmal kam ein Mann von Baal-Schalischa und brachte dem Gottesmann Brot von Erstlingsfrüchten, zwanzig Gerstenbrote, und frische Körner in einem Beutel. Elischa befahl seinem Diener: Gib es den Leuten zu essen! [43]Doch dieser sagte: Wie soll ich das hundert Männern vorsetzen? Elischa aber sagte: Gib es den Leuten zu essen! Denn so spricht Jahwe: Man wird essen und noch übrig lassen. [44]Nun setzte er es ihnen vor; und sie aßen und ließen noch übrig, wie Jahwe gesagt hatte." – Diese Reminiszenz wird im Rückblick auf das Mannawunder (Ex 16; Num 11) in der eucharistischen Feier unüberbietbar durch Jesus im Abendmahl überstrahlt.
Das bezeugen auch die Jünger von Emmaus (Lk 24,31.34): „[31]Da gingen ihnen die Augen auf, und sie erkannten ihn; dann sahen sie ihn nicht mehr. – [34]Diese sagten: Der Herr ist wirklich auferstanden und ist dem Simon erschienen." – Jesus ist der messianische Lebensspender.

# PETRUSBEKENNTNIS UND LEIDENSANKÜNDIGUNG

## Lk 9,18-24

**[18]Und es geschah, als er allein betete, waren die Jünger bei ihm; und er fragte sie und sprach: Wer sagen die Leute, dass ich sei? [19]Sie aber antworteten und sprachen: Johannes der Täufer; andere Elija; andere aber, dass einer der alten Propheten auferstanden sei. [20]Da sagte er zu ihnen: Ihr aber, für wen haltet ihr mich? Petrus antwortete: Für den Messias Gottes. [21]Er ermahnte sie nachdrücklich und befahl ihnen, dies niemand zu sagen, [22]und sprach: Der Menschensohn muss vieles leiden und verworfen werden von den Ältesten und Hohenpriestern und Schriftgelehrten und wird getötet werden und am dritten Tag wird er auferstehen. [23]Zu allen sagte er: Wenn jemand mir nachfolgen will, der verleugne sich selbst, nehme täglich sein Kreuz auf sich und folge mir nach. [24]Denn wer sein Leben retten will, wird es verlieren; wer aber sein Leben um meinetwillen verliert, der wird es retten.**

In diesem Abschnitt werden zentrale Fragen beantwortet: Dies geschieht durch das Messiasbekenntnis des Petrus, Jesu Leidensankündigung und Voraussage seiner Auferstehung und die Einladung zu seiner Nachfolge als einzige sinnvolle Zielsetzung des Lebens (Lk 9,18-24). – Brennpunkt des bündigen Disputs Jesu mit seinen Jüngern ist somit die signifikante Auskunft des Petrus und die nachfolgende Diktion Jesu (9,18-22).

Für den Evangelisten Lukas stehen exakte Ortsangaben nicht im Vordergrund (3,21; 6,12; 9,28), für ihn sind die Fakten ausschlaggebend. Wahrscheinlich ist der einsame Ort Cäsarea Philippi (Mk 8,27): „Jesus ging mit seinen Jüngern in die Dörfer bei Cäsarea Philippi. Unterwegs fragte er die Jünger: Für wen halten mich die Menschen?“ – Die anwesenden Jünger (V 18ab) sind gewiss die genannten zwölf (Lk 9,12).

Dem Urtext wörtlich entsprechend fragt Jesus: „Wer sagen die Leute, dass ich sei?“, oder anders formuliert: „Für wen halten mich die Leute?“ (V 18c) – Jesu Erkundigung bezieht sich auf Herodes (Lk 9,7ff): „Der Tetrarch Herodes hörte von allem, was geschah, und wusste nicht, was er davon halten sollte. Denn manche sagten: Johannes ist von den Toten auferstanden. [8]Andere meinten: Elija ist wiedererschienen. Wieder andere: Einer der alten Propheten ist auferstanden. [9]Herodes aber sagte: Johannes habe ich selbst enthaupten lassen. Wer ist dann dieser Mann, von dem man mir solche Dinge erzählt? Und er hatte den Wunsch, ihn einmal zu sehen.“

Die Erwiderung der Jünger (V 19) auf Jesu Frage gleicht dem zitierten Text (Lk 9,7f) und motivieren Petrus zur Richtigstellung (V 20c): „Du bist der Messias Gottes.“ Wörtlich könnte auch gedolmetscht werden „der Christus Gottes“, was nicht rundweg identisch mit „Christus“, also mit „Messias; der Gesalbte“ zu verstehen ist, wodurch politische Hoffnungen erwartet wurden. Die Beifügung „Gottes“ charakterisiert die spezielle, außergewöhnliche Verbindung Jesu zu Gott (Lk 2,11.26; 23,35).

Jesus verlangt wiederholt ein Redeverbot, weil entweder das Verständnis für sein Handeln und seine Verkündigung fehlt oder falsche Konsequenzen gezogen werden können (Lk 4,41): „Von vielen fuhren auch Dämonen aus und schrien: Du bist der Sohn Gottes! Da fuhr er sie schroff an und ließ sie nicht reden; denn sie wussten, dass er der Messias war.“ – Möglicherweise sind ähnliche Argumente für das Schweigegebot nach der Heilung der Tochter des Jaïrus relevant (Lk 8,49-56): „Während Jesus noch redete, kam einer, der zum Haus des Synagogenvorstehers gehörte, und sagte (zu Jaïrus): Deine Tochter ist gestorben. Bemüh den Meister nicht länger! [50]Jesus hörte es und sagte zu Jaïrus: Sei ohne Furcht; glaube nur, dann wird sie gerettet. [51]Als er in das Haus ging, ließ er niemand mit hinein außer Petrus, Johannes und Jakobus und die Eltern des Mädchens. [52]Alle Leute weinten und klagten über ihren Tod. Jesus aber sagte: Weint nicht! Sie ist nicht gestorben, sie schläft nur. [53]Da lachten sie ihn aus, weil sie wussten, dass sie tot war. [54]Er aber fasste sie an der Hand und rief: Mädchen, steh auf! [55]Da kehrte das Leben in sie zurück, und sie stand sofort auf. Und er sagte, man solle ihr etwas zu essen geben. [56]Ihre Eltern aber waren außer sich. Doch Jesus verbot ihnen, irgendjemand zu erzählen, was geschehen war.“

Jesu energischer Appell zu schweigen (V 21) soll boykottieren, dass das Bekenntnis des Petrus breiteren Bevölkerungsschichten promulgiert wird und diese folglich etwa unrichtige, weltkluge Ergebnisse durchführen. Jesus erklärt es in der Begründung über das geschichtliche Heilshandeln Gottes am Menschen (V 22): „Der

Menschensohn muss vieles leiden und verworfen ... getötet werden und am dritten Tag wird er auferstehen.“ – Diese Erfordernisse entsprechen der ältesten Information und Bekanntmachung (1 Kor 15,3f): „Denn vor allem habe ich euch überliefert, was auch ich empfangen habe: Christus ist für unsere Sünden gestorben, gemäß der Schrift [4]und ist begraben worden. Er ist am dritten Tag auferweckt worden gemäß der Schrift.“ – Um den Titel Christus oder Messias richtig verstehen zu können, muss sein Leid, die Passion, mitbedacht werden. Die brennende Frage, wer Jesus sei, wird durch das Messiasbekenntnis der Apostel und dessen alles überstrahlende Erklärung Jesu über die Bedeutung von Leid und Auferstehung überboten. Das ruft Prophetenschicksale in Erinnerung, die auf Jesus hinweisen, wie nachfolgende Texte zeigen. – Jes 53,3-7.10f: „Er wurde verachtet und von den Menschen gemieden, ein Mann voller Schmerzen, mit Krankheit vertraut. Wie einer, vor dem man das Gesicht verhüllt, war er verachtet; wir schätzten ihn nicht. [4]Aber er hat unsere Krankheit getragen und unsere Schmerzen auf sich geladen. Wir meinten, er sei von Gott geschlagen, von ihm getroffen und gebeugt. [5]Doch er wurde durchbohrt wegen unserer Verbrechen, wegen unserer Sünden zermalmt. Zu unserem Heil lag die Strafe auf ihm, durch seine Wunden sind wir geheilt. [6]Wir hatten uns alle verirrt wie Schafe, jeder ging für sich seinen Weg. Doch der Herr lud auf ihn die Schuld von uns allen. [7]Er wurde misshandelt und niedergedrückt, aber er tat seinen Mund nicht auf. Wie ein Lamm, das man zum Schlachten führt, und wie ein Schaf angesichts seiner Scherer, so tat auch er seinen Mund nicht auf. [10]Doch der Herr fand Gefallen an seinem zerschlagenen (Knecht), er rettete den, der sein Leben als Sühnopfer hingab. Er wird Nachkommen sehen und lange leben. Der Plan des Herrn wird durch ihn gelingen. [11]Nachdem er so vieles ertrug, erblickt er das Licht. Er sättigt sich an Erkenntnis. Mein Knecht, der gerechte, macht die vielen gerecht; er lädt ihre Schuld auf sich.“ – Ps 118,22: „Der Stein, den die Bauleute verwarfen, er ist zum Eckstein geworden.“ – Weish 2,10-20: „Lasst uns den Gerechten unterdrücken, der in Armut lebt, die Witwe nicht schonen und das graue Haar des betagten Greises nicht scheuen! [11]Unsere Stärke soll bestimmen, was Gerechtigkeit ist; denn das Schwache erweist sich als unnütz. [12]Lasst uns dem Gerechten auflauern! Er ist uns unbequem und steht unserem Tun im Weg. Er wirft uns Vergehen gegen das Gesetz vor und beschuldigt uns des Verrats an unserer Erziehung. [13]Er rühmt sich, die Erkenntnis Gottes zu besitzen, und nennt sich einen Knecht des Herrn. [14]Er ist unserer Gesinnung ein lebendiger Vorwurf, schon sein Anblick ist uns lästig; [15]denn er führt ein Leben, das dem der andern nicht gleicht, und seine Wege sind grundverschieden. [16]Als falsche Münze gelten wir ihm; von unseren Wegen hält er sich fern wie von Unrat. Das Ende der Gerechten preist er glücklich und prahlt, Gott sei sein Vater. [17]Wir wollen sehen, ob seine Worte wahr sind, und prüfen, wie es mit ihm ausgeht. [18]Ist der Gerechte wirklich Sohn Gottes, dann nimmt sich Gott seiner an und entreißt ihn der Hand seiner Gegner. [19]Roh und grausam wollen wir mit ihm verfahren, um seine Sanftmut kennenzulernen, seine Geduld zu erproben. [20]Zu einem ehrlosen Tod wollen wir ihn verurteilen; er behauptet ja, es werde ihm Hilfe gewährt.“

Jesus ist also nicht „Messias“ den herkömmlichen, allgemeinen gesellschaftlichen Meinungen und Wünschen entsprechend, die sich weitgehend auf politische Erwartungen beziehen, sondern der von Gott verheißene und gesandte Erlöser, dessen Heilswerk durch Leiden und Auferstehung vollendet wird.

Die anschließenden Sprüche wenden sich

an „alle" (V 23a), ohne dass eine Veränderung der Zuhörer erwähnt wäre. Der Text richtet sich bereits an die christliche Gemeinschaft der Urkirche.

In der Nachfolge Christi – wörtlich: „wenn einer hinter mir hergehen will" – gilt, dass er entschieden die Triebe, Wünsche und Begierden seiner Natur überwinde und sich bemühe um die Bereitschaft, „täglich sein Kreuz auf sich zu nehmen" (V 23b). Ebenso erklärt Jesus (Lk 14,27): „Wer nicht sein Kreuz trägt und mir nachfolgt, der kann nicht mein Jünger sein." – „Kreuz" ist Sinnbild für Mühsal, Plage, Beschwerden, Anstrengung, Qual, Bedrängnisse, Schmerzen ... Präzise bedeutet „sein Kreuz", das dem Einzelnen in der Nachfolge Jesu zugedachte Leid und Martyrium auf sich zu nehmen. – Das aktiviert Lk 23,26: „Als sie Jesus hinausführten, ergriffen sie einen Mann aus Zyrene namens Simon, der gerade vom Feld kam. Ihm luden sie das Kreuz auf, damit er es hinter Jesus hertrage." – Die Diktion „täglich" – nur in dieser Stelle (V 23) – verlangt, Tag für Tag bereit zu sein, mit Christus zu sterben (1 Kor 15,31; 2 Kor 4,10; Röm 8,36): „[31]Täglich sehe ich dem Tod ins Auge, so wahr ihr, Brüder, mein Ruhm seid, den ich in Christus Jesus, unserem Herrn, empfangen habe. – [10]Wohin wir auch kommen, immer tragen wir das Todesleiden Jesu an unserem Leib, damit auch das Leben Jesu an unserem Leib sichtbar wird. – [36]In der Schrift steht: Um deinetwillen sind wir den ganzen Tag dem Tod ausgesetzt; wir werden behandelt wie Schafe, die man zum Schlachten bestimmt hat."

„Denn wer sein Leben retten will, wird es verlieren; wer aber sein Leben um meinetwillen verliert, der wird es retten" (V 24). – Dieser widersprechend, absurd, paradox, grotesk lautende Lehrspruch fundiert den vorausgehenden Appell der Kreuzesnachfolge durch den Wink auf die entscheidende Sachlage: Jedes individuelle Verlangen, sein Dasein in Sicherheit zu bringen, steuert in die Katastrophe; Erlösung, Befreiung, Errettung existieren dagegen allein in der Treue zu Christus und im Anvertrauen des persönlichen Lebens an ihn.

# VERKLÄRUNG

## Lk 9,28-36

**[28]Es geschah aber ungefähr acht Tage nach diesen Reden, dass er Petrus und Johan-
nes und Jakobus mitnahm und auf den Berg stieg, um zu beten. [29]Und indem er be-
tete, wurde das Aussehen seines Angesichts anders und sein Gewand weiß, strah-
lend. [30]Und siehe, zwei Männer redeten mit ihm; es waren Mose und Elija. [31]Diese
erschienen im Lichtglanz und besprachen sein Hinscheiden, das sich in Jerusalem er-
füllen sollte. [32]Petrus aber und die mit ihm waren, waren schlaftrunken; als sie aber
völlig aufgewacht waren, sahen sie seine Herrlichkeit und die zwei Männer, welche
bei ihm standen. [33]Und es geschah, als sie sich von ihm trennen wollten, sprach Pe-
trus zu Jesus: Meister, es ist gut, dass wir hier sind; und lass uns drei Hütten bauen,
eine für dich, eine für Mose und eine für Elija; und er wusste nicht, was er sagte.
[34]Als er aber dies sagte, kam eine Wolke und überschattete sie. Sie fürchteten sich
aber, als sie in die Wolke eintraten; [35]und es kam eine Stimme aus der Wolke, welche
sagte: Dieser ist mein auserwählter Sohn, ihn sollt ihr hören. [36]Und während die
Stimme erklang, wurde Jesus allein angetroffen. Und sie schwiegen und erzählten in
jenen Tagen niemand etwas von dem, was sie gesehen hatten.**

Vielleicht verweist die Zeitangabe „acht Tage“ (V 28) auf eine Woche und im Hinblick auf die „Hütten“ (V 33) symbolhaft auf eine Zelebration des Laubhüttenfestes, das über acht Tage gefeiert wurde (Lev 23,33-36): „Und Jahwe redete zu Mose und sprach: [34]Rede zu den Kindern Israel und sprich: Am fünfzehnten Tage dieses siebten Monats ist das Fest der Laubhütten sieben Tage für Jahwe. [35]Am ersten Tage soll eine heilige Versammlung sein, keinerlei Dienstarbeit sollt ihr tun. [36]Sieben Tage sollt ihr Jahwe ein Feueropfer darbringen; am achten Tage soll euch eine heilige Versammlung sein, und ihr sollt Jahwe ein Feueropfer darbringen: Es ist eine Festversammlung, keinerlei Dienstarbeit sollt ihr tun.“ – Der Termin kann aber auch den Herrentag, den Sonntag in der Urkirche als besonderen „Tag der Verklärung“ und Auferstehung wachrufen (Joh 20,26): „Acht Tage darauf waren seine Jünger wieder versammelt, und Thomas war dabei. Die Türen waren verschlossen. Da kam Jesus, trat in ihre Mitte und sagte: Friede sei mit euch!“

Die Nennung der vorausgehenden „Reden“ (V 28) – über die Passion Jesu und jener, die ihm nachfolgen – präsentiert den engen Zusammenhang: Schlussendlich mündet das alles in der lichtstrahlenden Herrlichkeit des Auferstandenen.

Drei auserwählte Zeugen werden – lange Zeit vorausgehend – in einer vergleichbaren Szene erwähnt (Ex 24,1): „Zu Mose sprach er: Steig zu Jahwe hinauf zusammen mit Aaron, Nadab, Abihu und mit siebzig von den Ältesten Israels; werft euch in einiger Entfernung nieder!“ – „Petrus, Johannes und Jakobus“ (V 28) sind die drei vertrauten Augenzeugen und Begleiter Jesu, die bereits im Haus des Jaïrus (Lk 8,51) zugegen waren. – Den „Berg“ (V 28) der Verklärung Jesu erblickt eine bis ins 3. Jh. zurückreichende Überlieferung im 588 m hohen Tabor. Im vorliegenden Text steht allein ein Ort des Gebetes im Blickfeld – auf einem Berg –, weil man dann einfach, menschlich gedacht, näher bei Gott ist – wie Lk 6,12: „In diesen Tagen ging er auf einen Berg, um zu beten. Und er verbrachte die ganze Nacht im Gebet zu Gott." – Und Petrus erinnert sich präzise an dieses Faktum der Verklärung (2 Petr 1,16ff): „Denn wir sind nicht irgendwelchen klug ausgedachten Geschichten gefolgt, als wir euch die machtvolle Ankunft Jesu Christi, unseres Herrn, verkündeten, sondern wir waren Augenzeugen seiner Macht und Größe. [17]Er hat von Gott, dem Vater, Ehre und Herrlichkeit empfangen; denn er hörte die Stimme der erhabenen Herrlichkeit, die zu ihm sprach: Das ist mein geliebter Sohn, an dem ich Gefallen gefunden habe. [18]Diese Stimme, die vom Himmel kam, haben wir gehört, als wir mit ihm auf dem heiligen Berg waren." – Später wird der Berg genannt, aber da spitzt sich die Entscheidungssituation bereits zu, da steht alles bereits auf des Messers Schneide (Lk 22,39-42): „Dann verließ Jesus die Stadt und ging, wie er es gewohnt war, zum Ölberg; seine Jünger folgten ihm. [40]Als er dort war, sagte er zu ihnen: Betet darum, dass ihr nicht in Versuchung geratet! [41] Dann entfernte er sich von ihnen ungefähr einen Steinwurf weit, kniete nieder und betete: [42]Vater, wenn du willst, nimm diesen Kelch von mir! Aber nicht mein, sondern dein Wille soll geschehen."

Was nun erzählt wird, erinnert an Mose (Ex 34,29): „Als Mose vom Sinai herunterstieg, hatte er die beiden Tafeln der Bundesurkunde in der Hand. Während Mose vom Berg herunterstieg, wusste er nicht, dass die Haut seines Gesichtes Licht ausstrahlte, weil er mit dem Herrn geredet hatte." – Das interpretiert (2 Kor 3,7f): „Wenn aber schon der Dienst, der zum Tod führt und dessen Buchstaben in Stein gemeißelt waren, so herrlich war, dass die Israeliten das Gesicht des Mose nicht anschauen konnten, weil es eine Herrlichkeit ausstrahlte, die doch vergänglich war, [8] wie sollte da der Dienst des Geistes nicht viel herrlicher sein?" – Von Jesus wird nur berichtet (V 29): „Und indem er betete, wurde das Aussehen seines Angesichts anders und sein Gewand weiß, strahlend." Durch „und siehe" (V 30) wird das Interesse auf Mose und Elija gelotst, die „im Lichtglanz" (V 31) in leuchtenden, weißen Gewändern (Lk 24,4; Apg 1,10) aufstrahlen. – Die Konversation beinhaltet Jesu „Hinscheiden" oder wörtlich seinen „Ausgang" (V 31), damit ist gemeint: Jesu Tod, Auferstehung und Erhöhung in Jerusalem als Vollzug des göttlichen Vorhabens zum Heil der gesamten Menschheit. – „Als sie aber völlig aufgewacht waren" – will besagen: „Es gingen ihnen die Augen auf" –, sehen Petrus und seine Begleiter Jesu „Herrlichkeit" (V 32), geradezu den Auferstandenen vorweggenommen; das strahlende Erscheinen als Symbol dafür und die beiden Männer bei ihm repräsentieren diese Epiphanie.

Überraschend ist, dass Petrus erst beim Aufbrechen der beiden Männer (V 33a) Worte findet, die vom Autor als nicht besonders klug charakterisiert werden. – Durch den Hüttenbau will anscheinend Petrus zu einer Verlängerung des geschauten Erlebnisses beitragen; mag sein, dass man in der Urkirche beim Lesen dieser Worte an die himmlischen Domizile – „die ewigen Hütten" (Lk 16,9) – oder die Konstruktion von Unterständen am Laubhüttenfest gedacht hat (Sach 14,16-21). – Die „überschattende Wolke, in die sie hineingehen" (V 34), ist Sinnbild von Gottes Herrlichkeit (Ex 24,15-18). Gottes erlebte Präsenz flößt Angst ein (Lk 1,12; 2,9; 5,9.26). Die Worte Gottes – „Dieser ist mein auserwählter Sohn, ihn sollt ihr hören." (V 35b) – sind bekannten Zitaten entnommen (Ps 2,7; Jes 42,1; Dtn 18,15) oder rufen den ähnlichen Ausspruch wie bei der Taufe Jesu in Erinnerung (Lk 3,22b): „Du bist mein geliebter Sohn, an dir habe ich Wohlgefallen gefun-

den." Mit der Bemerkung „und als diese Stimme erging, wurde Jesus allein vorgefunden" (V 36a), schließt die Beschreibung. – Die drei Jünger schwiegen „in jenen Tagen" (V 36b), also bis zur Auferstehung Jesu über das Erlebnis der Verklärung.
Das Erlebnis lässt exakt erkennen, wer Jesus tatsächlich, wesenhaft eigentlich ist: Der Sohn und der Erwählte Gottes und seine Passion entsprechen dem im Alten Bund geoffenbarten Willen Gottes, wie Mose und Elija bezeugen. Folglich verlangt seine Nachfolge Gehorsam (V 35c): „ihn sollt ihr hören!"

# UNTERWEGS

## Lk 9,51-62

**51 Als die Tage seiner Aufnahme sich erfüllten, festigte er sein Angesicht, um nach Jerusalem zu gehen. 52 Er sandte Boten vor sich her. Die kamen in ein Dorf der Samariter, um ihm dort Herberge zu bereiten. 53 Und sie nahmen ihn nicht auf, weil sein Angesicht nach Jerusalem hin gerichtet war. 54 Als die Jünger Jakobus und Johannes es sahen, sprachen sie: Herr, willst du, sollen wir befehlen, dass Feuer vom Himmel herabfalle und sie verzehre? 55 Er aber wandte sich ihnen zu und verwies es ihnen. 56 Und sie gingen in ein anderes Dorf. 57 Als sie auf ihrem Weg dahinzogen, sprach einer zu ihm: Ich will dir folgen, wohin immer du gehst. 58 Und Jesus sprach zu ihm: Die Füchse haben Höhlen und die Vögel des Himmels Nester; aber der Menschensohn hat nicht(s), wo er sein Haupt hinlege. 59 Er sprach aber zu einem anderen: Folge mir nach. Der aber sprach: Herr, erlaube mir, zuvor hinzugehen und meinen Vater zu begraben. 60 Jesus aber sprach zu ihm: Lass die Toten ihre Toten begraben, du aber gehe hin und verkündige das Reich Gottes. 61 Es sprach aber auch ein anderer: Ich will dir nachfolgen, Herr; zuvor aber erlaube mir, Abschied zu nehmen von denen, die in meinem Haus sind. 62 Jesus aber sprach zu ihm: Niemand, der seine Hand an den Pflug legt und zurückblickt, ist tauglich für das Reich Gottes.**

Die Urschrift lässt die Heilsbedeutung erahnen (V 51a): „Und es geschah, als sich die Tage seiner Aufnahme erfüllten." Seine „Aufnahme" nennt Jesus auch seine „Verherrlichung" (Lk 9,26.31f), damit ist immer zunächst Leiden, Kreuz, Tod, Auferstehung und Himmelfahrt gemeint, das illustrieren im Hinblick auf „Aufnahme" auch folgende Aussagen (Lk 24,51; Apg 1,9.21ff): „51 Und während er sie segnete, verließ er sie und wurde zum Himmel emporgehoben. – 9 Als er das gesagt hatte, wurde er vor ihren Augen emporgehoben, und eine Wolke nahm ihn auf und entzog ihn ihren Blicken. – 21 Einer von den Männern, die die ganze Zeit mit uns zusammen waren, als Jesus, der Herr, bei uns ein und aus ging, 22 angefangen von der Taufe durch Johannes bis zu dem Tag, an dem er von uns ging und (in den Himmel) aufgenommen wurde – einer von diesen muss nun zusammen mit uns Zeuge seiner Auferstehung sein. 23 Und sie stellten zwei Männer auf: Josef ... und Matthias." Der Letztgenannte macht schließlich das Rennen und wird in den Apostelkreis eingereiht. –

„Aufnahme“ ist somit das Ziel jedes Christen, das Leid und Herrlichkeit in eins zusammenfasst: Opferbereitschaft und frohe, glückliche, freudestrahlende Zuversicht.
Jesu felsenfeste Entschlossenheit, hart wie ein Kiesel (V 51b): „er machte sein Antlitz fest, um nach Jerusalem zu gehen“ präsentiert den göttlichem Heilsplan, wie er in der Verklärung Jesu zum Ausdruck kommt (Lk 9,30f): „Und plötzlich redeten zwei Männer mit ihm. Es waren Mose und Elija; [31]sie erschienen in strahlendem Licht und sprachen von seinem Ende, das sich in Jerusalem erfüllen sollte.“
Die Emission von Abgesandten, Beauftragten, Delegaten präsentiert: Jesus geht seinen Weg nicht allein, sondern in einem enorm unüberbietbaren, höheren Auftrag. Die Besorgung einer Unterkunft ist gewiss nicht die einzige Obliegenheit der Boten, vor allem kurz formuliert: Versöhnung. – 931 v. Chr. zerfiel das Reich Salomos in zwei Teile, im Norden Israel mit der zentralen Bergregion Samaria, im Süden Juda mit dem Zentrum Jerusalem. Nach der Eroberung Samarias (722 v. Chr.) und der Deportation eines Teiles seiner Bevölkerung entstand aus den Zurückgebliebenen und den Neuansiedlern ein Mischvolk mit einem Jahwe-Heiligtum auf dem Garizim bei Sichem und heidnischen Kultgebräuchen (2 Kön 17,19-33); die Kluft zwischen Juden und Samaritanern wurde zu Gegnerschaft und Gehässigkeit (Sir 50,20). Jesus versucht zu versöhnen beispielsweise im Gespräch am Jakobsbrunnen (Joh 4,1-26), durch den vom Aussatz geheilten Samariter (Lk 17,16-19), im Gleichnis vom barmherzigen Samariter (Lk 10,30-37). – Nun gewähren die Samariter Jesus keine Gastfreundschaft, weil sein Ziel Jerusalem ist (V 53). Die beiden enttäuschten Jünger wollen entsprechende Bestrafung, wie es mit gleichen Worten zweimal von Elija erzählt wird (2 Kön 1,10.12): „Doch Elija antwortete dem Hauptmann der fünfzig: Wenn ich ein Mann Gottes bin, so falle Feuer vom Himmel und verzehre dich und deine fünfzig. Sogleich fiel Feuer vom Himmel und verzehrte ihn und seine Leute.“ – Jesus lehnt dieses Ansinnen ab (V 55), was folgende Aussagen bestärken und motivieren (Lk 6,27f; 19,10): „[27]Euch, die ihr mir zuhört, sage ich: Liebt eure Feinde; tut denen Gutes, die euch hassen. [28]Segnet die, die euch verfluchen; betet für die, die euch misshandeln. – [10]Denn der Menschensohn ist gekommen, um zu suchen und zu retten, was verloren ist.“
Abschließend zu dieser Episode wird vermerkt (V 56): „Und sie gingen in ein anderes Dorf.“ Hiermit wird die Praxis der Verkündigung in Erinnerung gerufen, die Jesus lehrt (Lk 10,10f): „Wenn ihr aber in eine Stadt kommt, in der man euch nicht aufnimmt, dann stellt euch auf die Straße und ruft: [11]Selbst den Staub eurer Stadt, der an unseren Füßen klebt, lassen wir euch zurück; doch das sollt ihr wissen: Das Reich Gottes ist nahe.“ – Und weiterhin wird die Methode der Mission gezeichnet (Apg 8,4f): „Die Gläubigen, die zerstreut worden waren, zogen umher und verkündeten das Wort. [5]Philippus aber kam in die Hauptstadt Samarias hinab und verkündigte dort Christus.“
Drei Axiome oder Sinnsprüche, durch das Leitwort „nachfolgen“ zusammengeschlossen, bekommen durch ihre Verkündigung als Ausspruch Jesu auf dem Weg nach Jerusalem, dem Ort von Leiden, Tod, Auferstehung, Aufnahme und Verherrlichung besondere Bedeutung und Aussagekraft (V 57-62). Im Gegensatz und Divergenz zu der Zurückweisung in Samaria bietet sich ein nicht ausführlicher charakterisierter Mann an, Jesus allerorts hin zu folgen, also auch nach Jerusalem (V 57). Jesu dreiteiliger Bescheid intensiviert: Tiere finden eine schützende Unterkunft, der Menschensohn ist rundweg obdachlos. Eine Reaktion daraufhin wird nicht mitgeteilt (V 57f).

Im Komplex einer nur andeutungsweise skizzierten Erwählung – Ruf, Einwand, Anforderung – ersucht der Betroffene weiterhin um Verschiebung, um eine vermeintlich notwendige Aufgabe durchführen zu können. Da Verstorbene im Orient vielfach am Sterbetag begraben werden, kann es sich nur um eine langfristige Verzögerung handeln. Die Beantwortung Jesu blockiert dieses Pflichtbewusstsein und verlangt die radikale Separation des Jüngers von seiner Verwandtschaft, die metaphorisch, im übertragenen Sinn gewissermaßen zu den „Toten" gezählt wird, weil sie diese Erwählung noch nicht erhalten hat (Lk 14,26): „Wenn jemand zu mir kommt und nicht Vater und Mutter, Frau und Kinder, Brüder und Schwestern, ja sogar sein Leben gering achtet, dann kann er nicht mein Jünger sein." – Radikale Anhängerschaft tut Not! – Die zielbewusste konsequente, totale Nachfolge in der vollkommenen Teilnahme an Jesu Heilswerk (Lk 4,43; 10,9ff): „[43]Er sagte zu ihnen: Ich muss auch den anderen Städten das Evangelium vom Reich Gottes verkünden; denn dazu bin ich gesandt worden. – [9]Heilt die Kranken, die dort sind, und sagt den Leuten: Das Reich Gottes ist euch nahe. [10]Wenn ihr aber in eine Stadt kommt, in der man euch nicht aufnimmt, dann stellt euch auf die Straße und ruft: [11]Selbst den Staub eurer Stadt, der an unseren Füßen klebt, lassen wir euch zurück; doch das sollt ihr wissen: Das Reich Gottes ist nahe." – Auch diesmal wie im Folgenden wird keine Reaktion des Berufenen gebracht (V 59f).

Noch einer erklärt sich bereit, Jesus zu folgen, will aber zuvor noch eine familiäre Obliegenheit ordnen (V 61f), ähnlich wie bei der Berufung des Elischa (1 Kön 19,19ff): „Als Elija von dort weggegangen war, traf er Elischa, den Sohn Schafats. Er war gerade mit zwölf Gespannen am Pflügen, und er selbst pflügte mit dem zwölften. Im Vorbeigehen warf Elija seinen Mantel über ihn. [20]Sogleich verließ Elischa die Rinder, eilte Elija nach und bat ihn: Lass mich noch meinem Vater und meiner Mutter den Abschiedskuss geben; dann werde ich dir folgen. Elija antwortete: Geh, aber komm dann zurück! Bedenke, was ich an dir getan habe. [21]Elischa ging von ihm weg, nahm seine zwei Rinder und schlachtete sie. Mit dem Joch der Rinder kochte er das Fleisch und setzte es den Leuten zum Essen vor. Dann stand er auf, folgte Elija und trat in seinen Dienst." – Jesus entscheidet anders als Elija und im Hinweis auf die Erwählung Elischas beim Pflügen Jesus diesen Wunsch um Aufschub abwehrt: Jemand, der beim Durchfurchen retrograd blickt, zieht missförmige Furchen. Die Teilnahme in der Gottesherrschaft verlangt von dem Erwählten die entschlossene Sicht zum Ziel (V 51).

# AUSSENDUNG DER ZWEIUNDSIEBZIG JÜNGER

## Lk 10,1-12.17-24

[1]Danach bestellte der Herr auch zweiundsiebzig andere und sandte sie zu je zwei voraus (vor seinem Angesicht) her in jede Stadt und jeden Ort, wohin er selbst kommen wollte. [2]Er sprach aber zu ihnen: Die Ernte ist zwar groß, der Arbeiter aber sind wenige. Bittet nun den Herrn der Ernte, dass er Arbeiter aussende in seine Ernte. [3]Geht! Ich sende euch wie Lämmer mitten unter die Wölfe. [4]Tragt weder Geldbeutel noch Tasche, noch Sandalen, und grüßt niemand auf dem Wege. [5]Wenn ihr in ein Haus kommt, so sagt als Erstes: Friede diesem Haus! [6]Und wenn dort ein Sohn des Friedens ist, so wird euer Friede auf ihm ruhen; wenn aber nicht, so wird er zu euch zurückkehren. [7]In eben dem Haus aber bleibt und esst und trinkt, was sie haben; denn der Arbeiter ist seines Lohnes wert. Geht nicht von Haus zu Haus. [8]Wenn ihr in eine Stadt kommt und man euch aufnimmt, so esst, was man euch vorsetzt. [9]Heilt die Kranken, die dort sind, und sagt zu ihnen: Das Reich Gottes ist nahe zu euch gekommen. [10]Wenn ihr aber in eine Stadt kommt, in der man euch nicht aufnimmt, dann stellt euch auf die Straße und ruft: [11]Auch den Staub, der uns aus eurer Stadt an den Füßen haftet, schütteln wir gegen euch ab; doch dieses wisst, dass das Reich Gottes nahe gekommen ist. [12]Ich sage euch, dass es Sodom an jenem Tage erträglicher ergehen wird als jener Stadt.

[17]Die zweiundsiebzig aber kehrten mit Freuden zurück und sprachen: Herr, auch die Dämonen sind uns untertan in deinem Namen. [18]Da sagte er zu ihnen: Ich sah den Satan wie einen Blitz vom Himmel fallen. [19]Seht, ich habe euch die Vollmacht gegeben, auf Schlangen und Skorpione zu treten und über jede Macht des Feindes, und nichts wird euch schaden können. [20]Doch darüber freut euch nicht, dass euch die Geister untertan sind; freut euch vielmehr, dass eure Namen im Himmel eingeschrieben sind.

[21]In eben dieser Stunde jubelte er im Heiligen Geiste und sprach: Ich preise dich, Vater, Herr des Himmels und der Erde, dass du dies vor Weisen und Verständigen verborgen und es Unmündigen geoffenbart hast. Ja, Vater, denn so war es wohlgefällig vor dir. [22]Alles ist mir übergeben von meinem Vater; und niemand erkennt, wer der Sohn ist, als nur der Vater; und wer der Vater ist, als nur der Sohn und der, dem es der Sohn offenbaren will. [23]Und er wandte sich besonders zu den Jüngern und sprach: Selig die Augen, die sehen, was ihr sehet! [24]Denn ich sage euch: Viele Propheten und Könige wollten sehen, was ihr seht, und haben es nicht gesehen, und hören, was ihr hört, und haben es nicht gehört.

**Sendungsrede (V 1-12)**

„Danach bestellte“ (V 1) will literarisch an das Vorausgehende anschließen und keine zeitliche Angabe bieten. – Vermöge der Benennung Jesu als „Herr“ erhält die Aussendung eine überirdische Dimension, wie feinfühlend der gesamte Konnex in seiner Diktion erkennen lässt, was den allgemeinen Heilswillen Gottes aufleuchten lässt. – Noch 72 andere werden ausgesendet, was die Emission der 12 Apostel assoziiert (Lk 9,1-6). 72 plus 12 ergeben 84 Sendboten. Die Zahlensymbolik gestaltet sich demnach: 7 mal 12 sind 84. – Sieben ist heilige Zahl im Ritual (Lev 4,6-17) und bei Offenbarungen (Jer 15,9; Dan 4,13-29; Offb 1,12.16). Zwölf ist die Zahl der Erzväter und Stämme (Ex 24,4), der Schaubrote (Lev 24,5) der Apostel (Mt 10,2; 26,14; Apg 6,2), der Auserwählten (Offb 7,4ff; 14,1ff) und der Vollendung (Offb 21,12.14.16.20f). – 72 mal 2 erbringt 144 und führt somit zu Offb 7,4: „Und ich erfuhr die Zahl derer, die mit dem Siegel gekennzeichnet waren. Es waren hundertvierundvierzigtausend aus allen Stämmen der Söhne Israels, die das Siegel trugen.“ – Tausend ist die Zahl der Fülle. Die Zahl 144000 (12 mal 12 mal 1000) symbolisiert die Gesamtheit derer, die gerettet werden. Diese Angabe wird anschließend ergänzt (Offb 7,9): „Danach sah ich: eine große Schar aus allen Nationen und Stämmen, Völkern und Sprachen; niemand konnte sie zählen. Sie standen in weißen Gewändern vor dem Thron und vor dem Lamm und trugen Palmzweige in den Händen.“ – Die Zahlensymbolik deutet auf alle Völker der Welt hin, denn Jesus sendet „sie zu je zwei“; also als zuverlässige Zeugen (Dtn 19,15) sollen sie mit ihrer Verkündigung Jesus als Vorboten vorausgehen (V 1b): „in jede Stadt und jeden Ort, wohin er selbst kommen wollte.“ Die Begründung ist klar (Mk 13,10): „Vor dem Ende aber muss allen Völkern das Evangelium verkündet werden.“ Infolgedessen gilt nicht nur für damals, sondern durch alle Jahrtausende hindurch (Lk 10,16): „Wer euch hört, der hört mich, und wer euch ablehnt, der lehnt mich ab; wer aber mich ablehnt, der lehnt den ab, der mich gesandt hat.“ – Und Jesus will nach wie vor selbst überall hinkommen und jeden Menschen ansprechen; er will durch Menschen zu Menschen gelangen.

„Die Ernte ist zwar groß, der Arbeiter aber sind wenige“ (V 2) bringt die Konfrontation von „Ernte – Arbeiter“, was zu einer endzeitlichen Dimension des Gerichtes führt (Joël 4,13; Mk 4,29; Offb 14,15.18): „[13]Schwingt die Sichel; denn die Ernte ist reif. Kommt, tretet die Kelter; denn sie ist voll, die Tröge fließen über. Denn ihre Bosheit ist groß. – [29]Wenn aber die Frucht sich darbietet, so schickt er alsbald die Sichel, denn die Ernte ist da. – [15]Und ein anderer Engel kam aus dem Tempel und rief dem, der auf der Wolke saß, mit lauter Stimme zu: Schick deine Sichel aus und ernte! Denn die Zeit zu ernten ist gekommen: Die Frucht der Erde ist reif geworden. – [18]Vom Altar her kam noch ein anderer Engel, der die Macht über das Feuer hatte. Dem, der die scharfe Sichel trug, rief er mit lauter Stimme zu: Schick deine scharfe Sichel aus, und ernte die Trauben vom Weinstock der Erde! Seine Beeren sind reif geworden.“ – Im Sinnbild des Gerichts übernehmen die von Gott ausgesandten Engel entsprechende Aufgaben (Mt 13,38f.49; 24,31): „[38]der Acker ist die Welt; der gute Samen, das sind die Söhne des Reiches; das Unkraut sind die Söhne des Bösen; [39]der Feind, der es gesät hat, ist der Teufel; die Ernte ist das Ende der Welt; die Arbeiter bei dieser Ernte sind die Engel. – [49]So wird es auch am Ende der Welt sein: Die Engel werden kommen und die Bösen von den Gerechten trennen. – [31]Er wird seine Engel unter lautem Posaunenschall aussenden, und sie werden die von ihm Auserwählten aus allen vier Windrichtungen zusammenführen, von einem Ende des Himmels bis zum andern." – Die Anordnung zum Gebet betont, dass keiner sich eine solche Mission nach eigenem Ermessen herauszunehmen vermag: Diese Anordnung lädt zugleich ein, sich mit Jesu Verlangen zu identifizieren.

Die Sendboten sollen Protest und Ablehnung einkalkulieren, dem sie schutzlos ausgeliefert sind (V 3): „wie Lämmer mitten unter Wölfen."

Ähnlich erging die Anweisung (V 4) an die Apostel (Lk 9,3): „Er sagte zu ihnen: Nehmt nichts mit auf den Weg, keinen Wanderstab und keine Vorratstasche, kein Brot, kein Geld und kein zweites Hemd." – Die Untersagung zu grüßen zeigt die Dringlichkeit der Sendung (2 Kön 4,29), aber auch zugleich die Gefahr, allein nach Verköstigung zu suchen (Lk 11,6).

Die Zusage des Segens als Willkommgruß (V 5) erinnert an einen Freudenboten (Jes 52,7): „Wie willkommen sind auf den Bergen die Schritte des Freudenboten, der Frieden ankündigt, der eine frohe Botschaft bringt und Rettung verheißt, der zu Zion sagt: Dein Gott ist König." Wird der Friedensgruß nicht angenommen, so geht dem Freudenboten nichts verloren, er bleibt weiterhin im vollen Ausmaß ein Friedensbote (V 6c): „der Friede wird zu ihm zurückkehren." – Ein „Hausieren" der Kost wegen ist unangebracht und entwertet den Sendungsauftrag (Lk 9,4): „Bleibt in dem Haus, in dem ihr einkehrt, bis ihr den Ort wieder verlasst." – Der sprichwörtliche Grundsatz (V 7b) „der Arbeiter ist seines Lohnes wert", wird in der Urkirche praktiziert (1 Kor 9,11; 1 Tim 5,18): „[11]Wenn wir für euch die Geistesgaben gesät haben, ist es dann zu viel, wenn wir von euch irdische Gaben ernten? – [18]Denn die Schrift sagt: Du sollst dem Ochsen, der da drischt, nicht das Maul verbinden und: Der Arbeiter ist seines Lohnes wert."

Die „Ordnung für die Stadt" (V 8-12) verweist vorab auf die Verhaltensweise, falls man Gastfreundschaft erhält bezüglich Zufriedenheit in der Verköstigung, verlangt die Genesung der Kranken zu bewirken und sie zu heilen; und zudem die Frohbotschaft zu verkünden – und in der Folge wird daran erinnert (Lk 9,5): „Wenn euch aber die Leute in einer Stadt nicht aufnehmen wollen, dann geht weg und schüttelt den Staub von euren Füßen zum Zeugnis gegen sie." – Schließlich wird die nahe Gottesherrschaft als Rechtsprozess angesagt. In Anspielung auf die Katastrophe Sodoms wird die Ablehnung der Boten klassifiziert; Sodom kommt noch besser davon! Die Stadt bekam wegen der gänzlichen Vernichtung (Jes 1,9; Jer 49,18; Am 4,11; Rom 9,29) und angesichts der Verruchtheit (Jes 1,10f; 3,9; Jer 23,14; Mt 11,23f) typischen Status. Die Bevölkerung Sodoms verhielt sich erotisch anormal, es wird ihr die Homosexualität angelastet (Gen 19,4-11; 2 Petr 2,7 f). Die Stadt war so verwildert, dass nicht einmal zehn Rechtschaffene zu finden waren, weswegen die Katastrophe nicht aufzuhalten war (Gen 18,23-33). Der einzig Redliche (Weish 10,6), nämlich Lot, wurde vor der Austilgung von Gottesboten aus Sodom fortgeschafft (Gen 19,15-17).

**Rückkehr (V 17-20)**

Das Comeback der zweiundsiebzig Boten von ihrer Sendungsaufgabe schafft die Kulisse für diverse Angaben über ihre Erwählung (V 17-20). Allerdings wird nichts über Ablauf, Aufenthaltsorte, Gastfreundschaft oder Widerstand der Aktion im Detail erzählt. Bedeutungsvoll ist in diesem Konnex vor allem die dem „Herrn" berichtete Benachrichtigung über Exorzismen „in deinem Namen" (V 17), wenngleich die Fähigkeit dazu während der Sendung nicht genannt wird; anders in der vorausgehenden Mission der Apostel (Lk 9,1): „Dann rief er die zwölf zu sich und gab ihnen die Kraft und die Vollmacht, alle Dämonen auszutreiben und die Kranken gesund zu machen."

Nun berichtete Jesus (V 18) von seiner persönlichen Erfahrung über den Fall Satans entsprechend der Ansicht von Jes 14,12: „Ach, du bist vom Himmel gefallen, du strahlender Sohn der Morgenröte. Zu Boden bist du geschmettert, du Bezwinger der Völker." Diese Aussage erinnert an Offb 12,10ff: „Da hörte ich eine laute Stimme im Himmel rufen: Jetzt ist er da, der rettende Sieg, die Macht und die Herrschaft unseres Gottes und die Vollmacht seines Gesalbten; denn gestürzt wurde der Ankläger unserer Brüder, der sie bei Tag und bei Nacht vor unserem Gott verklagte. [11] Sie haben ihn besiegt durch das Blut des Lammes und durch ihr Wort und Zeugnis; sie hielten ihr Leben nicht fest bis hinein in den Tod. [12]Darum jubelt, ihr Himmel und alle, die darin wohnen. Weh aber euch, Land und Meer! Denn der Teufel ist zu euch hinabgekommen; seine Wut ist groß, weil er weiß, dass ihm nur noch eine kurze Frist bleibt." – In einer anderen Ausdruckweise wird formuliert (Joh 12,31): „Jetzt wird Gericht gehalten über diese Welt; jetzt wird der Herrscher dieser Welt hinausgeworfen werden." – Der Sturz Satans führt zur Realisierung der Herrschaft Gottes (Lk 11,20): „Wenn ich aber die Dämonen durch den Finger Gottes austreibe, dann ist doch das Reich Gottes schon zu euch gekommen." – An Ps 91,13 „du schreitest über Löwen und Nattern, trittst auf Löwen und Drachen" erinnert die Feststellung (V 19): „Seht, ich habe euch die Vollmacht gegeben, auf Schlangen und Skorpione zu treten und über jede Macht des Feindes, und nichts wird euch schaden können."

Der bedeutendste Grund der Beglückung kann nur sein – so lehrt Jesus (V 20b): „freut euch vielmehr, dass eure Namen im Himmel eingeschrieben sind." Das wird in entsprechenden Formulierungen festgehalten (Dan 12,1; Phil 4,3; Offb 3,5; 20,15): „[1]In jener Zeit tritt Michael auf, der große Engelfürst, der für die Söhne deines Volkes eintritt. Dann kommt eine Zeit der Not, wie noch keine da war, seit es Völker gibt, bis zu jener Zeit. Doch dein Volk wird in jener Zeit gerettet, jeder, der im Buch verzeichnet ist. – [3]Ja, ich bitte auch dich, treuer Gefährte, nimm dich ihrer an! Sie haben mit mir für das Evangelium gekämpft, zusammen mit Klemens und meinen anderen Mitarbeitern. Ihre Namen stehen im Buch des Lebens. – [5]Wer siegt, wird ebenso mit weißen Gewändern bekleidet werden. Nie werde ich seinen Namen aus dem Buch des Lebens streichen, sondern ich werde mich vor meinem Vater und vor seinen Engeln zu ihm bekennen. – [15]Wer nicht im Buch des Lebens verzeichnet war, wurde in den Feuersee geworfen."

**Jubelruf und Seligpreisung (V 21-24)**

Anlässlich der Rückkehr der Jünger wird von Jesus gesagt (V 21): „er jubelte im Heiligen Geist." Motiv für die enthusiastische, euphorische Verherrlichung des himmlischen Vaters durch Jesus ist: Vor den gewissermaßen „unmündigen" Jüngern hat Gott „dies" – nämlich die Entmachtung des Satans – „enthüllt", andererseits die „Weisen und Verständigen", zu denen sich die Schriftgelehrten zählen, „verhüllt" (V 21). Somit wird eine Perspektive des göttlichen Heilsplanes verkündet. – Die Weitergabe, Tradition, Überlieferung übereigneter, überantworteter, mitgeteilter Erkenntnisse bilden die Begründung für die Erklärung: Dem Sohn ist alle Kenntnis vom Vater „übergeben", also „enthüllt" worden. Darum kennt allein der Sohn substanziell, wesenhaft den Vater, wie auch den Sohn wirklich nur der Vater kennt; das vermag der Sohn anderen zu „enthüllen": die Gottesherrschaft mit allen Heilsphasen (V 22). – Diese Erkenntnis wurde durch die Apostel und deren Nachfolger weitergegeben (1

Kor 11,23a; 15,3; Joh 5,20): „[23]Denn ich habe vom Herrn empfangen, was ich euch dann überliefert habe. – [3]Denn vor allem habe ich euch überliefert, was auch ich empfangen habe: Christus ist für unsere Sünden gestorben gemäß der Schrift. – [20]Denn der Vater liebt den Sohn und zeigt ihm alles, was er tut, und noch größere Werke wird er ihm zeigen, sodass ihr staunen werdet.“

Die Jünger werden selig gepriesen, weil sie nicht nur sehen, sondern auch hören, was Propheten und Könige sehen und hören wollten (V 23f).

Das Wort über den Satanssturz (V 18) reflektiert mutmaßlich ein für Jesu Gewissheit fundamentales Erlebnis, dass eine neue Phase der Herrschaft Gottes angebrochen ist (1 Kor 15,57): „Gott aber sei Dank, der uns den Sieg gibt durch unseren Herrn Jesus Christus!“

# BARMHERZIGER SAMARITER

## Lk 10,25-37

**[25]Und siehe, ein Gesetzgelehrter stand auf, und um ihn auf die Probe zu stellen, fragte er: Meister, was muss ich tun, um das ewige Leben zu gewinnen? [26]Er aber sprach zu ihm: Was steht in dem Gesetz geschrieben? Wie liest du? [27]Er aber antwortete und sprach: Du sollst den Herrn, deinen Gott, lieben aus deinem ganzen Herzen und mit deiner ganzen Seele und mit deiner ganzen Kraft und mit deinem ganzen Verstand und deinen Nächsten wie dich selbst. [28]Er sprach aber zu ihm: Du hast recht geantwortet; tue dies, und du wirst leben. [29]Er aber wollte sich rechtfertigen und sprach zu Jesus: Und wer ist mein Nächster?**

**[30]Jesus aber erwiderte und sprach: Ein Mann ging von Jerusalem nach Jericho hinab und fiel unter Räuber, die ihn ausplünderten und ihm Schläge versetzten, weggingen und ihn halbtot liegen ließen. [31] Zufällig kam ein Priester denselben Weg herab; er sah ihn und ging vorüber. [32] Ebenso kam auch ein Levit an den Ort, sah ihn und ging vorüber. [33] Ein Samariter, der auf der Reise war, kam zu ihm hin. Als er ihn sah, hatte er Mitleid, [34] ging zu ihm hin, versorgte seine Wunden und goss Öl und Wein darauf. Dann hob er ihn auf sein Reittier, brachte ihn zu einer Herberge und sorgte für ihn. [35] Am andern Morgen holte er zwei Denare hervor, gab sie dem Wirt und sagte: Sorge für ihn, und wenn du mehr für ihn brauchst, werde ich, wenn ich zurückkomme, es dir bezahlen.**

**[36] Wer von diesen dreien scheint dir der Nächste gewesen zu sein von dem, der unter die Räuber gefallen war? [37] Er aber sprach: Der die Barmherzigkeit an ihm tat. Jesus aber sprach zu ihm: Gehe hin und handle ebenso.**

Jesu Anfrage nach dem Zentralgebot bekommt durch ihre feste Verbindung mit dem Gleichnis vom redlichen, barmherzigen Samariter einen exquisiten Akzent (Lk 10,25-37). – Abgesehen davon, dass keine detaillierten Angaben der Situation gebracht werden, stellt der *„Gesetzesgelehrter“* Jesus eine Fangfrage. Sie berührt generell das *„Tun“* (V 28.37b) dessen, was unabdingbar ist, um *„ewiges Leben zu erben“* (V 25).

Dadurch, dass Jesus die Antwort dem Gesetzeslehrer abtritt (V 26ff) und ihn beglaubigt (V 28), wird Jesu Übereinstimmung mit der Tora demonstriert (Dtn 6,5: Lev 18,5; 19,18): „[5]Und du sollst Jahwe, deinen Gott, lieben mit deinem ganzen Herzen und mit deiner ganzen Seele und mit deiner ganzen Kraft. – [5]Und meine Satzungen und meine Rechte sollt ihr beobachten, durch welche der Mensch, wenn er sie tut, leben wird. Ich bin Jahwe. – [18]Du sollst dich nicht rächen und den Kindern deines Volkes nichts nachtragen und sollst deinen Nächsten lieben wie dich selbst. Ich bin Jahwe.“ – Die Liebe zu Gott inkludiert die zum *„Nächsten“* (V 27), auch die zum Fremden im Land (Lev 19,34): „Wie ein Eingeborener unter euch soll euch der Fremdling sein, der bei euch weilt, und du sollst ihn lieben wie dich selbst; denn Fremdlinge seid ihr gewesen im Lande Ägypten. Ich bin Jahwe, euer Gott.“

Die Antwort des Gesetzeslehrers war anscheinend zu einfach: zwei Schriftstellen, eine von der Gottes-, die andere von der Nächstenliebe. Darum will der Fragesteller *„sich rechtfertigen“* (V 29a) mit einer Spitzfindigkeit, Haarspalterei, Pedanterie (V29b): *„Und wer ist mein Nächster?“* – Jesus beantwortet diese kasuistische Wortklauberei zunächst nur indirekt mit einem erzählenden Beispiel (V 30a).

Von Jerusalem nach Jericho hinab sind es rund 27 Kilometer; der Höhenunterschied beträgt etwa 1000 Meter. Diesen Weg, der durch die unbewohnte Wüste Judas führt, die zahlreiche Felsschluchten aufweist, geht ein Mann. – Die Freischärler, die von Beute leben, plündern den Überfallenen aus, misshandeln und quälen ihn, sodass er auf dem Weg hilflos liegen bleibt. Von der bündigen und analog beschriebenen, beschämenden Verhaltensweise von Priester und Levit hebt sich als Signal mit präzisen, wenigen Worten das Verhalten eines Samariters ab. Abgesehen davon, dass zwischen Juden und Samaritern eine Diskrepanz und Gegnerschaft besteht – wie bereits zu Lk 9,52 erläutert wurde –, handelt der Samariter spontan aus selbstverständlicher Humanität und Barmherzigkeit. Dazu verwendet er sein Vermögen, sein Reittier, sein Geld und seine Beziehung zum Gastgeber der Herberge (V 30b-35).

Jesus bezieht sich nun (V 36f) auf die ursprünglich gestellte Frage (V 29): War diese aus der Sicht des Gesetzeslehrers aus dessen persönlicher Sicht gestellt – *„mein Nächster“* –, so transponiert Jesus das Problem auf eine verallgemeinernde Ebene von der Perspektive des Notleidenden aus: *„der Nächste, dessen …“* Die Kurzantwort würde einfach lauten: der Samariter. Aber dieses Wort scheint dem jüdischen Gesetzeslehrer – wegen der bekannten Differenz zu den Samaritern – nicht über die Lippen zu kommen; darum verwendet er die gewundene Formulierung: *„Der die Barmherzigkeit an ihm tat.“* – Jesus fasst bewusst die beiden Fragen abschließend zusammen (V 25.28): *„was muss ich tun, um das ewige Leben zu gewinnen? – wer ist mein Nächster?“* – mit der Anweisung (V 37): *„Gehe hin und handle ebenso.“*

Die totale Hingabe an Gott verlangt auch die *Feindesliebe* (Lk 6,27-31.35f): „Euch, die ihr mir zuhört, sage ich: Liebt eure Feinde; tut denen Gutes, die euch hassen. [28]Segnet die, die euch verfluchen; betet für die, die euch misshandeln. [29]Dem, der dich auf die eine Wange schlägt, halt auch die andere hin, und dem, der dir den Mantel wegnimmt, lass auch das Hemd. [30]Gib jedem, der dich bittet; und wenn dir jemand etwas wegnimmt, verlang es nicht zurück. [31] Was ihr von anderen erwartet, das tut ebenso auch ihnen. – [35]Ihr aber sollt eure Feinde lieben und sollt Gutes tun und leihen, auch wo ihr nichts dafür erhoffen könnt. Dann wird euer Lohn groß sein, und ihr werdet Söhne des Höchsten sein; denn auch er ist gütig gegen die Undankbaren und Bösen. [36]Seid barmherzig, wie es auch euer Vater ist!"

Die Beispielsgeschichte des kurz entschlossenen, energischen, tatkräftigen Samariters ist ein Spiegelbild Jesu, zugleich ein Ideal für christliche Nächstenliebe, die wesenhaft in der wohltätigen Liebe Gottes und Christi zu uns Sündern fundiert ist. – Zu guter Letzt – anders formuliert und durchdacht – ist der „Nächste" jeder Mensch in Not!

## MARTA UND MARIA

### Lk 10,38-42

**[38]Es begab sich aber, als sie weiterzogen, kam er in ein Dorf. Eine Frau aber namens Marta nahm ihn als Gast auf. [39]Und sie hatte eine Schwester, Maria genannt, die setzte sich zu den Füßen des Herrn und hörte auf sein Wort. [40]Marta aber war ganz davon in Anspruch genommen mit vielfältigem Dienst. Sie kam zu ihm und sagte: Herr, kümmert es dich nicht, dass meine Schwester die ganze Arbeit mir allein überlässt? Sag ihr doch, sie soll mir helfen! [41]Da antwortete ihr der Herr: Marta, Marta, du sorgst und beunruhigst dich um vieles, [42]aber nur eines ist notwendig. Maria hat den guten Teil erwählt, der soll ihr nicht genommen werden.**

Jesu Wanderung mit seinem Gefolge und seine Aufnahme als Gast durch Marta bilden den Rahmen einer Begebenheit, in deren Mittelpunkt Jesu Wort steht (V 38-42). Es bleiben Fragen offen: über Teilnehmer, Fußgängerweg, Aufenthaltsort und Personen. – Marta bietet großzügige Gastfreundschaft an, sie ist offensichtlich die entscheidende Managerin des Hauses (V 38). Wahrscheinlich ist Maria die jüngere der beiden Geschwister. Ausführlicheres wird in diesem Zusammenhang nicht erwähnt. – Die Diktion *„Herr"* und *„sein Wort hören"* könnten an sprachliche Formulierungen der Urkirche verweisen. – Im Gegensatz zu Maria befindet sich durch ihren *„vielfältigen Dienst"* (V 40a) die emsige, energische Marta, die nun sogar den *„Herrn"* einschaltet, Maria zur Mithilfe aufzufordern (V 40).

Die zweifache Namensnennung *„Marta, Marta"* verleiht der Reaktion Jesu geradezu die Form einer aufrichtigen Aufforderung oder sogar Warnung. Dieser folgt vordergründig eine Konfrontation zwischen geschäftiger Aktivität – *„um vieles"* – und kontemplativem Hören – *„eines"*. Dazu gibt es allerdings noch andere Textzeugen: „weniger aber ist notwendig", das will heißen, „die Jünger benötigen nur wenig"; dazu kommt eine kombinierende Textvariante: „weniges aber ist notwendig oder nur eines". – Schließlich erklärt Jesus (V 41f), warum er nicht auf Martas Ersuchen reagiert: *„denn Maria hat den guten Teil erwählt, dieser wird ihr nicht genommen werden."*

Das ungenügende Interesse am Verlauf der Episode, ebenfalls der ausbleibende Reflex Martas auf Jesu Auskunft und die Einzigkeit des Wortes Jesu verleihen diesen Versen die literarische Form eines geflügelten Wortes, einer Sentenz, Maxime oder Lebensregel, wo in der Perspektive der Verkündigung die Bedeutung des Hörens forciert wird. Mag sein, dass die Tendenz hinzielt auf eine spezifische rhetorische Kraft des Gotteswortes für die Frauen. – Weitere Angaben oder Identifizierungen mit den Namen Marta und Maria scheinen vom Autor nicht vorgesehen zu sein; darum bleiben sie auch in dieser Erwägung irrelevant.

Die nachdrückliche abschließende Aufforderung Jesu verlangt, gewiss an alle gerichtet, ihre Geschäftigkeiten und Besorgungen allezeit erneut zu kontrollieren, nicht zuletzt im Gehorchen auf den Herrn, durch den jedes Tun dauerhafte Güte bekommt, im Hinblick auf sein Wort (Lk 8,21): „... Meine Mutter und meine Brüder sind die, die das Wort Gottes hören und danach handeln."

# GEBETSLEHRE

## Lk 11,1-13

**1Und es geschah, als er an einem Ort betete, da sprach, als er geendet hatte, einer sei-
ner Jünger zu ihm: Herr, lehre uns beten, wie auch Johannes seine Jünger lehrte. 2Er
sprach aber zu ihnen: Wenn ihr betet, so sprechet: Vater, geheiligt werde dein Name;
es komme dein Reich; 3unser nötiges Brot gib uns täglich; 4und vergib uns unsere
Sünden, denn auch wir selbst vergeben jedem, was er uns schuldig ist; und führe
uns nicht in Versuchung.**

**5Dann sagte er zu ihnen: Wenn einer von euch einen Freund hat und um Mitternacht
zu ihm geht und sagt: Freund, leih mir drei Brote; 6denn mein Freund ist von der
Reise bei mir angetroffen, und ich habe nichts, was ich ihm vorsetzen kann; – 7und
jener würde von innen antworten und sagen: Mache mir keine Mühe, die Tür ist
schon geschlossen, und meine Kinder sind bei mir im Bett; ich kann nicht aufstehen
und dir (etwas) geben? 8Ich sage euch, wenn er auch nicht aufstehen und ihm geben
wird, weil er sein Freund ist, so wird er wegen seiner Zudringlichkeit aufstehen und
ihm geben, was er braucht.**

**9Und ich sage euch: Bittet, und es wird euch gegeben werden; suchet, und ihr werdet
finden; klopfet an, und es wird euch aufgetan werden. 10Denn jeder, der bittet, der
empfängt; wer sucht, der findet; und wer anklopft, dem wird geöffnet. 11Wer aber ist
ein Vater unter euch, den der Sohn [um Brot bitten wird, er wird ihm doch nicht
einen Stein geben? Oder auch] um einen Fisch, er wird ihm statt des Fisches doch
nicht eine Schlange geben? 12Oder auch, wenn er um ein Ei bäte, er wird ihm doch
nicht einen Skorpion geben? 13Wenn nun ihr, die ihr böse seid, euren Kindern gute
Gaben zu geben wisst, wie viel mehr wird der Vater, der vom Himmel ist, den Heili-
gen Geist geben denen, die ihn bitten!**

**Das neue Gebet (V 1-4)**

Aus der Gebetssituation Jesu ergibt sich eine neue Gebetsform (V 1f). Jesus hat vielmals gebetet (Lk 3,21; 5,16; 6,12; 9,29). Die nicht näher bestimmbare Ortsangabe des Gebetes Jesu soll in diesem Fall anzeigen, dass man überall beten, sein Herz zu Gott hin richten kann. Der bei einer solchen Okkasion geäußerte Wunsch um eine Gebetsschulung vermutet, dass Jesu Beten vom aktuellen absticht, auch anscheinend vom Beten der Täuferjünger abhebt. Jesus reflektiert daraufhin nicht mit einer Doktrin, sondern vorab nur mit einer bündigen Ausdrucksformel.

Die Anrufung Gottes (V 2c-4) stimmt überein mit der von Jesus selbst gebrauchten Anrede „Abba" (Lk 10,21; 23,34.46), wie sie im Urchristentum als eine besondere Ausdrucksweise des Betens verwendet wird (Gal 4,6; Röm 8,15). Das Beachtenswerte und keinesfalls Selbstredende zeigt sich, dass Christen diese Anrede *„Vater"* ehrfurchtsvoll und korrekt nur in der Kraft des Heiligen Geistes benützen können.

Häufig wird der *Name* mit dem Wesen des Benannten aufs engste verbunden. Das führt auch zur Gefahr des *Missbrauches* (Ez 36,20-23): „Als sie aber zu den Völkern kamen, entweihten sie überall, wohin sie kamen, meinen heiligen Namen; denn man sagte von ihnen: Das ist das Volk Jahwes, und doch mussten sie sein Land verlassen. [21]Da tat mir mein heiliger Name leid, den das Haus Israel bei den Völkern entweihte, wohin es auch kam. [22]Darum sag zum Haus Israel: So spricht der Herr, Jahwe: Nicht euretwegen handle ich, Haus Israel, sondern um meines heiligen Namens willen, den ihr bei den Völkern entweiht habt, wohin ihr auch gekommen seid. [23]Meinen großen, bei den Völkern entweihten Namen, den ihr mitten unter ihnen entweiht habt, werde ich wieder heiligen. Und die Völker – Spruch Jahwes, des Herrn – werden erkennen, dass ich Jahwe bin, wenn ich mich an euch vor ihren Augen als heilig erweise." – Jes 52,5: „Aber was erlebe ich jetzt – Spruch Jahwes –? Man nahm mein Volk, ohne zu bezahlen, und nun prahlen seine Beherrscher – Spruch Jahwes –; ständig, jeden Tag wird mein Name gelästert."

Darum ist die Bitte Jesu überaus bedeutungsvoll (Joh 12,28): „Vater, verherrliche deinen Namen! Da kam eine Stimme vom Himmel: Ich habe ihn schon verherrlicht und werde ihn wieder verherrlichen." Dazu kann jeder Jünger beitragen, wenn er den *Namen Gottes* für heilig und preiswürdig erachtet; allerdings gilt die Warnung (Röm 2,24): „Denn in der Schrift steht: Euretwegen wird unter den Heiden der Name Gottes gelästert."

Jesus charakterisiert seine Tätigkeit (Lk 4,43): „Ich muss auch den anderen Städten das Evangelium vom Reich Gottes verkünden; denn dazu bin ich gesandt worden." Diesen zentralen Ausdruck vom *„Reich oder Herrschaft"* Gottes, womit das „Reich des Vaters" bezeichnet wird, bildet eine Kernaussage in diesem Gebet des Herrn. Dieses Reich hat bereits im Wirken Jesu begonnen, die totale Verwirklichung steht noch aus, darum die Bitte (V 2c): *„es komme dein Reich"*, womit die endgültige Herrlichkeit des Vaters in Weisheit, Gerechtigkeit, Liebe und Gnade überall sichtbar wird.

Nicht nur um das Existenzminimum, sondern darüber hinaus um einen angemessenen Lebensunterhalt wird mit der Bitte (V 3) *„unser nötiges Brot gib uns täglich"* ausgesprochen; man muss entsprechend gut leben können, um auch für Gott analog gut leben zu können. Die Besorgung der erforderlichen Güter der Grundversorgung liegt nicht immer allein im Möglichkeitsbereich des einzelnen Menschen.

Eine überaus hoffnungsvolle Gebetsbitte schließt sich als Vorbedingung für den versöhnten, liebevollen Gnadenzustand und der vereinten innigen Gemeinschaft mit Gott an (V 4a): *„vergib uns unsere Sünden."* Mit *„Sünde"* wird eine Missachtung, ein Verschulden, Delikt, eine Entgleisung, Pflichtverletzung, ein Verstoß gegen Gott und seinen Willen benannt. Sünde ist eine persönliche Schuld, die aus der autonomen Entscheidung gegen den in der Schöpfungsordnung und in der Wortoffenbarung erkannten Plan Gottes entsteht; sie ist eine Auflehnung gegen Gott, die sich vor allem als Unglaube und Ichbezogenheit zeigt und vielfach als Belastung empfunden wird. Die nur von Gott ausführbare Befreiung und Beseitigung dieses quälenden Verhältnisses wird nun erfleht und mit dem Vorsatz auf das persönliche Verzeihen motiviert.

Vielleicht ist nicht gleich verständlich, dass man bitten soll (V 4a): *„führe uns nicht in Versuchung"*, in eine Situation, die zum Abfall vom Plan Gottes verlockt, wie sie Jesus in der Wüste erlebt hat (Lk 4,13): „Nach diesen Versuchungen ließ der Teufel für eine gewisse Zeit von ihm ab." Diese Gefahr betrifft auch die Jünger (Lk 8,13; 22,31f.40.46): „13Auf den Felsen ist der Samen bei denen gefallen, die das Wort freudig aufnehmen, wenn sie es hören; aber sie haben keine Wurzeln: Eine Zeit lang glauben sie, doch in der Zeit der Versuchung werden sie abtrünnig. – 31Simon, Simon, der Satan hat verlangt, dass er euch wie Weizen sieben darf. 32Ich aber habe für dich gebetet, dass dein Glaube nicht erlischt. Und wenn du dich wieder bekehrt hast, dann stärke deine Brüder. – 40Als er dort war, sagte er zu ihnen: Betet darum, dass ihr nicht in Versuchung geratet! – 46 Da sagte er zu ihnen: Wie könnt ihr schlafen? Steht auf und betet, damit ihr nicht in Versuchung geratet." – Diese Versuchung findet allerdings im Konnex der Gesamtinterpretation seine Erklärung (1 Kor 10,13; Jak 1,13; Offb 3,10): „13Noch ist keine Versuchung über euch gekommen, die den Menschen überfordert. Gott ist treu; er wird nicht zulassen, dass ihr über eure Kraft hinaus versucht werdet. Er wird euch in der Versuchung einen Ausweg schaffen, sodass ihr sie bestehen könnt. – 13Keiner, der in Versuchung gerät, soll sagen: Ich werde von Gott in Versuchung geführt. Denn Gott kann nicht in die Versuchung kommen, Böses zu tun, und er führt auch selbst niemand in Versuchung. – 10Du hast dich an mein Gebot gehalten, standhaft zu bleiben; daher werde auch ich zu dir halten und dich bewahren vor der Stunde der Versuchung, die über die ganze Erde kommen soll, um die Bewohner der Erde auf die Probe zu stellen." – Die entsprechende Vaterunser-Bitte bietet also eine genügende Direktive und Zuversicht.

**Der genötigte Freund (V 5-8)**

Jesus bringt ein Gleichnis, das zur Dringlichkeit, Beharrlichkeit des Betens führen soll. Die Aufdringlichkeit, wörtlich ist es sogar die *„Unverschämtheit"* (V 8), die sich durchsetzt: Der Bittsteller lässt nicht nach und der genötigte Freund erhält erst seine Nachtruhe, nachdem er den Wunsch erfüllt hat. – Ausdauer im Beten hat Erfolg.

**Appell zum Beten (9-13)**

Ein auffallendes Drängen bewirken die drei Befehlsformen *„bittet"*, *„sucht"* und *„klopft an"* (V 9), die anschließend (V 10) wiederholt werden, also sechs Imperative – sie forcieren die Aussagen des vorausstehenden Beispiels über den „unverschämten, hartnäckigen Freund"; darüber hinaus intensivieren die entsprechenden Sentenzen das Anliegen: unermüdlich beten!

Mit rhetorischen Fragen (V 11f) aus dem familiären Leben motiviert Jesus seine Zuhörer: Kein Vater hintergeht den Sohn und gibt ihm statt eines Fisches eine Schlange oder statt eines Eies einen Skorpion; Schlange und Skorpion sind zudem gefährlich (Lk 10,19; Ps 91,13). Die endgültige Schlussfolgerung ist logisch, wenn schon Menschen, die gelegentlich auch böse sein können, eine solche Täuschung nicht zugedacht wird, um wie viel mehr gilt von Gott, der *„Vater"* genannt wird, das Beste, *„vom Himmel her den Heiligen Geist"* (V 13). Somit wird alles Beten göttlich erhört, wenn nicht immer nach Menschensinn, so doch zu seinem Besten.

In dieser Gebetsunterweisung (V 1-13) bildet die Anrede Gottes mit „Vater" (V 2.13) den Rahmen, Beginn und Schluss, er ist der Anfang und das Ende, die Menschen sind seine Kinder, Söhne und Töchter. Die „gute Gabe" Gottes, der „Heilige Geist", die dem Betenden geschenkt wird, ist Teilhabe am Lebensodem Gottes; das erlebt Paulus (2 Kor 12,9): „Er aber antwortete mir: Meine Gnade genügt dir; denn sie erweist ihre Kraft in der Schwachheit. Viel lieber also will ich mich meiner Schwachheit rühmen, damit die Kraft Christi auf mich herabkommt." Und über die Erhörung des Betens Jesu ist zu lesen (Hebr 5,7): „Als er auf Erden lebte, hat er mit lautem Schreien und unter Tränen Gebete und Bitten vor den gebracht, der ihn aus dem Tod retten konnte, und er ist erhört und aus seiner Angst befreit worden."

# ZWEIERLEI SELIGPREISUNGEN?

## Lk 11,27-28

**27Es geschah aber, als er so redete, erhob eine Frau aus der Volksmenge ihre Stimme und sprach zu ihm: Selig der Leib, der dich getragen, und die Brüste, an denen du gesogen hast! 28Er aber sprach: Ja, vielmehr selig, die das Wort Gottes hören und befolgen!**

„Selig der Leib, der dich getragen, und die Brüste, an denen du gesogen hast!" (V 27b), ruft spontan eine Frau in landläufiger Diktion – wenn man Lk 23,29 vergleicht: „denn siehe, Tage kommen, an welchen man sagen wird: Selig die Unfruchtbaren und die Leiber, die nicht geboren, und die Brüste, die nicht gesäugt haben!" – Eine wohltuende Naturverbundenheit in altorientalischer Gepflogenheit wird spürbar. – Der Leib der Mutter Jesu wird verherrlicht aus Begeisterung über die Worte Jesu. Jesus weist in seinem Sinnspruch (V 28) über die Bedeutung der Abstammung hinaus auf das Hören des Wortes Gottes und dessen Realisierung in entsprechenden Aktivitäten, womit indirekt Maria, seine Mutter als Vorbild mitklingt. Diese Seligpreisung Jesu ruft in Erinnerung, was bereits über Maria in dieser Frohbotschaft gesagt worden ist (Lk 1,38.45.48; 2,19.51; 8,19ff): „1 38Da sagte Maria: Ich bin die Magd des Herrn; mir geschehe, wie du es gesagt hast. Danach verließ sie der Engel. – 45Selig ist die, die geglaubt hat, dass sich erfüllt, was der Herr ihr sagen ließ. – 48Denn auf die Niedrigkeit seiner Magd hat er geschaut. Siehe, von nun an preisen mich selig alle Geschlechter. – 2 19Maria aber bewahrte alles, was geschehen war, in ihrem Herzen und dachte darüber nach. – 51Dann kehrte er mit ihnen zurück und war ihnen gehorsam. Seine Mutter bewahrte alles, was geschehen war, in ihrem Herzen. – 8[19]Eines Tages kamen seine Mutter und seine Brüder zu ihm; sie konnten aber wegen der vielen Leute nicht zu ihm gelangen. [20]Da sagte man ihm: Deine Mutter und deine Brüder stehen draußen und möchten dich sehen. [21] Er erwiderte: Meine Mutter und meine Brüder sind die, die das Wort Gottes hören und danach handeln." – Damit wird indirekt ein strahlender Hinweis auf die „Frau aller Frauen" von Jesus selbst ergänzend zu der Aussage der Frau aus der Volksmenge getroffen: Keine Frau hat das Wort Gottes so gehört und befolgt wie sie, die Mutter Jesu, die Mutter Gottes!

Geradezu eine Ehrenrettung ist, was diese unbekannte Frau als Hochschätzung Jesu zum damaligen Zeitpunkt über ihn und seine Mutter formuliert und initiiert. Schade, dass ihr Name nicht genannt wird, oder doch, sie ist die „Frau aus dem Volk" (V 27), sie repräsentiert, vertritt geradezu die natürlich empfindende Gemeinschaft von Frauen und kennzeichnet, charakterisiert wesentlich, substanziell, relevant, signifikant, das sanfte, willensstarke, mutige, beharrliche und bisweilen kampfunfähige, übermäßig leidens- und opferfähige weibliche Wesen, das Jesus und seine Mutter liebt.

Somit werden durch Jesus zwei Denkmäler gesetzt, eines für die „Frau aus dem Volk" und eines für „seine Mutter Maria". – Oder bilden diese beiden zusammen ein globales Monument, ein triumphales Ehrenmal, geradezu eine Siegessäule? Ist nicht die Mutter Jesu par excellence, in höchster Vollendung, im wahrsten Sinne des Wortes, katexochen in mystischer Perspektive „die Frau aus dem Volk", die jubeln darf (Lk 1,46ff): „Da sagte Maria: Meine Seele preist die Größe des Herrn, [47]und mein Geist jubelt über Gott, meinen Retter. [48]Denn auf die Niedrigkeit seiner Magd hat er geschaut. Siehe, von nun an preisen mich selig alle Geschlechter."

# BESITZGIER

## Lk 12,13-21

**[13]Einer aus der Volksmenge aber sprach zu ihm: Meister, sage meinem Bruder, dass er das Erbe mit mir teile. [14]Er aber sprach zu ihm: Mensch, wer hat mich zu einem Richter oder Erbteiler über euch gesetzt? [15]Er sprach aber zu ihnen: Sehet zu und hütet euch vor aller Habsucht, denn nicht weil jemand Überfluss hat, besteht sein Leben aus seiner Habe. [16]Er sagte aber ein Gleichnis zu ihnen und sprach: Das Land eines reichen Menschen lieferte guten Ertrag. [17]Da überlegte er hin und her: Was soll ich tun? Ich weiß nicht, wo ich meine Ernte unterbringen soll. [18]Und er sprach: Dies will ich tun: Ich will meine Scheunen niederreißen und größere bauen und will dort mein ganzes Getreide und meine Vorräte unterbringen [19]und ich will zu meiner Seele sagen: Seele, du hast viele Güter daliegen auf viele Jahre; ruhe aus, iss, trink, sei fröhlich. [20]Gott aber sprach zu ihm: Du Törichter! In dieser Nacht wird man deine Seele von dir zurückfordern; was du aber aufgehäuft hast, für wen wird es sein? [21]So geht es jedem, der für sich Schätze sammelt, aber vor Gott nicht reich ist.**

**Notiz einer Anfrage (V 13f)**
Jesus wird gebeten, einen Erbstreit zu schlichten. Das motiviert Jesus, vor gieriger Betriebsamkeit nach Vermögen und Reichtum zu warnen (V 13-21). Eine Atempause in der Jüngerbelehrung wird von einem Zuhörer ausgenutzt, der die Autorität Jesu erkennt und ihn um eine Rechtsentscheidung ersucht. In Jesu Worten weht der Geist der Ewigkeit; davon ist der Mann mit seinen Rechtshändeln weit entfernt. Darum folgt auch Jesu energische Ablehnung, was zugleich beispielgebend für seinen Jüngerkreis ist (V 13f). Man hört bereits Jesu Wort (Lk 12,31): „Euch jedoch muss es um sein Reich gehen; dann wird euch das andere dazugegeben."

**Warnung vor Habgier (V 15)**
*„Habsucht"* (V 15), Raffgier, Eigennutz, Habgier zählen zu den Hauptlastern wie Unzucht und Götzendienst (Eph 5,5): „Denn das sollt ihr wissen: Kein unzüchtiger, schamloser oder habgieriger Mensch – das heißt kein Götzendiener – erhält ein Erbteil im Reich Christi und Gottes." – Desgleichen argumentiert Kol 3,5: „Darum tötet, was irdisch an euch ist: die Unzucht, die Schamlosigkeit, die Leidenschaft, die bösen Begierden und die Habsucht, die ein Götzendienst ist." – Sie ist Ursache aller Übel (1 Tim 6,10): „Denn die Wurzel aller Übel ist die Habsucht. Nicht wenige, die ihr verfielen, sind vom Glauben abgeirrt und haben sich viele Qualen bereitet." – Jesus begründet seine Ermahnung mit dem Argument, dass Reichtum nicht das wahre Leben verbürgt (Lk 9,25; 16,13): „[25]Was nützt es einem Menschen, wenn er die ganze Welt gewinnt, dabei aber sich selbst verliert und Schaden nimmt? – [13]Kein Sklave kann zwei Herren dienen; er wird entweder den einen hassen und den andern lieben, oder er wird zu dem einen halten und den andern verachten. Ihr könnt nicht beiden dienen, Gott und dem Mammon."

**Beispielgeschichte (V 16-20)**
Das Gleichnis aus dem Leben eines Grundbesitzers (V 16-20), dem in schwerer Menge Reichtum zugewachsen ist, zeigt einen Menschen, der in Üppigkeit volles Genügen finden will, wohlig, sorglos, sicher. Eine solche Haltung findet sich immer wieder (Koh 8,15): „Und ich pries die Freude, weil es für den Menschen nichts Besseres unter der Sonne gibt, als zu essen und zu trinken und sich zu freuen; und dies wird ihn begleiten bei seiner Mühe, die Tage seines Lebens hindurch, welche Gott ihm unter der Sonne gegeben hat." Das charakterisiert Ps 39,7: „Nur wie ein Schatten geht der Mensch einher, um ein Nichts macht er Lärm. Er rafft zusammen und weiß nicht, wer es einheimst." – Da ertönt die schockierende Stimme Gottes, der in allem Raffen und Genießen vergessen war.

**Allgemeine Sentenz (V 21)**
Der abschließenden Konsequenz (V 21) geht parallel (Lk 12,33): „Verkauft eure Habe, und gebt den Erlös den Armen! Macht euch Geldbeutel, die nicht zerreißen. Verschafft euch einen Schatz, der nicht abnimmt, droben im Himmel, wo kein Dieb ihn findet und keine Motte ihn frisst." – So geschah es auch (Lk 16,9; 18,22; 19,8; Apg 2,45; 4,34f): Die Besitztümer dieser Welt führen zu echtem überirdischen Reichtum, wenn sie in die Dienstbarkeit der Nächstenhilfe eingeordnet werden.

# WACHSAMKEIT UND TREUE

## Lk 12,32-48

[32]Fürchte dich nicht, du kleine Herde, denn es hat eurer Vater beschlossen, euch das Reich zu geben. [33]Verkauft eure Habe und gebt Almosen; macht euch Geldbeutel, die nicht veralten, einen Schatz, unvergänglich, in den Himmeln, wo kein Dieb sich naht und keine Motte zerstört. [34]Denn wo euer Schatz ist, da wird auch euer Herz sein.
[35]Es seien eure Lenden umgürtet und die Lampen brennend; [36]und ihr, seid Menschen gleich, die auf ihren Herrn warten, wann irgend er aufbrechen mag von der Hochzeit, damit, wenn er kommt und anklopft, sie ihm alsbald aufmachen. [37]Glückselig jene Knechte, die der Herr, wenn er kommt, wachend finden wird! Wahrlich, ich sage euch: Er wird sich umgürten und sie sich zu Tische legen lassen und wird hinzutreten und sie bedienen. [38]Und wenn er in der zweiten Wache kommt und in der dritten Wache kommt und findet sie so, selig sind sie! [39]Dies aber erkennt: Wenn der Hausherr gewusst hätte, zu welcher Stunde der Dieb kommen würde, so hätte er gewacht und nicht erlaubt, dass in sein Haus eingebrochen würde. [40]Auch ihr, seid bereit! Denn in der Stunde, in welcher ihr es nicht vermutet, kommt der Menschensohn.
[41]Petrus aber sprach zu ihm: Herr, sagst du dieses Gleichnis zu uns oder auch zu allen? [42]Der Herr aber sprach: Wer ist nun der treue und kluge Verwalter, welchen der Herr über seine Dienerschaft setzen wird, um ihr zu geben zur rechten Zeit die zugemessene Speiseration? [43]Selig jener Knecht, den sein Herr, wenn er kommt, derartig aktiv finden wird! [44]In Wahrheit sage ich euch, dass er ihn über seine ganze Habe setzen wird. [45]Wenn aber jener Knecht in seinem Herzen sagt: Mein Herr verzögert zu kommen und anfängt, die Knechte und Mägde zu schlagen und zu essen und zu trinken und sich zu berauschen, [46]so wird der Herr jenes Knechtes kommen an einem Tage, an welchem er es nicht erwartet, und in einer Stunde, die er nicht weiß, und wird ihn entzweischneiden und ihm seinen Anteil setzen unter den Untreuen.
[47]Jener Knecht aber, der den Willen seines Herrn wusste und sich nicht kümmert, noch nach seinem Willen handelt, wird mit vielen Schlägen geschlagen werden; [48]wer ihn aber nicht kennt, aber getan hat, was der Schläge verdient, wird mit wenigen geschlagen werden. Jedem aber, dem viel gegeben ist, viel wird von ihm verlangt werden; und wem man viel anvertraut hat, von dem wird man desto mehr fordern.

Die verängstigte *„kleine Herde“* (V 32) erinnert an (Jes 41,14): „Fürchte dich nicht, du Wurm Jakob, du Häuflein Israel; ich helfe dir, Spruch Jahwes, und dein Erlöser ist der Heilige Israels.“ Jesus ermuntert mit der Anspielung auf die hoffnungsvolle Entscheidung des himmlischen Vaters, die Angesprochenen am Reich Gottes teilhaben zu lassen und lädt sie ein, sich einen offenkundigen *„Schatz“* (V 33f) bei Gott zu besorgen (Lk 12,21; 16,9): „[21]So geht es jedem, der nur für sich selbst Schätze sammelt, aber vor Gott nicht reich ist. – [9]Ich sage euch: Macht euch Freunde mit Hilfe des ungerechten Mammons, damit ihr in die ewigen Wohnungen aufgenommen werdet,

wenn es (mit euch) zu Ende geht." – Grundlos, unbegründet, haltlos, gegenstandslos, ungerechtfertigt, wesenlos, hinfällig, unmotiviert, aus der Luft gegriffen sind ängstliche Sorgen um die göttliche Erwählung.
*„Umgürten"* ist bisweilen bedeutungsgleich mit Hochschürzen des Gewandes (Ex 12,11) zum Zeichen der Bereitschaft für mühevolle Anstrengung und Abmarsch. Die *„brennenden Lampen"* sind Ausdruck für die nächtliche Wachsamkeit (Mt 25, 1ff). Das Gleichnis mit den der Heimkehr ihres Herrn entgegenharrenden Dienern, die ihn nicht warten lassen, expliziert, dass diese Appelle illustrativ theoretisch sind und auf die Parusie verweisen (V 35f): Verzögerung der Wiederkunft Christi zum Jüngsten Gericht, dem Endgericht.
Die Seligpreisung akzentuiert die vorausgehenden Anordnungen durch die Reaktion des Hausherrn, der die aufmerksam Wartenden selbst bewirtet, was auf Jesus zurückweist (Lk 22,27): „Welcher von beiden ist größer: wer bei Tisch sitzt oder wer bedient? Natürlich der, der bei Tisch sitzt. Ich aber bin unter euch wie der, der bedient." – Die Erwähnung der *zweiten oder dritten Nachtwache* deutet die Möglichkeit einer Verzögerung an und inkludiert Beharrlichkeit (V 37f).
Mit der Allegorie vom hellhörigen, aufmerksamen, achtsamen Hausherrn will Jesus seine Hörerschaft auf das unvorhersehbare Eintreffen des Menschensohnes vorbereiten (V 39f), wie auch nachfolgend gelehrt wird (1 Thess 5,2.4; 2 Petr 3,10a; Offb 3,3): „[2]Ihr selbst wisst genau, dass der Tag des Herrn kommt wie ein Dieb in der Nacht." – „[4]Ihr aber, Brüder, lebt nicht im Finstern, sodass euch der Tag nicht wie ein Dieb überraschen kann." – „[10a]Der Tag des Herrn wird aber kommen wie ein Dieb." – „[3]Denk also daran, wie du die Lehre empfangen und gehört hast. Halte daran fest, und kehr um! Wenn du aber nicht aufwachst, werde ich kommen wie ein Dieb, und du wirst bestimmt nicht wissen, zu welcher Stunde ich komme."
Der Einwurf des Petrus (V 41) bezieht sich auf das Gleichnis vom Hausherrn, das nun als angesprochene Zielgruppe die führenden Leiter der Gemeinden ins Visier nimmt. – Jesus kontert mit einer rhetorischen Frage in Modifikation des Beispiels: Statt *„Hausherr"* kommt nun ein *„Hausverwalter"* ins Gespräch (V 41-44); damit bezieht sich Jesus auf die Gemeindeleiter – das findet sein Echo und hat weiterhin seine Gültigkeit (1 Kor 4,1.5f): „[1]Als Diener Christi soll man uns betrachten und als Verwalter von Geheimnissen Gottes. [5]Richtet also nicht vor der Zeit; wartet, bis der Herr kommt, der das im Dunkeln Verborgene ans Licht bringen und die Absichten der Herzen aufdecken wird. Dann wird jeder sein Lob von Gott erhalten. [6]Brüder, ich habe das auf mich und Apollos bezogen, und zwar euretwegen, damit ihr an uns lernt, dass der Grundsatz gilt: ‚Nicht über das hinaus, was in der Schrift steht', dass also keiner zugunsten des einen und zum Nachteil des andern sich wichtig machen darf." – Dem nun als *„Knecht"* seliggepriesenen Verwalter wird wegen seiner Treue geradezu ein herrschaftlicher Lohn zugedacht, wie in ähnlicher Situation formuliert wird (Lk 19,17ff): „Da sagte der König zu ihm: Sehr gut, du bist ein tüchtiger Diener. Weil du im Kleinsten zuverlässig warst, sollst du Herr über zehn Städte werden. [18]Der zweite kam und sagte: Herr, ich habe mit deiner Mine fünf Minen erwirtschaftet. [19]Zu ihm sagte der König: Du sollst über fünf Städte herrschen."
Kontrastreich wird daraufhin *„jener Knecht"* geschildert, der wegen anhaltender verzögerter Rückkehr seines Herrn anmaßend, arrogant, selbstherrlich und mutwillig entscheidet und lebt. Das ihn plötzlich überraschende Urteil – in orientalischer Diktion formuliert – ist eine warnende Ermahnung an alle, nicht nur an die Leiter christlicher Gemeinden (V 45f).

Die dreifach gegliederte Sentenz (V 47f) intensiviert die vorangehend formulierte Ermahnung und Androhung: Die Bestrafung, Vergeltung und Abrechnung ist umso beträchtlicher, je mehr dem *„Verwalter oder Knecht"* der Plan, nämlich *„der Wille des Herrn"*, bekannt ist. – Die definitive Aussage präzisiert abschließend die Verwarnung: Entsprechend der Fähigkeiten, Veranlagung, Gaben, Intelligenz, dem Talent eines Menschen werden proportional Rechenschaft, Verantwortung und Abrechnung gefordert.

Der vorliegende Text gibt anschaulich drastisch zu verstehen, wozu Jesu Worte alle Menschen, nicht nur leitende Autoritäten oder Führungskräfte, auffordern und zu bedenken geben: andauernd vorbereitet zu sein auf das Kommen des Herrn, die Parusie Christi zum Endgericht, und zur Verantwortung über die anvertraute Lebensaufgabe.

# SCHEIDUNG DER GEISTER

## Lk 12,49-53

**[49]Ich bin gekommen, Feuer auf die Erde zu werfen; und wie wünschte ich, es wäre schon entzündet! [50]Mit einer Taufe muss ich getauft werden, und ich bin bedrückt, solange sie noch nicht vollzogen ist. [51]Denkt ihr, dass ich gekommen sei, Frieden auf der Erde zu geben? Nein, sage ich euch, sondern vielmehr Entzweiung. [52]Denn es werden von nun an fünf in einem Haus entzweit sein; drei gegen zwei und zwei gegen drei [53]werden sie entzweit sein, der Vater gegen den Sohn und der Sohn gegen den Vater, die Mutter gegen die Tochter und die Tochter gegen die Mutter, die Schwiegermutter gegen die Schwiegertochter und die Schwiegertochter gegen die Schwiegermutter.**

Auf überraschend formulierte Sentenzen folgt eine Begründung, die auf den ersten Blick hin anscheinend kaum eine Erklärung anbietet und zum Überlegen zwingt (V 49-53).

Unvermittelt wird vorab eine Devise über die Aufgabe Jesu zitiert (V 49): „Ich bin gekommen, Feuer auf die Erde zu werfen; und wie wünschte ich, es wäre schon entzündet!" – „Feuer" hat eine umfassende Aussagekraft, es ist ein vertrautes metaphorisches Bild für das Wort Gottes (Jer 5,14; 23,29; Sir 48,1): „Darum – so spricht Jahwe, der Gott der Heere: Weil man solche Reden führt, seht, darum mache ich meine Worte in deinem Mund zu Feuersglut und dieses Volk da zum Brennholz, das von ihr verzehrt wird." – „[29]Ist nicht mein Wort wie Feuer – Spruch Jahwes – und wie ein Hammer, der Felsen zerschmettert?" – „[1]Da stand ein Prophet [Elija] auf wie Feuer, seine Worte waren wie ein brennender Ofen." – „Feuer" ist ein Sinnbild für endzeitliche Umgestaltung (Sach 13,9; Mal 3,2): „[9]Dieses Drittel will ich ins Feuer werfen, um es zu läutern, wie man Silber läutert, um es zu prüfen, wie man Gold prüft. Sie werden meinen Namen anrufen, und ich werde sie erhören. Ja, ich werde sagen: Es ist mein Volk.

Und das Volk wird sagen: Jahwe ist mein Gott.“ – „[2]Doch wer erträgt den Tag, an dem er kommt? Wer kann bestehen, wenn er erscheint? Denn er ist wie das Feuer im Schmelzofen und wie die Lauge im Waschtrog.“ – „Feuer“ ist eine Metapher für das Gericht (Lk 3,9.16f; 1 Kor 3,13ff; 1 Petr 1,6f): „[9]Schon ist die Axt an die Wurzel der Bäume gelegt; jeder Baum, der keine gute Frucht hervorbringt, wird umgehauen und ins Feuer geworfen.“ – „[16]Doch Johannes gab ihnen allen zur Antwort: Ich taufe euch nur mit Wasser. Es kommt aber einer, der stärker ist als ich, und ich bin es nicht wert, ihm die Schuhe aufzuschnüren. Er wird euch mit dem Heiligen Geist und mit Feuer taufen. [17]Schon hält er die Schaufel in der Hand, um die Spreu vom Weizen zu trennen und den Weizen in seine Scheune zu bringen; die Spreu aber wird er in nie erlöschendem Feuer verbrennen.“ – „3[13]Das Werk eines jeden wird offenbar werden; jener Tag wird es sichtbar machen, weil es im Feuer offenbart wird. Das Feuer wird prüfen, was das Werk eines jeden taugt. [14]Hält das stand, was er aufgebaut hat, so empfängt er Lohn. [15]Brennt es nieder, dann muss er den Verlust tragen. Er selbst aber wird gerettet werden, doch so wie durch Feuer hindurch.“ – „1[6]Deshalb seid ihr voll Freude, obwohl ihr jetzt vielleicht kurze Zeit unter mancherlei Prüfungen leiden müsst. [7]Dadurch soll sich euer Glaube bewähren, und es wird sich zeigen, dass er wertvoller ist als Gold, das im Feuer geprüft wurde und doch vergänglich ist. So wird (eurem Glauben) Lob, Herrlichkeit und Ehre zuteil bei der Offenbarung Jesu Christi.“

Der geheimnisvolle Zusatz (V 49b) – „und wie wünschte ich, es wäre schon entzündet!“ – verheißt, dass Jesu Heilsaufgabe, deren Abschluss er begehrt, die Art eines beißenden, qualvollen, ermordenden Feuers hat.

Die Aussage (V 50) – „mit einer Taufe muss ich getauft werden“ – verweist auf Lk 3,16: „Doch Johannes gab ihnen allen zur Antwort: Ich taufe euch nur mit Wasser. Es kommt aber einer, der stärker ist als ich, und ich bin es nicht wert, ihm die Schuhe aufzuschnüren. Er wird euch mit dem Heiligen Geist und mit Feuer taufen.“ – „Taufe“ ist zugleich bildlicher Hinweis auf das Eintauchen in Bedrängnisse, Leiden, Tod und Auferstehung (Ps 42,8; 69,2f; 2 Sam 22,5; Röm 6,3ff): „42[8]Flut ruft der Flut zu beim Tosen deiner Wasser, all deine Wellen und Wogen gehen über mich hin.“ – „69[2]Hilf mir, Gott! Schon reicht mir das Wasser bis an die Kehle. [3]Ich bin in tiefem Schlamm versunken und habe keinen Halt mehr; ich geriet in tiefes Wasser, die Strömung reißt mich fort.“ – „22[5]Denn mich umfingen die Wellen des Todes, mich erschreckten die Fluten des Verderbens.“ – „6[3]Wisst ihr denn nicht, dass wir alle, die wir auf Christus Jesus getauft wurden, auf seinen Tod getauft worden sind? [4]Wir wurden mit ihm begraben durch die Taufe auf den Tod; und wie Christus durch die Herrlichkeit des Vaters von den Toten auferweckt wurde, so sollen auch wir als neue Menschen leben. [5]Wenn wir nämlich ihm gleich geworden sind in seinem Tod, dann werden wir mit ihm auch in seiner Auferstehung vereinigt sein.“ – Jesu Verlangen (V 49f), das sein gesamtes Heilswerk inkludiert, bezieht sich auf diese österliche Perspektive von Tod und Auferstehung.

Mit einer rhetorischen Frage leitet Jesus seine Argumentation ein (V 51ff), womit er Missdeutungen und falsche Vorstellungen über seine Sendung klarstellen möchte; vor allem das baldige, nahe Eintreffen des eschatologischen Friedens (Lk 2,14; Jes 9,5; Sach 9,10): „2[14]Verherrlicht ist Gott in der Höhe, und auf Erden ist Friede bei den Menschen seiner Gnade.“ – „9[5]Denn uns ist ein Kind geboren, ein Sohn ist uns geschenkt. Die Herrschaft liegt auf seiner Schulter; man nennt ihn: Wunderbarer

Ratgeber, Starker Gott, Vater in Ewigkeit, Fürst des Friedens.“ – „9[10]Ich vernichte die Streitwagen aus Efraim und die Rosse aus Jerusalem, vernichtet wird der Kriegsbogen. Er verkündet für die Völker den Frieden; seine Herrschaft reicht von Meer zu Meer und vom Eufrat bis an die Enden der Erde.“
Es wird bereits vorausgesagt (Lk 2,34): „Und Simeon segnete sie und sagte zu Maria, der Mutter Jesu: Dieser ist dazu bestimmt, dass in Israel viele durch ihn zu Fall kommen und viele aufgerichtet werden, und er wird ein Zeichen sein, dem widersprochen wird.“ Da Jesu Sendung, Worte und Werk angenommen oder abgelehnt werden kann, ereignen sich „Entzweiungen“ (V 51). Dazu gibt es bereits eine Andeutung, die gewissermaßen zitiert wird (Mi 7,6): „Denn der Sohn verachtet den Vater, die Tochter stellt sich gegen die Mutter, die Schwiegertochter gegen die Schwiegermutter; jeder hat die eigenen Hausgenossen zum Feind.“ Die Auseinandersetzungen, die in die Familien hineinreichen, entsprechen alten Verheißungen; noch härter formuliert Mk 13,12: „Brüder werden einander dem Tod ausliefern und Väter ihre Kinder, und die Kinder werden sich gegen ihre Eltern auflehnen und sie in den Tod schicken.“ – Werk und Worte Jesu sind radikal, verlangen ernste Konsequenzen und Auseinandersetzungen.

# AUFFORDERUNG ZUR UMKEHR

## Lk 13,1-9

**1Zu dieser Zeit kamen einige Leute zu Jesus und berichteten ihm von den Galiläern,
deren Blut Pilatus mit ihren Schlachtopfern vermischt hatte. 2Und er antwortete und
sprach zu ihnen: Meint ihr, dass diese Galiläer vor allen Galiläern Sünder waren,
weil sie solches erlitten haben? 3Nein, sage ich euch, sondern wenn ihr euch nicht be-
kehrt, werdet ihr alle ebenso umkommen. 4Oder jene achtzehn, auf welche der Turm
in Schiloach fiel und sie tötete: Meinet ihr, dass sie Schuldner waren vor allen Men-
schen, die in Jerusalem wohnen? 5Nein, sage ich euch, sondern wenn ihr euch nicht
bekehrt, werdet ihr alle auf gleiche Weise umkommen.
6Er sagte aber dieses Gleichnis: Es hatte jemand einen Feigenbaum, der in seinem
Weinberg gepflanzt war; und er kam und suchte Frucht an ihm und fand keine. 7Er
sprach aber zu dem Weingärtner: Siehe, drei Jahre komme ich und suche Frucht an
diesem Feigenbaum und finde keine; haue ihn um, wozu saugt er den Boden aus? 8Er
aber antwortet und sagt zu ihm: Herr, lass ihn noch dieses Jahr, bis ich um ihn um-
grabe und Dünger lege; 9und wenn er etwa Frucht bringen wird, gut, wenn aber nicht,
so hau ihn um!**

Kern dieses Bibelabschnitts (V 1-9) sind Jesu entschiedene, energische Aufforderungen zum Sinneswechsel seiner Botschaft entsprechend. – Das genannte Verbrechen des Pilatus, das Niederhauen von Galiläern während der Opferhandlung, Tötungen und Entehrung des Tempels, ist für die Zeit Jesu nicht stichhaltig belegt, nicht urkundlich nachweisbar. Man verweist nach Flavius Josephus an eine ähnliche Szene am Fuß des Garizim im Jahr 35 n. Chr., was die Grausamkeit des Pilatus veranschaulicht und für die Echtheit des Geschehens im Tempel spricht.

Dieser Frevel, dieses Delikt, diese Mordtaten wecken die Frage nach der Schuld (V 2f). Jesus weist entschieden eine detaillierte Zuteilung von Schuld an andere zurück und expliziert dieses Geschehen als energische Zurechtweisung: Alle sind strafbar und benötigen des umkehrenden Sinneswechsel, der totalen Hinwendung zu Gott, um nicht eine analoge Bestrafung zu erfahren, wie es später bei der Zerstörung Jerusalems passiert (Lk 21,24): „Mit scharfem Schwert wird man sie erschlagen, als Gefangene wird man sie in alle Länder verschleppen, und Jerusalem wird von den Heiden zertreten werden, bis die Zeiten der Heiden sich erfüllen."

Ebenso ist die von Jesus genannte Katastrophe, dem Einsturz eines Befestigungsturms der Stadtmauer am Teich Schiloach, der unter sich achtzehn Menschen begrub, zu bewerten: „alle werden auf die gleiche Weise umkommen" (V 4f), wenn sie sich nicht bekehren (V 3).

Das auserwählte Volk wird bisweilen mit einem Feigenbaum konfrontiert (Hos 9,10a; Mi 7,1; Jer 8,13): „9[10a]Wie man Trauben findet in der Wüste, so fand ich Israel; wie die erste Frucht am jungen Feigenbaum, so sah ich eure Väter." – „7[1]Weh mir! Es geht mir wie nach der Obsternte, wie bei der Nachlese im Weinberg: Keine Traube ist mehr da zum Essen, keine von den Frühfeigen, die mein Herz begehrt." – „8[13]Will ich bei ihnen ernten – Spruch Jahwes –, so sind keine Trauben am Weinstock, keine Feigen am Feigenbaum, und das Laub ist verwelkt. Darum habe ich für sie Verwüster bestellt." – Deshalb demonstriert das Symbol vom infertilen, ertragsunfähigen, sterilen Feigenbaum, dem Sinnbild wertloser Präsenz, eindringlich die gewährte einjährige Chance, um „Früchte der Bekehrung" zu liefern (V 6-9).

Die beiden Sinnsprüche (V 1ff; 4f) und der Vergleich vom Feigenbaum (V 6-9) demonstrieren die radikale und folgenschwere Botschaft Jesu zur Umkehr (Lk 10,13; 11,32; 15,7; 16,30; 24,47): „10[13] Weh dir, Chorazin! Weh dir, Betsaida! Wenn einst in Tyrus und Sidon die Wunder geschehen wären, die bei euch geschehen sind - man hätte dort in Sack und Asche Buße getan." – „11[32]Die Männer von Ninive werden beim Gericht gegen diese Generation auftreten und sie verurteilen; denn sie haben sich nach der Predigt des Jona bekehrt. Hier aber ist einer, der mehr ist als Jona." – „15[7]Ich sage euch: Ebenso wird auch im Himmel mehr Freude herrschen über einen einzigen Sünder, der umkehrt, als über neunundneunzig Gerechte, die es nicht nötig haben umzukehren." – „16[30]Er erwiderte: Nein, Vater Abraham, nur wenn einer von den Toten zu ihnen kommt, werden sie umkehren." – „24[46]Er sagte zu ihnen: So steht es in der Schrift: Der Messias wird leiden und am dritten Tag von den Toten auferstehen, [47]und in seinem Namen wird man allen Völkern, angefangen in Jerusalem, verkünden, sie sollen umkehren, damit ihre Sünden vergeben werden."

# DIE ENGE PFORTE

## Lk 13,22-30

**22Und er durchzog nacheinander Städte und Dörfer, indem er lehrte und nach Jeru-
salem reiste. 23Es sprach aber jemand zu ihm: Herr, sind derer wenige, die errettet
werden? Er aber sprach zu ihnen: 24Strengt euch an, durch die enge Pforte einzuge-
hen; denn viele, sage ich euch, werden einzugehen suchen und werden es nicht ver-
mögen. 25Von da an, wenn der Hausherr aufgestanden ist und die Tür verschlossen
hat, und ihr anfangen werdet, draußen zu stehen und an die Tür zu klopfen und zu
sagen: Herr, mach uns auf! Und er antworten und zu euch sagen wird: Ich kenne euch
nicht, wo ihr her seid; 26alsdann werdet ihr anfangen zu sagen: Wir haben vor dir ge-
gessen und getrunken, und auf unseren Straßen hast du gelehrt. 27Und er wird sagen:
Ich sage euch, ich kenne euch nicht, wo ihr her seid; weichet von mir, alle ihr Übel-
täter! 28Da wird sein das Weinen und das Zähneknirschen, wenn ihr sehen werdet
Abraham und Isaak und Jakob und alle Propheten im Reiche Gottes, euch aber drau-
ßen hinausgeworfen. 29Und sie werden kommen von Osten und Westen und von Nor-
den und Süden und zu Tische liegen im Reiche Gottes. 30Und siehe, es sind Letzte,
welche Erste sein werden, und es sind Erste, welche Letzte sein werden.**

Diese Worte erhalten durch die Bekanntgabe, auf dem Weg nach *Jerusalem* (V 22) zu sein, und das dort Jesus bevorstehende, ahnungsvolle Unheil eine besondere Dominanz. Auf eine spekulative Fragestellung erwidert Jesus mit bewegten, erschütternden, anschaulichen Weckrufen zu positiven Aktivitäten des Heils (V 22-30). – Bald darauf präzisiert Jesus die Erwähnung von Jerusalem (Lk 13,33f): „Doch heute und morgen und am folgenden Tag muss ich weiterwandern; denn ein Prophet darf nirgendwo anders als in Jerusalem umkommen. 34Jerusalem, Jerusalem, du tötest die Propheten und steinigst die Boten, die zu dir gesandt sind. Wie oft wollte ich deine Kinder um mich sammeln, so wie eine Henne ihre Küken unter ihre Flügel nimmt; aber ihr habt nicht gewollt."

Im Urtext lautet die Anweisung (V 24), man möge sich durch die enge Tür *„durchkämpfen"*, was folgendermaßen interpretiert wird: Zunächst ruft Paulus Timotheus zu (1 Tim 6,12): „Kämpfe den guten Kampf des Glaubens, ergreife das ewige Leben, zu dem du berufen worden bist und für das du vor vielen Zeugen das gute Bekenntnis abgelegt hast." Schließlich stellt Paulus rückblickend fest (2 Tim 4,7f): „Ich habe den guten Kampf gekämpft, den Lauf vollendet, die Treue gehalten. 8Schon jetzt liegt für mich der Kranz der Gerechtigkeit bereit, den mir der Herr, der gerechte Richter, an jenem Tag geben wird, aber nicht nur mir, sondern allen, die sehnsüchtig auf sein Erscheinen warten." – Jesus will seine Hörer aufrütteln, wenn er sagt, es gehen *„viele"* (V 24) verloren.

Die sinnbildliche Gegenüberstellung von den Schlusslichtern bei einem Bankett (V 25-30) greift das Stichwort „Tür, enge Pforte" (V 24f) auf: Den Nachzüglern hilft nicht, dass sie sich auf ihre persönlichen Kontakte berufen und sich zum individuellen Bekanntenkreis Jesu zählen. Er lehnt sie ab und qualifiziert sie: *„alle ihr Übeltä-*

*ter"*, was in Erinnerung ruft (Ps 6,9): „Weicht zurück von mir, all ihr Frevler; denn Jahwe hat mein lautes Weinen gehört."

*„Dort wird Heulen und Zähneknirschen sein"* (V 28) – Ausdruck der Reue und ohnmächtigen Wut – kennzeichnet die Konstellation, vom eschatologischen Galadiner Gottes ausgeschlossen zu sein. Diese Diktion „Zähneknirschen" findet sich öfters: Ps 35,16; Mt 8,12; 13,42.50; 22,13; 24,51; 25,30; Lk 13,28. – In Differenz zu den Abqualifizierten aus dem Verwandten- und Bekanntenkreis, die „Übeltäter" (V 27), werden Menschen aus dem gesamten Erdkreis am endzeitlichen Mahl teilnehmen (V 29).

Man beachte das Diktum (Mk 10,31; Mt 19,30; 20,16): „10[31]Viele aber, die jetzt die Ersten sind, werden dann die Letzten sein, und die Letzten werden die Ersten sein." – „19[30]Viele aber, die jetzt die Ersten sind, werden dann die Letzten sein, und die Letzten werden die Ersten sein." – „20[16] So werden die Letzten die Ersten sein und die Ersten die Letzten." Dieses Sprichwort wird nun folgendermaßen interpretiert; Mose wurde befohlen (Ex 4,22): „Dann sag zum Pharao: So spricht Jahwe: Israel ist mein erstgeborener Sohn." Und Paulus argumentiert (Röm 9,4): „Sie sind Israeliten; damit haben sie die Sohnschaft, die Herrlichkeit, die Bundesordnungen, ihnen ist das Gesetz gegeben, der Gottesdienst und die Verheißungen." Somit sind diese *„Ersten"* (V 30) das bisherige Gottesvolk; sie werden die „Letzten" sein, weil sie Jesus *in cumulo* den Glauben verweigern.

Es wird keine Auskunft über die Zahl der Geretteten gegeben, sondern intensiv, vehement, impulsiv zur maximalen Anstrengung aufgerufen, um durch das enge Tor zum ewigen Gastmahl des Himmelreiches zu kommen.

# VERHALTENSWEISE BEI EINLADUNGEN

## Lk 14,1.7-14

**1Und es geschah, als er am Sabbat in das Haus eines der Obersten der Pharisäer kam,
um zu essen, dass sie ihn beobachteten. 7Er sprach aber zu den Eingeladenen ein Gleich-
nis, indem er bemerkte, wie sie die Ehrenplätze wählten, und sagte zu ihnen: 8Wenn du
von jemand zum Festmahl geladen wirst, so setze dich nicht auf den ersten Platz, damit
nicht etwa ein Vornehmerer als du von ihm geladen sei, 9und der, welcher dich und ihn
geladen hat, komme und zu dir spreche: Mache diesem Platz; und dann wirst du an-
fangen, mit Schande den letzten Platz einzunehmen. 10Sondern, wenn du geladen bist,
so gehe hin und setze dich auf den letzten Platz, damit, wenn der, welcher dich geladen
hat, kommt, er zu dir spreche: Freund, rücke höher hinauf. Dann wirst du Ehre haben
vor allen deinen Tischgenossen; 11denn jeder, der sich selbst erhöht, wird erniedrigt
werden, und wer sich selbst erniedrigt, wird erhöht werden. 12Er sprach aber auch zu
dem, der ihn geladen hatte: Wenn du ein Mittagsessen oder ein Abendmahl machst, so
lade nicht deine Freunde, noch deine Brüder, noch deine Verwandten, noch reiche Nach-
barn, damit nicht etwa auch sie dich wieder einladen und dir Vergeltung werde. 13Son-
dern wenn du ein Gastmahl gibst, so lade Arme, Krüppel, Lahme, Blinde, 14und glück-
selig wirst du sein, weil sie nichts haben, dir zu vergelten; denn es wird dir vergolten
werden in der Auferstehung der Gerechten.**

Über die Auseinandersetzung Jesu mit seinen Gegnern, den Pharisäer und Schriftgelehrten, ist zu lesen (Lk 11,53f): „Als Jesus das Haus verlassen hatte, begannen die Schriftgelehrten und die Pharisäer, ihn mit vielerlei Fragen hartnäckig zu bedrängen; [54]sie versuchten, ihm eine Falle zu stellen, damit er sich in seinen eigenen Worten verfange." – Ungeachtet der vorangehend dokumentierten Zwietracht mit Pharisäern nimmt Jesus am Mahl eines führenden Pharisäers teil, das wahrscheinlich nach dem Synagogengottesdienst am Sabbat stattfand. Bemerkenswert ist die Erwähnung über die vorsichtige, wissbegierige Haltung der Teilnehmer. – Zwei vergleichbar analog gestaltete Unterweisungen Jesu haben eine über die Begebenheit eines Festessens hinausreichend prinzipielle Aussagekraft (V 7-14).

Jesus kontert also mit einem *„Gleichnis"* (V 7) auf das von Ruhmsucht und Ehrsamkeit motivierte Benehmen der geladenen Gäste, was eine Rangordnung erfordert, die ja in bestimmten Situationen bis zum heutigen Tag intuitiv aufrechterhalten wird. Jesus ermahnt vor dem ruhmsüchtigen Gehabe mit der Anspielung auf eine mögliche, blamable, erniedrigende Schlussfolgerung (V 8f). – Diese Empfehlung (V 10f) ergänzt Jesus mit einem allgemein erfahrbaren Spruch der göttlichen Wertschätzung entsprechend (Lk 18,14b): „Denn wer sich selbst erhöht, wird erniedrigt, wer sich aber selbst erniedrigt, wird erhöht werden."

Jesu Charakteristik an der Gepflogenheit der Einladungen des Gastgebers berührt nicht unvermittelt die vorgegebene Situation, sondern die übliche, konventionelle, kalkulierende Weise, wo kein Bereich für umfangreichere Vergeltung existiert (V 12).

Die forcierte Einladung von in der Gesellschaft benachteiligten Menschen (V 13f), *„lade Arme, Krüppel, Lahme, Blinde"* (V 13b), wird in dem nachstehenden Gleichnis abermals angeführt (Lk 14, 21b): „Geh schnell auf die Straßen und Gassen der Stadt und hol die Armen und die Krüppel, die Blinden und die Lahmen herbei." – Das qualifiziert Jesus vorab mit einer Seligpreisung: *„selig wirst du sein"* (V 14); überdies verheißt er echten Dank und entsprechende Belohnung in der *„Auferstehung der Gerechten"*, in der Mitfeier des endzeitlichen Gastmahls (Lk 14,15; 13,28f): „[15]Als einer der Gäste das hörte, sagte er zu Jesus: Selig, wer im Reich Gottes am Mahl teilnehmen darf." – „[28]Da werdet ihr heulen und mit den Zähnen knirschen, wenn ihr seht, dass Abraham, Isaak und Jakob und alle Propheten im Reich Gottes sind, ihr selbst aber ausgeschlossen seid. [29]Und man wird von Osten und Westen und von Norden und Süden kommen und im Reich Gottes zu Tisch sitzen."

Anfänglich sprach man von der *„Auferstehung"* der geretteten Gerechten, allmählich auch der Ungerechten, in der Perspektive des allgemeinen Gerichts (Apg 10,42; 17,31; 24,15): „[42]Und er hat uns geboten, dem Volk zu verkündigen und zu bezeugen: Das ist der von Gott eingesetzte Richter der Lebenden und der Toten." – „[31]Denn er hat einen Tag festgesetzt, an dem er den Erdkreis in Gerechtigkeit richten wird durch einen Mann, den er dazu bestimmt und vor allen Menschen dadurch ausgewiesen hat, dass er ihn von den Toten auferweckte." – „[15]und ich habe dieselbe Hoffnung auf Gott, die auch diese hier haben: dass es eine Auferstehung der Gerechten und Ungerechten geben wird."

Die anschaulich strukturierten Aussagen – negativ, sodann positiv, schließlich eschatologisch – bilden eine Beanstandung der Tischmanieren, die auch in christlicher Zeit gravierende Mängel aufweisen (1 Kor 11,21-34).

Die christliche Gemeinschaft tut sich bisweilen bis zum heutigen Tag noch schwer, diesen „Tischregeln Jesu" (V 7-14) zu entsprechen. Vielleicht findet aber doch dieses Streben nach Ehrbezeugungen ein verheißungsvolles Ende wie bei den allerersten Jüngern Jesu (Lk 22,24-30): „Es entstand unter ihnen ein Streit darüber, wer von ihnen wohl der Größte sei. 25Da sagte Jesus: Die Könige herrschen über ihre Völker, und die Mächtigen lassen sich Wohltäter nennen. 26Bei euch aber soll es nicht so sein, sondern der Größte unter euch soll werden wie der Kleinste, und der Führende soll werden wie der Dienende. 27Welcher von beiden ist größer: wer bei Tisch sitzt oder wer bedient? Natürlich der, der bei Tisch sitzt. Ich aber bin unter euch wie der, der bedient. 28In allen meinen Prüfungen habt ihr bei mir ausgeharrt. 29Darum vermache ich euch das Reich, wie es mein Vater mir vermacht hat: 30Ihr sollt in meinem Reich mit mir an meinem Tisch essen und trinken, und ihr sollt auf Thronen sitzen und die zwölf Stämme Israels richten."

# VORAUSSETZUNGEN FÜR DIE NACHFOLGE

## Lk 14,25-33

**25Es begleitete ihn aber eine große Volksmenge; und er wandte sich um und sprach zu ihnen: 26Wenn jemand zu mir kommt und nicht gering achtet Vater und Mutter, Frau und Kinder, Brüder und Schwestern, ja sogar sein Leben, dann kann er nicht mein Jünger sein. 27Wer nicht sein Kreuz trägt und mir nachfolgt, der kann nicht mein Jünger sein.**

**28Denn wer unter euch, der einen Turm bauen will, setzt sich nicht zuvor nieder und berechnet die Kosten, ob er [das Nötige] zur Ausführung habe? 29Auf dass nicht etwa, wenn er den Grund gelegt hat und nicht zu vollenden vermag, alle, die es sehen, anfangen, ihn zu verspotten, 30und sagen: Dieser Mensch hat angefangen zu bauen und vermochte nicht zu vollenden.**

**31Oder welcher König, der auszieht, um sich mit einem anderen König in Krieg einzulassen, setzt sich nicht zuvor nieder und überlegt, ob er imstande sei, dem mit zehntausend entgegenzutreten, der mit zwanzigtausend gegen ihn kommt? 32Wenn aber nicht, so sendet er, während er noch fern ist, eine Gesandtschaft und bittet um die Friedensbedingungen. 33Also kann nicht nun jeder von euch, der nicht allem entsagt, was er hat, mein Jünger sein.**

Jesus spricht zum Volk über die ernsthafte, kritische, bedrohliche, folgenschwere, gefährliche, harte Nachfolge und warnt vor falschen Erwartungen (V 25-33). – Wenn „viele Volksscharen“ Jesus „begleiten“ (V 25), so zeigt das an sich schon, dass viele ihm nachfolgen wollen. – Es reicht nicht aus, dass man sich einfach in der Nähe Jesu, in seinem Ambiente, aufhält, um sein „Jünger“ zu sein (V 26); die Nachfolge muss zuvörderst im Leben des Betreffenden am Zenit, an erster Stelle im Herzen, am Höhepunkt, an der primären Sehnsucht seines Lebens stehen, alles andere ist sekundär, selbst die Familie inklusive der Gattin (Lk 18,29f): „Jesus antwortete ihnen: Amen, ich sage euch: Jeder, der um des Reiches Gottes willen Haus oder Frau, Brüder, Eltern oder Kinder verlassen hat, [30] wird dafür schon in dieser Zeit das Vielfache erhalten und in der kommenden Welt das ewige Leben.“ – Die konsequente Nachfolge ist radikal, sie erlaubt nicht, sich durch persönliche, intime Verpflichtungen hindern zu lassen (Lk 14,20; 9,59f): „[20]Wieder ein anderer sagte: Ich habe geheiratet und kann deshalb nicht kommen.“ – „[59]Zu einem anderen sagte er: Folge mir nach! Der erwiderte: Lass mich zuerst heimgehen und meinen Vater begraben. [60]Jesus sagte zu ihm: Lass die Toten ihre Toten begraben; du aber geh und verkünde das Reich Gottes!“

„Wer nicht sein Kreuz trägt und mir nachfolgt, der kann nicht mein Jünger sein“ (V 27) ist eine weitere Ausgangsbasis für die Gemeinschaft Jesu und bedeutet die Bereitwilligkeit zu einem schimpflichen Ableben in der Nachfolge Christi, der auf dem Weg nach Jerusalem verweilt (Lk 9,51-19,27).

Man muss richtig kalkulieren, bei einem Turmbau wie bei einem Feldzug – so demonstrieren die beiden analog gestalteten Allegorien, aus dem Milieu der Zuhörer genommen (V 28-32). Die Gleichnisse bezwecken nicht, von der Nachfolge Jesu abzuwerben. Vielmehr wollen deren strenge, differenzierte, gefahrvolle, erhebliche Folgen und vor allem negative Unzufriedenheiten akzentuiert werden.

Die erforderliche Entsagung auf Kapital (V 33) konveniert, entspricht der Nachfolge Jesu, wie analoge Garanten bezeugen (Lk 5,11.28; 12,33; 18,22; Apg 2,44f; 4,32): „5[11]Und sie zogen die Boote an Land, ließen alles zurück und folgten ihm nach.“ – „5[28]Da stand Levi auf, verließ alles und folgte ihm.“ – „12[33]Verkauft eure Habe, und gebt den Erlös den Armen! Macht euch Geldbeutel, die nicht zerreißen. Verschafft euch einen Schatz, der nicht abnimmt, droben im Himmel, wo kein Dieb ihn findet und keine Motte ihn frist.“ – „18[22]Als Jesus das hörte, sagte er: Eines fehlt dir noch: Verkauf alles, was du hast, verteil das Geld an die Armen, und du wirst einen bleibenden Schatz im Himmel haben; dann komm und folge mir nach!“ – „2[44]Und alle, die gläubig geworden waren, bildeten eine Gemeinschaft und hatten alles gemeinsam. [45]Sie verkauften Hab und Gut und gaben davon allen, jedem so viel, wie er nötig hatte.“ –„4[32]Die Gemeinde der Gläubigen war ein Herz und eine Seele. Keiner nannte etwas von dem, was er hatte, sein Eigentum, sondern sie hatten alles gemeinsam.“

# GOTTES VATERLIEBE ZU DEN VERLORENEN

## Lk 15,1-32

[1]Es kamen aber zu ihm alle Zöllner und Sünder, ihn zu hören; [2]da murrten die Pharisäer und die Schriftgelehrten und sprachen: Dieser nimmt Sünder auf und isst mit ihnen. [3]Er sprach aber zu ihnen dieses Gleichnis und sagte: [4]Welcher Mensch unter euch, der hundert Schafe hat und eines von ihnen verloren hat, lässt nicht die neunundneunzig in der Wüste und geht dem verlorenen nach, bis er es findet? [5]Und wenn er es gefunden hat, so legt er es mit Freuden auf seine Schultern; [6]und wenn er nach Hause kommt, ruft er die Freunde und die Nachbarn zusammen und spricht zu ihnen: Freuet euch mit mir, denn ich habe mein Schaf gefunden, das verloren war. [7]Ich sage euch: Also wird Freude im Himmel sein über einen Sünder, der Buße tut, mehr als über neunundneunzig Gerechte, welche der Buße nicht bedürfen.
[8]Oder welche Frau, die zehn Drachmen hat, zündet nicht, wenn sie eine Drachme verliert, eine Lampe an und kehrt das Haus und sucht sorgfältig, bis sie sie findet? [9]Und wenn sie sie gefunden hat, ruft sie die Freundinnen und Nachbarinnen zusammen und spricht: Freuet euch mit mir, denn ich habe die Drachme gefunden, die ich verloren hatte. [10]Also, sage ich euch, ist Freude vor den Engeln Gottes über einen Sünder, der sich bekehrt.
[11]Er sprach aber: Ein Mann hatte zwei Söhne; [12]und der jüngere von ihnen sprach zu dem Vater: Vater, gib mir den Teil des Vermögens, der mir zufällt. Und er teilte ihnen das Vermögen. [13]Und nach nicht vielen Tagen brachte der jüngere Sohn alles zusammen und reiste weg in ein fernes Land, und daselbst vergeudete er sein Vermögen, indem er liederlich lebte. [14]Als er aber alles vergeudet hatte, kam eine gewaltige Hungersnot über jenes Land, und er selbst fing an, Mangel zu leiden. [15]Und er ging hin und verbürgte sich an einen der Bürger jenes Landes; der schickte ihn auf seine Äcker, Schweine zu hüten. [16]Und er begehrte, sich zu sättigen mit Johannisbrot, welches die Schweine fraßen; und niemand gab ihm. [17]Als er aber zu sich selbst kam, sprach er: Wie viele Tagelöhner meines Vaters haben Überfluss an Brot, ich aber komme hier um vor Hunger. [18]Ich will mich aufmachen und zu meinem Vater gehen, und will zu ihm sagen: Vater, ich habe gesündigt gegen den Himmel und vor dir, [19]ich bin nicht mehr würdig, dein Sohn zu heißen; mache mich wie einen deiner Tagelöhner. [20]Dann brach er auf und ging zu seinem Vater. Der Vater sah ihn schon von Weitem kommen, und er hatte Mitleid mit ihm. Er eilte dem Sohn entgegen, fiel ihm um den Hals und küsste ihn. [21]Der Sohn aber sprach zu ihm: Vater, ich habe gesündigt gegen den Himmel und vor dir, ich bin nicht mehr würdig, dein Sohn zu heißen. [22]Der Vater aber sprach zu seinen Knechten: Bringet das beste Kleid her und ziehet es ihm an und tut einen Ring an seine Hand und Sandalen an seine Füße; [23]und bringet das gemästete Kalb her und schlachtet es, und lasset uns essen und fröhlich sein; [24]denn dieser mein Sohn war tot und ist wieder lebendig geworden, war verloren und ist gefunden worden. Und sie fingen an zu feiern. [25]Es war aber sein älterer Sohn auf dem Feld; und als er kam und sich dem Hause näherte, hörte er Musik und Tanz. [26]Und er rief einen der Knechte herbei und erkundigte sich, was das wäre. [27]Der aber sprach zu ihm: Dein Bruder ist gekommen, und dein Vater hat das gemästete Kalb ge-

**schlachtet, weil er ihn gesund wiedererhalten hat. [28]Da wurde er zornig und wollte nicht hineingehen. Sein Vater aber kam heraus und redete ihm gut zu. [29]Er aber antwortete und sprach zu dem Vater: Siehe, so viele Jahre diene ich dir, und niemals habe ich ein Gebot von dir übertreten; und mir hast du niemals einen Bock gegeben, damit ich mit meinen Freunden fröhlich wäre. [30]Kaum aber ist der hier gekommen, dein Sohn, der dein Vermögen mit Dirnen durchgebracht hat, da hast du für ihn das Mastkalb geschlachtet. [31]Er aber sprach zu ihm: Kind, du bist allezeit bei mir, und all das Meinige ist dein. [32]Nun soll man fröhlich sein und sich freuen; denn dieser dein Bruder war tot und ist wieder lebendig geworden und verloren und ist gefunden worden.**

Es werden hiermit drei inhaltlich ähnliche Allegorien gebraucht (V 1-32), die Jesus Pharisäern und Schriftgelehrten mitteilt (V 2), um seine Geselligkeit mit Sündern zu verantworten. Allesamt sind konstruiert durch die Motive Verlieren, Finden und Einladung zum freudigen Frohlocken.

**Verlorenes Schaf (V 1-7)**

Die Situation (V 1f) skizziert erneut Jesu Wohlwollen für die Sünder (Lk 14,13.21) und seine abweisende Haltung gegenüber den Pharisäern. Das ruft in Erinnerung (Lk 5,27-32; 7,34): „5[27]Als Jesus von dort wegging, sah er einen Zöllner namens Levi am Zoll sitzen und sagte zu ihm: Folge mir nach! [28]Da stand Levi auf, verließ alles und folgte ihm. [29]Und er gab für Jesus in seinem Haus ein großes Festmahl. Viele Zöllner und andere Gäste waren mit ihnen bei Tisch. [30]Da sagten die Pharisäer und ihre Schriftgelehrten voll Unwillen zu seinen Jüngern: Wie könnt ihr zusammen mit Zöllnern und Sündern essen und trinken? [31]Jesus antwortete ihnen: Nicht die Gesunden brauchen den Arzt, sondern die Kranken. [32]Ich bin gekommen, um die Sünder zur Umkehr zu rufen, nicht die Gerechten." – „7[34]Der Menschensohn ist gekommen, er isst und trinkt; darauf sagt ihr: Dieser Fresser und Säufer, dieser Freund der Zöllner und Sünder!"

Mit einem *„Gleichnis"* (V 3) erläutert Jesus die Beanstandung und Bemängelung seiner Widersacher. Mit einer Frage will Jesus die Aufmerksamkeit seiner Hörerschaft gewinnen: Jeder Hirt sucht das *„in der Wüste"* verirrte Schaf, *„bis er es findet"* (V 4), und behandelt es sorgfältig; ja er trägt das wiedergefundene Schaf *„nach Hause"*, wo er seinen Freundes- und Bekanntenkreis einlädt, sich mit ihm zu *„freuen"* (V 6). – Ähnlich verhält sich Gott (Jes 40,11): „Wie ein Hirt führt er seine Herde zur Weide, er sammelt sie mit starker Hand. Die Lämmer trägt er auf dem Arm, die Mutterschafe führt er behutsam."

In diesem Gleichnis wird ein Bild gegeben für die *„Freude im Himmel"* (V 7), das will heißen, für die Freude Gottes, wie bereits erahnen lässt (Ez 18,23; 34,16): „18[23]Habe ich etwa Gefallen am Tod des Schuldigen – Spruch Jahwes, des Herrn – und nicht vielmehr daran, dass er seine bösen Wege verlässt und so am Leben bleibt?" – „34[16]Die verloren gegangenen Tiere will ich suchen, die vertriebenen zurückbringen, die verletzten verbinden, die schwachen kräftigen, die fetten und starken behüten. Ich will ihr Hirt sein und für sie sorgen, wie es recht ist."

**Verlorene Drachme (V 8-10)**

Das unmittelbar anschließende Sinnbild bedenkt die Handlungsweise einer mittellosen Frau, die das verlorene Geldstück angestrengt sucht, ihm nachspürt, alles abklopft. Das Glücksgefühl und die

Hochstimmung der Finderin gelten als Bild für die Begeisterung im göttlichen Umfeld, Echo der Freude Gottes, wie erahnen lässt (Lk 12,8f): „Ich sage euch: Wer sich vor den Menschen zu mir bekennt, zu dem wird sich auch der Menschensohn vor den Engeln Gottes bekennen. [9]Wer mich aber vor den Menschen verleugnet, der wird auch vor den Engeln Gottes verleugnet werden."
Beide Gleichnisse regen an, Jesu Sympathie und Zuneigung zu den Sündern als Vorbild zu nehmen und sich über jeden, der sich Gott hinwendet und dementsprechend sein Leben gestaltet, zu freuen.

**Verlorener Sohn (V 11-32)**
Das Zentrum der Erzählung (V 11-32) bildet der vom Vater mit Freudentränen aufgenommene verlorene Sohn.
Der keineswegs ausführlicher charakterisierte *„Mann"* (11f) ist ein Landwirt, der über Vermögen und Personal Anordnungen trifft. Der jüngere der beiden Söhne beruft sich offensichtlich korrekt auf sein Recht, wie angedeutet wird (Dtn 21,15ff): „Wenn ein Mann zwei Frauen hat, eine, die er liebt, und eine, die er nicht liebt, und wenn beide ihm Söhne gebären, die geliebte wie die ungeliebte, und der erstgeborene Sohn von der ungeliebten stammt, [16]dann darf er, wenn er sein Erbe unter seine Söhne verteilt, den Sohn der geliebten Frau nicht als Erstgeborenen behandeln und damit gegen das Recht des wirklichen Erstgeborenen, des Sohnes der ungeliebten Frau, verstoßen. [17]Vielmehr soll er den Erstgeborenen, den Sohn der Ungeliebten, anerkennen, indem er ihm von allem, was er besitzt, den doppelten Anteil gibt. Ihn hat er zuerst gezeugt, er besitzt das Erstgeborenenrecht."
Nicht die Abreise, der Abschied vom Elternhaus wird kritisiert, sondern das Vergeuden, Verprassen, Verschleudern des gesamten Erbanteils, *„indem er zügellos /ausschweifend / liederlich lebte"* (V 13) wird angeprangert. Der notdürftige Unterschlupf bei einem Ungläubigen, der unreine Tiere (Lev 11,7) züchtet, sind Kennzeichen seiner katastrophalen Situation, die auch auf eine religiöse Verarmung, einen Glaubensschwund verweist. Das ihm versagte Schweinefutter demonstriert sein Schlamassel, sein Desaster (V 13-16).
Die Erkenntnis, Reue, Scham, Umkehr kommt in einem Monolog zu sich selbst zum Ausdruck (V 17-20a): der Gedanke an die Diskrepanz zwischen dem „Überfluss der Tagelöhner des Vaters" und seiner Misere – „ich aber gehe vor Hunger zugrunde" – (V 17), die Entscheidung, zum Vater zu gehen, diesem die Sünde vor Gott – „dem Himmel" – einzugestehen (V 18) und sich als Tagelöhner aufzudrängen, weil er sich nicht mehr würdig fühlt, als Sohn behandelt zu werden (V 19).
Die Handlungsweise des Vaters offenbart seine Liebe, sein Verantwortungsbewusstsein, Pflichtgefühl und Treue: Er sieht ihn „als er noch fern war", hat „Mitleid", „eilt ihm entgegen", „umarmt und küsst ihn" als Geste der Verzeihung und Versöhnung (2 Sam 14,33). Danach legt der Sohn sein vorbereitetes Sündenbekenntnis ab (V 20f).
Es folgen die Direktiven des Vaters an die Knechte: Einkleidung mit bestem Kleid, Ring und Sandalen und die Zubereitung eines Festessens. Die Fröhlichkeit – parallel zu V 6.9 – wird begründet: Durch das liederliche, sündhafte Leben war der Sohn tot, nun ist er wieder durch die väterliche Liebe und Versöhnung lebendig; er war wie das Schaft und die Drachme verloren und ist wiedergefunden (V 22ff).
Als der ältere, offenbar fleißige, arbeitswillige Sohn vom „Feld" zurückkommt, erfährt er als Auskunft der abnormen Fröhlichkeit nur, dass sein Vater wegen der Heimkehr des Bruders ein Galadiner bietet. Die sauere Reaktion dessen, der nun das Haus nicht betreten will, steht in Dis-

krepanz zum Entgegenkommen des Vaters, der ihn eindringlich um Verständnis bittet (V 25-28).
Der Wütende verteidigt sich mit seinem redlichen Verhalten, der treuen Erfüllung aller Anweisungen, die von Seiten seines Vaters an ihn herangetragen wurden und der Tatsache, keine außerordentliche Belohnung jemals erhalten zu haben. Er verweist auf die frevelhafte Lebensweise seines Bruders, den er verächtlich – „dieser dein Sohn da" (V 30) bezeichnet und die diesem nun gegönnte Ehrung (V 29f).
Der durch diese Vorwürfe attackierte Vater spricht ihn liebevoll mit „Kind" (V 31) an. Er verweist auf die andauernde Verbundenheit mit dem Vater, die Partizipation, Teilhabe an seinem Vermögen als Mitbesitzer und fundiert dann die freudige Feierlichkeit in gewohnter Formulierung (V 24). Die Erzählung bleibt offen, mehr erfährt man nicht; Jesus bringt keine weitere Erklärung (V 31f). – Das Bild des Vaters weist auf Gott, den Jesus repräsentiert und dessen Barmherzigkeit jeder Sünder erwarten darf.

# UNGERECHTER VERWALTER

## Lk 16,1-13

**1Er sprach aber auch zu den Jüngern: Es war ein gewisser reicher Mann, der einen
Verwalter hatte; und dieser wurde bei ihm beschuldigt, er verschleudere sein Vermögen. 2Und er rief ihn und sprach zu ihm: Was ist dies, das ich von dir höre? Lege
Rechenschaft von deiner Verwaltung ab, denn du wirst nicht mehr Verwalter sein
können. 3Der Verwalter aber sprach bei sich selbst: Was soll ich tun? Denn mein Herr
nimmt mir die Verwaltung ab. Zu graben vermag ich nicht, zu betteln schäme ich
mich. 4Ich weiß, was ich tun werde, damit sie mich, wenn ich der Verwaltung enthoben bin, in ihre Häuser aufnehmen. 5Und er rief jeden einzelnen der Schuldner seines Herrn herzu und sprach zu dem ersten: Wie viel bist du meinem Herrn schuldig?
6Er antwortete: Hundert Fass Öl. Da sagte er zu ihm: Nimm deinen Schuldschein, setz
dich gleich hin und schreib „fünfzig". 7Dann fragte er einen andern: Wie viel bist du
schuldig? Der antwortete: Hundert Sack Weizen. Da sagte er zu ihm: Nimm deinen
Schuldschein und schreib „achtzig". 8Und der Herr lobte den ungerechten Verwalter,
weil er klug gehandelt hatte; denn die Söhne dieser Welt sind klüger als die Söhne
des Lichts im Umgang mit ihresgleichen. 9Ich sage euch: Macht euch Freunde mit
Hilfe des ungerechten Mammons, damit ihr, wenn es (mit euch) zu Ende geht, in die
ewigen Wohnungen aufgenommen werdet. 10Wer in den kleinsten Dingen zuverlässig ist, der ist es auch in den großen, und wer bei den kleinsten Dingen Unrecht tut,
der tut es auch bei den großen. 11Wenn ihr nun in dem ungerechten Mammon nicht
treu gewesen seid, wer wird euch das Wahrhaftige anvertrauen? 12Und wenn ihr in
dem Fremden nicht treu gewesen seid, wer wird euch das Eurige geben? 13Kein
Knecht kann zwei Herren dienen; denn entweder wird er den einen hassen und den
anderen lieben, oder er wird dem einen anhangen und den anderen verachten. Ihr
könnt nicht Gott dienen und dem Mammon.**

Jesus bringt nun, wie mit *„aber auch"* betont wird, seinen *Jüngern* eine merkwürdige, belehrende Erzählung. Die Anschuldigung, Verdächtigung, Denunziation eines Sachverwalters wird immer wieder und überall angetroffen, wo Großgrundbesitzer Manager einsetzen. Es wird gar nicht überprüft, ob die Beschuldigung der *„Verschleuderung"* zutrifft; bevor noch Rechenschaft abgelegt und überprüft wurde, ist die Amtsenthebung bereits ausgesprochen (V 1f).
Der Monolog, den der beschuldigte Verwalter mit sich selbst führt, lässt erkennen, dass er sich seines frevelhaften Verhaltens bewusst ist, sich seine Schuld eingesteht und sich bereits eine ausgeklügelte, skrupellose Machart für die Zukunft zurechtgelegt hat (V 3f).
Beide abschreckenden Beispiele beleuchten, wie der hemmungslose Egoist nach Gesinnung eines rücksichtslosen Trödlers die letzte ihm sich bietende Chance verwertet: Er ergaunert sich die Schuldner seines Chefs durch Betrug zu Freunden dadurch, dass er ihnen die Ausfertigung neuer Kreditscheine schlitzohrig, unkorrekt managt, organisiert. Es handelt sich um hundert Fass Öl und hundert Sack Weizen, ausreichend genug, um bei der Reduzierung – fünfzig beziehungsweise achtzig – entsprechende dankbare Revanche, Gegenleistung erwarten zu dürfen (V 5ff).
Hinter *„Herr"* (V 8) verbirgt sich Jesus, wie der Konnex zeigt. Er bezeichnet den Betrüger insbesondere einen *„Verwalter der Ungerechtigkeit"*, preist aber dessen Vorkehrung für die Zukunft, *„dass er klug gehandelt hat"*; damit konfrontiert er riskant motivierend *„die Kinder dieses Äons"* – wie beispielsweise den Verwalter – den Jüngern als *„klüger"* oder raffinierter (V 8). – Nur die Klugheit, nicht die Niedertracht des Verwalters wird gelobt! – Dahinter verbirgt sich indirekt die Empfehlung zur korrekten Disposition und Verwendung der zur Administration anvertrauten Güter.

„Macht euch Freunde mit Hilfe des ungerechten Mammons" (V 9) ist gewiss eine riskante Formulierung aus dem Munde Jesu, die einfach ausgesprochen bedeutet: Verwendet alles für Gott, für eure Rettung, für das Himmelreich. – *„Mammon der Ungerechtigkeit"* ist eine semitische Diktion für Besitz und Vermögen, die zum Bösen verleiten können (Sir 27,1): „Des Geldes wegen haben schon viele gesündigt; wer es anzuhäufen sucht, schaut nicht genau hin." – Aber es kann dies alles – Besitz und Vermögen – zu Gott führen: *„Macht euch Freunde"* bezieht sich auf Gott, will heißen, tragt bei zur Freundschaft mit ihm (Lk 6,38; 12,20f): „6[38]Gebt, dann wird auch euch gegeben werden. In reichem, vollem, gehäuftem, überfließendem Maß wird man euch beschenken; denn nach dem Maß, mit dem ihr messt und zuteilt, wird auch euch zugeteilt werden." – „12[20]Da sprach Gott zu ihm: Du Narr! Noch in dieser Nacht wird man dein Leben von dir zurückfordern. Wem wird dann all das gehören, was du angehäuft hast? [21]So geht es jedem, der nur für sich selbst Schätze sammelt, aber vor Gott nicht reich ist."
„Wer in den kleinsten Dingen zuverlässig ist, der ist es auch in den großen, und wer bei den kleinsten Dingen Unrecht tut, der tut es auch bei den großen" (V 10). Der gegensätzlich, paradox, diametral, oppositionell, konträr, kontradiktorisch formulierte Sinnspruch artikuliert die Bedeutung der Korrektheit auch im kleinsten Detail. Als Konsequenz daraus werden in zweifacher Erkundigung die Jünger zu exaktem Wirken motiviert. – Das dem „ungerechten Mammon" diametrale „Wahre/Wahrhaftige" – der dauerhafte, krisenfeste Schatz – ist augenscheinlich die den Jüngern als Administratoren anvertraute Obliegenheit (Lk 12,42.48): „Der Herr antwortete: Wer ist denn der treue und kluge Verwalter, den der Herr einsetzen wird, damit er seinem Gesinde zur rechten Zeit die Nahrung

zuteilt?" – „[48]Wer aber, ohne den Willen des Herrn zu kennen, etwas tut, was Schläge verdient, der wird wenig Schläge bekommen. Wem viel gegeben wurde, von dem wird viel zurückgefordert werden, und wem man viel anvertraut hat, von dem wird man umso mehr verlangen."

Dem „Fremden", dem ungerechten Mammon (V 10ff), nämlich dem nur anvertrauten Verwaltungsgut, wird das „Eurige" gegenübergestellt, das den ihnen gehörenden Lohn in der Anschauung Gottes bedeutet (Lk 6,22f): „Selig seid ihr, wenn euch die Menschen hassen und aus ihrer Gemeinschaft ausschließen, wenn sie euch beschimpfen und euch in Verruf bringen um des Menschensohnes willen. [23]Freut euch und jauchzt an jenem Tag; euer Lohn im Himmel wird groß sein. Denn ebenso haben es ihre Väter mit den Propheten gemacht."

Der definitive Leitsatz demonstriert vorerst die Unversöhnlichkeit des Doppeldienstes für einen Knecht, woraus die Schlussfolgerung für die Jünger resultiert: Man kann nicht Gott und dem Mammon dienen (V 13)! Das ist ein Appell, mit dem Besitz klug umzugehen, sodass alles Gott dient, zu ihm führt!

# ARMER LAZARUS

## Lk 16,19-31

**[19]Es war aber ein reicher Mann, und er kleidete sich in Purpur und feine Leinwand und lebte alle Tage fröhlich und in Prunk. [20]Ein Armer aber mit Namen Lazarus lag an dessen Tor, voller Geschwüre, [21]und er wünschte, sich von dem zu sättigen, was vom Tisch des Reichen fiel; aber auch die Hunde kamen und leckten seine Geschwüre. [22]Es geschah aber, dass der Arme starb und von den Engeln getragen wurde in den Schoß Abrahams. Es starb aber auch der Reiche und wurde begraben. [23]Und als er in der Unterwelt seine Augen erhob, als er in Qualen war, sah er Abraham von ferne und Lazarus in seinem Schoß. [24]Und er rief laut: Vater Abraham, erbarme dich meiner und sende Lazarus, dass er die Spitze seines Fingers ins Wasser tauche und meine Zunge kühle; denn ich leide schrecklich in dieser Flamme. [25]Abraham aber sprach: Kind, gedenke, dass du dein Gutes empfangen hast in deinem Leben und Lazarus in gleicher Weise das Böse; jetzt aber wird er hier getröstet, du aber wirst gepeinigt. [26]Und außerdem ist zwischen uns und euch eine große Kluft errichtet, damit die, welche von hier zu euch hinübergehen wollen, nicht können, noch die, welche von dort zu uns herüberkommen wollen. [27]Er (der Reiche) sprach aber: Ich bitte dich nun, Vater, dass du ihn in das Haus meines Vaters sendest, [28]denn ich habe fünf Brüder, dass er sie warne, damit sie nicht auch kommen an diesen Ort der Qual. [29]Abraham aber sprach: Sie haben Mose und die Propheten, auf die sollen sie hören. [30]Er aber sprach: Nein, Vater Abraham, sondern wenn jemand von den Toten zu ihnen geht, so werden sie Buße tun. [31]Er (Abraham) sprach zu ihm: Wenn sie auf Mose und die Propheten nicht hören, werden sie sich auch nicht überzeugen lassen, wenn einer von den Toten aufersteht.**

Die Geschichte vom „reichen Prasser und dem armen Lazarus" weist eine zweifache Gliederung auf und bildet den Knalleffekt der kritischen Beurteilung der reichen, scheinbar gesetzestreuen Widersacher Jesu, der Pharisäer (V 19-31). An sie wendet sich die Erzählung, wie aus dem vorausgehenden Text ersichtlich ist (Lk 16,14): „Dies alles hörten aber auch die Pharisäer, welche geldgierig waren, und sie verhöhnten ihn." – Man hört geradezu: „Geld regiert die Welt!" – Aber wie? Und tatsächlich? Oder herrscht doch der Einflussbereich Gottes, seine Allmacht?

Über den reichen Mann wird nur wenig erzählt, sein feudales Leben wird erwähnt, sein Name bleibt unbekannt. Im Unterschied dazu wird der Name des Armen genannt, vielleicht deshalb, weil *Lazarus*, vom Hebräischen Eleasar abgeleitet, „dem Gott hilft / Gott hat geholfen" bedeutet. Ein Ort wird nicht angegeben; was möglicherweise besagen will: Das kann sich überall zutragen. Die Situation des leidvollen Elends des Lazarus vor der Tür des Reichen, der den streunenden Hunden ausgeliefert ist, wird skizziert (V 19ff).

Daraufhin folgt das Ende des Lazarus: seine Aufnahme in die Geborgenheit mit Abraham, der schon bei Gott lebt (Lk 13,28; 20,37f): „13[28]Da werdet ihr heulen und mit den Zähnen knirschen, wenn ihr seht, dass Abraham, Isaak und Jakob und alle Propheten im Reich Gottes sind, ihr selbst aber ausgeschlossen seid." –20[37]Dass aber die Toten auferstehen, hat schon Mose in der Geschichte vom Dornbusch angedeutet, in der er den Herrn den Gott Abrahams, den Gott Isaaks und den Gott Jakobs nennt. [38]Er ist doch kein Gott von Toten, sondern von Lebenden; denn für ihn sind alle lebendig." – Als Gegensatz zum Glück des Lazarus wird Tod, Begräbnis und Schicksal des Reichen in der Unterwelt erwähnt. Dort erblickt dieser nun eine Kehrtwendung der einstigen Konstellation: Lazarus im Wohlergehen und Segen, er selbst im qualvollen Elend (V 22f).

In einem spontanen Ausruf bittet der Reiche als Sohn Abrahams, ihm den Lazarus zu senden, damit er ein wenig Erleichterung von seinen Schmerzen erhalte. Abraham verweist ihn, sein *„Kind"*, infolgedessen an das verflossene Leben der beiden, was an die Worte Jesu erinnert (Lk 1,53; 6,20-25): „1[53]Die Hungernden beschenkt er mit seinen Gaben und lässt die Reichen leer ausgehen." – „6[20]Er richtete seine Augen auf seine Jünger und sagte: Selig, ihr Armen, denn euch gehört das Reich Gottes. [21]Selig, die ihr jetzt hungert, denn ihr werdet satt werden. Selig, die ihr jetzt weint, denn ihr werdet lachen. [22]Selig seid ihr, wenn euch die Menschen hassen und aus ihrer Gemeinschaft ausschließen, wenn sie euch beschimpfen und euch in Verruf bringen um des Menschensohnes willen. [23]Freut euch und jauchzt an jenem Tag; euer Lohn im Himmel wird groß sein. Denn ebenso haben es ihre Väter mit den Propheten gemacht. [24]Aber weh euch, die ihr reich seid; denn ihr habt keinen Trost mehr zu erwarten. [25]Weh euch, die ihr jetzt satt seid; denn ihr werdet hungern. Weh euch, die ihr jetzt lacht; denn ihr werdet klagen und weinen." – Zudem expliziert Abraham die reale unüberbrückbare *„Kluft"* zwischen den Aufenthaltsorten von beiden (V 24ff).

Der einst Reiche nennt Abraham *„Vater"* und begehrt akut eine andere Sendung des Lazarus, insbesondere zu seinen *„Brüdern"*, um sie zu *„warnen"* (V 28), damit sie gerettet werden. Diese Aussage lässt an das Jüngste Gericht denken (Apg 10,42; 17,31): „10[42]Und er hat uns geboten, dem Volk zu verkündigen und zu bezeugen: Das ist der von Gott eingesetzte Richter der Lebenden und der Toten." – „17[31]Denn er hat einen Tag festgesetzt, an dem er den Erdkreis in Gerechtigkeit richten wird, durch einen Mann, den er dazu bestimmt und vor allen Menschen dadurch ausgewiesen hat, dass er ihn von den Toten auferweckte."

Der Hinweis Abrahams auf *„Mose und die Propheten"* (V 29) entspricht der urchristlichen Tradition (Lk 24,27.44; Apg 3,18.21-25; 26,22): „24[27]Und er legte ihnen dar, ausgehend von Mose und allen Propheten, was in der gesamten Schrift über ihn geschrieben steht." – „[44]Dann sprach er zu ihnen: Das sind die Worte, die ich zu euch gesagt habe, als ich noch bei euch war: Alles muss in Erfüllung gehen, was im Gesetz des Mose, bei den Propheten und in den Psalmen über mich gesagt ist." – „3[18]Gott aber hat auf diese Weise erfüllt, was er durch den Mund aller Propheten im Voraus verkündigt hat ..." – „[21]Ihn muss freilich der Himmel aufnehmen bis zu den Zeiten der Wiederherstellung von allem, die Gott von jeher durch den Mund seiner heiligen Propheten verkündet hat. [22]Mose hat gesagt: Einen Propheten wie mich wird euch der Herr, euer Gott, aus euren Brüdern erwecken. Auf ihn sollt ihr hören in allem, was er zu euch sagt. [23]Jeder, der auf jenen Propheten nicht hört, wird aus dem Volk ausgemerzt werden. [24]Und auch alle Propheten von Samuel an und alle, die später auftraten, haben diese Tage angekündigt. [25]Ihr seid die Söhne der Propheten und des Bundes, den Gott mit euren Vätern geschlossen hat, als er zu Abraham sagte: Durch deinen Nachkommen sollen alle Geschlechter der Erde Segen erlangen." – „26[22]Doch ich habe Gottes Hilfe erfahren bis zum heutigen Tag; so stehe ich da als Zeuge für groß und klein und sage nichts anderes als das, was nach dem Wort der Propheten und des Mose geschehen soll."

Der Behauptung *„wenn jemand von den Toten zu ihnen geht, so werden sie Buße tun"* (V 30) wird eindeutig energisch widersprochen. – Was *„Umkehr/Buße"* nun in neutestamentlicher Perspektive bedeutet, kann nachgelesen werden (Apg 2,38; 3,19; 5,31; 17,30): „2[38]Petrus antwortete ihnen: Kehrt um, und jeder von euch lasse sich auf den Namen Jesu Christi taufen zur Vergebung seiner Sünden; dann werdet ihr die Gabe des Heiligen Geistes empfangen." – „3[19]Also kehrt um, und tut Buße, damit eure Sünden getilgt werden." – „5[31]Ihn hat Gott als Herrscher und Retter an seine rechte Seite erhoben, um Israel die Umkehr und Vergebung der Sünden zu schenken." – „17[30]Gott, der über die Zeiten der Unwissenheit hinweggesehen hat, lässt jetzt den Menschen verkünden, dass überall alle umkehren sollen."

Das Hören auf einen, der aus dem Totenreich auferweckt wurde, lenkt die Gedanken unwillkürlich hin zum Auferstandenen, zu Jesus Christus (Apg 13,32-37): „So verkünden wir euch das Evangelium: Gott hat die Verheißung, die an die Väter ergangen ist, [33]an uns, ihren Kindern, erfüllt, indem er Jesus auferweckt hat, wie es schon im zweiten Psalm heißt: Mein Sohn bist du, heute habe ich dich gezeugt. [34]Dass er ihn aber von den Toten auferweckt hat, um ihn nicht mehr zur Verwesung zurückkehren zu lassen, hat er so ausgedrückt: Ich will euch die Heilsgaben gewähren, die ich David fest zugesagt habe. [35]Darum sagt er auch an einer anderen Stelle: Du lässt deinen Frommen nicht die Verwesung schauen. [36]David aber ist, nachdem er seinen Zeitgenossen gedient hatte, nach Gottes Willen entschlafen und mit seinen Vätern vereint worden. Er hat die Verwesung gesehen; [37]der aber, den Gott auferweckte, hat die Verwesung nicht gesehen." – Die Thematik wird abgerundet, wenn man das Wort – über Jesus ausgesprochen – beachtet (Lk 9,35): „Da rief eine Stimme aus der Wolke: Das ist mein auserwählter Sohn, auf ihn sollt ihr hören."

Diese Lehrerzählung will nicht nur „geldgierige reiche Menschen" warnen, desin-

teressiert zu werden für die Frohbotschaft des von den Toten auferstanden Christus, wie die abschließende Aussage demonstriert (V 31): Selbst ein von den Toten Auferstandener wird sie nicht bekehren.
Notabene: Ein Truppenverbandsplatz, eine Versorgungseinrichtung für verwundete oder erkrankte Soldaten wird „Lazarett" genannt, was als Wortbildung von dem Namen der biblischen Gestalt des Lazarus beeinflusst ist, wo es den Verletzten hoffentlich besser ergeht als dem armen Lazarus an der Tür des Reichen.

# VOM GLAUBEN UND UNNÜTZEN KNECHT

## Lk 17,5-10

**5Und die Apostel sprachen zum Herrn: Vermehre uns den Glauben! 6Der Herr aber sprach: Wenn ihr Glauben habt wie ein Senfkorn, so würdet ihr zu diesem Maulbeerfeigenbaum sagen: Werde entwurzelt und ins Meer gepflanzt!, und er würde euch gehorchen. 7Wer aber von euch, der einen Knecht hat, welcher pflügt oder weidet, wird zu ihm, wenn er vom Felde hereinkommt, sagen: Komm und lege dich alsbald zu Tische? 8Wird er nicht vielmehr zu ihm sagen: Richte zu, was ich essen soll, und gürte dich und diene mir, bis ich gegessen und getrunken habe; und danach sollst du essen und trinken? 9Dankt er etwa dem Knechte, dass er das Befohlene getan hat? 10So auch ihr, wenn ihr alles getan habt, was euch befohlen wurde, so sprecht: Wir sind unnütze Knechte; wir haben getan, was wir zu tun schuldig waren.**

Die leger verbundenen Aussagen betreffen die Perspektive des Zusammenlebens, die sich zudem deutlich auf das Leben der Gemeinde beziehen (V 5-10).

**Vom Glauben (V 5f)**
Der Wunsch der Apostel, *„vermehre uns den Glauben"* (V 5), ist charakteristisch typisch für die Gemeindevorsteher (Lk 12,41-44): „Da sagte Petrus: Herr, meinst du mit diesem Gleichnis nur uns oder auch all die anderen? 42Der Herr antwortete: Wer ist denn der treue und kluge Verwalter, den der Herr einsetzen wird, damit er seinem Gesinde zur rechten Zeit die Nahrung zuteilt? 43Selig der Knecht, den der Herr damit beschäftigt findet, wenn er kommt! 44Wahrhaftig, das sage ich euch: Er wird ihn zum Verwalter seines ganzen Vermögens machen." – Ein realer Anlass wird nicht genannt. Die Bitte repräsentiert ein allgemeines Manko an Glauben. – Jesus verwendet bisweilen absurd lautende Beispiele, um die Aufmerksamkeit und das Nachsinnen anzuregen, wie (Lk 18,25f): „Denn eher geht ein Kamel durch ein Nadelöhr, als dass ein Reicher in das Reich Gottes gelangt. 26Die Leute, die das hörten, fragten: Wer kann dann noch gerettet werden?" So ist auch das Bild vom *„Maulbeerbaum"* (V 6) merkwürdig abstrus.
Den Rahmen bildet zweimal die Diktion „Herr", das bedeutet „Kyrios", was theologisch identisch ist mit Jesus Christus. – Der „Herr" verweist auf den Maulbeerfeigenbaum, der wegen seiner tiefen Ver-

wurzelung in Erinnerung ist, und seine Versetzung ins Meer. – Was bringt das? In einer späteren Erklärung wird das Charisma des Glaubens charakterisiert (1 Kor 13,2): „Und wenn ich prophetisch reden könnte und alle Geheimnisse wüsste und alle Erkenntnis hätte; wenn ich alle Glaubenskraft besäße und Berge damit versetzen könnte, hätte aber die Liebe nicht, wäre ich nichts."

Jesu Bescheid verlangt, auf den schwächsten Glauben zu vertrauen – auch wenn er „wie ein Senfkorn" (V 6) ist – und unkompliziert zu glauben (Lk 18,8; 22,32): „18[8]Ich sage euch: Er wird ihnen unverzüglich ihr Recht verschaffen. Wird jedoch der Menschensohn, wenn er kommt, auf der Erde (noch) Glauben vorfinden?" – „22[32]Ich aber habe für dich gebetet, dass dein Glaube nicht erlischt. Und wenn du dich wieder bekehrt hast, dann stärke deine Brüder."

**Unnützer Knecht (7-10)**

Das mit einer rhetorischen Frage eingeleitete Sinnbild bewegt den Leser zum Nachsinnen und Überlegen. Die Diskrepanz wird drastisch skizziert entsprechend des damals aktuellen Benehmens des Herrn seinem Knecht gegenüber. Die Konsequenz daraus schlussfolgert das Verhalten des Knechtes: Wie er sollen auch die Apostel und alle im Jüngerkreis keine besondere Belohnung für die Durchführung des ihnen Gebotenen erhoffen, sondern sich als bescheidene, gewissermaßen nutzlose, unnötige, überflüssige, entbehrliche, abkömmliche Knechte ansehen, die Gott gegenüber keine Forderungen einfordern vermögen. Das gegen unredliche Ambitionen ankämpfende Sinnbild warnt zu Anspruchslosigkeit und Fügsamkeit. – Dennoch gilt die Verheißung und Warnung (Lk 6,23.25): „[23]Freut euch und jauchzt an jenem Tag; euer Lohn im Himmel wird groß sein. Denn ebenso haben es ihre Väter mit den Propheten gemacht." – „[25]Weh euch, die ihr jetzt satt seid; denn ihr werdet hungern. Weh euch, die ihr jetzt lacht; denn ihr werdet klagen und weinen."

Wie diese Anweisungen verstehen lassen, betreffen sie nicht nur die Mitmenschen Jesu; sie sind wahrhaftig Direktiven des Kyrios an alle in der christlichen Gemeinschaft. Die herausfordernde Diktion verlangt, ihre Nützlichkeit für das individuelle Leben und die Gemeinschaft erneut zu erwägen.

# ZEHN AUSSÄTZIGE

## Lk 17,11-19

**[11]Und es geschah, als er nach Jerusalem reiste, dass er mitten durch Samaria und Ga-
liläa ging. [12]Und als er in ein gewisses Dorf eintrat, begegneten ihm zehn aussätzige
Männer, welche von ferne standen. [13]Und sie erhoben ihre Stimme und sprachen:
Jesu, Meister, erbarme dich unser! [14]Und als er sie sah, sprach er zu ihnen: Gehet
hin und zeiget euch den Priestern. Und es geschah, während sie hingingen, wurden
sie rein. [15]Einer aber von ihnen, als er sah, dass er geheilt war, kehrte zurück, indem
er mit lauter Stimme Gott verherrlichte; [16]und er fiel aufs Angesicht zu seinen [Jesu]
Füßen und dankte ihm; und derselbe war ein Samariter. [17]Jesus aber antwortete und
sprach: Sind nicht zehn rein geworden? Wo sind aber die neun? [18]Sind keine gefun-
den worden, die zurückkehrten, um Gott Ehre zu geben, außer diesem Fremdling?
[19]Und er sprach zu ihm: Stehe auf und geh! Dein Glaube hat dich gerettet.**

Es wird noch einmal die Aussage aktiviert, dass Jesus unterwegs *„nach Jerusalem"* ist – (Lk 9,51; 13,22): „[51]Als die Tage seiner Aufnahme sich erfüllten, festigte er sein Angesicht, um nach Jerusalem zu gehen." – „[22]Und er durchzog nacheinander Städte und Dörfer, indem er lehrte und nach Jerusalem reiste." –, dass Jesus *„mitten durch Samaria und Galiläa"* (V 11) zieht. Die geographische Direktive ist allerdings verwirrend, nicht akkurat, weil man den Eindruck gewinnt, Jesus wandert nach Norden und somit nicht „nach Jerusalem". Die Nennung von Samaria an erster Stelle mag andeuten, dass Jesus sich auch besonders um die Anliegen der Bewohner dieses Gebietes kümmert; zugleich werden diesbezügliche entsprechende Sympathien Jesu in Erinnerung gerufen (Lk 9,52; 10,33f): „9[52]Und er sandte Boten vor seinem Angesicht her; und sie gingen hin und kamen in ein Dorf der Samariter, um für ihn zuzubereiten." – „10[33]Dann kam ein Mann aus Samarien, der auf der Reise war. Als er ihn sah, hatte er Mitleid, [34]ging zu ihm hin, goss Öl und Wein auf seine Wunden und verband sie. Dann hob er ihn auf sein Reittier, brachte ihn zu einer Herberge und sorgte für ihn."

Eine exakte Lokalisierung wird also nicht gebracht, nur die Feststellung, dass die Aussätzigen *„von ferne"* stehen, also die entsprechende Distanz in Hörweite einhalten. – Eine vorausgehende Heilung läuft anders ab, obwohl auch Parallelen zu erkennen sind (Lk 5,13f): „Da streckte Jesus die Hand aus, berührte ihn und sagte: Ich will es – werde rein! Im gleichen Augenblick verschwand der Aussatz. [14]Jesus befahl ihm: Erzähl niemand davon, sondern geh, zeig dich dem Priester und bring das Reinigungsopfer dar, wie es Mose angeordnet hat. Das soll für sie ein Beweis (deiner Heilung) sein."

Jesus sendet die *„zehn Aussätzigen"* ebenfalls zu den *„Priestern"* – mehr wird nicht gesagt. Unterwegs dorthin erfüllt Jesus ihren Hilferuf, und sie werden vom Aussatz geheilt, ohne dass über den Heilungsprozess eine Aussage gemacht wird (V 12ff).

Einer „kehrte zurück" (V 15) erinnert an die Heilung des Aramäers Naaman, dem aramäischen Feldherrn des Königs von Damaskus, der von Elischa vom Aussatz geheilt wurde (2 Kön 5,1-27). „[1]Naaman, der Feldherr des Königs von Aram, galt viel bei seinem Herrn und war angesehen; denn durch ihn hatte der Herr den Aramäern den Sieg verliehen. Der Mann war tapfer, aber an Aussatz erkrankt." – „[14]So ging er also zum Jordan hinab und tauchte siebenmal unter, wie ihm der Gottesmann befohlen hatte. Da wurde sein Leib gesund wie der Leib eines Kindes, und er war rein. [15]Nun kehrte er mit seinem ganzen Gefolge zum Gottesmann zurück, trat vor ihn hin und sagte: Jetzt weiß ich, dass es nirgends auf der Erde einen Gott gibt außer in Israel. So nimm jetzt von deinem Knecht ein Dankgeschenk an!" – Die Aussage „und dieser war ein Samariter" (V 16) hebt hervor, dass ein Zugehöriger der von den Juden verfemten Volksgruppe sich zu Jesus umdreht (2 Kön 5,15) und mit dem Lob Gottes seinen Dank an Jesus kundtut wie viele andere vor ihm (Lk 5,25f; 7,16; 8,39; 13,13; 18,43): „5[25]Im gleichen Augenblick stand der Mann vor aller Augen auf. Er nahm die Tragbahre, auf der er gelegen hatte, und ging heim, Gott lobend und preisend. [26]Da gerieten alle außer sich; sie priesen Gott und sagten voller Furcht: Heute haben wir etwas Unglaubliches gesehen." – „7[16]Alle aber ergriff Furcht; und sie verherrlichten Gott und sprachen: Ein großer Prophet ist unter uns erweckt worden, und Gott hat sein Volk besucht." – „8[39]Kehr in dein Haus zurück, und erzähl alles, was Gott für dich getan hat. Da ging er weg und verkündete in der ganzen Stadt, was Jesus für ihn getan hatte." – „13[13]Und er legte ihr die Hände auf. Im gleichen Augenblick richtete sie sich auf und pries Gott." – „18[43] Im gleichen Augenblick konnte er wieder sehen. Da pries er Gott und folgte Jesus. Und alle Leute, die das gesehen hatten, lobten Gott" (V 15f).

Das ausdrucksvolle Rätsel in wörtlicher Diktion: „Wurden nicht die zehn gereinigt? Die neun aber wo?" V 17 kontrastiert zwischen der Verhaltensweise des „Fremdlings" und der eigenen Mitbürger. – Entsprechend ist der Verweis auf die Glaubenskraft (V 19): „Dein Glaube hat dich gerettet" (Lk 7,50; 8,48). – So sprach Jesus nach seiner Salbung im Haus des Pharisäers (Lk 7,50): „Er aber sagte zu der Frau: Dein Glaube hat dir geholfen. Geh in Frieden!" – Und ebenso bei der Heilung der blutflüssigen Frau (Lk 8,48): „Da sagte er zu ihr: Meine Tochter, dein Glaube hat dir geholfen. Geh in Frieden!" – Die Umkehr des Samariters expliziert Jesus folglich als Glaubenshaltung, die über seine Heilung hinausreicht.

In der gegenwärtiger Textkonzeption wird der Samariter als aufmunterndes, anspornendes Modell für alle „Fremden" präsentiert: Seine Umkehr zu Jesus, mit der er Gott lobpreist und dankt, führt zu seiner „Rettung", die mehr besagt als körperliche Rekonvaleszenz und gesellschaftliche Gönnerschaft. Außerdem wird die gebührende Hoheit Jesu anerkannt, indem der Wiederhergestellte durch die als allein Gott geziemende Proskynese, dem Fußfall, bei dem der Boden mit der Stirn berührt wird, als seinen Retter anerkennt. – Vielfach wird eine Konfrontation von Undank und Dankbarkeit angesprochen.

# RICHTER UND WITWE

## Lk 18,1-8

**[1]Er sagte ihnen aber auch ein Gleichnis dafür, dass sie allezeit beten und nicht ermatten sollten, [2]und sprach: Es war ein gewisser Richter in einer Stadt, der Gott nicht fürchtete und vor keinem Menschen sich scheute. [3]Es war aber eine Witwe in jener Stadt; und sie kam zu ihm und sprach: Schaffe mir Recht gegen meinen Widersacher. [4]Und eine Zeitlang wollte er nicht; danach aber sprach er bei sich selbst: Wenn ich auch Gott nicht fürchte und vor keinem Menschen mich scheue, [5]so will ich doch, weil diese Witwe mir Mühe macht, ihr Recht verschaffen, auf dass sie nicht unaufhörlich komme und mich ins Gesicht schlägt. [6]Der Herr aber sprach: Höret, was der ungerechte Richter sagt. [7]Gott aber, sollte er das Recht seiner Auserwählten nicht ausführen, die Tag und Nacht zu ihm schreien, und sollte ihnen gegenüber zögern? [8]Ich sage euch, dass er ihr Recht schnell ausführen wird. Doch wird wohl der Menschensohn, wenn er kommt, den Glauben finden auf der Erde?**

Jesus ermutigt, *„allezeit zu beten und nicht zu ermatten“* (V 1), somit verweist er auf Beharrlichkeit, Durchhaltevermögen, Standhaftigkeit, Beständigkeit, Ausdauer (Lk 11,5-8; 22,40.46): „11[5]Dann sagte er zu ihnen: Wenn einer von euch einen Freund hat und um Mitternacht zu ihm geht und sagt: Freund, leih mir drei Brote; [6]denn einer meiner Freunde, der auf Reisen ist, ist zu mir gekommen, und ich habe ihm nichts anzubieten, [7]wird dann etwa der Mann drinnen antworten: Lass mich in Ruhe, die Tür ist schon verschlossen, und meine Kinder schlafen bei mir; ich kann nicht aufstehen und dir etwas geben? [8]Ich sage euch: Wenn er schon nicht deswegen aufsteht und ihm seine Bitte erfüllt, weil er sein Freund ist, so wird er doch wegen seiner Zudringlichkeit aufstehen und ihm geben, was er braucht.“ – „22[40]Als er dort war, sagte er zu ihnen: Betet darum, dass ihr nicht in Versuchung geratet!“ – „[46]Da sagte er zu ihnen: Wie könnt ihr schlafen? Steht auf und betet, damit ihr nicht in Versuchung geratet.“ – Mag sein, dass bisweilen das Ausbleiben der baldigen Gebetserhörung enttäuscht und zur Ermattung führt; oder es war das Gebetsanliegen geradezu eine Überforderung Gottes; möglicherweise hat Gott Besseres vor.

Der Richter wird kurz und bündig als äußerst verwerflich präsentiert. – Die Witwe verweist auf Einsamkeit, Hoffnungslosigkeit, Hilfsbedürftigkeit, aber auch Großzügigkeit, wie Jesus über das Scherflein der Witwe beim Opferkasten feststellt (Lk 21,3f): „Da sagte er: Wahrhaftig, ich sage euch: Diese arme Witwe hat mehr hineingeworfen als alle anderen. [4]Denn sie alle haben nur etwas von ihrem Überfluss geopfert; diese Frau aber, die kaum das Nötigste zum Leben hat, sie hat ihren ganzen Lebensunterhalt hergegeben.“ Im vorliegenden Fall begegnet man einer rechtswidrig behandelten Witwe, die eindringlich und anscheinend auch energisch einen Rechtsbeistand verlangt. – In einem Monolog zu sich selbst lässt der Richter erkennen, warum er sein Zögern beendet: Bequemlichkeit, Ruhebedürfnis und Angst vor einer Attacke, sollte die Witfrau handgreiflich werden, sodass ihm eine Augenverletzung droht (V 2-5).

Als *„der Herr“* (V 6) lädt Jesus sein Publikum ein, aus dem Soliloquium des Richters Konsequenzen zu folgern. Die Schlussfolgerung schreitet vom Minderen zum Grandioseren, im vorliegenden Beispiel vom miesen Richter zum besten: Um wie viel mehr als dieser Richter wird Gott *„seinen Auserwählten“* (V 7), die in ihrer Not unaufhörlich zu ihm flehenden Christen durch die Rechtsprechung des Menschensohnes helfen? Er *„zögert“* (V 7) nicht, wie es zufolge die protrahierte, ausbleibende Parusie anmuten lässt, sondern entscheidet *„rasch/schnell“* (V 8a).

Es wird weiterhin kein Termin von Jesus erfragt (Lk 17,20.22): „Als Jesus von den Pharisäern gefragt wurde, wann das Reich Gottes komme, antwortete er: Das Reich Gottes kommt nicht so, dass man es an äußeren Zeichen erkennen könnte. [22]Er sagte zu den Jüngern: Es wird eine Zeit kommen, in der ihr euch danach sehnt, auch nur einen von den Tagen des Menschensohnes zu erleben; aber ihr werdet ihn nicht erleben.“ – Stattdessen stellt Jesus eine Frage, die auf folgende Aussagen aufbaut (Lk 13,24; 17,21): „13[24]Bemüht euch mit allen Kräften, durch die enge Tür zu gelangen; denn viele, sage ich euch, werden versuchen hineinzukommen, aber es wird ihnen nicht gelingen.“ – „17[21]Man kann auch nicht sagen: Seht, hier ist es!, oder: Dort ist es! Denn: Das Reich Gottes ist (schon) mitten unter euch.“

Die abschließende Frage (V 8b) ist eigentlich ein Anruf an alle, den „Glauben“ an ihn „Tag und Nacht“ (V 7) zu behalten (Lk 11,2): „Da sagte er zu ihnen: Wenn ihr betet, so sprecht: Vater, dein Name werde geheiligt. Dein Reich komme.“

# PHARISÄER UND ZÖLLNER

## Lk 18,9-14

**[9]Er sprach aber auch zu einigen, die sich selbst für gerecht hielten und die übrigen verachteten, dieses Gleichnis: [10]Zwei Menschen gingen hinauf in den Tempel, um zu beten, der eine ein Pharisäer und der andere ein Zöllner. [11]Der Pharisäer stand und betete bei sich selbst also: Gott, ich danke dir, dass ich nicht bin wie die übrigen der Menschen, Räuber, Ungerechte, Ehebrecher oder auch wie dieser Zöllner. [12]Ich faste zweimal in der Woche, ich gebe den Zehnten für alles, was ich erwerbe. [13]Und der Zöllner, von ferne stehend, wollte sogar die Augen nicht aufheben gen Himmel, sondern schlug an seine Brust und sprach: Gott, sei mir, dem Sünder, gnädig! [14]Ich sage euch: Dieser ging gerechtfertigt hinab in sein Haus vor jenem; denn jeder, der sich selbst erhöht, wird erniedrigt werden; wer aber sich selbst erniedrigt, wird erhöht werden.**

Dieses Beispiel (Lk 18,9-14) betrifft nicht nur das Gebet, sondern das Insistieren, Beanspruchen, Beharren auf eigene Aktivitäten und die Abwertung offenkundig straffällig Gewordener.
Jesus gibt die Absicht, den Sinn seiner Kurzgeschichte an (V 9) wie auch in diesem Ambiente vorausgehend und nachfolgend Lk 18,1; 19,11: „18[1]Jesus sagte ihnen durch ein Gleichnis, dass sie allezeit beten und darin nicht nachlassen sollten," – „19[11]Weil Jesus schon nahe bei Jerusalem war, meinten die Menschen, die von all dem hörten, das Reich Gottes werde sofort erscheinen. Daher erzählte er ihnen ein weiteres Gleichnis." – Nun wendet sich Jesus an seine Jünger und an ein breiteres Publikum, um deren falsches Benehmen durch „dieses Gleichnis" (V 9) zu korrigieren und die entsprechende Direktive zu setzen.
Die Gegenüberstellung (V 10-13) von zwei ungleichen Betern konveniert analogen Konfrontationen und Vergleichen wie im Gleichnis vom verlorenen Sohn (Lk 15,11-32) und vom reichen Mann und dem armen Lazarus (Lk 16,19-31). – Bereits die Position kennzeichnet den Pharisäer: Er positioniert sich entsprechend und „betete bei sich" (V 11), also egoistisch, im Selbstgespräch prahlt er vor Gott über seine vermeintlichen Großtaten, was an Ps 26 erinnert: „Richte mich, Jahwe! Denn in meiner Lauterkeit habe ich gewandelt; und auf Jahwe habe ich vertraut, ich werde nicht wanken. [2]Prüfe mich, Jahwe, und erprobe mich; läutere meine Nieren und mein Herz! [3]Denn deine Güte ist vor meinen Augen, und in deiner Wahrheit wandle ich. [4]Nicht habe ich gesessen bei falschen Leuten, und mit Hinterlistigen ging ich nicht um. [5]Ich habe die Versammlung der Übeltäter gehasst, und bei Gesetzlosen saß ich nicht. [6]Ich wasche in Unschuld meine Hände und umgehe deinen Altar, Jahwe, [7]um hören zu lassen die Stimme des Lobes, und um zu erzählen alle deine Wundertaten. [8]Jahwe, ich habe geliebt die Wohnung deines Hauses und den Wohnort deiner Herrlichkeit. [9]Raffe meine Seele nicht weg mit Sündern noch mein Leben mit Blutmenschen, [10]in deren Händen böses Vornehmen, und deren Rechte voll Bestechung ist! [11]Ich aber wandle in meiner Lauterkeit. Erlöse mich und sei mir gnädig! [12]Mein Fuß steht auf ebenem Boden: Jahwe werde ich preisen in den Versammlungen." – Aber der Ps 26 ist doch weitgehend anders, denn der Pharisäer formuliert, dass er entgegengesetzt, anders geartet ist als die restlichen Mitbewohner, die Frevler, Galgenvögel, Übeltäter, Schuldigen und – als reales, anschauliches Exempel – „dieser Zöllner" (V 11). Im Gegensatz dazu stehen die Aussagen über den reumütigen Zöllner: Er steht hinten, gesenkten Blickes (V 13) – also hat sich der Pharisäer vorne hingestellt, in entsprechender positionierter Sicht –, ohne sich an die Brust zu schlagen und einen Bußruf anzustimmen wie der zerknirschte Mautner (Ps 51,3): „Denn ich kenne meine Übertretungen, und meine Sünde ist beständig vor mir."
Jesus expliziert (V 14) die symbolische Erzählung dadurch, dass er überlegen Gottes Rechtsspruch über beide – Pharisäer und Zöllner – manifestiert: In Differenz und Gegensatz zum Pharisäer hat der Zöllner Gottes Sympathie und Freude gefunden und kann somit als „Gerechtfertigter" (V 14) aus dem Tempel fortgehen. – Die angefügte Sentenz fundiert den Rechtsspruch (Lk 14,11): „Denn wer sich selbst erhöht, wird erniedrigt, und wer sich selbst erniedrigt, wird erhöht werden." – Dem entsprechen die Aktivitäten Gottes (Lk 1,52): „Er hat Mächtige von Thronen hinabgestoßen und Niedrige erhöht."
Hiermit warnt Jesus vor Selbstgerechtigkeit. Wahrscheinlich hat Jesus mit einer solchen Erzählung seine persönliche Liebenswürdigkeit Zöllnern und Sündern ge-

genüber gerechtfertigt; abgesehen davon war es grundsätzlich nicht seine Absicht, die Pharisäer als Arrogante und Anmaßende zu brandmarken, wie dies bisweilen durchschimmert, wenn gesagt wird (Lk 16,14): „.Das alles hörten auch die Pharisäer, die sehr am Geld hingen, und sie lachten über ihn.“ – Schlussendlich anbelangt, es stehen alle Menschen als Sünder vor Gott, dennoch gilt (1 Kor 15,10, 2 Kor 12,9; Phil 4,13): „15[10]Aber durch Gottes Gnade bin ich, was ich bin; und seine Gnade gegen mich ist nicht vergeblich gewesen, sondern ich habe viel mehr gearbeitet als sie alle; nicht aber ich, sondern die Gnade Gottes, die mit mir war.“ – „12[9] Er aber antwortete mir: Meine Gnade genügt dir; denn sie erweist ihre Kraft in der Schwachheit. Viel lieber also will ich mich meiner Schwachheit rühmen, damit die Kraft Christi auf mich herabkommt.“ – „4[13]Alles vermag ich durch ihn, der mir Kraft gibt.“

# JESUS BEI ZACHÄUS

## Lk 19,1-10

**[1]Und er ging hinein und zog durch Jericho. [2]Und siehe, da war ein Mann mit Namen Zachäus, der war ein Oberzöllner, und er war reich. [3]Und er suchte Jesus zu sehen, wer er wäre; und er konnte es nicht wegen der Volksmenge, denn er war klein von Gestalt. [4]Und er lief voraus und stieg auf einen Maulbeerfeigenbaum, um ihn zu sehen; denn er sollte dort vorbeikommen. [5]Und als er an den Ort kam, sah Jesus auf und erblickte ihn und sprach zu ihm: Zachäus, steig eilends herab, denn heute muss ich in deinem Haus einkehren. [6]Und er stieg eilends herab und nahm ihn auf mit Freuden. [7]Und als sie es sahen, murrten alle und sagten: Er ist eingekehrt, um bei einem sündigen Manne zu rasten. [8]Zachäus aber stand und sprach zum Herrn: Siehe, Herr, die Hälfte meiner Güter gebe ich den Armen, und wenn ich von jemand etwas erpresst habe, so erstatte ich es vierfach. [9]Jesus aber sprach zu ihm: Heute ist diesem Haus Heil widerfahren, weil auch er ein Sohn Abrahams ist; [10]denn der Menschensohn ist gekommen, um zu suchen und zu retten, was verloren ist.**

Kerngedanken dieser ausdrucksvollen Begebenheit sind Jesu Selbsteinladung beim Zöllner, dessen Reflex und Jesu Erklärung seiner Aktion (V 1-10).

Auf seiner Reise nach Jerusalem wandert Jesus durch die begüterte und hellenistisch strukturierte Stadt *Jericho*, der Winterresidenz Herodes’ des Großen (37-4 v. Chr.), einem Grenzort mit Zollamt, über das Zachäus die Oberaufsicht ausübt. Durch sein energisches, bisweilen erzwungenes, abgenötigtes Erheben von Zöllen (V 8) ist er zu erheblichem Reichtum gelangt. Wie der Kontext der Erzählung erkennen lässt, ist sein Wunsch, Jesus zu sehen, mehr als bloße Neugierde, wie seine geplante Aktion zeigt; er hat darüber nachgedacht und Jesu Route einkalkuliert; seine Sehnsucht wird entsprechend belohnt (V 1-4).

Jesus hat sich für diesen *„Oberzöllner“* interessiert: er kennt bereits seinen Namen, *„blickt hinauf"* und *„spricht ihn an"*. Die Bedeutung dieser Szene formuliert die zweifache Verwendung von *„eilends"* (V 5f) und *„heute"* (V 5.9), noch dazu die strikte Formulierung *„muss ich in deinem Haus einkehren"*; es drängt also auch Jesus zu Zachäus – nicht nur Zachäus zu Jesus.

Im Gegensatz, in überraschender Diskrepanz zur *„Freude"* (V 6) des Zachäus empören sich *„alle"* (V 7) über Jesu quasi gesetzeswidrige Verhaltensweise wie seinerzeit bereits die Pharisäer (Lk 15,2): „Die Pharisäer und die Schriftgelehrten empörten sich darüber und sagten: Er gibt sich mit Sündern ab und isst sogar mit ihnen."

Die feierliche Zusage des Zachäus ist im Konnex fixiert, ein Bekenntnis seiner innerlichen Wandlung, seines Sinneswechsels (V 8): *„Zachäus aber stand und sprach zum Herrn: Siehe, Herr, die Hälfte meiner Güter gebe ich den Armen, und wenn ich von jemand etwas erpresst habe, so erstatte ich es vierfach."* – Er ist willig, großzügig Schadenersatz zu leisten (2 Sam 12,6; Ex 21,37).

Jesu rhetorische Reaktion auf die heroische Erklärung des Zachäus richtet sich an die murrende Volksmenge (V 7.3): *„Heute ist diesem Haus Heil widerfahren"* (V 9). – Später wird sich Ähnliches ereignen, in Cäsarea durch Petrus im Haus des Kornelius (Apg 10,2; 11,14): „10[2]er lebte mit seinem ganzen Haus fromm und gottesfürchtig, gab dem Volk reichlich Almosen und betete beständig zu Gott." – „11[14]Er wird dir Worte sagen, durch die du mit deinem ganzen Haus gerettet werden wirst." – Ähnliches erlebt Paulus in Philippi mit Lydia und dem Gefängniswärter (Apg 16,11-40): „16[14]Eine Frau namens Lydia, eine Purpurhändlerin aus der Stadt Thyatira, hörte zu; sie war eine Gottesfürchtige, und der Herr öffnete ihr das Herz, sodass sie den Worten des Paulus aufmerksam lauschte. [15]Als sie und alle, die zu ihrem Haus gehörten, getauft waren, bat sie: Wenn ihr überzeugt seid, dass ich fest an den Herrn glaube, kommt in mein Haus, und bleibt da. Und sie drängte uns." – „16[27]Als der Gefängniswärter aufwachte und alle Türen des Gefängnisses offen sah, zog er sein Schwert, um sich zu töten; denn er meinte, die Gefangenen seien entflohen ... [31]Sie antworteten: Glaube an Jesus, den Herrn, und du wirst gerettet werden, du und dein Haus." Noch ein Beispiel (Apg 18,8): „Krispus aber, der Synagogenvorsteher, kam mit seinem ganzen Haus zum Glauben an den Herrn; und viele Korinther, die (Paulus) hörten, wurden gläubig und ließen sich taufen." – Daraus ist zu erkennen, dass die Hausgemeinschaft für das persönliche Glaubensleben überaus einflussreich ist.

Jesus begründet seinen Besuch bei Zachäus damit, dass *„auch er ein Sohn Abrahams ist"* und dass *„heute"* (V 5.9) dem *„Haus"* des Zöllners *„Heil und Rettung"* geschenkt wurde, weil er Mitglied des Volkes Israels ist und somit teilnimmt an den Verheißungen an Abraham (Lk 1,54f; 13,16f): „1[54]Er nimmt sich seines Knechtes Israel an und denkt an sein Erbarmen, [55]das er unsern Vätern verheißen hat, Abraham und seinen Nachkommen auf ewig." – Jesus heilt am Sabbat eine verkrümmte Frau: „13[16]Diese Tochter Abrahams aber, die der Satan schon seit achtzehn Jahren gefesselt hielt, sollte am Sabbat nicht davon befreit werden dürfen? [17]Durch diese Worte wurden alle seine Gegner beschämt; das ganze Volk aber freute sich über all die großen Taten, die er vollbrachte."

Ein weiteres Argument (V 10) bringt Jesus mit dem Hinweis auf die Aufgabe des Menschensohnes (Lk 5,32): „Ich bin gekommen, um die Sünder zur Umkehr zu rufen, nicht die Gerechten." Das erinnert an den „verlorenen Sohn" (Lk 15,32): „Aber jetzt müssen wir uns doch freuen und ein Fest feiern; denn dein Bruder war tot und lebt

wieder; er war verloren und ist wieder gefunden worden." All das steht in der Nachfolge Jahwes (Ez 34,16): „Die verloren gegangenen Tiere will ich suchen, die vertriebenen zurückbringen, die verletzten verbinden, die schwachen kräftigen, die fetten und starken behüten. Ich will ihr Hirt sein und für sie sorgen, wie es recht ist."
Die eilig skizzierte Schilderung vermittelt einen attraktiven, sympathischen Eindruck von Jesu Zuneigung und Sorge den Sündern gegenüber, die allerdings bei vielen vermeintlichen Sympathisanten auf Protest stießen. – Wer „heute" diese Erzählung aufmerksam liest, dem wird es nicht schwerfallen, sich bisweilen mit Zachäus zu identifizieren: sich anstrengen, um Jesus zu sehen, sein Angebot anzunehmen, ihn aufzunehmen und sich zur Umkehr motivieren zu lassen. Er und sein „Haus" erfahren „heute Rettung".

# IM TRIUMPH NACH JERUSALEM

## Lk 19,28-40

**[28]Und als er dies gesagt hatte, zog er weiter, indem er hinaufging nach Jerusalem.
[29]Und es geschah, als er Betfage und Betanien nahte, gegen den Berg hin, welcher
Ölberg genannt wird, sandte er zwei seiner Jünger [30]und sprach: Geht hin in das Dorf
gegenüber, und wenn ihr hineinkommt, werdet ihr ein Eselsfüllen darin angebunden
finden, auf welchem kein Mensch je gesessen hat; bindet es los und führt es her.
[31]Und wenn jemand euch fragt: Warum bindet ihr es los? so sprechet also zu ihm:
Der Herr braucht es. [32]Und die Abgesandten gingen hin und fanden es, wie er ihnen
gesagt hatte. [33]Als sie aber das Füllen losbanden, sprachen die Besitzer desselben zu
ihnen: Warum bindet ihr das Füllen los? [34]Sie aber sprachen: Der Herr braucht es.
[35]Und sie führten es zu Jesus; und sie legten ihre Kleider auf das Füllen und ließen
Jesus aufsitzen. [36]Während er dahinritt, breiteten sie ihre Kleider auf den Weg. [37]Und
als er schon nahte und bei dem Abhang des Ölbergs war, fing die ganze Menge der
Jünger an, mit lauter Stimme freudig Gott zu loben über alle die Wundertaten, die sie
gesehen hatten, [38]indem sie sagten: Gepriesen sei der König, der da kommt im Namen
des Herrn! Friede im Himmel und Herrlichkeit in der Höhe! [39]Und etliche der Pharisäer aus der Volksmenge sprachen zu ihm: Meister, verweise es deinen Jüngern.
[40]Und er antwortete und sprach zu ihnen: Ich sage euch, wenn diese schweigen, so
werden die Steine schreien.**

Der Abschnitt enthält einige markante Begebenheiten und bringt als Höhepunkt die Verherrlichung Jesu, der vom Ölberg nach Jerusalem gemächlich auf einem Eselfüllen trabt (V 28-40).

„Und als er dies gesagt hatte, zog er weiter, indem er hinaufging nach Jerusalem." (V 28). – Der Verweis „hinauf" erinnert an die geografische Gegebenheit, den Höhenunterschied zwischen Jericho und Jerusalem von ca. 1000 Metern. Die vielen, die mit Jesus nach Jerusalem hinaufziehen, erwartet vor allem seine „Aufnahme" – Tod, Auferstehung, Himmelfahrt und Geistsendung (Lk 9,51): „Es geschah aber, als sich die Tage seiner Aufnahme erfüllten, dass er sein Angesicht festigte, nach Jerusalem zu gehen."

Möglicherweise ist die Reiseroute Betanien und dann Betfage, wenn man einer späten Tradition folgt; nachdem aber Betfage, gewiss östlich von Jerusalem und in der Nähe von Betanien, exakt geografisch nicht bestimmbar ist, wird jedes weitere Nachsinnen darüber belanglos (V 29). Vielleicht ist dennoch die Ankunft Jahwes zur Rettung seines Volkes mitzuhören (Sach 14,4a): „Seine Füße werden an jenem Tag auf dem Ölberg stehen, der im Osten gegenüber von Jerusalem liegt." Das Voraussehen und Wissen Jesu bei der Organisation des Eselsfohlens demonstriert, dass es der besonderen Autorität Jesu und dem Heilsplan Gottes entspricht, was da vor sich geht (Sach 9,9): „Juble laut, Tochter Zion! Jauchze, Tochter Jerusalem! Siehe, dein König kommt zu dir. Er ist gerecht und hilft; er ist demütig und reitet auf einem Esel, auf einem Fohlen, dem Jungen einer Eselin." Und das führt zur Thronbesteigung Salomos (1 Kön 1,38f.44.46ff): „Der Priester Zadok, der Prophet Natan und Benaja, der Sohn Jojadas, zogen mit den Keretern und Peletern hinab. Sie setzten Salomo auf das Maultier des Königs David und führten ihn zum Gihon. [Die Kereter und Peleter waren ausländische Söldner, die David als Leibwache dienten.] [39]Der Priester Zadok hatte das Salbhorn aus dem Zelt mitgenommen und salbte Salomo. Hierauf blies man das Widderhorn, und alles Volk rief: Es lebe König Salomo! [44]Er [David] hat mit ihm den Priester Zadok ausgeschickt sowie den Propheten Natan und Benaja, den Sohn Jojadas, samt den Keretern und Peletern, und diese haben ihn auf das Maultier des Königs gesetzt. [46]Salomo hat sich bereits auf den königlichen Thron gesetzt. [47]Auch sind die Diener des Königs gekommen, um unseren Herrn, den König David, zu beglückwünschen und zu rufen: Gott lasse Salomos Ruhm noch größer werden als deinen, und er mache seinen Thron noch erhabener als deinen Thron. Dabei hat sich der König auf seinem Lager tief verneigt. [48]Auch hat der König gesagt: Gepriesen sei der Herr, der Gott Israels, der mir heute gewährt hat, dass mein Nachkomme auf meinem Thron sitzt und dass meine Augen das noch sehen dürfen." – Die Verwendung der Kleider als Reitdecke und Teppiche sowie das Hinaufsetzen Jesu (V 30-35) kennzeichnen ein außerordentliches Geschehen, das an diese Inthronisation Salomos erinnert.

Mit Hilfe der Verwendung der Gewänder wird die Route zu einem Triumphzug. Wie bei Pilgerfahrten zum Tempel wird ein freudiges Lob Gottes von „der ganzen Menge der Jünger" (V 37) akklamiert. Motiv dafür sind die erfahrenen Wunderwerke Jesu. Mittels des Einschubs „König" in den wörtlich angeführten Ps 118,26, womit die Wallfahrer beim Hineingehen in den Tempel willkommen geheißen wurden, wird Jesus von seinen Anhängern als Messias manifestiert und pompös, respektvoll, feierlich verkündet. Der Ausruf „im Himmel Friede und Herrlichkeit in der Höhe" (V 38) bringt in etwas veränderter Art die Laudatio (Lk 2,14): „Verherrlicht ist

Gott in der Höhe, und auf Erden ist Friede bei den Menschen seiner Gnade."
Die Aufforderung einiger Pharisäer ist für Jesus eine Zumutung, geradezu eine Unverschämtheit, Anmaßung, weil sie seinen göttlichen Auftrag, seine Sendung nicht erkennen: Das steht im enormen Gegensatz und in erstaunlicher Diskrepanz zum begeisterten Treueschwur und Triumph seiner Jünger (V 39). – Jesus bezieht sich (V 40) auf ein prophetisches Wort (Hab 2,11): „Denn der Stein wird schreien aus der Mauer, und der Sparren aus dem Holzwerk ihm antworten." – Sobald der Triumphgesang der Jünger verstummt, werden die Steine der destruierten, vernichteten, verwüsteten Stadt seine königliche Ehre, Weihe und Seelengröße beglaubigen (Lk 19,44): „Und sie werden dich und deine Kinder in dir zu Boden werfen und werden in dir nicht einen Stein auf dem anderen lassen, weil du die Zeit deiner Heimsuchung nicht erkannt hast."
Jesus ist der erwartete Messias, auch wenn sein Königtum von vielen in Jerusalem nicht anerkannt wurde.

# SADDUZÄER UND AUFERSTEHUNG

## Lk 20,27-38

**[27]Es kamen aber einige Sadduzäer herzu, welche behaupten, es gebe keine Auferste-**
**hung, und fragten ihn und sagten: [28]Meister, Mose hat uns vorgeschrieben: Wenn je-**
**mandes Bruder stirbt, der eine Frau hat, und dieser kinderlos stirbt, dass sein Bru-**
**der die Frau nehme und seinem Bruder Nachkommenschaft erwecke. [29]Es waren nun**
**sieben Brüder. Und der erste nahm eine Frau und starb kinderlos; [3] da nahm sie der**
**zweite, [31]und der dritte nahm sie; desgleichen aber auch die anderen von den sieben,**
**sie hinterließen keine Kinder und starben. [32]Schließlich starb auch die Frau. [33]Wes-**
**sen Frau wird sie nun bei der Auferstehung sein? Alle sieben haben sie doch zur**
**Frau gehabt. [34]Und Jesus sprach zu ihnen: Die Söhne dieser Welt heiraten und wer-**
**den verheiratet; [35]die aber würdig geachtet werden, jener Welt teilhaftig zu sein und**
**der Auferstehung aus den Toten, heiraten nicht, noch werden sie verheiratet; [36]denn**
**sie können auch nicht mehr sterben, weil sie Engeln gleich und Söhne Gottes sind,**
**da sie Söhne der Auferstehung sind. [37]Dass aber die Toten auferstehen, hat auch Mose**
**kundgetan im Dornbusch, wenn er den Herrn den Gott Abrahams und den Gott**
**Isaaks und den Gott Jakobs nennt. [38]Er ist aber nicht Gott der Toten, sondern der Le-**
**bendigen; denn für ihn leben alle.**

Nun kommen Sadduzäer ins Blickfeld, „die bestreiten, dass es eine Auferstehung gibt" (V 27), was auch mit anderen biblischen Aussagen übereinstimmt (Apg 4,1f; 23, 6ff): „1[1]Während sie zum Volk redeten, traten die Priester, der Tempelhauptmann und die Sadduzäer zu ihnen. [2]Sie waren aufgebracht, weil die Apostel das Volk lehrten und in Jesus die Auferstehung von den Toten verkündeten." – „23[6]Da Paulus aber wusste, dass der eine Teil zu den Sadduzäern, der andere zu den Pharisäern gehörte, rief er vor dem Hohen Rat aus: Brüder, ich bin Pharisäer und ein Sohn von Pharisäern; wegen der Hoffnung und wegen der Auferstehung der Toten stehe ich vor Gericht. [7]Als er das sagte, brach ein Streit zwischen den Pharisäern und den Sadduzäern aus, und die Versammlung spaltete sich. [8]Die Sadduzäer behaupten nämlich, es gebe weder eine Auferstehung noch Engel, noch Geister, die Pharisäer dagegen bekennen sich zu all dem."

Die Sadduzäer werden von einflussreichen Priestern und reichen Sippschaften gestützt und organisiert. Die Anfänge der Vereinigung sind unentdeckt; um 150 v. Chr. schließen sie sich mit Priestergruppen zusammen und stehen in Kollision und Zwiespalt zu den Pharisäern. Für die Sadduzäer ist nur die Tora, das geschriebene Gesetz des Mose, relevant, die Mosebücher, die sie offenbar nur mangelhaft kennen. Die Schriften der Propheten sind für sie belanglos. Sie dementierten nicht nur die leibliche Auferstehung, sondern auch das Vorhandensein von Engeln. Ihre Mentalität und Ideologie sympathisierten mit dem Hellenismus. Immerhin veranlassten sie im Hohen Rat zusammen mit den Pharisäern das Todesurteil über Jesus (Joh 11,47-53). Nach der Zerstörung des Tempels und dem Fall Jerusalems (70 n. Chr.) entschwand die Partei der Sadduzäer und ist nicht mehr verbürgt.

Hämisch, hinterhältig, zynisch hört sich infolge der primitiven Fragestellung die Anrede „Meister" an. Das Gebot der sogenannten Schwagerehe oder Leviratsehe, das ein Weiterbestehen einer Familie ermöglichen soll, basiert auf Dtn 25,5f: „Wenn zwei Brüder zusammen wohnen und der eine von ihnen stirbt und keinen Sohn hat, soll die Frau des Verstorbenen nicht die Frau eines fremden Mannes außerhalb der Familie werden. Ihr Schwager soll sich ihrer annehmen, sie heiraten und die Schwagerehe mit ihr vollziehen. [6]Der erste Sohn, den sie gebiert, soll den Namen des verstorbenen Bruders weiterführen. So soll dessen Name in Israel nicht erlöschen." – An einem schwerfällig ausgeheckten Beispiel versuchen die Sadduzäer zu beweisen, dass die Auferstehung der Toten dieser Bestimmung entgegenhandle, vielmehr eine törichte Fiktion, eigentlich eine läppische Hypothese sei (V 28-33).

Demgegenüber informiert Jesus zunächst in einer Beweisführung über die Differenz zwischen dem aktuellen und dem bevorstehenden, künftigen Dasein: Die Menschen des irdischen Lebensbereichs heiraten als „Söhne dieser Welt" (V 34), um den Weiterbestand des Lebens zu garantieren. Das ist nicht nötig für jene, „die würdig befunden wurden, an jener Welt teilzuhaben und an der Auferstehung der Toten" (V 35), denn im Jenseits sind sie unsterblich, brauchen also für ein Weiterleben, für den Fortbestand des Menschengeschlechts, nicht mehr zu sorgen. Sie entsprechen, sind ähnlich den unsterblichen Engeln und sind als „Söhne der Auferstehung Söhne Gottes" (V 36); sie sind aufgenommen in die Familie Gottes (Röm 8,28-32): „Wir wissen, dass Gott bei denen, die ihn lieben, alles zum Guten führt, bei denen, die nach seinem ewigen Plan berufen sind; [29] denn alle, die er im Voraus erkannt hat, hat er auch im Voraus dazu bestimmt, an Wesen und Gestalt seines Sohnes teilzuhaben, damit dieser der Erstgeborene von vielen

Brüdern sei. [30]Die aber, die er vorausbestimmt hat, hat er auch berufen, und die er berufen hat, hat er auch gerecht gemacht; die er aber gerecht gemacht hat, die hat er auch verherrlicht. [31]Was ergibt sich nun, wenn wir das alles bedenken? Ist Gott für uns, wer ist dann gegen uns? [32]Er hat seinen eigenen Sohn nicht verschont, sondern ihn für uns alle hingegeben – wie sollte er uns mit ihm nicht alles schenken?"

Als weitere Beweisführung verwendet Jesus eine Verkündigung des Mose, den die Sadduzäer als Autorität (V 28) anerkennen, indem er auf den „brennenden Dornbusch" (Ex 3,6.15) verweist: „[6]Dann fuhr er fort: Ich bin der Gott deines Vaters, der Gott Abrahams, der Gott Isaaks und der Gott Jakobs. Da verhüllte Mose sein Gesicht; denn er fürchtete sich, Gott anzuschauen. [15]Weiter sprach Gott zu Mose: So sag zu den Israeliten: Jahwe, der Gott eurer Väter, der Gott Abrahams, der Gott Isaaks und der Gott Jakobs, hat mich zu euch gesandt. Das ist mein Name für immer, und so wird man mich nennen in allen Generationen." – Somit leben die Patriarchen bei Gott (Mt 22,32): „Ich bin der Gott Abrahams, der Gott Isaaks und der Gott Jakobs? Er ist doch nicht der Gott der Toten, sondern der Gott der Lebenden." – In der Argumentation „denn für ihn leben alle" (V 38) wird der Zukunftsglaube auf Unvergänglichkeit mit Bezug auf die bei Gott lebenden Patriarchen formuliert. – Diese Formulierung mit „alle" findet eine Erklärung in (Röm 14,8): „Leben wir, so leben wir dem Herrn, sterben wir, so sterben wir dem Herrn. Ob wir leben oder ob wir sterben, wir gehören dem Herrn."

Fazit: Ein Beispiel für die Apologie, die Rechtfertigung und Verkündigung des Evangeliums, ist die Beantwortung und Argumentation Jesu auf die simple, primitive Angelegenheit oder Anfrage der Sadduzäer; damit demonstriert Jesus nicht nur erneut seine persönliche Dominanz über seine Widersacher, sondern auch zugleich den Primat seiner Lehre (V 27-38).

# TEMPELZERSTÖRUNG UND ANFANG DER NOT

## Lk 21,5-19

**5Und als einige vom Tempel sagten, dass er mit schönen Steinen und Weihgeschenken geschmückt sei, sprach er: 6Dieses, was ihr seht – Tage werden kommen, in welchen nicht ein Stein auf dem anderen gelassen wird, der nicht abgebrochen werden wird. 7Sie fragten ihn aber und sagten: Meister, wann wird denn dieses sein, und was ist das Zeichen, wann dieses geschehen soll? 8Er aber sprach: Sehet zu, dass ihr nicht verführt werdet! Denn viele werden unter meinem Namen kommen und sagen: Ich bin es und die Zeit ist nahe gekommen! Geht ihnen nicht nach. 9Wenn ihr aber von Kriegen und Aufständen hören werdet, so erschreckt nicht; denn dies muss zuvor geschehen, aber nicht alsbald ist das Ende. 10Dann sprach er zu ihnen: Es wird sich Volk wider Volk erheben und Königreich wider Königreich; 11und große Erdbeben werden sein an verschiedenen Orten und Hungersnöte und Seuchen; auch Schrecknisse und große Zeichen vom Himmel wird es geben. 12Vor diesem allem aber werden sie ihre Hände an euch legen und euch verfolgen, indem sie euch überliefern an die Synagogen und Gefängnisse, um euch vor Könige und Statthalter zu führen um meines Namens willen. 13Dann werdet ihr Zeugnis ablegen können. 14Nehmt euch zu Herzen, nicht vorher darauf zu sinnen, wie ihr euch verantworten sollt; 15denn ich werde euch Redegabe und Weisheit geben, der alle eure Widersacher nicht werden widersprechen oder widerstehen können. 16Ihr werdet ausgeliefert werden sogar von Eltern und Brüdern und Verwandten und Freunden, und sie werden etliche von euch töten; 17und ihr werdet von allen gehasst werden um meines Namens willen. 18Und nicht ein Haar von eurem Haupte wird verloren gehen. 19 Durch eure Standhaftigkeit werdet ihr euer Leben gewinnen.**

**Weissagung über die Zerstörung des Tempels (V 5f)**

*„Kein Stein wird auf dem andern bleiben; alles wird niedergerissen werden“* (V 6b). Beweggrund der Vorhersage Jesu (V 5f) ist die im Tempel von einigen Menschen seiner Umgebung ausgesprochene Bewunderung des prächtigen Gebäudes, des Schmuckwerks sowie der sichtbaren Schätze des Heiligtums. Diese prophetische Perspektive ruft ein vorausgehendes Wort Jesu in Erinnerung (Lk 19,42ff): „Wenn doch auch du an diesem Tag erkannt hättest, was dir Frieden bringt. Jetzt aber bleibt es vor deinen Augen verborgen. 43Es wird eine Zeit für dich kommen, in der deine Feinde rings um dich einen Wall aufwerfen, dich einschließen und von allen Seiten bedrängen. 44Sie werden dich und deine Kinder zerschmettern und keinen Stein auf dem andern lassen; denn du hast die Zeit der Gnade nicht erkannt.“ – Jesus greift eine Überlieferung über die völlige Verwüstung des Tempels auf, die auf Micha zurückreicht. Micha (725-711 v. Chr.) aus Moreschet, das südwestlich von Jerusalem liegt, prophezeit (Mi 3,12): „Darum wird Zion euretwegen zum Acker, den man umpflügt, Jerusalem wird zu einem Trümmerhaufen, der Tempelberg zur überwucherten Höhe.“ Dieses Prophetenwort wiederholt Jeremia (626-587 v. Chr.), der selbst anschließend an sein Diktum im Juni/Juli 587 v. Chr. die Einnahme Jerusalems und somit die Zer-

störung des Tempels und der Stadt erlebte (Jer 26,18): „Micha von Moreschet, der zur Zeit Hiskijas, des Königs von Juda, als Prophet wirkte, hat zum ganzen Volk Juda gesagt: So spricht der Jahwe der Heere: Zion wird umgepflügt zu Ackerland, Jerusalem wird zum Trümmerhaufen, der Tempelberg zur überwucherten Höhe." – Die Leser dieses Textes (V 5f) blicken auf das Desaster zurück, das am 29. August 70 mit der Eroberung des inneren Vorhofs und des Tempelbrandes begann und im September 70 in der Einnahme der Oberstadt und des Herodespalastes kulminierte, die durch Titus, den späteren römischen Kaiser (79-81), geschah.

**Vorzeichen des Endes (V 7-11)**

Die Begleiter Jesu erkundigen sich bei ihm geradewegs nur nach Termin und Vorboten der Tempelzerstörung; die Anfrager blicken desgleichen auf *„das Ende"* (V 9) der Heiligen Stadt. Die Auskunft Jesu ist vorab ein Warnruf vor Menschen, die seinen Namen (V 8) missbrauchen und sich als die erwarteten Befreier ausgeben (V 7ff).

Das Auftreten solcher Pseudo-Erlöser wird für das Ende Jerusalems und der Welt erwartet (Lk 17,23; 1 Joh 2,18; 2 Thess 2,3-12): „17[23]Und wenn man zu euch sagt: Dort ist er! Hier ist er!, so geht nicht hin, und lauft nicht hinterher!" – „2[18]Meine Kinder, es ist die letzte Stunde. Ihr habt gehört, dass der Antichrist kommt, und jetzt sind viele Antichristen gekommen. Daran erkennen wir, dass es die letzte Stunde ist." – „2[3]Lasst euch durch niemanden und auf keine Weise täuschen! Denn zuerst muss der Abfall von Gott kommen und der Mensch der Gesetzwidrigkeit erscheinen, der Sohn des Verderbens, [4]der Widersacher, der sich über alles, was Gott oder Heiligtum heißt, so sehr erhebt, dass er sich sogar in den Tempel Gottes setzt und sich als Gott ausgibt. [5]Erinnert ihr euch nicht, dass ich euch dies schon gesagt habe, als ich bei euch war? [6] Ihr wisst auch, was ihn jetzt noch zurückhält, damit er erst zur festgesetzten Zeit offenbar wird. [7]Denn die geheime Macht der Gesetzwidrigkeit ist schon am Werk; nur muss erst der beseitigt werden, der sie bis jetzt noch zurückhält. [8]Dann wird der gesetzwidrige Mensch allen sichtbar werden. Jesus, der Herr, wird ihn durch den Hauch seines Mundes töten und durch seine Ankunft und Erscheinung vernichten. [9]Der Gesetzwidrige aber wird, wenn er kommt, die Kraft des Satans haben. Er wird mit großer Macht auftreten und trügerische Zeichen und Wunder tun. [10]Er wird alle, die verloren gehen, betrügen und zur Ungerechtigkeit verführen; sie gehen verloren, weil sie sich der Liebe zur Wahrheit verschlossen haben, durch die sie gerettet werden sollten. [11]Darum lässt Gott sie der Macht des Irrtums verfallen, sodass sie der Lüge glauben; [12]denn alle müssen gerichtet werden, die nicht der Wahrheit geglaubt, sondern die Ungerechtigkeit geliebt haben."

*„Kriege und Aufstände"* gehen offenbar mit dem Heilsplan Gottes konform, wie das Wort *„muss"* dokumentiert; sie deuten aber nicht an, dass das Ende *„sofort/alsbald"* (V 9) bevorsteht. – Kriege, Naturkatastrophen und grandiose Phänomene (V 10f) rufen biblische Bilder wach (Ez 38,19-22; Offb 6,1-7.12-17; 8,7-12; 16,1-21): „38[19]In meinem leidenschaftlichen Eifer, im Feuer meines Zorns, schwöre ich: An jenem Tag wird es im ganzen Land Israel ein gewaltiges Erdbeben geben. [20]Dann zittern die Fische im Meer und die Vögel am Himmel vor mir, das Wild auf dem Feld und alle kleinen Tiere, die auf dem Erdboden kriechen, und alle Menschen auf Erden. Es bersten die Berge, die Felswände stürzen ein, und alle Mauern fallen zu Boden. [21]Dann rufe ich mein ganzes Bergland zum Krieg gegen Gog auf – Spruch Jahwes, des Herrn. Da wird sich das Schwert des einen

gegen den andern wenden. [22]Ich richte ihn durch Pest und (Ströme von) Blut; ich lasse Wolkenbrüche und Hagel, Feuer und Schwefel über ihn und seine Truppen und über die vielen Völker, die bei ihm sind, herabregnen.“ – „6[1]Dann sah ich: Das Lamm öffnete das erste der sieben Siegel; und ich hörte das erste der vier Lebewesen wie mit Donnerstimme rufen: Komm! [2]Da sah ich ein weißes Pferd; und der, der auf ihm saß, hatte einen Bogen. Ein Kranz wurde ihm gegeben, und als Sieger zog er aus, um zu siegen. [3]Als das Lamm das zweite Siegel öffnete, hörte ich das zweite Lebewesen rufen: Komm! [4]Da erschien ein anderes Pferd; das war feuerrot. Und der, der auf ihm saß, wurde ermächtigt, der Erde den Frieden zu nehmen, damit die Menschen sich gegenseitig abschlachteten. Und es wurde ihm ein großes Schwert gegeben. [5]Als das Lamm das dritte Siegel öffnete, hörte ich das dritte Lebewesen rufen: Komm! Da sah ich ein schwarzes Pferd; und der, der auf ihm saß, hielt in der Hand eine Waage. [6]Inmitten der vier Lebewesen hörte ich etwas wie eine Stimme sagen: Ein Maß Weizen für einen Denar und drei Maß Gerste für einen Denar. Aber dem Öl und dem Wein füge keinen Schaden zu! [7]Als das Lamm das vierte Siegel öffnete, hörte ich die Stimme des vierten Lebewesens rufen: Komm! [12]Und ich sah: Das Lamm öffnete das sechste Siegel. Da entstand ein gewaltiges Beben. Die Sonne wurde schwarz wie ein Trauergewand, und der ganze Mond wurde wie Blut. [13]Die Sterne des Himmels fielen herab auf die Erde, wie wenn ein Feigenbaum seine Früchte abwirft, wenn ein heftiger Sturm ihn schüttelt. [14]Der Himmel verschwand wie eine Buchrolle, die man zusammenrollt, und alle Berge und Inseln wurden von ihrer Stelle weggerückt. [15]Und die Könige der Erde, die Großen und die Heerführer, die Reichen und die Mächtigen, alle Sklaven und alle Freien verbargen sich in den Höhlen und Felsen der Berge. [16]Sie sagten zu den Bergen und Felsen: Fallt auf uns und verbergt uns vor dem Blick dessen, der auf dem Thron sitzt, und vor dem Zorn des Lammes; [17]denn der große Tag ihres Zorns ist gekommen. Wer kann da bestehen? – „8[7]Der erste Engel blies seine Posaune. Da fielen Hagel und Feuer, die mit Blut vermischt waren, auf das Land. Es verbrannte ein Drittel des Landes, ein Drittel der Bäume und alles grüne Gras. [8]Der zweite Engel blies seine Posaune. Da wurde etwas, das einem großen brennenden Berg glich, ins Meer geworfen. Ein Drittel des Meeres wurde zu Blut. [9]Und ein Drittel der Geschöpfe, die im Meer leben, kam um, und ein Drittel der Schiffe wurde vernichtet. [10]Der dritte Engel blies seine Posaune. Da fiel ein großer Stern vom Himmel; er loderte wie eine Fackel und fiel auf ein Drittel der Flüsse und auf die Quellen. [11]Der Name des Sterns ist ‚Wermut‘. Ein Drittel des Wassers wurde bitter, und viele Menschen starben durch das Wasser, weil es bitter geworden war. [12]Der vierte Engel blies seine Posaune. Da wurde ein Drittel der Sonne und ein Drittel des Mondes und ein Drittel der Sterne getroffen, sodass sie ein Drittel ihrer Leuchtkraft verloren und der Tag um ein Drittel dunkler wurde und ebenso die Nacht.“ – „16[1]Dann hörte ich, wie eine laute Stimme aus dem Tempel den sieben Engeln zurief: Geht und gießt die sieben Schalen mit dem Zorn Gottes über die Erde! [2]Der erste ging und goss seine Schale über das Land. Da bildete sich ein böses und schlimmes Geschwür an den Menschen, die das Kennzeichen des Tieres trugen und sein Standbild anbeteten. [3]Der zweite Engel goss seine Schale über das Meer. Da wurde es zu Blut, das aussah wie das Blut eines Toten; und alle Lebewesen im Meer starben. [4]Der dritte goss seine Schale über die Flüsse und Quellen. Da wurde alles zu Blut. [5]Und ich hörte den Engel, der die Macht über das

Wasser hat, sagen: Gerecht bist du, der du bist und der du warst, du Heiliger; denn damit hast du ein gerechtes Urteil gefällt. [6]Sie haben das Blut von Heiligen und Propheten vergossen; deshalb hast du ihnen Blut zu trinken gegeben, so haben sie es verdient. [7]Und ich hörte eine Stimme vom Brandopferaltar her sagen: Ja, Herr, Gott und Herrscher über die ganze Schöpfung. Wahr und gerecht sind deine Gerichtsurteile. [8]Der vierte Engel goss seine Schale über die Sonne. Da wurde ihr Macht gegeben, mit ihrem Feuer die Menschen zu verbrennen. [9]Und die Menschen verbrannten in der großen Hitze. Dennoch verfluchten sie den Namen Gottes, der die Macht über diese Plagen hat. Sie bekehrten sich nicht dazu, ihm die Ehre zu geben. [10]Der fünfte Engel goss seine Schale über den Thron des Tieres. Da kam Finsternis über das Reich des Tieres, und die Menschen zerbissen sich vor Angst und Schmerz die Zunge. [11]Dennoch verfluchten sie den Gott des Himmels wegen ihrer Schmerzen und ihrer Geschwüre; und sie ließen nicht ab von ihrem Treiben. [12]Der sechste Engel goss seine Schale über den großen Strom, den Eufrat. Da trocknete sein Wasser aus, sodass den Königen des Ostens der Weg offen stand. [13]Dann sah ich aus dem Maul des Drachens und aus dem Maul des Tieres und aus dem Maul des falschen Propheten drei unreine Geister hervorkommen, die wie Frösche aussahen. [14]Es sind Dämonengeister, die Wunderzeichen tun; sie schwärmten aus zu den Königen der ganzen Erde, um sie zusammenzuholen für den Krieg am großen Tag Gottes, des Herrschers über die ganze Schöpfung. [15]Siehe, ich komme wie ein Dieb. Selig, wer wach bleibt und sein Gewand anbehält, damit er nicht nackt gehen muss und man seine Blöße sieht. [16]Die Geister führten die Könige an dem Ort zusammen, der auf Hebräisch Harmagedon heißt. [17]Und der siebte Engel goss seine Schale über die Luft. Da kam eine laute Stimme aus dem Tempel, die vom Thron her rief: Es ist geschehen. [18]Und es folgten Blitze, Stimmen und Donner; es entstand ein gewaltiges Erdbeben, wie noch keines gewesen war, seitdem es Menschen auf der Erde gibt. So gewaltig war dieses Beben. [19]Die große Stadt brach in drei Teile auseinander, und die Städte der Völker stürzten ein. Gott hatte sich an Babylon, die Große, erinnert und reichte ihr den Becher mit dem Wein seines rächenden Zornes. [20]Alle Inseln verschwanden, und es gab keine Berge mehr. [21]Und gewaltige Hagelbrocken, zentnerschwer, stürzten vom Himmel auf die Menschen herab. Dennoch verfluchten die Menschen Gott wegen dieser Hagelplage, denn die Plage war über die Maßen groß."

**Verfolgung um Jesu willen (V 12-19)**

Die Jesus nachfolgen (V 12f), werden verfolgt (Lk 12,4; Apg 4,3; 5,18; 6,12; 12,1-4; 16,22; 18,12f; 21,30f; 24,1; 25,8): „12[4] Euch aber, meinen Freunden, sage ich: Fürchtet euch nicht vor denen, die den Leib töten, euch aber sonst nichts tun können." – „4[3]Sie nahmen sie fest und hielten sie bis zum nächsten Morgen in Haft. Es war nämlich schon Abend." – „5[18]Sie ließen die Apostel verhaften und in das öffentliche Gefängnis werfen." – „6[12]Sie hetzten das Volk, die Ältesten und die Schriftgelehrten auf, drangen auf ihn ein, packten ihn und schleppten ihn vor den Hohen Rat." – „12[1]Um jene Zeit ließ der König Herodes einige aus der Gemeinde verhaften und misshandeln. [2]Jakobus, den Bruder des Johannes, ließ er mit dem Schwert hinrichten. [3]Als er sah, dass es den Juden gefiel, ließ er auch Petrus festnehmen. Das geschah in den Tagen der Ungesäuerten Brote. [4]Er nahm ihn also fest und warf ihn ins Gefängnis. Die Bewachung übertrug er vier Abteilungen von je vier Soldaten. Er beabsichtigte, ihn nach dem Paschafest dem Volk vorführen zu lassen." – „16[22]Da erhob sich das Volk gegen sie, und die obersten Beamten ließen ihnen die Kleider vom Leib reißen und befahlen, sie mit Ruten zu schlagen." – „18 [12]Als aber Gallio Prokonsul von Achaia war, traten die Juden einmütig gegen Paulus auf, brachten ihn vor den Richterstuhl [13]und sagten: Dieser verführt die Menschen zu einer Gottesverehrung, die gegen das Gesetz verstößt." – „21 [30]Da geriet die ganze Stadt in Aufregung, und das Volk lief zusammen. Sie ergriffen Paulus und zerrten ihn aus dem Tempel, und sofort wurden die Tore geschlossen. [31]Schon wollten sie ihn umbringen, da brachte man dem Obersten der Kohorte die Meldung hinauf: Ganz Jerusalem ist in Aufruhr!" – „24 [1]Nach fünf Tagen kam der Hohepriester Hananias mit einigen Ältesten und dem Anwalt Tertullus herab, und sie brachten beim Statthalter ihre Klage gegen Paulus vor." – „25 [8]Paulus verteidigte sich: Ich habe mich weder gegen das Gesetz der Juden noch gegen den Tempel noch gegen den Kaiser vergangen."

Die Direktive Jesu (V 14f), sich nicht besorgt eine Rechtfertigung zurechtzurichten, reflektiert die Verhaltungsweise des Stephanus (Apg 6,10): „Aber sie konnten der Weisheit und dem Geist, mit dem er sprach, nicht widerstehen." – Und es bestätigt sich (Lk 12,12): „Denn der Heilige Geist wird euch in der gleichen Stunde eingeben, was ihr sagen müsst."

Entsprechend apokalyptischer Perspektiven und einem präzisen Jesuswort werden die eigenen Angehörigen und Vertrauten (V 16-19) sich in die Nachstellung integrieren (Mi 7,6; Mal 3,24; Jud 16-21; Lk 12,51-53): „7 [6]Denn der Sohn verachtet den Vater, die Tochter stellt sich gegen die Mutter, die Schwiegertochter gegen die Schwiegermutter; jeder hat die eigenen Hausgenossen zum Feind." – „3 [24]Er wird das Herz der Väter wieder den Söhnen zuwenden und das Herz der Söhne ihren Vätern, damit ich nicht kommen und das Land dem Untergang weihen muss." – „1 [16]Sie sind Nörgler, immer unzufrieden mit ihrem Geschick; sie lassen sich von ihren Begierden leiten; sie nehmen große Worte in den Mund und schmeicheln den Menschen aus Eigennutz. [17]Ihr aber, liebe Brüder, denkt an die Worte, die von den Aposteln Jesu Christi, unseres Herrn, im Voraus verkündet worden sind, [18]als sie euch sagten: Am Ende der Zeit wird es Spötter geben, die sich von ihren gottlosen Begierden leiten lassen. [19]Sie werden die Einheit zerstören, denn es sind irdisch gesinnte Menschen, die den Geist nicht besitzen. [20]Ihr aber, liebe Brüder, gründet euch auf euren hochheiligen Glauben, und baut darauf weiter, betet in der Kraft des Heiligen Geistes, [21]haltet fest an der Liebe Gottes, und wartet auf das Erbarmen Jesu Christi, unseres Herrn, der euch das ewige Leben schenkt." – „12 [51]Meint ihr, ich sei gekommen, um Frieden auf die Erde zu bringen? Nein, sage ich euch, nicht Frieden, sondern Spaltung. [52]Denn von nun an wird es so sein: Wenn fünf Menschen im gleichen Haus leben, wird Zwietracht herrschen: Drei werden gegen zwei stehen und zwei gegen drei, [53]der Vater gegen den Sohn und der Sohn gegen den Vater, die Mutter gegen die Tochter und die Tochter gegen die Mutter, die Schwiegermutter gegen ihre Schwiegertochter und die Schwiegertochter gegen die Schwiegermutter."

Selbst die Martyrien des Stephanus (Apg 7,54-60) und Jakobus (Apg 12,1f) vermögen den Einzelnen, die in der Nachfolge Christi stehen, in Wirklichkeit keinen definitiven Nachteil beibringen. Die anschauliche Zusage von Gottes Besorgnis um jedes Haar betont das (Lk 12,7; Apg 27,34): „12 [7] Bei euch aber sind sogar die Haare auf dem Kopf alle gezählt. Fürchtet euch nicht! Ihr seid mehr wert als viele Spatzen." – „27 [34]Deshalb rate ich euch: Esst etwas; das ist gut für eure Rettung. Denn keinem von euch wird auch nur ein Haar von seinem

Kopf verloren gehen." – Das Entscheidende ist Langmut, Besonnenheit bis zum Tod, Beharren bis zum Ende der Nachstellungen und Hetzjagden (Lk 17,33): „Wer sein Leben zu bewahren sucht, wird es verlieren; wer es dagegen verliert, wird es gewinnen." – So ist die Perspektive eines gläubigen Menschen (Röm 14,8): „Leben wir, so leben wir dem Herrn, sterben wir, so sterben wir dem Herrn. Ob wir leben oder ob wir sterben, wir gehören dem Herrn."

Diese Verse (5-19) beabsichtigen, alle der Verfolgung und Hetze gefährdeten Leser in ihrer Standhaftigkeit und Treue zu Christus zu ermutigen und zum beharrlichen Durchhalten zu motivieren. – Die Ansage von Nachstellungen und Bosheiten zählt zur ältesten Tradition über Jesus. – Diese Worte Jesu instruieren, in Notsituationen mit dem Beistand des Geistes Jesu zu kalkulieren (Mt 28:20b): „Seid gewiss: Ich bin bei euch alle Tage bis zum Ende der Welt." – Vor allem encouragiert Jesus, alle Beschwerden geduldig anzunehmen, denn (Apg 14,22b): „Durch viele Drangsale müssen wir in das Reich Gottes gelangen."

Den Höhepunkt der Rede über die Endzeit schafft die Zusage Jesu über das transzendente Erscheinen des Menschensohnes.

# ÜBER DIE ENDZEIT

## Lk 21,25-28.34-36

**25Und es werden Zeichen sein an Sonne und Mond und Sternen und auf der Erde Bedrängnis der Nationen in Ratlosigkeit bei brausendem Meer und der Brandung;
26indem die Menschen in Ohnmacht fallen vor Furcht und Erwartung der Dinge, die über den Erdkreis kommen, denn die Kräfte der Himmel werden erschüttert werden.
27Und dann werden sie den Menschensohn kommen sehen auf einer Wolke mit Macht und großer Herrlichkeit. 28Wenn aber dies zu geschehen beginnt, so blickt auf und hebt eure Häupter empor, denn eure Erlösung naht. 34Hütet euch aber, dass eure Herzen nicht etwa beschwert werden durch Rausch und Trunkenheit und Sorgen des Lebens, und jener Tag plötzlich über euch hereinbricht; 35denn wie eine Falle wird er kommen über alle, die auf der ganzen Erde wohnen. 36Wacht nun, zu aller Zeit betend, damit ihr all dem, was geschehen wird, zu entrinnen und vor dem Menschensohn zu stehen vermögt.**

**Kommen des Menschensohnes (V 25-28)**
Die Frage nach dem Termin des Endgeschehens steht im Raum, ähnlich wie vorausgehend in der Szene, in der Jesus die Zerstörung des Tempels voraussagt (Lk 21,7): „Sie fragten ihn: Meister, wann wird das geschehen, und an welchem Zeichen wird man erkennen, dass es beginnt?" – Eine Frist wird nicht genannt, das entspricht der göttlichen Pädagogik – „bald" (Offb 22,20): „Er, der dies bezeugt, spricht: Ja, ich komme bald. – Amen. Komm, Herr Jesus!" – Es werden indessen aufregende, betäubende „Zeichen" (V 25f) am Himmelsgewölbe und im Weltmeer beschrieben, die ähnliche Aussagen und Bilder wachrufen (Ps 65,8): „Du stillst das Brausen der Meere, das Brausen ihrer Wogen, das Tosen der Völker." Das aktiviert in der Vorstellungswelt die chaotischen Urfluten vor der Schöpfung (Gen 1,9). – Die Vernichtung des bisherigen Universums wird angekündigt (2 Petr 3,10): „Der Tag des Herrn wird aber kommen wie ein Dieb. Dann wird der Himmel prasselnd vergehen, die Elemente werden verbrannt und aufgelöst, die Erde und alles, was auf ihr ist, werden (nicht mehr) gefunden."
Der Termin der Ankunft des Menschensohns wird mit „dann" befristet (V 27a), was im Sinne von Dan 7,13f umrissen wird: „Immer noch hatte ich die nächtlichen Visionen: Da kam mit den Wolken des Himmels einer wie ein Menschensohn. Er gelangte bis zu dem Hochbetagten und wurde vor ihn geführt. [14]Ihm wurden Herrschaft, Würde und Königtum gegeben. Alle Völker, Nationen und Sprachen müssen ihm dienen. Seine Herrschaft ist eine ewige, unvergängliche Herrschaft. Sein Reich geht niemals unter." Auf diese Aussage verweisen auch „auf einer Wolke mit Macht und großer Herrlichkeit" (V 27b); zudem rundet diese bildliche Vorstellungswelt ab ein Wort über die Verklärung Jesu und ein Rückblick auf das murrende Volk des Mose (Lk 9,34; Ex 16,7): „9[34]Während er noch redete, kam eine Wolke und warf ihren Schatten auf sie. Sie gerieten in die Wolke hinein und bekamen Angst." – „16[7]Und am Morgen, da werdet ihr die Herrlichkeit Jahwes sehen, indem er euer Murren wider Jahwe gehört hat; denn was sind wir, dass ihr wider uns murret!" – Weiter gestaltet sich die Szene im Hinblick auf die endgültige Rechtsordnung, denn er kommt, den sie alle „sehen werden" (Apg 11,1; Offb 1,7): „Die Apostel und die Brüder in Judäa erfuhren, dass auch die Heiden das Wort Gottes angenommen hatten." – „1[7]Siehe, er kommt mit den Wolken, und jedes Auge wird ihn sehen, auch alle, die ihn durchbohrt haben; und alle Völker der Erde werden seinetwegen jammern und klagen. Ja, amen."
Jesus appelliert an die Jünger, die Naturereignisse als Aspekte für das Kommen der „Erlösung" (V 28) zu ermessen; sie sind zugleich Erlösung von den erlebten Nachstellungen (Lk 21,12-19). – Das Kommen des Menschensohns besagt insbesondere das Endgericht über alle bösen Autoritäten und den Modus der Herrschaft Gottes (Lk 21,31; 1 Kor 15,27f; Offb 19,1-8): „21[31]Genauso sollt ihr erkennen, wenn ihr (all) das geschehen seht, dass das Reich Gottes nahe ist." – „15[27]Sonst hätte er ihm nicht alles zu Füßen gelegt. Wenn es aber heißt, alles sei unterworfen, ist offenbar der ausgenommen, der ihm alles unterwirft. [28]Wenn ihm dann alles unterworfen ist, wird auch er, der Sohn, sich dem unterwerfen, der ihm alles unterworfen hat, damit Gott herrscht über alles und in allem." – „19[1]Das Heil und die Herrlichkeit und die Macht ist bei unserm Gott. [2] Seine Urteile sind wahr und gerecht. Er hat die große Hure gerichtet, die mit ihrer Unzucht die Erde verdorben hat. Er hat Rache genommen für das Blut seiner Knechte, das an ihren Händen klebte. [3]Noch einmal riefen sie: Halleluja! Der Rauch der Stadt

steigt auf in alle Ewigkeit. [4]Und die vierundzwanzig Ältesten und die vier Lebewesen fielen nieder vor Gott, der auf dem Thron sitzt, beteten ihn an und riefen: Amen, halleluja! [5]Und eine Stimme kam vom Thron her: Preist unsern Gott, all seine Knechte und alle, die ihn fürchten, Kleine und Große! [6]Da hörte ich etwas wie den Ruf einer großen Schar und wie das Rauschen gewaltiger Wassermassen und wie das Rollen mächtiger Donner: Halleluja! Denn König geworden ist der Herr, unser Gott, der Herrscher über die ganze Schöpfung. [7]Wir wollen uns freuen und jubeln und ihm die Ehre erweisen. Denn gekommen ist die Hochzeit des Lammes, und seine Frau hat sich bereit gemacht. [8]Sie durfte sich kleiden in strahlend reines Leinen. Das Leinen bedeutet die gerechten Taten der Heiligen."
Dieser „Tag Jahwes" (Am 5,16-20) kommt sicher und bringt den Jüngern Jesu Erlösung, das ist zuversichtlich, hoffnungsvoll, vielversprechend, Glück verheißend, erfahrbar mit dem letzten Atemzug, der endzeitlichen Christuserfahrung.

**Warnende Aufforderung (V 34ff)**
Die endgültige Aufforderung ratet ab, „die Herzen" durch Hemmungslosigkeit oder Aktivität „zu beschweren" (V 34), weil sonst der Tag Jahwes so verblüfft wie den Vogel „eine Schlinge / Falle / Netz" (V 35) in ähnlichen Situationen (Koh 9,12; 1 Tim 6,9; 2 Tim 2,24ff): „9[12] Außerdem: Der Mensch kennt seine Zeit nicht. Wie Fische, die ins Unglücksnetz geraten sind, wie Vögel, die ins Klappnetz geraten sind, ebenso verfangen sich die einzelnen Menschen in ihre Unglückszeit, wenn sie plötzlich über sie herabfällt." – „6[9]Wer aber reich werden will, gerät in Versuchungen und Schlingen, er verfällt vielen sinnlosen und schädlichen Begierden, die den Menschen ins Verderben und in den Untergang stürzen." – „2[24]Ein Knecht des Herrn aber soll nicht streiten, sondern gegen alle milde sein, lehrfähig, duldsam, [25]der in Sanftmut die Widersacher zurechtweist, ob ihnen Gott nicht etwa Buße gebe zur Erkenntnis der Wahrheit, [26]und sie wieder nüchtern werden aus dem Fallstrick des Teufels, die von ihm gefangen sind für seinen Willen." – Darum gilt (2 Kor 5,10): „Denn wir alle müssen vor dem Richterstuhl Christi offenbar werden, damit jeder seinen Lohn empfängt für das Gute oder Böse, das er im irdischen Leben getan hat."
Der Appell „wacht und betet" (V 36) offenbart allen die Direktive, sich andauernd, immerfort, inständig für die Ankunft des Herrn, die für jeden im persönlichen Ableben stattfindet, verfügbar zu wissen.

# PASSIONSGESCHICHTE

## Lk 22,14–23,56

Einsetzung der Eucharistie (V 14-20)
14 Und als die Stunde gekommen war, legte er sich zu Tische und die Apostel mit ihm. 15 Und er sprach zu ihnen: Mit Sehnsucht habe ich verlangt, dieses Pascha mit euch zu essen, bevor ich leide. 16 Denn ich sage euch: Ich werde nicht mehr davon essen, bis es seine Erfüllung findet im Reich Gottes. 17 Und er nahm einen Kelch, dankte und sprach: Nehmet diesen und teilet ihn unter euch. 18 Denn ich sage euch, dass ich nicht von dem Gewächs des Weinstocks trinken werde, bis das Reich Gottes kommt. 19 Und er nahm Brot, dankte, brach und gab es ihnen und sprach: Das ist mein Leib, der für euch hingegeben wird; dies tut zu meinem Gedächtnis! 20 Desgleichen auch den Kelch nach dem Mahle und sagte: Dieser Kelch ist der neue Bund in meinem Blute, das für euch vergossen wird.

Verweis auf den Verräter (V 21ff)
21 Doch siehe, die Hand dessen, der mich überliefert, ist mit mir auf dem Tische. 22 Denn der Menschensohn geht zwar dahin, wie es bestimmt ist; wehe aber jenem Menschen, durch den er überliefert wird! 23 Und sie fingen an, sich untereinander zu besprechen, wer es wohl von ihnen sein werde, der dies tun würde.

Rangstreit der Jünger (V 24-30)
24 Es entstand aber auch ein Streit unter ihnen, wer von ihnen für den Größten zu halten sei. 25 Er aber sprach zu ihnen: Die Könige der Völker herrschen über sie, und ihre Gewalthaber lassen sich Wohltäter nennen. 26 Bei euch aber soll es nicht so sein, sondern der Größte unter euch soll werden wie der Jüngste, und der Führende soll werden wie der Dienende. 27 Denn wer ist größer, der zu Tische sitzt oder der Dienende? Nicht, der zu Tische sitzt? Ich aber bin in eurer Mitte wie der Dienende. 28 Ihr aber seid es, die mit mir ausgeharrt haben in meinen Versuchungen; 29 so verordne ich euch, gleichwie mein Vater mir verordnet hat, ein Reich, 30 dass ihr esst und trinkt an meinem Tische in meinem Reiche und auf Thronen sitzt, richtend die zwölf Stämme Israels.

Ankündigung der Verleugnung und der Umkehr des Petrus (V 31-34)
31 Simon, Simon, der Satan hat sich ausgebeten, dass er euch sieben darf wie Weizen. 32 Ich aber habe für dich gebetet, dass dein Glaube nicht erlischt. Und wenn du dich wieder bekehrt hast, dann stärke deine Brüder. 33 Er aber sprach zu ihm: Herr, mit dir bin ich bereit, auch ins Gefängnis und in den Tod zu gehen. 34 Er aber sprach: Ich sage dir, Petrus, der Hahn wird heute nicht krähen, bis du dreimal geleugnet hast, mich zu kennen.

Entscheidende Situation (V 35-38)
35 Und er sprach zu ihnen: Als ich euch ohne Geldbeutel und Tasche und Sandalen

sandte, mangelte euch wohl etwas? Sie aber sagten: An nichts. [36]Er sprach nun zu ihnen: Aber jetzt, wer einen Geldbeutel hat, der nehme ihn und ebenso eine Tasche, und wer keine hat, verkaufe sein Kleid und kaufe ein Schwert; [37]Ich sage euch: An mir muss sich das Schriftwort erfüllen: Er wurde zu den Verbrechern gerechnet. Denn alles, was über mich gesagt ist, geht in Erfüllung. [38]Sie aber sprachen: Herr, siehe, hier sind zwei Schwerter. Er aber sprach zu ihnen: Es ist genug.

Jesus am Ölberg (V 39-46)
[39]Und er ging hinaus und begab sich der Gewohnheit gemäß an den Ölberg; es folgten ihm aber auch die Jünger. [40]Als er aber an den Ort gekommen war, sprach er zu ihnen: Betet, dass ihr nicht in Versuchung geratet. [41]Dann entfernte er sich von ihnen ungefähr einen Steinwurf weit, kniete nieder, betete [42]und sprach: Vater, wenn du diesen Kelch von mir wegnehmen willst, doch nicht mein Wille, sondern der deine geschehe! [43]Da erschien ihm ein Engel vom Himmel und stärkte ihn. [44]Und als er in Todesangst geriet, betete er noch inständiger. Und sein Schweiß wurde wie Blutstropfen, die auf die Erde fielen. [45]Und er stand auf vom Gebet, kam zu den Jüngern und fand sie eingeschlafen vor Traurigkeit. [46]Und er sprach zu ihnen: Warum schlaft ihr? Steht auf und betet, damit ihr nicht in Versuchung geratet.

Gefangennahme Jesu (V 47-53)
[47]Während der noch redete, siehe, da erschien eine Schar, und der genannte Judas, einer von den zwölfen, ging ihnen voran. Und er trat auf Jesus zu und küsste ihn. [48]Jesus aber sagte zu ihm: Judas, mit einem Kuss verrätst du den Menschensohn? [49]Als aber die, welche um ihn waren, sahen, was bevorstand, sprachen sie: Herr, sollen wir mit dem Schwert dreinschlagen? [50]Und einer aus ihnen schlug den Knecht des Hohenpriesters und hieb ihm das rechte Ohr ab. [51]Jesus aber antwortete und sprach: Lasst ab, nicht weiter; und er berührte das Ohr und heilte ihn. [52]Jesus aber sprach zu den Hohenpriestern und Hauptleuten des Tempels und Ältesten, die zu ihm gekommen waren: Ihr seid ausgezogen wie gegen einen Räuber, mit Schwertern und Stöcken. [53]Als ich täglich bei euch im Tempel war, habt ihr die Hände nicht gegen mich ausgestreckt; aber dies ist eure Stunde und der Machtbereich der Finsternis.

Verleugnung durch Petrus (V 54-62)
[54]Sie ergriffen ihn aber und führten ihn hin und brachten ihn in das Haus des Hohenpriesters. Petrus aber folgte von Weitem. [55]Als sie aber mitten im Hofe ein Feuer angezündet und sich zusammengesetzt hatten, setzte sich Petrus mitten unter sie. [56]Es sah ihn aber eine Magd bei dem Feuer sitzen, schaute ihn genau an: Auch dieser war mit ihm. [57]Er aber leugnete und sagte: Frau, ich kenne ihn nicht. [58]Und kurz danach sah ihn ein anderer und sprach: Auch du bist einer von ihnen. Petrus aber sprach: Mensch, ich nicht. [59]Und nach Verlauf von etwa einer Stunde behauptete ein anderer und sagte: In Wahrheit, auch dieser war mit ihm, denn er ist auch ein Galiläer. [60]Petrus aber sprach: Mensch, ich weiß nicht, was du sagst. Und alsbald, während er noch redete, krähte der Hahn. [61]Und der Herr wandte sich um und blickte Petrus an; und Petrus gedachte an das Wort des Herrn, wie er zu ihm sagte: Ehe der Hahn heute kräht, wirst du mich dreimal verleugnen. [62]Und er ging hinaus und weinte bitterlich.

Verspottung Jesu (V 63ff)
63Und die Männer, die ihn festhielten, verspotteten und schlugen ihn. 64Und als sie ihn (das Gesicht) verhüllt hatten, fragten sie ihn und sprachen: Weissage, wer ist es, der dich schlug? 65Und noch mit vielen anderen Lästerungen verhöhnten sie ihn.

Vor dem Hohen Rat (V 66-71)
66Und als es Tag wurde, versammelte sich der Ältestenrat des Volkes, Hohepriester und Schriftgelehrte, und führten ihn hin in ihr Gericht (Synedrium) 67und sagten: Wenn du der Christus bist, so sage es uns. Er aber sprach zu ihnen: Wenn ich es euch sagte, so würdet ihr nicht glauben; 68und wenn ich euch etwas frage, antwortet ihr nicht. 69Von nun an aber wird der Menschensohn sitzen zur Rechten der Macht Gottes. 70Da sprachen alle: Du bist also der Sohn Gottes? Er aber sprach zu ihnen: Ihr saget, ich bin es. 71Da sprachen sie: Was brauchen wir noch Zeugenaussagen? Wir haben es selbst aus seinem eigenen Mund gehört.

Vor Pilatus (23,1-5)
1Und die ganze Versammlung stand auf, und sie führten ihn zu Pilatus. 2Dort brachten sie ihre Anklage gegen ihn vor; sie sagten: Wir haben festgestellt, dass er unser Volk verführt, es davon abhält, dem Kaiser Steuer zu zahlen, und behauptet, er sei der Messias und König. 3Pilatus aber fragte ihn und sprach: Bist du der König der Juden? Er aber antwortete ihm und sprach: Du sagst es. 4Pilatus aber sprach zu den Hohenpriestern und den Volksmengen: Ich finde keine Schuld an diesem Menschen. 5Sie aber bestanden darauf und sagten: Er wiegelt das Volk auf, indem er durch ganz Judäa hin lehrt, angefangen von Galiläa bis hierher.

Vor Herodes (V 6-12)
6Als Pilatus das hörte, fragte er, ob der Mann ein Galiläer sei. 7Und als er erfahren hatte, dass er aus dem Gebiet des Herodes sei, sandte er ihn zu Herodes, der auch selbst in jenen Tagen zu Jerusalem war. 8Als aber Herodes Jesus sah, freute er sich sehr; denn er wünschte schon seit langer Zeit, ihn zu sehen, weil er vieles über ihn gehört hatte, und er hoffte, irgendein Zeichen durch ihn geschehen zu sehen. 9Er befragte ihn aber mit vielen Worten; er aber antwortete ihm nichts. 10Die Hohenpriester und die Schriftgelehrten standen dabei und verklagten ihn heftig. 11Als aber Herodes mit seinen Kriegsleuten ihn geringschätzig behandelt und verspottet hatte, warf er ihm ein prächtiges Gewand um und sandte ihn zu Pilatus zurück. 12Aber es wurden Pilatus und Herodes an selbigem Tage Freunde miteinander, denn vorher waren sie gegeneinander in Feindschaft.

Urteil des Pilatus (V 13-25)
13Pilatus rief die Hohenpriester und die anderen führenden Männer und das Volk zusammen 14und er sprach zu ihnen: Ihr habt diesen Menschen zu mir gebracht, weil er das Volk aufwiegle; und siehe, ich habe ihn vor euch verhört und habe an diesem Menschen keine Schuld gefunden, dessen ihr ihn anklagt; 15aber auch Herodes nicht, denn ich habe euch zu ihm gesandt, und siehe, nichts Todeswürdiges ist von ihm getan worden. 16Ich will ihn nun auspeitschen lassen und freigeben. 17[Zum Fest aber

musste er ihnen einen Gefangenen freilassen.] [18]Allesamt schrien sie aber und sagten: Hinweg mit diesem, gib uns aber den Barabbas frei! [19]Derselbe war wegen eines Aufruhrs, der in der Stadt geschehen war, und wegen eines Mordes ins Gefängnis geworfen. [20]Wieder aber redete Pilatus auf sie ein, denn er wollte Jesus freilassen. [21]Sie aber schrien und sagten: Kreuzige, kreuzige ihn! [22]Er aber sprach zum dritten Mal zu ihnen: Was hat dieser denn Böses getan? Ich habe keine Ursache des Todes an ihm gefunden; ich will ihn nun auspeitschen lassen und freigeben. [23]Sie aber setzten ihm mit großem Geschrei zu und forderten, dass er gekreuzigt würde. Und mit ihrem Geschrei setzten sie sich durch. [24]Und Pilatus entschied, dass ihre Forderung geschehe. [25]Er gab aber den frei, der eines Aufruhrs und Mordes wegen ins Gefängnis geworfen war, welchen sie forderten; Jesum aber übergab er ihrem Willen.

Weg zur Kreuzigung (V 26-32)
[26]Und als sie ihn wegführten, ergriffen sie einen gewissen Simon von Zyrene, der vom Felde kam, und legten das Kreuz auf ihn, um es Jesu nachzutragen. [27]Es folgte ihm aber eine große Menge Volks und Frauen, welche wehklagten und ihn beweinten. [28]Jesus wandte sich aber zu ihnen und sprach: Töchter Jerusalems, weint nicht über mich, sondern weint über euch selbst und über eure Kinder; [29]denn siehe, Tage kommen, an welchen man sagen wird: Glückselig die Unfruchtbaren und die Leiber, die nicht geboren, und die Brüste, die nicht gestillt haben! [30]Dann wird man anfangen, zu den Bergen zu sagen: Fallt auf uns! und zu den Hügeln: Bedeckt uns! [31]Denn wenn man dies tut am grünen Holze, was wird an dem dürren geschehen? [32]Es wurden aber auch zwei andere hingeführt, Verbrecher, um mit ihm hingerichtet zu werden.

Hinrichtung Jesu (V 33-43)
[33]Und als sie an den Ort kamen, der Schädelstätte genannt wird, kreuzigten sie daselbst ihn und die Verbrecher, den einen zur Rechten, den anderen zur Linken. [34]Jesus aber sprach: Vater, vergib ihnen, denn sie wissen nicht, was sie tun! Sie aber verteilten seine Kleider und warfen das Los darüber. [35]Und das Volk stand und sah zu; es höhnten aber auch die Einflussreichen (des Volkes) und sagten: Andere hat er gerettet; er rette sich selbst, wenn dieser der Christus ist, der Auserwählte Gottes! [36]Auch die Soldaten verspotteten ihn; sie traten vor ihn hin, reichten ihm Essig [37]und sagten: Wenn du der König der Juden bist, rette dich selbst! [38]Es war aber auch eine Überschrift über ihm: Das ist der König der Juden. [39]Einer aber der gehenkten Verbrecher lästerte ihn und sagte: Bist du nicht der Christus? Rette dich selbst und uns! [40]Der andere aber wies ihn zurecht und sagte: Nicht einmal du fürchtest Gott? Dich hat doch das gleiche Urteil getroffen. [41]Uns geschieht recht, wir erhalten den Lohn für unsere Taten; dieser aber hat nichts Unrechtes getan. [42]Dann sagte er: Jesus, denk an mich, wenn du in dein Reich kommst. [43]Und er sprach zu ihm: Wahrlich, ich sage dir: Heute wirst du mit mir im Paradiese sein.

Jesu Tod als Gerechter (V 44-49)
[44]Es war um die sechste Stunde; und es kam eine Finsternis über das ganze Land bis zur neunten Stunde. [45]Und die Sonne ward verfinstert, und der Vorhang des Tempels riss mitten entzwei. [46]Und Jesus rief mit lauter Stimme und sprach: Vater, in deine

**aber der Hauptmann sah, was geschah, verherrlichte er Gott und sagte: Fürwahr, dieser Mensch war gerecht. [48]Und alle die Volksmengen, die zu diesem Schauspiel zusammengekommen waren, schlugen sich, als sie sahen, was geschehen war, an die Brust und kehrten heim. [49]Aber alle seine Bekannten standen von ferne, auch die Frauen, die ihm von Galiläa nachgefolgt waren, und dies sahen.**

Begräbnis Jesu (V 50-56)

**[50]Und siehe, ein Mann mit Namen Josef, der ein Ratsherr war, ein guter und gerechter Mann, [51]dieser hatte nicht eingewilligt in ihren Rat und in ihre Tat, von Arimathäa, einer Stadt der Juden, der das Reich Gottes erwartete; [52]dieser ging zu Pilatus und bat um den Leib Jesu. [53]Und als er ihn abgenommen hatte, wickelte er ihn in Leinwand und legte ihn in ein in Felsen gehauene Grab, wo noch nie jemand gelegen war. [54]Und es war Rüsttag, und der Sabbat brach an. [55]Es folgten aber die Frauen nach, welche mit ihm aus Galiläa gekommen waren, und besahen das Grab und wie sein Leib hineingelegt wurde. [56]Als sie aber zurückgekehrt waren, bereiteten sie Spezereien und Salben; und den Sabbat über ruhten sie nach dem Gebot.**

**Hände übergebe ich meinen Geist! Und als er dies gesagt hatte, verschied er.**

**[47]Als Eucharistie (22,14-20)**

Die Zeit des Festmahls wird als heilsgeschichtlich bedeutsam, einprägsam einfach *„die Stunde“* (V 14) bezeichnet. Nähere Angaben werden nicht gegeben. Damit wird ein eindrucksvolles Ereignis charakterisiert: Jesus *„legte sich mit den Aposteln zu Tisch“*.

Mit unermesslichem Verlangen – wörtlich: *„mit Sehnsucht ersehnt“* (V 15) – will Jesus dieses Paschalamm mit ihnen vor seinem Tod essen. Jesus verweist (V 16) auf die *„Erfüllung des Mahles“* (Lk 14,15b; 22,30): „14[15b]Selig, wer im Reich Gottes am Mahl teilnehmen darf.“ – „22[30]Ihr sollt in meinem Reich mit mir an meinem Tisch essen und trinken, und ihr sollt auf Thronen sitzen und die zwölf Stämme Israels richten.“ – Das Pascha lässt demzufolge bereits an das endzeitliche, eschatologische Mahl denken.

Einen ähnlichen Verweis bringt Jesus anschließend, nach dem entsprechenden Dankgebet über den Becher (V 17f), was eine vergleichbare Vorhersage wachruft (Jes 25,6ff): „Jahwe der Heere wird auf diesem Berg für alle Völker ein Festmahl geben mit den feinsten Speisen, ein Gelage mit erlesenen Weinen, mit den besten und feinsten Speisen, mit besten, erlesenen Weinen. [7]Er zerreißt auf diesem Berg die Hülle, die alle Nationen verhüllt, und die Decke, die alle Völker bedeckt. [8]Er beseitigt den Tod für immer. Gott, der Herr, wischt die Tränen ab von jedem Gesicht. Auf der ganzen Erde nimmt er von seinem Volk die Schande hinweg. Ja, Jahwe hat gesprochen.“

Jesus segnet das Brot, bricht es und teilt es aus mit Worten, die diesem Brot eine besondere Bedeutung zuteilen (V 19): *„Mein Leib“* bezeichnet die ganze Person; *„für euch hingegeben“* verweist auf den Opfertod Jesu. – Der Auftrag *„dies tut zu meinem Gedächtnis“* bezieht sich auf Jesu Handlung und Wort. Das ist ein Vermächtnis, wie bereits vorausgehend Ähnliches formuliert wurde (Ex 12,14): „Diesen Tag sollt ihr als Gedenktag begehen. Feiert ihn als Fest zur Ehre Jahwes! Für die kommenden Generationen macht euch diese Feier zur festen Regel!“ – Somit autorisiert und begründet Jesus, was die Apostel daraufhin tun (1 Kor 10,16; 11,23ff; Apg 2,46; 20,7.11): „10[16] Ist der Kelch des Segens, über den wir den Segen sprechen, nicht Teilhabe am Blut Christi? Ist das Brot, das wir brechen, nicht Teilhabe am Leib Christi?" – „11[23]Denn ich habe vom Herrn empfangen, was ich euch dann überliefert habe: Jesus, der Herr, nahm in der Nacht, in der er ausgeliefert wurde, Brot, [24]sprach das Dankgebet, brach das Brot und sagte: Das ist mein Leib für euch. Tut dies zu meinem Gedächtnis! [25]Ebenso nahm er nach dem Mahl den Kelch und sprach: Dieser Kelch ist der Neue Bund in meinem Blut. Tut dies, sooft ihr daraus trinkt, zu meinem Gedächtnis!" – „2[46]Tag für Tag verharrten sie einmütig im Tempel, brachen in ihren Häusern das Brot und hielten miteinander Mahl in Freude und Einfalt des Herzens." – „20[7]Als wir am ersten Wochentag versammelt waren, um das Brot zu brechen, redete Paulus zu ihnen, denn er wollte am folgenden Tag abreisen; und er dehnte seine Rede bis Mitternacht aus. – [11]Dann stieg er wieder hinauf, brach das Brot und aß und redete mit ihnen bis zum Morgengrauen. So verließ er sie."

Parallel – *„ebenso / desgleichen"* – zur Aktion mit dem Brot erfolgt (V 20) das Geschehen mit dem Kelch *„nach dem Mahl"*, also nach dem Essen der Hauptspeise. Das diesbezügliche Wort Jesus verleiht dem Kelch eine besondere Bedeutung – *„dieser Kelch"* wird zum Vermächtnis eines neuen Bundes (Jer 31,31-34): „Seht, es werden Tage kommen – Spruch Jahwes –, in denen ich mit dem Haus Israel und dem Haus Juda einen neuen Bund schließen werde, [32] nicht wie der Bund war, den ich mit ihren Vätern geschlossen habe, als ich sie bei der Hand nahm, um sie aus Ägypten herauszuführen. Diesen meinen Bund haben sie gebrochen, obwohl ich ihr Gebieter war - Spruch Jahwes. [33] Denn das wird der Bund sein, den ich nach diesen Tagen mit dem Haus Israel schließe – Spruch Jahwes: Ich lege mein Gesetz in sie hinein und schreibe es auf ihr Herz. Ich werde ihr Gott sein, und sie werden mein Volk sein. [34]Keiner wird mehr den andern belehren, man wird nicht zueinander sagen: Erkennt Jahwe!, sondern sie alle, klein und groß, werden mich erkennen – Spruch Jahwes. Denn ich verzeihe ihnen die Schuld, an ihre Sünde denke ich nicht mehr." – Das Blut Jesu – *„das für euch vergossen wird"* – repräsentiert das stellvertretende Leiden (Jes 53,4f): „Aber er hat unsere Krankheit getragen und unsere Schmerzen auf sich geladen. Wir meinten, er sei von Gott geschlagen, von ihm getroffen und gebeugt. [5]Doch er wurde durchbohrt wegen unserer Verbrechen, wegen unserer Sünden zermalmt. Zu unserem Heil lag die Strafe auf ihm, durch seine Wunden sind wir geheilt."

Es ist nicht denkbar, die originalgetreue Diktion der Abendmahlsworte exakt zu eruieren. Allerdings besteht kein Motiv zur Skepsis in Anbetracht der äußerst vertrauten Demonstration (1 Kor 11,23-26): „Denn ich habe vom Herrn empfangen, was ich euch dann überliefert habe: Jesus, der Herr, nahm in der Nacht, in der er ausgeliefert wurde, Brot, [24]sprach das Dankgebet, brach das Brot und sagte: Das ist mein Leib für euch. Tut dies zu meinem Gedächtnis! [25]Ebenso nahm er nach dem Mahl den Kelch und sprach: Dieser Kelch ist der Neue Bund in meinem Blut. Tut dies, sooft ihr daraus trinkt, zu meinem Gedächtnis! [26]Denn sooft ihr von diesem Brot esst und aus dem Kelch trinkt, verkündet ihr den Tod des Herrn, bis er kommt."

**Verräter (V 21ff)**

„Doch siehe/seht" richtet das Interesse auf ein völlig überraschendes Thema, das in Disharmonie zur vorausgehenden Aktivität Jesu und seinem Wort steht: die Anspielung auf Präsenz des Verräters. Die Diktion „die Hand dessen, der mich überliefert" (V 21) demonstriert die unverschämte Impertinenz des Denunzianten, am Mahl teilzunehmen, was in Erinnerung ruft (Ps 41,10): „Selbst der Mann meines Friedens, auf den ich vertraute, der mein Brot aß, hat mich betrogen."

„Denn der Menschensohn geht zwar dahin, wie es bestimmt ist; wehe aber jenem Menschen, durch den er überliefert wird!" (V 22) Diese Aussage verweist auf die Ankündigungen (Lk 9,22; 18,31f): „[22]... Der Menschensohn muss vieles erleiden und von den Ältesten, den Hohenpriestern und den Schriftgelehrten verworfen werden; er wird getötet werden, aber am dritten Tag wird er auferstehen." – „[31]Jesus versammelte die zwölf um sich und sagte zu ihnen: Wir gehen jetzt nach Jerusalem hinauf; dort wird sich alles erfüllen, was bei den Propheten über den Menschensohn steht: [32]Er wird den Heiden ausgeliefert, wird verspottet, misshandelt und angespuckt werden." – Beim „Wehe" klingt durch (Lk 6,24ff): „Aber weh euch, die ihr reich seid; denn ihr habt keinen Trost mehr zu erwarten. [25]Weh euch, die ihr jetzt satt seid; denn ihr werdet hungern. Weh euch, die ihr jetzt lacht; denn ihr werdet klagen und weinen. [26]Weh euch, wenn euch alle Menschen loben; denn ebenso haben es ihre Väter mit den falschen Propheten gemacht."

Die Bestürzung über einen Verräter als Tischgenossen ist offenkundig enorm (V 23). – Mit der Frage nach dem Verräter liegt ein ernster Mahnruf an alle vor, die als Tischgenossen Jesu am eucharistischen Mahl teilnehmen.

**Rangstreit (V 24-30)**

Unvermittelt wird ein Disput, eine Polemik, Kontroverse über Ehrenpositionen oder Rangstufen innerhalb der Jüngergemeinschaft erwähnt (V 24), was in diesem Konnex Betroffenheit wachruft und an ähnliche Situationen erinnert (Lk 9,46ff; 1 Kor 11,18): „9[46]Unter den Jüngern kam die Frage auf, wer von ihnen der Größte sei. [47]Jesus wusste, was in ihrem Herzen vorging. Deshalb nahm er ein Kind, stellte es neben sich [48]und sagte zu ihnen: Wer dieses Kind um meinetwillen aufnimmt, der nimmt mich auf; wer aber mich aufnimmt, der nimmt den auf, der mich gesandt hat. Denn wer unter euch allen der Kleinste ist, der ist groß." – „11[18]Zunächst höre ich, dass es Spaltungen unter euch gibt, wenn ihr als Gemeinde zusammenkommt; zum Teil glaube ich das auch." – Jesus bringt in dieser Darstellung anschließend eine generelle Unterweisung.

Die Jünger Jesu sind verpflichtet, sich von der aktuellen Sucht nach Bedeutung und Hochachtung zu distanzieren (V 25ff), wie bereits klargelegt wurde (Lk 14,7): „Als er bemerkte, wie sich die Gäste die Ehrenplätze aussuchten, nahm er das zum Anlass, ihnen eine Lehre zu erteilen ..." – Wer eine hochgradige, vorherrschende Position ausübt, soll sich wie *„der Kleinste"* und *„der Dienende"* benehmen (Lk 9,48): „und sagte zu ihnen: Wer dieses Kind um meinetwillen aufnimmt, der nimmt mich auf; wer aber mich aufnimmt, der nimmt den auf, der mich gesandt hat. Denn wer unter euch allen der Kleinste ist, der ist groß."

*„Versuchungen / Prüfungen"* (V 28) bedeuten gegenwärtig vorab jene Anfechtungen, denen Jesus beständig während seiner öffentlichen Tätigkeit exponiert war, über die seinerzeitige Situation hinaus (Lk 4,13): „Nach diesen Versuchungen ließ der Teufel für eine gewisse Zeit von ihm ab." – Zugleich wird im gesamten Zusammenhang an das „Ausharren" der Jünger in der Passion Jesu und an ihre Ausdauer in den nachösterlichen Nachstellungen erinnert. Als Gegengabe dafür *„verordnet / vermacht"* Jesus seinen anwesenden Jüngern die Partizipation am Reich des Vaters, das

als Mahlgemeinschaft präsentiert wird (Lk 13,29; 14,15): „13[29]Und man wird von Osten und Westen und von Norden und Süden kommen und im Reich Gottes zu Tisch sitzen.“ – „14[15]Als einer der Gäste das hörte, sagte er zu Jesus: Selig, wer im Reich Gottes am Mahl teilnehmen darf.“ – Zudem wird ihnen die Ehrenaufgabe von Richtern über die zwölf Stämme Israels zugesagt, wodurch sie an der eschatologischen Herrschaft Christi teilnehmen (V 29f).

**Vorhersage an Petrus (V 31-34)**
Es werden zwei persönliche prophetische Worte Jesu an Simon Petrus gebracht, die durch dessen selbstsichere Bereitschaftserklärung koordiniert sind (V 31-34).
Die zweifache Anrede (V 31f) will eine besondere Aufmerksamkeit im angesprochenen Du wachrufen (Lk 8,24; 10,41; 13,34): „8[24]Da traten sie zu ihm und weckten ihn; sie riefen: Meister, Meister, wir gehen zugrunde! Er stand auf, drohte dem Wind und den Wellen, und sie legten sich, und es trat Stille ein.“ – „10[41]Der Herr antwortete: Marta, Marta, du machst dir viele Sorgen und Mühen.“ – „13[34]Jerusalem, Jerusalem, du tötest die Propheten und steinigst die Boten, die zu dir gesandt sind. Wie oft wollte ich deine Kinder um mich sammeln, so wie eine Henne ihre Küken unter ihre Flügel nimmt; aber ihr habt nicht gewollt.“ – *„Simon, Simon“* verweist auf eine ungeahnte und gefahrvolle, unmittelbar bevorstehende Situation, die mit dem Ausdruck vom „Sieben des Getreides“ angezeigt wird, wie eine ähnliche Diktion besagt (Am 9,9): „Denn siehe, ich will gebieten und will das Haus Israel unter allen Völkern schütteln, wie Getreide in einem Siebe geschüttelt wird; und nicht ein Körnchen wird zur Erde fallen.“
Die Aktivitäten Satans werden als Konzession Gottes begründet und limitiert, in Grenzen gehalten, etwa wie (Ijob 1,12; 2,6): „1[12]Da sprach Jahwe zum Satan: Siehe, alles, was er hat, ist in deiner Hand; nur nach ihm strecke deine Hand nicht aus. Und der Satan ging von dem Angesicht Jahwes hinweg.“ – „2[6]Und Jahwe sprach zum Satan: Siehe, er ist in deiner Hand; nur schone sein Leben.“
Jesus betet für Simon, damit er schließlich umkehrt und seine Mitbrüder bestärkt, was nachfolgende Belegstellen dokumentieren (Lk 22,61f; 24,12.34): „22[61]Da wandte sich der Herr um und blickte Petrus an. Und Petrus erinnerte sich an das, was der Herr zu ihm gesagt hatte: Ehe heute der Hahn kräht, wirst du mich dreimal verleugnen. [62]Und er ging hinaus und weinte bitterlich.“ – „24[12]Petrus aber stand auf und lief zum Grab. Er beugte sich vor, sah aber nur die Leinenbinden (dort liegen). Dann ging er nach Hause, voll Verwunderung über das, was geschehen war.“ – „[34]Diese sagten: Der Herr ist wirklich auferstanden und ist dem Simon erschienen.“
Das Bekenntnis des Petrus, Jesus bis in den Tod nachzufolgen – was er am Ende seines Lebens verwirklicht – zeigt, dass er die unheimliche, furchtsame Bedrohung und Drangsal erfasst. – In bitterem Gegensatz, in herber Diskrepanz zu dieser Beteuerung des Petrus wirkt das Wort Jesu über die dreimalige Verleugnung, Jesus zu kennen. Noch dazu passiert das *„heute“*, da nach orientalischer Ansicht der neue Tag mit dem Abend beginnt (V 33f).
Der Abschnitt lehrt schließlich, dass jedermann, also alle wie die Jünger, mit dem Widerstreben, der Gegenwirkung, der Reaktion dämonischer Kräfte und böser Einflüsse rechnen müssen. Jesu Verheißung an Simon fundiert und legitimiert den Primat des Petrus in der Urgemeinde, wie zusätzlich gezeigt wird (Apg 1,15; 2,14): „1[15] In diesen Tagen erhob sich Petrus im Kreis der Brüder – etwa hundertzwanzig waren zusammengekommen – und sagte.“ – „2[14]Da trat Petrus auf, zusammen mit den elf; er erhob seine Stimme und begann zu

reden: Ihr Juden und alle Bewohner von Jerusalem! Dies sollt ihr wissen, achtet auf meine Worte!“ – Petrus gilt aber überdies als warnendes Exempel vor Selbstsicherheit und als anspornendes Vorbild für Büßer, für reuige Pönitenten.

**Abschließende Worte (V 35-38)**
Geradewegs angeredet sind die Apostel, über die bereits gesagt worden ist (Lk 22,14.30): „[14]Als die Stunde gekommen war, begab er sich mit den Aposteln zu Tisch.“ – „[30]Ihr sollt in meinem Reich mit mir an meinem Tisch essen und trinken, und ihr sollt auf Thronen sitzen und die zwölf Stämme Israels richten.“ – Die genannte Emission – *„ohne Sandalen/Schuhe“* – verweist allerdings direkt auf die der 70/72 Jünger (Lk 10,4): „Nehmt keinen Geldbeutel mit, keine Vorratstasche und keine Schuhe! Grüßt niemand unterwegs!“ – Ähnliches erfährt man bei der Aussendung der 12 Apostel (Lk 9,3): „Er sagte zu ihnen: Nehmt nichts mit auf den Weg, keinen Wanderstab und keine Vorratstasche, kein Brot, kein Geld und kein zweites Hemd.“ – Sie waren damals ohne Ausrüstung und litten keine Not (V 35).
Nun aber bricht eine neue Sachlage, ein neuer Status an (V 36f): Jetzt ist der Ankauf eines *„Schwertes“* bedeutender als ein *„Kleid“*. Wörtlich erfasst, bedenkt Jesu Appell eine Konstellation des Kampfes: Gewiss wird hiermit eine symbolische Bereitschaft geweckt, in künftiger Zeit der Verfolgung bereitwillig den Glauben zu verteidigen. Jesus fundiert mit *„muss“* und *„denn“* (V 37) die Erfüllung eines Heilsplanes Gottes (Jes 53,11f): „Nachdem er so vieles ertrug, erblickt er das Licht. Er sättigt sich an Erkenntnis. Mein Knecht, der gerechte, macht die vielen gerecht; er lädt ihre Schuld auf sich. [12]Deshalb gebe ich ihm seinen Anteil unter den Großen, und mit den Mächtigen teilt er die Beute, weil er sein Leben dem Tod preisgab und sich unter die Verbrecher rechnen ließ. Denn er trug die Sünden von vielen und trat für die Schuldigen ein.“ – Somit argumentiert Jesus (Lk 24,25ff): „Da sagte er zu ihnen: Begreift ihr denn nicht? Wie schwer fällt es euch, alles zu glauben, was die Propheten gesagt haben. [26]Musste nicht der Messias all das erleiden, um so in seine Herrlichkeit zu gelangen? [27]Und er legte ihnen dar, ausgehend von Mose und allen Propheten, was in der gesamten Schrift über ihn geschrieben steht.“
*„Herr, siehe, hier sind zwei Schwerter. Er aber sprach zu ihnen: Es ist genug.“* (V 38). – Offenbar wurde zunächst das Wort – *„Es ist genug!“* – wörtlich verstanden, also für eine gewalttätige Verteidigung genügend ausgerüstet. Jesu geheimnisvolle Aussage bedeutet undenkbar die Erlaubnis eines begrenzten gewalttätigen Widerstandes, sondern ehr als Abschlusswort, als Schlusspunkt des gesamten Gespräches (V 38). – Freilich erinnern die beiden Schwerter an die nachfolgende Szene (Lk 22,49ff): „Als seine Begleiter merkten, was (ihm) drohte, fragten sie: Herr, sollen wir mit dem Schwert dreinschlagen? [50]Und einer von ihnen schlug auf den Diener des Hohenpriesters ein und hieb ihm das rechte Ohr ab. [51]Jesus aber sagte: Hört auf damit! Und er berührte das Ohr und heilte den Mann.“

**Am Ölberg (V 39-46)**
Öfters übernachtete (V 39) Jesus am Ölberg (Lk 21,37): „Tagsüber lehrte Jesus im Tempel; abends aber ging er zum Ölberg hinaus und verbrachte dort die Nacht.“ Eine genauere Bezeichnung des Ortes liegt hier nicht vor. Anscheinend war dort ein entsprechendes annehmbares und passendes Areal. Der Appell zum Gebet in der Versuchung (V 40) lässt an Jesu persönliche Versuchung denken (Lk 4,1f; 11,4; 22,46): „4[1]Erfüllt vom Heiligen Geist, verließ Jesus die Jordangegend. Darauf führte ihn der Geist vierzig Tage lang in der

Wüste umher, [2]und dabei wurde Jesus vom Teufel in Versuchung geführt. Die ganze Zeit über aß er nichts; als aber die vierzig Tage vorüber waren, hatte er Hunger." – „11[4]Und erlass uns unsere Sünden; denn auch wir erlassen jedem, was er uns schuldig ist. Und führe uns nicht in Versuchung." – „22[46]Da sagte er zu ihnen: Wie könnt ihr schlafen? Steht auf und betet, damit ihr nicht in Versuchung geratet."

Kurz und bündig wird beschrieben, wie Jesus sich entfernt, niederkniet und betet (V 41-44); vorab um vor dem Leiden verschont zu bleiben, was mit dem *„Wegnehmen dieses Kelches"* formuliert wird, allerdings unterwirft sich Jesus völlig dem Willen des Vaters. Der stärkende Engel erinnert an Elija am Horeb, der dort eine vergleichbare Hilfe erlebte (1 Kön 19,5ff). – Die himmlische Kräftigung nimmt allerdings nicht die Todesangst hinweg, motiviert aber zu einem intensiveren Gebet. – Der *„Schweiß"*, der zu *„Blutstropfen"* wurde, veranschaulicht die Vehemenz der *„Agonie"* (V 44), wie der Urtext formuliert. Daran erinnert auch Hebr 5,7: „Als er auf Erden lebte, hat er mit lautem Schreien und unter Tränen Gebete und Bitten vor den gebracht, der ihn aus dem Tod retten konnte, und er ist erhört und aus seiner Angst befreit worden."

Es ist unfassbar, dass in dieser Notsituation die *Jünger schlafen;* es wird allerdings entschuldigend mit dem Hinweis auf ihre *Traurigkeit* motiviert; umso energischer folgt die Aufforderung zum Gebet in der Versuchung (V 45f). – Dafür ist Jesu Beten entsprechendes Vorbild.

**Verhaftung (V 47-53)**

Zur *„Menge/Schar"*, die mit Judas eintrifft, zählen – wie anschließend vermerkt wird – *„Hohepriester und Hauptleute des Tempels und Älteste"* (V 52). – Judas wird bewusst als *„einer der zwölf"* genannt (Lk 6,16; 22,3): „6[16]Judas, der Sohn des Jakobus, und Judas Iskariot, der zum Verräter wurde." – „22[3]Der Satan aber ergriff Besitz von Judas, genannt Iskariot, der zu den zwölf gehörte." – Ortskundig ging Judas als Anstifter voraus, wie später vermerkt wird (Apg 1,16): „Brüder! Es musste sich das Schriftwort erfüllen, das der Heilige Geist durch den Mund Davids im Voraus über Judas gesprochen hat. Judas wurde zum Anführer derer, die Jesus gefangen nahmen." – Judas *küsst* Jesus, was deutlich erkennbar das ausgemachte Kennzeichen war. Jesu ausdrucksvolle Frage demaskiert die schmutzige Schändung der Beglaubigung einer Freundschaft (V 47f).

Die Jünger begreifen die Verschwörung (V 49ff), stellen Jesus eine Frage, warten im Rückblick auf die Empfehlung vom Schwertkauf (Lk 22,36) dessen Antwort gar nicht ab, sondern einer schlägt zu. Jesus gebietet Einhalt, befiehlt vom Waffengebrauch abzulassen, heilt den Verletzten und demonstriert Feindesliebe (Lk 6,27f.35): „[27]Euch, die ihr mir zuhört, sage ich: Liebt eure Feinde; tut denen Gutes, die euch hassen. [28]Segnet die, die euch verfluchen; betet für die, die euch misshandeln. [35]Ihr aber sollt eure Feinde lieben und sollt Gutes tun und leihen, auch wo ihr nichts dafür erhoffen könnt. Dann wird euer Lohn groß sein, und ihr werdet Söhne des Höchsten sein; denn auch er ist gütig gegen die Undankbaren und Bösen."

Jesus beschuldigt (V 52f) geradewegs die Verantwortlichen der Hinterlist im *„Machtbereich der Finsternis"*, eigentlich als Werkzeuge Satans, was erneut entsprechende Aussagen wachruft (Lk 4,13; 22,3.31): „4[13]Nach diesen Versuchungen ließ der Teufel für eine gewisse Zeit von ihm ab." – „22[3]Der Satan aber ergriff Besitz von Judas, genannt Iskariot, der zu den zwölf gehörte." – „[31]Simon, Simon, der Satan hat verlangt, dass er euch wie Weizen sieben darf."

Jesus verurteilt den Verrat, beschuldigt die hinterhältigen Verantwortungsträger der

Arglist. – Der Judaskuss steht im Kontrast zur Verteidigungsbereitschaft der übrigen Jünger, zudem dokumentiert Jesu Heilungswunder seine Ablehnung von Gewalt; zugleich bezeugt Jesus den eigentlichen Background des Geschehens in der Stunde und Macht der Finsternis.

**Verleugnung (V 54-62)**

Petrus folgt dem gefangenen Jesus bis *„mitten"* in den *Hof des Hohenpriesters.* Das *Feuer,* zu dem sich Petrus setzt, soll in der kalten Nacht Wärme spenden (V 54f). – Die Mitteilung einer Magd, dass Petrus zu Jesus gehört, bestreitet er mit dem Argument, Jesus nicht zu kennen, was indirekt die Frau als Lügnerin hinstellt (V 55ff). – Die zweite Denunziation, nun eines Mannes, anbelangt Petri Mitgliedschaft im Jüngerkreis, wie „mit ihnen" angezeigt wird; Petrus dementiert erneut auch das (V 58). – Daraufhin versichert – mit „wahrhaftig" – alsbald ein zweiter Mann seine Zugehörigkeit zu Jesus – „mit ihm" – und fundiert das mit „denn er ist auch ein Galiläer". Petrus sucht nach einer Ausflucht (V 59-60a).

Der „krähende Hahn" aktiviert Jesu Prophezeiung (V 34). Indem Jesus sich dem verleugnenden Petrus zuwendet und ihn „anblickt", wird dieser Denkzettel markiert. Das verleugnende Versagen ereignet sich dementsprechend in Gegenwart Jesu selbst, der den Frevler sodann ebenso zum Sinneswechsel motiviert (V 32): „Ich aber habe für dich gebetet, dass dein Glaube nicht erlischt. Und wenn du dich wieder bekehrt hast, dann stärke deine Brüder." Der Vermerk über die Zerknirschung des Petrus (V 62) konveniert im Konnex (V 62): „Und er ging hinaus und weinte bitterlich."

**Verspottung (V 63ff)**

Die Verhöhnung des gefangenen Jesus durch die jüdischen Aufseher *verspottet* und entstellt grotesk seine Ambition als Prophet. Sie ist ebenso wie die anderen Diskriminierungen eine Spötterei, eine Blasphemie und als solche der Verleugnung durch Petrus ähnlich oder nahestehend (V 63ff). – Wirkungsvoll wird hiermit allen die ernsthafte Aufforderung erteilt, Jesus nicht zu verleugnen, nicht zu diffamieren, nicht zu verhöhnen.

**Hoher Rat (V 66-71)**

Es wird über ein Gerichtsverfahren des festgenommenen Jesus bei Tagesanbruch informiert: Der Hohe Rat – das *Synedrium,* der Sanhedrin, das heißt „Versammlung" – ist das höchste jüdische Regierungsgremium zur Zeit Jesu. Er zählte 71 Mitglieder unter dem Vorsitz des Hohenpriesters, nämlich Älteste – also Vertreter der angesehensten nichtpriesterlichen Familien –, Priester – das heißt akkurat der „Priesteradel" – und Schriftgelehrte. Unsicher ist der exakte Versammlungsort des Hohen Rates. Jedenfalls war die Zusammenkunft im Haus des Hohenpriesters (Lk 22,54) zur Verurteilung Jesu ungewöhnlich (V 66).

Die erste Frage im Verhör belangt Jesu *messianische* Sendung, die dem aufmerksamen Leser längst bekannt ist (Lk 1,31ff): „Du wirst ein Kind empfangen, einen Sohn wirst du gebären: Dem sollst du den Namen Jesus geben. 32Er wird groß sein und Sohn des Höchsten genannt werden. Gott, der Herr, wird ihm den Thron seines Vaters David geben. 33Er wird über das Haus Jakob in Ewigkeit herrschen, und seine Herrschaft wird kein Ende haben." – Jesus akzentuiert vorab die Wirkungslosigkeit einer Auskunft und einer Debatte mit dem Hohen Rat, wie bereits vorher einmal (Lk 20,8): „Jesus erwiderte: Dann sage auch ich euch nicht, mit welchem Recht ich das alles tue." – Das schließt sich der Diktion an, die Jeremia dem Zidkija gegenüber verwendet (Jer 38,15; = 45,15 LXX): „ ... Wenn ich es dir kundtue, wirst du mich sicherlich töten! Und wenn ich dir einen Rat erteile, wirst du nicht auf mich hören." – Schließlich verheißt Jesus seine nun mit der Passion beginnende Erhöhung zur himmlischen Herrschaft mit folgenden Worten (Dan 7,13; Ps 110,1): „7[13]Immer noch hatte ich die nächtlichen Visionen: Da kam mit den Wolken des Himmels einer wie ein Menschensohn. Er gelangte bis zu dem Hochbetagten und wurde vor ihn geführt." – „110[1]Jahwe sprach zu meinem Herrn: Setze dich zu meiner Rechten, bis ich deine Feinde lege zum Schemel deiner Füße!"

Demzufolge ist Jesus der Messias, freilich in einer künftig von Auferstehung, Himmelfahrt und Geistsendung her zu verstehenden Bedeutung, und völlig in Differenz zur Erwartung von einem politischen Machthaber, wie nachfolgend die Auseinandersetzung über die Steuerzahlung erkennen lässt (Lk 23,2): „Dort brachten sie ihre Anklage gegen ihn vor; sie sagten: Wir haben festgestellt, dass dieser Mensch unser Volk verführt, es davon abhält, dem Kaiser Steuer zu zahlen, und behauptet, er sei der Messias und König" (V 67ff).

Die zweite Frage im Synedrium bezieht sich auf den *„Sohn Gottes"* (V 70); sie wird als Konsequenz aus der ersten Auskunft Jesu gedacht und erläutert, wie verheißen wurde bei der Ankündigung der Geburt Christi (Lk 1,35): „Der Engel antwortete ihr: Der Heilige Geist wird über dich kommen, und die Kraft des Höchsten wird dich überschatten. Deshalb wird auch das Kind heilig und Sohn Gottes genannt werden." In diesem Sinn bekennt sich Jesus als Sohn Gottes.

Das Synedrium beschließt in der Folge (V 71) keinen effektiven Rechtsspruch über Jesu Schuldigkeit; es verweist eher auf das Bekenntnis Jesu, das anscheinend eine Befragung von Zeugen erspart, die ohnedies bereits tätig waren (Lk 20,20): „Und sie beobachteten ihn und sandten Spitzel aus, die sich verstellten, als ob sie gerecht wären, auf dass sie ihn in seiner Rede fingen, damit sie ihn der Obrigkeit und der Gewalt des Landpflegers überliefern." Das schien diesen Widersachern Jesu hinlänglich, gebührend, ausreichend für eine Anklage bei Pilatus; die Aussagen Jesu entsprachen nicht ihren Messiaserwartungen.

**Pilatus (23,1-5)**

Nach dem morgendlichen Gerichtsverfahren marschiert der Hohe Rat mit Jesus zum Prokurator Pontius Pilatus (26-36 n. Chr.), der als römischer Statthalter für Judäa gewohnheitsgemäß in Cäsarea seinen Wohnsitz hatte und dort Hof hielt, des Osterfestes wegen in Jerusalem sich aufhielt (V 1): Er allein konnte zu jener Zeit die Hinrichtung verordnen. Römischem Ritual konvenierend begibt er sich morgendlich auf den Richterstuhl. An diesem Vormittag ist augenscheinlich genereller Gerichtstermin, weil mit Jesus anschließend noch andere gekreuzigt werden (Lk 23,32): „Zusammen mit Jesus wurden auch zwei Verbrecher zur Hinrichtung geführt."

Mit der Anklage der Volksaufwiegelung meint man, bei Pilatus besonders erfolgreich zu sein (Lk 23,5.14): „Sie aber blieben hartnäckig und sagten: Er wiegelt das Volk auf und verbreitet seine Lehre im ganzen jüdischen Land von Galiläa bis hierher." – „[14]... Ihr habt mir diesen Menschen hergebracht und behauptet, er wiegle das Volk auf. Ich selbst habe ihn in eurer Gegenwart verhört und habe keine der Anklagen, die ihr gegen diesen Menschen vorgebracht habt, bestätigt gefunden." – Diese unhaltbaren Vorwürfe berühren die vermeintliche Verhinderung der Steuerzahlung. – Jesu Anspruch, der *„Messias und König"* (V 2) zu sein, wird politisch erörtert (Lk 22,67-70): „Sie sagten zu ihm: Wenn du der Messias bist, dann sag es uns! Er antwortete ihnen: Auch wenn ich es euch sage – ihr glaubt mir ja doch nicht; [68]und wenn ich euch etwas frage, antwortet ihr nicht. [69]Von nun an wird der Menschensohn zur Rechten des allmächtigen Gottes sitzen. [70]Da sagten alle: Du bist also der Sohn Gottes. Er antwortete ihnen: Ihr sagt es – ich bin es." – Bei Pilatus soll der Königsanspruch ein Affront, eine Kampfansage gegen den römischen Kaiser bewirken (V 2).

Pilatus stützt sich auf den zuletzt genannten Punkt der Anklage (V 3): *„Pilatus aber fragte ihn und sprach: Bist du der König der Juden? Er aber antwortete ihm und sprach: Du sagst es."* – Jesus versteht diese Formulierung *„König der Juden"* nicht politisch, sondern messianisch, wie es immer wieder betont Lk 22,69f: „Von nun an wird der Menschensohn zur Rechten des allmächtigen Gottes sitzen. [70]Da sagten alle: Du bist also der Sohn Gottes. Er antwortete ihnen: Ihr sagt es – ich bin es." – Pilatus erkennt die Falschheit der Denunziationen und gibt eine Unschuldserklärung ab (V 4).

Die Ankläger verharrten bei ihrer Beschuldigung der *Aufwiegelung* des Volkes mit der geographischen Anspielung auf *Judäa und Galiläa* (V 5), was zu folgenden Aussagen führt (Lk 4,44; Apg 10,37): „4[44]Und er predigte in den Synagogen Judäas [Galiläas]." – „10[37]Ihr wisst, was im ganzen Land der Juden geschehen ist, angefangen in Galiläa, nach der Taufe, die Johannes verkündet hat."

**Herodes (V 6-12)**

Jesu Abstammung aus Galiläa ist für Pilatus eine willkommene Gelegenheit, den unangenehmen Rechtsfall loszuwerden, in der Hoffnung, Herodes werde Jesus aburteilen (V 6f). Herodes Antipas war (4 v. Chr.-39 n. Chr.) Vierfürst von Galiläa (Lk 3,1), ließ den Täufer gefangen nehmen und enthaupten (3,19; 9,9); zudem ist es sein Wunsch, Jesus zu sehen (9,7ff): „Der Tetrarch Herodes hörte von allem, was geschah, und wusste nicht, was er davon halten sollte. Denn manche sagten: Johannes ist von den Toten auferstanden. [8]Andere meinten: Elija ist wiedererschienen. Wieder andere: Einer der alten Propheten ist auferstanden. [9]Herodes aber sagte: Johannes habe ich selbst enthaupten lassen. Wer ist dann dieser Mann, von dem man mir solche Dinge erzählt? Und er hatte den Wunsch, ihn einmal zu sehen." – Es wird aber auch von seiner Absicht berichtet, Jesus ermorden zu lassen (Lk 13,31f): „ Zu dieser Zeit kamen einige Pharisäer zu ihm und sagten: Geh weg, verlass dieses Gebiet, denn Herodes will dich töten. [32]Er antwortete ihnen: Geht und sagt diesem Fuchs: Ich treibe Dämonen aus und heile Kranke, heute und morgen, und am dritten Tag werde ich mein Werk vollenden."

Jesus schweigt zur Hoffnung des Herodes nach einem bestaunenswerten *„Zeichen"* und zu dessen schaulustigen Fragen (V 8ff), wie bereits vorausdeutend angesagt (Jes 53,7): „Er wurde misshandelt und niedergedrückt, aber er tat seinen Mund nicht auf. Wie ein Lamm, das man zum Schlachten führt, und wie ein Schaf angesichts seiner Scherer, so tat auch er seinen Mund nicht auf." – Dieses Schweigen steht im Gegensatz zu den ungestümen Anschuldigungen der *Hohenpriester und Schriftgelehrten*, die sich ebenfalls dort eingefunden haben.

Das Resultat der Episode erfolgt nicht in einem speziellen Rechtsspruch des Herodes, obwohl es anschließend (V 15) eine entsprechende Anspielung gibt, sondern in der Verspottung des Beschuldigten durch die „Kriegsleute" des Prokurators und seine persönliche Verhöhnung, indem er Jesus „ein prächtiges Gewand" – was immer auch das war – „umwarf" (V 11).

Der Vermerk über das Finish der bisherigen Gegnerschaft zwischen den beiden Staatsmännern kennzeichnet ihre Eintracht im Rechtsspruch über Jesus, desgleichen auch ihre Einigkeit im Urteil über die Gegnern Jesu (V 12), wie nachfolgend kommentiert wird (Apg 4,25-28): „Du hast durch den Mund unseres Vaters David, deines Knechtes, durch den Heiligen Geist gesagt: Warum toben die Völker, warum machen die Nationen vergebliche Pläne? [26]Die Könige der Erde stehen auf, und die Herrscher haben sich verbündet gegen den Herrn und seinen Gesalbten. [27]Wahrhaftig, verbündet haben sich in dieser Stadt gegen deinen heiligen Knecht Jesus, den du gesalbt hast, Herodes und Pontius Pilatus mit den Heiden und den Stämmen Israels, [28]um alles auszuführen, was deine Hand und dein Wille im Voraus bestimmt haben.“ – Sogar der kompetente jüdische Machthaber kann Jesus nicht eines Delikts bezichtigen; anstelle ihn aber zu respektieren und ihm zu vertrauen, verspottet er ihn.

**Urteil des Pilatus (V 13-25)**

Pilatus ruft nicht nur die Mitglieder des Hohen Rates zusammen, sondern auch das „Volk“. Soll das heißen, alle die er in dieser Situation erreichte? – Die gegen Jesus eingebrachten Anschuldigungen vermögen einer gerichtlichen Untersuchung nicht standzuhalten; dies schließt er aus seiner Befragung (V 3f) und begründet es durch Herodes beglaubigt (V 11). Die eventuelle designierte Bestrafung – „auspeitschen“ (V 22) kann weder als Kompromiss an die anklagenden Beschuldiger noch als Verwarnung des Beschuldigten gedeutet werden, sondern als Wahnsinnstat eines naiven und überforderten Regenten, dessen Entscheidungen dem berühmten römischen Recht Hohn spricht und einen Justizirrtum par excellence darstellt (V 13-16).

„Zum Fest aber musste er ihnen einen Gefangenen freilassen“ (V 17) wird in den verlässlichsten Handschriften vermisst und ist wahrscheinlich von Mk oder Mt in die jüngeren Manuskripte eingesickert.

„Allesamt“, also alle Anwesenden, der Pöbel und nicht nur die Mitglieder des Hohen Rates, insistieren auf Jesu Aburteilung und fordern statt seiner Freigabe die des Barabbas (V 18-22), eines Mörders (V 25), wie später erneut dokumentiert wird (Apg 3,13f): „Der Gott Abrahams, Isaaks und Jakobs, der Gott unserer Väter, hat seinen Knecht Jesus verherrlicht, den ihr verraten und vor Pilatus verleugnet habt, obwohl dieser entschieden hatte, ihn freizulassen. [14]Ihr aber habt den Heiligen und Gerechten verleugnet und die Freilassung eines Mörders gefordert.“

„Wieder aber redete Pilatus auf sie ein, denn er wollte Jesus freilassen“ (V 20). – Daraufhin verlangen die Ankläger nun exakt Jesu Kreuzigung, die zu jener Zeit über politische Gesetzesbrecher verordnet wurde und der vom Hohen Rat proklamierten Anschuldigung (V 2-5) gleichkommt. – Im Gegensatz zu diesem Appell präsentiert sich die intensive Frage des Pilatus nach einem hinreichenden Vergehen Jesu und die dritte Bekräftigung seiner Unschuld. Deshalb verkündet er, wie bereits zuvor (V 16), seine Entscheidung, Jesus freizugeben.

Die zugeströmte Meute antwortet nicht auf die Reaktion des Pilatus, sondern verlangt brüllend die Kreuzigung Jesu, wodurch sie sich in der Folge durchsetzt (V 23ff). Pilatus entscheidet – gegen seine eigene Gewissheit von Jesu Unschuld –, dass ihre Forderung erfüllt werde: Dem Mörder schenkt er Freiheit und den Unschuldigen übergibt er der Kreuzigung. Das ist Justizmord!

**Kreuzweg (V 26-32)**

Unter denen, die Jesus zur Kreuzigung abführen (V 26), sind Juden (V 25) und römische Soldaten (V 36.47); diese Letztgenannten durften die Kreuzigung vollstrecken (Joh 18,31): „Pilatus sagte zu ihnen: Nehmt ihr ihn doch, und richtet ihn nach eurem Gesetz! Die Juden antworteten ihm: Uns ist es nicht gestattet, jemand hinzurichten." – Simon von Zyrene, offenbar ein aus der Diaspora stammender Jude, wird genötigt den Querbalken hinter Jesus herzutragen, was die Nachfolge andeutet (Lk 9,23; 14,27): „9[23]Zu allen sagte er: Wer mein Jünger sein will, der verleugne sich selbst, nehme täglich sein Kreuz auf sich und folge mir nach." – „14[27]Wer nicht sein Kreuz trägt und mir nachfolgt, der kann nicht mein Jünger sein."

Es mag Neugierde oder Mitgefühl sein, die eine „große Menge des Volkes" (V 27) motiviert, Jesus auf seinem Leidensweg zu folgen; dazu kommen Klagefrauen, die der jüdischen Tradition entsprechend vorab die Totenklage beginnen. Die Diktion „Töchter Jerusalems" (V 28) charakterisiert sie als Repräsentantinnen der Heiligen Stadt und somit des gesamten Volkes. Sie sollen nicht Jesu Schicksal, sondern das eigene und das ihrer Kinder beklagen. Das ist ein Verweis auf die Katastrophen der Zukunft und die Sehnsucht nach einem baldigen Tod (Offb 6,16): „Sie sagten zu den Bergen und Felsen: Fallt auf uns und verbergt uns vor dem Blick dessen, der auf dem Thron sitzt, und vor dem Zorn des Lammes." Diese Aussage greift eine vorausgehende auf (Hos 10,8): „Verwüstet werden die unheilvollen Kulthöhen, diese Sünde Israels. Dornen und Disteln überwuchern ihre Altäre. Dann wird man zu den Bergen sagen: Deckt uns zu!, und zu den Hügeln: Fallt auf uns!" – Darum werden (V 29) die „Unfruchtbaren selig gepriesen" (Lk 21,23): „Wehe den Frauen, die in jenen Tagen schwanger sind oder ein Kind stillen. Denn eine große Not wird über das Land hereinbrechen: Der Zorn (Gottes) wird über dieses Volk kommen."

Das Bild vom Holz (V 31) besagt: Wenn schon das grüne Holz – das den Unschuldigen repräsentiert – verbrannt wird, was wird dann mit dem dürren – das die Frevler und Sünder charakterisiert – geschehen, sie werden in einem Flammenmeer zugrunde gehen. Das illustrieren folgende Aussagen (Spr 11,31; 1 Petr 1,18; Lk 13,34): „11[31]Wird dem Gerechten vergolten auf der Erde, dann erst recht dem Frevler und Sünder." – „1[18]Und wenn der Gerechte kaum gerettet wird, wo wird man dann die Frevler und Sünder finden?" – „13[34]Jerusalem, Jerusalem, du tötest die Propheten und steinigst die Boten, die zu dir gesandt sind. Wie oft wollte ich deine Kinder um mich sammeln, so wie eine Henne ihre Küken unter ihre Flügel nimmt; aber ihr habt nicht gewollt." – Wahrscheinlich hat Jesus retrospektiv und progressiv im Blickfeld, was folgendermaßen beschrieben wird (Lk 19,41-44): „Als er näher kam und die Stadt sah, weinte er über sie [42]und sagte: Wenn doch auch du an diesem Tag erkannt hättest, was dir Frieden bringt. Jetzt aber bleibt es vor deinen Augen verborgen. [43]Es wird eine Zeit für dich kommen, in der deine Feinde rings um dich einen Wall aufwerfen, dich einschließen und von allen Seiten bedrängen. [44]Sie werden dich und deine Kinder zerschmettern und keinen Stein auf dem andern lassen; denn du hast die Zeit der Gnade nicht erkannt."

Der Vermerk über zwei Verbrecher (V 32) ruft in Erinnerung (Lk 22,37): „Ich sage euch: An mir muss sich das Schriftwort erfüllen: Er wurde zu den Verbrechern gerechnet. Denn alles, was über mich gesagt ist, geht in Erfüllung."

**Hinrichtung (V 33-43)**

Es wird über Jesu Kreuzigung an der Hinrichtungsstätte berichtet, inmitten zweier Verbrecher (V 33), das veranschaulicht die Vorhersage (Jes 53,12): „Deshalb gebe ich ihm seinen Anteil unter den Großen, und mit den Mächtigen teilt er die Beute, weil er sein Leben dem Tod preisgab und sich unter die Verbrecher rechnen ließ. Denn er trug die Sünden von vielen und trat für die Schuldigen ein."

Jesu Gebet für seine Widersacher – „Vater, vergib ihnen, denn sie wissen nicht, was sie tun!" (V 34a) – ist beispielgebend und erfüllt seine Anweisung, die beispielgebend ist und entsprechend über die Ignoranz der Schuldigen interpretiert wird (Lk 6,28): „Segnet die, die euch verfluchen; betet für die, die euch misshandeln." – Dem folgt Stephanus in seiner Steinigung (Apg 7,60): „Dann sank er in die Knie und schrie laut: Herr, rechne ihnen diese Sünde nicht an! Nach diesen Worten starb er." – Auf die Ahnungslosigkeit verweist in diesem Konnex (Apg 3,17; 13,27): „3[17]Nun, Brüder, ich weiß, ihr habt aus Unwissenheit gehandelt, ebenso wie eure Führer." – „13[27]Denn die Einwohner von Jerusalem und ihre Führer haben Jesus nicht erkannt, aber sie haben die Worte der Propheten, die an jedem Sabbat vorgelesen werden, erfüllt und haben ihn verurteilt."

„Sie aber verteilten seine Kleider und warfen das Los darüber" (V 34b) passt zum damaligen Usus, Brauchtum und Leben, ist aber speziell als Vollzug von Ps 22,18ff vermerkt: „Man kann all meine Knochen zählen; sie gaffen und weiden sich an mir. [19]Sie verteilen unter sich meine Kleider und werfen das Los um mein Gewand. [20]Du aber, Jahwe, halte dich nicht fern! Du, meine Stärke, eil mir zu Hilfe!"

Das nun ausdrücklich genannte „Volk" (V 35), das die Aburteilung bejahte (V 13.18), beobachtet zwar die Kreuzigung (V 27.48) und lässt anscheinend in der Verspottung die „Führenden / Einflussreichen" allein (V 35ff).

Man verhöhnt Jesus mit dem Zuruf „sich selbst zu retten" im Falle, dass er „der Christus Gottes, der Erwählte" (V 35) ist, dem im Gerichtsverfahren vor dem Hohen Rat gefallenen Titel (22,67.70) und mit der Anspielung auf einen früheren Vorwurf (Lk 4,23): „Da entgegnete er ihnen: Sicher werdet ihr mir das Sprichwort vorhalten: Arzt, heile dich selbst! Wenn du in Kafarnaum so große Dinge getan hast, wie wir gehört haben, dann tu sie auch hier in deiner Heimat!" – Mit geringen Variationen, die eine Steigerung anzeigen, wird dreimal „rette – sich, dich, uns" verwendet, um zu zeigen, wie groß die Gefahr für Jesus ist, sich selbst und seiner messianischen Sendung untreu zu werden: Einflussreiche (V 35), Soldaten (V 37), Mitgekreuzigte (V 39).

Desgleichen schließen sich die im römischen Dienst stehenden Soldaten der Verhöhnung an und „reichten ihm Essig" (V 36), was in Erinnerung ruft (Ps 69,22b): „für den Durst reichten sie mir Essig." – Zudem kulminiert kennzeichnend die Verspottung in der „Aufschrift / Überschrift – König der Juden" (V 38) mit der von Pilatus (23,2f) gebrauchten Anrede, die am Kreuz Jesu befestigt war.

Einer der Mitgekreuzigten schließt sich der Verhöhnung an, „er lästerte" (V 39), diffamierte, verspottete, diskreditierte – in dieser Situation, gewiss nicht mehr ganz zurechnungsfähig – den „Retter" (Lk 19,10; Apg 5,31; 13,23): „19[10]Denn der Menschensohn ist gekommen, um zu suchen und zu retten, was verloren ist." – „5[31]Ihn hat Gott als Herrscher und Retter an seine rechte Seite erhoben, um Israel die Umkehr und Vergebung der Sünden zu schenken." – „13[23]Aus seinem Geschlecht hat Gott dem Volk Israel, der Verheißung gemäß, Jesus als Retter geschickt." – Der andere Mitgekreuzigte (V 40) indessen maßregelt ihn, da er als gerechtfertigt mit dem Tod Hingerichteter den Unschuldigen verspottet, anstelle sich vor Gottes unmittelbar bevorstehender Rechtsprechung zu ängstigen. Auf diese Weise bekennt er seine persönliche Schuldigkeit ein, feststellt – wie Pilatus und Herodes – Jesu Schuldlosigkeit und dokumentiert Jesus geradezu stillschweigend als den beglaubigten, unwiderlegbaren, ehrlichen, realen, existenten Retter.

„Dann sagte er: Jesus, denk an mich, wenn du in dein Reich kommst" (V 42) – sollte das Abendgebet unseres Lebens sein! – Dieser Mitgekreuzigte ersucht Jesus, indem er ihn explizit anspricht, um rettende Gönnerschaft wie Stephanus bei seiner Steinigung (Apg 7,59b): „Herr Jesus, nimm meinen Geist auf!" – Jesu autarke Auskunft – „Amen/*wahrlich* ..." (V 43) – versichert dem Flehentlichen die Vollziehung für „heute"; also frühzeitig, direkt nach seinem Ableben wird er mit dem gekreuzigten Jesus im „Paradies" – im Himmel, in der Gegenwart Gottes sein. Das passiert offenbar für jeden, der mit Jesus stirbt (V 39-43).

Die Repräsentanten seines Volkes lassen Jesus als politischen Delinquenten kreuzigen und sehen darin einen Beweis seiner Bedeutungslosigkeit; der Gekreuzigte andererseits kann jedem Schuldbewussten, der sich ihm anvertraut, schon direkt, immediat, nach dem Tod die Lebensgemeinschaft mit Gott gestatten (Lk 20,37f): „Dass aber die Toten auferstehen, hat schon Mose in der Geschichte vom Dornbusch angedeutet, in der er den Herrn den Gott Abrahams, den Gott Isaaks und den Gott Jakobs nennt. [38]Er ist doch kein Gott von Toten, sondern von Lebenden; denn für ihn sind alle lebendig."

**Tod (V 44-49)**

Die „Finsternis", drei Stunden lang, vielleicht wie eine Sonnenfinsternis, ein gewaltiges Naturphänomen, gleichsam am Himmel, verursachte gewiss Erstaunen, Aufmerksamkeit, Angst, Befremden, Bestürzung und erinnert an Joël 3,3f: „Ich werde wunderbare Zeichen wirken am Himmel und auf der Erde: Blut und Feuer und Rauchsäulen. [4]Die Sonne wird sich in Finsternis verwandeln und der Mond in Blut, ehe der Tag Jahwes kommt, der große und schreckliche Tag." – Ein zweites abnormes, auffallendes, außergewöhnliches Signal auf der Erde ist das Zerreißen des Vorhangs im Tempel, augenscheinlich ein Anzeichen auf das Finale des Kultes im Tempel (V 44f).

Jesus artikuliert sein Sterbegebet (V 46) „mit lauter Stimme rufend"; es lautet: „Vater, in deine Hände übergebe ich meinen Geist!" Dieser Ruf ist dem Abendgebet im Tempel entnommen (Ps 31,6): „In deine Hände lege ich voll Vertrauen meinen Geist; du hast mich erlöst, Herr, du treuer Gott." – Jesus verwendet den ersten Teil dieses Verses und fügt als Anrede „Vater" hinzu, was seinem Selbstbewusstsein entspricht, das er bereits als Zwölfjähriger im Tempel formuliert (Lk 2,49): „Da sagte er zu ihnen: Warum habt ihr mich gesucht? Wusstet ihr nicht, dass ich in dem sein muss, was meinem Vater gehört?" – Mit „Geist" ist „Leben" zu verstehen, und das „Verscheiden" ist wörtlicher zu verstehen: „hauchte er seinen Geist aus", also seinen Lebensodem. – Das Sterben Jesu ist Vorbild für das spätere Martyrium des Stephanus (Apg 7,59f): „So steinigten sie Stephanus; er aber betete und rief: Herr Jesus, nimm meinen Geist auf! [60] Dann sank er in die Knie und schrie laut: Herr, rechne ihnen diese Sünde nicht an! Nach diesen Worten starb er."

Der aktuellen Vollstreckung einer Kreuzigung entsprechend überwacht der römische Hauptmann die Hinrichtung. Als er „sah, was geschah" – Jesu Wort zum Schächer (V 43), Sonnenfinsternis, Zerreißen des Tempelvorhangs (V 45) oder das Sterbegebet (V 46) –, erkennt er lobpreisend Gottes Walten und die Unschuld Jesu, die er verkündet. – Die aus Neugier gegenwärtigen „Volksmassen" (V 48) sind ebenso bestürzt wie der Hauptmann; sie zeigen ihre Betroffenheit, ähnlich wie sie auch anderswo formuliert wird (Lk 18,13; Apg 2,37): „18,[13]Der Zöllner aber blieb ganz hin-

ten stehen und wagte nicht einmal, seine Augen zum Himmel zu erheben, sondern schlug sich an die Brust und betete: Gott, sei mir Sünder gnädig!" – „2[37]Als sie das hörten, traf es sie mitten ins Herz, und sie sagten zu Petrus und den übrigen Aposteln: Was sollen wir tun, Brüder?"
Repräsentativ werden „alle ihm Bekannten" erwähnt (V 49), wozu gewiss auch Jesu Jünger zählen. Das erinnert (Ps 38,12): „Meine Lieben und meine Genossen stehen fernab von meiner Plage, und meine Verwandten stehen von ferne." – Von den Frauen wird gesagt, dass sie „dieses sehen" und so Augenzeugen werden, die das Sterben Jesu miterlebten.

**Begräbnis (V 50-56)**
Es wird das Interesse auf Josef aus Arimathäa gelenkt (V 50f), seine Gerechtigkeit und messianische Hoffnung gerühmt, sodass er mit Simeon zu vergleichen ist (Lk 2,25): „In Jerusalem lebte damals ein Mann namens Simeon. Er war gerecht und fromm und wartete auf die Rettung Israels, und der Heilige Geist ruhte auf ihm."
Es wird die Bitte dieses Ratsherrn um den Leichnam Jesu erwähnt, dessen Abnahme vom Kreuz, Einhüllung in Leinwand und die Beisetzung in einem Einzelgrab, das bis dahin nicht benützt wurde (V 52f). Damit bewahrheitet sich Jes 53,9: „Und man hat sein Grab bei Gesetzlosen bestimmt; aber bei einem Reichen ist er gewesen in seinem Tod, weil er kein Unrecht begangen hat und kein Trug in seinem Munde gewesen ist."
Bei Sonnenuntergang startet der Sabbat mit dem Aufflackern des Abendsterns – wörtlich: „als der Sabbat aufleuchtete" (V 54). Vorab sollten nach jüdischer Anordnung die Hingerichteten beerdigt werden (Dtn 21,22f): „Wenn jemand ein Verbrechen begangen hat, auf das die Todesstrafe steht, wenn er hingerichtet wird und du den Toten an einen Pfahl hängst, [23]dann soll die Leiche nicht über Nacht am Pfahl hängen bleiben, sondern du sollst ihn noch am gleichen Tag begraben; denn ein Gehenkter ist ein von Gott Verfluchter. Du sollst das Land nicht unrein werden lassen, das Jahwe, dein Gott, dir als Erbbesitz gibt." Jesu Bestattung steht also in Übereinstimmung mit den Gesetzesbestimmungen. – Somit wird bezeugt (Apg 13,29): „Als sie alles vollbracht hatten, was in der Schrift über ihn gesagt ist, nahmen sie ihn vom Kreuzesholz und legten ihn ins Grab." – Und schließlich (1 Kor 15,4): „und ist begraben worden. Er ist am dritten Tag auferweckt worden, gemäß der Schrift."
Die genannten Frauen sind jene, die Jesus von Galiläa gefolgt waren (V 49f), die nun dem Toten „nachfolgten" und die Grabstätte und die Form der Bestattung „sahen". – In Anbetracht der anstehenden Salbung beschaffen sie vor Beginn des Sabbats die erforderlichen balsamierenden Mittel. Wie alltäglich zu seinen Lebzeiten „dienen" sie ebenfalls gegenwärtig weiterhin Jesus – nichtsdestoweniger ganz in Einklang mit den jüdischen Sabbatvorschriften – wie seinerzeit (Lk 8,3): „Johanna, die Frau des Chuzas, eines Beamten des Herodes, Susanna und viele andere. Sie alle unterstützten Jesus und die Jünger mit dem, was sie besaßen." – Wie die Frauen in der Urkirche sich verhielten, die dies beobachteten, verrät Apg 1,14: „Sie alle verharrten dort einmütig im Gebet, zusammen mit den Frauen und mit Maria, der Mutter Jesu, und mit seinen Brüdern."

# DIE BELEHRUNG DER FRAUEN IM GRAB

## Lk 24,1-12

**[1]An dem ersten Wochentag aber, ganz in der Frühe, kamen sie zum Grab und brach-
ten die zubereiteten Spezereien. [2]Sie fanden aber den Stein vom Grab weggewälzt;
[3]als sie hineingingen, fanden sie den Leib des Herrn Jesus nicht. [4]Und es geschah, als
sie darüber in Verlegenheit waren, siehe, da standen zwei Männer bei ihnen in strah-
lenden Kleidern. [5]Als sie aber von Furcht erfüllt wurden und das Angesicht zur Erde
neigten, sprachen sie zu ihnen: Was suchet ihr den Lebendigen unter den Toten? [6]Er
ist nicht hier, sondern ist auferstanden. Gedenket daran, wie er zu euch geredet hat,
als er noch in Galiläa war, indem er sagte: [7]Der Menschensohn muss in die Hände
sündiger Menschen überliefert und gekreuzigt werden und am dritten Tage aufer-
stehen. [8]Da erinnerten sie sich an seine Worte. [9]Und sie kehrten vom Grab zurück und
verkündigten dies alles den elf und den Übrigen allen. [10]Es waren Maria Magdalene
und Johanna und Maria, des Jakobus Mutter, und die Übrigen mit ihnen, welche dies
zu den Aposteln sagten. [11]Und ihre Reden schienen vor ihnen wie ein Geschwätz,
und sie glaubten ihnen nicht. [12]Petrus aber stand auf und lief zum Grab; und sich
hineinbückend, sieht er die leinenen Tücher allein liegen, und er ging weg nach
Hause und verwunderte sich über das, was geschehen war.**

Nach der verpflichtenden Sabbatruhe erlaubt der erste Wochentag den Frauen die Chance, das Grab aufzusuchen. Sie wollten nicht nur die übliche Totenklage fortsetzen, sondern auch die Einsalbung des Leichnams vornehmen. *„Sie fanden den Stein weggewälzt vom Grab, fanden aber beim Eintreten den Leichnam des Herrn Jesus nicht“* (V 2f). Sie erleben zwei Tatsachen: außen das offenen Grab, innerhalb die Unauffindbarkeit des Leichnams.

„Und es geschah, als sie darüber ratlos waren, siehe, da traten ...“ (V 4). Die Frauen bleiben nicht für sich allein, zwei Männer stehen hilfreich als vertrauenswürdige, überirdische Zeugen (Dtn 19,15c; Apg 1,10; Joh 8,17): „19[15c]Erst auf die Aussage von zwei oder drei Zeugen darf eine Sache Recht bekommen.“ – „1[10]Während sie unverwandt ihm nach zum Himmel emporschauten, standen plötzlich zwei Männer in weißen Gewändern bei ihnen.“ – „8[17]Auch in eurem Gesetz heißt es: Erst das Zeugnis von zwei Menschen ist gültig.“ Das Zu-Boden-Blicken (V 5) der Frauen ist Zeichen der Verlegenheit, Bestürzung oder Angst (Lk 1,12.29; 2,9). – Die himmlischen Boten geben mit ihrer Frage bereits eine Auskunft (V 5c.6a): „5c Was suchet ihr den Lebendigen unter den Toten?“ – „6a Er ist nicht hier, sondern ist auferstanden.“ Weil er lebt, ist er nicht im Grab! So lautet auch die urchristliche Formulierung (1 Kor 15,4; 1 Thess 4,14): „15[4]und ist begraben worden. Er ist am dritten Tag auferweckt worden gemäß der Schrift.“ – „4[14]Wenn Jesus – und das ist unser Glaube – gestorben und auferstanden ist, dann wird Gott durch Jesus auch die Verstorbenen zusammen mit ihm zur Herrlichkeit führen.“ – Mit einem Vergleich, dem Aufstehen vom Erdboden oder vom Schlaf, wird eine neue überirdische Existenz bezeichnet; das ist eine kreative, schöpferische Aktion Gottes. Die Frauen werden auf Jesu Voraussagen über sein Leiden und seine Auferstehung verwiesen, die er seinerzeit in Galiläa ausgesprochen hat (Lk 9,22; 18,31ff): „9[22]Und er fügte hinzu: Der Menschensohn muss vieles erleiden und von den Ältesten, den Hohenpriestern und den Schriftgelehrten verworfen werden; er wird getötet werden, aber am dritten Tag wird er auferstehen." – „18[31]Jesus versammelte die zwölf um sich und sagte zu ihnen: Wir gehen jetzt nach Jerusalem hinauf; dort wird sich alles erfüllen, was bei den Propheten über den Menschensohn steht: Er wird den Heiden ausgeliefert, wird verspottet, misshandelt und angespuckt werden, [33]und man wird ihn geißeln und töten. Aber am dritten Tag wird er auferstehen."

„Da erinnerten sie sich an seine Worte" (V 8). Damit bleibt offen, ob die Frauen bereits zum Glauben an den Auferstandenen gekommen sind. Bedeutungsvoll in dieser Aussage (V 8-11) ist, dass sie den versammelten Jüngern vom offenen leeren Grab und der überirdischen Instruktion berichten. Die Betonung „der elf" und Apostel, sowie die Nennung der Frauen bringen in Erinnerung (Lk 6,13-16; 8,3): „6[13]Als es Tag wurde, rief er seine Jünger zu sich und wählte aus ihnen zwölf aus; sie nannte er auch Apostel. [14] Es waren Simon, dem er den Namen Petrus gab, und sein Bruder Andreas, dazu Jakobus und Johannes, Philippus und Bartholomäus, [15]Matthäus und Thomas, Jakobus, der Sohn des Alphäus, und Simon, genannt der Zelot, [16] Judas, der Sohn des Jakobus, und Judas Iskariot, der zum Verräter wurde." – „8[3]Johanna, die Frau des Chuzas, eines Beamten des Herodes, Susanna und viele andere. Sie alle unterstützten Jesus und die Jünger mit dem, was sie besaßen."

Abschätzig wird die Botschaft von den Aposteln angehört, sie können den Frauen nicht glauben. Nicht selten sind Spott und Unglaube die ersten Reaktionen auf die Verkündigung der Auferstehung, wie sie Paulus in Athen erlebt (Apg 17,18.32): „[18]Einige von den epikureischen und stoischen Philosophen diskutierten mit ihm, und manche sagten: Was will denn dieser Schwätzer? Andere aber: Es scheint ein Verkünder fremder Gottheiten zu sein. Er verkündete nämlich das Evangelium von Jesus und von der Auferstehung. 32 Als sie von der Auferstehung der Toten hörten, spotteten die einen, andere aber sagten: Darüber wollen wir dich ein andermal hören."

Der Besuch des Grabes durch Petrus (V 12) beglaubigt die Berichte der Frauen. Allerdings motiviert diese Wahrnehmung und Nachforschung in der Grabhöhle den Petrus vorerst nur zum Staunen. Die Erzählung dokumentiert hiermit eine Sonderstellung des Petrus und bereitet bereits diese Aussage vor (Lk 24,34): „Diese [die elf und die anderen Jünger] sagten: Der Herr ist wirklich auferstanden und ist dem Simon erschienen." – Nachfolgend verweist auf den Primat des Petrus auch 1 Kor 15,3ff; Apg 1,15; 2,14: „15[3]Denn vor allem habe ich euch überliefert, was auch ich empfangen habe: Christus ist für unsere Sünden gestorben gemäß der Schrift [4]und ist begraben worden. Er ist am dritten Tag auferweckt worden gemäß der Schrift [5]und erschien dem Kephas, dann den zwölf." – „1[15]In diesen Tagen erhob sich Petrus im Kreis der Brüder - etwa hundertzwanzig waren zusammengekommen - und sagte." – „2,[14]Da trat Petrus auf, zusammen mit den elf; er erhob seine Stimme und begann zu reden: Ihr Juden und alle Bewohner von Jerusalem! Dies sollt ihr wissen, achtet auf meine Worte!"

Das leere Grab an sich ist für die Frauen und auch für Simon Petrus kein „Zeugnis/Beweis" für die Auferstehung Jesu; sicher aber ist es ein deutliches Zeichen, das zu denken gibt und im Zusammenhang mit allem, was Jesus gesagt hat, für die Osterbotschaft aufmerksam macht und den Osterglauben vorbereitet: Der Begrabene ist nicht mehr bei den Toten.

# DIE EMMAUSJÜNGER

## Lk 24,13-35

13 Und siehe, zwei von ihnen gingen an selbigem Tage nach einem Dorfe, sechzig Sta-
dien von Jerusalem entfernt, mit Namen Emmaus. 14 Und sie unterhielten sich mit-
einander über alles dieses, was sich zugetragen hatte. 15 Und es geschah, indem sie
sich unterhielten und miteinander überlegten, dass Jesus selbst nahte und mit ihnen
ging; 16 aber ihre Augen waren gebannt, sodass sie ihn nicht erkannten. 17 Er sprach
aber zu ihnen: Was sind das für Reden, die ihr miteinander auf dem Weg führt. Da
blieben sie traurig stehen. 18 Einer aber, mit Namen Kleopas, antwortete und sprach
zu ihm: Bist du der Einzige, der in Jerusalem weilt und nicht weiß, was in ihr ge-
schehen ist in diesen Tagen? 19 Und er sprach zu ihnen: Was denn? Sie aber sprachen
zu ihm: Das mit Jesus aus Nazaret, der ein Prophet war, mächtig im Werk und Wort
vor Gott und dem ganzen Volke; 20 und wie ihn unsere Hohenpriester und unsere Füh-
rer auslieferten, um zum Tode verurteilt zu werden, und ihn kreuzigten. 21 Wir aber
hofften, dass er der sei, der Israel erlösen werde. Doch auch bei alledem ist es heute
der dritte Tag, seitdem dies geschehen ist. 22 Aber auch einige Frauen von uns haben
uns in Aufregung versetzt, die frühmorgens am Grab waren, 23 und, als sie seinen
Leib nicht fanden, kamen und sagten, dass sie auch eine Erscheinung von Engeln
gehabt hätten, welche sagen, dass er lebe. 24 Und einige von denen, die mit uns sind,
gingen zum Grab und fanden es so, wie auch die Frauen gesagt hatten; ihn aber
sahen sie nicht. 25 Und er sprach zu ihnen: O ihr Unverständigen und schwerfälligen
Herzens, zu glauben an alles, was die Propheten geredet haben! 26 Musste nicht der
Messias leiden und in seine Herrlichkeit eingehen? 27 Und von Moses und von allen
Propheten anfangend, erklärte er ihnen in allen Schriften das, was ihn betraf. 28 Und
sie nahten dem Dorfe, wohin sie gingen; und er stellte sich, als wolle er weitergehen.
29 Und sie nötigten ihn und sagten: Bleibe bei uns, denn es ist gegen Abend, und der
Tag hat sich schon geneigt. Und er ging hinein, um bei ihnen zu bleiben. 30 Und es ge-
schah, als er mit ihnen zu Tische lag, nahm er das Brot und sprach den Lobpreis;
und als er es gebrochen hatte, reichte er es ihnen. 31 Da gingen ihnen die Augen auf,
und sie erkannten ihn; und er wurde ihnen unsichtbar. 32 Und sie sprachen zueinan-
der: Brannte nicht unser Herz in uns, als er auf dem Wege zu uns redete, wie er uns
die Schriften erschloss? 33 Und sie standen zur selbigen Stunde auf und kehrten nach
Jerusalem zurück. Und sie fanden die elf und die mit ihnen waren versammelt,
34 diese sagten: Der Herr ist wirklich auferstanden und dem Simon erschienen. 35 Und
sie erzählten, was auf dem Weg geschehen war, und wie er von ihnen erkannt wor-
den war am Brechen des Brotes.

Der Vermerk *„und siehe ...“* (V 13) will auf die erste Mitteilung der Frauen und das ursprüngliche Verhalten aufmerksam machen (Lk 24,11): „Doch die Apostel hielten das alles für Geschwätz und glaubten ihnen nicht.“
Zwei Männer – einer heißt Kleopas (V 18) – sind unterwegs; wie es sich im Laufe der Erzählung herausstellt, gehören sie zum Jüngerkreis, zählen aber nicht zu den elf. Unterschiedlich wird die Wegstrecke angegeben: 60 Stadien von Jerusalem entfernt, was 11 km für den Hin- und Rückweg beträgt, möglicherweise Moza, einer Stadt Benjamins meint; nach einer anderer Version macht der Reiseweg 160 Stadien aus, also 30 km; das könnte das heutige Amwas sein; es bleibt jede diesbezügliche Ortsbestimmung unsicher. Anscheinend gingen mutlos geworden die beiden Jünger zu ihrem Heimatort, weil sie anderswo keine sinnvolle Aufgabe erkannt haben (V 14.19-24).
Eingeleitet wird mit *„und es geschah, während sie sich unterhielten und überlegten“* (V 15) die kurze Erzählung, die berichtet, dass Jesu sich annähert und mitgeht. Die Jünger können ihn nicht erkennen, denn *„ihre Augen waren gehalten“* (V 16); erst später (V 31) *„gingen ihnen die Augen auf“*. Jesus gibt sich nicht zu erkennen, sondern kommt mit den beiden spontan ins Gespräch. Bestürzung und Verwunderung führt zu einem interessanten Abtausch von Fragen, die den Kleopas zu einem Kurzbericht veranlassen (V 17-21a), der Jesu Lebenswerk, Verurteilung und die Zerstörung der Hoffnung auf Erlösung umreißt, wie nachfolgend beschrieben wird (Apg 1,6; 2,22f; 10,38f; 13,27f): „1[6]Als sie nun beisammen waren, fragten sie ihn: Herr, stellst du in dieser Zeit das Reich für Israel wieder her?“ – „2[22]Israeliten, hört diese Worte: Jesus, den Nazoräer, den Gott vor euch beglaubigt hat durch machtvolle Taten, Wunder und Zeichen, die er durch ihn in eurer Mitte getan hat, wie ihr selbst wisst – [23]ihn, der nach Gottes beschlossenem Willen und Vorauswissen hingegeben wurde, habt ihr durch die Hand von Gesetzlosen ans Kreuz geschlagen und umgebracht.“ – „10[38]wie Gott Jesus von Nazaret gesalbt hat mit dem Heiligen Geist und mit Kraft, wie dieser umherzog, Gutes tat und alle heilte, die in der Gewalt des Teufels waren; denn Gott war mit ihm. [39]Und wir sind Zeugen für alles, was er im Land der Juden und in Jerusalem getan hat. Ihn haben sie an den Pfahl gehängt und getötet.“ – „13[27]Denn die Einwohner von Jerusalem und ihre Führer haben Jesus nicht erkannt, aber sie haben die Worte der Propheten, die an jedem Sabbat vorgelesen werden, erfüllt und haben ihn verurteilt. [28]Obwohl sie nichts fanden, wofür er den Tod verdient hätte, forderten sie von Pilatus seine Hinrichtung.“
Der Gedanke an den *„dritten Tag“* (V 21b) nimmt jede Hoffnung, weil man die Verwesung befürchtet oder der Termin abgelaufen ist, den Jesus genannt hat (Lk 24,7): „Der Menschensohn muss den Sündern ausgeliefert und gekreuzigt werden und am dritten Tag auferstehen.“ – Die leicht veränderte Anspielung auf die Besuche im Grab Jesu (V 11.12) lässt erkennen, die letzten Ereignisse um Jesu lassen die beiden Jünger innerlich nicht zur Ruhe kommen, sie leben im Zwiespalt; über all das Geschehene haben sie noch keinen Durchblick (V 21b-24).
Jesus erwidert verwundert: *„O ihr Unverständigen und schwerfälligen Herzens, zu glauben an alles, was die Propheten geredet haben!“* (V 25). Er verweist sie auf „alle Worte“ der Propheten und auf die Notwendigkeit – „musste“ (V 26) – des Leidens als Vorausbedingung für die neue „Herrlichkeit“. Das findet seine Fortsetzung (Apg 14,22): „Sie sprachen den Jüngern Mut zu und ermahnten sie, treu am Glauben festzuhalten; sie sagten: Durch viele Drang-

sale müssen wir in das Reich Gottes gelangen."
Jesus interpretiert den beiden, was die ganze Heilige Schrift über ihn sagt, wie nachfolgend zu lesen ist (Lk 24,45f; 1 Kor 15,3ff; Apg 2,25ff; 13,35ff): „24[45]Darauf öffnete er ihnen die Augen für das Verständnis der Schrift. [46]Er sagte zu ihnen: So steht es in der Schrift: Der Messias wird leiden und am dritten Tag von den Toten auferstehen." – „15[3]Denn vor allem habe ich euch überliefert, was auch ich empfangen habe: Christus ist für unsere Sünden gestorben, gemäß der Schrift, [4]und ist begraben worden. Er ist am dritten Tag auferweckt worden, gemäß der Schrift, [5]und erschien dem Kephas, dann den zwölf." – „2[25]David nämlich sagt über ihn: Ich habe den Herrn beständig vor Augen. Er steht mir zur Rechten, ich wanke nicht. Darum freut sich mein Herz und frohlockt meine Zunge, und auch mein Leib wird in sicherer Hoffnung ruhen; [27]denn du gibst mich nicht der Unterwelt preis, noch lässt du deinen Frommen die Verwesung schauen." – „13[35]Darum sagt er auch an einer anderen Stelle: Du lässt deinen Frommen nicht die Verwesung schauen. [36]David aber ist, nachdem er seinen Zeitgenossen gedient hatte, nach Gottes Willen entschlafen und mit seinen Vätern vereint worden. Er hat die Verwesung gesehen; [37]der aber, den Gott auferweckte, hat die Verwesung nicht gesehen." – In diesem Konnex ist zu beachten, dass in der Apg zitiert wird (Ps 2,7; 16,8-11; 110,1): „2[7]Den Beschluss Jahwes will ich kundtun. Er sprach zu mir: «Mein Sohn bist du. Heute habe ich dich gezeugt." –16[8]Ich habe Jahwe beständig vor Augen. Er steht mir zur Rechten, ich wanke nicht. [9]Darum freut sich mein Herz und frohlockt meine Seele; auch mein Leib wird wohnen in Sicherheit. [10]Denn du gibst mich nicht der Unterwelt preis; du lässt deinen Frommen das Grab nicht schauen. [11]Du zeigst mir den Pfad zum Leben. Vor deinem Angesicht herrscht Freude in Fülle, zu deiner Rechten Wonne für alle Zeit."
Im Dorf angekommen, will Jesus weitergehen, was die Jünger verhindern (V 28f) mit dem Hinweis auf den beginnenden Abend, gewiss aber auch, weil sich in ihnen persönlich etwas vorbereitete, was sie anschließend begründen (V 32): „brannte nicht unser Herz in uns."
„Und es geschah, als er mit ihnen zu Tische lag, nahm er das Brot und sprach den Lobpreis; und als er es gebrochen hatte, reichte er es ihnen" (V 30). Diese Worte sind dem Bericht über die Einsetzung der Eucharistie entnommen (Lk 22,19; 1 Kor 11,23f): „22[19]Und er nahm Brot, sprach das Dankgebet, brach das Brot und reichte es ihnen mit den Worten: Das ist mein Leib, der für euch hingegeben wird. Tut dies zu meinem Gedächtnis!" – „11[23]Denn ich habe vom Herrn empfangen, was ich euch dann überliefert habe: Jesus, der Herr, nahm in der Nacht, in der er ausgeliefert wurde, Brot, [24]sprach das Dankgebet, brach das Brot und sagte: Das ist mein Leib für euch. Tut dies zu meinem Gedächtnis!" – Diese Gedächtnisfeier wird „Brechen des Brotes" genannt (V 35; Apg 2,42.46; 20,7.11): „2[42] Sie hielten an der Lehre der Apostel fest und an der Gemeinschaft, am Brechen des Brotes und an den Gebeten. – [46]Tag für Tag verharrten sie einmütig im Tempel, brachen in ihren Häusern das Brot und hielten miteinander Mahl in Freude und Einfalt des Herzens." – 20[7]Als wir am ersten Wochentag versammelt waren, um das Brot zu brechen, redete Paulus zu ihnen, denn er wollte am folgenden Tag abreisen; und er dehnte seine Rede bis Mitternacht aus. – [11]Dann stieg er wieder hinauf, brach das Brot und aß und redete mit ihnen bis zum Morgengrauen. So verließ er sie."
Wurde über die Jünger unterwegs vorher gesagt (V 16): „aber ihre Augen waren gebannt, sodass sie ihn nicht erkannten" –

so ist nun nach Jesu Dankgebet und Brotritus ein gewaltiger Gegensatz beschrieben (V 31): „Da gingen ihnen die Augen auf, und sie erkannten ihn; und er wurde ihnen unsichtbar." Nicht nur die leibliche Sehkraft, ein inneres Wahrnehmen und Erkennen im Glauben wird ihnen zuteil, obwohl sie ihn ab diesem Augenblick nicht mehr sehen. – Mit „brennendem Herzen" verfolgten sie Jesu Reden innerlich berührt, „als er ihnen die Schriften erschloss" (V 32).

Dieses überirdische Erlebnis treibt die Jünger zurück zu Ihresgleichen, zur Gemeinschaft, die Anfang der Kirche wird (Apg 1-2). Dort erfahren sie (V 34): „Der Herr ist wirklich auferstanden und dem Simon erschienen." Diese Diktion wird zu einer feststehenden Formel (1 Kor 15,5): „und erschien dem Kephas, dann den zwölf."

„Herr/Kyrios" wird der Auferstandene genannt (Röm 10,9; Apg 2,36): „10[9]denn wenn du mit deinem Mund bekennst: «Jesus ist der Herr» und in deinem Herzen glaubst: ‚Gott hat ihn von den Toten auferweckt', so wirst du gerettet werden." – „2[36]Mit Gewissheit erkenne also das ganze Haus Israel: Gott hat ihn zum Herrn und Messias gemacht, diesen Jesus, den ihr gekreuzigt habt."

Die Korrektheit und Sicherheit des Gesagten wird mit „wirklich" (V 34) akzentuiert; Simon gilt als besonderer Garant für die Realität der Osterbotschaft (Lk 22,32; Apg 2,14-36): „22[32]Ich aber habe für dich gebetet, dass dein Glaube nicht erlischt. Und wenn du dich wieder bekehrt hast, dann stärke deine Brüder." – „2[14]Da trat Petrus auf, zusammen mit den elf; er erhob seine Stimme und begann zu reden: Ihr Juden und alle Bewohner von Jerusalem! Dies sollt ihr wissen, achtet auf meine Worte! [15]Diese Männer sind nicht betrunken, wie ihr meint; es ist ja erst die dritte Stunde am Morgen; [16]sondern jetzt geschieht, was durch den Propheten Joël gesagt worden ist: [17]In den letzten Tagen wird es geschehen, so spricht Gott: Ich werde von meinem Geist ausgießen über alles Fleisch. Eure Söhne und eure Töchter werden Propheten sein, eure jungen Männer werden Visionen haben, und eure Alten werden Träume haben. [18]Auch über meine Knechte und Mägde werde ich von meinem Geist ausgießen in jenen Tagen, und sie werden Propheten sein. [19]Ich werde Wunder erscheinen lassen droben am Himmel und Zeichen unten auf der Erde: Blut und Feuer und qualmenden Rauch. [20]Die Sonne wird sich in Finsternis verwandeln und der Mond in Blut, ehe der Tag des Herrn kommt, der große und herrliche Tag. [21]Und es wird geschehen: Jeder, der den Namen des Herrn anruft, wird gerettet. [22]Israeliten, hört diese Worte: Jesus, den Nazoräer, den Gott vor euch beglaubigt hat durch machtvolle Taten, Wunder und Zeichen, die er durch ihn in eurer Mitte getan hat, wie ihr selbst wisst – [23]ihn, der nach Gottes beschlossenem Willen und Vorauswissen hingegeben wurde, habt ihr durch die Hand von Gesetzlosen ans Kreuz geschlagen und umgebracht. [24]Gott aber hat ihn von den Wehen des Todes befreit und auferweckt; denn es war unmöglich, dass er vom Tod festgehalten wurde. [25]David nämlich sagt über ihn: Ich habe den Herrn beständig vor Augen. Er steht mir zur Rechten, ich wanke nicht. [26]Darum freut sich mein Herz und frohlockt meine Zunge, und auch mein Leib wird in sicherer Hoffnung ruhen; [27]Denn du gibst mich nicht der Unterwelt preis, noch lässt du deinen Frommen die Verwesung schauen. [28]Du zeigst mir die Wege zum Leben, du erfüllst mich mit Freude vor deinem Angesicht. [29]Brüder, ich darf freimütig zu euch über den Patriarchen David reden: Er starb und wurde begraben, und sein Grabmal ist bei uns erhalten bis auf den heutigen Tag. [30]Da er ein Prophet war und wusste, dass Gott ihm den Eid geschworen hatte, einer von seinen Nachkommen werde auf seinem Thron sitzen, [31]sagte er vorausschauend über die Auferstehung des Christus: Er gibt ihn nicht der Unterwelt preis, und sein Leib schaut die Verwesung nicht. [32]Diesen Jesus hat Gott auferweckt, dafür sind wir alle Zeugen. [33]Nachdem er durch die rechte Hand Gottes erhöht worden war und vom Vater den verheißenen Heiligen Geist empfangen hatte, hat er ihn ausgegossen, wie ihr seht und hört. [34]David ist nicht zum Himmel aufgestiegen; vielmehr sagt er selbst: Es sprach der Herr zu meinem Herrn: Setze dich mir zur Rechten, [35]und ich lege dir deine Feinde als Schemel unter die Füße. [36]Mit Gewissheit erkenne also das ganze Haus Israel: Gott hat ihn zum Herrn und Messias gemacht, diesen Jesus, den ihr gekreuzigt habt.

## JESUS ERSCHEINT DEN JÜNGERN IN JERUSALEM

### Lk 24,36-49

**[36]Während sie aber dieses redeten, stand er selbst in ihrer Mitte und sprach zu ihnen: Friede euch! [37]Sie aber erschraken und wurden von Furcht erfüllt und meinten, sie sähen einen Geist. [38]Und er sprach zu ihnen: Was seid ihr bestürzt, und warum steigen Gedanken auf in euren Herzen? [39]Sehet meine Hände und meine Füße, dass ich es selbst bin; betastet mich und sehet, denn ein Geist hat nicht Fleisch und Knochen, wie ihr seht, dass ich habe. [40]Und als er dies gesagt hatte, zeigte er ihnen die Hände und die Füße. [41]Als sie aber noch nicht glaubten vor Freude und sich verwunderten, sprach er zu ihnen: Habt ihr etwas zu essen hier? [42]Da reichten sie ihm ein Stück gebratenen Fisch, [43]und er nahm und aß vor ihnen. [44]Er sprach aber zu ihnen: Dies sind die Worte, die ich zu euch redete, als ich noch bei euch war, dass alles erfüllt werden muss, was geschrieben steht im Gesetz des Mose und den Propheten und Psalmen über mich. [45]Dann öffnete er ihnen das Verständnis, um die Schriften zu begreifen, [46]und sprach zu ihnen: So steht geschrieben, der Messias wird leiden und auferstehen von den Toten am dritten Tag, [47]und in seinem Namen wird Buße und Vergebung der Sünden gepredigt werden allen Völkern, angefangen von Jerusalem. [48]Ihr seid Zeugen dafür! [49]Und siehe, ich sende die Verheißung meines Vaters auf euch. Ihr aber, bleibt in der Stadt, bis ihr angetan werdet mit Kraft aus der Höhe.**

**Erkennungsszene (V 36-43)**

Während des Gespräches über Jesu Erscheinung vor Simon und den Emmausjüngern (Lk 24,34f) gibt sich nun der Auferstandene allen Anwesenden des Jüngerkreises zu erkennen. Die Form seines Habitus, das Aussehen, wird wie vorausgehend nicht geschildert (24,11.34). Der Friedensgruß passt, auch wenn er in manchen Handschriften fehlt. – Die Erscheinung war bestürzend und außerordentlich, befremdend; der erste Eindruck war, *„einen Geist"* zu sehen (V 36f).

Die Situation ist bei überirdischen Erfahrungen wie seinerzeit nach der Heilung des Gelähmten und der Himmelfahrt Jesu (Lk 5,25; Apg 1,10f): „5[26]Da gerieten alle *außer sich;* sie priesen Gott und sagten voller Furcht: Heute haben wir etwas Unglaubliches gesehen." – „1[10]Während sie *unverwandt* ihm nach zum Himmel emporschauten, standen plötzlich zwei Männer in weißen Gewändern bei ihnen [11]und sagten: Ihr Männer von Galiläa, was steht ihr da und schaut zum Himmel empor? Dieser Jesus, der von euch ging und in den Himmel aufgenommen wurde, wird ebenso wiederkommen, wie ihr ihn habt zum Himmel hingehen sehen." – Diese Aussagen – fassungslos, verwunderlich – beziehen sich auf die belehrende Frage und Aktion Jesu (V 38f), auf die Verfassung der Jünger als Ursache unverständlicher Angst: Durch das Anblicken seiner Hände und Füße sollen sie begreifen, dass er persönlich sich vor ihnen befindet und nicht ein *„Geist"* (V 37). Das Berühren seines auferstandenen Wesens – *„betastet mich"* (V 39) – soll sie standhaft von seiner Realpräsenz überzeugen und aller Zweifel berauben.

*„Als sie aber noch nicht glaubten vor Freude und sich verwunderten, sprach er zu ihnen: Habt ihr etwas zu essen hier?"* (V 41). – Die Überzeugungsphase ist noch nicht ausreichend genug, sie führt bisher nur zur „Freude und Verwunderung" (24,12.32), nicht aber zum Glauben. – In der Folge soll Jesu Nahrungsaufnahme die Jünger von ihren Unsicherheiten entlasten und von Jesu Anwesenheit, seiner Gegenwart, seinem Vorhandensein zur Einsicht bringen.

**Jesu letzte Worte (V 44-49)**

Dem vorliegenden Text entsprechend fügt sich Jesu Rede direkt unvermittelt an (V 44): „Er sprach aber zu ihnen: Dies sind die Worte, die ich zu euch redete, als ich noch bei euch war, dass alles erfüllt werden muss, was geschrieben steht im Gesetz des Mose und den Propheten und Psalmen über mich." – Diese Aussage akzentuiert die Bedeutung der Unterweisung Jesu vor seiner Auferstehung und aus der Perspektive des Ostereignisses (Lk 24, 5f.25ff; Apg 1,3): „24[5]Die Frauen [im Grab] erschraken und blickten zu Boden. Die Männer aber sagten zu ihnen: Was sucht ihr den Lebenden bei den Toten? [6]Er ist nicht hier, sondern er ist auferstanden. Erinnert euch an das, was er euch gesagt hat, als er noch in Galiläa war." – „[25]Da sagte er zu ihnen [zu den Jüngern unterwegs nach Emmaus]: Begreift ihr denn nicht? Wie schwer fällt es euch, alles zu glauben, was die Propheten gesagt haben. [26]Musste nicht der Messias all das erleiden, um so in seine Herrlichkeit zu gelangen? [27]Und er legte ihnen dar, ausgehend von Mose und allen Propheten, was in der gesamten Schrift über ihn geschrieben steht." – „1[3]Ihnen [den Aposteln] hat er nach seinem Leiden durch viele Beweise gezeigt, dass er lebt; vierzig Tage hindurch ist er ihnen erschienen und hat vom Reich Gottes gesprochen."

Das alles entspricht dem verheißenen Heilsplan Gottes, was mit *„muss"* (V 44) ausgedrückt wird (Lk 24,7.26; Apg 2,22-25; 8,32-35; 13,27): „24[7] Der Menschensohn muss den Sündern ausgeliefert und gekreuzigt werden und am dritten Tag auferstehen." – „[26]Musste nicht der Messias all das erleiden, um so in seine Herrlichkeit zu gelangen?" – „2[22]Israeliten, hört diese Worte: Jesus, den Nazoräer, den Gott vor euch beglaubigt hat durch machtvolle Taten, Wunder und Zeichen, die er durch ihn in eurer Mitte getan hat, wie ihr selbst wisst – [23]ihn, der nach Gottes beschlossenem Willen und Vorauswissen hingegeben wurde, habt ihr durch die Hand von Gesetzlosen ans Kreuz geschlagen und umgebracht. [24]Gott aber hat ihn von den Wehen des Todes befreit und auferweckt; denn es war unmöglich, dass er vom Tod festgehalten wurde. [25]David nämlich sagt über ihn: Ich habe den Herrn beständig vor Augen. Er steht mir zur Rechten, ich wanke nicht." – „8[32]Der Abschnitt der Schrift, den er las, lautete: Wie ein Schaf wurde er zum Schlachten geführt; und wie ein Lamm, das verstummt, wenn man es schert, so tat er seinen Mund nicht auf. [33]In der Erniedrigung wurde seine Verurteilung aufgehoben. Seine Nachkommen, wer kann sie zählen? Denn sein Leben wurde von der Erde fortgenommen. [34]Der Kämmerer wandte sich an Philippus und sagte: Ich bitte dich, von wem sagt der Prophet das? Von sich selbst oder von einem anderen? [35]Da begann Philippus zu reden, und ausgehend von diesem Schriftwort verkündete er ihm das Evangelium von Jesus." – „13[27]Denn die Einwohner von Jerusalem und ihre Führer haben Jesus nicht erkannt, aber sie haben die Worte der Propheten, die an jedem Sabbat vorgelesen werden, erfüllt und haben ihn verurteilt."

Ähnlich wie in der Erzählung der Jünger von Emmaus – „Und sie sagten zueinander: Brannte uns nicht das Herz in der Brust, als er unterwegs mit uns redete und uns den Sinn der Schrift erschloss?" (Lk 24,32) – interpretiert der Auferstandene den Jüngern die Schriften: Er erschließt ihnen *„den Sinn / das Verständnis"* (V 45), er öffnet das unzugängliche „Herz", wie auch später dokumentiert wird (Apg 16,14): „Eine Frau namens Lydia, eine Purpurhändlerin aus der Stadt Thyatira, hörte zu; sie war eine Gottesfürchtige, und der Herr öffnete ihr das Herz, sodass sie den Worten des Paulus aufmerksam lauschte." – Die Zentralaussagen dieser Unterweisung werden genannt (V 46f): *„und [Jesus] sprach zu ihnen: So steht geschrieben, der Messias wird leiden und auferstehen von den Toten am dritten Tag, [47] und in seinem Namen wird Buße und Vergebung der Sünden gepredigt werden allen Völkern, angefangen von Jerusalem."* Demgemäß sind die bedeutendsten Motive: (a) die Passion des Messias, (b) seine Auferstehung, (c) die in seinem Namen ereignete Verkündigung der Buße und Sündenvergebung bei allen Nationen, angefangen in Jerusalem. – Das Thema der Umkehr und Buße leuchtet darum wiederholt auf (Apg 2,38f; 10,43): „2[38]Petrus antwortete ihnen: Kehrt um, und jeder von euch lasse sich auf den Namen Jesu Christi taufen zur Vergebung seiner Sünden; dann werdet ihr die Gabe des Heiligen Geistes empfangen. [39]Denn euch und euren Kindern gilt die Verheißung und all denen in der Ferne, die der Herr, unser Gott, herbeirufen wird." – „10[43]Von ihm bezeugen alle Propheten, dass jeder, der an ihn glaubt, durch seinen Namen die Vergebung der Sünden empfängt." – In Apg 2,39 klingt Joël 3,5d an: „Und es wird geschehen: Wer den Namen Jahwes anruft, wird gerettet. Denn auf dem Berg Zion und in Jerusalem gibt es Rettung, wie Jahwe gesagt hat, und wen Jahwe ruft, der wird entrinnen."

Die *„von Jerusalem aus"* beginnende Glaubensverkündigung, die Mission (V 47) wird bestätigend motiviert (Jes 2,3: Apg 1,8): „2[3]Viele Nationen machen sich auf den Weg. Sie sagen: Kommt, wir ziehen hinauf zum Berg Jahwes und zum Haus des Gottes Jakobs. Er zeige uns seine Wege, auf seinen Pfaden wollen wir gehen. Denn von Zion kommt die Weisung Jahwes, aus Jerusalem sein Wort." –„1[8]Aber ihr werdet die Kraft des Heiligen Geistes empfangen, der auf euch herabkommen wird; und ihr werdet meine Zeugen sein in Jerusalem und in ganz Judäa und Samarien und bis an die Grenzen der Erde."

Man beachte in diesem zuletzt zitierten Vers die „Zeugen" und den zielbewussten Appell (V 48): „Ihr seid Zeugen dafür!" Das ist simultan eine Beauftragung und Verheißung, wie nachfolgend dokumentiert wird (Apg 2,32; 3,15; 4,33; 5,32; 10,39ff): „2[32] Diesen Jesus hat Gott auferweckt, dafür sind wir alle Zeugen." – „3[15]Den Urheber des Lebens habt ihr getötet, aber Gott hat ihn von den Toten auferweckt. Dafür sind wir Zeugen." – „4[33]Mit großer Kraft legten die Apostel Zeugnis ab von der Auferstehung Jesu, des Herrn, und reiche Gnade ruhte auf ihnen allen." – „5[32]Zeugen dieser Ereignisse sind wir und der Heilige Geist, den Gott allen verliehen hat, die ihm gehorchen." – „10[39]Und wir sind Zeugen für alles, was er im Land der Juden und in Jerusalem getan hat. Ihn haben sie an den Pfahl gehängt und getötet. [40]Gott aber hat ihn am dritten Tag auferweckt und hat ihn erscheinen lassen, [41]zwar nicht dem ganzen Volk, wohl aber den von Gott vorherbestimmten Zeugen: uns, die wir mit ihm nach seiner Auferstehung von den Toten gegessen und getrunken haben."

Zur Erfüllung dieser Aufgabe verheißt Jesus seinem Jüngerkreis „die Kraft aus der Höhe" (Apg 1,5.8): „[5]Johannes hat mit Wasser getauft, ihr aber werdet schon in wenigen Tagen mit dem Heiligen Geist getauft." – „[8]Aber ihr werdet die Kraft des Heiligen Geistes empfangen, der auf euch herabkommen wird; und ihr werdet meine Zeugen sein in Jerusalem und in ganz Judäa und Samarien und bis an die Grenzen der Erde." – Darum gebietet er seinen Jüngern, bis zur Geistsendung in Jerusalem zu verweilen (V 49).

# JESU HIMMELFAHRT

## Lk 24,50-53

**[50]Er führte sie dann hinaus, Betanien zu, und erhob seine Hände und segnete sie.
[51]Und es geschah, indem er sie segnete, schied er von ihnen und wurde hinaufgetragen in den Himmel. [52]Und sie warfen sich vor ihm nieder und kehrten nach Jerusalem zurück mit großer Freude; [53]und sie waren beständig im Tempel und priesen Gott.**

Von Jesus wird berichtet: „Er führte sie dann ..." (V 50) unmittelbar nach den „letzten Worten" (Lk 24,44-49) etwa 3 km aus Jerusalem hinaus bis in die Reichweite von Betanien, das auf dem Ölberg lokalisiert ist.

Jesus spendet den Segen nach dem Ritual eines Hohenpriesters wie Aaron (Lev 9,22ff; Sir 50,19ff): „9[22]Dann erhob Aaron seine Hände über das Volk und segnete es. Nachdem er so das Sünd- und das Brandopfer sowie das Heilsopfer vollzogen hatte, stieg er herunter, [23]und Mose ging mit Aaron in das Offenbarungszelt. Dann kamen beide heraus und segneten das Volk. Da erschien die Herrlichkeit Jahwes dem ganzen Volk. [24]Feuer ging von Jahwe aus und verzehrte das Brandopfer und die Fettstücke auf dem Altar. Als das ganze Volk das sah, stieß es Jubelschreie aus, und alle fielen auf ihr Gesicht nieder." – „50[19]Alles Volk jubelte im Gebet vor dem Barmherzigen, bis der Priester [Aaron] den Dienst Jahwes vollendet und ihm die vorgeschriebenen Opfer dargebracht hatte. [20]Dann stieg er herab und erhob seine Hände über die ganze Gemeinde Israels. Der Segen Jahwes war auf seinen Lippen, den Namen Jahwes nennen zu dürfen, war sein Ruhm. [21]Sie aber fielen zum zweiten Mal nieder, um den Segen von ihm zu empfangen."

Segnend entschwindet Jesus dem Blickfeld seiner Jünger „und er wurde in den Himmel hinaufgetragen" (V 52). – Dazu existiert eine parallele Darstellung, die von der bisher gebrachten Darstellung ein wenig abweicht (Apg 1,9-12): „Als er das gesagt hatte, wurde er vor ihren Augen emporgehoben, und eine Wolke nahm ihn auf und entzog ihn ihren Blicken. [10]Während sie unverwandt ihm nach zum Himmel emporschauten, standen plötzlich zwei Männer in weißen Gewändern bei ihnen [11]und sagten: Ihr Männer von Galiläa, was steht ihr da und schaut zum Himmel empor? Dieser Jesus, der von euch ging und in den Himmel aufgenommen wurde, wird ebenso wiederkommen, wie ihr ihn habt zum Himmel hingehen sehen. [12]Dann kehrten sie vom Ölberg, der nur einen Sabbatweg von Jerusalem entfernt ist, nach Jerusalem zurück."

„Und sie warfen sich vor ihm nieder" (V 52a) besagt die Proskynese (Proskynesis), den Fußfall, bei dem die Stirn den Boden berührt, womit die gläubige Ehrerbietung gegenüber dem Auferstandenen als Kyrios (Herrn) erwiesen wird, in gleicher Form, wie sie Jahwe geziemt; das wird folgendermaßen expliziert (Phil 2,6-11): „Er war Gott gleich, hielt aber nicht daran fest, wie Gott zu sein, [7]sondern er entäußerte sich und wurde wie ein Sklave und den Menschen gleich. Sein Leben war das eines Menschen; [8]er erniedrigte sich und war gehorsam bis zum Tod, bis zum Tod am Kreuz. [9]Darum hat ihn Gott über alle erhöht und ihm den Namen verliehen, der größer ist als alle Namen, [10]damit alle im Himmel, auf der Erde und unter der Erde ihre Knie beugen vor dem Namen Jesu [11]und jeder Mund bekennt: ‚Jesus Christus ist der Herr' – zur Ehre Gottes, des Vaters." – Darum spricht der Apostel, gläubig geworden (Joh 20,28): „Thomas antwortete und sprach zu ihm: Mein Herr und mein Gott!"

Die frohgemute Heimkehr der Jünger in die Stadt und ihre Verhaltenweise charakterisiert V 52bf: „und kehrten nach Jerusalem zurück mit großer Freude; [53]und sie waren beständig im Tempel und priesen Gott." – Unglaube, Zweifel, Traurigkeit, Angst sind gewichen, nun herrscht Glaube und Begeisterung.

# DAS EVANGELIUM NACH JOHANNES

## ERÖFFNUNG

### Joh 1,1-18

[1]Im Anfang war das Wort, und das Wort war bei Gott, und das Wort war Gott. [2]Dieses
war im Anfang bei Gott. [3]Alles ist durch dasselbe geworden, und ohne dasselbe ist
nichts geworden, was geworden ist. [4]In ihm war Leben, und das Leben war das Licht
der Menschen. [5]Und das Licht leuchtet in der Finsternis, und die Finsternis hat es
nicht ergriffen. [6]Es trat ein Mensch auf, von Gott gesandt; sein Name war Johannes.
[7]Dieser kam zum Zeugnis, um Zeugnis zu geben vom Lichte, damit alle durch ihn
glaubten. [8]Er war nicht das Licht, aber er sollte Zeugnis ablegen für das Licht. [9][Da]
war er, das wahrhaftige Licht, welches, in die Welt kommend, jeden Menschen er-
leuchtet. [10]Er war in der Welt, und die Welt ist durch ihn geworden, aber die Welt er-
kannte ihn nicht. [11]Er kam in sein Eigentum, aber die Seinen nahmen ihn nicht auf.
[12]So viele ihn aber aufnahmen, denen gab er die Vollmacht, Kinder Gottes zu wer-
den, denen, die an seinen Namen glauben, [13]die nicht aus Blut, noch aus dem Willen
des Fleisches, noch aus dem Willen des Mannes, sondern aus Gott geboren sind.
[14]Und das Wort ist Fleisch geworden und hat unter uns gewohnt, und wir schauten
seine Herrlichkeit, die Herrlichkeit des einzigen Sohnes vom Vater, voll Gnade und
Wahrheit. [15]Johannes legte Zeugnis für ihn ab und rief: Dieser war es, über den ich
gesagt habe: Er, der nach mir kommt, ist mir voraus, weil er vor mir war. [16]Denn aus
seiner Fülle haben wir alle empfangen, und Gnade um Gnade. [17]Denn das Gesetz
wurde durch Mose gegeben; die Gnade und die Wahrheit sind durch Jesus Christus
gekommen. [18]Niemand hat Gott je gesehen. Der Einzige, der Gott ist und an der Brust
des Vaters ruht, er hat Kunde gebracht.

Die Heilige Schrift beginnt (Gen 1,1): „Im Anfang schuf Gott Himmel und Erde." So spricht auch die Eröffnung, vielfach Prolog genannt, vom „Anfang" (V 1), richtet jedoch den Blick über den Beginn der Schöpfung hinein in die Ewigkeit Gottes. Das „Wort", Griechisch Logos, ist dem Konnex entsprechend identisch mit Jesus Christus, dem Sohn Gottes. Der Logos ist in einer einmaligen personalen Einigkeit mit Gott und hat Teilhabe am Wesen Gottes, „ist Gott". Der Logos gehört der Ewigkeit, der Zeitlosigkeit an und daher nicht dieser Welt, dem Kosmos, dem Universum. Welt und Zeit werden durch den Logos geschaffen (V 1ff). Die Schöpfung verdankt alles dem Logos, er war der Weisheit vergleichbar an der Kreation aktiv (Spr 3,19; Weish 7,12): „3[19]Jahwe hat die Erde mit Weisheit gegründet und mit Einsicht den Himmel befestigt." – „7[12]Ich freute mich über sie alle, weil die Weisheit lehrt, sie richtig zu gebrauchen, wusste aber nicht, dass sie auch deren Ursprung ist."

Der Logos schenkt allen Erdenbewohnern Leben und erhält es im Dasein (V 4): „In ihm war Leben, und das Leben war das Licht der Menschen.“ Wer das anerkennt, lebt im Licht der Offenbarung, wer das ablehnt, verfällt der Finsternis (V 5): „Und das Licht leuchtet in der Finsternis, und die Finsternis hat es nicht ergriffen.“ Die Finsternis ist das Ergebnis oder Folge der Zurückweisung des Lichtes.

Man beachte den Text (V 6ff): „Es trat ein Mensch auf, von Gott gesandt; sein Name war Johannes. [7]Dieser kam zum Zeugnis, um Zeugnis zu geben vom Lichte, damit alle durch ihn glaubten. [8]Er war nicht das Licht, aber er sollte Zeugnis ablegen für das Licht.“ – Der öffentlichen Tätigkeit Jesu geht die Aktivität und Dynamik Johannes des Täufers voraus. Die Feststellung „von Gott gesandt“ dokumentiert seine Autorität und definiert, begrenzt seinen Status, seine Stellung im Heilsplan. – Seine Wirksamkeit wird skizziert: Er ist gesendet, um Zeugnis abzulegen für das Licht und zum Glauben zu führen; zudem wird festgehalten, dass Johannes nicht das Licht war (V 6ff). Die allgemeine Feststellung über das Auftreten des Täufers lässt erkenne, dass dessen Sendung die gesamte Menschheit betrifft und dauerhafte Bedeutung verbürgt, seine Mission setzt sich fort, indem er selbst und durch Menschen weiterwirkt.

Man überlege weiter (V 9-13): „[Da] war er, das wahrhaftige Licht, welches, in die Welt kommend, jeden Menschen erleuchtet. [10]Er war in der Welt, und die Welt ist durch ihn geworden, aber die Welt erkannte ihn nicht. [11]Er kam in sein Eigentum, aber die Seinen nahmen ihn nicht auf. [12]So viele ihn aber aufnahmen, denen gab er die Vollmacht, Kinder Gottes zu werden, denen, die an seinen Namen glauben, [13]die nicht aus Blut, noch aus dem Willen des Fleisches, noch aus dem Willen des Mannes, sondern aus Gott geboren sind.“ – Diese Verse 9-13 lassen als ursprüngliches Anliegen der Weisheit Agitation, Publicity, Public relations, kurzum Werbung vermuten, um die Menschen anzulocken und zu gewinnen (Bar 3,20f Sir 24,6f): „3[20]Andere erblickten nach ihnen das Licht und wohnten auf der Erde; doch auch sie haben den Weg der Weisheit nicht erkannt, [21]ihre Pfade nicht verstanden und ihre Spur nicht aufgenommen. Auch ihre Söhne blieben ihrem Weg fern.“ – „24[6]Über die Fluten des Meeres und über alles Land, über alle Völker und Nationen hatte ich Macht. [7]Bei ihnen allen suchte ich einen Ort der Ruhe, ein Volk, in dessen Land ich wohnen könnte.“ – In der vorliegenden Formulierung verweisen sie auf das allgemeine Heilshandeln des historischen Logos Kyrios Christus; das einzigartige Licht der Weisheit wird zu seinem exklusiven, allein gültigen Licht der Offenbarung, das in der Welt, in seinem Eigentum – allerdings nicht von allen – Ablehnung und Widerspruch erfährt.

Nach freiem Ermessen können sich Menschen für das Licht und somit für Christus entscheiden; sie empfangen als eschatologische Gabe – die letzten Dinge, das Endschicksal des einzelnen Menschen und der Welt betreffend – das Geschenk der Kindschaft Gottes. Die Formulierung „aus Gott geboren“ verweist auf das Mysterium der Taufe. Die Getauften gehören somit Gott und nicht mehr der Welt an. Als vergleichende, überbietende Sublimierung dieser Aussage schimmert in mystischer Andeutung die Jungfrauengeburt Jesu durch (V 13): „der nicht aus dem Blut ... geboren wurde.“

Diese Gedanken werden weitergeführt (V 14ff): „Und das Wort ist Fleisch geworden und hat unter uns gewohnt, und wir schauten seine Herrlichkeit, die Herrlichkeit des einzigen Sohnes vom Vater, voll Gnade und Wahrheit. [15]Johannes legte Zeugnis für ihn ab und rief: Dieser war es, über den ich gesagt habe: Er, der nach mir kommt, ist mir voraus, weil er vor mir war. 16Denn aus seiner Fülle haben wir alle empfangen, und Gnade um Gnade."

Die Menschwerdung Gottes durch den Logos Christus in dieser Welt wird genauer bestimmt: Das Wort, der Logos – „der Gott war" (V 1) – wird „Fleisch" (V 14), das heißt er wurde ganz, total Mensch. – Hiermit werden zwei Zeitabschnitte angesprochen: vor und nach der Menschwerdung. – Wohnung (Zelt) und Herrlichkeit rufen den Tempel ins Gedächtnis (1 Kön 8,11; Sir 24,8): „8 11Sie konnten wegen der Wolke ihren Dienst nicht verrichten; denn die Herrlichkeit Jahwes erfüllte das Haus Jahwes." – „24 8Da gab der Schöpfer des Alls mir Befehl; er, der mich schuf, wusste für mein Zelt eine Ruhestätte. Er sprach: In Jakob sollst du wohnen, in Israel sollst du deinen Erbbesitz haben." – Der Mensch gewordene Logos Christus repräsentiert sichtbar die Gegenwart Gottes und ersetzt den Tempel (Joh 2,21): „Er [Jesus] aber meinte den Tempel seines Leibes." – Der Glaube der späteren Generation beruht und ist fundiert auf diesem Schauen der Herrlichkeit, das die Augenzeugen erlebten. – Der einzige Sohn, Kyrios Christus oder Logos, hat eine einzigartige Einheit mit dem Vater und wird somit zum Spender von „Gnade und Wahrheit", wodurch der Mensch gerettet werden kann.

Das erneute Zeugnis des Täufers (V 5.15) verweist die sublime, alles überragende Würde des Logos, der zwar nach Johannes öffentlich auftritt, aber zeitlichen Vorrang genießt, weil er in seiner vorweltlichen Existenz bei Gott war.

Der Hymnus schließt folgendermaßen (V 17f): „Denn das Gesetz wurde durch Mose gegeben; die Gnade und die Wahrheit sind durch Jesus Christus gekommen. 18Niemand hat Gott je gesehen. Der Einzige, der Gott ist und an der Brust des Vaters ruht, er hat Kunde gebracht." – Im scheinbaren Kontrast stehen zueinander „Gesetz" und „Gnade und Wahrheit" – „Mose – Jesus Christus"; hiermit wird schlicht und einfach ein Überbieten ausgedrückt (Hebr 3,3a): „Denn er [Jesus] hat größere Herrlichkeit empfangen als Mose." – Zudem gilt nach wie vor grundsätzlich der Dekalog (Ex 20,1-17; Dtn 5,6-21) und schließlich schwimmen die Christen nicht sorgenlos und allumfassend in „Wahrheit und Gnade!" Aber immerhin haben sie das Beispiel und die Anweisung Jesu (Joh 13,34): „Ein neues Gebot gebe ich euch: Liebt einander! Wie ich euch geliebt habe, so sollt auch ihr einander lieben."

Faszinierend und allgemein gültig ist die Aussage (V 18a): „Niemand hat Gott je gesehen." Das dokumentieren folgende Belegstellen (Joh 5,37; 6,46; 1 Joh 4,12; 5,20): „5 37Auch der Vater selbst, der mich gesandt hat, hat über mich Zeugnis abgelegt. Ihr habt weder seine Stimme gehört noch seine Gestalt je gesehen." – „6 46Niemand hat den Vater gesehen außer dem, der von Gott ist; nur er hat den Vater gesehen." – „4 12Niemand hat Gott je geschaut; wenn wir einander lieben, bleibt Gott in uns, und seine Liebe ist in uns vollendet." – „5 20Wir wissen aber: Der Sohn Gottes ist gekommen, und er hat uns Einsicht geschenkt, damit wir (Gott) den Wahren erkennen. Und wir sind in diesem Wahren, in seinem Sohn Jesus Christus. Er ist der wahre Gott und das ewige Leben." –Gewissermaßen lautet diese Schlussfolgerung (Joh 20,29): „Jesus sagte zu ihm: Weil du mich gesehen hast, glaubst du. Selig sind, die nicht sehen und doch glauben." – Die fundamentale Tatsache lautet: Gott ist unsichtbar (Röm 1,20; Kol 1,15; 1 Tim 1,17; 6,16; Hebr 11,27): „1 20 Seit Erschaffung der Welt wird seine unsichtbare Wirklichkeit an den Werken der Schöpfung mit der Vernunft wahrgenommen, seine ewige Macht und Gottheit. Daher sind sie unentschuldbar." – „1 15Er ist das Ebenbild des unsichtbaren Gottes,

der Erstgeborene der ganzen Schöpfung." – „1[17]Dem König der Ewigkeit, dem unvergänglichen, unsichtbaren, einzigen Gott, sei Ehre und Herrlichkeit in alle Ewigkeit. Amen." – „6[16]der allein die Unsterblichkeit besitzt, der in unzugänglichem Licht wohnt, den kein Mensch gesehen hat noch je zu sehen vermag: Ihm gebührt Ehre und ewige Macht. Amen." – „11[27]Aufgrund des Glaubens verließ er Ägypten, ohne Furcht vor dem Zorn des Königs; er hielt standhaft aus, als sähe er den Unsichtbaren."
Die Aussage „der an der Brust des Vaters ruht" lässt an die Beziehungen zwischen beiden vor der Menschwerdung denken (Joh 8,38; 12,49): „8[38]Ich sage, was ich beim Vater gesehen habe, und ihr tut, was ihr von eurem Vater gehört habt." – „12[49]Denn was ich gesagt habe, habe ich nicht aus mir selbst, sondern der Vater, der mich gesandt hat, hat mir aufgetragen, was ich sagen und reden soll."
Die Eröffnung (V 1-18) stellt *in nuce*, kurz und bündig, in groben Zügen, lapidar, radikal die Gottesfrage: Woher komme ich, wohin gehe ich, was soll ich tun?

# ZEUGNIS DES TÄUFERS

## Joh 1,19-28

**[19]Und dies ist das Zeugnis des Johannes, als die Juden aus Jerusalem Priester und Leviten sandten, damit sie ihn fragen sollten: Wer bist du? [20]Und er bekannte und leugnete nicht, und er bekannte: Ich bin nicht der Christus [Gesalbte, Messias]. [21]Sie fragten ihn: Was denn? Bist du Elija? Und er sagte: Ich bin es nicht. Bist du der Prophet? Er antwortete: Nein. [22]Sie sprachen nun zu ihm: Wer bist du? Damit wir Antwort geben denen, die uns gesandt haben; was sagst du von dir selbst? [23]Er sprach: Ich bin die ‚Stimme eines Rufenden in der Wüste: Macht gerade den Weg des Herrn', wie gesagt hat Jesaja, der Prophet. [24]Und sie waren geschickt von den Pharisäern. [25]Und sie fragten ihn und sprachen zu ihm: Was taufst du denn, wenn du nicht der Christus bist, noch Elija, noch der Prophet? [26]Johannes antwortete ihnen und sprach: Ich taufe mit Wasser; mitten unter euch steht, den ihr nicht kennet, [27]der nach mir kommt, dem ich nicht würdig bin, ihm den Riemen seiner Sandale zu lösen. [28]Dies geschah zu Betanien, jenseits des Jordan, wo Johannes taufte.**

### Verhör des Täufers (V 19-23)

Das *„Zeugnis des Johannes"* umfasst den realen, einzig wahren Glauben: „Bahnt für Jahwe einen Weg" (Jes 40,3) und somit lautet der Hinweis auf Jesus: „seht das Lamm Gottes" (Joh 1,29.36); das wird intensiviert (1,7.8.15.30): „[7]Er [Johannes] kam als Zeuge, um Zeugnis abzulegen für das Licht, damit alle durch ihn zum Glauben kommen. [8]Er war nicht selbst das Licht, er sollte nur Zeugnis ablegen für das Licht." – „[15]Johannes legte Zeugnis für ihn ab und rief: Dieser war es, über den ich gesagt habe: Er, der nach mir kommt, ist mir voraus, weil er vor mir war." – „[30]Er ist es, von dem ich gesagt habe: Nach mir kommt ein Mann, der mir voraus ist, weil er vor mir war."

Die „Anfrage an Johannes“ ist geradezu offiziell, sie geht von der jüdischen Behörde in Jerusalem aus. Zum „Hohen Rat“ (Synedrium) gehörten drei Gruppen: die „Hohenpriester“, das heißt der amtierende Hohepriester und andere Oberpriester, die „Ältesten“, Vertreter des Laienadels, und „Schriftgelehrte“, die vorwiegend aus dem Kreis der Pharisäer stammten.

Ein Teil des Volkes steht Johannes skeptisch bis ablehnend gegenüber, darum dieses geradezu gerichtliche Vorgehen. Der Täufer versichert, weder der Messias, auch nicht Elija und nicht der Prophet zu sein. Das ruft ins Gedächtnis (Ez 34,23; Mal 3,1.23: 4,5; Dtn 18,15.18): „34[23]Ich setze für sie einen einzigen Hirten ein, der sie auf die Weide führt, meinen Knecht David. Er wird sie weiden, und er wird ihr Hirt sein.“ – „3[1]Seht, ich sende meinen Boten; er soll den Weg für mich bahnen. Dann kommt plötzlich zu seinem Tempel der Herr, den ihr sucht, und der Bote des Bundes, den ihr herbeiwünscht. Seht, er kommt!, spricht der Jahwe der Heere.“ – „[23]Bevor aber der Tag des Herrn kommt, der große und furchtbare Tag, seht, da sende ich zu euch den Propheten.“ – „[5] Siehe, ich sende euch Elija, den Propheten, ehe der Tag Jahwes kommt, der große und furchtbare.“ – „18[15]Einen Propheten wie mich wird dir der Herr, dein Gott, aus deiner Mitte, unter deinen Brüdern, erstehen lassen. Auf ihn sollt ihr hören.“ – „[18]Einen Propheten wie dich will ich ihnen mitten unter ihren Brüdern erstehen lassen. Ich will ihm meine Worte in den Mund legen, und er wird ihnen alles sagen, was ich ihm auftrage!"

Im Zeugnis des Johannes klingt schon mit über Jesus (Joh 1,11): „Er kam in sein Eigentum, aber die Seinen nahmen ihn nicht auf.“ Dennoch gilt von Johannes (Jes 40,3): „Eine Stimme ruft: Bahnt für Jahwe einen Weg durch die Wüste! Baut in der Steppe eine ebene Straße für unseren Gott!“ Darüber hinaus ist zu beachten (Mk 1,6; Mt 11,11): „1[6]Johannes trug ein Gewand aus Kamelhaaren und einen ledernen Gürtel um seine Hüften, und er lebte von Heuschrekken und wildem Honig.“ – „11[11]Amen, das sage ich euch: Unter allen Menschen hat es keinen größeren gegeben als Johannes den Täufer; doch der Kleinste im Himmelreich ist größer als er.“

**Befragung über seine Taufe (V 24-28)**

Die Pharisäer sind Mitglieder einer jüdischen Vereinigung, einer Sekte, einer „Partei“ (Apg 23,6.9; 26,5). Sie waren bestrebt, alle Gebote des mosaischen Gesetzes (Röm 2,17-20) und auch die geringsten Vorschriften der „Überlieferung der Alten“ (Mt 15,2; Mk 7,3.5) streng zu beobachten.

Die Frage nach dem Sinn der Taufe des Johannes steht im Zusammenhang seiner Aufgabe als „Wegbereiter“ (V 23), ein reinigender Bußritus, als Vorbereitung auf das Kommen des Messias, der bereits da ist, aber von den Juden noch nicht beachtet wurde (V 26f): *„Johannes antwortete ihnen und sprach: Ich taufe mit Wasser; mitten unter euch steht, den ihr nicht kennet, [27] der nach mir kommt, dem ich nicht würdig bin, ihm den Riemen seiner Sandale zu lösen.“* Der Täufer vergleicht sein Verhältnis zum Messias, der ihn derart überragt, dass er sich nicht würdig fühlt, wie ein Sklave den *„Riemen seiner Sandalen“* loszubinden.

Die Ortsangabe bleibt ungewiss (V 28): „Dies geschah zu Betanien, jenseits des Jordan, wo Johannes taufte.“ – Damit ist nicht Betanien am Ostabhang des Ölbergs, 3 Kilometer östlich von Jerusalem gemeint, sondern möglicherweise Jericho gegenüberliegend im Quellgebiet am Wadi el-Charrar, das östlich in den Jordan mündet. Statt Betanien liest eine bemerkenswerte Anzahl von Textzeugen Bethabara, womit allerdings auch keine sichere Lage angezeigt ist.

# ZEUGNIS DES JOHANNES FÜR JESUS

## Joh 1,29-34

**29Des folgenden Tages sieht er Jesus zu sich kommen und spricht: Siehe, das Lamm Gottes, welches die Sünde der Welt wegnimmt. 30Dieser ist es, von dem ich sagte: Nach mir kommt ein Mann, der mir voraus ist, denn er war vor mir. 31Und ich kannte ihn nicht; aber damit er Israel offenbar würde, deswegen bin ich gekommen, mit Wasser taufend. 32Und Johannes bezeugte und sprach: Ich schaute den Geist wie eine Taube aus dem Himmel herabkommen, und er blieb auf ihm. 33Und ich kannte ihn nicht; aber der mich gesandt hat, mit Wasser zu taufen, der sprach zu mir: Auf welchen du sehen wirst den Geist herabkommen und auf ihm bleiben, dieser ist es, der mit Heiligem Geiste tauft. 34Und ich habe gesehen und habe bezeugt, dass dieser der Sohn Gottes ist.**

Jesus geht auf den Täufer zu; dieser weist auf Jesus (V 29), „das Lamm Gottes, das die Sünden der ganzen Welt hinwegschafft“. Jedenfalls bringt diese Aussage die beiden täglich im Tempel geopferten Lämmer in Erinnerung (Num 28,1-4): „Jahwe sprach zu Mose: 2Gib den Israeliten folgenden Befehl, und sag zu ihnen: Ihr sollt darauf bedacht sein, zur festgesetzten Zeit meine Opfergaben, meine Speise, durch das Feueropfer als beruhigenden Duft mir darzubringen. 3Sag ihnen: Das ist das Feueropfer, das ihr Jahwe darbringen sollt: täglich zwei fehlerlose einjährige Lämmer als regelmäßiges Brandopfer. 4Das eine Lamm sollst du am Morgen, das zweite Lamm zur Abenddämmerung herrichten.“ – Zudem ist ursprünglich das Lamm die einzig zulässige Opfergabe beim Pascha (Ex 12,3-6): „Sagt der ganzen Gemeinde Israel: Am Zehnten dieses Monats soll jeder ein Lamm für seine Familie holen, ein Lamm für jedes Haus. 4Ist die Hausgemeinschaft für ein Lamm zu klein, so nehme er es zusammen mit dem Nachbarn, der seinem Haus am nächsten wohnt, nach der Anzahl der Personen. Bei der Aufteilung des Lammes müsst ihr berücksichtigen, wie viel der Einzelne essen kann. 5Nur ein fehlerfreies, männliches, einjähriges Lamm darf es sein, das Junge eines Schafes oder einer Ziege müsst ihr nehmen. 6Ihr sollt es bis zum vierzehnten Tag dieses Monats aufbewahren. Gegen Abend soll die ganze versammelte Gemeinde Israel die Lämmer schlachten.“ – Anscheinend bald nach der Sesshaftigkeit wurden auch Rinder als Opfer beim Pascha genommen (Dtn 16,2): „Als Paschatiere für Jahwe, deinen Gott, sollst du Schafe, Ziegen oder Rinder schlachten an der Stätte, die Jahwe auswählen wird, indem er dort seinen Namen wohnen lässt.“ – Weiterhin zu bedenken ist der leidende Gottesknecht (Jes 52,13ff; 53,7): „13Seht, mein Knecht hat Erfolg, er wird groß sein und hoch erhaben. 14Viele haben sich über ihn entsetzt, so entstellt sah er aus, nicht mehr wie ein Mensch, seine Gestalt war nicht mehr die eines Menschen. 15Jetzt aber setzt er viele Völker in Staunen, Könige müssen vor ihm verstummen. Denn was man ihnen noch nie erzählt hat, das sehen sie nun; was sie niemals hörten, das erfahren sie jetzt.“ – „53,7Er wurde misshandelt und niedergedrückt, aber er tat seinen Mund nicht auf. Wie ein Lamm, das man zum Schlachten führt, und wie ein Schaf angesichts seiner

Scherer, so tat auch er seinen Mund nicht auf."

Nach diesen Darstellungen gebrauchte Jesus das letzte Paschafest vor seinem Tod zur Gründung der Erinnerungsfeier an seinen Tod im Abendmahl. Darauf reflektieren besonders die Aussagen, Jesus ist „unser Paschalamm" (1 Kor 5,7; 1 Petr 1,18f; Offb 5,6-9; 7,14): „5[7]Schafft den alten Sauerteig weg, damit ihr neuer Teig seid. Ihr seid ja schon ungesäuertes Brot; denn als unser Paschalamm ist Christus geopfert worden." –1[18]Ihr wisst, dass ihr aus eurer sinnlosen, von den Vätern ererbten Lebensweise nicht um einen vergänglichen Preis losgekauft wurdet, nicht um Silber oder Gold, [19]sondern mit dem kostbaren Blut Christi, des Lammes ohne Fehl und Makel." –„5[6]Und ich sah: Zwischen dem Thron und den vier Lebewesen und mitten unter den Ältesten stand ein Lamm; es sah aus wie geschlachtet und hatte sieben Hörner und sieben Augen; die Augen sind die sieben Geister Gottes, die über die ganze Erde ausgesandt sind. [7]Das Lamm trat heran und empfing das Buch aus der rechten Hand dessen, der auf dem Thron saß. [8]Als es das Buch empfangen hatte, fielen die vier Lebewesen und die vierundzwanzig Ältesten vor dem Lamm nieder; alle trugen Harfen und goldene Schalen voll von Räucherwerk; das sind die Gebete der Heiligen. [9]Und sie sangen ein neues Lied: Würdig bist du, das Buch zu nehmen und seine Siegel zu öffnen; denn du wurdest geschlachtet und hast mit deinem Blut Menschen für Gott erworben aus allen Stämmen und Sprachen, aus allen Nationen und Völkern." – „7[14]Ich erwiderte ihm: Mein Herr, das musst du wissen. Und er sagte zu mir: Es sind die, die aus der großen Bedrängnis kommen; sie haben ihre Gewänder gewaschen und im Blut des Lammes weiß gemacht."

Besonders als neues Paschalamm wird Jesus vorgestellt (Joh 19,36): „Denn das ist geschehen, damit sich das Schriftwort erfüllte: Man soll an ihm kein Gebein zerbrechen." – Das geht zurück auf folgende Aussagen (Ex 12,46; Ps 34,20f): „12[46] In einem Haus muss man es [das Paschalamm] essen. Trag nichts vom Fleisch aus dem Haus! Und ihr sollt keinen Knochen des Paschalammes zerbrechen." – „34[20]Der Gerechte muss viel leiden, doch allem wird Jahwe ihn entreißen. [21]Er behütet all seine Glieder, nicht eines von ihnen wird zerbrochen."

Der Hinweis des Johannes lautet (V 30): „Dieser ist es, von dem ich sagte: Nach mir kommt ein Mann, der mir voraus ist, denn er war vor mir." Damit wird aufgegriffen (Joh 1,15): „Johannes legte Zeugnis für ihn ab und rief: Dieser war es, über den ich gesagt habe: Er, der nach mir kommt, ist mir voraus, weil er vor mir war." – In Jesus ist der erwartete Größere, Exorbitantere erschienen, der eine vorweltliche Existenz bei Gott hat. Das scheint hiermit Johannes anzudeuten. – Jesus ist in seinem Volk anwesend und noch weithin unbekannt. Wenn Johannes meint (V 31a) „und ich kannte ihn nicht", so kann sich das nur auf das Ausmaß der messianischen Sendung Jesu beziehen. Später spricht aus der Anfrage des Täufers erneut eine gewisse Unsicherheit, ob Jesus wirklich der verheißene Messias ist (Mt 11,2f): „Johannes hörte im Gefängnis von den Taten Christi. Da schickte er seine Jünger zu ihm [3]und ließ ihn fragen: Bist du der, der kommen soll, oder müssen wir auf einen andern warten?" – Über die Herkunft Jesu weiß der Täufer Bescheid, seine Aufgabe ist es, Jesus als Heilsmittler in „Israel" bekannt zu machen. Israel bedeutet „möge Gott kämpfen, sich stark erweisen" oder „möge Gottes herrschen, Herr sein", womit die Verbundenheit Gottes zu seinem Volk zum Ausdruck kommt. Diese Perspektive wird vertieft (Joh 1,47.49; 12,13): „1[47]Jesus sah Natanaël auf sich zukommen und sagte über ihn: Da kommt ein echter Israelit, ein Mann ohne Falschheit.“ – „[49]Natanaël antwortete ihm: Rabbi, du bist der Sohn Gottes, du bist der König von Israel!“ – „12[13]Da nahmen sie Palmzweige, zogen hinaus, um ihn zu empfangen, und riefen: Hosanna! Gesegnet sei er, der kommt im Namen des Herrn, der König Israels!“

Johannes wird erneut zum Zeugen (V 32): „Und Johannes bezeugte und sprach: Ich schaute den Geist wie eine Taube aus dem Himmel herabkommen, und er blieb auf ihm.“ – Die Taube symbolisiert den Heiligen Geist. Neben der Turteltaube war die Taube ein Opfertier (Lev 1,14); sie spielt in der Sintfluterzählung eine Rolle und ist Kosename für die Geliebte, sie gilt als sanft und arglos (Gen 8,8–12; Hld 2,14; Mt 10,16): „8[9]Die Taube fand keinen Halt für ihre Füße und kehrte zu ihm in die Arche zurück, weil über der ganzen Erde noch Wasser stand. Er streckte seine Hand aus und nahm die Taube wieder zu sich in die Arche. [10]Dann wartete er noch weitere sieben Tage und ließ wieder die Taube aus der Arche. [11]Gegen Abend kam die Taube zu ihm zurück, und siehe da: In ihrem Schnabel hatte sie einen frischen Olivenzweig. Jetzt wusste Noach, dass nur noch wenig Wasser auf der Erde stand. [12]Er wartete weitere sieben Tage und ließ die Taube noch einmal hinaus. Nun kehrte sie nicht mehr zu ihm zurück.“ – „2[14]Meine Taube im Felsennest, versteckt an der Steilwand, dein Gesicht lass mich sehen, deine Stimme hören! Denn süß ist deine Stimme, lieblich dein Gesicht.“ – „10[16]Seht, ich sende euch wie Schafe mitten unter die Wölfe; seid daher klug wie die Schlangen und arglos wie die Tauben!“ – Somit ist die Taube ein würdiges Symbol für die Kraft des Heiligen Geistes.

„Und der Geist blieb auf ihm“ charakterisiert Jesus als den zukünftigen Spender des Heiligen Geistes.

Nochmals lässt Johannes wissen, wie bereits vorher (V 31a.33a) wörtlich gleichlautend: „Und ich kannte ihn nicht.“ In einem weiteren Impuls beglaubigt der Täufer, dass auch er den künftigen Heilsbringer anfangs nicht richtig einschätzte. Gott dagegen erteilte ihm in einem Leitsatz, den er anführt, ein Fingerzeig: Er musste den Geist auf jenen heruntersteigen erblicken. Diese Aussage gipfelt in der Bezeichnung Jesu als des Erwählten Gottes: Er ist der „Sohn Gottes“ (V 34), was auch wachruft (Jes 11,1f; 42,1): „11[1]Doch aus dem Baumstumpf Isais wächst ein Reis hervor, ein junger Trieb aus seinen Wurzeln bringt Frucht. [2]Der Geist Jahwes lässt sich nieder auf ihm: der Geist der Weisheit und der Einsicht, der Geist des Rates und der Stärke, der Geist der Erkenntnis und der Furcht Jahwes.“ – „42[1]Seht, das ist mein Knecht, den ich stütze; das ist mein Erwählter, an ihm finde ich Gefallen. Ich habe meinen Geist auf ihn gelegt, er bringt den Völkern das Recht.“

# DIE ERSTEN JÜNGER

## Joh 1,35-42

**[35]Am folgenden Tag stand wiederum Johannes da und zwei von seinen Jüngern, [36]und
er blickte auf Jesus, der vorüberging, und er sprach: Seht, das Lamm Gottes! [37]Die bei-
den Jünger hörten, was er sagte, und folgten Jesus. [38]Jesus aber wandte sich um, und
als er sah, dass sie ihm folgten, fragte er sie: Was sucht ihr? Sie sagten zu ihm: Rabbi
– das heißt übersetzt: Meister –, wo wohnst du? [39]Er sprach zu ihnen: Kommt und
seht! Sie kamen nun und sahen, wo er sich aufhielt, und blieben jenen Tag bei ihm.
Es war um die zehnte Stunde. [40]Andreas, der Bruder des Simon Petrus, war einer von
den beiden, die es von Johannes gehört hatten und ihm nachgefolgt waren. [41]Dieser
findet zuerst seinen eigenen Bruder Simon und sagte zu ihm: Wir haben den Messias
gefunden. Messias heißt übersetzt: der Gesalbte (Christus). [42]Er führte ihn zu Jesus.
Jesus blickte ihn an und sagte: Du bist Simon, der Sohn des Johannes, du sollst Ke-
phas heißen. Kephas bedeutet: Fels (Petrus).**

### Zwei Johannesjünger (V 35-39)

Zwei seiner Jünger, deren Namen vorerst nicht genannt werden, macht Johannes der Täufer auf Jesus aufmerksam und schickt sie gewissermaßen zu ihm. Die beiden Jünger verstehen Johannes richtig und „folgen Jesus nach". Das nimmt bereits vorweg, was Johannes über Jesus sagt (Joh 3,30): „Er muss wachsen, ich aber muss kleiner werden."

In theologisch feinfühlender Prägnanz ist das erste Wort Jesu im Johannesevangelium die tiefgründige Frage *„Was sucht ihr?"* (V 38) – und die beiden *„sahen, wo er sich aufhielt"* (V 39), die erfahren das Ambiente Jesu. Das lädt ein, folgende Aussagen zu überlegen, weil sie das Verweilen bei Jesu charakterisieren (Spr 8,17; Joh 15,14-17; 17,26): „8[17]Ich liebe alle, die mich lieben, und wer mich sucht, der wird mich finden." – „15[14]Ihr seid meine Freunde, wenn ihr tut, was ich euch auftrage. [15]Ich nenne euch nicht mehr Knechte; denn der Knecht weiß nicht, was sein Herr tut. Vielmehr habe ich euch Freunde genannt; denn ich habe euch alles mitgeteilt, was ich von meinem Vater gehört habe. [16]Nicht ihr habt mich erwählt, sondern ich habe euch erwählt und dazu bestimmt, dass ihr euch aufmacht und Frucht bringt und dass eure Frucht bleibt. Dann wird euch der Vater alles geben, um was ihr ihn in meinem Namen bittet. [17]Dies trage ich euch auf: Liebt einander!" – „17[26]Ich habe ihnen deinen Namen bekannt gemacht und werde ihn bekannt machen, damit die Liebe, mit der du mich geliebt hast, in ihnen ist und damit ich in ihnen bin."

Zehn dient zur Bezeichnung einer beträchtlichen Zahl (Gen 31,7; Offb 2,10), die „zehnte Stunde" (V 39), nach römischer Zählung vier Uhr nachmittags, hat als Höhepunkt zu gelten, denn sie „haben den Messias gefunden" (V 41): Erfüllung der Sehnsucht!

### Simon Petrus (V 40ff)

Nun wird der Name eines Johannesjüngers, der zu Jesus gefunden hat, genannt, Andreas (V 40), unterdessen der andere anonym bleibt. Offenbar ist es „der Jünger, den Jesus liebte" (Joh 13,23; 18,15; 19,26.35; 20,2; 21,7.20), der Evangelist Johannes selbst (Joh 21,24): „Dieser Jünger ist es, der all das bezeugt und der es aufgeschrieben hat; und wir wissen, dass sein Zeugnis wahr ist." – Andreas lotst, lenkt, steuert seinen Bruder Simon zu Jesus. Das Hinsteuern zu Jesus fundiert auf dem Bekenntnis und ist Überzeugungsmotivation für religiöse Höchstwerte. Das glaubhafte Eingeständnis oder Bekenntnis „wir haben den Messias gefunden" (V 41), aktiviert erneut die weisheitliche Direktive (Spr 8,35): „Wer mich findet, findet Leben und erlangt das Gefallen Jahwes." – Demzufolge ist Simon nicht der Erstberufene, Jesus verkündigt ihm dem ungeachtet schon bei der ersten Kontaktnahme sein kommendes Hirtenamt an, das bald Primat des Petrus genannt werden wird (V 42), ohne diese Dominanz bereits exakter zu definieren, nämlich den Vorrang, die bevorzugte Stellung und oberste Entscheidung innerhalb der Glaubensgemeinschaft, die Jesus zu gründen vorhat.

# HOCHZEIT IN KANA

## Joh 2,1-11

**[1]Und am dritten Tage war eine Hochzeit zu Kana in Galiläa; und die Mutter Jesu war
dort. [2]Es war aber auch Jesus mit seinen Jüngern zu der Hochzeit geladen. [3]Und als
es an Wein fehlte, sagt die Mutter Jesu zu ihm: Sie haben keinen Wein. [4]Und Jesus
sagt zu ihr: Was mir und dir, Frau? Meine Stunde ist noch nicht gekommen. [5]Seine
Mutter sagt zu den Dienern: Was er auch immer euch sagt, das tut! [6]Es waren aber
daselbst sechs steinerne Wasserkrüge aufgestellt nach der Reinigungssitte der Juden,
wovon jeder zwei oder drei Maß fasste. [7]Jesus sagt zu ihnen: Füllet die Wasserkrüge
mit Wasser. Und sie füllten sie bis oben an. [8]Und er sagt zu ihnen: Schöpft nun und
bringt es dem Architríklinos. Und sie brachten es. [9]Als aber der Architríklinos das
Wasser gekostet hatte, welches Wein geworden war – und er wusste nicht, woher er
war, die Diener aber, welche das Wasser geschöpft hatten, wussten es –, ruft der Architríklinos den Bräutigam [10]und sagt zu ihm: Jeder Mensch setzt zuerst den guten
Wein vor und, wenn sie trunken geworden sind, den geringeren; du hast den guten
Wein bis jetzt aufbewahrt. [11]Diesen Anfang der Zeichen machte Jesus zu Kana in Galiläa und offenbarte seine Herrlichkeit; und seine Jünger glaubten an ihn.**

Symbolischen Charakter hat die Zahl Drei bei Erscheinungen, gesetzlichen Vorschriften, göttlichen Dingen und rituellen Handlungen (Gen 18,1f; Ex 23,14; Num 6,24ff; 1 Kön 17,21): „18[1] Jahwe erschien Abraham bei den Eichen von Mamre. Abraham saß zur Zeit der Mittagshitze am Zelteingang. [2]Er blickte auf und sah vor sich drei Männer stehen. Als er sie sah, lief er ihnen vom Zelteingang aus entgegen, warf sich zur Erde nieder." – „23[14]Dreimal im Jahr sollst du mir ein Fest feiern." – „6[24]Jahwe segne dich und behüte dich. [25]Jahwe lasse sein Angesicht über dich leuchten und sei dir gnädig. [26]Jahwe wende sein Angesicht dir zu und schenke dir Heil." – „17[21]Hierauf streckte er [Elija] sich dreimal über den Knaben hin, rief zu Jahwe und flehte: Jahwe, mein Gott, lass doch das Leben in diesen Knaben zurückkehren!" – Diese Zahl hat auch in Jes 6,3 eine besondere Position: Das dreimalige „heilig" verweist auf Dreifaltigkeit, Dreieinigkeit, Trinität, Dreiheit, Dreieinheit. – Drei wird in der Bibel auch als Symbolzahl für wiedergeschenktes Leben nach einer großen Bedrängnis verwendet (Hos 6,2; Jona 2,1): „6[2]Nach zwei Tagen gibt er [Jahwe] uns das Leben zurück, am dritten Tag richtet er uns wieder auf, und wir leben vor seinem Angesicht." – „2[1]Jahwe aber schickte einen großen Fisch, der Jona verschlang. Jona war drei Tage und drei Nächte im Bauch des Fisches." – Besondere Aussagkraft gewinnt diese Symbolik bei der Auferweckung Jesu am dritten Tag (1 Kor 15,4; Apg 10,40): „15[4]und ist begraben worden. Er ist am dritten Tag auferweckt worden, gemäß der Schrift." – „10[40]Gott aber hat ihn am dritten Tag auferweckt und hat ihn erscheinen lassen." – Infolgedessen ist der *„dritte Tag"* (V 1) von besonderer Bedeutung und ein Ereignis außerordentlicher göttlicher Hilfe.

Wahrscheinlich ist das historische *„Kana in Galiläa"* (V 1) nicht der meist besuchte Ort Kefr Kenna 6 km nordöstlich von Nazaret, sondern Chirbet Qana (Khirbet Kana), 13 km nördlich von Nazaret entfernt, wo sich heute nur noch kärgliche Ruinen befinden. Jesus beginnt jedenfalls in dieser Gegend sein öffentliches Wirken. Der Familien- und Freundeskreis Jesu ist eingeladen: auch die *„Mutter Jesu"* – deren Name „Maria" im Johannesevangelium nie erwähnt wird – und *„seine Jünger"* (V 2). Die Gründung des Jüngerkreises scheint vollzogen zu sein. Üblicherweise wird eine Vermählung eine Woche zelebriert (Tob 11,19b): „ ... und sieben Tage lang wurde die Hochzeit des Tobias mit einem fröhlichen Fest gefeiert." – Dem Architríklinos – populär übersetzt dem „Manager der Hochzeitstafel", dem „Getränkeboss" – geht in Kana der Wein aus. – Man weiß, was das heißt (Ps 104,15; Koh 10,19; Sir 31,27): „[15]Wein, der das Herz des Menschen erfreut ..." – „[19]Man schlemmt und will dabei lachen, der Wein erfreut die Lebenden ..." – „[27]Wie ein Lebenswasser ist der Wein für den Menschen, wenn er ihn mäßig trinkt. Was ist das für ein Leben, wenn man keinen Wein hat, der doch von Anfang an zur Freude geschaffen wurde?" Die Mutter Jesu begreift das Zaudern, ohne Wein ein Fest fortzusetzen und ersucht ihren Sohn andeutungsweise um eine mögliche wunderbare Aushilfe. Ihre Nennung ist am *Start* (Joh 2,1) und am *Finish* des Wirkens Jesu insbesondere absichtlich erfolgt (19,26f): „Als Jesus seine Mutter sah und bei ihr den Jünger, den er liebte, sagte er zu seiner Mutter: *Frau,* siehe, dein Sohn!" – In Kana heißt es (V 4): *„Und Jesus sagt zu ihr: Was mir und dir, Frau? Meine Stunde ist noch nicht gekommen."* – Diese merkwürdige Formulierung Jesu – *„Was mir und dir, Frau?"* – lässt einen Gesinnungswandlung in ihm erkennen: Hätte Jesus ohne den Hinweis Mariens *„seine Stunde"* verschlafen? – Später erkennt Jesus selbst im Abschiedsgebet (Joh 17,1):

„Dies sagte Jesus. Und er erhob seine Augen zum Himmel und sprach: Vater, die Stunde ist da. Verherrliche deinen Sohn, damit der Sohn dich verherrlicht." – Es ist bereits erkennbar: Mit Maria, der Mutter Jesu, gelangt man zum Heilsplan Jahwes, des Vaters!

Diese Erkenntnis der Offenbarung Jahwes beginnt mit dem Wunder in Kana, bekommt aber erst in der Erhöhung des Sohnes am Kreuz ihre Krönung. In seiner offenbarenden Aktion weiß sich Jesus eins mit dem Vater und seiner Mutter, nicht nur am Anfang und am Ende seiner irdischen Wirksamkeit. Seine Mutter weist – offenbar erfahrungsgemäß – die Anwesenden an, Jesu Wort zu akzeptieren (V 5b): *„Was er auch immer euch sagt, das tut!"* – Somit führt Maria, die Mutter Jesu, den Beginn der Stunde der Selbstoffenbarung Jesu herbei.

Sechs steinerne Wasserkrüge (V 6) für das jüdische Reinigungsritual, das Waschen der Hände vor und nach dem Essen und das Abspülen von Kesseln und Kübeln, enthalten alle zusammen etwa 500 bis 700 Liter.

Die Darstellung verschafft die Vorstellung eifriger Wasserschöpfer, sie wissen Bescheid über den wunderbaren Vorgang und bilden einen vorübergehenden Gegenpol zum unerfahrenen Architríklinos, dem Getränke-Manager. Ihre Kenntnis betrifft die Herkunft des Weins (V 9). – Die Verwendung vom besseren und weniger guten Wein wird gewiss auch heute noch gelegentlich praktiziert (V 10)! Wahrscheinlich sollte durch diese Bemerkung auf den Qualitätswein hingewiesen werden, den Jesus wunderbarer Weise vermittelt hat.

Im Mysterium des wunderbaren Geschehens geschieht die Mitteilung der übernatürlichen Erhabenheit Jesu, die freilich nur im Glauben, *sub specie aeternitatis*, erblickt werden kann (V 11). – Bei Johannes werden die großen Wunder Jesu *„Zeichen"* genannt (V 11), weil sie die Sendung Jesu durch Gott anzeigen. Man kann sieben zählen: das Weinwunder von Kana, die Heilung des Beamtensohnes (4,46-54), die Heilung des Kranken am Betesda-Teich (5,1-9), die große Speisung (6,1-15), der Gang Jesu auf dem Wasser (6,16-21), die Heilung des Blinden (9,1-7) und die Auferweckung des Lazarus (11,17-44). – Diese verweisen auf die Gegenwart Gottes in Jesus. Somit ist die „Herrlichkeit" (V 11) Jesu historisch erfahrbar, wenn seine Einheit mit dem Vater im Glauben bejaht wird (1,14; 11,40): „1 [14]Und das Wort ist Fleisch geworden und hat unter uns gewohnt, und wir haben seine Herrlichkeit gesehen, die Herrlichkeit des einzigen Sohnes vom Vater, voll Gnade und Wahrheit." – „11 [40]Jesus sagte zu ihr [Marta]: Habe ich dir nicht gesagt: Wenn du glaubst, wirst du die Herrlichkeit Gottes sehen?"

Die Weinfülle, nach den Maßen der Wasserkrüge zu schließen (V 6), demonstriert: Die neue Heilsordnung überbietet alles Bisherige (Joh 1,17): „Denn das Gesetz wurde durch Mose gegeben, die Gnade und die Wahrheit kamen durch Jesus Christus."

# TEMPELREINIGUNG

## Joh 2,13-25

13 Das Paschafest der Juden war nahe, und hinauf nach Jerusalem ging Jesus. 14 Im
Tempel fand er die Verkäufer von Rindern, Schafen und Tauben und die Geldwechs-
ler dasitzen. 15 Und er machte eine Peitsche aus Stricken und trieb sie alle zum Tem-
pel hinaus, sowohl die Schafe als auch die Rinder; und die Münzen der Wechsler
schüttete er aus, und die Tische stieß er um; 16 und zu den Taubenverkäufern sprach
er: Schafft dies weg von hier, macht nicht das Haus meines Vaters zu einer Markt-
halle. 17 Es erinnerten sich seine Jünger, dass geschrieben steht: „Der Eifer um dein
Haus verzehrt mich." 18 Da antworteten die Juden und sprachen zu ihm: Was für ein
Zeichen zeigst du uns, dass du diese Dinge tust? 19 Jesus antwortete und sprach zu
ihnen: Reißt diesen Tempel nieder, und in drei Tagen werde ich ihn wieder aufrich-
ten. 20 Da sagten die Juden: Sechsundvierzig Jahre wurde an diesem Tempel gebaut,
und du willst ihn in drei Tagen wieder aufrichten? 21 Er aber sprach von dem Tempel
seines Leibes. 22 Als er nun aus den Toten auferweckt war, erinnerten sich seine Jün-
ger, dass er dies gesagt hatte, und sie glaubten der Schrift und dem Worte, das Jesus
gesprochen hatte. 23 Als er aber zu Jerusalem war, am Paschafest, glaubten viele an
seinen Namen, als sie seine Zeichen sahen, die er tat. 24 Jesus selbst aber vertraute
sich ihnen nicht an, weil er alle kannte 25 und nicht nötig hatte, dass jemand Zeug-
nis gebe über den Menschen; denn er selbst erkannte, was im Menschen war.

**Tempelprotest (V 13-16)**

Jesus begibt sich zum Hauptfest seiner Volksgemeinschaft nach Jerusalem, dem religiösen Mittelpunkt seiner Landsleute. Die Formulierung vom *„Pascha der Juden"* (V 13) betont bereits eine gewisse Distanzierung und Zurückhaltung. – Jesu Missfallensbekundungen verurteilen die Verkaufspraxis von Tieren und das Geschäft der Geldmakler, die Dekadenz und Degradierung des Tempels zum Marktplatz. Die Geschäftemacherei spielte sich innerhalb des Tempelbezirkes im sogenannten „Vorhof der Heiden" ab und sollte die vorgeschriebenen Opfertiere anbieten und sicherstellen, dass die Tempelsteuer in entsprechender Währung geleistet werden konnte.

Jesu protestvoller Einspruch erinnert an Sach 14,21c: „Und kein Händler wird an jenem Tag mehr im Haus Jahwes der Heere sein." – Dabei erahnt man bereits die Zeit, in der kein Tempel mehr existieren wird. – Jedenfalls will Jesus eine gebührende Ordnung!

**Erinnerung (V 17)**

Daraufhin wird eine Reflexion gebracht (V 17): *„Es erinnerten sich seine Jünger, dass geschrieben steht: Der Eifer um dein Haus verzehrt mich."* Wird der ganze Vers gelesen, der hiermit angespielt wird, werden einige Überlegungen nahegelegt (Ps 69,10): „Denn der Eifer für dein Haus hat mich verzehrt; die Schmähungen derer, die dich schmähen, haben mich getroffen." Diese Aussage wird aufgegriffen und auf Jesu Leiden bezogen (Joh 15,25): „Aber das Wort sollte sich erfüllen, das in ihrem Gesetz steht: Ohne Grund haben sie mich gehasst." Und parallel dazu wird der Konnex dichter (Röm 15,3): „Denn auch Christus hat nicht für sich selbst gelebt; in der Schrift heißt es vielmehr: Die Schmähungen derer, die dich schmähen, haben mich getroffen." – *„Der Eifer für Gottes Haus"* führt Jesus in den Tod; die Reaktion seiner Gegner ist gleich anschließend zu spüren, die Tempelsäuberung ist ihnen – gewissermaßen nach Rache suchend – in Erinnerung geblieben.

**Kontroverse (V 18-21)**

Generalisierend gesprochen repräsentiert der Ausdruck *„die Juden"* – an und für sich einen Großteil des Volkes – als die offenkundigen Widersacher Jesu die ungläubigen Menschen, die ihn nach seiner Vollmacht für sein Tun fragen. Es ist das die Forderung nach einem *„Zeichen"* (V 18), wie bei einer späteren Gelegenheit (Joh 6,30): „Sie entgegneten ihm: Welches Zeichen tust du, damit wir es sehen und dir glauben? Was tust du?" Jesus kündet ein Zeichen an, dass die Gegner jetzt noch nicht verstehen können (V 19): *„Reißt diesen Tempel nieder"* führt das Verständnis auf Jesu Tod und Auferstehung, wie Jesus später erklärt (Joh 10,17f): „Deshalb liebt mich der Vater, weil ich mein Leben hingebe, um es wieder zu nehmen. [18]Niemand entreißt es mir, sondern ich gebe es aus freiem Willen hin. Ich habe Macht, es hinzugeben, und ich habe Macht, es wieder zu nehmen. Diesen Auftrag habe ich von meinem Vater empfangen." – Die Juden denken an den Neubau des Tempels, den 20 v. Chr. Herodes der Große (37-4 v. Chr.) begann und der 64 n. Chr. beendet war. Die Gegner Jesu können die tatsächliche Aussage von Jesu Wort, dass durch seinen Tod und seine Auferstehung der alte Tempel abgelöst wird, nicht verstehen. Die Bedeutung der *„sechsundvierzig Jahre"* (V 20) lässt sich nicht mehr sicher erklären.

**Erinnerung (V 22)**

Die Erzählung über Kana gipfelt im Glauben der Jünger (Joh 2,11): „Diesen Anfang der Zeichen machte Jesus zu Kana in Galiläa und offenbarte seine Herrlichkeit; und seine Jünger glaubten an ihn." – Ebenso findet die Darstellung über die Tempelreinigung ihren Höhepunkt (V 22): „Als er nun aus den Toten auferweckt war, erinnerten sich seine Jünger, dass er dies gesagt hatte, und sie glaubten der Schrift und dem Worte, das Jesus gesprochen hatte." Im Ostererlebnis des Auferstandenen erfolgt diese Glaubenserkenntnis. – In beiden Berichten – Kana und Tempel – werden die Gegensätze erfahrbar: Offenbarung der Herrlichkeit und Auseinandersetzung, Segen und Gericht, Glaube und Gegnerschaft, Einsicht und Missdeutung.

**Jesus durchschaut die Herzen (V 23ff)**

Manche finden aufgrund der Wunderzeichen zum Glauben; und man hört sofort das Wort Jesu an Thomas (Joh 20,29): „Jesus sagte zu ihm: Weil du mich gesehen hast, glaubst du. Selig sind, die nicht sehen und doch glauben." – Jesus drängt sich auch durch Zeichen und Wunder nicht auf, er nötigt niemanden (V 24): „ Jesus selbst aber vertraute sich ihnen nicht an, weil er alle kannte." – Glauben ist Gnade (Apg 15,11; Eph 2,8): „15[11]Wir glauben im Gegenteil, durch die Gnade Jesu, des Herrn, gerettet zu werden, auf die gleiche Weise wie jene." – „2[8]„Denn aus Gnade seid ihr durch den Glauben gerettet, nicht aus eigener Kraft – Gott hat es geschenkt!" – Zu (V 25b) „denn er selbst erkannte, was im Menschen war" bedenke man (Joh 10,14): „Ich bin der gute Hirt; ich kenne die Meinen, und die Meinen kennen mich!"

Konklusion: Jesus spricht in neuer Weise von seinem Leib als Tempel (V 19-21). Mit diesem Tempel hat Gott ein neues Zeichen seines Daseins geschaffen. Aus der Einheit mit Christus erklärt es sich, dass sich die

Kirche als geistiger Tempel versteht (2 Kor 6,16ff; Eph 2,20ff), selbst die einzelnen Christen sind Tempel Gottes, Tempel des Heiligen Geistes (Röm 8,11; 1 Kor 6,19). Christi Leib ist ein Tempel, weil in ihm noch mehr wie seinerzeit im Tempel die Herrlichkeit Gottes existent ist. Wer nicht an Christi Auferstehung glaubt, dem ist der Zugang zu diesem Tempel verschlossen. – Das bekräftigt „die Tempelreinigung" (Ps 24,3f: Mt 5,8): „Wer darf hinaufziehen zum Berg des Herrn, wer darf stehen an seiner heiligen Stätte? 4 Der reine Hände hat und ein lauteres Herz, der nicht betrügt und keinen Meineid schwört." – „5 8Selig, die ein reines Herz haben; denn sie werden Gott schauen."

## RETTUNG DER WELT

### Joh 3,13-17

**13 Und niemand ist hinaufgestiegen in den Himmel, als nur der aus dem Himmel herabgestiegen ist, der Menschensohn, [der im Himmel ist]. 14 Und wie Mose die Schlange in der Wüste erhöht hat, so muss der Menschensohn erhöht werden, 15 damit jeder, der an ihn glaubt, in ihm ewiges Leben habe. 16 Denn Gott hat die Welt so sehr geliebt, dass er seinen einzigen geborenen Sohn hingab, damit jeder, der an ihn glaubt, nicht verloren gehe, sondern ewiges Leben habe. 17 Denn Gott hat den Sohn nicht in die Welt gesandt, damit er die Welt richte, sondern damit die Welt gerettet werde durch ihn.**

Unmittelbar vorausgehend ist zu lesen (Joh 3,12): „Wenn ich zu euch über irdische Dinge gesprochen habe und ihr nicht glaubt, wie werdet ihr glauben, wenn ich zu euch über himmlische Dinge spreche?" – Die beiden Diktionen *„hinaufsteigen"* und *„herabsteigen"* (V 13) verbindet auch (Eph 4,9f): „Wenn er [Christus] aber hinaufstieg, was bedeutet dies anderes, als dass er auch zur Erde herabstieg? 10Derselbe, der herabstieg, ist auch hinaufgestiegen bis zum höchsten Himmel, um das All zu beherrschen." – Jesus ist demnach allein imstande, über „himmlische Dinge" Auskunft zu geben, die den Weg der Erlösung einschließen, den Jesus geht. Jesu Weg führt über Kreuz, Tod und Auferstehung zur „Rettung der Welt" (V 17). – Über diese Nachfolge spricht Jesus (Lk 9,23): „Zu allen sagte er: Wer mein Jünger sein will, der verleugne sich selbst, nehme täglich sein Kreuz auf sich und folge mir nach." – Ein weiterführender Gedanke dazu lautet (Joh 12,25): „Wer an seinem Leben hängt, verliert es; wer aber sein Leben in dieser Welt gering achtet, wird es bewahren bis ins ewige Leben."

Der „Aufstieg des Menschensohnes in den Himmel" ist also mit seinem „Aufstieg ans Kreuz" verbunden. – Wer somit seinen Ursprung entdeckt, kennt auch das Ziel seines Daseins. Das sollte zum Bemühen führen, in der Nachfolge Jesu zu erfassen, wie bedeutungsvoll es ist, Christ sein zu dürfen.

Der erste Schritt zum Ziel der Sendung Jesu wird beschrieben (V 14): *„Und wie Mose die Schlange in der Wüste erhöht hat,* *so muss der Menschensohn erhöht werden.“* – Das ruft in Erinnerung (Num 21,8f): „Jahwe antwortete Mose: Mach dir eine Schlange, und häng sie an einer Fahnenstange auf! Jeder, der gebissen wird, wird am Leben bleiben, wenn er sie ansieht. [9]Mose machte also eine Schlange aus Kupfer und hängte sie an einer Fahnenstange auf. Wenn nun jemand von einer Schlange gebissen wurde und zu der Kupferschlange aufblickte, blieb er am Leben.“ – König Hiskija von Juda (716-687 v. Chr.) hat die kupferne Schlange aus der Mosezeit zerstört, weil sie inzwischen als ein heidnisches Fruchtbarkeitssymbol verehrt worden war (2 Kön 18,4): „Er schaffte die Kulthöhen ab, zerbrach die Steinmale, zerstörte den Kultpfahl und zerschlug die Kupferschlange, die Mose angefertigt hatte und der die Israeliten bis zu jener Zeit Rauchopfer darbrachten – man nannte sie Nehuschtan (Kupferbild).“ – Nach Joh 3,14 ist also die kupferne Schlange des Mose ein Urbild für den am Kreuz erhöhten Christus und zugleich ein Hinweis auf seine Erhöhung im himmlischen Bereich (Joh 8,28; 12,32.34; 19,37): „8[28]Da sagte Jesus zu ihnen: Wenn ihr den Menschensohn erhöht habt, dann werdet ihr erkennen, dass Ich es bin. Ihr werdet erkennen, dass ich nichts im eigenen Namen tue, sondern nur das sage, was mich der Vater gelehrt hat.“ – „12[32]Und ich, wenn ich über die Erde erhöht bin, werde alle zu mir ziehen.“ – „12[33]Das sagte er, um anzudeuten, auf welche Weise er sterben werde. [34]Die Menge jedoch hielt ihm entgegen: Wir haben aus dem Gesetz gehört, dass der Messias bis in Ewigkeit bleiben wird. Wie kannst du sagen, der Menschensohn müsse erhöht werden? Wer ist dieser Menschensohn?“ – „19[37]Und ein anderes Schriftwort (Sach 12,10) sagt: Sie werden auf den blicken, den sie durchbohrt haben.“

Und das geschieht (V 15): *„damit jeder, der an ihn glaubt, in ihm ewiges Leben habe.“* – Der Mensch erhält die Gabe des ewigen Lebens von Christus angeboten (Weish 16, 5ff): „Auch damals, als die schreckliche Wut wilder Tiere über sie hereinbrach und sie durch die Bisse tückischer Schlangen umkamen, dauerte dein Zorn nicht bis ans Ende. [6]Zur Warnung wurden sie nur kurz in Schrecken versetzt und bekamen ein Rettungszeichen, damit sie sich an die Vorschrift deines Gesetzes erinnerten. [7]Wer sich dorthin wandte, wurde nicht durch das gerettet, was er anschaute, sondern durch dich, den Retter aller.“ – Damit kann man verstehen, dass Christen in allen ihren Bereichen das Kreuzesabbild aufrichten und zu ihm immer wieder aufblicken.

Der Akt der Erlösung beruht wesenhaft in der zuvorkommenden Liebe Gottes, der seinen Sohn opfert (V 16f): „Denn Gott hat die Welt so sehr geliebt, dass er seinen einzigen geborenen Sohn hingab, damit jeder, der an ihn glaubt, nicht verloren gehe, sondern ewiges Leben habe. [17]Denn Gott hat den Sohn nicht in die Welt gesandt, damit er die Welt richte, sondern damit die Welt durch ihn gerettet werde.“ Das Hingeben inkludiert den Tod und somit den entscheidenden, ausschlaggebenden, bestimmenden, zwingenden, durchschlagenden, folgenschweren, notwendigen, begründenden, überzeugenden Einsatz für die Erlösung und somit der Rettung der Welt. – Die Wende oder Umänderung von „Menschensohn“ (V 13) zu „einzigen geborenen Sohn“ (V 16) intensiviert diese Liebe. – Insbesondere wird die ganze Menschheit indirekt als wertvoll bezeichnet, die eine solche Erlösung erfährt.

# DAS LICHT KAM

## Joh 3,18-21

**[18]Wer an ihn glaubt, wird nicht gerichtet; wer nicht glaubt, ist schon gerichtet, weil er an den Namen des einzigen geborenen Sohnes Gottes nicht geglaubt hat. [19]Dies aber ist das Gericht, dass das Licht in die Welt gekommen ist, und die Menschen haben die Finsternis mehr geliebt als das Licht, denn ihre Werke waren böse. [20]Denn jeder, der Böses tut, hasst das Licht und kommt nicht zu dem Licht, damit seine Werke nicht offenkundig werden; [21]wer aber die Wahrheit tut, kommt zum Licht, damit seine Werke offenbar werden, dass sie in Gott gewirkt sind.**

Als Ausdruck dafür, dass Gott sich der Menschheit zuwendet, sendet er seinen Sohn (Röm 8,3): „Weil das Gesetz, ohnmächtig durch das Fleisch, nichts vermochte, sandte Gott seinen Sohn in der Gestalt des Fleisches, das unter der Macht der Sünde steht, zur Sühne für die Sünde, um an seinem Fleisch die Sünde zu verurteilen." – Als Gesandter des Vaters bringt Jesus Rettung und Leben und offenbart Gottes Wahrheit (Joh 3,17; 5,24; 12,49): „3[17]Denn Gott hat seinen Sohn nicht in die Welt gesandt, damit er die Welt richtet, sondern damit die Welt durch ihn gerettet wird." – „5[24]Amen, amen, ich sage euch: Wer mein Wort hört und dem glaubt, der mich gesandt hat, hat das ewige Leben; er kommt nicht ins Gericht, sondern ist aus dem Tod ins Leben hinübergegangen." – „12[49]Denn was ich gesagt habe, habe ich nicht aus mir selbst, sondern der Vater, der mich gesandt hat, hat mir aufgetragen, was ich sagen und reden soll." – Als Beistand sendet Jesus den Geist (Joh 15,26): „Wenn aber der Beistand kommt, den ich euch vom Vater aus senden werde, der Geist der Wahrheit, der vom Vater ausgeht, dann wird er Zeugnis für mich ablegen."

Durch Glauben schließt sich der einzelne Jesus an und erfährt Rettung. Weil der Mensch frei entscheiden kann, vermag er auch im Unglauben zu verweilen. Wie auch immer – *pro oder contra* Jesus Christus – ruft der Mensch die Rechtsentscheidung über sich selbst herab (V 18).

Das *„Gericht"*, das gegenwärtig vollzogen wird, präsentiert sich als Weltgericht (V 19). – Die Gegenüberstellung zwischen *„Licht"* und *„Finsternis"* (V 19ff) bezeichnet vor allem den Gegensatz zwischen göttlichem und widergöttlichem Bereich. So argumentiert Jesus (Joh 12,46): „Ich bin das Licht, das in die Welt gekommen ist, damit jeder, der an mich glaubt, nicht in der Finsternis bleibt." – „In der Finsternis bleiben" heißt: unter dem Zorn Gottes verweilen (3,36): „Wer an den Sohn glaubt, hat das ewige Leben; wer aber dem Sohn nicht gehorcht, wird das Leben nicht sehen, sondern Gottes Zorn bleibt auf ihm." – Das Leben in der Gemeinschaft mit Gott wird somit skizziert (1 Joh 1,5ff; Röm 13,12; 1 Petr 2,9): „1[5]Das ist die Botschaft, die wir von ihm gehört haben und euch verkünden: Gott ist Licht, und keine Finsternis ist in ihm. [6]Wenn wir sagen, dass wir Gemeinschaft mit ihm haben und doch in der Finsternis leben, lügen wir und tun nicht die Wahrheit. [7]Wenn wir aber im Licht leben, wie er im Licht ist, haben wir Gemeinschaft miteinander, und das Blut seines Sohnes Jesus reinigt uns von aller

Sünde." – „13[12]Die Nacht ist vorgerückt, der Tag ist nahe. Darum lasst uns ablegen die Werke der Finsternis und anlegen die Waffen des Lichts." – „2[9]Ihr aber seid ein auserwähltes Geschlecht, eine königliche Priesterschaft, ein heiliger Stamm, ein Volk, das sein besonderes Eigentum wurde, damit ihr die großen Taten dessen verkündet, der euch aus der Finsternis in sein wunderbares Licht gerufen hat." Der letztgenannte Vers ist die grundlegende neutestamentliche Stelle über das Priestertum aller Gläubigen.

Beträchtlich sind die Überlegenheit der Ablehnung des Lichtes und die Macht der Finsternis (V 19). Wer glaubt, erzielt einen neuen Anfang im Licht, das gibt Impuls, die Wahrheit zu tun (V 20f).

# GESPRÄCH AM JAKOBSBRUNNEN

## Joh 4,5-42

**[5]So kam er zu einem Ort in Samarien, der Sychar hieß und nahe bei dem Grundstück lag, das Jakob seinem Sohn Josef gab. [6]Dort befand sich der Jakobsbrunnen. Jesus war müde von der Reise und setzte sich daher an den Brunnen; es war um die sechste Stunde. [7]Da kam eine samaritische Frau, um Wasser zu schöpfen. Jesus sagte zu ihr: Gib mir zu trinken! [8]Seine Jünger waren nämlich in den Ort gegangen, um etwas zum Essen zu kaufen. [9]Die samaritische Frau spricht nun zu ihm: Wie bittest du um Wasser, der du ein Jude bist, von mir, die ich ein samaritische Frau bin? Denn die Juden verkehren nicht mit den Samaritern. [10]Jesus antwortete und sprach zu ihr: Wenn du die Gabe Gottes kenntest, und wer es ist, der zu dir spricht: Gib mir zu trinken, so hättest du ihn gebeten, und er hätte dir lebendiges Wasser gegeben. [11]Sie sagte zu ihm: Herr, du hast kein Schöpfgefäß, und der Brunnen ist tief; woher hast du also das lebendige Wasser? [12]Bist du etwa größer als unser Vater Jakob, der uns den Brunnen gegeben und selbst daraus getrunken hat, wie seine Söhne und seine Herden? [13]Jesus antwortete und sprach zu ihr: Jeden, der von diesem Wasser trinkt, wird wiederum dürsten; [14]wer irgend aber von dem Wasser trinken wird, das ich ihm geben werde, den wird nicht dürsten in Ewigkeit; sondern das Wasser, das ich ihm geben werde, wird in ihm eine Quelle Wassers werden, das ins ewige Leben quillt. [15]Da sagte die Frau zu ihm: Herr, gib mir dieses Wasser, damit ich keinen Durst mehr habe und nicht mehr hierher kommen muss, um Wasser zu schöpfen. [16]Er sagte zu ihr: Geh, ruf deinen Mann, und komm wieder hierher! [17]Die Frau antwortete und sprach: Ich habe keinen Mann. Jesus sprach zu ihr: Du hast recht gesagt: Ich habe keinen Mann; [18]denn fünf Männer hast du gehabt, und der, den du jetzt hast, ist nicht dein Mann; hierin hast du wahr geredet. [19]Die Frau sagte zu ihm: Herr, ich sehe, dass du ein Prophet bist. [20]Unsere Väter haben auf diesem Berge angebetet, und ihr saget, dass in Jerusalem der Ort sei, wo man anbeten müsse. [21]Jesus sprach zu ihr: Glaube mir, Frau, die Stunde kommt, zu der ihr weder auf diesem Berg noch in Jerusalem den Vater anbeten werdet. [22]Ihr betet an, was ihr nicht kennt, wir beten an, was wir kennen; denn das Heil kommt von den Juden. [23]Aber die Stunde kommt, und sie ist schon da, zu der die wahren Beter den Vater anbeten werden im Geist und in der Wahrheit; denn so will der Vater angebetet werden. [24] Gott ist Geist, und die ihn anbeten, müs-**

sen im Geist und in der Wahrheit anbeten. [25]Die Frau sagte zu ihm: Ich weiß, dass der Messias kommt, das ist: der Gesalbte (Christus). Wenn er kommt, wird er uns alles verkünden. [26] Jesus sagte zu ihr: Ich bin es, der mit dir spricht. [27]Inzwischen waren seine Jünger gekommen. Sie wunderten sich, dass er mit einer Frau sprach, aber keiner sagte: Was willst du?, oder: Was redest du mit ihr? [28]Da ließ die Frau ihren Wasserkrug stehen, ging in den Ort und sagte zu den Leuten: [29]Kommt her, seht, da ist ein Mann, der mir alles gesagt hat, was ich getan habe: Ist er vielleicht der Messias? [30]Sie gingen aus dem Ort hinaus und kamen zu ihm. [31]In der Zwischenzeit baten ihn die Jünger und sprachen: Rabbi, iss. [32]Er aber sprach zu ihnen: Ich habe eine Speise zu essen, die ihr nicht kennt. [33]Da sagten die Jünger zueinander: Es hat ihm doch niemand zu essen gebracht? [34]Jesus sprach zu ihnen: Meine Speise ist, dass ich den Willen dessen tue, der mich gesandt hat, und sein Werk vollbringe. [35]Sagt ihr nicht: Es sind noch vier Monate, und die Ernte kommt? Siehe, ich sage euch: Hebt eure Augen auf und schaut die Felder an, denn sie sind schon weiß zur Ernte. [36]Der da erntet, empfängt Lohn und sammelt Frucht zum ewigen Leben, sodass der da sät und der da erntet zugleich sich freuen. [37]Denn hierin ist der Spruch wahr: Ein anderer ist es, der da sät, und ein anderer, der da erntet. [38]Ich habe euch gesandt zu ernten, woran ihr nicht gearbeitet habt; andere haben gearbeitet, und ihr seid in ihre Arbeit eingetreten. [39]Viele Samariter aus jenem Ort kamen zum Glauben an Jesus auf das Wort der Frau hin, die bezeugt hatte: Er hat mir alles gesagt, was ich getan habe. [40]Als die Samariter zu ihm kamen, baten sie ihn, bei ihnen zu bleiben; und er blieb dort zwei Tage. [41]Und noch viele mehr glaubten um seines Wortes willen; [42]und zu der Frau sagten sie: Nicht mehr aufgrund deiner Aussage glauben wir, sondern weil wir ihn selbst gehört haben und nun wissen: Er ist wirklich der Retter der Welt.

**Ausgangsposition (V 5f)**

Sychar – „nahe bei dem Grundstück, das Jakob seinem Sohn Josef vermacht hatte“ (Gen 33,18f; 48,22; Jos 24,32) – ist ein Ort in Samaria und wird mit dem heutigen Askar zu Füßen des Ebal gleichgesetzt; bisweilen wird Sychar mit Sichem identifiziert, was wohl unrichtig ist. In einer Distanz von etwa 1 Kilometer südwestlich von diesem Dorf, an der Stelle, wo von der Straße Jerusalem-Galiläa der Weg nach der Stadt Samaria / Sebaste abbiegt, also sich der Weg nach Westgaliläa und zum See Gennesaret gabelt, liegt der Jakobsbrunnen. Seit dem 4. Jh. n. Chr. gibt man seine Stelle an. Heute ist der Platz von den Resten einer Kreuzfahrerkirche überbaut. Vom Jakobsbrunnen, der im Osten liegt, aus gesehen erhebt sich südwestlich der Berg Garizim, nordwestlich der Ebal. Auf dem Berg Garizim stand der Tempel der Samariter, dessen Fundamente ausgegraben wurden. Zur Mittagszeit setzt sich Jesus ermüdet am Brunnen nieder. Der Brunnen ist somit ein geographisch gesicherter Ort und zudem ein bevorzugter Treffpunkt für Konversationen und menschliche Beziehungen.

**Das lebendige Wasser (V 7-15)**

Der noch heute erhaltene Jakobsbrunnen ist 32 Meter tief. Sein Grundwasser fließt immer frisch nach, was das sogenannte „lebendige Wasser“ ist (V11f). Diese Aussage vertieft Ps 36,10: „Denn bei dir ist die Quelle des Lebens, in deinem Licht schauen wir das Licht." – Zur Einsichtigkeit des Dialogs Jesu, der als Jude charakterisiert wird, mit der Samariterin ist zu bedenken, dass Juden und Samariter durch eine Jahrhunderte währende Distanzierung entzweit waren. Das halbheidnische Mischvolk der Samariter. Nach dem Exil ließ man die Samaritaner nicht zum Tempel in Jerusalem zu (Esra 4,1ff); daher bauten diese auf dem Berg Garizim, dem Berg (868 m) südwestlich von Sichem, zur Zeit des Nehemia (445-433 v. Chr.; vor 424 v. Chr.) ein eigenes Heiligtum (2 Makk 6,2). Nach Dtn 11,29; 27,12 (Jos 8,33) ist der Garizim ein Berg des Segens. Der Hasmonäer Johannes Hyrkan I. zerstörte es 107 v. Chr.; er hielt nur den Jerusalemer Tempelkult für legitim, doch der Berg blieb weiterhin Kultstätte. Noch heute feiert die kleine Gemeinde der Samaritaner jährlich auf dem Garizim das Paschafest. – Die Konversation dreht sich um die Offenbarung des Messias. Jesus, der um Wasser bittet, will „lebendiges Wasser" anbieten (V 10) und verwendet als Ausgang seines Vergleiches die biblische Diktion Quellwasser in Gegenüberstellung zu Zisternenwasser. Vorbedingung für dieses Gnadengeschenk ist, die „Gabe Gottes und ihn selber zu erkennen". Jesus transponiert gewissermaßen das Quellwasser des Jakobsbrunnens in einen diese reale Ebene überbietenden spirituellen Horizont. – Wasser zählt im Orient zur brisantesten Voraussetzung des Lebens, in dessen Nähe der Mensch leben kann (Ps 1,3; Jer 17,8). – Gott selbst ist „der Quell lebendigen Wassers" (Jer 2,13; 17,13): „2[13]Denn mein Volk hat doppeltes Unrecht verübt: Mich hat es verlassen, den Quell des lebendigen Wassers, um sich Zisternen zu graben, Zisternen mit Rissen, die das Wasser nicht halten." – „17[13]Du Hoffnung Israels, Jahwe! Alle, die dich verlassen, werden zuschanden, die sich von dir abwenden, werden in den Staub geschrieben; denn sie haben Jahwe verlassen, den Quell lebendigen Wassers." – Auch Jesus bezeichnet sich als lebendiges Wasser; wer an ihn glaubt, wird selbst zu einer Quelle des Lebens (Joh 4,10.13f; 7,37f). Das Wasser der Taufe ist Zeichen dieses neuen Lebens (Joh 3,5): „Jesus antwortete: Amen, amen, ich sage dir: Wenn jemand nicht aus Wasser und Geist geboren wird, kann er nicht in das Reich Gottes kommen."

Den Lebensdurst vermag letztlich nur allein Gott zu stillen. Die Frau aber denkt entsprechend ihrem Ambiente und erfasst noch nicht, was Jesus sie lehren will, auch wenn sie Jesus um Wasser bittet (V 15): „Da sagte die Frau zu ihm: Herr, gib mir dieses Wasser, damit ich keinen Durst mehr habe und nicht mehr hierher kommen muss, um Wasser zu schöpfen."

**Die Frau wird durchschaut, entlarvt, demaskiert (V 16-19)**

Jesus bekundet, dass er die Menschen durchschaut, er kennt die Herzen. En passant haben die Männergeschichten der Frau ihre aparte, individuelle Dimension. Zwei sinngebende Varianten der Interpretation bieten sich an. Ungestillte Lebenslust und Enttäuschung sind den Worten der Frau zu entnehmen und stehen in Kontroverse zu dem „lebendigen Wasser", das sinnvolle Lebensfreude verspricht. – Andererseits wird die Hurerei der Frau entlarvt, demaskiert, erkannt. Das hat symbolische Bedeutung. – Götzendienst wird bisweilen als Hurerei beurteilt (Hos 1,2; Offb 14,8; 17,1. 2.4). Die diesbezügliche Situation in Samaria wird folgendermaßen charakterisiert (2 Kön 17,24-33): „Der König von Assur brachte Leute aus Babel, Kuta, Awa, Hamat und Sefarwajim in das Land und siedelte sie anstelle der Israeliten in den Städten Samariens an. Sie nahmen Samarien in Besitz und ließen sich in seinen Städten nieder. [25]In der ersten Zeit, in der sie dort wohnten, erwiesen sie Jahwe keine Verehrung. Jahwe schickte deshalb Löwen unter sie, die manche von ihnen töteten. 26Da meldete man dem König von Assur: Die Völker, die du weggeführt und in den Städten Samariens angesiedelt hast, wissen nicht, wie man den Landesgott verehren soll. Er hat daher Löwen unter sie gesandt, von denen sie getötet werden, weil sie nicht wissen, wie man den Landesgott verehren soll. 27Da befahl der König von Assur: Bringt einen von den Priestern zurück, die ihr von dort weggeführt habt. Er soll zu ihnen gehen, bei ihnen wohnen und sie belehren, wie man den Landesgott verehren soll. 28So kam einer von den Priestern zurück, die man aus Samarien weggeführt hatte. Er ließ sich in Bet-El nieder und belehrte sie, wie man Jahwe verehren müsse. 29Jedes Volk aber schuf sich seine eigenen Götter und stellte sie in den Höhentempeln auf, die von den Bewohnern Samariens erbaut worden waren. Jedes Volk tat dies in der Stadt, in der es wohnte. 30Die Leute aus Babel machten sich Bilder Sukkot-Benots. Die Ansiedler aus Kuta stellten Bilder Nergals her. Jene aus Hamat schufen Bilder Aschimas. 31Die Awiter fertigten Bilder des Nibhas und des Tartak an. Die, die aus Sefarwajim gekommen waren, verbrannten ihre Kinder zur Ehre Adrammelechs und Anammelechs, der Götter von Sefarwajim. 32Gleichzeitig verehrten sie aber auch Jahwe. Auch setzten sie aus ihren eigenen Reihen Priester für die Kulthöhen ein, die für sie in den Höhentempeln Dienst taten. 33So verehrten sie Jahwe und dienten daneben ihren Göttern nach den Bräuchen der Völker, aus denen man sie weggeführt hatte."

Wenn die Frau Jesus für einen „Propheten" hält, so folgt sie einfach einer weitverbreiteten Ansicht (V 19).

**Die wahren Anbeter (V 20-26)**

Die Konversation wendet sich anscheinend erneut der Thematik und den Beziehungen zwischen Juden und Samariter zu. Jesus beseitigt, eliminiert indessen den Zwiespalt zwischen Jerusalem und dem Garizim und infolgedessen die Diskrepanz oder Differenz zwischen Juden und Samariter. Durch Jesus beginnt eine neue Gottesverehrung „im Geist und in der Wahrheit" (V 23) und zwar in der Selbsterschließung Gottes durch Jesus Christus. Der göttliche Geist und die Offenbarung als Ideal der Wahrheit führen zur neuen Gottesverehrung, die dem Menschen aus dem Geist durch die Taufe neu geschenkt wird (V 24): „Gott ist Geist, und die ihn anbeten, müssen im Geist und in der Wahrheit anbeten." Somit muss man in eine neue Sphäre, nämlich in die messianische Gemeinschaft Jesu Christi aufgenommen sein, um zu den wahren Anbetern zu gehören. – Überaus bedeutungsvoll ist die Anbetung im „Geist und in der Wahrheit" als Höhepunkt, Krönung, Zenit des menschlichen Daseins und seiner Existenz und als Chance, Menschen verschiedenen Ursprungs in eins zusammenzuführen.

Die Frau, die nicht erkennt und versteht, erwartet vom kommenden Messias hinreichende Auskunft, eine entsprechende offenbarende Mitteilung (V 25). Mit dem Bekenntniswort „Ich bin es" (V 26) teilt sich Jesus ihr mit, offenbart er seine wahre Existenz und Sendung.

**Rückkehr der Jünger (27-30)**

„Sie wunderten sich, dass er mit einer Frau sprach" (V 27). Die jüdischen Schriftgelehrten vermieden es, mit Frauen zu konferieren oder disputieren (Sir 9,2f.6): „Liefere dich nicht einer Frau aus, damit sie nicht Gewalt bekommt über dich. 3Nah dich nicht einer fremden Frau, damit du nicht in ihre Netze fällst. 6Gib dich nicht mit einer Dirne ab, damit sie dich nicht um dein Erbe bringt." – Jesus ist frei und steht über dieser Gepflogenheit, er ist für alle Menschen da.

Die Mutmaßung der Frau, dass Jesus eventuell der „Messias“ (V 29) sei, treibt die Bewohner von Sychar zum Brunnen. Jesus Christus erweist sich somit als der eigentliche Jakobsbrunnen, der „lebendiges Wasser“ zu geben vermag; er ist zugleich geradezu die tatsächliche Jakobsleiter, jene Himmelsleiter, von der Jakob träumt (Gen 28,12), der Anspielung entsprechend (Joh 1,51b): „Ihr werdet den Himmel geöffnet und die Engel Gottes auf- und niedersteigen sehen über dem Menschensohn.“

**Jüngerunterweisung (31-38)**
Die Jünger, die aus dem Dorf mit Proviant zurückkommen (V 8.27), bitten Jesus zu essen (V 31), was ihn veranlasst, von einer höheren, spirituellen Speise zu sprechen; das führt wiederum zu Missverständnissen im Jüngerkreis. Die Speise wird für Jesus zum Symbol, den Willen Gottes zu erfüllen: Somit steht er in völliger Willenseinheit mit dem Vater (V 34).

Zum Sinnbild für die Mission werden die Erntefelder, die in „vier Monaten“ Früchte bringen (V 35ff). Es bestehen andere Grundsätze in dieser Ernte für das ewige Leben, vor allem wenn Aussaat und Einbringen der Früchte zusammenfallen. Jeder missionarische Dienst fundiert auf der Mühe anderer und im Miteinander. Die Erwähnung (V 38) „ich habe euch gesendet“ bezieht sich möglicherweise auf die Mission der Samariter (Apg 8,4-25).

**Ankunft der Samariter (39-42)**
Ausdrücklich wird die Mittlerrolle der Frau diagnostiziert, durch die viele zum Glauben gelangen (V 39). Die Anwesenheit Jesu von „zwei Tagen“ (V 40) entspricht der großzügigen Gastfreundschaft Jesu und vermutlich seiner Jünger gegenüber. Jesu „Wort“ (V 41) intensiviert den Glauben der Samariter, die ihn überraschend alle religiösen und nationalen Grenzen überwindend als „Retter der Welt“ (V 42) feiern.

# VOLLMACHT JESU

## Joh 5,24-29

**24Wahrlich, wahrlich, ich sage euch: Wer mein Wort hört und glaubt dem, der mich gesandt hat, hat ewiges Leben und kommt nicht ins Gericht, sondern er ist aus dem Tode in das Leben übergegangen. 25Wahrlich, wahrlich, ich sage euch, dass die Stunde kommt und jetzt ist, da die Toten die Stimme des Sohnes Gottes hören werden, und die sie gehört haben, werden leben. 26Denn gleichwie der Vater Leben in sich selbst hat, also hat er auch dem Sohne gegeben, Leben zu haben in sich selbst. 27Und er hat ihm Vollmacht gegeben, Gericht zu halten, weil er der Menschensohn ist. 28Wundert euch nicht darüber! Die Stunde kommt, in der alle, die in den Gräbern sind, seine Stimme hören 29und hervorkommen werden: die das Gute getan haben, zur Auferstehung des Lebens, die aber das Böse verübt haben, zur Auferstehung des Gerichts.**

Die vorliegenden Verse aus einer Offenbarungsrede Jesu (V 24-29) verkünden die Einigkeit im Wirken von Vater und Sohn im Bereich des Richtens und Lebendigmachens (V 24). Bemerkenswert ist eine Art Identifizierung in der Gleichsetzung von Gottessohn- zur Menschensohn-Bezeichnung (V 25.27) und der Gegenwart zur Zukunft im eschatologischen Aspekt (V 27ff). – Mit rituellem zweifachem *„wahrlich"*, womit „amen" (V 24f) übersetzt wird, beginnt Jesu Diktion. Seine Tätigkeit lässt das Heilsgeschehen des Vaters evident, offenbar werden. Die Identität und Konkordanz von Vater und Sohn entstammen indessen der sogenannten Präexistenz, dem Dasein Christi als Logos bei Gott vor seiner Menschwerdung.

**Die Toten kommen zum Leben (V 24-26)**

Wer „hört und glaubt", aufersteht vom Tod und erhält „ewiges Leben" (V 24). Der verändernde Umschwung *„Jesu Worte hören" / „dem sendenden Vater glauben"* (V 25) führt erneut zur gemeinsamen Tätigkeit. Ableben und Belebung werden als Aufgabenkreise verstanden. Unter dem Gericht verharren, benennt im Ableben zu verweilen. Die in dem Erlebnis mit dem Wort geschehene Auferstehung der Toten geschieht und ist Anteilhabe am göttlichen Leben. Alle sind Todgeweihte, nur die existent Hörenden, das heißt die glaubenden Menschen, gewinnen das Leben.

Die endzeitliche Stunde ist schon da (V 25). Der Ausgangspunkt des Lebens ist Gott, und der Sohn ist der Garant dieses Lebens.

**Die Begrabenen werden auferstehen (V 27-29)**

Dementsprechend werden in einer nachfolgenden Ideenfolge bevorstehende Hoffnungen eingebracht. Die Diktion ist so formuliert, dass der Druck auf der Glaubensentscheidung liegt (V 28c): „seine Stimme hören". Anstelle von den Verstorbenen wird von den Bestatteten referiert, statt vom Sohn Gottes vom Menschensohn. Die entscheidende Distanzierung der leiblichen Auferstehung des Lebens oder des Gerichts führt zur Enthüllung der Glaubensentscheidung und zum Ziel des menschlichen Daseins. – Infolge der Werke werden Glaube oder Unglaube im Gericht entschieden (V 29).

Die Argumentation dieses Abschnittes zielt auf die Aussagen: das Wort des Sohnes hören und dem Vater glauben, weil der Sohn das Wort des Vaters ist. – Die Hörenden und Nichthörenden werden unterschieden. Die einen kommen zum Leben, die anderen bleiben im Tod.

# SPEISUNG EINER VOLKSMENGE

## Joh 6,1-15

**[1]Daraufhin ging Jesus an das jenseitige Ufer des Sees von Galiläa, von Tiberias. [2]Es folgte ihm eine große Volksmenge, weil sie die Zeichen sahen, die er an den Kranken tat. [3]Jesus aber ging hinauf auf den Berg und setzte sich dort mit seinen Jüngern. [4]Es war aber das Pascha nahe, das Fest der Juden. [5]Als nun Jesus die Augen aufhob und sah, dass eine große Volksmenge zu ihm kommt, sagt er zu Philippus: Woher sollen wir Brote kaufen, auf dass diese essen? [6]Das sagte er aber nur, um ihn auf die Probe zu stellen; denn er selbst wusste, was er tun wollte. [7]Philippus antwortete ihm: Zweihundert Denare Brote reichen nicht für sie hin, auf dass ein jeder ein wenig bekomme. [8]Es sagt zu ihm einer von seinen Jüngern, Andreas, der Bruder des Simon Petrus: [9]Es ist ein Knabe hier, der fünf Gerstenbrote und zwei Fische hat; aber was ist dies für so viele? [10]Jesus aber sprach: Macht, dass die Leute sich lagern. Es war aber viel Gras an dem Orte. Es lagerten sich nun die Männer, an Zahl etwa fünftausend. [11]Jesus nahm nun die Brote und sagte Dank, teilte sie denen aus, die da lagerten; gleicherweise auch von den Fischen, so viel sie wollten. [12]Als sie aber gesättigt waren, sagt er zu seinen Jüngern: Sammelt die übrig gebliebenen Brocken, damit nichts verdirbt. [13]Sie sammelten nun und füllten zwölf Körbe mit Brocken von den fünf Gerstenbroten, welche denen übrig blieben, die gegessen hatten. [14]Als nun die Leute das Zeichen sahen, das er getan hatte, sagten sie: Dieser ist wahrhaftig der Prophet, der in die Welt kommen soll. [15]Da Jesus nun erkannte, dass sie daran seien, zu kommen und ihn zu ergreifen, um ihn zum König zu machen, zog er sich wieder auf den Berg zurück, er allein.**

Der Ort der Speisung einer Volksmenge ist das *„jenseitige Ufer"*, das nordöstliche vom See Gennesaret, der auch See von *„Tiberias"* (V 1) heißt (Joh 21,1). – Herodes Antipas hat in den Jahren zwischen 17-22 n. Chr. am Südwestufer des Sees die Stadt Tiberias gegründet und nach dem herrschenden Kaiser Tiberius (14-37 n. Chr.) benannt. – Die *„große Volksmenge"* (V 2) sucht Jesus aus Sensationslust und Neugier, sie wollen weitere „Zeichen" und Wunder sehen, die anscheinend manche wie heute im Zirkus suchen. – Der „Berg" (V 3) – vermutlich der Abhang eines Bergvorsprungs – könnte auf den Berg, auf dem Jahwe dem Mose erschien (Ex 19f), verweisen, besonders auf die theologischen Aussagen von (Ex 19,2-6): „Sie waren von Refidim aufgebrochen und kamen in die Wüste Sinai. Sie schlugen in der Wüste das Lager auf. Dort lagerte Israel gegenüber dem Berg. [3] Mose stieg zu Gott hinauf. Da rief ihm Jahwe vom Berg her zu: Das sollst du dem Haus Jakob sagen und den Israeliten verkünden: [4] Ihr habt gesehen, was ich den Ägyptern angetan habe, wie ich euch auf Adlerflügeln getragen und hierher zu mir gebracht habe. [5]Jetzt aber, wenn ihr auf meine Stimme hört und meinen Bund haltet, werdet ihr unter allen Völkern mein besonderes Eigentum sein. Mir gehört die ganze Erde, [6] ihr aber sollt mir als ein Reich von Priestern und als ein heiliges Volk gehören.

Das sind die Worte, die du den Israeliten mitteilen sollst." – Und man erinnert sich der Worte, die verkünden, dass Jesus Mose übertrifft (Joh 1,17; 6,32): „1 [17]Denn das Gesetz wurde durch Mose gegeben, die Gnade und die Wahrheit kamen durch Jesus Christus." – „6[32]Jesus sagte zu ihnen: Amen, amen, ich sage euch: Nicht Mose hat euch das Brot vom Himmel gegeben, sondern mein Vater gibt euch das wahre Brot vom Himmel."

Zudem wird signalisiert: Es war vor dem „Pascha" (V 4), das inkludiert gewissermaßen vorausahnend die Aussagen: Jesus ist „unser Paschalamm" (Joh 19,36; 1 Kor 5,7; 1 Petr 1,19). An die Stelle des jüdischen Paschafestes tritt im Christentum die Erinnerungsfeier an Christi Auferstehung – Ostern – die Eucharistie in den Gestalten von Brot und Wein.

Jesus wendet sich an Philippus, der im nahe gelegnen Betsaida beheimatet ist, um die Situation abzugrenzen (V 5ff). Die Sentenz „um ihn auf die Probe zu stellen" (V 6) kann auch schlicht und einfach die Abklärung der Situation betreffen und muss sich nicht an dessen Glaubensfähigkeit richten. – Es zeigt vor allem, dass die Stoßkraft für das wunderbare Einschreiten allein von Jesus ausgeht, weil von einer Notsituation der Volkmenge nichts bemerkt wird. Die Auskunft des Philippus und die Aussage des Andreas kennzeichnen die Erhabenheit des Wunderzeichens (V 7ff). – Die Gerstenbrote rufen das Speisungswunder des Elischa ins Gedächtnis (2 Kön 4,42-44): „Einmal kam ein Mann von Baal-Schalischa und brachte dem Gottesmann Brot von Erstlingsfrüchten, zwanzig Gerstenbrote, und frische Körner in einem Beutel. Elischa befahl seinem Diener: Gib es den Leuten zu essen! [43]Doch dieser sagte: Wie soll ich das hundert Männern vorsetzen? Elischa aber sagte: Gib es den Leuten zu essen! Denn so spricht Jahwe: Man wird essen und noch übriglassen. [44] Nun setzte er es ihnen vor; und sie aßen und ließen noch übrig, wie Jahwe gesagt hatte." – Jesus überbietet die Propheten!

Es ist sympathisch! Jesus veranlasst, dass die Volksmenge sich niederlässt, zu Boden sitzt oder einfach ins Gras legt! Es war ja reichlich vorhanden (V 10). – Gewiss ruft das in freudestrahlende und feierliche Erinnerung (Ps 23,1f): „Jahwe ist mein Hirte, nichts wird mir fehlen. [2]Er lässt mich lagern auf grünen Auen und führt mich zum Ruheplatz am Wasser." – Jesus sagt als Gastgeber das Dankgebet, das dem griechische Verb entsprechend (V 11) zur Eucharistie hinführt und geheimnisvoll, das nur aus dem Glauben verständliche Wort zum Ausdruck bringt (Joh 6,52ff): „Da stritten sich die Juden und sagten: Wie kann er uns sein Fleisch zu essen geben? [53]Jesus sagte zu ihnen: Amen, amen, das sage ich euch: Wenn ihr das Fleisch des Menschensohnes nicht esst und sein Blut nicht trinkt, habt ihr das Leben nicht in euch. [54]Wer mein Fleisch isst und mein Blut trinkt, hat das ewige Leben, und ich werde ihn auferwecken am Letzten Tag."

Jesus selbst teilt Brote und Fische aus (V 11), so viel sie begehrten. Die Kollekte der übrig gebliebenen Speisereste wird den Jüngern überantwortet (V 12) und ist ein Zeichen der Verantwortung, der Aufmerksamkeit und Sorgfalt. – Das mag eine Mahnung sein (Joh 6,27): „Müht euch nicht ab für die Speise, die verdirbt, sondern für die Speise, die für das ewige Leben bleibt und die der Menschensohn euch geben wird. Denn ihn hat Gott, der Vater, mit seinem Siegel beglaubigt."

Es wird dominierend mehr aufgelesen, als am Beginn existent war. Die 12 Körbe demonstrieren die imposante Stärke des Mirakels. Parallel dazu bezeichnen sie die Zwölfzahl der Jünger (V 12f).

Die Gegenwirkung der beteiligten Volksmenge auf das Mirakel ist zunächst ein Bekenntnis (V 14b): „Dieser ist wahrhaftig der Prophet, der in die Welt kommen soll." Dazu kommt die Idee, Jesus zum König zu proklamieren. – Das Ansinnen „ihn zum König zu machen" demonstriert die katastrophale Fehlkalkulation der Volksmasse. Jesu Entweichen auf den „Berg" ist demonstrativer Einspruch gegen die Fehldeutung seines Sendungsanspruchs (V 15). Dieser intensiviert sich in Jesus in der Einsamkeit, Zurückgezogenheit, Abgeschiedenheit, Einöde, im Alleinsein, im Sichabkapseln.

# ÜBER DAS HIMMELSBROT

## Joh 6,24-35

**24Als nun die Volksmenge sah, dass Jesus nicht dort war noch seine Jünger, stiegen sie in die Boote und kamen nach Kafarnaum, um Jesus zu suchen. 25Und als sie ihn jenseits des Sees gefunden hatten, sprachen sie zu ihm: Rabbi, wann bist du hierher gekommen? 26Jesus antwortete ihnen und sprach: Wahrlich, wahrlich, ich sage euch: Ihr sucht mich, nicht weil ihr Zeichen gesehen, sondern weil ihr von den Broten gegessen habt und satt geworden seid. 27Müht euch nicht ab für die Speise, die vergeht, sondern für die Speise, die da bleibt ins ewige Leben, welche der Menschensohn euch geben wird; denn diesen hat der Vater, Gott, beglaubigt. 28Da sprachen sie zu ihm: Was sollen wir tun, damit wir die Werke Gottes wirken? 29Jesus antwortete und sprach zu ihnen: Dies ist das Werk Gottes, dass ihr an den glaubet, den er gesandt hat. 30Da sprachen sie zu ihm: Was tust du nun für ein Zeichen, damit wir sehen und dir glauben? Was tust du? 31Unsere Väter aßen das Manna in der Wüste, wie geschrieben steht: „Brot aus dem Himmel gab er ihnen zu essen." 32Da sprach Jesus zu ihnen: Wahrlich, wahrlich, ich sage euch: Nicht Mose hat euch das Brot vom Himmel gegeben, sondern mein Vater gibt euch das wahre Brot vom Himmel. 33Denn das Brot Gottes ist der, welcher aus dem Himmel herniederkommt und der Welt das Leben gibt. 34Da sprachen sie zu ihm: Herr, gib uns allezeit dieses Brot! 35Jesus sprach zu ihnen: Ich bin das Brot des Lebens: Wer zu mir kommt, wird nicht hungern, und wer an mich glaubt, wird nimmermehr dürsten.**

**Jesus in Kafarnaum (V 24f)**

*Kafarnaum* heißt Hebräisch *Kephar Nahum*, Dorf des Nahum, ist ein Ort am Nordufer des Sees Gennesaret, vier Kilometer westlich von der Mündung des Jordan. Jesus lässt sich nach dem Weggang von Nazaret hier nieder (Joh 2,12): „Danach zog er mit seiner Mutter, seinen Brüdern und seinen Jüngern nach Kafarnaum hinab. Dort blieben sie einige Zeit." Daselbst hatten Petrus und sein Bruder Andreas ein Haus (Mk 1,29). In Kafarnaum heilte Jesus den Knecht des Hauptmannes (Mt 8,5; Lk 7,1), trieb Dämonen aus (Mk 1,21-26.34) und heilte die Schwiegermutter des Petrus und viele andere (Mk 1,30f.34). Kafarnaum war damals Grenzort, von deren Zollstätte rief Jesus den Zöllner Levi (Mk 2,13-17). Die *eucharistische Verheißungsrede Joh 6,22-59* hielt Jesus in der Synagoge von Kafarnaum (V 59). Jedoch scheint Kafarnaum die Botschaft Jesu

nicht begriffen zu haben (Mt 11,23). – Gegenwärtig wird der Ort mit *Tell Hum* identifiziert; nur wenige Ruinen künden von der früheren Bedeutung: Exkavationen vom Haus des Petrus, Reste einer Synagoge aus dem 4./5. Jh. n. Chr.
Die Volksmenge *findet* Jesus in *Kafarnaum.* Wenn man sich ausmalt, dass alle mit Booten über den See segelten, war ein ansehnlicher Schiffsverband in Bewegung. – Die Ungewissheit (V 25b): *„Rabbi, wann bist du hierher gekommen?"* – bleibt in diesem Konnex offen und unbeantwortet, sie zeigt allerdings, dass den Zuhörern viele Fragen am Herzen liegen, vieles unverständlich ist, was geradezu ihren Unglauben widerspiegelt.

**Glaubensforderung Jesu (V 26-29)**

In seiner Beantwortung enthüllt Jesus die glaubenslose Einstellung, motiviert aber zugleich zu einem positiven Engagement. Infolge der wunderbaren Vermehrung der Brote und Fische anlässlich der Speisung der Volksmenge suchen die Menschen Jesus, um von ihm ähnliche Wunder zu erhaschen oder sättigende Speisen zu erhalten; den Sinn dieses wunderbaren Zeichens erkannten sie nicht, sie nahmen ihn im Glauben nicht auf, der sich in diesen Zeichen offenbart. – Die dauerhafte Nahrung in Gegenüberstellung zur verderblichen Esswaren ist auf das im Menschen grundgelegte Verlangen nach überirdischem Leben ausgerichtet; womit bereits indirekt ein Hinweis auf die eucharistischen Gaben von *Brot und Wein* gegeben wird, die mystisch Jesu Leib und Blut bezeichnen (Joh 6,52-58): „Da stritten sich die Juden und sagten: Wie kann er uns sein Fleisch zu essen geben? [5] Jesus sagte zu ihnen: Amen, amen, das sage ich euch: Wenn ihr das Fleisch des Menschensohnes nicht esst und sein Blut nicht trinkt, habt ihr das Leben nicht in euch. [54]Wer mein Fleisch isst und mein Blut trinkt, hat das ewige Leben, und ich werde ihn auferwecken am Letzten Tag. [55]Denn mein Fleisch ist wirklich eine Speise, und mein Blut ist wirklich ein Trank. [56]Wer mein Fleisch isst und mein Blut trinkt, der bleibt in mir, und ich bleibe in ihm. [57]Wie mich der lebendige Vater gesandt hat und wie ich durch den Vater lebe, so wird jeder, der mich isst, durch mich leben. [58]Dies ist das Brot, das vom Himmel herabgekommen ist. Mit ihm ist es nicht wie mit dem Brot, das die Väter gegessen haben; sie sind gestorben. Wer aber dieses Brot isst, wird leben in Ewigkeit."
Warum? Die Antwort Jesu kann nur lauten (Joh 10,10b): „ich bin gekommen, damit sie das Leben haben und es in Fülle haben."
Wenn die Menschen nach den *„Werken Gottes"* (V 28) sich erkundigen, die durchzuführen sind, so nennt Jesus einzig und allein nur ein Werk, nämlich den „Glauben als Werk Gottes" (V 29): *„Jesus antwortete und sprach zu ihnen: Dies ist das Werk Gottes, dass ihr an den glaubet, den er gesandt hat."*

**Zeichenforderung der Menschenmenge (V 30-33)**

Die ungläubigen Leute fordern vehement ein Zeichen (V 30). Nach der wunderbaren Speisung erstreben sie *„Brot vom Himmel"* und eine beharrliche Wiederkehr der sättigenden Brot- und Fischvermehrung gemäß der wunderbaren Verpflegung, welche die Väter *„in der Wüste"* (V 31) erfahren haben. Somit berufen sie sich auf die Geschichte und die Zeit des Mose. Jesus korrigiert ihre menschlichen Vorstellungen: Es ist jeweils Gott, den Jesus *„mein Vater"* (V 32) nennt; zudem ist *Jesus selbst das Brot Gottes aus dem Himmel, das der Welt Leben bringt* (V 33).

**Bitte um das Brot (V 34f)**

Man könnte fast meinen, dass nun Jesus verstanden wird (34): *„Da sprachen sie zu* *ihm: Herr, gib uns allezeit dieses Brot!"* – sie aber denken immer noch an das irdische Brot, obwohl Jesus bereits auf die *„Speise, die da bleibt ins ewige Leben"* (V 27) verwiesen hat; und das Verharren im Unglauben bestätigt unmittelbar nachfolgend (Joh 6,36.41): „36Aber ich habe euch gesagt: Ihr habt gesehen, und doch glaubt ihr nicht." – „41Da murrten die Juden gegen ihn, weil er gesagt hatte: Ich bin das Brot, das vom Himmel herabgekommen ist."

Den Knalleffekt und Höhepunkt der Konfrontation bildet die Selbstvorstellung Jesu (V 35): *„Ich bin das Brot des Lebens: Wer zu mir kommt, wird nicht hungern, und wer an mich glaubt, wird nimmermehr dürsten."*

# DASS ICH SIE AUFERWECKE

## Joh 6,37-40

**37Alles, was mir der Vater gibt, wird zu mir kommen, und wer zu mir kommt, den werde ich nicht hinausstoßen; 38denn ich bin vom Himmel herabgekommen, nicht damit ich meinen Willen tue, sondern den Willen dessen, der mich gesandt hat. 39Dies aber ist der Wille dessen, der mich gesandt hat, dass ich von allem, was er mir gegeben hat, nichts verliere, sondern es auferwecke am Letzten Tage. 40Denn das ist der Wille meines Vaters, dass jeder, der den Sohn sieht und an ihn glaubt, ewiges Leben habe; und ich werde ihn auferwecken am Letzten Tage.**

Keinen von denen, die ihm der Vater zugedacht hat, wird Jesus im Stich lassen; wenn einer verworfen wird, ist es nicht ein Fehler, Defizit, eine Kompetenz, Verschuldung Jesu, des Sohnes Gottes (V 37); denn (V 38) er ist vom Himmel auf die Erde heruntergekommen, um den Willen des Vaters zu vollenden (Joh 4,34; 5,30; 6,38; 17,4; 19,30): „4 34Jesus sprach zu ihnen: Meine Speise ist es, den Willen dessen zu tun, der mich gesandt hat, und sein Werk zu Ende zu führen." – „5 30Von mir selbst aus kann ich nichts tun; ich richte, wie ich es (vom Vater) höre, und mein Gericht ist gerecht, weil es mir nicht um meinen Willen geht, sondern um den Willen dessen, der mich gesandt hat." – „17 4Ich habe dich auf der Erde verherrlicht und das Werk zu Ende geführt, das du mir aufgetragen hast." – „19 30Als Jesus von dem Essig genommen hatte, sprach er: Es ist vollbracht! Und er neigte das Haupt und gab seinen Geist auf."

Der Vater will, dass jeder, der den Sohn *„sieht"* (V 40), ihn als den begreift und identifiziert, der er ist, das ist eine Aufforderung zur Entscheidung zwischen Glauben und Unglauben (12,44ff): „Jesus aber rief aus: Wer an mich glaubt, glaubt nicht an mich, sondern an den, der mich gesandt hat, 45 und wer mich sieht, sieht den, der mich gesandt hat. 46 Ich bin das Licht, das in die Welt gekommen ist, damit jeder, der an mich glaubt, nicht in der Finsternis bleibt."

Mit „auferwecken" (V 40) wird wachgerufen (Joh 6,44.54; 1 Kor 6,14; 2 Kor 4,14): „6 44Niemand kann zu mir kommen, wenn nicht der Vater, der mich gesandt hat, ihn zu mir führt; und ich werde ihn auferwecken am Letzten Tag." – [54]Wer mein Fleisch isst und mein Blut trinkt, hat das ewige Leben, und ich werde ihn auferwekken am Letzten Tag." – „6[14]Gott hat den Herrn auferweckt; er wird durch seine Macht auch uns auferwecken." – „4[14]Denn wir wissen, dass der, welcher Jesus, den Herrn, auferweckt hat, auch uns mit Jesus auferwecken und uns zusammen mit euch (vor sein Angesicht) stellen wird."

# MURRT NICHT

## Joh 6,41-51

**41Da murrten die Juden über ihn, weil er sagte: Ich bin das Brot, das aus dem Him-
mel herabgekommen ist; 42und sie sprachen: Ist dieser nicht Jesus, der Sohn Josefs,
dessen Vater und Mutter wir kennen? Wie sagt denn dieser: Ich bin aus dem Himmel
herabgekommen? 43Da antwortete Jesus und sprach zu ihnen: Murrt nicht unterein-
ander. 44Niemand kann zu mir kommen, wenn nicht der Vater, der mich gesandt hat,
ihn zieht; und ich werde ihn auferwecken am Letzten Tage. 45Es steht in den Pro-
pheten geschrieben: Und sie werden alle von Gott belehrt sein. Jeder, der von dem
Vater gehört und gelernt hat, kommt zu mir. 46Nicht, dass jemand den Vater gesehen
hätte, außer dem, der von Gott ist, dieser hat den Vater gesehen. 47Wahrlich, wahrlich,
ich sage euch: Wer glaubt, hat ewiges Leben. 48Ich bin das Brot des Lebens. 49Eure
Väter haben das Manna in der Wüste gegessen und sind gestorben. 50Dies ist das
Brot, das aus dem Himmel herabkommt, damit man davon esse und nicht sterbe.
51Ich bin das lebendige Brot, das aus dem Himmel herabgekommen ist; wenn jemand
von diesem Brote isst, so wird er leben in Ewigkeit. Das Brot aber, das ich geben
werde, ist mein Fleisch, welches ich geben werde für das Leben der Welt.**

Der Unglaube äußert sich im Murren. Schon auf dem Weg zum Sinai, zur Zeit der Wüstenwanderung, ist murrendes Maulen die Bekundung der Undankbarkeit und des ungläubigen Widerspruchs (Exodus 16,6-12): „Da sagten Mose und Aaron zu allen Israeliten: Heute Abend sollt ihr erfahren, dass Jahwe euch aus Ägypten geführt hat, [7]und morgen werdet ihr die Herrlichkeit Jahwes schauen; denn er hat euer Murren gegen Jahwe gehört. Aber wer sind schon wir, dass ihr gegen uns murrt? [8] Weiter sagte Mose: Wenn Jahwe euch heute abends Fleisch zu essen gibt und euch am Morgen mit Brot sättigt, wenn er also euer Murren hört, mit dem ihr ihn bedrängt, was sind wir dann? Nicht uns galt euer Murren, sondern Jahwe. [9]Dann sagte Mose zu Aaron: Sag der ganzen Gemeinde der Israeliten: Tretet hin vor Jahwe; denn er hat euer Murren gehört. [10]Während Aaron zur ganzen Gemeinde der Israeliten sprach, wandten sie sich zur Wüste hin. Da erschien plötzlich in der Wolke die Herrlichkeit Jahwes. [11]Jahwe sprach zu Mose: [12]Ich habe das Murren der Israeliten gehört. Sag ihnen: Am Abend werdet ihr Fleisch zu essen haben, am Morgen werdet ihr satt sein von Brot, und ihr werdet erkennen, dass ich Jahwe, euer Gott, bin."

Die Opposition der Juden wendet sich gegen den Anspruch Jesu, *aus dem Himmel herabgekommen* zu sein (V 41). Das widerspricht seiner vermeintlich allgemein bekannten irdischen Abstammung (V 42). Das Außergewöhnliche der Mitteilung, der Selbsterschließung Jesu, vermag nur im Glauben akzeptiert zu werden. Glaube ist ein Gnadengeschenk Gottes, glauben kann nur, *„wenn der Vater ihn zieht"* (V 44). Diese Attraktivität, Anziehungskraft Gottes ist universal, wie gleich anschließend festgestellt wird (V 45): *„Und sie werden alle von Gott belehrt sein."* Hiermit wird auf Jes 54,13 verwiesen: „Alle deine Söhne werden Jünger Jahwes sein, und groß ist der Friede deiner Söhne." Einfach formuliert: Alle werden Schüler Gottes genannt werden und dies realisiert sich bereits jetzt durch das Wort und die Belehrung Jesu.

Gewiss ist Glaube Gnade, und zwar an Jesus Christus gebunden, der in einem unmittelbaren einzigartigen Verhältnis zu Gott steht und für alle offen ist (Mt 11,28): „Kommt alle zu mir, die ihr euch plagt und schwere Lasten zu tragen habt. Ich werde euch Ruhe verschaffen."

Eindringlich, vehement impulsiv wird die unabdingbare Notwendigkeit des Glaubens eingemahnt. *„Ewiges Leben"* (V 47) blickt auf V 44c zurück: *„ich werde ihn auferwecken am Letzten Tage."* – Die freie Entscheidung zu glauben bleibt gewahrt (V 51): *„wenn jemand von diesem Brote isst!"* – Ausschlaggebend ist die Gegenüberstellung von Manna und dem bestätigten Brot des Himmels. Die auf wundersame Weise erhaltene Nahrung der Wüstenzeit blieb im Bereich des Irdischen (V 49): „Eure Väter haben das Manna in der Wüste gegessen und sind gestorben." Das Brot des Himmels ist Jesus Christus selbst, wer ihn „konsumiert", das heißt zugleich ihn im Glauben und unter den eucharistischen Gestalten von „Brot und Wein" (1 Kor 11,23-25) aufnimmt, *„wird nicht sterben"* (V 50), erfährt *„ewiges Leben"* (V 47) und die Geborgenheit der göttlichen *„Ewigkeit"* (V 51). Es betrifft Tod und Leben!

# VERHEISSUNG DER EUCHARISTIE

## Joh 6,52-58

**52Es stritten nun untereinander die Juden und sagten: Wie kann dieser uns sein
Fleisch zu essen geben? 53Da sprach Jesus zu ihnen: Wahrlich, wahrlich, ich sage
euch: Wenn ihr das Fleisch des Menschensohnes nicht esst und sein Blut nicht trinkt,
so habt ihr kein Leben in euch selbst. 54Wer mein Fleisch isst und mein Blut trinkt,
hat ewiges Leben, und ich werde ihn auferwecken am Letzten Tage; 55denn mein
Fleisch ist wahrhaftig Speise, und mein Blut ist wahrhaftig Trank. 56Wer mein Fleisch
isst und mein Blut trinkt, bleibt in mir und ich in ihm. 57Wie gesandt hat mich der
lebendige Vater und ich lebe des Vaters wegen, so wird auch, wer mich isst, leben
meinetwegen. 58Dies ist das Brot, das aus dem Himmel herabgekommen ist. Nicht
wie die Väter aßen und starben; wer dieses Brot isst, wird leben in Ewigkeit.**

Dass *„Juden untereinander streiten“* (V 52), ist keine Seltenheit, man denke beispielsweise an die Auseinandersetzung während der Wüstenwanderung (Ex 17,2): „Das Volk geriet mit Mose in Streit und sagte: Gebt uns Wasser zu trinken! Mose aber antwortete: Was streitet ihr mit mir? Warum stellt ihr Jahwe auf die Probe?“ – Die Juden verstehen die Symbolsprache Jesu wörtlich, sie erscheint ihnen sinnlos. – Jesu nahezu provozierende Diktion hingegen soll zur Entscheidung drängen: zum Glauben an ihn! – Warum bleiben die Juden in ihrer Konfrontation unter sich? Sie hätten ja Jesus um entsprechende Information bitten können, warum vertrauen sie sich ihm nicht an? Es ist Mangel an Zutrauen! – Jesus intensiviert anschließend seine Aussage, um ihre Aufmerksamkeit für das erhabene Mysterium zu gewinnen; Jesu Initiative kündigt gleichzeitig die eucharistischen Gaben an und zielt hin auf ihre Wesensverwandlung (Mk 14,22ff): „Während des Mahls nahm er das Brot und sprach den Lobpreis; dann brach er das Brot, reichte es ihnen und sagte: Nehmt, das ist mein Leib. 23Dann nahm er den Kelch, sprach das Dankgebet, reichte ihn den Jüngern, und sie tranken alle daraus. 24Und er sagte zu ihnen: Das ist mein Blut, das Blut des Bundes, das für viele vergossen wird.“

Der Anteil am ewigen *„Leben“* (V 53) hängt von der Teilnahme am eucharistischen Mahl ab. Die exklusive Formulierung in diesem Konnex will die Heilsbedeutung von Eucharistie und Kreuz intensiv forcieren. – Jesus fügt nun zum Essen des Fleisches auch das Trinken des Blutes hinzu, was verboten ist (Lev 17,10ff; Apg 15,19f): „17 10Jeder Mann aus dem Haus Israel oder jeder Fremde in eurer Mitte, der irgendwie Blut genießt, gegen einen solchen werde ich mein Angesicht wenden und ihn aus der Mitte seines Volkes ausmerzen. 11Die Lebenskraft des Fleisches sitzt nämlich im Blut. Dieses Blut habe ich euch gegeben, damit ihr auf dem Altar für euer Leben die Sühne vollzieht; denn das Blut ist es, das für ein Leben sühnt. 12Deshalb habe ich zu den Israeliten gesagt: Niemand unter euch darf Blut genießen, auch der Fremde, der in eurer Mitte lebt, darf kein Blut genießen.“ – „15 19Darum halte ich es für richtig, den Heiden, die sich zu Gott bekehren, keine Lasten aufzubürden; 20man weise sie nur an, Verunreinigung durch Götzen(opferfleisch) und Unzucht zu meiden und weder Ersticktes noch Blut zu essen.“

Die realistische Tatsache des Essens und Trinkens wird in der Version im griechischen Urtext durch „Kauen“ hervorgehoben und ist dennoch sakramental zu verstehen. – Wenn die nachösterliche Verwendung des Ausdrucks „Menschensohn“ mit dem Auferstandenen identifiziert wird, so ist grundsätzlich jeder Verdacht von Perversität, Kannibalismus, Menschenfresserei, Anthropophagie ausgeschlossen und veranschaulicht, dass nach dem Abendmahlsgeschehen erst der Erhöhte, der in den Himmel aufgenommene Christus, die eucharistischen Gaben anbietet, die existent als Verpflegung bezeichnet werden können, weil nur sie das ewige Leben vermitteln. Somit kann erkannt werden, Gott wird Mensch, um mit seinem Leib und seinem Blut die Menschheit zu erlösen. Das darf mystisch erlebt werden in der Eucharistie! Sie erreicht zugleich die intimste individuellste Beziehung mit Christus (V 56): „Er in mir“ und „ich in ihm”. – Das führt zum Triumph (Röm 8,11): „Wenn der Geist dessen in euch wohnt, der Jesus von den Toten auferweckt hat, dann wird er, der Christus Jesus von den Toten auferweckt hat, auch euren sterblichen Leib lebendig machen durch seinen Geist, der in euch wohnt.“

Leben geht vom Vater aus (V 57f), der zur Weitergabe den Sohn gesandt hat (Joh 5,21.24-30; 15,4f): „5 21 Denn wie der Vater die Toten auferweckt und lebendig macht, so macht auch der Sohn lebendig, wen er will. [24]Amen, amen, ich sage euch: Wer mein Wort hört und dem glaubt, der mich gesandt hat, hat das ewige Leben; er kommt nicht ins Gericht, sondern ist aus dem Tod ins Leben hinübergegangen. [25]Amen, amen, ich sage euch: Die Stunde kommt, und sie ist schon da, in der die Toten die Stimme des Sohnes Gottes hören werden; und alle, die sie hören, werden leben. [26]Denn wie der Vater das Leben in sich hat, so hat er auch dem Sohn gegeben, das Leben in sich zu haben. [27]Und er hat ihm Vollmacht gegeben, Gericht zu halten, weil er der Menschensohn ist. [28]Wundert euch nicht darüber! Die Stunde kommt, in der alle, die in den Gräbern sind, seine Stimme hören [29]und herauskommen werden: Die das Gute getan haben, werden zum Leben auferstehen, die das Böse getan haben, zum Gericht. [30]Von mir selbst aus kann ich nichts tun; ich richte, wie ich es (vom Vater) höre, und mein Gericht ist gerecht, weil es mir nicht um meinen Willen geht, sondern um den Willen dessen, der mich gesandt hat." – „15[4]Bleibt in mir, dann bleibe ich in euch. Wie die Rebe aus sich keine Frucht bringen kann, sondern nur, wenn sie am Weinstock bleibt, so könnt auch ihr keine Frucht bringen, wenn ihr nicht in mir bleibt. [5]Ich bin der Weinstock, ihr seid die Reben. Wer in mir bleibt und in wem ich bleibe, der bringt reiche Frucht; denn getrennt von mir könnt ihr nichts vollbringen."

## UNGLAUBE DER JÜNGER – BEKENNTNIS DES PETRUS

### Joh 6,60-69

**[60]Viele nun von seinen Jüngern, die es gehört hatten, sprachen: Diese Rede ist hart; wer kann sie hören? [61]Da aber Jesus bei sich selbst wusste, dass seine Jünger hierüber murrten, sprach er zu ihnen: Ärgert euch dieses? [62]Wenn ihr nun den Menschensohn dahin auffahren sehet, wo er zuvor war? [63]Der Geist ist es, der lebendig macht; das Fleisch nützt nichts. Die Worte, welche ich zu euch geredet habe, sind Geist und sind Leben; [64]aber es sind einige unter euch, die nicht glauben. Denn Jesus wusste von Anfang, welche es seien, die nicht glaubten, und wer es sei, der ihn überliefern würde. [65]Und er sprach: Darum habe ich euch gesagt, dass niemand zu mir kommen kann, es sei ihm denn von dem Vater gegeben. [66]Von da an zogen sich viele seiner Jünger zurück und wanderten nicht mehr mit ihm. [67]Da sprach Jesus zu den zwölf: Wollt ihr etwa auch weggehen? [68]Simon Petrus antwortete ihm: Herr, zu wem sollen wir gehen? Du hast Worte ewigen Lebens; [69] und wir haben geglaubt und erkannt, dass du der Heilige Gottes bist.**

**Abtrünnigkeit der Jünger (V 60-65)**
Das Aufbegehren der Jünger verurteilt die Ambition Jesu, Heilswahrheiten zu offenbaren und sich als Spender des Lebens zu präsentieren. Ihr Ärgernis entspricht der vorausgehenden Ablehnung (Joh 6,41): „Da murrten die Juden über ihn, weil er sagte: Ich bin das Brot, das aus dem Himmel herabgekommen ist." – Ein größerer Jüngerkreis fällt vom Glauben an Jesus ab, wird abtrünnig. Seine *„Rede"* (V 60) führt in die Alternative, zum Entweder-Oder: für oder gegen Jesus! Darüber hinaus haben auch jene, die bereits Jesus anhangen und nachfolgen, keine Garantie, den Glauben zu bewahren; sie müssen mit Bedrohungen und Krisen rechnen und ihnen den Kampf ansagen. Die vehementeste Herausforderung ist das Kreuz, der Weg des Menschensohnes zum Vater (V 62). Der Gegensatz von *„Geist und Fleisch"* findet seine Versöhnung in Jesu Direktiven, sie sind *„Geist und Leben"* (V 63). Im Glauben, den Gott Vater gewährt, werden sie richtig verstanden und akzeptiert. – Jesus durchschaut *„von Anfang an"* die Menschen und verweist auf den Verräter als negative Handlungsweise (V 64f).

**Bekenntnis des Petrus (V 66-69)**
Anscheinend verließen *„viele Jünger"* Jesus für immer (V 66). Die Aufkündigung der Gemeinschaft wird naheliegend wie einst artikuliert (Jes 1,4): „Weh dem sündigen Volk, der schuldbeladenen Nation, der Brut von Verbrechern, den verkommenen Söhnen! Sie haben Jahwe verlassen, den Heiligen Israels haben sie verschmäht und ihm den Rücken gekehrt."

Jesus stellt nun auch die *„zwölf"* vor die Entscheidung (V 67). An führender Stelle ergreift Simon Petrus das Wort: Sein Bekenntnis, ein überzeugender Treueschwur aus der Lebenserfahrung heraus formuliert, demonstriert auf dem tragischen Background des Glaubensabfalls und der Untreue ein entscheidendes Statement, eine Proklamation der Zuversicht, Begeisterung und des Vertrauens mit personaler Bindung an Jesus. – Die exquisite Hoheitsbezeichnung „Heiliger Gottes" (V 69) – nur noch Mk 1,24 – muss aus dem Kontext erfasst werden (Joh 10,36): „Dürft ihr von dem, den der Vater geheiligt und in die Welt gesandt hat, sagen: Du lästerst Gott – weil ich gesagt habe: Ich bin Gottes Sohn?" Jesus ist der, den der Vater gesandt hat und der Gott offenbart und präsentiert.
Diese Aussagen thematisieren echte Jüngerschaft, ist Freundschaft mit Jesus (Joh 15,14-18): „Ihr seid meine Freunde, wenn ihr tut, was ich euch auftrage. [15]Ich nenne euch nicht mehr Knechte; denn der Knecht weiß nicht, was sein Herr tut. Vielmehr habe ich euch Freunde genannt; denn ich habe euch alles mitgeteilt, was ich von meinem Vater gehört habe. [16]Nicht ihr habt mich erwählt, sondern ich habe euch erwählt und dazu bestimmt, dass ihr euch aufmacht und Frucht bringt und dass eure Frucht bleibt. Dann wird euch der Vater alles geben, um was ihr ihn in meinem Namen bittet. [17]Dies trage ich euch auf: Liebt einander! [18]Wenn die Welt euch hasst, dann wisst, dass sie mich schon vor euch gehasst hat."

## STRÖME LEBENDIGEN WASSERS

### Joh 7,37-39

**37 Am letzten Tag, dem großen des Festes, stand Jesus da und rief: Wenn jemand dürstet, komme er zu mir, und trinke, 38 wer an mich glaubt. Wie die Schrift gesagt hat: Ströme lebendigen Wassers werden aus seinem Inneren fließen. 39 Dies sagte er von dem Geist, den die an ihn Glaubenden empfangen sollten; denn noch gab es keinen Geist, weil Jesus noch nicht verherrlicht war.**

Am Höhepunkt des Laubhüttenfestes ruft Jesus während der Wasserzeremonie (V 37): „Kommt zu mir!" Das hat Parallelen (Spr 9,4f; Sir 24,19; 51,23f): „9 4 Wer unerfahren ist, kehre hier ein. Zum Unwissenden sagt sie: 5 Kommt, esst von meinem Mahl und trinkt vom Wein, den ich mischte." – „24 19 Kommt zu mir, die ihr mich begehrt, sättigt euch an meinen Früchten!" – „51 23 Kehrt bei mir ein, ihr Unwissenden, verweilt in meinem Lehrhaus! 24 Wie lange noch wollt ihr das alles entbehren und eure Seele dürsten lassen?" – Sachlich wird wiederholt (Joh 4,14): „wer aber von dem Wasser trinkt, das ich ihm geben werde, wird niemals mehr Durst haben; vielmehr wird das Wasser, das ich ihm gebe, in ihm zur sprudelnden Quelle werden, deren Wasser ewiges Leben schenkt."

Wer im Glauben bei Christus den Durst stillt, wird für andere zur Quelle lebendigen Wassers (V 38). Das lässt nach einer Reihe von erklärenden Belegstellen suchen (Jes 43,20; 44,3; 58,11; 1 Kor 10,3f): „43 20 Die wilden Tiere werden mich preisen, die Schakale und Strauße, denn ich lasse in der Steppe Wasser fließen und Ströme in der Wüste, um mein Volk, mein erwähltes, zu tränken." – „44 3 Denn ich gieße Wasser auf den dürstenden Boden, rieselnde Bäche auf das trockene Land. Ich gieße meinen Geist über deine Nachkommen aus und meinen Segen über deine Kinder." – „58 11 Jahwe wird dich immer führen, auch im dürren Land macht er dich satt und stärkt deine Glieder. Du gleichst einem bewässerten Garten, einer Quelle, deren Wasser niemals versiegt." – „10 3 Alle aßen auch die gleiche gottgeschenkte Speise, 4 und alle tranken den gleichen gottgeschenkten Trank; denn sie tranken aus dem Leben spendenden Felsen, der mit ihnen zog. Und dieser Fels war Christus."

Manche Exegeten denken auch an die Verheißung der Tempelquelle, die sich zu einem Strom entwickelt (Jes 12,3; Ez 47,1; Sach 13,1; 14,8; Offb 22,1): „12 3 Ihr werdet Wasser schöpfen voll Freude aus den Quellen des Heils." – „47 1 Dann führte er mich zum Eingang des Tempels zurück, und ich sah, wie unter der Tempelschwelle Wasser hervorströmte und nach Osten floss; denn die vordere Seite des Tempels schaute nach Osten. Das Wasser floss unterhalb der rechten Seite des Tempels herab, südlich vom Altar." – „13 1 An jenem Tag wird für das Haus David und für die Einwohner Jerusalems eine Quelle fließen zur Reinigung von Sünde und Unreinheit." – „14 8 An jenem Tag wird aus Jerusalem lebendiges Wasser fließen, eine Hälfte zum Meer im Osten und eine Hälfte zum Meer im Westen; im Sommer und im Winter wird es fließen." – „22 1 Und er zeigte mir einen

Strom von Wasser des Lebens, glänzend wie Kristall, der hervorging aus dem Throne Gottes und des Lammes."

Auf das Wasser, das aus der Seite Jesu quillt, verweist (V 38) *„aus seinem Inneren"* im Blick auf die Aussage über die Geschehnisse nach Jesu Tod (Joh 19,34): „sondern einer der Soldaten stieß mit der Lanze in seine Seite, und sogleich floss Blut und Wasser heraus." Eine Vorahnung dazu gibt die Voraussage (Sach 12,10): „Doch über das Haus David und über die Einwohner Jerusalems werde ich den Geist des Mitleids und des Gebets ausgießen. Und sie werden auf den blicken, den sie durchbohrt haben. Sie werden um ihn klagen, wie man um den einzigen Sohn klagt; sie werden bitter um ihn weinen, wie man um den Erstgeborenen weint."

Die bisherigen Aussagen über *„Ströme lebendigen Wassers"* (V 38) verbindet ein Hinweis auf die Geistsendung (V 39) und ruft die Worte Jesu in Erinnerung (Joh 4,23f; 14,26; 16,7): „4[23]Aber die Stunde kommt, und sie ist schon da, zu der die wahren Beter den Vater anbeten werden im Geist und in der Wahrheit; denn so will der Vater angebetet werden. [24]Gott ist Geist, und alle, die ihn anbeten, müssen im Geist und in der Wahrheit anbeten." – „14[26]Der Beistand aber, der Heilige Geist, den der Vater in meinem Namen senden wird, der wird euch alles lehren und euch an alles erinnern, was ich euch gesagt habe." – „16[7]Doch ich sage euch die Wahrheit: Es ist gut für euch, dass ich fortgehe. Denn wenn ich nicht fortgehe, wird der Beistand nicht zu euch kommen; gehe ich aber, so werde ich ihn zu euch senden." – Das geschieht dann durch den Auferstandenen, der den Jüngern erscheint (Joh 20,22): „Nachdem er das gesagt hatte, hauchte er sie an und sprach zu ihnen: Empfangt den Heiligen Geist!"

# JESUS UND DIE EHEBRECHERIN

## Joh 8,1-11

**[1]Jesus aber ging zum Ölberg. [2]Frühmorgens aber kam er wiederum in den Tempel,
und alles Volk kam zu ihm; und er setzte sich und lehrte sie. [3]Da bringen die Schrift-
gelehrten und die Pharisäer eine Frau, im Ehebruch ertappt, und stellen sie in die
Mitte [4]und sagen zu ihm: Meister, diese Frau wurde beim Ehebruch auf frischer Tat
ertappt. [5]In dem Gesetz aber hat uns Moses geboten, solche zu steinigen; du nun,
was sagst du? [6]Dies aber sagten sie, ihn zu versuchen, damit sie etwas hätten, um ihn
anzuklagen. Jesus aber bückte sich nieder und schrieb mit dem Finger auf die Erde.
[7]Als sie aber fortfuhren, ihn zu fragen, richtete er sich auf und sprach zu ihnen: Wer
von euch ohne Sünde ist, werfe zuerst den Stein auf sie. [8]Und wiederum bückte er
sich nieder und schrieb auf die Erde. [9]Als sie aber dies hörten, gingen sie einer nach
dem anderen hinaus, angefangen von den Ältesten; und Jesus wurde allein gelassen
mit der Frau in der Mitte. [10]Er richtete sich auf und sagte zu ihr: Frau, wo sind sie?
Hat dich keiner verurteilt? [11]Sie antwortete: Keiner, Herr. Da sagte Jesus: Auch ich
verurteile dich nicht. Geh und sündige von jetzt an nicht mehr!**

**Anklage (V 1-6a)**

Das Nächtigen auf dem *Ölberg*, die *Morgenfrühe*, Jesu Unterweisung *im Tempel*, das *Sitzen* bei der Lehre haben analoge Vergleichbarkeiten (Lk 19,47; 20,1; 21,37; 22,39), die dafür sprechen, dass sich die Begebenheit während des letzten Aufenthaltes Jesu in Jerusalem zugetragen hat.

Jesu heimtückische Gegner, die *Schriftgelehrten und Pharisäer*, wollen ihm eine Falle stellen und schleppen eine auf frischer Tat ertappte Ehebrecherin an, um sein Urteil zu eruieren. Für Ehebrecher ist die Todesstrafe vorgesehen (Lev 20,10; Dtn 22,22ff): „20[10]Ein Mann, der mit der Frau seines Nächsten die Ehe bricht, wird mit dem Tod bestraft, der Ehebrecher samt der Ehebrecherin." – „22[22]Wenn ein Mann dabei ertappt wird, wie er bei einer verheirateten Frau liegt, dann sollen beide sterben, der Mann, der bei der Frau gelegen hat, und die Frau. Du sollst das Böse aus Israel wegschaffen. [23]Wenn ein unberührtes Mädchen mit einem Mann verlobt ist und ein anderer Mann ihr in der Stadt begegnet und sich mit ihr hinlegt, [24]dann sollt ihr beide zum Tor dieser Stadt führen. Ihr sollt sie steinigen, und sie sollen sterben, das Mädchen, weil es in der Stadt nicht um Hilfe geschrien hat, und der Mann, weil er sich die Frau eines andern gefügig gemacht hat. Du sollst das Böse aus deiner Mitte wegschaffen." – Ausschlaggebend ist die Konfliktsituation, in die Jesus gebracht wird. Man lauert darauf, dass sich Jesus gegen diese Gesetzesbestimmungen stellt, dann hat man einen Grund, auch ihn *anzuklagen;* oder wird Jesus seiner Botschaft über die Vergebung untreu, dann hat man ein Argument, diese Botschaft nicht anzunehmen, ja geradezu ein Recht, diese abzulehnen.

Jesus lehrt die Vergebung (Joh 20,23): „Wem ihr die Sünden vergebt, dem sind sie vergeben; wem ihr die Vergebung verweigert, dem ist sie verweigert." Diese Vergebung ist an Jesus gebunden (Joh 14,23ff): „Jesus antwortete: Wenn jemand mich liebt, wird er an meinem Wort festhalten; mein Vater wird ihn lieben, und wir werden zu ihm kommen und bei ihm wohnen. [24]Wer mich nicht liebt, hält an meinen Worten nicht fest. Und das Wort, das ihr hört, stammt nicht von mir, sondern vom Vater, der mich gesandt hat. [25]Das habe ich zu euch gesagt, während ich noch bei euch bin. [26]Der Beistand aber, der Heilige Geist, den der Vater in meinem Namen senden wird, der wird euch alles lehren und euch an alles erinnern, was ich euch gesagt habe."

**Überwältigung der Ankläger (V 6b-9a)**

Jesu Entgegnung ist autark autonom überlegen. Abgesehen davon, die Ankläger mutmaßlich zu ignorieren, notiert er anscheinend ihre persönlichen Vergehen mit dem Finger in den Staub oder Sand nebenan. Man denkt an (Jer 17,13): „Du Hoffnung Israels, Jahwe! Alle, die dich verlassen, werden zuschanden, die sich von dir abwenden, werden in den Staub geschrieben; denn sie haben Jahwe verlassen, den Quell lebendigen Wassers." – Bemerkenswert ist (V 7): „Als sie aber fortfuhren, ihn zu fragen, richtete er sich auf und sprach zu ihnen: Wer von euch ohne Sünde ist, werfe zuerst den Stein auf sie." Möglicherweise bestätigt eine extensive Lesart: „Er schrieb die Sünden jedes Einzelnen von ihnen auf die Erde." – Nach Dtn 17,7 sollen zuerst die Zeugen die Exekution vornehmen: „Die Hand der Zeugen soll zuerst an ihm sein, ihn zu töten, und danach die Hand des ganzen Volkes. Und du sollst das Böse aus deiner Mitte hinwegschaffen." – Jesus verlangt, dass nur ein Unschuldiger *den ersten Stein schleudern dürfe.* Eigentlich wäre dies allein nur er (Joh 8,46): „Wer von euch kann mir eine Sünde nachweisen? Wenn ich die Wahrheit sage, warum glaubt ihr mir nicht?" – „Ohne Sünde" bezieht sicht nicht nur auf Verfehlungen in

der Ehe, eine extensive Lesart ergänzt: „von ihrem Gewissen überführt!"
Es war eine grandiose Aktivität Jesu, seine Reaktion und Worte sind einzigartig, einmalig, frappant, aufsehenerregend! Alle müssen abziehen! Die Seniores machen als Erfahrene den Auftakt. Im eigenen Schuldbewusstsein ist ein Aburteilen monströs (Lk 6,37): „Richtet nicht, dann werdet auch ihr nicht gerichtet werden. Verurteilt nicht, dann werdet auch ihr nicht verurteilt werden. Erlasst einander die Schuld, dann wird auch euch die Schuld erlassen werden."

**Vergebungsspruch (V 9bff)**
Es bleiben exemplarisch, Ehrfurcht gebietend für alle Welt, die Sünderin zurück und Jesus, dem als Einzigen es gebührt, dieses Urteil zu sprechen. Die Frage Jesu (V 10b) *„Frau, wo sind sie? Hat dich keiner verurteilt?"* zielt auf das Ergebnis, dass alle Schuldner sind. Sofern die Frau die Amnestie, den Freispruch erhält, wird sie zum Beispiel dafür, dass alle von der Versöhnung Gottes abhängig sind. Mit der Begnadigung erhält sie die Chance und den Auftrag, das Leben neu, frei von Sünde zu gestalten. Die Begebenheit erklärt die Sendung Jesu (Lk 19,10; Joh 3,17; 12,47f): „19[10]Denn der Menschensohn ist gekommen, um zu suchen und zu retten, was verloren ist." – „3[17]Denn Gott hat seinen Sohn nicht in die Welt gesandt, damit er die Welt richtet, sondern damit die Welt durch ihn gerettet wird." – „12[47]Wer meine Worte nur hört und sie nicht befolgt, den richte nicht ich; denn ich bin nicht gekommen, um die Welt zu richten, sondern um sie zu retten. [48]Wer mich verachtet und meine Worte nicht annimmt, der hat schon seinen Richter: Das Wort, das ich gesprochen habe, wird ihn richten am Letzten Tag." – In diesem Konnex steht folgende Orientierungshilfe Jesu (Lk 6,37): „Richtet nicht, dann werdet auch ihr nicht gerichtet werden. Verurteilt nicht, dann werdet auch ihr nicht verurteilt werden. Erlasst einander die Schuld, dann wird auch euch die Schuld erlassen werden."

# HEILUNG UND AUSEINANDERSETZUNG

## Joh 9,1-41

**[1]Und im Vorübergehen sah er einen Mann, der seit seiner Geburt blind war. [2]Und
seine Jünger fragten ihn und sagten: Rabbi, wer hat gesündigt, dieser oder seine El-
tern, dass er blind geboren wurde? [3]Jesus antwortete: Weder dieser hat gesündigt,
noch seine Eltern, sondern auf dass die Werke Gottes an ihm geoffenbart würden.
[4]Ich muss die Werke dessen wirken, der mich gesandt hat, solange es Tag ist; es
kommt die Nacht, da niemand wirken kann. [5]Solange ich in der Welt bin, bin ich das
Licht der Welt. [6]Als er dies gesagt hatte, spuckte er auf die Erde; dann machte er mit
dem Speichel einen Schlamm, strich den Schlamm dem Blinden auf die Augen. [7]Und
er sprach zu ihm: Geh, wasche dich in dem Teich Schiloach! Schiloach heißt über-
setzt: Gesandter. Da ging er und wusch sich und kam sehend. [8]Die Nachbarn nun
und die ihn früher gesehen hatten, dass er ein Bettler war, sprachen: Ist dieser nicht
der, der da saß und bettelte? [9]Einige sagten: Er ist es; andere sagten: Nein, sondern**

er ist ihm ähnlich; jener sagte: Ich bin es. [10]Sie sprachen nun zu ihm: Wie sind deine
Augen aufgetan worden? [11]Er antwortete: Der Mann, der Jesus heißt, machte einen
Schlamm, bestrich mir die Augen und sagte zu mir: Geh zum Schiloach, und wasch
dich! Ich ging hin, wusch mich und wurde sehend. [12]Da sprachen sie zu ihm: Wo ist
jener? Er sagt: Ich weiß es nicht. [13]Sie führten ihn zu den Pharisäern, den einst Blin-
den. [14]Es war aber Sabbat an dem Tag, als Jesus den Schlamm gemacht und ihm die
Augen geöffnet hatte. [15]Nun fragten ihn wiederum auch die Pharisäer, wie er sehend
geworden sei. Er aber sprach zu ihnen: Er legte Schlamm auf meine Augen, und ich
wusch mich, und ich sehe. [16]Einige der Pharisäer meinten: Dieser Mensch kann nicht
von Gott sein, weil er den Sabbat nicht hält. Andere aber sagten: Wie kann ein Sün-
der solche Zeichen tun? So entstand eine Spaltung unter ihnen. [17]Sie sagten nun wie-
derum zu dem Blinden: Was sagst du von ihm, weil er deine Augen aufgetan hat? Er
aber sprach: Er ist ein Prophet. [18]Es glaubten nun die Juden nicht von ihm, dass er
blind war und sehend geworden, bis sie die Eltern dessen riefen, der sehend gewor-
den war. [19]Und sie fragten sie und sprachen: Ist dieser euer Sohn, von dem ihr sagt,
dass er blind geboren wurde? Wie kann er jetzt sehen? [20]Seine Eltern antworteten
und sprachen: Wir wissen, dass dieser unser Sohn ist und dass er blind geboren
wurde; [21]wie er aber jetzt sehen kann, wissen wir nicht, oder wer seine Augen auf-
getan hat, wissen wir nicht. Er ist mündig; fragt ihn, er wird selbst über sich reden.
[22]Dies sagten seine Eltern, weil sie die Juden fürchteten; denn die Juden waren schon
übereingekommen, dass, wenn jemand ihn als Messias bekennen würde, er aus der
Synagoge ausgeschlossen werde. [23]Deswegen sagten seine Eltern: Er ist mündig, fragt
ihn. [24]Sie riefen nun zum zweiten Male den Menschen, der blind war, und sprachen
zu ihm: Gib Gott die Ehre! Wir wissen, dass dieser Mensch ein Sünder ist. [25]Da ant-
wortete er: Ob er ein Sünder ist, weiß ich nicht; eines weiß ich, dass ich blind war und
jetzt sehe. [26]Und sie sprachen wiederum zu ihm: Was hat er dir getan? Wie tat er
deine Augen auf? [27]Er antwortete ihnen: Ich habe es euch schon gesagt, und ihr habt
nicht gehört; warum wollt ihr es nochmals hören? Wollt ihr etwa auch seine Jünger
werden? [28]Sie schmähten ihn und sprachen: Du bist sein Jünger; wir aber sind des
Mose Jünger. [29]Wir wissen, dass Gott zu Moses geredet hat; von diesem aber wissen
wir nicht, woher er ist. [30]Der Mann antwortete ihnen: Darin liegt ja das Erstaunliche,
dass ihr nicht wisst, woher er kommt; dabei hat er doch meine Augen geöffnet. [31]Wir
wissen, dass Gott einen Sünder nicht erhört; wer aber Gott fürchtet und seinen Wil-
len tut, den erhört er. [32]Von Urzeit her ist es nicht gehört worden, dass jemand die
Augen eines Blindgeborenen aufgetan hat. [33]Wenn dieser nicht von Gott wäre, so
könnte er nichts tun. [34]Sie antworteten und sprachen zu ihm: Du bist ganz in Sünden
geboren, und du belehrst uns? Und sie warfen ihn hinaus. [35]Jesus hörte, dass sie ihn
hinausgeworfen hatten; und als er ihn fand, sprach er zu ihm: Glaubst du an den
Menschensohn? [36]Er antwortete und sprach: Und wer ist es, Herr, damit ich an ihn
glaube? [37]Jesus sprach zu ihm: Du hast ihn gesehen, und der mit dir redet, der ist es.
[38]Er aber sprach: Ich glaube, Herr; und er warf sich vor ihm nieder. [39]Und Jesus
sprach: Zum Gericht bin ich in diese Welt gekommen, auf dass die Nichtsehenden
sehen und die Sehenden blind werden. [40]Pharisäern, die bei ihm waren, hörten dies
und sprachen zu ihm: Sind denn auch wir blind? [41]Jesus sprach zu ihnen: Wenn ihr
blind wäret, so würdet ihr keine Sünde haben; nun ihr aber saget: Wir sehen, so
bleibt eure Sünde.

**Vorbereitende Erörterung (V 1-5)**
Im Hintergrund der Erzählung ist ein blind Geborener schlechter dran als ein nachfolgend Erblindeter. Warum diese außergewöhnlich drückende persönliche Armseligkeit? Die Jünger interessieren sich nach einer Begründung, einer Verknüpfung von persönlichem Elend und individueller Verschuldung. Diese Kombination wird von Jesus widerlegt. Dagegen gibt Jesus die Okkasion, seine heilende Macht zu demonstrieren (V 1-3). – Der Leitsatz von der Begrenzung des Tages durch die Nacht will den Trübsinn der Auseinandersetzung veranschaulichen und präsentieren, dass ein Erfolg verfehlt werden kann. – Das verpflichtet! – Zu „wirken" (V 4) bedenke man (Joh 5,17): „Jesus aber entgegnete ihnen: Mein Vater ist noch immer am Werk, und auch ich bin am Werk." – Womit die Sabbatheiligung gerechtfertigt wird. – Zudem soll die erfolgende Blindenheilung die Selbstbezeichnung „Licht der Welt" demonstrieren (Joh 8,12): „Als Jesus ein andermal zu ihnen redete, sagte er: Ich bin das Licht der Welt. Wer mir nachfolgt, wird nicht in der Finsternis umhergehen, sondern wird das Licht des Lebens haben."

**Heilung (V 6f)**
Die Heilung geschieht merkwürdigerweise mit Speichel und Schlamm. Diese Tätigkeit Jesu wird dann anschließend zum Vorwurf, die Sabbatruhe gebrochen zu haben. – Der Blindgeborene wird zum Teich Schiloach beordert. Dieser liegt im Südosten der Altstadt Jerusalems, innerhalb der Mauer, und erhält sein Wasser aus der Gihonquelle über einen Kanal (2 Chr 32,30): „Hiskija [716-687 v. Chr.] war es auch, der den oberen Abfluss des Gihonwassers verstopfte und es nach Westen in die Davidstadt hinableitete. Bei allem, was er unternahm, hatte er Erfolg." – Schiloach bedeutet das Entsenden des Wassers und lässt nun zugleich an den Blinden denken, der vom „Gesandten Jesus" dorthin „gesendet" wird. – Möglicherweise wird in Erinnerung gerufen (Jes 8,6a): „Dieses Volk verachtet die ruhig dahinfließenden Wasser von Schiloach." Dieses „ruhig fließende Wasser" ist ein Bild für das stille, heilbringende, segensreiche Walten Gottes.
Diese Aktion ruft eine ähnliche Szene ins Gedächtnis (2 Kön 5,9f): „So kam Naaman mit seinen Pferden und Wagen und hielt vor dem Haus Elischas [um 850 v. Chr.]. [10]Dieser schickte einen Boten zu ihm hinaus und ließ ihm sagen: Geh und wasch dich siebenmal im Jordan! Dann wird dein Leib wieder gesund, und du wirst rein."

**Reaktion der Nachbarn (V 8-12).**
Retrospektiv wird mitgeteilt, dass der Blindgeborene als Bettler in Erinnerung ist. Darum bezeugen Menschen aus seiner Nachbarschaft die wunderbare Heilung. Wer keine Glaubensbereitschaft aufbringt, wird auch ein noch so großes Wunder nicht anerkennen. Der Geheilte muss immer wieder das Heilungsgeschehen erzählen und wird somit zum Bekenner und Verteidiger Jesu, der sich inzwischen zurückgezogen hat.

**Erste Befragung des Geheilten (V 13-17)**
Erneut tauchen die Pharisäer als juristische Kontrolle auf. Fundament für ihre Beurteilung ist, dass Jesus an einem Sabbat heilte (V 14). Nach ihrer Auffassung hat Jesus somit das Sabbatgesetz übertreten und erweist sich daher als Sünder. Dementsprechend sind die Aussagen (V 16): „Einige der Pharisäer meinten: Dieser Mensch kann nicht von Gott sein, weil er den Sabbat nicht hält. Andere aber sagten: Wie kann ein Sünder solche Zeichen tun? So entstand eine Spaltung unter ihnen." Das demonstriert ihre Unschlüssigkeit. – Demgegenüber entwickelt sich das Bekenntnis des Geheilten zu Jesus schrittweise und wird immer mutiger und intensiver. Anfangs kann er nur

berichten, dass der Mann, der ihn heilte, „Jesus heißt“ (V 11), nun weiß er, „er ist ein Prophet“ (V 17), schließlich mündet sein Bekenntnis in die Anbetung (V 38).

**Befragung seiner Eltern (V 18-23)**
Die Pharisäer, werden einfach nun „die Juden“ (V 18) genannt, wollen das Bekenntnis des Geheilten nicht wahrhaben; darum lassen sie die Eltern des Blindgeborenen kommen, deren zum Teil ausweichende Antworten sie in eine weitere Unsicherheit führt (V 22f): „Dies sagten seine Eltern, weil sie die Juden fürchteten; denn die Juden waren schon übereingekommen, dass, wenn jemand ihn als Messias bekennen würde, er aus der Synagoge ausgeschlossen werde. [23]Deswegen sagten seine Eltern: Er ist mündig, fragt ihn.“ – Die Angst, von den Juden aus der Synagoge ausgeschlossen zu werden, wird bezeugt (Joh 7,13; 12,42; 16,2): „7[13]Aber niemand redete öffentlich über ihn, denn man fürchtete sich vor den Juden [deren Administrationen].“ – „12[42]Dennoch kamen sogar von den führenden Männern viele zum Glauben an ihn; aber wegen der Pharisäer bekannten sie es nicht offen, um nicht aus der Synagoge ausgestoßen zu werden.“ – „16[2]Sie werden euch aus der Synagoge ausstoßen, ja es kommt die Stunde, in der jeder, der euch tötet, meint, Gott einen heiligen Dienst zu leisten.“

**Zweite Befragung des Geheilten (V 24-34)**
In der zweiten Inquisition des Geheilten ruht die Beweisführung der Juden darauf, dass sie die Verletzung des Sabbats durch Jesus gegen das Wunder ausspielen. Die Anweisung, Gott die Ehre zu geben, beabsichtigt, die Verletzung des Sabbats durch Jesus anzuerkennen (V 24f): „Sie riefen nun zum zweiten Male den Menschen, der blind war, und sprachen zu ihm: Gib Gott die Ehre! Wir wissen, dass dieser Mensch ein Sünder ist. [25]Da antwortete er: Ob er ein Sünder ist, weiß ich nicht; eines weiß ich, dass ich blind war und jetzt sehe.“ – Der Glauben des Blindgeborenen vertieft sich und wächst, er erkennt Jesus für einen gottgefälligen Menschen, der Gottes Plan durchführt (V 31): „Wir wissen, dass Gott einen Sünder nicht erhört; wer aber Gott fürchtet und seinen Willen tut, den erhört er.“ Das bestätigt das erlebte Wunder (Spr 15,29): „Fern ist Jahwe den Frevlern, doch das Gebet der Gerechten hört er.“ – Diese Erkenntnis intensiviert der Geheilte (V 33): „Wenn dieser nicht von Gott wäre, so könnte er nichts tun.“
Die Juden dagegen bezeichnen sich als „Jünger des Mose“ (V 28f). Erbittert weisen sie Jesus ab, weil sie nicht wissen, woher er kommt (V 29) und zeigen damit, dass sie Jesus nicht begreifen (Joh 7,28; 8,14): „7[28]Während Jesus im Tempel lehrte, rief er: Ihr kennt mich und wisst, woher ich bin; aber ich bin nicht in meinem eigenen Namen gekommen, sondern er, der mich gesandt hat, bürgt für die Wahrheit. Ihr kennt ihn nur nicht.“ – „8[14]Jesus erwiderte ihnen: Auch wenn ich über mich selbst Zeugnis ablege, ist mein Zeugnis gültig. Denn ich weiß, woher ich gekommen bin und wohin ich gehe. Ihr aber wisst nicht, woher ich komme und wohin ich gehe.“
Sie verharren in ihrer hartgesottenen Meinung, die eine persönliche Schuldanweisung völlig ungerechtfertigt dem Geheilten unterstellt und reagieren in einer Art und Weise, die bis heute nicht unbekannt blieb (V 34): „Sie antworteten und sprachen zu ihm: Du bist ganz in Sünden geboren, und du belehrst uns? Und sie warfen ihn hinaus.“ – Somit verwarfen sie mit ihm auch Jesus!

**Glaubensbekenntnis des Sehenden (V 35-39)**
Die Widersacher haben den Blindgeborenen „hinausgeworfen“ (V 35), Jesus hört

davon und sucht ihn. Die Glaubensfrage nach dem Menschensohn ermöglicht die Gegenfrage: Jesus gibt sich zu erkennen und arrangiert somit die totale Glaubenshingabe in der Proskynese (Joh 4,23): „Aber die Stunde kommt, und sie ist schon da, zu der die wahren Beter den Vater anbeten werden im Geist und in der Wahrheit; denn so will der Vater angebetet werden." – Wenn der Geheilte sich vor ihm niederwirft, der von den Gegnern hinausgeworfen wurde, so zeigt dies die wahre lohnende Zugehörigkeit an!

Der markante Ausspruch Jesu unterstreicht das (V 39): „Und Jesus sprach: Zum Gericht bin ich in diese Welt gekommen, auf dass die Nichtsehenden sehen und die Sehenden blind werden." Die Rechtsprechung Jesu ist Inversion der Werte, eine Heilsaussage, dass Blinde sehend werden. Sie erfüllt wesentlich den göttlichen Plan der Sendung Jesu (Jes 29,18; 35,5; 42,6f): „29 18 An jenem Tag hören alle, die taub sind, sogar Worte, die nur geschrieben sind, und die Augen der Blinden sehen selbst im Dunkeln und Finstern." – „35 5 Dann werden die Augen der Blinden geöffnet, auch die Ohren der Tauben sind wieder offen." – „42 6 Ich, Jahwe, habe dich aus Gerechtigkeit gerufen, ich fasse dich an der Hand. Ich habe dich geschaffen und dazu bestimmt, der Bund für mein Volk und das Licht für die Völker zu sein: 7 blinde Augen zu öffnen, Gefangene aus dem Kerker zu holen und alle, die im Dunkel sitzen, aus ihrer Haft zu befreien." – Zugleich wird die Verblendung der Verstockten verkündet (Jes 6,9f; 43,8): „6 9 Da sagte er: Geh und sag diesem Volk: Hören sollt ihr, hören, aber nicht verstehen. Sehen sollt ihr, sehen, aber nicht erkennen. 10 Verhärte das Herz dieses Volkes, verstopf ihm die Ohren, verkleb ihm die Augen, damit es mit seinen Augen nicht sieht und mit seinen Ohren nicht hört, damit sein Herz nicht zur Einsicht kommt und sich nicht bekehrt und nicht geheilt wird." – „43 8 Bringt das Volk her, das blind ist, obwohl es Augen hat, und taub, obwohl es Ohren hat."

**Verurteilung der Verblendeten (V 40f)**

Das Delikt, die Katastrophe schlechthin ist die persönliche Ablehnung, Zurückweisung, Verneinung des von „Gott gesendeten Gesandten" (V 7). Da allesamt blind sind, existiert die Verschuldung des Frevlers darin, sich nicht dem Licht zu nähern. Er agiert in mutmaßlicher Überzeugung, ein Sehender und kein Verblendeter zu sein.

Es ist ein Problem der Gnade: Jesus öffnet dem Blindgeborenen nicht nur die körperlichen Augen, sondern auch die Augen des Glaubens. Somit wird motiviert, jedermann möge bereit sein, sich das geistige Auge zur Überwindung des Unglaubens auftun zu lassen!

# GUTER HIRT UND RÄUBER

## Joh 10,1-10

**1Wahrlich, wahrlich, ich sage euch: Wer nicht durch die Tür in den Hof der Schafe eingeht, sondern anderswo hinübersteigt, der ist ein Dieb und ein Räuber. 2Wer aber durch die Tür eingeht, ist Hirte der Schafe. 3Diesem tut der Türhüter auf, und die Schafe hören seine Stimme, und er ruft seine eigenen Schafe mit Namen und führt sie heraus. 4Wenn er seine eigenen Schafe alle herausgebracht hat, geht er vor ihnen her, und die Schafe folgen ihm, weil sie seine Stimme kennen. 5Einem Fremden aber werden sie nicht folgen, sondern werden vor ihm fliehen, weil sie die Stimme der Fremden nicht kennen. 6Dieses Gleichnis sprach Jesus zu ihnen; sie aber verstanden nicht, was es bedeute, das er zu ihnen sagte. 7Jesus sprach nun wiederum zu ihnen: Wahrlich, wahrlich, ich sage euch: Ich bin die Tür der Schafe. 8Alle, die irgend vor mir gekommen, sind Diebe und Räuber; aber die Schafe hörten nicht auf sie. 9Ich bin die Tür; wenn jemand durch mich eingeht, so wird er errettet werden und wird ein und aus gehen und Weide finden. 10Der Dieb kommt nur, um zu stehlen und zu schlachten und zu verderben. Ich bin gekommen, auf dass sie Leben haben und es in Überfluss haben.**

**Gleichnis (V 1-6)**

Die Symbolsprache über Hirt und Herde charakterisiert die Bevölkerung und seine Volksführer oder auch die Fürsorge Gottes um sein Volk (Jes 63,11; Ez 34,1-16; Ps 77,21): „63 11Nun dachten sie an die Tage der Vorzeit, die Zeit seines Knechtes Mose: Wo ist der, der den Hirten seiner Schafe aus dem Meer herausgeführt hat? Wo istder, der seinen Heiligen Geist in ihn gelegt hat.“ – „34 1Und das Wort Jahwes geschah zu mir also: 2Menschensohn, weissage wider die Hirten Israels, weissage und sprich zu ihnen, den Hirten: So spricht der Herr, Jahwe: Wehe den Hirten Israels, die sich selbst weiden! Sollen die Hirten nicht die Herde weiden? 3Ihr esset das Fett und kleidet euch mit der Wolle, das fette Vieh schlachtet ihr; die Herde weidet ihr nicht. 4Die Schwachen habt ihr nicht gestärkt und das Kranke nicht geheilt und das Verwundete nicht verbunden, und das Versprengte führt ihr nicht zurück, und das Verlorene sucht ihr nicht; und mit Strenge habt ihr über sie geherrscht und mit Härte. 5Und so wurden sie zerstreut, weil sie ohne Hirten waren; und sie wurden allen Tieren des Feldes zur Speise und wurden zerstreut. 6Meine Schafe irren umher auf allen Bergen und auf jedem hohen Hügel; und über das ganze Land hin sind meine Schafe zerstreut worden, und da ist niemand, der nach ihnen fragt, und niemand, der sie sucht. – 7Darum, ihr Hirten, hört das Wort Jahwes! 8So wahr ich lebe, spricht der Herr, Jahwe: Weil meine Schafe zur Beute und meine Schafe allen Tieren des Feldes zur Speise geworden sind, weil kein Hirte da ist und meine Hirten nicht nach meinen Schafen fragen und die Hirten sich selbst weiden, aber nicht meine Schafe weiden: 9darum, ihr Hirten, höret das Wort Jahwes! 10So spricht der Herr, Jahwe: Siehe, ich will an die Hirten, und ich werde meine Schafe von ihrer Hand fordern und machen, dass sie aufhören, die Schafe zu weiden, damit die Hirten nicht mehr sich selbst weiden; und ich werde meine Schafe vor ihrem Munde retten, dass sie ihnen nicht mehr zur Speise seien. [11]Denn so spricht der Herr, Jahwe: Siehe, ich bin da, und ich will nach meinen Schafen fragen und mich ihrer annehmen. [12]Wie ein Hirt sich seiner Herde annimmt an dem Tage, da er unter seinen zerstreuten Schafen ist, also werde ich mich meiner Schafe annehmen und werde sie erretten aus allen Orten, wohin sie zerstreut worden sind am Tage des Gewölks und des Wolkendunkels. [13]Und ich werde sie herausführen aus den Völkern und sie aus den Ländern sammeln und sie in ihr Land bringen; und ich werde sie weiden auf den Bergen Israels, in den Tälern und an allen Wohnplätzen des Landes. [14]Auf guter Weide werde ich sie weiden, und auf den hohen Bergen Israels wird ihre Trift sein; daselbst, auf den Bergen Israels, werden sie auf guter Trift lagern und fette Weide beweiden. [15]Ich will meine Schafe weiden, und ich will sie lagern, spricht der Herr, Jahwe. [16]Die verloren gegangenen Tiere will ich suchen, die vertriebenen zurückbringen, die verletzten verbinden, die schwachen kräftigen, die fetten und starken behüten. Ich will ihr Hirt sein und für sie sorgen, wie es recht ist." – „77[21]Du führtest dein Volk wie eine Herde durch die Hand von Mose und Aaron."

Im Abschnitt V 1-6 kommen einige Beweggründe und Bilder hinzu: die Tür des Schafstalles, die Gegenüberstellung des Hirten zum Dieb und Räuber, das wechselseitige Erkennen von Hirt und Herde. Es wird eine Morgenszene geschildert: Dem Hirt wird vom *„Türhüter"* der Zugang zum Pferch geöffnet, dem nachtsüber bewachten Gehege, in dem mehrere Schafherden eingesperrt werden. Der Hirt geht seiner Herde voraus, die seine Stimme kennt; er sammelt seine Schafe (V 3): *„er ruft seine eigenen Schafe mit Namen"*, die mit intuitiver, triebhafter Gewissheit und Sicherheit dem Hirten nacheilen.

Das verweist bereits auf den von Gott Gesandten, der jene sammelt, die zu ihm zählen, sich bei ihm geborgen fühlen; das schließt Erwählung und Verpflichtung mit ein, aber auch Bedrohung, wenn man an *„Diebe und Räuber"* (V 1.8.10) denkt.

Weil die Zuhörer das illustrative Beispiel nicht verstehen, versucht Jesus anschließend eine Auslegung und Erklärung.

**Deutung (V 7-10)**

Es überrascht, dass sich Jesus als *„Tür"* zu den Schafen bezeichnet (V 7.9). Damit distanziert er sich von den *„Dieben und Räubern"* (V 8.10) und beansprucht Beschützer, Befreier und ein Mann, der sich selbst mitteilt, zu sein. – Diebe üben ihre Verbrechen in der Nacht aus, der Hirt erscheint am Morgen. Jesus, die „Tür des Tagesbeginns", demonstriert die freie, ungestörte Möglichkeit zum Dasein, zum Licht, zu Gott.

Dieses (V 9) „ein und aus gehen und Weide finden" deutet auf eine Welt, die durch das Kommen Christi verändert ist, in Gegenüberstellung zu den Dieben, die auf Mord und Schädigung aus sind. – Ideal des Glücks ist (V 10): „Leben haben und es in Überfluss haben." – Und das bringt Jesus!

# HIRT, TAGELÖHNER UND HERDE

## Joh 10,11-18

**[11]Ich bin der gute Hirt. Der gute Hirt gibt sein Leben hin für die Schafe. [12]Der Lohnknecht aber und der nicht Hirte ist, dem die Schafe nicht eigen sind, sieht den Wolf kommen und verlässt die Schafe und flieht; und der Wolf raubt sie und zerstreut sie – [13]weil er nur ein Lohnknecht ist und sich um die Schafe nicht kümmert. [14]Ich bin der gute Hirte; und ich kenne die Meinen und bin gekannt von den Meinen, [15]gleichwie der Vater mich kennt und ich den Vater kenne; und ich lasse mein Leben für die Schafe. [16]Und ich habe andere Schafe, die nicht aus diesem Stall sind; auch diese muss ich führen, und sie werden meine Stimme hören, und es wird eine Herde, ein Hirte sein. [17]Deshalb liebt mich der Vater, weil ich mein Leben hingebe, um es wieder anzunehmen. [18]Niemand entreißt es mir, sondern ich gebe es aus freiem Willen hin. Ich habe Macht, es hinzugeben, und ich habe Macht, es wieder zu nehmen. Dieses Gebot habe ich von meinem Vater empfangen.**

**Hirt und Taglöhner (V 11-13)**

Jesus identifiziert sich mit dem „guten Hirten“. – Wiederholt wird Gott als Hirte präsentiert (Gen 48,15): „Er [Jakob] segnete Josef und sprach: Gott, vor dem meine Väter Abraham und Isaak ihren Weg gegangen sind, Gott, der mein Hirt war, mein Lebtag bis heute.“ – Ps 23,1: „Der Herr ist mein Hirte, nichts wird mir fehlen.“ – Ps 80,2: „Du Hirte Israels, höre, der du Josef weidest wie eine Herde! Der du auf den Kerubim thronst, erscheine!“ – Ps 95,7: „Denn er ist unser Gott, wir sind das Volk seiner Weide, die Herde, von seiner Hand geführt. Ach, würdet ihr doch heute auf seine Stimme hören!“ – Jes 40,11: „Wie ein Hirt führt er seine Herde zur Weide, er sammelt sie mit starker Hand. Die Lämmer trägt er auf dem Arm, die Mutterschafe führt er behutsam.“ – Ez 34,11-22: „Denn so spricht der Herr, Jahwe: Siehe, ich bin da, und ich will nach meinen Schafen fragen und mich ihrer annehmen. [12]Wie ein Hirt sich seiner Herde annimmt an dem Tage, da er unter seinen zerstreuten Schafen ist, also werde ich mich meiner Schafe annehmen und werde sie erretten aus allen Orten, wohin sie zerstreut worden sind am Tage des Gewölks und des Wolkendunkels. [13]Und ich werde sie herausführen aus den Völkern und sie aus den Ländern sammeln und sie in ihr Land bringen; und ich werde sie weiden auf den Bergen Israels, in den Tälern und an allen Wohnplätzen des Landes. [14]Auf guter Weide werde ich sie weiden, und auf den hohen Bergen Israels wird ihre Trift sein; daselbst, auf den Bergen Israels, werden sie auf guter Trift lagern und fette Weide beweiden. [15]Ich will meine Schafe weiden, und ich will sie lagern, spricht der Herr, Jahwe. [16]Das Verlorene will ich suchen und das Versprengte zurückführen, und das Verwundete will ich verbinden, und das Kranke will ich stärken; das Fette aber und das Starke werde ich vertilgen: Nach Recht werde ich sie weiden. – [17]Und ihr, meine Herde, so spricht der Herr, Jahwe: Siehe, ich werde richten zwischen Schaf und Schaf, den Widdern und den Böcken. [18]Ist es euch zu wenig, dass ihr die gute Weide abweidet und das Übrige eurer Weide mit euren Füßen zertretet, und dass ihr das abgeklärte Wasser trinket und das Übriggebliebene mit euren Füßen trübet? [19]Und meine Schafe sollen abweiden, was mit euren Füßen zertreten, und trinken, was mit euren Füßen getrübt ist? [20]Darum, so spricht der Herr, Jahwe, zu ihnen: Siehe, ich bin da, und ich werde richten zwischen fettem Schaf und magerem Schaf. [21]Weil ihr all die Schwachen mit Seite und Schulter verdrängt und mit euren Hörnern stoßt, bis ihr sie nach außen hin zerstreut habt, [22]so will ich meine Schafe retten, damit sie nicht mehr zur Beute seien; und ich werde richten zwischen Schaf und Schaf."

In Joh 10,11-13 übertrifft Jesus alle irdischen Hirten, Vorsteher der Bevölkerungen, die diese bisweilen ausbeuten, im Stich lassen, wie bezahlte Knechte. Diese sind in drohender Gefahr auf eigene Sicherheit bedacht und ergreifen die Flucht. Die Liebenswürdigkeit des guten Hirten ist das Fundament für Verlässlichkeit und Vertrauen, sodass Hirte und Herde eine Einheit bilden. Das überwindet Gefahren, weil der Hirt die Bereitschaft zeigt, mit seinem Leben für die Herde zu bürgen. – Da kündigt sich bereits der Kreuzestod Jesu an.

**Die eine Herde und der eine Hirt (V 14-18)**

Hirt und Herde *„kennen"* einander; das ist gemeinschaftsbildend, man ist füreinander da. An erster Stelle steht die Erkenntnis Jesu (V 14): „ich kenne die Meinen" – das bedeutet zugleich Erwählung. Durch die „gegenseitige Erkenntnis von Vater und Sohn" überbietet zudem Jesu Wissen und Einsicht jedwede irdische Erfahrung eines Menschen. Das fundiert die Sendung Jesu als Mittler der Offenbarung Gottes.

Die Aussage über „andere Schafe, die nicht aus diesem Stall sind" (V 16), lässt erkennen, dass über seinen Heimatbereich hinaus die Sendungsaufgabe Jesu weltweit gedacht ist. Das kündet an, dass durch seine Missionare die Menschen Jesu Stimme vernehmen und so mit ihm als Hirten eine Herde bilden, was die Propheten bereits andeuten (Ez 34,23; Mich 2,12).

Jesus offenbart in seiner freien Lebenshingabe die Liebe, den Willen und Auftrag des Vaters; seine Vollmacht über Tod und Leben ist in voller Übereinstimmung und Einheit mit dem allmächtigen Vater zu sehen.

# EINHEIT MIT DEM HIRTEN

## Joh 10,27-30

**[27]Meine Schafe hören meine Stimme, ich kenne sie, und sie folgen mir; [28]und ich gebe ihnen ewiges Leben, und sie gehen nicht verloren ewiglich, und niemand wird sie rauben aus meiner Hand. [29]Mein Vater, der sie mir gegeben hat, ist größer als alles, und niemand kann sie rauben aus der Hand meines Vaters. [30]Ich und der Vater sind eins.**

Das Hören auf die Stimme des Hirten ist nur dann möglich, wenn sie den Schafen bekannt und vertraut ist; das bewirkt Geborgenheit, Zuversicht und Sicherheit. Jesus erreicht, dass sein Wort vertrauensvoll vernommen; das erinnert an einen Hirten, der liebevoll lockend sich an die trotzigen, widerspenstigen Schafe wendet (V 27). Das Geschenk des ewigen Lebens garantiert schützende Obhut, gewissermaßen Nestwärme der Schafe in der Hand des Hirten, der sie nicht entrissen werden können (V 28). Diese Aussage richtet sich anscheinend gegen Bestrebungen von Mitgliedern der Herde, die sich absondern oder trennen wollen. Die letzte Garantie für die Einheit der Herde mit dem Hirten Jesus stammt vom himmlischen Vater und der persönlichen Bindung des Sohnes zu ihm. Der eigentliche Besitzer ist der Vater, denn er hat die Schafe „dem Sohn gegeben", ihm anvertraut. Als der Allmächtige bürgt und gewährleistet er immerwährenden Schutz. Die Einheit von Vater und Sohn legitimiert das Wirken des Hirten Jesus Christus.

Der Ausdruck (V 30) „Ich und der Vater sind eins" hat seine Parallele (Joh 1,1): „Im Anfang war das Wort, und das Wort war bei Gott, und das Wort war Gott." – Die gleiche Perspektive bieten die Worte (Joh 5,19f; 8,16; 10,15; 12,44f): „5[19]Jesus aber sagte zu ihnen: Amen, amen, ich sage euch: Der Sohn kann nichts von sich aus tun, sondern nur, wenn er den Vater etwas tun sieht. Was nämlich der Vater tut, das tut in gleicher Weise der Sohn. [20]Denn der Vater liebt den Sohn und zeigt ihm alles, was er tut, und noch größere Werke wird er ihm zeigen, sodass ihr staunen werdet." – „8[16]Wenn ich aber urteile, ist mein Urteil gültig; denn ich urteile nicht allein, sondern ich und der Vater, der mich gesandt hat." – „10[15]wie mich der Vater kennt und ich den Vater kenne; und ich gebe mein Leben hin für die Schafe." – „12[44]Jesus aber rief aus: Wer an mich glaubt, glaubt nicht an mich, sondern an den, der mich gesandt hat, [45]und wer mich sieht, sieht den, der mich gesandt hat."

# AUFERWECKUNG DES LAZARUS

## Joh 11,1-45

**[1]Es war aber einer krank, Lazarus aus Betanien, dem Dorf der Maria und ihrer
Schwester Marta. [2]Maria ist die, die den Herrn mit Öl gesalbt und seine Füße mit
ihrem Haar abgetrocknet hat; deren Bruder Lazarus war krank. [3]Da sandten die
Schwestern zu ihm und ließen ihm sagen: Herr, siehe, der, den du lieb hast, ist krank.
[4]Als aber Jesus es hörte, sprach er: Diese Krankheit ist nicht zum Tod, sondern um
der Herrlichkeit Gottes willen, damit der Sohn Gottes durch sie verherrlicht werde.
[5]Jesus aber liebte Marta und ihre Schwester und den Lazarus. [6]Als er nun hörte, dass
er krank sei, blieb er noch an dem Orte, wo er war, zwei Tage. [7]Danach spricht er
dann zu den Jüngern: Lasst uns wieder nach Judäa gehen. [8]Die Jünger sagen zu ihm:
Rabbi, eben suchten dich zu steinigen die Juden, und wiederum gehst du dahin?
[9]Jesus antwortete: Sind der Stunden des Tages nicht zwölf? Wenn jemand am Tage
wandelt, stößt er nicht an, weil er das Licht dieser Welt sieht; [10]wenn aber jemand in
der Nacht wandelt, stößt er an, weil das Licht nicht in ihm ist. [11]Dies sprach er, und**

danach sagt er zu ihnen: Lazarus, unser Freund, ist eingeschlafen; aber ich gehe hin,
auf dass ich ihn aufwecke. [12]Da sprachen die Jünger zu ihm: Herr, wenn er einge-
schlafen ist, so wird er geheilt werden. [13]Jesus aber hatte von seinem Tod gesprochen;
sie aber meinten, von der Ruhe des Schlafes rede er. [14]Darauf sagte ihnen Jesus un-
verhüllt: Lazarus ist gestorben. [15]Und ich bin froh um euretwillen, dass ich nicht dort
war, damit ihr glaubt; aber lasst uns zu ihm gehen. [16]Da sagte Thomas, genannt Di-
dymus (Zwilling), zu den Mitjüngern: Dann lasst uns mit ihm gehen, um mit ihm zu
sterben. [17]Als nun Jesus kam, fand er ihn schon vier Tage im Grab liegen. [18]Betanien
aber war nahe bei Jerusalem, etwa fünfzehn Stadien weit. [19]Viele Juden waren zu
Marta und Maria gekommen, um sie wegen ihres Bruders zu trösten. [20]Marta nun, als
sie hörte, dass Jesus komme, ging ihm entgegen. Maria aber saß im Haus. [21]Marta
sagte zu Jesus: Herr, wärst du hier gewesen, dann wäre nicht gestorben mein Bruder.
[22]Aber auch jetzt weiß ich: Alles, worum du Gott bittest, wird dir geben Gott. [23]Jesus
spricht zu ihr: Dein Bruder wird auferstehen. [24]Marta spricht zu ihm: Ich weiß, dass
er auferstehen wird in der Auferstehung am Letzten Tage. [25]Jesus sprach zu ihr: Ich
bin die Auferstehung und das Leben; wer an mich glaubt, wird leben, auch wenn er
gestorben ist; [26]und jeder, der da lebt und an mich glaubt, wird nicht sterben in Ewig-
keit. Glaubst du das? [27]Marta antwortete ihm: Ja, Herr, ich glaube, dass du der Mes-
sias bist, der Sohn Gottes, der in die Welt kommen soll. [28]Nach diesen Worten ging sie
weg, rief heimlich ihre Schwester Maria und sagte zu ihr: Der Meister ist da und lässt
dich rufen. [29]Als jene es hörte, steht sie schnell auf und geht zu ihm. [30]Jesus aber war
noch nicht in das Dorf gekommen, sondern war an dem Ort, wo Marta ihm begegnet
war. [31]Als nun die Juden, die bei ihr im Hause waren und sie trösteten, sahen, dass
Maria schnell aufstand und hinausging, folgten sie ihr, indem sie sagten: Sie geht
zum Grab, um dort zu weinen. [32]Als nun Maria dahin kam, wo Jesus war, und ihn sah,
fiel sie ihm zu Füßen und sprach zu ihm: Herr, wenn du hier gewesen wärest, so wäre
mein Bruder nicht gestorben. [33]Als nun Jesus sie weinen sah, und die Juden weinen,
die mit ihr gekommen waren, seufzte er tief im Geist und erschütterte sich [34]und
sprach: Wo habt ihr ihn hingelegt? Sie sagen zu ihm: Herr, komm und sieh! [35]Da
weinte Jesus. [36]Die Juden sagten: Seht, wie lieb hat er ihn gehabt! [37]Etliche aber von
ihnen sagten: Konnte dieser, der die Augen des Blinden auftat, nicht machen, dass
auch dieser nicht gestorben wäre? [38]Jesus nun, wiederum tief in sich selbst seufzend,
kommt zum Grab. Es war aber eine Höhle, und ein Stein lag davor. [39]Jesus sprach:
Nehmet den Stein weg. Die Schwester des Verstorbenen, Marta, sagt zu ihm: Herr, er
riecht schon, denn er ist vier Tage hier. [40]Jesus spricht zu ihr: Habe ich dir nicht ge-
sagt, wenn du glauben würdest, so würdest du die Herrlichkeit Gottes sehen? [41]Sie
nahmen nun den Stein weg. Jesus aber hob die Augen empor und sprach: Vater, ich
danke dir, dass du mich erhört hast. [42]Ich aber wusste, dass du mich allezeit erhörst;
doch um der Volksmenge willen, die umhersteht, habe ich es gesagt, auf dass sie
glauben, dass du mich gesandt hast. [43]Und als er dies gesagt hatte, rief er mit lauter
Stimme: Lazarus, komm heraus! [44]Da kam der Verstorbene heraus; seine Füße und
Hände waren mit Binden umwickelt, und sein Gesicht war mit einem Schweißtuch
verhüllt. Jesus sagte zu ihnen: Löst ihm die Binden, und lasst ihn weggehen! [45]Viele
nun von den Juden, die zu Maria gekommen waren und sahen, was er getan hatte,
glaubten an ihn.

**Basis der Erweckungserzählung (V 1-6)**
Die Namensnennung *Lazarus* und die explizite Ortsangabe charakterisieren das eindrucksvolle Geschehen (V 1-6). Vom hebräischen Eleasar „Gott hat geholfen" leitet sich Lazarus ab. *Betanien* ist ein Ort am Ostabhang des Ölbergs, 3 km östlich von Jerusalem. Die Mitteilung der Schwestern über die Erkrankung ihres Bruders mag einer Bitte um Heilung gleichkommen. – Die Salbung in Betanien wird anschließend geschildert (Joh 12,1-11). – Die Auferweckung des Lazarus ist ein machtvolles Zeichen zur Ehre Gottes und des Gottessohnes und führt zum Beschluss, Jesus zu töten (Joh 11,46-54): „Aber einige von ihnen gingen zu den Pharisäern und berichteten ihnen, was er getan hatte. [47]Da beriefen die Hohenpriester und die Pharisäer eine Versammlung des Hohen Rates ein. Sie sagten: Was sollen wir tun? Dieser Mensch tut viele Zeichen. [48]Wenn wir ihn gewähren lassen, werden alle an ihn glauben. Dann werden die Römer kommen und uns die heilige Stätte und das Volk nehmen. [49]Einer von ihnen, Kajaphas, der Hohepriester jenes Jahres, sagte zu ihnen: Ihr versteht überhaupt nichts. [50]Ihr bedenkt nicht, dass es besser für euch ist, wenn ein einziger Mensch für das Volk stirbt, als wenn das ganze Volk zugrunde geht. [51]Das sagte er nicht aus sich selbst; sondern weil er der Hohepriester jenes Jahres war, sagte er aus prophetischer Eingebung, dass Jesus für das Volk sterben werde. [52]Aber er sollte nicht nur für das Volk sterben, sondern auch, um die versprengten Kinder Gottes wieder zu sammeln. [53]Von diesem Tag an waren sie entschlossen, ihn zu töten."

**Einwand der Jünger (V 7-10)**
Jesus teilt den Jüngern mit, erneut nach *Judäa* zu gehen; diese ahnen die drohende Gefahr und wollen ihn davon abhalten (V 7f). – Jesus verweist mit den Ausdrücken von *Tag und Nacht* auf bereits gegebene Aussagen (Joh 9,4): „Wir müssen, solange es Tag ist, die Werke dessen vollbringen, der mich gesandt hat; es kommt die Nacht, in der niemand mehr etwas tun kann." Weitere Angaben sind geheimnisvoll und nicht ganz durchschaubar (V 9f): *Licht* und Finsternis schließt die Jünger mit ein, vielleicht darf man an die Feststellung denken (Mt 6,23): „Wenn aber dein Auge krank ist, dann wird dein ganzer Körper finster sein. Wenn nun das Licht in dir Finsternis ist, wie groß muss dann die Finsternis sein!"

**Schlaf oder Tod? (V 11-16)**
Jesus weiß von sich aus, dass Lazarus tot ist; mit einer beschönigenden Umschreibung spricht er allerdings, dass er *„eingeschlafen"* sei und er ihn *„aufwecken"* wolle. Die Jünger verstehen zunächst Jesus nicht, woraufhin er anschaulich fassbar den Tod des Lazarus mitteilt und betont, dass hiermit ein Vorteil, ein Gewinn des Glaubens für die Jünger entsteht. Energisch und entschieden setzt sich Thomas ins Gespräch und fordert zur Sterbensbereitschaft auf; kann sein, dass der Tod für ihn bereits eine relative Tatsache geworden ist: Vor Gott ist der Tod ein Schlaf.

**Marta und Jesus (V 17-27)**
Bei der Ankunft Jesu in Betanien ist der Leichnam des Lazarus bereits vier Tage begraben. Von Jerusalem kommen viele Trauergäste. Die temperamentvolle Marta eilt Jesus entgegen. Ihr zuversichtlicher Empfangsgruß lässt hoffnungsvolle Hilfe durch Jesus erwarten. Zugleich erkennt sie, dass Jesus von Gott außergewöhnliche Macht verliehen wurde. Beim Hinweis auf die Auferstehung denkt Marta zunächst an das machtvoll Ereignis am Ende der Zeit. Nun darf sie erfahren, dass Auferstehung und ewiges Leben ausschließlich und allein durch und mit Jesus Christus geschehen. Fundament und Vorausbedingung dafür

ist der Glaube an Jesus Christus; der so Glaubende trägt bereits ewiges Leben in sich, das selbst der physische Tod nicht zerstören kann: Die Ursehnsucht nach dauerhaftem Leben kann Christus erfüllen (Joh 5,21.24f): „21 Denn wie der Vater die Toten auferweckt und lebendig macht, so macht auch der Sohn lebendig, wen er will. 24 Wahrlich, wahrlich, ich sage euch: Wer mein Wort hört und dem glaubt, der mich gesandt hat, hat das ewige Leben; er kommt nicht ins Gericht, sondern ist aus dem Tod ins Leben hinübergegangen. 25 Wahrlich, wahrlich, ich sage euch: Die Stunde kommt, und sie ist schon da, in der die Toten die Stimme des Sohnes Gottes hören werden; und alle, die sie hören, werden leben!"
Marta bekennt sich – ein Höhepunkt der Erzählung – zu Jesus als dem „Messias" und „Sohn Gottes" (V 27), wie später erneut ausgedrückt wird (Joh 20,31): „Diese aber sind aufgeschrieben, damit ihr glaubt, dass Jesus der Messias ist, der Sohn Gottes, und damit ihr durch den Glauben das Leben habt in seinem Namen."

**Maria und Jesus (V 28-32)**
In der Konversation Jesu mit Marta wurde das Essenzielle, Hauptsächliche, Integrierende erzählt. Das Wunder ist demzufolge eingeordnet. Die glaubende Marta bringt ihre Schwester zu Jesus. Die „heimliche" Mitteilung und das rasche Zurücklassen der Juden, die im Trauerhaus sich aufhalten, erinnern an die Eltern des Blindgeborenen (Joh 9,22): „Das sagten seine Eltern, weil sie sich vor den Juden fürchteten; denn die Juden hatten schon beschlossen, jeden, der ihn als den Messias bekenne, aus der Synagoge auszustoßen." – Maria spricht erneut wie Marta (V 21.32): „Herr, wärst du hier gewesen, dann wäre nicht gestorben mein Bruder." – Die Juden, die Maria nachfolgen, werden zu Kronzeugen der Auferweckung (V 31).

**Gang zum Grab (V 33-38)**
Jesu Mitgefühle, seine innere Ergriffenheit und seine Tränen zeigen möglicherweise seine ersten Reaktionen. Die Juden erklären dies voreilig als Ausdruck seiner Liebe zum toten Lazarus. Seine Erschütterung ist grundsätzlicher zu interpretieren. Sie wendet sich und aburteilt die Gewalt des Todes, die er durch seinen Tod und seine Auferstehung bezwingen soll. Die Begräbnisstätte des Lazarus war – wie damals üblich – eine Höhle mit einem Verschlussstein.

**Erweckung des Lazarus (V 39-45)**
Die Anordnung Jesu, den Abschlussstein zu entfernen, führt zu einer Bemerkung der Marta, die auf eine viertägige Verwesung verweist; was die Erhabenheit des Wunders vorbereitet. – Jesus verweist Marta auf die Notwendigkeit des Glaubens (V 27.40). Die zur Belebung dynamische Kraft Gottes, seine Allmacht, soll in der Auferweckung aus dem Tod erkennbar werden, freilich nur als Sinnbild; denn das Leben, das Christus repräsentiert, überragt unendlich das Leben, in das Lazarus zurückkommt. – Jesu Dankgebet (V 41bf) geschieht, um die anwesende Menschenmasse zu unterweisen. In diesem Augenblick gilt (Joh 8,29): „Und er, der mich gesandt hat, ist bei mir; er hat mich nicht alleingelassen, weil ich immer das tue, was ihm gefällt." – Jesus ist sich der Erhörung sicher und lädt ein, sich seinem Beispiel anzuschließen (Joh 14,13): „Alles, um was ihr in meinem Namen bittet, werde ich tun, damit der Vater im Sohn verherrlicht wird."
Der Ruf in die Begräbnisstätte (V 43) „Lazarus, komm heraus!" kündet bereits an (Joh 5,28): „Wundert euch nicht darüber! Die Stunde kommt, in der alle, die in den Gräbern sind, seine Stimme hören!" – Das Schweißtuch und die Binden sind die gleichen Zubehöre wie beim Begräbnis Jesu

(Joh 20,7): „und das Schweißtuch, das auf dem Kopf Jesu gelegen hatte; es lag aber nicht bei den Leinenbinden, sondern zusammengebunden daneben an einer besonderen Stelle."
Abschließend wird festgestellt (V 45): „Viele nun von den Juden, die zu Maria gekommen waren und sahen, was er getan hatte, glaubten an ihn." – Das erinnert an das Bekenntnis (V 27): „Marta antwortete ihm: Ja, Herr, ich glaube, dass du der Messias bist, der Sohn Gottes, der in die Welt kommen soll."

# EINZUG IN JERUSALEM

## Joh 12,12-16

**[12]Am folgenden Tag, als eine große Volksmenge, die zu dem Feste gekommen war,
hörte, dass Jesus nach Jerusalem komme, [13]nahmen sie Palmzweige und gingen hin-
aus, ihm entgegen, und riefen: Hosanna! Gepriesen sei, der da kommt im Namen des
Herrn, der König Israels! [14]Jesus aber fand einen jungen Esel und setzte sich darauf,
wie geschrieben steht: [15]Fürchte dich nicht, Tochter Zion! Siehe, dein König kommt,
sitzend auf einem Eselsfüllen. [16]Dies verstanden seine Jünger zuerst nicht; jedoch
als Jesus verherrlicht war, dann erinnerten sie sich, dass dies über ihn geschrieben
war und dass man so an ihm gehandelt hatte.**

**Einholung Jesu (V 12f)**
Die Festpilger, die sich bereits in der Stadt aufhalten, ziehen Jesus entgegen, um ihn abzuholen, sobald sie erfahren, dass er unterwegs auf dem Weg zur Stadt ist. Mit jubelnder Begeisterung heißen sie ihn als messianischen König willkommen. Die feierliche, zeremonielle Einholung demonstriert Bewunderung und Verehrung. Das signalisiert der Palmzweig in den Händen der Begrüßenden; er ist Sinnbild der Königswürde und höchster Begeisterung (2 Makk 14,4; 1 Makk 13,51; Offb 7,9): „14[4]Darum kam er [Alkimus] um das Jahr 151 zu König Demetrius und überreichte ihm einen goldenen Kranz mit einem Palmzweig, dazu Ölzweige, wie sie am Heiligtum gebräuchlich sind ..." – „13[51]Am dreiundzwanzigsten Tag des zweiten Monats im Jahr 171 zogen die Israeliten unter der Musik von Harfen, Zimbeln und Zithern mit Hymnen und Gesängen in die Burg ein; sie trugen Palmzweige in den Händen und sangen Freudenlieder. Denn Israel war von einem gefährlichen Feind befreit." – „7[9]Danach sah ich: eine große Schar aus allen Nationen und Stämmen, Völkern und Sprachen; niemand konnte sie zählen. Sie standen in weißen Gewändern vor dem Thron und vor dem Lamm und trugen Palmzweige in den Händen."
Der Willkommgruß (V 13) „Hosanna! Gepriesen sei, der da kommt im Namen des Herrn, der König Israels!" geht im ersten Teil auf Ps 118,25f zurück: „Ach, Jahwe, bring doch Hilfe! Ach, Jahwe, gib doch Gelingen! [26]Gesegnet sei er, der kommt im Namen Jahwes. Wir segnen euch, vom Haus Jahwes her."
Die Bezeichnung „König von Israel" be-

nennt den Messias. Der Ausdruck „Hosanna“ bedeutet übersetzt: „Rette doch!“ – und wird als Bitte nach 2 Sam 14,4; 2 Kön 6,26 an den König und Ps 20,9 an Gott gerichtet: „14[4]Die Frau aus Tekoa ging zum König, warf sich mit dem Gesicht auf die Erde nieder, um ihm zu huldigen und sagte: Hilf mir, mein König!“ – „6[26]Als der König von Israel einmal auf der Mauer vorbei schritt, rief ihm eine Frau zu: Hilf mir, mein Herr und König!“ – „20[9]Jahwe, rette! Der König erhöre uns am Tage unseres Rufens!“

**Ritt auf dem Esel (V 14ff)**
Es entspricht dem Heilsplan Gottes, dass Jesus „einen jungen Esel findet“ (V 14) und dem Prophetenwort entsprechend verwendet (Sach 9,9ff): „Juble laut, Tochter Zion! Jauchze, Tochter Jerusalem! Siehe, dein König kommt zu dir. Er ist gerecht und hilft; er ist demütig und reitet auf einem Esel, auf einem Fohlen, dem Jungen einer Eselin. [10]Ich vernichte die Streitwagen aus Efraim und die Rosse aus Jerusalem, vernichtet wird der Kriegsbogen. Er verkündet für die Völker den Frieden; seine Herrschaft reicht von Meer zu Meer und vom Eufrat bis an die Enden der Erde. [11]Auch deine Gefangenen werde ich um des Blutes deines Bundes willen freilassen aus ihrem Kerker, der wasserlosen Zisterne.“ – „Fürchte dich nicht“ (V 15a) entspricht Sach 9,9a: „Juble laut.“
Jesus erweist sich als messianischer König, der dem Krieg ein Ende bereiten, den Völkern den Frieden und Gefangenen Freiheit bringen will. – Zunächst verstehen die Jünger diese Vorgänge des festlichen Einzugs nicht; erst nach Kreuz, Tod und Auferweckung erfassen sie den Sinn des Geschehens, wie in ähnlichen Situationen vermerkt wird (Joh 2,22; 14,26): „2[22]Als er von den Toten auferstanden war, erinnerten sich seine Jünger, dass er dies gesagt hatte, und sie glaubten der Schrift und dem Wort, das Jesus gesprochen hatte.“ – „14[26]Der Beistand aber, der Heilige Geist, den der Vater in meinem Namen senden wird, der wird euch alles lehren und euch an alles erinnern, was ich euch gesagt habe.“

**Nachinformation (V 17ff)**
Aufschlussreich sind anschließende Aussagen (Joh 12,17ff): „Die Leute, die bei Jesus gewesen waren, als er Lazarus aus dem Grab rief und von den Toten auferweckte, legten Zeugnis für ihn ab. [18]Ebendeshalb war die Menge ihm entgegen gezogen: weil sie gehört hatte, er habe dieses Zeichen getan. [19]Die Pharisäer aber sagten zueinander: Ihr seht, dass ihr nichts ausrichtet; alle Welt läuft ihm nach.“
Man erkennt, warum das Volk Jesus unwillkürlich intuitiv begeisternd begrüßt. Sie stellen sich auf seine Seite, allerdings oberflächlich gegen seine messianische Sendung, wie seinerzeit (Joh 6,15): „Da erkannte Jesus, dass sie kommen würden, um ihn in ihre Gewalt zu bringen und zum König zu machen. Daher zog er sich wieder auf den Berg zurück, er allein.“ – Die beispiellose Massendemonstration ermutigt die Pharisäer in ihrem fixen Konzept. – Diese Ankunft Jesu in Jerusalem ist eine merkwürdige, erstaunliche Sensation. Der triumphale Jubel wird dem geschenkt, der bereits wenige Tage nachfolgend am Kreuz verröchelt. – Wie wetterwendisch, unbeständig, opportunistisch, launisch, sprunghaft, wankelmütig, unzuverlässig, unstet, wechselhaft ist dieser Volkshaufen? – Das grandioseste Merkwürdige ist der König auf dem Esel, dem die Palmzweige als Triumphator gelten, der durch seinen Tod den Tod besiegte.

# STUNDE DER ENTSCHEIDUNG

## Joh 12,20-33

20Es waren aber etliche Griechen unter denen, die hinaufkamen, auf dass sie auf dem
Feste anbeteten. 21Sie traten an Philippus heran, der aus Betsaida in Galiläa stammte,
und sagten zu ihm: Herr, wir möchten Jesus sehen. 22Philippus ging und sagte es An-
dreas; Andreas und Philippus gingen und sagten es Jesus. 23Jesus aber antwortete
ihnen und sprach: Die Stunde ist gekommen, dass der Menschensohn verherrlicht
werde. 24Wahrlich, wahrlich, ich sage euch: Wenn das Weizenkorn nicht in die Erde
fällt und stirbt, bleibt es allein; wenn es aber stirbt, bringt es viel Frucht. 25Wer an
seinem Leben hängt, verliert es; wer aber sein Leben in dieser Welt gering achtet,
wird es bewahren bis ins ewige Leben. 26Wenn mir jemand dient, so folge er mir nach;
und wo ich bin, da wird auch mein Diener sein. Wenn mir jemand dient, so wird der
Vater ihn ehren. 27Jetzt ist meine Seele bestürzt, und was soll ich sagen? Vater, rette
mich aus dieser Stunde! Doch darum bin ich in diese Stunde gekommen. 28Vater, ver-
herrliche deinen Namen! Da kam eine Stimme aus dem Himmel: Ich habe ihn ver-
herrlicht und werde ihn auch wiederum verherrlichen. 29Die Volksmenge nun, die
dastand und zuhörte, sagte, es habe gedonnert; andere sagten: Ein Engel hat zu ihm
geredet. 30Jesus antwortete und sprach: Nicht um meinetwillen ist diese Stimme ge-
schehen, sondern um euretwillen. 31Jetzt ist das Gericht dieser Welt; jetzt wird der Be-
herrscher dieser Welt hinausgeworfen werden. 32Und ich, wenn ich von der Erde er-
höht bin, werde alle zu mir ziehen. 33 Dies aber sagte er, um anzudeuten, welchen
Todes er sterben sollte.

**Griechen beim Fest (V 20-22)**
Griechisch sprechende Orientalen oder geborene Griechen kommen zum Osterfest nach Jerusalem angereist, um „anzubeten", als „Gottesfürchtige", wie auch später sogenannte Bekehrte, Konvertiten, Proselyten genannt werden (Apg 13,43): „Und als die Versammlung sich aufgelöst hatte, schlossen sich viele Juden und fromme Proselyten Paulus und Barnabas an. Diese redeten mit ihnen und ermahnten sie, der Gnade Gottes treu zu bleiben." – Der Ansprechpartner ist Philippus (Joh 1,44): „Philippus war aus Betsaida, dem Heimatort des Andreas und Petrus." – Das komplizierte, mühsame Management über Philippus und Andreas – die einzigen Jünger Jesu mit griechischen Namen – inkludiert in seiner Diktion eine spätere Situation der ersten Christen und reflektiert die nachösterliche Mission der Heiden, in der sich möglicherweise beide genannten Apostel hervorstechend bewährten.

**Stunde der Verherrlichung (V 23-28)**
Interessanterweise wird von keiner Konversation zwischen Jesus und den Griechen erzählt. Sondern Jesus erläutert in seiner Darlegung die Verknüpfung seines Todes mit der Verleihung ewigen Lebens. – Das ist der Höhepunkt der Herrlichkeit des Menschensohnes, Gipfel seines Ruhmes, Krönung seiner verklärten Glorie. Sein Tod ist der erhabenste Ruhm, weil Jesus zum Vater heimkehrt und weil er als der am Kreuz erhöhte Erlöser den Menschen als

Mittler ewigen Daseins gegenwärtig verweilt (V 23). – Der Vergleich vom in die Erde gesenkten, begrabenen Weizenkorn interpretiert die begrifflich theoretischen Aussagen Jesu: Ein Same muss einige Zeit der Erde anvertraut verweilen, um zum Wachstum und zu Früchten zu kommen. Jesu Tod ist unentbehrliche, unerlässliche Vorausbedingung für das ewige Heil. Sein Todesfall wird viele zum ewigen Leben führen (V 24). – Der Grundsatz, nach dem Jesus Christus begonnen hat, soll auch das Leben seiner Jünger fundieren: Sein Leben in diesem Wirkungskreis „gering zu achten" (V 25), um das unsterbliche Dasein zu erzielen. – Deshalb hat Nachfolge schlussendlich eine Perspektive: Sie steuert in das Leiden, in dem der Mithelfer das Geschick, das Los, die Zukunft seines Meisters und Vorgesetzten auf sich nimmt; Sie lenkt zum Vater, der die Schüler seines Sohnes auszeichnen wird (V 26). – Der Tod dagegen ist eine Tatsache, die alle ängstigt; auch Jesus ist fassungslos und bestürzt. – Er hält es für unangebracht, sich dem Geschick, der Vorsehung, Vorherbestimmung Gottes „aus dieser Stunde zu entreißen". Dieser Zeitabschnitt ist Jesus zugedacht und ihm bekannt (V 27). Wenn Jesus bittet – „Vater, verherrliche deinen Namen!" –, so zeigt das gehorsame Bereitschaft, sich dem Vater zu fügen; mit dem Vater wird zugleich der Sohn „verherrlicht". – Die „Stimme aus dem Himmel" (V 28) bestätigt, dass Jesu Bitte angenommen und erhört wurde. Der Tod Jesu wird mit seiner Auferstehung zu einem Triumph des Erlösungswerkes für Gott Vater und Sohn.

### Gericht und Erhöhung des Menschensohnes (29-33)

Die Zuhörermenge erkennt und begreift das Ereignis nicht und missdeutet es. Es ist nicht selten, dass der Donner als Stimme Gottes gewertet wird (Ijob 37,2-5): „Höret, höret das Getöse seiner Stimme und das Gemurmel, das aus seinem Munde hervorgeht! [3]Er sendet es aus unter den ganzen Himmel und seinen Blitz bis zu den Säumen der Erde. [4]Nach dem Blitz brüllt eine Stimme; er donnert mit seiner erhabenen Stimme und hält die Blitze nicht zurück, wenn seine Stimme gehört wird. [5]Gott donnert wunderbar mit seiner Stimme; er tut große Dinge, die wir nicht begreifen." – In V 29 wird umgekehrt die Stimme Gottes für Donner gehalten und interpretiert. – Desgleichen charakterisiert die Teilnehmer als apathische und teilnahmslose Leute die Auffassung, „ein Engel habe mit Jesus geredet". Indessen war die Stimme an sie adressiert. Folglich wird ihnen die würdevolle Weihe, unendliche Erhabenheit, die machtvolle Bedeutung dieses Zeitabschnittes zu deuten verwehrt (V 31ff): Es ist die eschatologische Rechtsprechung, die bereits hic et nunc (hier und nun) vorgenommen wird. Diese existenziell vollzogene Rechtsprechung wird in einer mythischen Ausdrucksweise dargestellt (Joh 12,31): „Jetzt wird Gericht gehalten über diese Welt; jetzt wird der Herrscher dieser Welt hinausgeworfen werden." – „Der Herrscher dieser Welt" ist der Widersacher, der Erzfeind Gottes und somit der Rivale, Widersacher, Kontrahent, Konkurrent Christi; durch den Tod Jesu wird seine Macht vernichtet (Joh 12,32; 14,30; 16,11): „12[32]Und ich, wenn ich über die Erde erhöht bin, werde alle zu mir ziehen." – „14[30]Ich werde nicht mehr viel zu euch sagen; denn es kommt der Herrscher der Welt. Über mich hat er keine Macht." – „16[11]Gericht: dass der Herrscher dieser Welt gerichtet ist..." – „Herrscher der Welt" (Joh 12,31) ist der Satan, der die Menschen als Instrument benützt (Joh 12,31): „Jetzt wird Gericht gehalten über diese Welt; jetzt wird der Herrscher dieser Welt hinausgeworfen werden." – Die Erhöhung illustriert (Joh 8,28): „Da sagte Jesus zu ihnen: Wenn ihr den Menschensohn erhöht habt, dann werdet ihr erkennen, dass ich es bin. Ihr werdet erkennen, dass ich nichts im eigenen Namen tue, sondern nur das sage, was mich der Vater gelehrt hat." Der Hinweis auf die Erhöhung Jesu am Kreuz (V 32f) und zugleich auf seine Kulmination im himmlischen Bereich legitimiert das Ziel der Sendung Jesu (Joh 3,14; 19,37): „3[14]Und wie Mose die Schlange in der Wüste erhöht hat, so muss der Menschensohn erhöht werden." – „19[37]Und ein anderes Schriftwort sagt: Sie werden auf den blicken, den sie durchbohrt haben." – Das ruft wach (Num 21,8f; Sach 12,10): „Der Herr antwortete Mose: Mach dir eine Schlange, und häng sie an einer Fahnenstange auf! Jeder, der gebissen wird, wird am Leben bleiben, wenn er sie ansieht. [9]Mose machte also eine Schlange aus Kupfer und hängte sie an einer Fahnenstange auf. Wenn nun jemand von einer Schlange gebissen wurde und zu der Kupferschlange aufblickte, blieb er am Leben." – „12[10]Doch über das Haus David und über die Einwohner Jerusalems werde ich den Geist des Mitleids und des Gebets ausgießen. Und sie werden auf den blicken, den sie durchbohrt haben. Sie werden um ihn klagen, wie man um den einzigen Sohn klagt; sie werden bitter um ihn weinen, wie man um den Erstgeborenen weint." – König Hiskija (716-687 v. Chr.) hat nach 2 Kön 18,4 die kupferne Schlange aus der Mosezeit zerstört, weil sie inzwischen als ein ketzerisches Fruchtbarkeitssymbol verehrt worden war. Nach Joh 3,14 ist die kupferne Schlange des Mose ein Archetypus, ein Urbild für den am Kreuz erhabenen Christus: „Und gleichwie Moses in der Wüste die Schlange erhöhte, also muss der Sohn des Menschen erhöht werden." Das ist das Ziel der Sendung Jesu und verweist auf Num 21,8f: „Und Jahwe sprach zu Mose: Mache dir eine feurige Schlange und tue sie auf eine Stange; und es wird geschehen, jeder, der gebissen ist und sie ansieht, der wird am Leben bleiben. [9] Und Mose machte eine Schlange von Erz und tat sie auf die Stange; und es geschah, wenn eine Schlange jemand gebissen hatte, und er schaute auf zu der ehernen Schlange, so blieb er am Leben."

Die Rechtsprechung geschieht im Bereich des Todes und über den „Beherrscher" dieser Welt, wie Satan genannt wird (V 31f), der als Mörder und Lügner von Anbeginn bezeichnet wird (Joh 8,44): „Ihr seid aus dem Vater, dem Teufel, und die Begierden eures Vaters wollt ihr tun. Jener war ein Menschenmörder von Anfang und ist in der Wahrheit nicht bestanden, weil keine Wahrheit in ihm ist. Wenn er die Lüge redet, so redet er aus seinem eigenen, denn er ist ein Lügner und der Vater derselben." – Die Rechtsprechung über ihn besagt seine grundlegende Entfernung, Entmachtung, Absetzung. An den Ort des versklavenden Imperialismus des Schädlichen ist die erlösende Regierungsgewalt Christi getreten, der „alle an sich *zu* ziehen" beabsichtigt, durch seinen „Tod" (V 32) in seine immerwährende Herrlichkeit.

# FUSSWASCHUNG

## Joh 13,1-15

[1]Vor dem Fest Pascha aber, als Jesus wusste, dass seine Stunde gekommen war, um aus dieser Welt zum Vater hinüberzugehen, da er die Seinen, die in der Welt waren, liebte, liebte er sie bis ans Ende. [2]Und während des Abendmahls, als der Teufel schon dem Judas, dem Sohn des Simon, dem Iskariot, es ins Herz gegeben hatte, dass er ihn überliefere, [3]wissend, dass der Vater ihm alles in die Hände gegeben und dass er von Gott ausgegangen war und zu Gott zurückkehre, [4]steht er von dem Abendessen auf und legt die Oberkleider ab; und er nahm ein Leinentuch und umgürtete sich. [5]Dann gießt er Wasser in das Waschbecken und fing an, die Füße der Jünger zu waschen und mit dem leinenen Tuch abzutrocknen, mit welchem er umgürtet war. [6]Er kommt nun zu Simon Petrus, und der spricht zu ihm: Herr, du willst meine Füße waschen? [7]Jesus antwortete und sprach zu ihm: Was ich tue, weißt du jetzt nicht, du wirst es aber hernach verstehen. [8]Petrus spricht zu ihm: Du sollst niemals meine Füße waschen! Jesus antwortete ihm: Wenn ich dich nicht wasche, so hast du keinen Anteil an mir. [9]Simon Petrus spricht zu ihm: Herr, nicht meine Füße allein, sondern auch die Hände und das Haupt. [10]Jesus spricht zu ihm: Wer gebadet ist, hat nicht nötig, sich zu waschen, ausgenommen die Füße, sondern ist ganz rein; und ihr seid rein, aber nicht alle. [11]Er wusste nämlich, wer ihn verraten würde; darum sagte er: Ihr seid nicht alle rein. [12]Als er nun ihre Füße gewaschen und seine Oberkleider genommen hatte, legte er sich wiederum zu Tische und sprach zu ihnen: Begreift ihr, was ich euch getan habe? [13]Ihr nennt mich Meister und Herr, und ihr sprecht richtig, denn ich bin es. [14]Wenn nun ich, der Herr und der Lehrer, eure Füße gewaschen habe, so seid auch ihr schuldig, einander die Füße zu waschen. [15]Denn ich habe euch ein Beispiel gegeben, damit, gleichwie ich euch getan habe, auch ihr tut.

### Skizze der Situation (V 1ff)

Ein Datum ist in der Darstellung bedeutend: „vor dem Paschafest" – das betrifft den Tag vor dem Pascha (13. Nisan). Dem vorliegenden Text entsprechend handelt es sich hier um ein alltägliches Abendmahl und nicht um ein Paschamahl. Die Kenntnis Jesu dominiert, er beginnt zielbewusst seinen Leidensweg (Joh 10,17f; 13,3.11.18; 16,28; 18,4; 19,28): „10[17]Deshalb liebt mich der Vater, weil ich mein Leben hingebe, um es wieder zu nehmen. [18]Niemand entreißt es mir, sondern ich gebe es aus freiem Willen hin. Ich habe Macht, es hinzugeben, und ich habe Macht, es wieder zu nehmen. Diesen Auftrag habe ich von meinem Vater empfangen." – „13[3]Jesus, der wusste, dass ihm der Vater alles in die Hand gegeben hatte und dass er von Gott gekommen war und zu Gott zurückkehrte." – „13[11]Er wusste nämlich, wer ihn verraten würde; darum sagte er: Ihr seid nicht alle rein." – „13[18]Ich sage das nicht von euch allen. Ich weiß wohl, welche ich erwählt habe, aber das Schriftwort muss sich erfüllen: Einer, der mein Brot aß, hat mich hintergangen." – „16[28]Vom Vater bin ich ausgegangen und in die Welt gekommen; ich verlasse die Welt wieder und gehe zum Vater." – „18[4]Jesus, der alles

wusste, was mit ihm geschehen sollte, ging hinaus und fragte sie: Wen sucht ihr?“ – „19[28]Danach, als Jesus wusste, dass nun alles vollbracht war, sagte er, damit sich die Schrift erfüllte: Mich dürstet.“
Die Einmaligkeit „seiner Stunde“ wird charakterisiert: Es ist die Zeit seiner Heimkehr zum Vater. – Dennoch wird Katastrophales erwähnt (V 2): „als der Teufel ...“ Jesus hat den Verrat des Judas vorauserkannt (Joh 6,64.70f): „[64]Aber es gibt unter euch einige, die nicht glauben. Jesus wusste nämlich von Anfang an, welche es waren, die nicht glaubten, und wer ihn verraten würde.“ –„[70]Jesus erwiderte: Habe ich nicht euch, die zwölf, erwählt? Und doch ist einer von euch ein Teufel. [71]Er sprach von Judas, dem Sohn des Simon Iskariot; denn dieser sollte ihn verraten: einer der zwölf.“ – In Judas ist die Macht des Satans am Werk (Joh 13,27): „Als Judas den Bissen Brot genommen hatte, fuhr der Satan in ihn. Jesus sagte zu ihm: Was du tun willst, das tu bald!“
„Wissend, dass der Vater ihm alles in die Hände gegeben“ (V 3) besagt, Jesus hat alles gewissermaßen „fest im Griff“ (Joh 8,42; 16,27f; 1 Joh 5,1): „[42]Jesus sagte zu ihnen: Wenn Gott euer Vater wäre, würdet ihr mich lieben; denn von Gott bin ich ausgegangen und gekommen. Ich bin nicht in meinem eigenen Namen gekommen, sondern er hat mich gesandt.“ – „[27]denn der Vater selbst liebt euch, weil ihr mich geliebt und weil ihr geglaubt habt, dass ich von Gott ausgegangen bin. [28]Vom Vater bin ich ausgegangen und in die Welt gekommen; ich verlasse die Welt wieder und gehe zum Vater.“ – „Jeder, der glaubt, dass Jesus der Christus ist, stammt von Gott, und jeder, der den Vater liebt, liebt auch den, der von ihm stammt.“

**Fußwaschung (V 4f)**
Die Fußwaschung ist eine grandiose Manifestation der Liebe Jesu und seiner Gemeinschaft. – (Joh 13,34; 15,13; 1 Joh 3,16): „[34]Ein neues Gebot gebe ich euch: Liebt einander! Wie ich euch geliebt habe, so sollt auch ihr einander lieben.“ – „[13]Es gibt keine größere Liebe, als wenn einer sein Leben für seine Freunde hingibt.“ – „[16]Daran haben wir die Liebe erkannt, dass Er sein Leben für uns hingegeben hat. So müssen auch wir für die Brüder das Leben hingeben.“

**Konversation Simon – Jesus (V 6-11)**
Petrus reagiert überrascht. Die Handlungsweise Jesu ist ihm unverständlich; augenblicklich versteht er diese symbolische Maßnahme nicht. Jesus versucht zu erklären, wenn nicht (V 8b), „so hast du keinen Anteil an mir“. – Immerhin scheint Petrus eine Verbundenheit mit Jesus bewahren zu wollen; dass hiermit zugleich eine Teilhabe am Erlösungswerk gemeint ist, bleibt ihm noch verschlossen; er wird es erst mit der Geistsendung verstehen. – Diese Selbsterniedrigung Jesu verweist auf eine Einheit von Tod und Auferstehung des Erlösers (Mt 23,12; Hebr 2,9): „23[12]Denn wer sich selbst erhöht, wird erniedrigt, und wer sich selbst erniedrigt, wird erhöht werden.“ – „2[9]aber den, der nur für kurze Zeit unter die Engel erniedrigt war, Jesus, ihn sehen wir um seines Todesleidens willen mit Herrlichkeit und Ehre gekrönt; es war nämlich Gottes gnädiger Wille, dass er für alle den Tod erlitt.“
Es ist somit Jesu Aufgabe, den Jüngern die Füße zu waschen. Man beachte, dass die Aktion Jesu durch die Fußwaschung diesen „Anteil“ an seiner Erlösung bewirkt. Das bedeutet aber zugleich, den Weg Jesu über das Kreuz zum Vater auch als eigenen persönlichen Lebensweg zu akzeptieren.
Nach unterschiedlichen Textüberlieferungen, die differenzierte Auslegungen motivieren, ist mit dem „Bad“ (V 10) mutmaßlich die Taufe mitgemeint, die anfänglich

nicht im Blickfeld weilte; und zugleich wird die Zeremonie der periodisch zelebrierten Fußwaschung als ein Zeichen der Bußgesinnung und Bitte um Sündenvergebung präsentiert. – Der Hinweis über die Reinheit führt zur Ansage des Verrats (V 11), die eine Warnung an alle ist.

**Motivierende Argumentation (V 12-15)**
Die weitere Auslegung der Fußwaschung interpretiert das Ereignis, das die Jünger erlebt haben, auf ihre Kommunität hin. Ihre Einigkeit lebt von dem Erlebnis der Herzlichkeit Christi. Als ihr „Meister und Herr" (V 13) hat er ihnen die Füße gebadet und damit die Rangfolge, die Hierarchie umgeworfen. Daraus ergibt sich die entsprechende Forderung (V 14): Man soll einander die Füße waschen; also demutsvoll einander dienen. – Die Klassifikation, wie sie der Mentalität Christi gleichkommt, ist geformt und verursacht durch das Exempel, das er selbst präsentiert. Im „neuen Gebot" wird es erneuert werden (Joh 13,34; 15,12): „13[34]Ein neues Gebot gebe ich euch: Liebt einander! Wie ich euch geliebt habe, so sollt auch ihr einander lieben." – „15[12]Das ist mein Gebot: Liebt einander, so wie ich euch geliebt habe."

# DAS NEUE GEBOT

## Joh 13,31-35

**[31]Als er [Judas] nun hinausgegangen war, spricht Jesus: Jetzt ist der Menschensohn verherrlicht, und Gott ist verherrlicht in ihm. [32]Wenn Gott verherrlicht ist in ihm, so wird auch Gott ihn verherrlichen in sich selbst, und alsbald wird er ihn verherrlichen. [33]Kinder, noch eine kleine Weile bin ich bei euch; ihr werdet mich suchen, und wie ich den Juden sagte: Wo ich hingehe, könnt ihr nicht hinkommen, so sage ich jetzt auch euch. [34]Ein neues Gebot gebe ich euch, dass ihr einander liebet, auf dass, gleichwie ich euch geliebt habe, auch ihr einander liebet. [35]Daran werden alle erkennen, dass ihr meine Jünger seid, wenn ihr Liebe untereinander habt.**

Das ist ein Vermächtnis, das generelle Anweisungen, Anordnungen, Anliegen, die das spirituelle Erbe für die Folgezeit schützen und die Beständigkeit Jesu Wirkens garantieren soll: Der Erlöser Jesus Christus erteilt seine letzte Weisung mit dem Blick in die Zukunft.
Durch den Weggang des Verräters wird „jetzt" die Verherrlichung des Menschensohnes und Gottes eingeleitet (V 31f). Damit blickt Jesus schon im irdischen Leben auf den Triumph der Erlösung, auf Leiden, Kreuz und Auferstehung seiner selbst. Unter diesem Aspekt der Verherrlichung sind die Worte Jesu zu verstehen (Joh 12,16.23.28; 17,1.4f): „12[16]Das alles verstanden seine Jünger zunächst nicht; als Jesus aber verherrlicht war, da wurde ihnen bewusst, dass es so über ihn in der Schrift stand und dass man so an ihm gehandelt hatte." – „[23]Jesus aber antwortete ihnen: Die Stunde ist gekommen, dass der

Menschensohn verherrlicht wird.“ – „[28]Vater, verherrliche deinen Namen! Da kam eine Stimme vom Himmel: Ich habe ihn schon verherrlicht und werde ihn wieder verherrlichen.“ – „17[1]Dies sagte Jesus. Und er erhob seine Augen zum Himmel und sprach: Vater, die Stunde ist da. Verherrliche deinen Sohn, damit der Sohn dich verherrlicht.“ – „[4]Ich habe dich auf der Erde verherrlicht und das Werk zu Ende geführt, das du mir aufgetragen hast. [5] Vater, verherrliche du mich jetzt bei dir mit der Herrlichkeit, die ich bei dir hatte, bevor die Welt war.“

Die liebevolle Anrede *„Kinder“* (V 33) bittet geradezu um Verständnis und Vertrauen im Hinblick auf Kreuz, Auferstehung und Nachfolge (Joh 7,33; 8,21; 14,2ff): „7[33]Jesus aber sagte: Ich bin nur noch kurze Zeit bei euch; dann gehe ich fort, zu dem, der mich gesandt hat.“ – „8[21]Ein andermal sagte Jesus zu ihnen: Ich gehe fort, und ihr werdet mich suchen ... Wohin ich gehe, dorthin könnt ihr nicht gelangen.“ – „14[2]Im Haus meines Vaters gibt es viele Wohnungen. Wenn es nicht so wäre, hätte ich euch dann gesagt: Ich gehe, um einen Platz für euch vorzubereiten? [3]Wenn ich gegangen bin und einen Platz für euch vorbereitet habe, komme ich wieder und werde euch zu mir holen, damit auch ihr dort seid, wo ich bin. [4]Und wohin ich gehe – den Weg dorthin kennt ihr.“

Als Vermächtnis hinterlässt Jesus – der Menschensohn – als letzte Weisung (V 34): *„Ein neues Gebot gebe ich euch, dass ihr einander liebet, auf dass, gleichwie ich euch geliebt habe, auch ihr einander liebet.“* Diese Liebe bleibt an Jesus gebunden (V 35), was das Neue des neuen Gebotes ist und kennzeichnet seine Jünger (1 Joh 2,7-11; 4,7-21): „2[7]Liebe Brüder, ich schreibe euch kein neues Gebot, sondern ein altes Gebot, das ihr von Anfang an hattet (Lev 19,18) ... [8]Und doch schreibe ich euch ein neues Gebot, etwas, das in ihm und in euch verwirklicht ist; denn die Finsternis geht vorüber, und schon leuchtet das wahre Licht. [9]Wer sagt, er sei im Licht, aber seinen Bruder hasst, ist noch in der Finsternis. [10]Wer seinen Bruder liebt, bleibt im Licht; da gibt es für ihn kein Straucheln. [11]Wer aber seinen Bruder hasst, ist in der Finsternis. Er geht in der Finsternis und weiß nicht, wohin er geht; denn die Finsternis hat seine Augen blind gemacht.“ – „4[7]Liebe Brüder, wir wollen einander lieben; denn die Liebe ist aus Gott, und jeder, der liebt, stammt von Gott und erkennt Gott. [8]Wer nicht liebt, hat Gott nicht erkannt; denn Gott ist die Liebe. [9]Die Liebe Gottes wurde unter uns dadurch offenbart, dass Gott seinen einzigen Sohn in die Welt gesandt hat, damit wir durch ihn leben. [10]Nicht darin besteht die Liebe, dass wir Gott geliebt haben, sondern dass er uns geliebt und seinen Sohn als Sühne für unsere Sünden gesandt hat. [11]Liebe Brüder, wenn Gott uns so geliebt hat, müssen auch wir einander lieben. [12]Niemand hat Gott je geschaut; wenn wir einander lieben, bleibt Gott in uns, und seine Liebe ist in uns vollendet. [13]Daran erkennen wir, dass wir in ihm bleiben und er in uns bleibt: Er hat uns von seinem Geist gegeben. [14]Wir haben gesehen und bezeugen, dass der Vater den Sohn gesandt hat als den Retter der Welt. [15]Wer bekennt, dass Jesus der Sohn Gottes ist, in dem bleibt Gott, und er bleibt in Gott. [16]Wir haben die Liebe, die Gott zu uns hat, erkannt und gläubig angenommen. Gott ist die Liebe, und wer in der Liebe bleibt, bleibt in Gott, und Gott bleibt in ihm. [17]Darin ist unter uns die Liebe vollendet, dass wir am Tag des Gerichts Zuversicht haben. Denn wie er, so sind auch wir in dieser Welt. [18]Furcht gibt es in der Liebe nicht, sondern die vollkommene Liebe vertreibt die Furcht. Denn die Furcht rechnet mit Strafe, und wer sich fürchtet, dessen Liebe ist nicht vollendet. [19]Wir wollen lieben, weil er uns zuerst geliebt hat.

[20]Wenn jemand sagt: Ich liebe Gott!, aber seinen Bruder hasst, ist er ein Lügner. Denn wer seinen Bruder nicht liebt, den er sieht, kann Gott nicht lieben, den er nicht sieht. [21]Und dieses Gebot haben wir von ihm: Wer Gott liebt, soll auch seinen Bruder lieben."

## WEG ZUM VATER

### Joh 14,1-12

**[1]Euer Herz werde nicht bestürzt. Ihr glaubt an Gott, glaubt auch an mich. [2]Im Hause
meines Vaters sind viele Wohnungen; wenn es nicht so wäre, würde ich es euch ge-
sagt haben; denn ich gehe hin, euch eine Stätte zu bereiten. [3]Und wenn ich hingehe
und euch eine Stätte bereite, so komme ich wieder und werde euch zu mir nehmen,
damit, wo ich bin, auch ihr seid. [4]Und wo ich hingehe, wisst ihr, und den Weg wisst
ihr. [5]Thomas spricht zu ihm: Herr, wir wissen nicht, wo du hingehst, und wie können
wir den Weg wissen? [6]Jesus spricht zu ihm: Ich bin der Weg und die Wahrheit und
das Leben. Niemand kommt zum Vater, als nur durch mich. [7]Wenn ihr mich erkannt
hättet, so würdet ihr auch meinen Vater erkannt haben; und von jetzt an erkennet ihr
ihn und habt ihn gesehen. [8]Philippus spricht zu ihm: Herr, zeige uns den Vater, und
es genügt uns. [9]Jesus spricht zu ihm: So lange Zeit bin ich bei euch, und du hast mich
nicht erkannt, Philippus? Wer mich gesehen hat, hat den Vater gesehen, und wie
sagst du: Zeige uns den Vater? [10]Glaubst du nicht, dass ich im Vater bin und der Vater
in mir ist? Die Worte, die ich zu euch rede, rede ich nicht von mir selbst; der Vater
aber, der in mir bleibt, er tut seine Werke. [11]Glaubt mir, dass ich im Vater bin und der
Vater in mir ist; wenn aber nicht, so glaubt mir um der Werke selbst willen. [12]Wahr-
lich, wahrlich, ich sage euch: Wer an mich glaubt, der wird auch die Werke tun, die
ich tue, und wird größere als diese tun, weil ich zum Vater gehe.**

**Wohnungen im Haus des Vaters (V 1ff)**
Im Gedanken an die Passion überkommt die Jünger Fassungslosigkeit, Unsicherheit und Furcht im Herzen. Jesu Aufforderung will gewiss zum Seelenfrieden seiner Jünger beitragen, darüber hinaus soll vor allem ihr Glaube, der verunsichert ist, gefestigt werden. Wer an Gott glaubt, muss konsequenterweise seinen Glauben an Jesus ausrichten und orientieren; weil Jesus vom Vater gesandt ist, bildet er das Fundament des Vertrauens und fester Zuversicht (V 1).

Durch die Rede (V 2) – „Im Hause meines Vaters sind viele Wohnungen; ... denn ich gehe hin, euch eine Stätte zu bereiten" – ist mit dem Weggang Jesu sein Tod gemeint, der den Zugang zum Haus des Vaters vermittelt und dort Wohnungsrecht erwirbt. Dorthin richtet sich die Hoffnung (2 Kor 5,1): „Wir wissen: Wenn unser irdisches Zelt abgebrochen wird, dann haben wir eine Wohnung von Gott, ein nicht von Menschenhand errichtetes ewiges Haus im Himmel."
Über die Wiederkunft (V 3) des Menschen-

sohnes ist zu lesen (Joh 17,24; 1 Thess 4,16f; 1 Kor 4,5; 11,26): „17[24]Vater, ich will, dass alle, die du mir gegeben hast, dort bei mir sind, wo ich bin. Sie sollen meine Herrlichkeit sehen, die du mir gegeben hast, weil du mich schon geliebt hast vor der Erschaffung der Welt." – „4[16]Denn der Herr selbst wird vom Himmel herabkommen, wenn der Befehl ergeht, der Erzengel ruft und die Posaune Gottes erschallt. Zuerst werden die in Christus Verstorbenen auferstehen; [17]dann werden wir, die Lebenden, die noch übrig sind, zugleich mit ihnen auf den Wolken in die Luft entrückt, dem Herrn entgegen. Dann werden wir immer beim Herrn sein." – „4[5]Richtet also nicht vor der Zeit; wartet, bis der Herr kommt, der das im Dunkeln Verborgene ans Licht bringen und die Absichten der Herzen aufdecken wird. Dann wird jeder sein Lob von Gott erhalten." – „11[26]Denn sooft ihr von diesem Brot esst und aus dem Kelch trinkt, verkündet ihr den Tod des Herrn, bis er kommt."

**Jesus, der Weg (V 4-12)**

Der Einwand des Thomas lässt klar eine Unsicherheit erkennen, eine Klarstellung und andere Hoffnungserwartungen ersehnen (V 5): „Herr, wir wissen nicht, wohin du gehst." – Aber längst zuvor hat er vor der Auferweckung des Lazarus anscheinend vorübergehend mehr erkannt (Joh 11,16): „Da sagte Thomas, genannt Didymus (Zwilling), zu den anderen Jüngern: Dann lasst uns mit ihm gehen, um mit ihm zu sterben." Und ähnlich reagiert Petrus in einer vergleichbaren Situation (Joh 13,37): „Petrus sagte zu ihm: Herr, warum kann ich dir jetzt nicht folgen? Mein Leben will ich für dich hingeben." – Die Möglichkeit zu diesem Ziel sollte den Jüngern allmählich anerkannt sein: Tod, Auferstehung und Himmelfahrt. Sein „Weg" (V 4ff) ist auch ihre Chance. Kontakt zu Gott ist einzig und allein Jesus Christus (V 6): „Ich bin der Weg und die Wahrheit und das Leben. Niemand kommt zum Vater, als nur durch mich." Es ist der Weg nach Jerusalem – zu Leiden, Tod, Auferstehung und Himmelfahrt –, auf dem die Jünger ihm die Nachfolge antreten sollen. – Jesus ist nicht nur Weg, sondern zugleich Tür, Zutritt zum Vater (Joh 10,9): „Ich bin die Tür; wer durch mich hineingeht, wird gerettet werden; er wird ein und aus gehen und Weide finden." – Das bestätigt (Joh 1,4.18; 6,33.51; 10,30; 11,25; 12,44f): „1[4]In ihm war das Leben, und das Leben war das Licht der Menschen." – „1[18]Niemand hat Gott je gesehen. Der Einzige, der Gott ist und am Herzen des Vaters ruht, er hat Kunde gebracht." – „6[33]Denn das Brot, das Gott gibt, kommt vom Himmel herab und gibt der Welt das Leben." – „[51]Ich bin das lebendige Brot, das vom Himmel herabgekommen ist. Wer von diesem Brot isst, wird in Ewigkeit leben. Das Brot, das ich geben werde, ist mein Fleisch, (ich gebe es hin) für das Leben der Welt." – „10[30]Ich und der Vater sind eins." – „11[25]Jesus erwiderte ihr: Ich bin die Auferstehung und das Leben. Wer an mich glaubt, wird leben, auch wenn er stirbt." – „12[44]Jesus aber rief aus: Wer an mich glaubt, glaubt nicht an mich, sondern an den, der mich gesandt hat, [45]und wer mich sieht, sieht den, der mich gesandt hat."

Endabsicht des Verbindungswegs ist Gott, der freilich in Christus begriffen und verstanden werden kann: Gemeinschaft mit Jesus und mit Gott (V 10f). Das dokumentiert ein umfangreicher Konnex (Joh 7,16; 8,28; 12.49): „7[16]Darauf antwortete ihnen Jesus: Meine Lehre stammt nicht von mir, sondern von dem, der mich gesandt hat." – „8[28]Da sagte Jesus zu ihnen: Wenn ihr den Menschensohn erhöht habt, dann werdet ihr erkennen, dass ich es bin. Ihr werdet erkennen, dass ich nichts im eigenen Namen tue, sondern nur das sage, was mich der Vater gelehrt hat." – „12[49]Denn was ich gesagt habe, habe ich nicht aus mir selbst, sondern der Vater, der mich gesandt hat, hat mir aufgetragen, was ich sagen und reden soll."

Gemeinschaft mit Jesus ist Gemeinschaft mit Gott, wie die Formulierung bestätigt (V 11): „dass ich im Vater bin und der Vater in mir! – Kontaktnahme mit Jesus ist Gotteserlebnis! – Dies zu bezeugen ist geradezu eine Kampfansage des Glaubens (Joh 5,17-26; 8,19.26-29; 10,25.27f; 12,49): „5 17Jesus aber entgegnete ihnen: Mein Vater ist noch immer am Werk, und auch ich bin am Werk. 18Darum waren die Juden noch mehr darauf aus, ihn zu töten, weil er nicht nur den Sabbat brach, sondern auch Gott seinen Vater nannte und sich damit Gott gleichstellte. 19Jesus aber sagte zu ihnen: Amen, amen, ich sage euch: Der Sohn kann nichts von sich aus tun, sondern nur, wenn er den Vater etwas tun sieht. Was nämlich der Vater tut, das tut in gleicher Weise der Sohn. 20Denn der Vater liebt den Sohn und zeigt ihm alles, was er tut, und noch größere Werke wird er ihm zeigen, sodass ihr staunen werdet. 21Denn wie der Vater die Toten auferweckt und lebendig macht, so macht auch der Sohn lebendig, wen er will. 22Auch richtet der Vater niemand, sondern er hat das Gericht ganz dem Sohn übertragen, 23damit alle den Sohn ehren, wie sie den Vater ehren. Wer den Sohn nicht ehrt, ehrt auch den Vater nicht, der ihn gesandt hat. 24Amen, amen, ich sage euch: Wer mein Wort hört und dem glaubt, der mich gesandt hat, hat das ewige Leben; er kommt nicht ins Gericht, sondern ist aus dem Tod ins Leben hinübergegangen. 25Amen, amen, ich sage euch: Die Stunde kommt, und sie ist schon da, in der die Toten die Stimme des Sohnes Gottes hören werden; und alle, die sie hören, werden leben. 26Denn wie der Vater das Leben in sich hat, so hat er auch dem Sohn gegeben, das Leben in sich zu haben." – „8 19Da fragten sie ihn: Wo ist dein Vater? Jesus antwortete: Ihr kennt weder mich noch meinen Vater; würdet ihr mich kennen, dann würdet ihr auch meinen Vater kennen." – „8 26Ich hätte noch viel über euch zu sagen und viel zu richten, aber er, der mich gesandt hat, bürgt für die Wahrheit, und was ich von ihm gehört habe, das sage ich der Welt. 27Sie verstanden nicht, dass er damit den Vater meinte. 28Da sagte Jesus zu ihnen: Wenn ihr den Menschensohn erhöht habt, dann werdet ihr erkennen, dass ich es bin. Ihr werdet erkennen, dass ich nichts im eigenen Namen tue, sondern nur das sage, was mich der Vater gelehrt hat. 29Und er, der mich gesandt hat, ist bei mir; er hat mich nicht allein gelassen, weil ich immer das tue, was ihm gefällt." – „10 25Jesus antwortete ihnen: Ich habe es euch gesagt, aber ihr glaubt nicht. Die Werke, die ich im Namen meines Vaters vollbringe, legen Zeugnis für mich ab; 27Meine Schafe hören auf meine Stimme; ich kenne sie, und sie folgen mir. 2 Ich gebe ihnen ewiges Leben. Sie werden niemals zugrunde gehen, und niemand wird sie meiner Hand entreißen." – „12 49Denn was ich gesagt habe, habe ich nicht aus mir selbst, sondern der Vater, der mich gesandt hat, hat mir aufgetragen, was ich sagen und reden soll."

# TROSTWORTE AN DIE JÜNGER

## Joh 14,15-29

**[15]Wenn ihr mich liebt, werdet ihr meine Gebote halten. [16]Und ich werde den Vater bitten, und er wird euch einen anderen Beistand geben, damit er für immer bei euch sei, [17]den Geist der Wahrheit, den die Welt nicht empfangen kann, weil sie ihn nicht sieht noch ihn kennt. Ihr kennt ihn, denn er bleibt bei euch und wird in euch sein. [18]Ich werde euch nicht verwaist zurücklassen, ich komme zu euch. [19]Nur noch kurze Zeit, und die Welt sieht mich nicht mehr; ihr aber seht mich, weil ich lebe und weil auch ihr leben werdet. [20]An jenem Tage werdet ihr erkennen, dass ich in meinem Vater bin, und ihr in mir und ich in euch. [21]Wer meine Gebote hat und sie hält, der ist es, der mich liebt; wer aber mich liebt, wird von meinem Vater geliebt werden; und ich werde ihn lieben und mich ihm offenbaren. [22]Judas, nicht der Iskariot, sagt zu ihm: Herr, wie kommt es, dass du dich uns offenbaren willst und nicht der Welt? [23]Jesus antwortete und sprach zu ihm: Wenn jemand mich liebt, so wird er mein Wort halten, und mein Vater wird ihn lieben, und wir werden zu ihm kommen und Wohnung bei ihm nehmen. [24]Wer mich nicht liebt, hält meine Worte nicht; und das Wort, welches ihr höret, ist nicht mein, sondern des Vaters, der mich gesandt hat. [25]Dies habe ich zu euch geredet, während ich bei euch weilte. [26]Der Beistand aber, der Heilige Geist, den der Vater in meinem Namen senden wird, der wird euch alles lehren und euch an alles erinnern, was ich euch gesagt habe. [27]Frieden lasse ich euch, meinen Frieden gebe ich euch; nicht wie die Welt gibt, gebe ich euch. Euer Herz werde nicht bestürzt, sei auch nicht furchtsam. [28]Ihr habt gehört, dass ich euch gesagt habe: Ich gehe hin, und ich komme zu euch. Wenn ihr mich liebtet, so würdet ihr euch freuen, dass ich zum Vater gehe, denn der Vater ist größer als ich. [29]Und jetzt habe ich es euch gesagt, ehe es geschieht, damit ihr, wenn es geschieht, glaubt.**

### Verheißung des Beistands (V 15ff)

Alle *Liebe* geht von Gott aus, der die Liebe ist (1 Joh 4,16): „Wir haben die Liebe, die Gott zu uns hat, erkannt und gläubig angenommen. Gott ist die Liebe, und wer in der Liebe bleibt, bleibt in Gott, und Gott bleibt in ihm." – Liebe ist Teilnahme an Gottes Wesen (Röm 5,5): „Die Hoffnung aber lässt nicht zugrunde gehen; denn die Liebe Gottes ist ausgegossen in unsere Herzen durch den Heiligen Geist, der uns gegeben ist." – Liebe ist Dankbarkeit (1 Joh 4,10f): „Nicht darin besteht die Liebe, dass wir Gott geliebt haben, sondern dass er uns geliebt und seinen Sohn als Sühne für unsere Sünden gesandt hat. [11]Liebe Brüder, wenn Gott uns so geliebt hat, müssen auch wir einander lieben." – Liebe ist Nachahmung Gottes (Eph 5,1f.25): „Ahmt Gott nach als seine geliebten Kinder, [2]und liebt einander, weil auch Christus uns geliebt und sich für uns hingegeben hat als Gabe und als Opfer, das Gott gefällt. [25]Ihr Männer, liebt eure Frauen, wie Christus die Kirche geliebt und sich für sie hingegeben hat." – Der einzige Weg der Christen zum Leben ist Liebe zu Gott und Jesus Christus sowie deren Kennzeichen (1 Joh 4,7): „Liebe Brüder, wir wollen einander lieben; denn die Liebe ist aus Gott, und jeder, der liebt, stammt von Gott und erkennt Gott."

Was sind die *Gebote* Jesu? – Jesus selbst lehrt (Mk 10,19): „Du kennst doch die Gebote: Du sollst nicht töten, du sollst nicht die Ehe brechen, du sollst nicht stehlen, du sollst nicht falsch aussagen, du sollst keinen Raub begehen; ehre deinen Vater und deine Mutter!" – Ebenso tradiert nahezu identisch Lk 18,20, was die Zehn Gebote inkludiert (Ex 20,12-16; Dtn 5,16-20). Darüber hinaus ist Jesu Wort zu vernehmen (Joh 13,34; 15,12.17; 1 Joh 2,4f; 5,3): „13[34]Ein neues Gebot gebe ich euch: Liebt einander! Wie ich euch geliebt habe, so sollt auch ihr einander lieben." – „15[12]Das ist mein Gebot: Liebt einander, so wie ich euch geliebt habe." – „[17]Dies trage ich euch auf: Liebt einander!" – „2[4]Wer sagt: Ich habe ihn erkannt, aber seine Gebote nicht hält, ist ein Lügner, und die Wahrheit ist nicht in ihm. [5]Wer sich aber an sein Wort hält, in dem ist die Gottesliebe wahrhaft vollendet. Wir erkennen daran, dass wir in ihm sind." – „5[3]Denn die Liebe zu Gott besteht darin, dass wir seine Gebote halten. Seine Gebote sind nicht schwer." – Soviel zu V 15: *„Wenn ihr mich liebt, werdet ihr meine Gebote halten."*

Daraufhin folgt (V 16): *„Und ich werde den Vater bitten, und er wird euch einen anderen Beistand geben, damit er für immer bei euch sei."* – Das griechische Wort für Beistand heißt *Paraklet*, der „Herbeigerufene", der ursprünglich den Angeklagten vor Gericht Fürsprecher, Helfer, Beistand ist; die lateinische Analogie *„advocatus"* ist Ausdruck für Rechtsbeistand, Anwalt in der Justiz. – Der „Beistand" ist der Heilige Geist, der als Person vom Vater und vom Sohn unterschieden wird; er wird vom Vater nach dem Weggang Jesu gesandt und nimmt bei den Jüngern die Stelle Jesu ein (Joh 14,26; 15,26; 16,7-14): „14[26]Der Beistand aber, der Heilige Geist, den der Vater in meinem Namen senden wird, der wird euch alles lehren und euch an alles erinnern, was ich euch gesagt habe." – „15[26]Wenn aber der Beistand kommt, den ich euch vom Vater aus senden werde, der Geist der Wahrheit, der vom Vater ausgeht, dann wird er Zeugnis für mich ablegen." – „16[7]Doch ich sage euch die Wahrheit: Es ist gut für euch, dass ich fortgehe. Denn wenn ich nicht fortgehe, wird der Beistand nicht zu euch kommen; gehe ich aber, so werde ich ihn zu euch senden. [8]Und wenn er kommt, wird er die Welt überführen (und aufdecken), was Sünde, Gerechtigkeit und Gericht ist; [9]Sünde: dass sie nicht an mich glauben; [10]Gerechtigkeit: dass ich zum Vater gehe und ihr mich nicht mehr seht; [11] Gericht: dass der Herrscher dieser Welt gerichtet ist. [12]Noch vieles habe ich euch zu sagen, aber ihr könnt es jetzt nicht tragen. [13]Wenn aber jener kommt, der Geist der Wahrheit, wird er euch in die ganze Wahrheit führen. Denn er wird nicht aus sich selbst heraus reden, sondern er wird sagen, was er hört, und euch verkünden, was kommen wird. [14]Er wird mich verherrlichen; denn er wird von dem, was mein ist, nehmen und es euch verkünden." – „Der Geist der Wahrheit" (16,13f) hat die Fähigkeit, die Jünger in die ganze Wahrheit zu führen und ihr das, was auf sie zukommt, verständlich zu machen.

Jeder Einzelne empfängt den Geist mit der Taufe (Joh 3,5): „Jesus antwortete: Wahrlich, wahrlich, ich sage dir: Wenn jemand nicht aus Wasser und Geist geboren wird, kann er nicht in das Reich Gottes kommen." – Als „Geist der Wahrheit" bleibt er in der Gemeinschaft der Jünger (V 16f), die somit die Möglichkeit erhalten, die Offenbarung „an die Welt" zu bezeugen und weiterzugeben, denn für den Paraklet, den „Geist der Wahrheit", ist seine Sendung Christus, der die Wahrheit ist, wie er selbst von sich sagt (14,6): „Ich bin der Weg und die Wahrheit und das Leben; niemand kommt zum Vater außer durch mich."

**Verheißung des Kommens Jesu (V 18-21)**
„Ich komme zu euch“ (V 18) ist eine Zusicherung, die sich mit der Auferstehung bewahrheiten soll. Die österliche Erscheinung des Auferstandenen bedenkt und fundiert: „ich lebe“ (V 19). Zugleich wird eine spirituelle, eine geistige Präsenz Christi in den Jüngern gegenwärtig. Die Formulierung über diese göttliche Einwohnung, die für die Beziehung Jesus – Gott gebraucht wurde, wird nun auf die Verbindung Jesus – Jünger verwendet. „Ich bin in euch“ (V 20) basiert analog und anscheinend in Parallele zu „der Geist wird in euch sein“ (V 17). – Dazu sagt Paulus vom Geist Gottes: Er ist vom Vater durch Christus den Menschen gegeben; ist Gabe des Vaters und Lebensgeist des auferweckten Sohnes; in ihm geschieht Erlösung durch Christus (2 Kor 1,21f; Röm 8,9ff; Eph 4,3-6; Tit 3,4ff): „1[21]Gott aber, der uns und euch in der Treue zu Christus festigt und der uns alle gesalbt hat, [22]er ist es auch, der uns sein Siegel aufgedrückt und als ersten Anteil (am verheißenen Heil) den Geist in unser Herz gegeben hat.“ – „8[9]Ihr aber seid nicht vom Fleisch, sondern vom Geist bestimmt, da ja der Geist Gottes in euch wohnt. Wer den Geist Christi nicht hat, der gehört nicht zu ihm. [10]Wenn Christus in euch ist, dann ist zwar der Leib tot aufgrund der Sünde, der Geist aber ist Leben aufgrund der Gerechtigkeit. [11]Wenn der Geist dessen in euch wohnt, der Jesus von den Toten auferweckt hat, dann wird er, der Christus Jesus von den Toten auferweckt hat, auch euren sterblichen Leib lebendig machen durch seinen Geist, der in euch wohnt.“ – „4[3]Und bemüht euch, die Einheit des Geistes zu wahren durch den Frieden, der euch zusammenhält. [4]Ein Leib und ein Geist, wie euch durch eure Berufung auch eine gemeinsame Hoffnung gegeben ist; [5]ein Herr, ein Glaube, eine Taufe, [6] ein Gott und Vater aller, der über allem und durch alles und in allem ist.“ – „3[4]Als aber die Güte und Menschenliebe Gottes, unseres Retters, erschien, [5]hat er uns gerettet – nicht weil wir Werke vollbracht hätten, die uns gerecht machen können, sondern aufgrund seines Erbarmens – durch das Bad der Wiedergeburt und der Erneuerung im Heiligen Geist. [6]Ihn hat er in reichem Maß über uns ausgegossen durch Jesus Christus, unseren Retter.“

**Verheißung des Kommens des Vaters und des Sohnes (V 22ff)**
Jesus blickt voraus auf seine Wiederkunft, und der Geist befähigt durch die Präsenz in den Jüngern die Gegenwart des auferstandenen Jesus und darüber hinaus das Zugegensein Gottes selber (V 23). Auf diese Weise realisiert sich die für die Endzeit zugedachte Prophezeiung von der Wohnung Gottes unter den Menschen (Ez 37,26f): „Ich schließe mit ihnen einen Friedensbund; es soll ein ewiger Bund sein. Ich werde sie zahlreich machen. Ich werde mitten unter ihnen für immer mein Heiligtum errichten, [27]und bei ihnen wird meine Wohnung sein. Ich werde ihr Gott sein, und sie werden mein Volk sein.“ Das wird begründet (1 Joh 3,23f): „Und das ist sein Gebot: Wir sollen an den Namen seines Sohnes Jesus Christus glauben und einander lieben, wie es seinem Gebot entspricht. [24]Wer seine Gebote hält, bleibt in Gott und Gott in ihm. Und dass er in uns bleibt, erkennen wir an dem Geist, den er uns gegeben hat.“ – Allen werden die Gebote der Liebe präsentiert, und wer sie zurückweist, diktiert über sich selbst das Urteil (V 24).

**Beistand des Heiligen Geistes (V 25f)**
Jesus kennzeichnet die Barriere der trennenden Verabschiedung (V 25). Die Aufgabe seiner Unterweisungen sollen nun die Intuitionen des Parakleten übernehmen (V 26): „Der Beistand aber, der Heilige Geist, den der Vater in meinem Namen senden wird, der wird euch alles lehren und euch an alles erinnern, was ich euch

gesagt habe." – Das entspricht der Fortführung der Offenbarung (Gal 4,4ff): „Als aber die Zeit erfüllt war, sandte Gott seinen Sohn, geboren von einer Frau und dem Gesetz unterstellt, [5] damit er die freikaufe, die unter dem Gesetz stehen, und damit wir die Sohnschaft erlangen. [6] Weil ihr aber Söhne seid, sandte Gott den Geist seines Sohnes in unser Herz, den Geist, der ruft: Abba, Vater." – Die Fortführung der Selbstmitteilung Gottes besagt und verlangt ihre Vertiefung, Vergegenwärtigung, Demonstration und Beweisführung.

**Jesu Abschiedsworte (V 27ff)**
„Friede" (V 27) ist das Abschiedswort. Seine Jüngergemeinschaft soll ein Zeichen des Friedens in diesem Lebensbereich sein, des von ihm geschenkten Vorteiles, soll die Gemeinde Zeichen der Zuversicht werden in der Welt. Nicht Schwermut soll die Jünger im Moment des Abschieds belasten, sondern Frohsinn darüber, dass Jesus seine Sendung vollendet. – Das ewige Ziel, der Vater, er ist der Größere (V 28). – Darüber klingt durch (Joh 10,30; 17,11): „10[30]Ich und der Vater sind eins." – „17[11] Ich bin nicht mehr in der Welt, aber sie sind in der Welt, und ich gehe zu dir. Heiliger Vater, bewahre sie in deinem Namen, den du mir gegeben hast, damit sie eins sind wie wir." – Entscheidend ist die Liebe zu Jesus (V 28).

# WEINSTOCK UND REBEN

## Joh 15,1-8

**[1]Ich bin der wahre Weinstock, und mein Vater ist der Weingärtner. [2]Jede Rebe an mir, die keine Frucht bringt, die schneidet er weg; und jede, die Frucht bringt, die reinigt er, damit sie mehr Frucht bringe. [3]Ihr seid schon rein um des Wortes willen, das ich zu euch geredet habe. [4]Bleibt in mir, dann bleibe ich in euch. Wie die Rebe aus sich keine Frucht bringen kann, sondern nur, wenn sie am Weinstock bleibt, so könnt auch ihr keine Frucht bringen, wenn ihr nicht in mir bleibt. [5]Ich bin der Weinstock, ihr seid die Reben. Wer in mir bleibt und ich in ihm, der bringt viele Frucht, denn ohne mich könnt ihr nichts tun. [6]Wenn jemand nicht in mir bleibt, so wird er hinausgeworfen wie die Rebe und verdorrt; und man sammelt sie und wirft sie ins Feuer, und sie verbrennen. [7]Wenn ihr in mir bleibt und meine Worte in euch bleiben, so werdet ihr bitten, was ihr wollt, und es wird euch zuteil werden. [8]Hierin wird mein Vater verherrlicht, dass ihr viel Frucht bringt und euch als meine Jünger erweist.**

Die Bildrede vom *Weinstock und Weinbauer* schildert Jesus als Weinstock, den Vater im Himmel als Weingärtner (V 1), der am ausgewachsenen Weinstock die Rebe, die keine Frucht bringt, entfernt (V 2). Das Fruchtbringen wird vermutlich folgendermaßen formuliert werden können (Joh 15,12-17; Gal 5,22f): „15[12]Das ist mein Gebot: Liebt einander, so wie ich euch geliebt habe. [13]Es gibt keine größere Liebe, als wenn einer sein Leben für seine Freunde hingibt. [14]Ihr seid meine Freunde, wenn ihr tut, was ich euch auftrage. [15]Ich nenne euch nicht mehr Knechte; denn der Knecht weiß nicht, was sein Herr tut. Vielmehr habe ich euch Freunde genannt; denn ich habe euch alles mitgeteilt, was ich von meinem Vater gehört habe. [16]Nicht ihr habt mich erwählt, sondern ich habe euch erwählt und dazu bestimmt, dass ihr euch aufmacht und Frucht bringt und dass eure Frucht bleibt. Dann wird euch der Vater alles geben, um was ihr ihn in meinem Namen bittet. [17]Dies trage ich euch auf: Liebt einander!“ – „5[22]Die Frucht des Geistes aber ist Liebe, Freude, Friede, Langmut, Freundlichkeit, Güte, Treue, [23]Sanftmut und Selbstbeherrschung; dem allem widerspricht das Gesetz nicht.“

Die Jünger „sind durch Jesu Wort rein“ (V 3), um reichlich Frucht zu bringen; das lässt an folgende Aussagen denken (Joh 5,24; 6,63; 8,51; 13,10f; Apg 15,9): „5[24] Wahrlich, wahrlich, ich sage euch: Wer mein Wort hört und dem glaubt, der mich gesandt hat, hat das ewige Leben; er kommt nicht ins Gericht, sondern ist aus dem Tod ins Leben hinübergegangen.“ – „6[63]Der Geist ist es, der lebendig macht; das Fleisch nützt nichts. Die Worte, die ich zu euch gesprochen habe, sind Geist und sind Leben.“ – „8[51]Wahrlich, wahrlich, ich sage euch: Wenn jemand an meinem Wort festhält, wird er auf ewig den Tod nicht schauen.“ – „13[10]Jesus sagte zu ihm: Wer vom Bad kommt, ist ganz rein und braucht sich nur noch die Füße zu waschen. Auch ihr seid rein, aber nicht alle. [11]Er wusste nämlich, wer ihn verraten würde; darum sagte er: Ihr seid nicht alle rein.“ – „15[9]Er machte keinerlei Unterschied zwischen uns und ihnen; denn er hat ihre Herzen durch den Glauben gereinigt.“

Die Notwendigkeit der wechselseitigen Gemeinschaft zwischen Jesus und den Jüngern wird analog mit Rebe und Weinstock erläutert (V 4ff). Wer keine Früchte bringt, verfällt dem Feuer (V 6).

Wer „in Jesus bleibt“, erlebt Gebetserhörung (V 7), was folgendermaßen belegt werden kann (Joh 8,31f; 14,13f; 1 Joh 5,14): „8[31]Da sagte er zu den Juden, die an ihn glaubten: Wenn ihr in meinem Wort bleibt, seid ihr wirklich meine Jünger. [32]Dann werdet ihr die Wahrheit erkennen, und die Wahrheit wird euch befreien.“ – „14[13]Alles, um was ihr in meinem Namen bittet, werde ich tun, damit der Vater im Sohn verherrlicht wird. [14]Wenn ihr mich um etwas in meinem Namen bittet, werde ich es tun.“ – „5[14]Wir haben ihm gegenüber die Zuversicht, dass er uns hört, wenn wir etwas erbitten, das seinem Willen entspricht.“

Die Verherrlichung des Vaters ist die Lebensaufgabe Jesu (V 8); dem entspricht schlussendlich auch die Art seiner Jünger (1 Kor 10,31): „Ob ihr also esst oder trinkt oder etwas anderes tut: Tut alles zur Verherrlichung Gottes!“

# KNECHTE – FREUNDE

## Joh 15,9-17

**[9]Gleichwie der Vater mich geliebt hat, habe auch ich euch geliebt; bleibet in meiner Liebe. [10]Wenn ihr meine Gebote haltet, so werdet ihr in meiner Liebe bleiben, wie ich die Gebote meines Vaters gehalten habe und in seiner Liebe bleibe. [11]Dies habe ich euch gesagt, damit meine Freude in euch ist und damit eure Freude vollkommen wird. [12]Dies ist mein Gebot, dass ihr einander liebt, gleichwie ich euch geliebt habe. [13]Größere Liebe hat niemand, als diese, dass jemand sein Leben lässt für seine Freunde. [14]Ihr seid meine Freunde, wenn ihr tut, was ich euch gebiete. [15]Ich nenne euch nicht mehr Knechte, denn der Knecht weiß nicht, was sein Herr tut; aber ich habe euch Freunde genannt, weil ich alles, was ich von meinem Vater gehört, euch kundgetan habe. [16]Ihr habt nicht mich erwählt, sondern ich habe euch erwählt und euch dazu bestimmt, dass ihr hingeht und Frucht bringt, und eure Frucht bleibe, damit, was irgend ihr den Vater bitten werdet in meinem Namen, er euch gebe. [17]Dies gebiete ich euch, dass ihr einander liebet.**

Jesus vergleicht und fundiert (V 9) seine Liebe zu den Jüngern mit der Liebe des Vaters zu ihm (Joh 13,1.34; 17,23ff): „13[1]Es war vor dem Paschafest. Jesus wusste, dass seine Stunde gekommen war, um aus dieser Welt zum Vater hinüberzugehen. Da er die Seinen, die in der Welt waren, liebte, erwies er ihnen seine Liebe bis zur Vollendung. [34]Ein neues Gebot gebe ich euch: Liebt einander! Wie ich euch geliebt habe, so sollt auch ihr einander lieben." – „17[21]Alle sollen eins sein: Wie du, Vater, in mir bist und ich in dir bin, sollen auch sie in uns sein, damit die Welt glaubt, dass du mich gesandt hast. [22]Und ich habe ihnen die Herrlichkeit gegeben, die du mir gegeben hast; denn sie sollen eins sein, wie wir eins sind, [23]ich in ihnen und du in mir. So sollen sie vollendet sein in der Einheit, damit die Welt erkennt, dass du mich gesandt hast und die Meinen ebenso geliebt hast wie mich." – Das interpretiert V 12f: „Dies ist mein Gebot, dass ihr einander liebt, gleichwie ich euch geliebt habe. [13]Größere Liebe hat niemand, als diese, dass jemand sein Leben lässt für seine Freunde."

Das Halten der *Gebote* führt zur Freude (V 10f); dafür bürgen folgende Aussagen (Joh 16,20.22.24; 17,13; 1 Joh 1,3f; 2 Joh 12): „16[20]... ihr werdet bekümmert sein, aber euer Kummer wird sich in Freude verwandeln. [22]So seid auch ihr jetzt bekümmert, aber ich werde euch wiedersehen; dann wird euer Herz sich freuen, und niemand nimmt euch eure Freude. [24]Bis jetzt habt ihr noch nichts in meinem Namen erbeten. Bittet, und ihr werdet empfangen, damit eure Freude vollkommen ist." – „17[13]Aber jetzt gehe ich zu dir. Doch dies rede ich noch in der Welt, damit sie meine Freude in Fülle in sich haben." – „1[3]Was wir gesehen und gehört haben, das verkünden wir auch euch, damit auch ihr Gemeinschaft mit uns habt. Wir aber haben Gemeinschaft mit dem Vater und mit seinem Sohn Jesus Christus. [4]Wir schreiben dies, damit unsere Freude vollkommen ist." – „12 Vieles hätte ich euch noch zu schreiben; ich will es aber nicht mit Papier und Tinte tun, sondern hoffe, selbst zu euch zu kommen und persönlich mit euch zu sprechen, damit unsere Freude vollkommen wird." – Die Freude ist Teilhabe an der Freude Jesu und der Steigerung und Vollendung fähig. Die Liebe Jesu führt zur Hingabe seines Lebens für seine Freunde (V 12-15), wie auch 1 Joh 3,16 bezeugt: „Daran haben wir die Liebe erkannt, dass Er sein Leben für uns hingegeben hat. So müssen auch wir für die Brüder das Leben hingeben." Das geschieht aus der Verbundenheit mit dem Vater (Joh 17,26): „Ich habe ihnen deinen Namen bekannt gemacht und werde ihn bekannt machen, damit die Liebe, mit der du mich geliebt hast, in ihnen ist und damit ich in ihnen bin." Mit dem „Namen" wird die göttliche Existenz, das Wesen Gottes bezeichnet: „alles, was ich von meinem Vater gehört habe" (V 15).

Die Erwählung geschieht durch Jesus mit dem Ziel, in seinem Auftrag Frucht zu bringen (V 16f). – Andererseits lässt die Frucht erkennen, wer zu den Erwählten zählt. – Dass erinnert an das Wort Jesu (Joh 15,5b): „Wer in mir bleibt und in wem ich bleibe, der bringt reiche Frucht; denn getrennt von mir könnt ihr nichts vollbringen." Die Feststellung besagt positiv formuliert: In Verbindung mit mir könnt und bewirkt ihr alles.

# DER GEIST ALS BEISTAND UND LEHRER

## Joh 15,26-27; 16,12-15

**26Wenn aber der Beistand gekommen ist, den ich euch vom Vater senden werde, der
Geist der Wahrheit, der vom Vater ausgeht, so wird er von mir bezeugen. 27Aber auch
ihr bezeugt, weil ihr von Anfang an bei mir seid. 3Und dies werden sie tun, weil sie
weder den Vater noch mich erkannt haben. 12Noch vieles habe ich euch zu sagen,
aber ihr könnt es jetzt nicht tragen. 13Wenn aber jener, der Geist der Wahrheit, ge-
kommen ist, wird er euch in die ganze Wahrheit leiten; denn er wird nicht aus sich
selbst reden, sondern was er hören wird, wird er reden, und das Kommende wird er
euch verkünden. 14Er wird mich verherrlichen, denn von dem Meinen wird er emp-
fangen und euch verkündigen. 15Alles, was der Vater hat, ist mein; darum sagte ich,
dass er von dem Meinen nimmt und euch verkündigen wird.**

**Zeugnis geben (V 26f)**
Der Vater wird den Beistand auf Bitten des Sohnes oder in dessen Namen senden (Joh 14,16.26): „[16]Und ich werde den Vater bitten, und er wird euch einen anderen Beistand geben, der für immer bei euch bleiben soll. [26]Der Beistand aber, der Heilige Geist, den der Vater in meinem Namen senden wird, der wird euch alles lehren und euch an alles erinnern, was ich euch gesagt habe." Nun ist es Jesus, der in der Einheit mit dem Vater den Paraklet, den „Geist der Wahrheit", sendet (V 26), der Jesu Heilswerk offenbart, nachdem feststeht (Joh 14,6): „Jesus sagte ... : Ich bin der Weg und die Wahrheit und das Leben; niemand kommt zum Vater außer durch mich." Im Mittelpunkt dieses Zeugnisses steht somit die Sendung des Sohnes (Joh 3,16): „Denn Gott hat die Welt so sehr geliebt, dass er seinen einzigen Sohn hingab, damit jeder, der an ihn glaubt, nicht zugrunde geht, sondern das ewige Leben hat."
Aber auch die Jünger bezeugen Jesus und das in der Kraft und Einheit des Beistandes (Apg 1,21f; 5,32): „1[21]Einer von den Männern, die die ganze Zeit mit uns zusammen waren, als Jesus, der Herr, bei uns ein und aus ging, [22]angefangen von der Taufe durch Johannes bis zu dem Tag, an dem er von uns ging und (in den Himmel) aufgenommen wurde – einer von diesen muss nun zusammen mit uns Zeuge seiner Auferstehung sein." – „5[32]Zeugen dieser Ereignisse sind wir und der Heilige Geist, den Gott allen verliehen hat, die ihm gehorchen." Somit wird das Werk Jesu fortgesetzt (Joh 14,26; 16,7-15): „14[26]Der Beistand aber, der Heilige Geist, den der Vater in meinem Namen senden wird, der wird euch alles lehren und euch an alles erinnern, was ich euch gesagt habe." – „16[7]Doch ich sage euch die Wahrheit: Es ist gut für euch, dass ich fortgehe. Denn wenn ich nicht fortgehe, wird der Beistand nicht zu euch kommen; gehe ich aber, so werde ich ihn zu euch senden. [8]Und wenn er kommt, wird er die Welt überführen (und aufdecken), was Sünde, Gerechtigkeit und Gericht ist; [9]Sünde: dass sie nicht an mich glauben; [10]Gerechtigkeit: dass ich zum Vater gehe und ihr mich nicht mehr seht; [11]Gericht: dass der Herrscher dieser Welt gerichtet ist. [12]Noch vieles habe ich euch zu sagen, aber ihr könnt es jetzt nicht tragen. [13]Wenn aber jener kommt, der Geist der Wahrheit, wird er euch in die ganze Wahrheit führen. Denn er wird nicht aus sich selbst heraus reden, sondern er wird sagen, was er hört, und euch verkünden, was kommen wird. [14]Er wird mich verherrlichen; denn er wird von dem, was mein ist, nehmen und es euch verkünden. [15]Alles, was der Vater hat, ist mein; darum habe ich gesagt: Er nimmt von dem, was mein ist, und wird es euch verkünden."

**Zuversicht zum Abschied (V 12-15)**
Jesus hat den Jüngern alles gesagt, was für sie „ertragbar" ist, was sie nicht überlastet, so viel sie vertragen können (V 12); er will sie nicht überfordern (Jak 5,11a; Ps 103,8; 112,4; 116,5; 145,8): „5[11a]Wer geduldig alles ertragen hat, den preisen wir glücklich." – „103[8]Der Herr ist barmherzig und gnädig, langmütig und reich an Güte." – „112[4]Den Redlichen erstrahlt im Finstern ein Licht: der Gnädige, Barmherzige und Gerechte." – „116[5]Der Herr ist gnädig und gerecht, unser Gott ist barmherzig." – „145[8]Der Herr ist gnädig und barmherzig, langmütig und reich an Gnade."
„Der Geist der Wahrheit" (V 26) hat die Fähigkeit, die Jünger in die ganze Wahrheit zu führen und ihnen, was auf sie zukommt, verständlich zu machen (V 13f). Das bestätigt Joh 2,22; 12,16: „2[22]Als er von den Toten auferstanden war, erinnerten sich seine Jünger, dass er dies gesagt hatte, und sie glaubten der Schrift und dem Wort, das Jesus gesprochen hatte." – „12[16]Das

alles verstanden seine Jünger zunächst nicht; als Jesus aber verherrlicht war, da wurde ihnen bewusst, dass es so über ihn in der Schrift stand und dass man so an ihm gehandelt hatte."
Wie Jesus spricht der Geist (V 13f), was er hört (Joh 8,28; 12,49; 14,10): „8[28]Da sagte Jesus zu ihnen: Wenn ihr den Menschensohn erhöht habt, dann werdet ihr erkennen, dass ich es bin. Ihr werdet erkennen, dass ich nichts im eigenen Namen tue, sondern nur das sage, was mich der Vater gelehrt hat." – „12[49]Denn was ich gesagt habe, habe ich nicht aus mir selbst, sondern der Vater, der mich gesandt hat, hat mir aufgetragen, was ich sagen und reden soll." – „14[10]Glaubst du nicht, dass ich im Vater bin und dass der Vater in mir ist? Die Worte, die ich zu euch sage, habe ich nicht aus mir selbst. Der Vater, der in mir bleibt, vollbringt seine Werke." – Das „Kommende" wird verkündet (Dan 8,17c; 1 Thess 5,19f; 1 Joh 4,1): „Die Vision betrifft die Zeit des Endes." – „5[19]Löscht den Geist nicht aus! [20]Verachtet prophetisches Reden nicht!" – „4[1]Liebe Brüder, traut nicht jedem Geist, sondern prüft die Geister, ob sie aus Gott sind; denn viele falsche Propheten sind in die Welt hinausgezogen."
Die Aussage (V 15) „alles, was der Vater hat, ist mein" führt zu bestätigenden Mitteilungen (Joh 10,30; 17,10): „10[30]Ich und der Vater sind eins." – „17[10]Alles, was mein ist, ist dein, und was dein ist, ist mein; in ihnen bin ich verherrlicht." Das lenkt zu 1 Petr 4,11: „Wer redet, der rede mit den Worten, die Gott ihm gibt; wer dient, der diene aus der Kraft, die Gott verleiht. So wird in allem Gott verherrlicht durch Jesus Christus. Sein ist die Herrlichkeit und die Macht in alle Ewigkeit. Amen."

# ABSCHIEDSGEBET

## Joh 17,1-26

1Dieses redete Jesus und hob seine Augen auf zum Himmel und sprach: Vater, die
Stunde ist gekommen; verherrliche deinen Sohn, damit dein Sohn dich verherrliche.
2Gleichwie du ihm Gewalt gegeben hast über alle Menschen, damit er allen, die du
ihm gegeben, ewiges Leben gebe. 3Dies aber ist das ewige Leben, dass sie dich er-
kennen, den allein wahren Gott, und den du gesandt hast, Jesus Christus. 4Ich habe
dich verherrlicht auf der Erde; das Werk habe ich vollbracht, welches du mir gegeben
hast, dass ich es tun sollte. 5Und nun verherrliche du, Vater, mich bei dir selbst mit
der Herrlichkeit, die ich bei dir hatte, ehe die Welt war.
6Ich habe deinen Namen geoffenbart den Menschen, die du mir aus der Welt gegeben
hast. Dein waren sie, und mir hast du sie gegeben, und sie haben dein Wort bewahrt.
7Jetzt haben sie erkannt, dass alles, was du mir gegeben hast, von dir ist; 8denn die
Worte, die du mir gegeben hast, habe ich ihnen gegeben, und sie haben sie ange-
nommen und wahrhaftig erkannt, dass ich von dir ausgegangen bin, und haben ge-
glaubt, dass du mich gesandt hast.
9Ich bitte für sie; nicht für die Welt bitte ich, sondern für die, welche du mir gegeben
hast, denn sie sind dein 10und alles, was mein ist, ist dein, und was dein ist, mein, und
ich bin in ihnen verherrlicht. 11Und ich bin nicht mehr in der Welt, und diese sind in
der Welt, und ich komme zu dir. Heiliger Vater! Bewahre sie in deinem Namen, den
du mir gegeben hast, auf dass sie eins seien, gleichwie wir. 12Als ich bei ihnen war,
bewahrte ich sie in deinem Namen, den du mir gegeben hast; und ich habe sie be-
hütet, und keiner von ihnen ist verloren, als nur der Sohn des Verderbens, damit die
Schrift erfüllt werde. 13Jetzt aber komme ich zu dir; und dieses rede ich in der Welt,
auf dass sie meine Freude völlig in sich haben. 14Ich habe ihnen dein Wort gegeben,
und die Welt hat sie gehasst, weil sie nicht von der Welt sind, gleichwie ich nicht von
der Welt bin. 15Ich bitte nicht, dass du sie aus der Welt wegnehmest, sondern dass du
sie bewahrest vor dem Bösen. 16Sie sind nicht von der Welt, gleichwie ich nicht von
der Welt bin. 17Heilige sie durch die Wahrheit: dein Wort ist Wahrheit. 18Gleichwie
du mich in die Welt gesandt hast, habe auch ich sie in die Welt gesandt; 19und für sie
ich heilige mich selbst, damit auch sie Geheiligte seien durch Wahrheit.
20Aber nicht für diese allein bitte ich, sondern auch für die, welche durch ihr Wort an mich
glauben; 21damit sie alle eins seien, gleichwie du, Vater, in mir und ich in dir, auf dass auch
sie in uns eins seien, damit die Welt glaube, dass du mich gesandt hast. 22Und die Herr-
lichkeit, die du mir gegeben hast, habe ich ihnen gegeben, damit sie eins seien, gleichwie
wir eins sind; 23ich in ihnen und du in mir, auf dass sie in eins vollendet seien, damit die
Welt erkenne, dass du mich gesandt und sie geliebt hast, gleichwie du mich geliebt hast.
24Vater, ich will, dass die, welche du mir gegeben hast, auch bei mir seien, wo ich bin,
damit sie meine Herrlichkeit schauen, die du mir gegeben hast, denn du hast mich ge-
liebt vor Grundlegung der Welt. 25Gerechter Vater! Und die Welt hat dich nicht erkannt;
ich aber habe dich erkannt, und diese haben erkannt, dass du mich gesandt hast. 26Und
ich habe ihnen deinen Namen kundgetan und werde ihn kundtun, damit die Liebe,
womit du mich geliebt hast, in ihnen sei und ich in ihnen.

**Jesu Rechenschaft (V 1-8)**

Jesus beginnt sein Abschiedsgebet mit einem Hinweis auf „seine Stunde“ (V 1) und meint damit seine Todesstunde, die zugleich seine Verherrlichung ist, weil sie Leiden, Tod und Auferstehung inkludiert (Joh 7,30; 8,20; 12,16.23.27; 13,1): „7 30Da wollten sie ihn festnehmen; aber keiner wagte ihn anzufassen, denn seine Stunde war noch nicht gekommen.“ – „8 20Diese Worte sagte er, als er im Tempel bei der Schatzkammer lehrte. Aber niemand nahm ihn fest; denn seine Stunde war noch nicht gekommen.“ – „12 16Das alles verstanden seine Jünger zunächst nicht; als Jesus aber verherrlicht war, da wurde ihnen bewusst, dass es so über ihn in der Schrift stand und dass man so an ihm gehandelt hatte. 23Jesus aber antwortete ihnen: Die Stunde ist gekommen, dass der Menschensohn verherrlicht wird. 27Jetzt ist meine Seele erschüttert. Was soll ich sagen: Vater, rette mich aus dieser Stunde? Aber deshalb bin ich in diese Stunde gekommen.“ – „13 1Es war vor dem Paschafest. Jesus wusste, dass seine Stunde gekommen war, um aus dieser Welt zum Vater hinüberzugehen. Da er die Seinen, die in der Welt waren, liebte, erwies er ihnen seine Liebe bis zur Vollendung.“

Die Verherrlichung des Vaters ist identisch mit der Verherrlichung des Sohnes (Joh 5,22f; 8,50.54; 11,4; 13,31f; 17,4): „5 22Auch richtet der Vater niemand, sondern er hat das Gericht ganz dem Sohn übertragen, 23damit alle den Sohn ehren, wie sie den Vater ehren. Wer den Sohn nicht ehrt, ehrt auch den Vater nicht, der ihn gesandt hat.“ – „8 50Ich bin nicht auf meine Ehre bedacht; doch es gibt einen, der darauf bedacht ist und der richtet. 54Jesus antwortete: Wenn ich mich selbst ehre, so gilt meine Ehre nichts. Mein Vater ist es, der mich ehrt, er, von dem ihr sagt: Er ist unser Gott.“ – „11 4Als Jesus das hörte, sagte er: Diese Krankheit wird nicht zum Tod führen, sondern dient der Verherrlichung Gottes: Durch sie soll der Sohn Gottes verherrlicht werden.“ – „13 31Als er [Judas] hinausgegangen war, sagte Jesus: Jetzt ist der Menschensohn verherrlicht, und Gott ist in ihm verherrlicht. 32Wenn Gott in ihm verherrlicht ist, wird auch Gott ihn in sich verherrlichen, und er wird ihn bald verherrlichen.“ – „17 4Ich habe dich auf der Erde verherrlicht und das Werk zu Ende geführt, das du mir aufgetragen hast.“

Die Zusage der „Gewalt über alle Menschen, damit er ihnen ewiges Leben gebe“ (V 2) bestätigt (Joh 3,35; 5,19-23; 6,37.44.65; 13,3; Eph 1,17-22): „3 35Der Vater liebt den Sohn und hat alles in seine Hand gegeben.“ –5 19Jesus aber sagte zu ihnen: Amen, amen, ich sage euch: Der Sohn kann nichts von sich aus tun, sondern nur, wenn er den Vater etwas tun sieht. Was nämlich der Vater tut, das tut in gleicher Weise der Sohn. 20Denn der Vater liebt den Sohn und zeigt ihm alles, was er tut, und noch größere Werke wird er ihm zeigen, sodass ihr staunen werdet. 21Denn wie der Vater die Toten auferweckt und lebendig macht, so macht auch der Sohn lebendig, wen er will. 22Auch richtet der Vater niemand, sondern er hat das Gericht ganz dem Sohn übertragen, 23damit alle den Sohn ehren, wie sie den Vater ehren. Wer den Sohn nicht ehrt, ehrt auch den Vater nicht, der ihn gesandt hat.“ – „6 37Alles, was der Vater mir gibt, wird zu mir kommen, und wer zu mir kommt, den werde ich nicht abweisen; 44Niemand kann zu mir kommen, wenn nicht der Vater, der mich gesandt hat, ihn zu mir führt; und ich werde ihn auferwecken am Letzten Tag. 65Und er sagte: Deshalb habe ich zu euch gesagt: Niemand kann zu mir kommen, wenn es ihm nicht vom Vater gegeben ist.“ – „13 3Jesus, der wusste, dass ihm der Vater alles in die Hand gegeben hatte und dass er von Gott gekommen war und zu Gott zurückkehrte.“ – „1 17Der Gott Jesu Christi, unseres Herrn, der Vater der Herrlichkeit, gebe euch den Geist der Weisheit und Offenbarung, damit ihr ihn erkennt. [18]Er erleuchte die Augen eures Herzens, damit ihr versteht, zu welcher Hoffnung ihr durch ihn berufen seid, welchen Reichtum die Herrlichkeit seines Erbes den Heiligen schenkt [19]und wie überragend groß seine Macht sich an uns, den Gläubigen, erweist durch das Wirken seiner Kraft und Stärke. [20]Er hat sie an Christus erwiesen, den er von den Toten auferweckt und im Himmel auf den Platz zu seiner Rechten erhoben hat, [21]hoch über alle Fürsten und Gewalten, Mächte und Herrschaften und über jeden Namen, der nicht nur in dieser Welt, sondern auch in der zukünftigen genannt wird. [22]Alles hat er ihm zu Füßen gelegt und ihn, der als Haupt alles überragt, über die Kirche gesetzt."

Die Erkenntnis Gottes und seines Gesandten Jesus Christus begründet das ewige Leben (V 3); damit ist gemeint (1 Joh 2,3ff; Joh 5,24; 6,47; 8,51): „2[3]Wenn wir seine Gebote halten, erkennen wir, dass wir ihn erkannt haben. [4]Wer sagt: Ich habe ihn erkannt, aber seine Gebote nicht hält, ist ein Lügner, und die Wahrheit ist nicht in ihm. [5]Wer sich aber an sein Wort hält, in dem ist die Gottesliebe wahrhaft vollendet. Wir erkennen daran, dass wir in ihm sind." – „5[24]Wahrlich, wahrlich, ich sage euch: Wer mein Wort hört und dem glaubt, der mich gesandt hat, hat das ewige Leben; er kommt nicht ins Gericht, sondern ist aus dem Tod ins Leben hinübergegangen." – „6[47]Wahrlich, wahrlich, ich sage euch: Wer glaubt, hat das ewige Leben." – „8[51]Wahrlich, wahrlich, ich sage euch: Wenn jemand an meinem Wort festhält, wird er auf ewig den Tod nicht schauen."

Die Bitte Jesu um Verherrlichung (V 4f) wird mit folgenden Aussagen etwas illustriert (Phil 2,9ff; Hebr 5,7-10): „2[9]Darum hat ihn Gott über alle erhöht und ihm den Namen verliehen, der größer ist als alle Namen, [10]damit alle im Himmel, auf der Erde und unter der Erde ihre Knie beugen vor dem Namen Jesu [11]und jeder Mund bekennt: Jesus Christus ist der Herr – zur Ehre Gottes, des Vaters." – „5[7]Als er auf Erden lebte, hat er mit lautem Schreien und unter Tränen Gebete und Bitten vor den gebracht, der ihn aus dem Tod retten konnte, und er ist erhört und aus seiner Angst befreit worden. [8]Obwohl er der Sohn war, hat er durch Leiden den Gehorsam gelernt; [9]zur Vollendung gelangt, ist er für alle, die ihm gehorchen, der Urheber des ewigen Heils geworden [10]und wurde von Gott angeredet als ‚Hoherpriester nach der Ordnung Melchisedeks'."

Zugleich wird an das vorweltliche Leben (V 5b), die Präexistenz Jesu, appelliert (Joh 1,1; 8,58; 17,24; 1 Joh 1,1): „1[1]Im Anfang war das Wort, und das Wort war bei Gott, und das Wort war Gott." – „8[58]Jesus erwiderte ihnen: Wahrlich, wahrlich, ich sage euch: Noch ehe Abraham wurde, bin ich." – „17[24]Vater, ich will, dass alle, die du mir gegeben hast, dort bei mir sind, wo ich bin. Sie sollen meine Herrlichkeit sehen, die du mir gegeben hast, weil du mich schon geliebt hast vor der Erschaffung der Welt." – „1 Joh 1[1]Was von Anfang an war, was wir gehört haben, was wir mit unseren Augen gesehen, was wir geschaut und was unsere Hände angefasst haben, das verkünden wir: das Wort des Lebens."

Den „Namen offenbaren" (V 6) bedeutet, die rechte Erkenntnis Gottes vermitteln (Joh 15,15; 17,26): „15[15]Ich nenne euch nicht mehr Knechte; denn der Knecht weiß nicht, was sein Herr tut. Vielmehr habe ich euch Freunde genannt; denn ich habe euch alles mitgeteilt, was ich von meinem Vater gehört habe." – „17[26]Ich habe ihnen deinen Namen bekannt gemacht und werde ihn bekannt machen, damit die Liebe, mit der du mich geliebt hast, in ihnen ist und damit ich in ihnen bin." – Das lässt an die Verheißung denken (Jes 52,6): „Darum soll mein Volk an jenem Tag meinen Namen erkennen und wissen, dass ich es bin, der sagt: Ich bin da."

Das geschieht (V 7f), weil in Jesus der Vater wirkt (Joh 5,36b; 6,44.57; 10,25; 11,42): „5[36b]Die Werke, die mein Vater mir übertragen hat, damit ich sie zu Ende führe, diese Werke, die ich vollbringe, legen Zeugnis dafür ab, dass mich der Vater gesandt hat." – „6[44]Niemand kann zu mir kommen, wenn nicht der Vater, der mich gesandt hat, ihn zu mir führt; und ich werde ihn auferwecken am Letzten Tag." – „[57]Wie mich der lebendige Vater gesandt hat und wie ich durch den Vater lebe, so wird jeder, der mich isst, durch mich leben." – „10[25]Jesus antwortete ihnen: Ich habe es euch gesagt, aber ihr glaubt nicht. Die Werke, die ich im Namen meines Vaters vollbringe, legen Zeugnis für mich ab." – „11[42]Ich wusste, dass du mich immer erhörst; aber wegen der Menge, die um mich herum steht, habe ich es gesagt; denn sie sollen glauben, dass du mich gesandt hast."

**Fürbitte für die Jünger (V 9-19)**

„Ich bitte" kennzeichnet den Anfang der Fürbitte für die Jünger, „nicht für die Welt bitte ich" (V 9). „Welt" meint die gottfeindliche, alles Heilige ablehnende Menschheit (Joh 1,10): „Er war in der Welt, und die Welt ist durch ihn geworden, aber die Welt erkannte ihn nicht." – Dennoch wird die „Welt" in diesem Gebet nicht vergessen (V 21.23), und es gilt (Joh 3,16): „Denn Gott hat die Welt so sehr geliebt, dass er seinen einzigen Sohn hingab, damit jeder, der an ihn glaubt, nicht zugrunde geht, sondern das ewige Leben hat." – Das Gebet bittet um Bewahrung und Heiligung (V 11.17) und kann daher nur vordergründig die Jünger betreffen.

Vater und Sohn haben alles gemeinsam (V 10), was bestärkt wird (Joh 16,14f): „Er wird mich verherrlichen; denn er wird von dem, was mein ist, nehmen und es euch verkünden. [15]Alles, was der Vater hat, ist mein; darum habe ich gesagt: Er nimmt von dem, was mein ist, und wird es euch verkünden." – „Bewahre sie in deinem Namen" (V 11), das bedeutet, in der rechten Erkenntnis Gottes erhalten. Zwar kann Jesus sagen (Joh 10,28): „Ich gebe ihnen ewiges Leben. Sie werden niemals zugrunde gehen, und niemand wird sie meiner Hand entreißen."

Dennoch wird eine Ausnahme registriert (Ps 41,9): „Selbst der Mann meines Friedens, auf den ich vertraute, der mein Brot aß, hat die Ferse wider mich erhoben."

Jesus befindet sich schon gewissermaßen im „Weggehen", im Verlassen dieser Welt (V 12): „Als ich bei ihnen war, bewahrte ich sie in deinem Namen, den du mir gegeben hast; und ich habe sie behütet, und keiner von ihnen ist verloren, als nur der Sohn des Verderbens, damit die Schrift erfüllt werde." – Der „Sohn des Verderbens" ist Judas Iskariot (2 Thess 2,3): „Lasst euch von niemand auf irgendeine Weise verführen, denn dieser Tag kommt nicht, es sei denn, dass zuerst der Abfall komme und geoffenbart worden sei der Mensch der Sünde, der Sohn des Verderbens." Die Erfüllung der Schrift verweist auf Joh 13,18.27.29: „[18]Ich sage das nicht von euch allen. Ich weiß wohl, welche ich erwählt habe, aber das Schriftwort muss sich erfüllen: Einer, der mein Brot aß, hat mich hintergangen (Ps 41,9). [27]Als Judas den Bissen Brot genommen hatte, fuhr der Satan in ihn. Jesus sagte zu ihm: Was du tun willst, das tu bald! [29]Weil Judas die Kasse hatte, meinten einige, Jesus wolle ihm sagen: Kaufe, was wir zum Fest brauchen, oder Jesus trage ihm auf, den Armen etwas zu geben."

Jesus bittet (V 13): „Jetzt aber komme ich zu dir; und dieses rede ich in der Welt, auf dass sie meine Freude völlig in sich haben." – Die Situation charakterisieren die Worte (Joh 15,11; 16,22): „15[11]Dies habe ich euch gesagt, damit meine Freude in euch ist und damit eure Freude vollkommen wird." – „16[22]So seid auch ihr jetzt bekümmert, aber ich werde euch wiedersehen; dann wird euer Herz sich freuen, und niemand nimmt euch eure Freude." – Eine Weiterführung der Freude, Trost und Ermutigung wird verheißen (Joh 7,39): Damit meinte er den Geist, den alle empfangen sollten, die an ihn glauben; denn der Geist war noch nicht gegeben, weil Jesus noch nicht verherrlicht war."

Und dennoch (V 14): „die Welt hat sie gehasst", das wird begründet (Joh 15,19): „Wenn ihr von der Welt stammen würdet, würde die Welt euch als ihr Eigentum lieben. Aber weil ihr nicht von der Welt stammt, sondern weil ich euch aus der Welt erwählt habe, darum hasst euch die Welt."

Jesus bittet um die Bewahrung der Jünger vor dem Bösen, die nicht von dieser Welt (V 15f), aber in einem gefahrvollen Lebensbereich sind (Joh 3,19; 7,7): „3[19]Denn mit dem Gericht verhält es sich so: Das Licht kam in die Welt, und die Menschen liebten die Finsternis mehr als das Licht; denn ihre Taten waren böse." – „7[7]Euch kann die Welt nicht hassen, mich aber hasst sie, weil ich bezeuge, dass ihre Taten böse sind." Das verweist aber auch auf den Erfolg (1 Joh 2,13f): „Ich schreibe euch, ihr Väter, dass ihr den erkannt habt, der von Anfang an ist. Ich schreibe euch, ihr jungen Männer, dass ihr den Bösen besiegt habt. [14]Ich schreibe euch, ihr Kinder, dass ihr den Vater erkannt habt. Ich schreibe euch, ihr Väter, dass ihr den erkannt habt, der von Anfang an ist. Ich schreibe euch, ihr jungen Männer, dass ihr stark seid, dass das Wort Gottes in euch bleibt und dass ihr den Bösen besiegt habt."

„Heilige sie" (V 17) heißt: Ordne sie zu Gott hin, dessen Einzigartigkeit Heiligkeit ist, nimm sie aus dem profanen Bereich und inkludiere sie voll und ganz in das Ambiente Gottes, und das geschehe „durch die Wahrheit", die das durch Jesus vermittelte Wort Gottes ist.

So ausgerüstet (V 18), sollen sie die Welt für Jesus zum Glauben führen (Joh 15,27): „Und auch ihr sollt Zeugnis ablegen, weil ihr von Anfang an bei mir seid." Denn es soll sich bewahrheiten (Joh 20,21b): „Wie mich der Vater gesandt hat, so sende ich euch."

Für sie „heiligt sich Jesus" (V 19) durch seine Selbsthingabe (Joh 10,17f): „Deshalb liebt mich der Vater, weil ich mein Leben hingebe, um es wieder zu nehmen. [18]Niemand entreißt es mir, sondern ich gebe es aus freiem Willen hin. Ich habe Macht, es hinzugeben, und ich habe Macht, es wieder zu nehmen. Diesen Auftrag habe ich von meinem Vater empfangen." – Intensiv sind die Formulierungen (Hebr 10,10; 9,11-14): „10[10]Aufgrund dieses Willens sind wir durch die Opfergabe des Leibes Jesu Christi ein für allemal geheiligt." – „9[11]Christus aber ist gekommen als Hoherpriester der künftigen Güter; und durch das erhabenere und vollkommenere Zelt, das nicht von Menschenhand gemacht, das heißt nicht von dieser Welt ist, [12]ist er ein für allemal in das Heiligtum hineingegangen, nicht mit dem Blut von Böcken und jungen Stieren, sondern mit seinem eigenen Blut, und so hat er eine ewige Erlösung bewirkt. [13]Denn wenn schon das Blut von Böcken und Stieren und die Asche einer Kuh die Unreinen, die damit besprengt werden, so heiligt, dass sie leiblich rein werden, [14]wie viel mehr wird das Blut Christi, der sich selbst kraft ewigen Geistes Gott als makelloses Opfer dargebracht hat, unser Gewissen von toten Werken reinigen, damit wir dem lebendigen Gott dienen."

**Fürbitte für alle Glaubenden (V 20-26)**

Auf die künftigen Gläubigen blickt Jesus (V 20), die durch die Verkündigung seiner Jünger gewonnen werden; somit klingt mit (1 Joh 1,3): „Was wir gesehen und gehört haben, das verkünden wir auch euch, damit auch ihr Gemeinschaft mit uns habt. Wir aber haben Gemeinschaft mit dem

Vater und mit seinem Sohn Jesus Christus.“ Über die Einheit (V 21) zwischen Vater und Sohn ist zu beachten (Joh 3,35: 5,19f; 8,29; 10,37f; 14,10; 15,9f; 17,23f.26): „3[35]Der Vater liebt den Sohn und hat alles in seine Hand gegeben.“ – „5[19]Jesus aber sagte zu ihnen: Wahrlich, wahrlich, ich sage euch: Der Sohn kann nichts von sich aus tun, sondern nur, wenn er den Vater etwas tun sieht. Was nämlich der Vater tut, das tut in gleicher Weise der Sohn. [20]Denn der Vater liebt den Sohn und zeigt ihm alles, was er tut, und noch größere Werke wird er ihm zeigen, sodass ihr staunen werdet.“ – „8[29]Und er, der mich gesandt hat, ist bei mir; er hat mich nicht alleingelassen, weil ich immer das tue, was ihm gefällt.“ – „10[37]Wenn ich nicht die Werke meines Vaters vollbringe, dann glaubt mir nicht. [38]Aber wenn ich sie vollbringe, dann glaubt wenigstens den Werken, wenn ihr mir nicht glaubt. Dann werdet ihr erkennen und einsehen, dass in mir der Vater ist und ich im Vater bin.“ – „14[10]Glaubst du nicht, dass ich im Vater bin und dass der Vater in mir ist? Die Worte, die ich zu euch sage, habe ich nicht aus mir selbst. Der Vater, der in mir bleibt, vollbringt seine Werke.“ – „15[9]Wie mich der Vater geliebt hat, so habe auch ich euch geliebt. Bleibt in meiner Liebe! [10]Wenn ihr meine Gebote haltet, werdet ihr in meiner Liebe bleiben, so wie ich die Gebote meines Vaters gehalten habe und in seiner Liebe bleibe.“ – „17[23]Ich in ihnen und du in mir. So sollen sie vollendet sein in der Einheit, damit die Welt erkennt, dass du mich gesandt hast und die Meinen ebenso geliebt hast wie mich. [24]Vater, ich will, dass alle, die du mir gegeben hast, dort bei mir sind, wo ich bin. Sie sollen meine Herrlichkeit sehen, die du mir gegeben hast, weil du mich schon geliebt hast vor der Erschaffung der Welt. [26]Ich habe ihnen deinen Namen bekannt gemacht und werde ihn bekannt machen, damit die Liebe, mit der du mich geliebt hast, in ihnen ist und damit ich in ihnen bin.“

Auch die Gläubigen bedürfen einer Einheit (V 21ff), wie Jesus verlangt (Joh 13,34; 15,12): „13[34]Ein neues Gebot gebe ich euch: Liebt einander! Wie ich euch geliebt habe, so sollt auch ihr einander lieben.“ – „15[12]Das ist mein Gebot: Liebt einander, so wie ich euch geliebt habe.“

Statt „ich bitte“ (V 9.15.20) verwendet Jesus nun „ich will“ (V 24), was die Einheit mit dem Willen des Vater identifiziert (Joh 5,21): „Denn wie der Vater die Toten auferweckt und lebendig macht, so macht auch der Sohn lebendig, wen er will.“ – Zum *„Schauen seiner* Herrlichkeit“ beachte man (Eph 1,4; 1 Petr 1,20a): „1[4]Denn in ihm hat er uns erwählt vor der Erschaffung der Welt, damit wir heilig und untadelig leben vor Gott.“ – „1[20a]Er war schon vor der Erschaffung der Welt dazu ausersehen.“ – Entsprechende Ergänzungen sind Joh 12,26; 14,3; 1 Joh 3,2: „12[26]Wenn einer mir dienen will, folge er mir nach; und wo ich bin, dort wird auch mein Diener sein. Wenn einer mir dient, wird der Vater ihn ehren.“ – „14[3]Wenn ich gegangen bin und einen Platz für euch vorbereitet habe, komme ich wieder und werde euch zu mir holen, damit auch ihr dort seid, wo ich bin.“ – „3[2]Liebe Brüder, jetzt sind wir Kinder Gottes. Aber was wir sein werden, ist noch nicht offenbar geworden. Wir wissen, dass wir ihm ähnlich sein werden, wenn er offenbar wird; denn wir werden ihn sehen, wie er ist.“

Durch die Anrede „gerechter Vater“ (V 25f) soll mit einem Appell an die Gerechtigkeit allen, die in engster Verbundenheit mit Jesus stehen, ein Bleiberecht in der Liebe des Vaters und des Sohnes für immer in Herrlichkeit gewährt werden (Joh 17,6): „Ich habe deinen Namen den Menschen offenbart, die du mir aus der Welt gegeben hast. Sie gehörten dir, und du hast sie mir gegeben, und sie haben an deinem Wort festgehalten.“

# LEIDEN JESU

## Joh 18,1–19,42

*Situation (V 1-3)*
[1]Als Jesus dieses gesagt hatte, ging er mit seinen Jüngern hinaus über den Bach Kidron, wo ein Garten war, in welchen er hineinging, er und seine Jünger. [2]Aber auch Judas, der ihn überlieferte, kannte den Ort, weil Jesus sich oft daselbst mit seinen Jüngern versammelte. [3]Als nun Judas die Kohorte und Diener von den Hohenpriestern und Pharisäern genommen hatte, kommt er dahin mit Leuchten und Fackeln und Waffen.

*Verhaftung (V 4-9)*
[4]Jesus nun, der alles wusste, was über ihn kommen würde, ging hinaus und sprach zu ihnen: Wen suchet ihr? [5]Sie antworteten ihm: Jesus von Nazaret. Er sagte zu ihnen: Ich bin es. Aber auch Judas, der ihn überlieferte, stand bei ihnen. [6]Als er nun zu ihnen sagte: Ich bin es, wichen sie zurück und fielen zu Boden. [7]Er fragte sie noch einmal: Wen sucht ihr? Sie sagten: Jesus von Nazaret. [8]Jesus antwortete: Ich habe euch gesagt, dass ich es bin; wenn ihr nun mich sucht, so lasst diese gehen; [9]damit das Wort erfüllt würde, welches er sprach: Von denen, die du mir gegeben hast, habe ich keinen verloren.

*Schwertszene (V 10f)*
[10]Simon Petrus nun, der ein Schwert hatte, zog es und schlug den Knecht des Hohenpriesters und hieb ihm das rechte Ohr ab. Der Name des Knechtes aber war Malchus. [11]Da sprach Jesus zu Petrus: Stecke das Schwert in die Scheide. Den Kelch, den mir der Vater gegeben hat, soll ich ihn nicht trinken?

*Überstellung Jesu an Hannas (V 12-14)*
[12]Die Kohorte nun und der Oberste und die Diener der Juden nahmen Jesus und banden ihn; [13]und führten ihn zuerst zu Hannas; er war nämlich der Schwiegervater des Kajaphas, der in jenem Jahr Hoherpriester war. [14]Kajaphas aber war es, der den Juden den Rat gegeben hatte: Es ist besser, dass ein einziger Mensch für das Volk stirbt.

*Petri Verleugnung vor der Magd (V 15-18)*
[15]Simon Petrus aber folgte Jesus und ein anderer Jünger. Dieser Jünger aber war dem Hohenpriester bekannt und ging mit Jesus hinein in den Hof des Hohenpriesters. [16]Petrus aber stand an der Tür draußen. Da ging der andere Jünger, der dem Hohenpriester bekannt war, hinaus und sprach mit der Türhüterin und führte Petrus hinein. [17]Da spricht die Magd, die Türhüterin, zu Petrus: Bist nicht auch du einer von den Jüngern dieses Menschen? Er sagt: Ich bin es nicht. [18]Es standen aber die Knechte und die Diener, die ein Kohlenfeuer gemacht hatten, weil es kalt war, und wärmten sich; Petrus aber stand auch bei ihnen und wärmte sich.

*Verhör bei Hannas (V 19-24)*
[19]Der Hohepriester nun fragte Jesus über seine Jünger und über seine Lehre. [20]Jesus antwortete ihm: Ich habe öffentlich zu der Welt geredet; ich habe allezeit in der Syn-

agoge und in dem Tempel gelehrt, wo alle Juden zusammenkommen, und im Verborgenen habe ich nichts geredet; [21]was fragst du mich? Frage die, welche gehört, was ich zu ihnen geredet habe; siehe, diese wissen, was ich gesagt habe. [22]Als er aber dieses sagte, gab einer der Diener, der dabeistand, Jesu eine Ohrfeige und sagte: Antwortest du also dem Hohenpriester? [23]Jesus antwortete ihm: Wenn ich böse geredet habe, so gib Zeugnis von dem Bösen; wenn aber recht, warum schlägst du mich? [24]Danach schickte ihn Hannas gefesselt zu Kajaphas, dem Hohenpriester.

*Petri Verleugnung vor den Knechten (V 25-27)*

[25]Simon Petrus aber stand und wärmte sich. Da sprachen sie zu ihm: Bist nicht auch du einer von seinen Jüngern? Er leugnete und sprach: Ich bin es nicht. [26]Es spricht einer von den Knechten des Hohenpriesters, der ein Verwandter dessen war, welchem Petrus das Ohr abgehauen hatte: Sah ich dich nicht in dem Garten bei ihm? [27]Da leugnete Petrus wiederum; und sofort krähte der Hahn.

*Die Anklage der Juden (V 28-32)*

[28]Sie führen nun Jesus von Kajaphas in das Prätorium; es war aber frühmorgens. Und sie gingen nicht hinein in das Prätorium, um sich nicht zu verunreinigen, sondern das Pascha essen zu können. [29]Pilatus ging nun zu ihnen hinaus und sprach: Welche Anklage erhebt ihr gegen diesen Menschen? [30]Sie antworteten und sprachen zu ihm: Wenn dieser nicht ein Übeltäter wäre, hätten wir ihn dir nicht überliefert. [31]Da sprach Pilatus zu ihnen: Nehmet ihr ihn und richtet ihn nach eurem Gesetz. Da sprachen die Juden zu ihm: Es ist uns nicht erlaubt, jemand zu töten; [32]damit das Wort Jesu erfüllt würde, das er sprach, andeutend, welchen Todes er sterben werde.

*Das Königsbekenntnis Jesu (V 33-38a)*

[33]Pilatus ging nun wieder hinein in das Prätorium und rief Jesus herbei und sprach zu ihm: Bist du der König der Juden? [34]Jesus antwortete: Sagst du dies von dir selbst, oder haben dir andere von mir gesagt? [35]Pilatus antwortete: Bin ich etwa ein Jude? Dein Volk und die Hohenpriester haben dich mir überliefert; was hast du getan? [36]Jesus antwortete: Mein Königtum ist nicht von dieser Welt; wenn mein Königtum von dieser Welt wäre, so hätten meine Diener gekämpft, damit ich den Juden nicht überliefert würde; jetzt aber ist mein Königtum nicht von hier. [37]Da sprach Pilatus zu ihm: Also du bist ein König? Jesus antwortete: Du sagst es, dass ich ein König bin. Ich bin dazu geboren und dazu in die Welt gekommen, auf dass ich der Wahrheit Zeugnis gebe. Jeder, der aus der Wahrheit ist, hört meine Stimme. [38a]Pilatus spricht zu ihm: Was ist Wahrheit?

*Freigabe des Barabbas (V 38b-40)*

[38b]Und als er dies gesagt hatte, ging er wieder zu den Juden hinaus und spricht zu ihnen: Ich finde keine Schuld an ihm. [39]Es ist aber eine Gewohnheit bei euch, dass ich euch am Paschafest einen freilasse. Wollt ihr nun, dass ich euch den König der Juden freilasse? [40]Da schrien wiederum alle und sagten: Nicht diesen, sondern den Barabbas! Barabbas aber war ein Räuber.

*Geißelung und Verhöhnung (V 1-7)*

[1]Dann nahm nun Pilatus Jesum und ließ ihn geißeln. [2]Und die Soldaten flochten einen

Kranz aus Dornen und setzten sie auf das Haupt und warfen ihm einen Purpurmantel um; [3]und sie kamen zu ihm und sagten: Sei gegrüßt, König der Juden!, und sie gaben ihm Ohrfeigen. [4]Und Pilatus ging wieder hinaus und spricht zu ihnen: Siehe, ich führe ihn zu euch heraus, damit ihr erkennt, dass ich keinerlei Schuld an ihm finde. [5]Es ging nun Jesus hinaus, den Dornenkranz und das Purpurkleid tragend. Und er [Pilatus] spricht zu ihnen: Seht, der Mensch! [6]Als ihn nun die Hohenpriester und die Diener sahen, schrien sie und sagten: Kreuzige, kreuzige ihn! Pilatus spricht zu ihnen: Nehmet ihr ihn hin und kreuzigt ihn, denn ich finde keine Schuld an ihm. [7]Die Juden antworteten ihm: Wir haben ein Gesetz, und nach dem Gesetz muss er sterben, weil er sich selbst zu Gottes Sohn gemacht hat.

*Das Gespräch über die Macht (V 8-11)*
[8]Als nun Pilatus dieses Wort hörte, fürchtete er sich noch mehr; [9]und er ging wieder hinein in das Prätorium und spricht zu Jesus: Wo bist du her? Jesus aber gab ihm keine Antwort. [10]Da spricht Pilatus zu ihm: Redest du nicht mit mir? Weißt du nicht, dass ich Gewalt habe, dich freizulassen, und Gewalt habe, dich zu kreuzigen? [11]Jesus antwortete: Du hättest keinerlei Gewalt wider mich, wenn sie dir nicht von oben gegeben wäre; darum hat der, welcher mich dir überliefert hat, größere Sünde.

*Königspräsentation und Auslieferung des Königs an das Kreuz (V 12-16a)*
[12]Von da an suchte Pilatus ihn freizulassen. Die Juden aber schrien und sagten: Wenn du diesen freilässt, bist du des Kaisers Freund nicht; jeder, der sich selbst zum König macht, widersetzt sich dem Kaiser. [13]Als nun Pilatus diese Worte hörte, führte er Jesus hinaus und setzte sich auf den Richterstuhl an einen Ort, genannt Steinpflaster [Lithostrotos], auf Hebräisch aber Gabbata. [14]Es war aber Rüsttag [Freitag] des Pascha; es war um die sechste Stunde. Und er spricht zu den Juden: Siehe, euer König! [15]Sie aber schrien: Hinweg, hinweg! Kreuzige ihn! Pilatus spricht zu ihnen: Euren König soll ich kreuzigen? Die Hohenpriester antworteten: Wir haben keinen König als nur den Kaiser. [16a]Da nun überlieferte er ihn denselben, damit er gekreuzigt würde.

*Kreuzigung (V 16b-19)*
[16b]Sie aber nahmen Jesus und führten ihn fort. [17]Und sein Kreuz tragend, ging er hinaus nach der Stätte, genannt Schädelstätte, die auf Hebräisch Golgota heißt, [18]wo sie ihn kreuzigten, und zwei andere mit ihm, auf dieser und auf jener Seite, Jesus aber in der Mitte. [19]Pilatus schrieb aber auch eine Überschrift und setzte sie auf das Kreuz. Es war aber geschrieben: Jesus von Nazaret, der König der Juden.

*Einspruch der Hohenpriester (V 20-22)*
[20]Diese Aufschrift nun lasen viele von den Juden, denn die Stätte, wo Jesus gekreuzigt wurde, war nahe bei der Stadt; und es war geschrieben auf Hebräisch, Lateinisch und Griechisch. [21]Die Hohenpriester der Juden sagten nun zu Pilatus: Schreibe nicht: Der König der Juden, sondern dass jener gesagt hat: Ich bin König der Juden. [22]Pilatus antwortete: Was ich geschrieben habe, habe ich geschrieben.

*Soldaten verteilen die Kleider unter sich (V 23f)*
[23]Die Soldaten nun nahmen, als sie Jesus gekreuzigt hatten, seine Kleider und machten

vier Teile, einem jeden Soldaten einen Teil und den Leibrock. Der Leibrock aber war
ohne Naht, von oben an durchweg gewebt. [24]Da sprachen sie zueinander: Lasst uns ihn
nicht zerreißen, sondern um ihn losen, wessen er sein soll; auf dass die Schrift erfüllt
würde, welche spricht: „Sie haben meine Kleider unter sich verteilt, und über mein Ge-
wand haben sie das Los geworfen.“ Die Soldaten nun haben dies getan.

*Die Mutter, der Lieblingsjünger und die Frauen (V 25ff)*

[25]Es standen aber bei dem Kreuz Jesu seine Mutter und die Schwester seiner Mutter,
Maria, die Frau des Klopas, und Maria von Magdala. [26]Als nun Jesus die Mutter sah
und den Jünger, welchen er liebte, dabeistehen, spricht er zu seiner Mutter: Frau,
siehe, dein Sohn! [27]Darauf spricht er zu dem Jünger: Siehe, deine Mutter! Und von
jener Stunde an nahm der Jünger sie zu sich.

*Tod Jesu (V 28ff)*

[28]Hierauf, da Jesus wusste, dass alles schon vollbracht war, spricht er, auf dass die
Schrift erfüllt würde: Mich dürstet! [29]Ein Gefäß voll Essig stand da. Sie steckten einen
Schwamm mit Essig auf einen Ysopzweig und hielten ihn an seinen Mund. [30]Als nun
Jesus den Essig genommen hatte, sprach er: Es ist vollbracht! und er neigte das Haupt
und übergab den Geist.

*Bitte der Juden (V 31f)*

[31]Die Juden nun, weil es Rüsttag war, damit die Leiber nicht am Sabbat am Kreuze
blieben, denn der Tag jenes Sabbats war groß, baten den Pilatus, dass ihre Beine ge-
brochen und sie abgenommen werden möchten. [32]Da kamen die Kriegsknechte und
brachen die Beine des ersten und des anderen, der mit ihm gekreuzigt war.

*Durchbohrung der Seite (V 33-37)*

[33]Als sie aber zu Jesus kamen und sahen, dass er schon gestorben war, brachen sie
ihm die Beine nicht, [34]sondern einer der Soldaten durchbohrte mit einer Lanze seine
Seite, und sofort kam Blut und Wasser heraus. [35]Und der es gesehen hat, hat es be-
zeugt, und sein Zeugnis ist wahr; und er weiß, dass er sagt, was wahr ist, damit auch
ihr glaubt. [36]Denn dies geschah, damit die Schrift erfüllt wurde: „Kein Bein von ihm
wird zerbrochen werden.“ [37]Und wiederum sagt eine andere Schrift: „Sie werden den
anschauen, den sie durchbohrt haben.“

*Bestattung Jesu (V 38-42)*

[38]Nach diesem aber bat den Pilatus Josef aus Arimathäa, der ein Jünger Jesu war, aber
aus Furcht vor den Juden ein verborgener, dass er den Leib Jesu abnehmen dürfe. Und
Pilatus erlaubte es. Er kam nun und nahm seinen Leib ab. [39]Es kam aber auch Nikode-
mus, der zuerst bei Nacht zu Jesu gekommen war, und brachte eine Mischung von Myr-
rhe und Aloe, bei hundert Pfund. [40]Sie nahmen nun den Leib Jesu und wickelten ihn in
leinene Tücher mit den Spezereien, wie es bei den Juden Sitte ist, zum Begräbnis zu-
zubereiten. [41]Es war aber an dem Ort, wo er gekreuzigt wurde, ein Garten, und in dem
Garten ein Grabmal, in welches noch nie jemand gelegt worden war. [42]Dorthin nun,
wegen des Rüsttags der Juden, weil das Grabmal nahe war, legten sie Jesus.

Der Leidensbericht fängt an mit dem Gehen Jesu und seiner Anhänger zum Ölgarten und seiner Gefangennahme (18,1-11). Die Beschreibung zeigt im Zentrum Jesus als den überlegen, selbständig, autark, frei, unabhängig, autonom Aktiven, Tätigen, der sich nur dem Gehorsam seines Vaters verpflichtet weiß. Der Evangelist Johannes will im Leidensweg Jesu und seinem Tod am Kreuz die göttliche Hoheit und Würde, seine Erhöhung und Verherrlichung aufleuchten lassen.

**Situation (V 1-3)**

Der Kidron ist der Bach im Tal zwischen Jerusalem und dem östlich davon liegenden Ölberg. Dort liegt ein Garten, den öfters Jesus mit seinen Jüngern aufsuchte. Dorthin führt Judas die Diener des Hohen Rates und Soldaten, wörtlich: die Abteilung, Kohorte. Damit wird gewöhnlich die römische Garnison, die in Jerusalem lag, bezeichnet. Römer sind erst später in den Prozess involviert; mit der Anspielung an sie in diesem Zusammenhang sollte bereits jetzt die weltweite Beteiligung von Menschen am Tod Jesu angezeigt werden.

**Verhaftung (V 4-9)**

Souverän geht Jesus den Häschern entgegen, wissend was ihm bevorsteht, redet er sie an (V 4) und offenbart sich mit der Formel „Ich bin es" (Joh 4,26; 6,19f; 8,18): „4[26]Da sagte Jesus zu ihr [Samariterin]: Ich bin es, ich, der mit dir spricht." – „6[19]Als sie etwa fünfundzwanzig oder dreißig Stadien gefahren waren, sahen sie, wie Jesus über den See ging und sich dem Boot näherte; und sie fürchteten sich. [20]Er aber rief ihnen zu: Ich bin es; fürchtet euch nicht!" – „8[18]Ich bin es, der über mich Zeugnis ablegt, und auch der Vater, der mich gesandt hat, legt über mich Zeugnis ab." – Das führt zurück auf Jahwe, die Selbstbezeichnung Gottes (Ex 3,14): „Da antwortete Gott dem Mose: Ich bin der ‚Ich-bin-da'. Und er fuhr fort: So sollst du zu den Israeliten sagen: Der ‚Ich-bin-da' hat mich zu euch gesandt." – Dementsprechend ist die Wirkung: *„sie vielen zu Boden"* (V 6), was wachruft (Ps 27,2): „Dringen Frevler auf mich ein, um mich zu verschlingen, meine Bedränger und Feinde, sie müssen straucheln und fallen."

Jesus findet ein behütendes Wort für die Jünger (V 8), die in seiner Obsorge stehen (V 9), was Jesu Aussage aufgreift (Joh 17,12): „Solange ich bei ihnen war, bewahrte ich sie in deinem Namen, den du mir gegeben hast. Und ich habe sie behütet, und keiner von ihnen ging verloren, außer dem Sohn des Verderbens, damit sich die Schrift erfüllt." – Judas *steht bereits auf der anderen Seite*, der Feinde und Gegner (V 5).

**Schwertszene (V 10f)**

Das ist Ausdruck von Liebe und Treue zu Jesus: Die Initiative des Petrus, sein spontanes, energisches Eingreifen, lässt seinen Charakter und sein Unverständnis zum Heilsplan Gottes erkennen. Den kann er in diesem Augenblick noch nicht erfassen. Er muss geahnt haben, dass Jesus Gefahr droht, sonst hätte er nicht ein Schwert mitgenommen. Das lässt Jesu Hinweis auf den Verräter (Joh 13,21-30) erschließen. – Dass Petrus auf Malchus zugeschlagen hat, lässt vermuten, dass dieser der verwegene Anführer des hohenpriesterlichen Trupps war. – Jesus mahnt Petrus zu Recht, und verweist ihn auf die Notwendigkeit, das Projekt Gottes zu erfüllen (V 11): Erlösung durch Leiden, Tod, inkludierend die Auferstehung.

**Überstellung Jesu an Hannas (V 12-14)**

Der Truppenverband, die Kohorte und deren Befehlshaber, fesseln nun Jesus (V 12) und bringen ihn zu Hannas, dem Hohenpriester von 6 bis 15 n. Chr., der sich auch nachfolgend eine umfangreiche staatskluge Einflussnahme bewahren konnte. Kajaphas, Schwiegersohn des Hannas, Hoherpriester von 18 bis 36 n. Chr. und Vorsitzender des Gerichts, das Jesus verurteilt (V 13-28), gibt den Rat, Jesus um der öffentlichen Ruhe und Ordnung willen zu beseitigen.

**Petri Verleugnung vor der Magd (V 15-18)**

Die Erzählung über die dreimalige Verleugnung wird in zwei Etappen gebracht, zunächst vor der Magd, der Türhüterin (V 15-18), und dann vor den Knechten (V 25-27). Der *„andere Jünger“* (V 15f) scheint ein bedeutender Augenzeuge der Ereignisse zu sein. Nach einem nachfolgenden Auferstehungsbericht (Joh 20,2-10) ist dieser „andere“ der Lieblingsjünger, jene geheimnisvolle Gestalt (Joh 13,23; 19,26; 21,7.20), die vielfach mit Johannes, dem Bruder des Jakobus, Sohn des Zebedäus, identifiziert wurde, was allerdings in letzter Zeit infrage gestellt wird.

**Verhör bei Hannas (V 19-24)**

Die Befragung beim ehemalige Hohenpriester Hannas behandelt generell Jesu *Jünger und Lehre.* Der Evangelist scheint sich hiermit an seiner Umgebung und seinem Erfahrungskreis zu orientieren. – Jesus verweigert ein Kreuzverhör; er hat öffentlich seinen Verkündigungsauftrag erfüllt. Der Folterknecht empfindet Jesu Rechtfertigung als Anmaßung; Jesus weist ihn souverän energisch zurecht, was seinem Wort gleicht (Joh 8,46): „Wer von euch kann mir eine Sünde nachweisen? Wenn ich die Wahrheit sage, warum glaubt ihr mir nicht?“ – Hannas lässt Jesus *„gefesselt“* (V 24) abführen, weil er ihn für einen Gesetzesbrecher hält. – Was sich bei Kajaphas abspielt, wird nicht berichtet.

**Petri Verleugnung vor den Knechten (V 25-27)**

Es folgt die Unbeständigkeit des Petrus vor der Clique der Dienstboten und vor einem Einzelnen, der als *Verwandter des Malchus* genannt wird. Petrus verneint seine Mitgliedschaft zum Jüngerkreis. War er so enttäuscht über die Gefangennahme und Leidensbereitschaft Jesu, dass er sich somit von diesem Heilsplan distanzierte; damit wollte er anscheinend nichts zu tun haben; er hatte scheinbar eine andere Vorstellung vom Messias und seiner Sendung; Petrus ist mutlos geworden; er wollte offenbar mit den letzten bisherigen, für ihn unverständlichen Erfahrungen Schluss machen, er verstand das ganze Geschehen nicht, es war nicht sinnvoll für ihn. Durch seinen mutigen Schwertstreich wollte er im Ölgarten dem allen eine Wende geben, was er schon ahnte, sonst hätte er ja kein Schwert mitgenommen; nun ist die Distanzierung von alledem ein verständlicher Kontrast, aber auch zugleich ein Ausdruck der Enttäuschung und nicht so sehr der Feigheit. Er wollte sein Leben für diesen Jesus hingeben, aber diesen leidenden Jesus verstand er nun in diesen Augenblicken nicht. Seine Reaktion ist nicht so sehr ein Versagen, sondern eine Konsequenz seiner bisherigen Bereitschaft, sein Leben für Jesus hinzugeben, sonst hätte er nicht das Schwert mitgenommen. – In der Folge macht er die dreifache Verleugnung durch ein dreifaches Bekenntnis der Liebe wieder gut – Ähnliches kommt doch hoffentlich auch heute noch vor! Enttäuschung und Einsicht! – (Joh 21,15-17): „Als sie gegessen hatten, sagte Jesus zu Simon Petrus: Simon, Sohn des Johannes, liebst du mich mehr als diese? Er antwortete ihm: Ja, Herr, du weißt, dass ich dich liebe. Jesus sagte zu ihm: Weide meine Lämmer! 16 Zum zweiten Mal fragte er ihn: Simon, Sohn des Johannes, liebst du mich? Er antwortete ihm: Ja, Herr, du weißt, dass ich dich liebe. Jesus sagte zu ihm: Weide meine Schafe! [17]Zum dritten Mal fragte er ihn: Simon, Sohn des Johannes, liebst du mich? Da wurde Petrus traurig, weil Jesus ihn zum dritten Mal gefragt hatte: Hast du mich lieb? Er gab ihm zur Antwort: Herr, du weißt alles; du weißt, dass ich dich lieb habe. Jesus sagte zu ihm: Weide meine Schafe!“

**Die Anklage der Juden (V 28-32)**
Die obersten Priester geleiten Jesus ins *Prätorium*, dem Amtssitz des römischen Statthalters, des sogenannten Prokurators; vermutlich ist dieses Gebäude mit dem Herodespalast zu identifizieren. – Bei den Römern ist am *frühen Morgen* der angemessene Termin für Gerichtsverhandlungen. – Nach jüdischer Ansicht (Apg 10,28; 11,1) macht das Betreten eines heidnischen Hauses *unrein* (V 28). In diesem Zusammenhang klingt diese Vorsichtname im Hinblick auf das Pascha wie Hohn und Ironie, denn Jesus ist das wahre Paschalamm (Joh 1,29.36): „[29]Am Tag darauf sah er [Johannes der Täufer] Jesus auf sich zukommen und sagte: Seht, das Lamm Gottes, das die Sünde der Welt hinwegnimmt. – [36]Als Jesus vorüberging, richtete Johannes seinen Blick auf ihn und sagte: Seht, das Lamm Gottes!“
Pontius *Pilatus* war Statthalter (Präfekt) der römischen Provinz Judäa von 26 bis 36 n. Chr.; mit der Anklageerhebung eröffnet er den Prozess (V 29). – Die Antwort der jüdischen Kläger ist vage und unschlüssig; sie zeigt, dass eigentlich kein plausibler Anklagepunkt vorhanden ist (V 30). – Der Vorschlag des Prokurators an die jüdischen Ankläger, die Causa selbst zu entscheiden, bringt ihre Tötungsabsicht zum Ausdruck (V 31). – Die Erfüllung des Wortes Jesu bezieht sich anscheinend auf Joh 3,14; 8,28; 12,32: „3[14] Und wie Mose die Schlange in der Wüste erhöht hat, so muss der Menschensohn erhöht werden (Num 21,8f).“ – „8[28]Da sagte Jesus zu ihnen: Wenn ihr den Menschensohn erhöht habt, dann werdet ihr erkennen, dass ich es bin. Ihr werdet erkennen, dass ich nichts im eigenen Namen tue, sondern nur das sage, was mich der Vater gelehrt hat.“ – „12[32]Und ich, wenn ich über die Erde erhöht bin, werde alle zu mir ziehen.“ Der Hinweis auf die Erhöhung Jesu am Kreuz bezeichnet zugleich seine Erhöhung im himmlischen Ambiente.

**Das Königsbekenntnis Jesu (V 33-38a)**
Es entspricht der römischen Gerichtsbarkeit, wenn der Amtsrichter die Fraktionen einzeln inquiriert, also auch dem Beschuldigten die Möglichkeit zur Stellungnahme gewährt. Die Frage nach dem Königtum Jesu lässt auf diese bisher nicht erwähnte Anklage schließen, die Jesus als Rebell brandmarken soll. – Im Hintergrund der Aussage (V 35) *„dein Volk und die Hohenpriester haben dich mir überliefert“* liegt gewissermaßen der Ausschluss Jesu aus seinem Volk vor (Joh 1,11): „Er kam in sein Eigentum, aber die Seinen nahmen ihn nicht auf.“ – Jesu *„Königtum ist nicht von dieser Welt ... nicht von hier“* (V 36), es existiert in dieser Welt, ist aber nicht irdischer Art. – Für ein solches Königtum bringt Pilatus kein Verständnis auf, wie die zweiflerische abschätzige Frage zeigt (V 38a): *„Was ist Wahrheit?“*

**Freigabe des Barabbas (V 38b-40)**
Pilatus verlässt das Prätorium und erklärt den Juden, dass er von Jesu Unschuld überzeugt ist. Er spricht Jesus allerdings nicht frei, sondern lässt sich auf ein Risiko ein, indem er die Entscheidung den Anklägern übergibt; damit hat er seine Objektivität, Fachkompetenz und Autorität als Richter verloren. – Es wird noch grotesker: Pilatus bietet die Amnestie anlässlich von Pascha an und lässt zwischen Jesus und Barabbas entscheiden, worauf-

hin der Verbrecher Barabbas freigebrüllt wird.

**Geißelung und Verhöhnung (V 19,1-7)**
Die Geißelung, eine Körperstrafe, vollzogen mit Ruten, Riemen- oder Strickpeitschen mit eingeflochtenen Knochen- und Metallstücken, ist zunächst eine eigenständige Bestrafung. In diesem Konnex ist sie ein brutales Experiment des Pilatus, Jesus von den Juden freizubekommen (V 1). Dieser Versuch misslingt. – Auch die Verspottung Jesu als Judenkönig ist durchdrungen von der wiederholten Initiative des Pilatus, seine Gewissheit von Jesu Unschuld zu beglaubigen. Jesus wird bekleidet mit dem Zubehör eines vermeintlichen Königs, mit einer purpurfarbenen Robe, wozu ein Soldatenmantel dienen konnte, und einem Dornenkranz. – Die Verhöhnung und Demütigung Jesu sollte – den primitiven Vorstellungen des Pilatus entsprechend – Genugtuung und eine Gesinnungsänderung beim Volk bewirken. – *„Seht, der Mensch!“* (V 5) – was zugleich in theologischer Perspektive an Johannes den Täufer erinnert (Joh 1,29b. [36b]): „Seht, das Lamm Gottes, das die Sünde der Welt hinwegnimmt.“ – Es kann aber damit gemeint sein: Seht, diese Jammergestalt.
In der Auseinandersetzung zwischen Pilatus und den Hohenpriestern mit ihren Dienern stellt Pilatus zweimal die Schuldlosigkeit Jesu fest (V 4.6). Der Kreuzigungsruf der Hohenpriester mit ihren Dienern nötigt Pilatus zur Feststellung (V 6): „Nehmet ihr ihn hin und kreuzigt ihn!“ Was eine Wiederaufnahme der Aufforderung darstellt (Joh 18,31): „Pilatus sagte zu ihnen: Nehmt ihr ihn doch, und richtet ihn nach eurem Gesetz! Die Juden antworteten ihm: Uns ist es nicht gestattet, jemand hinzurichten.“
Die Juden berufen sich (V 7) auf folgendes Gesetz (Lev 24,16): „Wer den Namen Jahwes schmäht, wird mit dem Tod bestraft; die ganze Gemeinde soll ihn steinigen. Der Fremde muss ebenso wie der Einheimische getötet werden, wenn er den Gottesnamen schmäht.“ Eine ähnliche Situation war bereits vorhanden (Joh 5,18): „Darum waren die Juden noch mehr darauf aus, ihn zu töten, weil er nicht nur den Sabbat brach, sondern auch Gott seinen Vater nannte und sich damit Gott gleichstellte.“ – Die Bezeichnung *„Sohn Gottes“* (V 7) lässt Pilatus aufhorchen.

**Das Gespräch über die Macht (V 8-11)**
Die Furcht des Pilatus vermehrt sich (V 8). Die Frage, woher Jesus kommt, ist in einem Gerichtsverfahren völlig berechtigt (V 9). – Jesus schweigt; er hätte wie einst sprechen können (Joh 7,28; 8,42): „7[28]Während Jesus im Tempel lehrte, rief er: Ihr kennt mich und wisst, woher ich bin; aber ich bin nicht in meinem eigenen Namen gekommen, sondern er, der mich gesandt hat, bürgt für die Wahrheit. Ihr kennt ihn nur nicht.“ – „8[42]Jesus sagte zu ihnen: Wenn Gott euer Vater wäre, würdet ihr mich lieben; denn von Gott bin ich ausgegangen und gekommen. Ich bin nicht in meinem eigenen Namen gekommen, sondern er hat mich gesandt.“ – Das Schweigen schließt sich an die Frage an (Joh 18,38): „Pilatus sagte zu ihm [zu Jesus]: Was ist Wahrheit? Nachdem er das gesagt hatte, ging er wieder zu den Juden hinaus und sagte zu ihnen: Ich finde keinen Grund, ihn zu verurteilen.“ In Konfrontation dazu lautet die Auskunft Jesu im Gespräch über den Weg zum Vater (Joh 14,6): „ ... Ich bin der Weg und die Wahrheit und das Leben; niemand kommt zum Vater außer durch mich.“ – Jesus durchschaut Pilatus, der weder aus Aufrichtigkeit heraus geschweige denn aus Glaubensbereitschaft seine Fragen stellt. Deshalb schweigt Jesus zunächst (V 9).
Daraufhin betont Pilatus seine Kompetenz: Er verfügt über die Macht, Jesus freizugeben oder töten zu lassen (V 10). – Sodann

ergreift Jesus erneut das Wort und korrigiert Pilatus, seine Verfügungsbefugnis in diesem Augenblick geht allein auf Gott zurück, dessen Werkzeug er ist; dennoch ist er nicht schuldlos, die größere Schuld trifft die jüdischen Führer Kajaphas (Joh 11,51f; 18,14) und Judas Iskariot (6,71; 13,2.11.21; 18,2.5), *„der mich dir ausgeliefert hat“* (V 11). – Somit wird Jesus zum Rechtswahrer und Gesetzeshüter über die, die über ihn die Rechtsprechung vollziehen. Wenn die Aussage über ihn „gekreuzigt unter Pontius Pilatus“ in das Credo aufgenommen wurde, hat sie in diesem Schriftabschnitt ihr Fundament.

**Fehlurteil – Rechtswidrigkeit – Eigenmächtigkeit (V 12-16a)**

Pilatus will Jesus in die Freiheit entlassen; daraufhin wird er von den Juden bedroht, ihn beim Kaiser anzuzeigen. *„Freund des Kaisers“* ist wahrscheinlich Ehrentitel (V 12). Pilatus bangt um seine Stellung und befürchtet, Amt und Würde zu verlieren. Er gibt dem Drängen der Juden nach und *„setzt sich auf den Richterstuhl“*. *„Lithostrotos“* verweist auf ein Steinpflaster, *„Gabbata“* auf einen erhöhten Platz (V 13). – Durch die Angabe von Ort und Zeit wird die Bedeutung und Realität des Geschehens aktualisiert. Allerdings bleibt fraglich, ob aus der Angabe der sechsten Stunde – das besagt Mittag – weitere Schlussfolgerungen zu ziehen sind wie der Start der Schlachtung der Paschalämmer (V 14). – Mit der Präsentation Jesu als König will nun Pilatus sich am erpresserischen Vorgehen der Juden rächen und sie verspotten; somit schafft er es, dass sie sich als Untertanen des Kaisers deklarieren (V 15). – Nichtsdestotrotz wird Jesus zur Kreuzigung ausgeliefert. Somit hat sich Pilatus der jüdischen Hierarchie unterworfen (V 16a).

**Kreuzigung (V 16b-19)**

Es können nur die Soldaten sein, die das Urteil ausführen (V 16b). Die griechische Diktion ist reflexiv und lautet wörtlich *„sich das Kreuz tragend“*, was die Zustimmung Jesu andeutet. – *Golgota,* die Schädelstätte, lateinisch Calvaria genannt, ist vermutlich ein Fels, der die Form eines Schädels hatte; ein Ort außerhalb der Jerusalemer Stadtmauer (V 17). – Die präzise kurze Formulierung über den Kreuzweg und die Hinrichtung rückt Jesus in den Mittelpunkt des Geschehens (V 18). – Mit der *„Überschrift“* wird dem Glaubenden die wahre Größe und Würde Jesu sichtbar (V 19).

**Einspruch der Hohenpriester (V 20-22)**

Die in drei Sprachen verfasste Aufschrift veranschaulicht den Tod Jesu als für alle Menschen bedeutungsvoll (Joh 4,42c): „Er ist wirklich der Retter der Welt.“ Das wird durch folgende Aussagen veranschaulicht (Joh 11,52; 12,32): „11 [52]Aber er sollte nicht nur für das Volk sterben, sondern auch, um die versprengten Kinder Gottes wieder zu sammeln.“ – „12 [32]Und ich, wenn ich über die Erde erhöht bin, werde alle zu mir ziehen.“

Der Protest der Hohenpriester bleibt bei Pilatus wirkungslos, zeigt aber, dass dieser sie schlussendlich beschämt und beleidigt hat und demonstriert zugleich die römische Macht.

**Soldaten verteilen die Kleider unter sich (V 23f)**

Nach römischem Brauch fielen die Kleider des Verurteilten dem Hinrichtungstrupp zu, der aus vier Soldaten bestand (V 23). Dementsprechend wird zitiert (Ps 22,19): „Sie verteilen unter sich meine Kleider und werfen das Los um mein Gewand.“ – Der Leibrock war ein langes Gewand, das unmittelbar auf dem Körper getragen wurde. Möglicherweise ein Hinweis auf die hohepriesterliche Würde Jesu, nachdem dass Gewand des Hohenpriesters ein durchgängig gewobenes Stück war, wie Josephus Flavius erwähnt.

**Die Mutter, der Lieblingsjünger und die Frauen (V 25ff)**

Vier Frauen stehen unter dem Kreuz, so wird der Text zu verstehen sein, weil die Schwester der Mutter Jesu nicht auch Maria geheißen haben kann. Als Verwandte und Vertraute harren sie aus. Sie sind so nahe, dass ein Gespräch Jesu mit seiner Mutter und dem Lieblingsjünger zustande kommt. Jesus übergibt in kurzer feierlicher Diktion den besonders geliebten Jünger an seiner Statt seiner Mutter zum Sohn; er will sie nicht einsam zurücklassen. Und seine Mutter wird somit diesem Jünger zur Mutter. Der Jünger nimmt sogleich Maria zu sich.

Der Lieblingsjünger repräsentiert alle, die das Heil von Jesus erwarten, ihnen vertraut er seine Mutter an; und Maria, die Mutter Jesu, gewinnt zur gläubigen Jüngergemeinschaft ein mütterliches Verhältnis.

**Tod Jesu (V 28ff)**

Die Worte *„da Jesus wusste"* (V 28) rufen in Erinnerung (Joh 4,34; 13,1; 18,4): „4[34]Jesus sprach zu ihnen: Meine Speise ist es, den Willen dessen zu tun, der mich gesandt hat, und sein Werk zu Ende zu führen." – „13[1]Es war vor dem Paschafest. Jesus wusste, dass seine Stunde gekommen war, um aus dieser Welt zum Vater hinüberzugehen. Da er die Seinen, die in der Welt waren, liebte, erwies er ihnen seine Liebe bis zur Vollendung." – „18[4]Jesus, der alles wusste, was mit ihm geschehen sollte ..." – Die Aktion der Versorgung des Gekreuzigten mit *Essig* (V 29) spiegelt Ps 69,22b wider: „für den Durst reichten sie mir Essig." – Als letztes Wort spricht Jesus, dass alles *vollbracht* ist. Das erinnert an frühere Worte Jesu (Joh 14,31a; 15,10): „14[31a]aber die Welt soll erkennen, dass ich den Vater liebe und so handle, wie es mir der Vater aufgetragen hat." – „15[10]Wenn ihr meine Gebote haltet, werdet ihr in meiner Liebe bleiben, so wie ich die Gebote meines Vaters gehalten habe und in seiner Liebe bleibe." – Mit *Geist* (pneuma) ist das Lebensprinzip, die Lebenskraft, die Seele Jesu zu verstehen (Joh 11,33; 13,21). Das Verbum *„übergeben"* (V 30) bringt zum Ausdruck, dass Jesu Sterben seine bewusste Selbsthingabe an den Willen des Vaters repräsentiert.

**Bitte der Juden (V 31f)**

Nachdem am nachfolgenden Tag Sabbat und Pascha und somit ein großer Feiertag war, wird beachtet (Dtn 21,22f): „Wenn jemand ein Verbrechen begangen hat, auf das die Todesstrafe steht, wenn er hingerichtet wird und du den Toten an einen Pfahl hängst, [23]dann soll die Leiche nicht über Nacht am Pfahl hängen bleiben, sondern du sollst ihn noch am gleichen Tag begraben; denn ein Gehenkter ist ein von Gott Verfluchter. Du sollst das Land nicht unrein werden lassen, das der Herr, dein Gott, dir als Erbbesitz gibt." – Die Beine werden zerschlagen, um den Tod der Gekreuzigten sofort herbeizuführen.

**Durchbohrung der Seite (V 33-37)**

Jesus ist schon verschieden; seine Gebeine werden nicht gebrochen. Allerdings öffnet ein Soldat mit einer Lanze die Seite Jesu: Blut und Wasser quellen heraus; ein Zeichen, dass Jesus tot ist (V 33f). – Man wird vermutlich einen symbolischen Sinn für die Endgestalt des Textes suchen müssen, wie die angefügten Schriftverweise bezeugen (Joh 19,35): „Und der, der es gesehen hat, hat es bezeugt, und sein Zeugnis ist wahr. Und er weiß, dass er Wahres berichtet, damit auch ihr glaubt." – *„Der es gesehen hat"* ist „der Jünger, den Jesus liebte" (19,26; 21,24): „Dieser Jünger ist es, der all

das bezeugt und der es aufgeschrieben hat; und wir wissen, dass sein Zeugnis wahr ist."
Es werden folgende Texte wachgerufen; Ex 12,46b: „Und ihr sollt keinen Knochen des Paschalammes zerbrechen." – Ps 34,21: „Er behütet all seine Glieder, nicht eines von ihnen wird zerbrochen." – Sach 12,10: „Doch über das Haus David und über die Einwohner Jerusalems werde ich den Geist des Mitleids und des Gebets ausgießen. Und sie werden auf den blicken, den sie durchbohrt haben. Sie werden um ihn klagen, wie man um den einzigen Sohn klagt; sie werden bitter um ihn weinen, wie man um den Erstgeborenen weint." – Das letzte Zitat lässt vor allem an das Kreuz im Bereich der christlichen Glaubenswelt denken .

**Bestattung Jesu (V 38-42)**
Josef von Arimathäa, ein einflussreicher Mann, Mitglied des Hohen Rats, Jünger Jesu, erhält von Pilatus den Leichnam Jesu und bestattet ihn (V 38) in seinem eigenen Grab (Mt 27,60).
Nikodemus, Pharisäer, vornehmer Jude, „Lehrer in Israel" besucht Jesus bei Nacht (Joh 3,1-10), tritt im Hohen Rat für Jesus ein (Joh 7,50f) und trägt nun zur ehrenvollen Bestattung Jesu bei; Myrrhe ist ein Harz, Aloe ein Holz, beide zu Pulver zerstoßen, den Leinenbinden beigegeben, sollen den Leichengeruch hemmen (V 39). Die außerordentliche Menge der Spezereien – hundert Pfund sind etwa 32 Kilogramm – und das noch nicht benutzte Grab (V 41) sind bereits Andeutungen auf Jesu Verherrlichung.

# DAS LEERE GRAB

## Joh 20,1-18

1 Am ersten Tag der Woche kam Maria von Magdala frühmorgens, als es noch dunkel
war, zur Grabhöhle und sah, dass der Abschlussstein vom Grab weggenommen war.
2 Sie läuft nun und kommt zu Simon Petrus und zu dem anderen Jünger, den Jesus
liebte, und sagte zu ihnen: Sie haben den Herrn aus der Grab weggenommen, und wir
wissen nicht, wo sie ihn hingelegt haben. 3 Da ging Petrus hinaus und der andere
Jünger, und sie gingen zum Grab. 4 Die beiden aber liefen zusammen, und der andere
Jünger lief voraus, schneller als Petrus, und kam zuerst zum Grab. 5 Er beugte sich vor
und sah die Leinenbinden liegen, ging aber nicht hinein. 6 Da kam auch Simon Petrus,
der ihm gefolgt war, und ging in das Grab hinein. Er sah die Leinenbinden liegen
7 und das Schweißtuch, welches auf seinem Haupte war, nicht bei den leinenen Tü-
chern liegen, sondern getrennt eingeschlagen an einem Orte. 8 Dann ging nun auch
der andere Jünger hinein, der zuerst zum Grab kam, und er sah und glaubte. 9 Denn
sie kannten die Schrift noch nicht, dass er aus den Toten auferstehen musste. 10 Es gin-
gen nun die Jünger wieder heim. 11 Maria aber stand beim Grab draußen und weinte.
Als sie nun weinte, bückte sie sich vornüber in das Grab 12 und sieht zwei Engel in
weißen Kleidern sitzen, einen zum Kopf und einen zu den Füßen, wo der Leib Jesu
gelegen hatte. 13 Und jene sagen zu ihr: Frau, was weinst du? Sie spricht zu ihnen:
Weil sie meinen Herrn weggenommen, und ich nicht weiß, wo sie ihn hingelegt
haben. 14 Als sie dies gesagt hatte, wandte sie sich zurück und sieht Jesus stehen; und
sie wusste nicht, dass es Jesus sei. 15 Jesus spricht zu ihr: Frau, was weinst du? Wen
suchst du? Sie, in der Meinung, es sei der Gärtner, spricht zu ihm: Herr, wenn du
ihn weggetragen, so sage mir, wo du ihn hingelegt hast, und ich werde ihn holen.
16 Jesus spricht zu ihr: Maria! Sie wendet sich um und spricht zu ihm auf Hebräisch:
Rabbuni!, das heißt Meister. 17 Jesus spricht zu ihr: Rühre mich nicht an, denn ich
bin noch nicht aufgefahren zum Vater. Geh aber hin zu meinen Brüdern und sprich
zu ihnen: Ich fahre auf zu meinem Vater und eurem Vater und zu meinem Gott und
eurem Gott. 18 Maria von Magdala kam und berichtete den Jüngern, dass sie den Herrn
gesehen habe und was er zu ihr gesagt habe.

**Maria meldet das leere Grab (V 1f)**
In der Diktion „am ersten Tag der Woche" kündigt sich bereits der christliche Herrentag an: Sonntag, der 1. Werktag der jüdischen Woche nach dem Sabbat; im Christentum der 1. Tag der Woche, an dem der Tag der Auferstehung Christi gefeiert wird; seit Kaiser Konstantin I. (321 n. Chr.) Tag der Arbeitsruhe.
Magdala liegt am Westufer des Sees Gennesaret. – Maria von Magdala folgt Jesus nach Jerusalem und wird nun zur Kronzeugin des leeren Grabes. Es werden zwar andere Frauen nicht genannt, aber die Formulierung „wir wissen nicht" (V 2) lässt deren Zugegensein erkennen. – Warum Maria von Magdala zum Grab hastet, kann nicht nur Neugierde, Wissbegier, Interesse, sondern Liebe und Vorahnung, Gespür, Instinkt, prophezeiende Vermutung sein. – Die Grablegung kann nicht das Ende sein! – Das geöffnete Grab aktiviert

in ihr die Meinung, dass man die sterbliche Hülle Jesu anderswohin gebracht hat. In Ungestüm hinterbringt sie ihre Erfahrung den beiden geachteten, geehrten, geschätzten, renommierten Jüngern: Petrus und den Lieblingsjünger, als es noch dunkel war. Diese chronologische Angabe ist sichtbar sinnbildlich gedacht.

**Lauf des Petrus und des Lieblingsjüngers zum Grab (V 3-10)**

Die beiden Jünger kommen eilenden Laufs zum Grab, wobei der Lieblingsjünger rascher als Petrus ist und als Erster ins Grab blickt, lässt aber Petrus den Vortritt. – Beachtenswert die Steigerung der Erkenntnisse: Maria entdeckt, dass der Abschlussstein weggenommen ist (V 1), der Lieblingsjünger sieht die Leinenbinden (V 5), Petrus erblickt die Leinenbinden und das Schweißtuch (V 5f). Der Knalleffekt ist damit gegeben, dass der Lieblingsjünger nun in das Grab eintritt und zum Glauben an den Auferstandenen gelangt (V 8). Das gleiche wird man von Petrus annehmen, auch wenn es nicht erwähnt wird.

Das ordnungsgemäß aufbewahrte Schweißtuch weist die Aussage zurück, der Leichnam könnte anderswohin wegräumt worden sein (V 2). – Über Lazarus ist zu lesen (Joh 11,44): „Da kam der Verstorbene heraus; seine Füße und Hände waren mit Binden umwickelt, und sein Gesicht war mit einem Schweißtuch verhüllt. Jesus sagte zu ihnen: Löst ihm die Binden, und lasst ihn weggehen!" Jesus lässt offenbar als Zeichen des neuen Lebens, nämlich seiner Auferstehung, das Schweißtuch zurück.

Nun wird festgestellt (V 9): „Denn sie kannten die Schrift noch nicht, dass er aus den Toten auferstehen musste." Das verweist auf eine spätere theologische Einsicht und ein neues Schriftverständnis, das in etwa nachfolgende Schriftstellen im Blickfeld hat. Ps 16,10: „Denn du gibst mich nicht der Unterwelt preis; du lässt deinen Frommen die Verwesung nicht schauen." – Das wird aufgegriffen in Apg 2,25ff: „David nämlich sagt über ihn: Ich habe den Herrn beständig vor Augen. Er steht mir zur Rechten, ich wanke nicht. [26]Darum freut sich mein Herz und frohlockt meine Zunge, und auch mein Leib wird in sicherer Hoffnung ruhen; [27]denn du gibst mich nicht der Unterwelt preis, noch lässt du deinen Frommen die Verwesung schauen." – Apg 13,32-37: „So verkünden wir euch das Evangelium: Gott hat die Verheißung, die an die Väter ergangen ist, [33]an uns, ihren Kindern, erfüllt, indem er Jesus auferweckt hat, wie es schon im zweiten Psalm heißt: Mein Sohn bist du, heute habe ich dich gezeugt (Ps 2,7). [34]Dass er ihn aber von den Toten auferweckt hat, um ihn nicht mehr zur Verwesung zurückkehren zu lassen, hat er so ausgedrückt: Ich will euch die Heilsgaben gewähren, die ich David fest zugesagt habe. [35]Darum sagt er auch an einer anderen Stelle: Du lässt deinen Frommen nicht die Verwesung schauen. [36]David aber ist, nachdem er seinen Zeitgenossen gedient hatte, nach Gottes Willen entschlafen und mit seinen Vätern vereint worden. Er hat die Verwesung gesehen; [37]der aber, den Gott auferweckte, hat die Verwesung nicht gesehen." – 1 Kor 15,3f: „Denn vor allem habe ich euch überliefert, was auch ich empfangen habe: Christus ist für unsere Sünden gestorben gemäß der Schrift, [4]und ist begraben worden. Er ist am dritten Tag auferweckt worden gemäß der Schrift." Diese Aussage erinnert an Hos 6,1f: „Kommt, wir kehren zu Jahwe zurück! Denn er hat (Wunden) gerissen, er wird uns auch heilen; er hat verwundet, er wird auch verbinden. [2]Nach zwei Tagen gibt er uns das Leben zurück, am dritten Tag richtet er uns wieder auf, und wir leben vor seinem Angesicht."

Überaus nachdenklich klingt – im Kontrast zum „stürmischen Lauf zum Grab" – die Rückkehr der beiden Jünger in ihre Unterkunft in Jerusalem; gewiss ist das der

Beginn eines neuen Lebensabschnittes (V 10). – Jedenfalls ist das leere Grab ein Signal, ein Triumphzeichen, eine Siegestrophäe, die auf den auferstandenen Christus verweist.

**Die Engelvision (V 11-13)**

Das Comeback Marias zum Grab wird ohne Erklärung vorausgesetzt. Die zwei überirdischen Gestalten erscheinen offenbar sympathisch, denn Maria ängstigt sich nicht, sondern wehklagt ihnen ihr Leid um das Abhandenkommen des Leichnams. Die Zweizahl bezeugt das leere Grab.

**Der unerkannte Christus (V 14f)**

Maria blickt in die Gegenrichtung und sieht eine Gestalt, die sie für den Gärtner hält. Das ist leicht verständlich (Joh 19,41): „An dem Ort, wo man ihn gekreuzigt hatte, war ein Garten, und in dem Garten war ein neues Grab, in dem noch niemand bestattet worden war." In einem Garten ist es eben verständlich, dem Gärtner zu begegnen. Dass der Auferstandene sich nicht gleich zu erkennen gibt, sondern wem und wann er will, begegnet auch später (Joh 21,4): „Als es schon Morgen wurde, stand Jesus am Ufer. Doch die Jünger wussten nicht, dass es Jesus war." Damit ist eine Vorbereitungsphase seiner Selbstoffenbarung gegeben.

**Erkennungsszene und Auftragswort (V 16ff)**

In zwei bündigen Worten ist dieser Abschnitt gegliedert: „Maria!" und „Rabbuni!" (V 16). – Dass Maria Jesus an seiner Stimmer erkennt, aktiviert das Beispiel, in dem die Schafe die Stimme des Hirten erkennen (Joh 10,3): „Ihm öffnet der Türhüter, und die Schafe hören auf seine Stimme; er ruft die Schafe, die ihm gehören, einzeln beim Namen und führt sie hinaus."
Rabbuni – wörtlich „mein Lehrer" oder „mein Meister" – hat einen befreundeten Tonfall und ist eine ehrfurchtsvollere Anrede als das schlichte „Rabbi".
Überraschend ist die Aussage (V 17a): „Rühre mich nicht an, denn ich bin noch nicht aufgefahren zum Vater." Fallen nicht Kreuzestod, Erhöhung, Verherrlichung, Aufstieg Jesu zum Vater zusammen? Vielleicht ist mit dem Verbot des Festhaltens ein Fesseln oder eine Verbundenheit an das Irdische gemeint.
Der Akzent liegt auf der Anordnung, den Jüngern, die nun Brüder genannt werden und das neue Verhältnis erfahren (V 17b): Durch Jesus wird ihr Gott nun ihr Vater (Joh 17,25f): „Gerechter Vater, die Welt hat dich nicht erkannt, ich aber habe dich erkannt, und sie haben erkannt, dass du mich gesandt hast. 26Ich habe ihnen deinen Namen bekannt gemacht und werde ihn bekannt machen, damit die Liebe, mit der du mich geliebt hast, in ihnen ist und damit ich in ihnen bin." – Darauf folgend wird festgehalten (Joh 20,26ff): „Acht Tage darauf waren seine Jünger wieder versammelt, und Thomas war dabei. Die Türen waren verschlossen. Da kam Jesus, trat in ihre Mitte und sagte: Friede sei mit euch! 27Dann sagte er zu Thomas: Streck deinen Finger aus – hier sind meine Hände! Streck deine Hand aus und leg sie in meine Seite, und sei nicht ungläubig, sondern gläubig! 28Thomas antwortete ihm: Mein Herr und mein Gott!"
Schließlich soll akzentuiert werden, dass eine Frau den Männern die Osterbotschaft überbringt.

# DER AUFERSTANDENE ERSCHEINT SEINEN JÜNGERN

## Joh 20,19-31

**[19]Als es nun Abend war an jenem Tag, dem ersten der Woche, und die Türen, wo die Jünger waren, aus Furcht vor den Juden verschlossen waren, kam Jesus und stand in der Mitte und spricht zu ihnen: Friede sei euch! [20]Und als er dies gesagt hatte, zeigte er ihnen seine Hände und seine Seite. Da freuten sich die Jünger, als sie den Herrn sahen. [21]Jesus sprach nun wiederum zu ihnen: Friede sei euch! Gleichwie der Vater mich ausgesandt hat, sende ich auch euch. [22]Und als er dies gesagt hatte, hauchte er in sie an und sprach zu ihnen: Empfangt den Heiligen Geist! [23]Wem ihr die Sünden vergebt, dem sind sie vergeben; wem ihr die Vergebung verweigert, dem ist sie verweigert. [24]Thomas aber, einer von den zwölfen, genannt Didymus (Zwilling), war nicht bei ihnen, als Jesus kam. [25]Die anderen Jünger sagten zu ihm: Wir haben den Herrn gesehen. Er entgegnete ihnen: Wenn ich nicht die Male der Nägel an seinen Händen sehe und wenn ich meinen Finger nicht in die Male der Nägel und meine Hand nicht in seine Seite lege, glaube ich nicht. [26]Und nach acht Tagen waren seine Jünger wiederum versammelt und Thomas bei ihnen. Da kam Jesus, als die Türen verschlossen waren, und stand in der Mitte und sprach: Friede sei euch! [27]Dann sprach er zu Thomas: Reiche deinen Finger her und sieh meine Hände, und reiche deine Hand her und lege sie in meine Seite, und sei nicht ungläubig, sondern gläubig. [28]Thomas antwortete und sprach zu ihm: Mein Herr und mein Gott! [29]Jesus sagte zu ihm: Weil du mich gesehen hast, glaubst du. Selig sind, die nicht sehen und doch glauben. [30]Auch viele andere Zeichen hat nun zwar Jesus vor seinen Jüngern getan, die nicht in diesem Buche geschrieben sind. [31]Diese aber sind geschrieben, auf dass ihr glaubt, dass Jesus der Christus ist, der Sohn Gottes, und damit ihr glaubend Leben habt in seinem Namen.**

**Offenbarungsszene (V 19f)**
Erneut wird, wie bereits Joh 20,1 auf den *„ersten Tag der Woche“* (V 19), den christlichen Herrentag, den Sonntag verwiesen. Die Jünger sind eingesperrt, die *Türen* sind verriegelt: Die Angst vor den Juden charakterisiert die deprimierte Situation der Jünger. – Jesus durchdringt versperrte Türen; das demonstriert die neue Existenz des Auferstandenen. Der Gruß des Friedens wird zum österlichen Willkommgruß als Verheißung von Segen und Erlösung. Das Vorzeigen von Händen und Seite, den Wundmalen des Gekreuzigten, bezweckt Jesu Wesenseinheit zu gewährleisten; es ist Realität, keine Sinnestäuschung und nicht bloß Erscheinung – Die Auswirkung bei den Jünger ist Beglückung. Jesus hat die Zusage erfüllt (Joh 14,18f): „Ich werde euch nicht als Waisen zurücklassen, sondern ich komme wieder zu euch. [19] Nur noch kurze Zeit, und die Welt sieht mich nicht mehr; ihr aber seht mich, weil ich lebe und weil auch ihr leben werdet.“

**Auftragswort (V 21ff).**
Immerzu bewegt der Auferstandene seine Jünger zu einer Aktion. – Die Zusage des Friedens intensiviert als Stärkung und Befähigung den Auftrag. – Die Sendung der

Jünger wird zur Teilhabe an der Sendung Jesu, was eine entsprechende, hinreichende Vollmacht bezeichnet (V 21).
Durch den Hauch seines Atems bemächtigt der Auferstandene seine Jünger mit der Kraft des Heiligen Geistes (V 22). Man erinnert sich an Gen 2,7; Ez 37,9; Joh 7,39: „2[7]Und Jahwe Gott bildete den Menschen, Staub von dem Erdboden, und hauchte in seine Nase den Odem des Lebens; und der Mensch wurde eine lebendige Seele." – „37[9]Und er sprach zu mir: Weissage dem Odem, weissage, Menschensohn, und sprich zu dem Odem: So spricht der Herr, Jahwe: Komm von den vier Winden her, du Odem, und hauche diese Getöteten an, dass sie lebendig werden!" – „7[39]Damit meinte er den Geist, den alle empfangen sollten, die an ihn glauben; denn der Geist war noch nicht gegeben, weil Jesus noch nicht verherrlicht war."
Geist und Vergebung der Sünden bilden eine Einheit (V 19) und darüber befindet die Gemeinde (1 Kor 6,11 Apg 2,38): „6[11]Und solche gab es unter euch. Aber ihr seid rein gewaschen, seid geheiligt, seid gerecht geworden im Namen Jesu Christi, des Herrn, und im Geist unseres Gottes." – „2[38]Petrus antwortete ihnen: Kehrt um, und jeder von euch lasse sich auf den Namen Jesu Christi taufen zur Vergebung seiner Sünden; dann werdet ihr die Gabe des Heiligen Geistes empfangen."

**Der Zweifel (V 24f)**

Die Mitteilung, Thomas sei bei dem ersten Treffen mit dem Auferstandenen nicht zugegen gewesen, führt zur nachfolgenden Erzählung. Sie bildet die Zentralaussage, den Herrn sehen oder nicht sehen und doch glauben. Grundlegend ist der Glaube vom Hören abhängig!
Die Skrupel des Thomas verlangen, den Herrn zu sehen und ihn realiter tastend zu erleben; somit ist er tatsächlich der „ungläubige" Thomas. Die Wundmale an Händen, Füßen und Seite werden in Erinnerung gebracht.

**Die Bekehrung des Zweiflers (V 26-29)**

Eine ähnliche Szene ereignet sich am nachfolgenden Sonntag: Verriegelt und versperrt waren die Türen; der Auferstandene erscheint und gestattet Thomas akkurat das Erwünschte (V 26f). Das Berühren wird als offenkundigste Überprüfung von Tatsachen gewertet und bezeichnet die Leibhaftigkeit der Auferstehung Jesu und seiner Existenz als Auferstandener. Es bleibt im Text offen, ob Thomas der Aufforderung des Auferstandenen nachgekommen ist. Anscheinend hat er ein Betas-ten der Wundmale vermieden. Stattdessen legt Thomas das unwiderrufliche Bekenntnis ab (V 28): *„Mein Herr und mein Gott!"* – *„Mein"* veranschaulicht, dass der Glaube eine persönliche, individuelle Entscheidung ist, die eine personale Beziehung zu Gott arrangieren soll.
Vor der Auferstehung konnten die Jünger in Jesus nicht zugleich Gott erkennen (Joh 14,8-11): „Philippus sagte zu ihm: Herr, zeig uns den Vater; das genügt uns. [9]Jesus antwortete ihm: Schon so lange bin ich bei euch, und du hast mich nicht erkannt, Philippus? Wer mich gesehen hat, hat den Vater gesehen. Wie kannst du sagen: Zeig uns den Vater [17,21]? [10]Glaubst du nicht, dass ich im Vater bin und dass der Vater in mir ist? Die Worte, die ich zu euch sage, habe ich nicht aus mir selbst. Der Vater, der in mir bleibt, vollbringt seine Werke. [11] Glaubt mir doch, dass ich im Vater bin und dass der Vater in mir ist; wenn nicht, glaubt wenigstens aufgrund der Werke [10,38]!"
Diese Seligpreisung (V 29b) *„Selig sind, die nicht sehen und doch glauben"* will heißen: Allein aufgrund des Wortes glauben, ohne nach „Beweisen" zu verlangen! – Möglicherweise war einmal diese Seligpreisung das Abschlusswort des Evangeliums nach Johannes.

**Abschlusswort (V 20,30f)**
Ähnliche Formulierungen, die einen Abschluss bilden und auf eine Auswahl verweisen, sind Sir 43,27: „Sagten wir noch mal so viel, wir kämen an kein Ende; darum sei der Rede Schluss: Er ist alles!" – 2 Makk 15,37f: „Das waren die Ereignisse, die mit Nikanor zusammenhingen. Seit jener Zeit blieb die Stadt im Besitz der Hebräer. Darum höre ich hier mit der Erzählung auf. [38]Ist sie gut und geschickt erzählt, habe ich mein Ziel erreicht; ist sie aber schlecht oder mittelmäßig – ich habe mein Bestes getan." –1 Makk 9,22: „Die übrige Geschichte des Judas, seine anderen Feldzüge und kühnen Unternehmungen, die er durchführte, und seine sonstigen großen Taten – all das ist hier nicht erwähnt worden; es wäre zu viel geworden."
Die *„Zeichen"* (V 30) bilden mit Taten und Worte eine Einheit (Joh 12,37): „Obwohl Jesus so viele Zeichen vor ihren Augen getan hatte, glaubten sie nicht an ihn." Ähnlich ist zu lesen (Joh 21,25): „Es gibt aber noch vieles andere, was Jesus getan hat. Wenn man alles aufschreiben wollte, so könnte, wie ich glaube, die ganze Welt die Bücher nicht fassen, die man schreiben müsste."
Der Verfasser nennt den Zweck seines Buches: Er will den Glauben wecken: Jesus soll als Messias und Sohn Gottes akzeptiert werden. Das erinnert an Konfrontationen mit den Juden und zugleich an die Interpretation des Messiasgedankens im christlichen Sinn: Leben in der Gemeinschaft mit *Jesus Christus, dem Sohn Gottes* in christlicher Existenz und Wirklichkeit (V 31).
Jesus führt zum ewigen Leben (Joh 3,16.36a; 6,40): „3[16]Denn Gott hat die Welt so sehr geliebt, dass er seinen einzigen Sohn hingab, damit jeder, der an ihn glaubt, nicht zugrunde geht, sondern das ewige Leben hat." – „[36a]Wer an den Sohn glaubt, hat das ewige Leben." – „6[40]Denn es ist der Wille meines Vaters, dass alle, die den Sohn sehen und an ihn glauben, das ewige Leben haben und dass ich sie auferwecke am Letzten Tag."
„In seinem Namen" ist identisch für „in ihm" (Joh 3,15; 16,33): „3[15]damit jeder, der (an ihn) glaubt, in ihm das ewige Leben hat." – „16[33]Dies habe ich zu euch gesagt, damit ihr in mir Frieden habt. In der Welt seid ihr in Bedrängnis; aber habt Mut: Ich habe die Welt besiegt."

# ERSCHEINUNG DES AUFERSTANDENEN AM SEE

## Joh 21,1-19

[1]Danach offenbarte Jesus sich wiederum den Jüngern am See von Tiberias. Er offenbarte sich aber also: [2]Simon Petrus, Thomas, genannt Didymus (Zwilling), Natanaël aus Kana in Galiläa, die Söhne des Zebedäus und zwei andere von seinen Jüngern waren zusammen. [3]Simon Petrus sagte zu ihnen: Ich gehe fischen. Sie sagten zu ihm: Wir kommen auch mit. Sie gingen hinaus und stiegen in das Boot. Aber in dieser Nacht fingen sie nichts. [4]Als aber schon der frühe Morgen anbrach, stand Jesus am Ufer; doch wussten die Jünger nicht, dass es Jesus sei. [5]Jesus spricht nun zu ihnen: Kinder, habt ihr etwas zu essen? Sie antworteten ihm: Nein. [6]Er aber sagte zu ihnen: Werft das Netz auf der rechten Seite des Bootes aus, und ihr werdet etwas fangen. Sie warfen das Netz aus und konnten es nicht wieder einholen, so voller Fische war es. [7]Da sagte der Jünger, den Jesus liebte, zu Petrus: Es ist der Herr! Als Simon Petrus hörte, dass es der Herr sei, gürtete er sich das Obergewand um, weil er nackt war, und sprang in den See. [8]Die anderen Jünger aber kamen in dem Boot, denn sie waren nicht weit vom Land, sondern bei zweihundert Ellen, und schleppten das Netz mit den Fischen nach. [9]Als sie nun ans Land ausstiegen, sehen sie ein Kohlenfeuer liegen und Fisch darauf liegen und Brot. [10]Jesus spricht zu ihnen: Bringt von den Fischen, die ihr jetzt gefangen habt. [11]Da ging Simon Petrus hinauf und zog das Netz voll großer Fische, hundertdreiundfünfzig, auf das Land; und wiewohl ihrer so viele waren, zerriss das Netz nicht. [12]Jesus spricht zu ihnen: Kommt her, frühstückt. Keiner aber von den Jüngern wagte ihn zu fragen: Wer bist du? Denn sie wussten, dass es der Herr ist. [13]Jesus kommt und nimmt das Brot und gibt es ihnen und in gleicher Weise den Fisch. [14]Dies ist schon das dritte Mal, dass Jesus sich den Jüngern offenbarte, nachdem er aus den Toten auferweckt war. [15]Als sie nun gefrühstückt hatten, spricht Jesus zu Simon Petrus: Simon, Sohn des Johannes, liebst du mich mehr als diese? Er antwortete ihm: Ja, Herr, du weißt, dass ich dich lieb habe. Spricht er zu ihm: Weide meine Lämmer! [16]Zum zweiten Mal fragte er ihn: Simon, Sohn des Johannes, liebst du mich? Er antwortete ihm: Ja, Herr, du weißt, dass ich dich liebe. Jesus sagte zu ihm: Weide meine Schafe! [17]Zum dritten Mal fragte er ihn: Simon, Sohn des Johannes, liebst du mich? Da wurde Petrus traurig, weil Jesus ihn zum dritten Mal gefragt hatte: Hast du mich lieb? Er gab ihm zu Antwort: Herr, du weißt alles; du weißt, dass ich dich lieb habe. Jesus sagte zu ihm: Weide meine Schafe! [18]Wahrlich, wahrlich, das sage ich dir: Als du noch jung warst, hast du dich selbst gegürtet und konntest gehen, wohin du wolltest. Wenn du aber alt geworden bist, wirst du deine Hände ausstrecken, und ein anderer wird dich gürten und dich führen, wohin du nicht willst. [19]Das sagte Jesus, um anzudeuten, durch welchen Tod er Gott verherrlichen würde. Nach diesen Worten sagte er zu ihm: Folge mir nach!

**Vergeblicher Fischfang (V 1-3)**
Der Nachtrag zum Evangelium (21,1-25), ein nachträglich hinzugefügtes Kapitel stammt aus dem Schülerkreis des Evangelisten. V 1 schließt sich an die vorausgehende, vermutlich dritte Erscheinung vor den Jüngern (20,19-23.26-29) an und ruft besonders in Erinnerung (20,29): „Jesus sagte zu ihm: Weil du mich gesehen hast, glaubst du. Selig sind, die nicht sehen und doch glauben."
Auffallend ist die Tabelle der Jünger (V 2), die fünf explizit nennt und zwei Ungenannte enthält. Die Siebenzahl hat mutmaßlich als Bezifferung der Fülle sinnbildliche Bedeutung und steht sodann sozusagen für den gesamten Jüngerkreis, der den irdischen Jesus begleitete und darüber hinaus bezeichnend bleibt. Schließlich wird der Lieblingsjünger eingebracht (V 7), womit ein Ungenannter weniger ist. – Die Nacht ist am See von Tiberias günstig für den Fischfang; allerdings gibt es anscheinend Ausnahmen, *denn in dieser Nacht fangen sie nichts* (V 3).

**Reiche Beute (V 4-8)**
Die Tatsache, dass die Jünger wieder ihren Beruf ausüben, gestattet nicht den Rückschluss, sie hätten resigniert und alles aufgegeben. – Nach einer erfolglosen Nacht zeigt sich der Auferstandene am Strand. Dass Jesus nicht gleich erkannt wird, ist in den bisherigen Berichten bekannt; das ist eine Vorbereitungsphase, die das Erlebnis vertieft (Joh 20,14; 21,4). – Die Anrede *„Kinder"* ist mehrfach anzutreffen (Joh 13,33; 1 Joh 2,1.14.18.28; 3,7.18; 4,4; 5,21). – Die Aufforderung, das *Netz auf der rechten Seite auszuwerfen* (V 6), ist mit der Versicherung des offenkundigen Fischfangs intensiviert. Der Auferstandene repräsentiert sich auf wunderbare Weise. – Der Lieblingsjünger erkennt Jesus, ihm ist eine Präferenz zugedacht wie bereits vorausgehend (Joh 20,8): „Da ging auch der andere Jünger, der zuerst an das Grab gekommen war, hinein; er sah und glaubte." – Petrus reagiert spontan und schwimmt ans Ufer und will dort verständlicherweise nicht völlig unbekleidet ankommen; man musste erwarten, dass man dort nicht mehr unter sich ist (V 7)! – Die übrigen Jünger, die sich anscheinend in einem anderen Boot aufhalten, rudern zu Hilfe, um das durch den umfangreichen Fischfang wuchtig schwer gewordene Netz mitzuschleppen. Immerhin haben sie noch 200 Ellen, das sind umgerechnet knapp 100 Meter zu bewältigen.

**Österliches Mahl (V 9-14)**
Ein eindrucksvolles, symbolisches Frühmahl ist in Vorbereitung. Immerhin erteilt Jesus vorab die Order, von den erbeuteten Fischen einige heranzuliefern (V 10). Der im Moment für sich allein das Fischernetzt ans Ufer schleppende Petrus soll sinnbildliche Aussage haben. Das Geflecht zerfetzt ungeachtet der Menge der Fische nicht. Sodann sind die Fische Symbole für die Masse der Gottesfürchtigen, die durch die apostolische Verkündigung in die Kirche gewonnen wurde, und Petrus signalisiert sich als jener, der die Harmonie und Einheit verbürgen soll.
Außerdem scheint die *Zahl 153* (V 11) einen bedeutungsvolleren Sinn zu haben, der verloren gegangen ist. – Die Mahlszene ist charakteristisch und ehrfurchtsvoll; man erkennt Jesus und hat zugleich eine Scheu, Fragen zu stellen (V 12). Das deutet Andersartigkeit seiner Existenz, seines Daseins an. – Nichtsdestoweniger ist das Anbieten von Brot und Fisch sozusagen eine klärende Auskunft. Der Auferstandene schenkt den Jüngern eine neue Mahlgemeinschaft (V 13). Hiermit wird die Eucharistiefeier wahrnehmbar.

**Das Amt des Simon Petrus (V 15-17)**
Jesus konzentriert sich nach dem Mahl auf Simon Petrus. Die individuelle, bedeu-

tungsvolle, feierliche Art dieses Dialogs präsentiert sich darin, dass Petrus mit Name und Vatersname angesprochen wird (V 15). Die affirmative Auskunft des Simon weist alles der Kenntnis, in seiner dritten Beantwortung der Allwissenheit Jesu zu (V 17). Die dreimalige Fragestellung soll Petrus sein dreifaches Verleugnen in der Leidensgeschichte Jesu ins Gedächtnis rufen (Joh 18,17.25-27). – Dem entspricht die Bevollmächtigung, die Herde Christi zu weiden; das ist Teilhabe am Hirtenamt Jesu. Petrus soll nur der Stellvertreter sein, da Christus eben nicht mehr wie früher im irdischen Bereich verweilt.

**Das Schicksal des Petrus (V 18f)**

Dem Petrus wird die Teilhabe am Todesgeschick seines Meisters zugesagt: sein Martyrium. – Der Platz, an den er im Alter nicht gelenkt werden will, ist die Begräbnisstätte. – Das Ausstrecken der Hände und das Gürten verweisen auf das Martyrium, den Kreuzestod, den gebührenden Ort (V 18). „Gott verherrlichen" (V 19) bedeutet das Martyrium, die Blutzeugenschaft in der Nachfolge Christi. Dann wird sich im vollen Ausmaß erfüllen (V 17c): „Herr, du weißt alles; du weißt, dass ich dich lieb habe."

# ABKÜRZUNGSVERZEICHNIS

## Altes Testament

| | |
|---|---|
| Gen | Das Buch Genesis |
| Ex | Das Buch Exodus |
| Lev | Das Buch Levitikus |
| Num | Das Buch Numeri |
| Dtn | Das Buch Deuteronomium |
| Jos | Das Buch Josua |
| Ri | Das Buch der Richter |
| Rut | Das Buch Rut |
| 1 Sam | Das erste Buch Samuel |
| 2 Sam | Das zweite Buch Samuel |
| 1 Kön | Das erste Buch der Könige |
| 2 Kön | Das zweite Buch der Könige |
| 1 Chr | Das erste Buch der Chronik |
| 2 Chr | Das zweite Buch der Chronik |
| Esra | Das Buch Esra |
| Neh | Das Buch Nehemia |
| Tob | Das Buch Tobit |
| Jdt | Das Buch Judit |
| Est | Das Buch Ester |
| 1 Makk | Das erste Buch der Makkabäer |
| 2 Makk | Das zweite Buch der Makkabäer |
| Ijob | Das Buch Ijob |
| Ps | Die Psalmen |
| Spr | Das Buch der Sprichwörter |
| Koh | Das Buch Kohelet |
| Hld | Das Hohelied |
| Weish | Das Buch der Weisheit |
| Sir | Das Buch Jesis Sirach |
| Jes | Das Buch Jesaja |
| Jer | Das Buch Jeremia |
| Klgl | Die Klagelieder |
| Bar | Das Buch Baruch |
| Ez | Das Buch Ezechiel |
| Dan | Das Buch Daniel |
| Hos | Das Buch Hosea |
| Joel | Das Buch Joel |
| Am | Das Buch Amos |
| Obd | Das Buch Obadja |
| Jona | Das Buch Jona |
| Mi | Das Buch Micha |
| Nah | Das Buch Nahum |

| | |
|---|---|
| Hab | Das Buch Habakuk |
| Zef | Das Buch Zefanja |
| Hag | Das Buch Haggai |
| Sach | Das Buch Sacharja |
| Mal | Das Buch Maleachi |

**Neues Testament**

| | |
|---|---|
| Mt | Das Evangelium nach Matthäus |
| Mk | Das Evangelium nach Markus |
| Lk | Das Evangelium nach Lukas |
| Joh | Das Evangelium nach Johannes |
| Apg | Die Apostelgeschichte |
| Röm | Der Brief an die Römer |
| 1 Kor | Der erste Brief an die Korinther |
| 2 Kor | Der zweite Brief an die Korinther |
| Gal | Der Brief an die Galater |
| Eph | Der Brief an die Epheser |
| Phil | Der Brief an die Philipper |
| Kol | Der Brief an die Kolosser |
| 1 Thess | Der erste Brief an die Thessalonicher |
| 2 Thess | Der zweite Brief an die Thessalonicher |
| 1 Tim | Der erste Brief an Timotheus |
| 2 Tim | Der zweite Brief an Timotheus |
| Tit | Der Brief an Titus |
| Phlm | Der Brief an Philemon |
| Hebr | Der Brief an die Hebräer |
| Jak | Der Brief des Jakobus |
| 1 Petr | Der erste Brief des Petrus |
| 2 Petr | Der zweite Brief des Petrus |
| 1 Joh | Der erste Brief des Johannes |
| 2 Joh | Der zweite Brief des Johannes |
| 3 Joh | Der dritte Brief des Johannes |
| Jud | Der Brief des Judas |
| Offb | Die Offenbarung des Johannes |

**Andere Abkürzungen und Zeichen**

Die Abkürzungen folgen der dritten Auflage vom Lexikon für Theologie und Kirche, Freiburg im Breisgau 1993 (3LThK) und dementsprechend nach BHK (BHS). Ausnahmen werden anschließend aufgelistet, allgemein verständliche Abbreviationen werden jedoch nicht registriert:

| | |
|---|---|
| Adv. | Advent |
| D | Deuteronomist |
| EJL | Ebed-Jahwe-Lied, Knecht-Gottes-Lied |
| f | folgend(e/r) Vers, Seite, Spalte, Zeile, Jahr |
| ff | die beiden folgenden Verse, Seiten, Spalten, Zeilen, Jahre |
| H | hebr. Text |
| iJ | im Jahreskreis |
| n. | nach |
| n. Chr. | nach Christi Geburt |
| P | Priesterkodex |
| S | syr. Text |
| So | Sonntag |
| v. Chr. | vor Christi Geburt |
| Vg | Vulgata |
| wtl. | wörtlich |

Die Reihenfolge der Bibelstellen im nachfolgenden Inhaltsverzeichnis wird gemäß der Einheitsübersetzung der Heiligen Schrift vorgenommen.

# INHALT